9급 공무원

개념서 + 문제집

말도 안되는 이 가격~ 실화임?

나두공

동영상강의

3만원 가격파괴

익사이팅한 초필살 이론 **개념서** 동영상 강의와
센세이셔널한 알짜 문제풀이 **문제집** 동영상 강의가 만나

9급 공무원으로 가는 탄탄한 길!

+ 개념서 국어
문제집 국어 | 민상윤 교수님
종합반 국어(3만원)

+ 개념서 영어
문제집 영어 | 조성열 교수님
종합반 영어(3만원)

+ 개념서 한국사
문제집 한국사 | 박기훈 교수님
종합반 한국사(3만원)

+ 개념서 행정법총론
문제집 행정법총론 | 김일영 교수님
종합반 행정법총론(3만원)

+ 개념서 행정학개론
문제집 행정학개론 | 이승철 교수님
종합반 행정학개론(3만원)

+ 개념서 국어+영어+한국사
문제집 국어+영어+한국사
종합반 3과목 패키지(7만원)

+ 개념서 국어+영어+한국사+행정법총론+행정학개론
문제집 국어+영어+한국사+행정법총론+행정학개론
종합반 5과목 패키지(10만원)

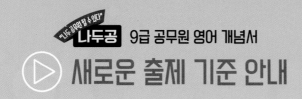

나두공 9급 공무원 영어 개념서

▶ 새로운 출제 기준 안내

01 출제기조

2025년부터 9급 공무원 시험 출제의 기본 방향이 지식 암기 중심에서 현장 직무 중심으로 대폭 전환될 예정이다. 새로운 출제 기조에 부합하기 위해 학계 및 현직 공무원의 의견이 폭넓게 수렴되면서 개편 방향이 정비되었고, 다양한 시험의 출제 경험이 있는 전문가들과의 연구용역을 거쳐 예시 문제가 개발 되었다. 또한, 최근 공무원 시험 합격자를 대상으로 모의평가를 여러 차례 거치며 문제의 완성도가 제 고되었다.

```
지식 암기 위주형 문제   ➡   현장 직무 중심형 문제
```

02 출제방향

| 국어 출제방향 |
- 기본적인 국어 능력의 이해, 추론 및 비판적 사고력 검증
- 배경지식이 없더라도 지문 속 정보를 활용해 문제를 풀 수 있도록 출제

| 영어 출제방향 |
- 실제 업무수행에 필요한 실용 영어능력 검증
- 전자메일, 웹문서, 모바일 안내문 등 업무현장에서 접할 수 있는 소재와 형식을 활용한 문제 출제

03 출제대비

| 국어 출제대비 |
- 보다 다양한 영역의 지문을 통독하는 훈련이 필요하다.
- 논리 추론형 문제 등에 대비하여 언어 추리력을 높여야 한다.
- 주어진 독해 지문에 대한 구문 이해력을 높이는 것이 필요하다.

| 영어 출제대비 |
- 단어 추론 연습과 구문 분석을 통한 정확한 단어 유추 능력을 길러야 한다.
- 글의 목적과 주제 및 요지 등을 파악하는 영어 독해 능력을 길러야 한다.
- 전자메일, 웹문서, 모바일 안내문 등 다양한 생활형 문서를 탐독해야 한다.

04 예시문제

01 〈공공언어 바로 쓰기 원칙〉에 따라 〈공문서〉의 ㉠~㉣을 수정한 것으로 적절하지 <u>않은</u> 것은?

〈공공언어 바로 쓰기 원칙〉

- 중복되는 표현을 삼갈 것.
- 대등한 것끼리 접속할 때는 구조가 같은 표현을 사용할 것.
- 주어와 서술어를 호응시킬 것.
- 필요한 문장 성분이 생략되지 않도록 할 것.

〈공문서〉

한국의약품정보원

수신 국립국어원

(경유)

제목 의약품 용어 표준화를 위한 자문회의 참석 ㉠ 안내 알림

---

1. ㉡ <u>표준적인 언어생활의 확립과 일상적인 국어 생활을 향상하기 위해</u> 일하시는 귀원의 노고에 감사드립니다.
2. 본원은 국내 유일의 의약품 관련 비영리 재단 법인으로서 의약품에 관한 ㉢ <u>표준 정보가 제공되고 있습니다.</u>
3. 의약품의 표준 용어 체계를 구축하고 ㉣ <u>일반 국민도 알기 쉬운 표현으로</u> 개선하여 안전한 의약품 사용 환경을 마련하기 위해 자문회의를 개최하니 귀원의 연구원이 참석해 주시기를 바랍니다.

① ㉠: 안내
② ㉡: 표준적인 언어생활을 확립하고 일상적인 국어 생활의 향상을 위해
③ ㉢: 표준 정보를 제공하고 있습니다.
④ ㉣: 의약품 용어를 일반 국민도 알기 쉬운 표

▲ 〈공문서〉를 활용한 〈공공언어 바로 쓰기 원칙〉 익히기

[08~09] 다음 글을 읽고 물음에 답하시오.

	Send Preview Save
To	Clifton District Office
From	Rachael Beasley
Date	June 7
Subject	Excessive Noise in the Neighborhood
	My PC Browse

To whom it may concern,

I hope this email finds you well. I am writing to express my concern and frustration regarding the excessive noise levels in our neighborhood, specifically coming from the new sports field.

As a resident of Clifton district, I have always appreciated the peace of our community. However, the ongoing noise disturbances have significantly impacted my family's well-being and our overall quality of life. The sources of the noise include crowds cheering, players shouting, whistles, and ball impacts.

I kindly request that you look into this matter and take appropriate steps to address the noise disturbances. Thank you for your attention to this matter, and I appreciate your prompt response to help restore the tranquility in our neighborhood.

Sincerely,
Rachael Beasley

08 윗글의 목적으로 가장 적절한 것은?

① 체육대회 소음에 대해 주민들의 양해를 구하려고
② 새로 이사 온 이웃 주민의 소음에 대해 항의하려고
③ 인근 스포츠 시설의 소음에 대한 조치를 요청하려고
④ 밤시간 악기 연주와 같은 소음의 차단을 부탁하려고

▲ 전자메일을 통한 생활형 문서 이해하기

9급 공무원 응시자격

※ 경찰 공무원, 소방 공무원, 교사 등 특정직 공무원의 채용은 별도 법령에 의거하고 있어 응시자격 등이 다를 수 있으니 해당법령과 공고문을 참고하시기 바랍니다.

※ 매년 채용시험 관련 법령 개정으로 응시자격이 변경될 수 있으므로 필요한 경우 확인절차를 거치시기 바랍니다.

01 최종시험 예정일이 속한 연도를 기준으로 공무원 응시가능 연령(9급 : 18세이상)에 해당한다.
(단, 9급 교정·보호직의 경우 20세 이상)

02 아래의 공무원 응시 결격사유 중 어느 하나에도 해당되지 않는다.

1. 피성년후견인
2. 파산선고를 받고 복권되지 아니한 자
3. 금고 이상의 실형을 선고받고 그 집행이 종료되거나 집행을 받지 아니하기로 확정된 후 5년이 지나지 아니한 자
4. 금고 이상의 형을 선고받고 그 집행유예 기간이 끝난 날부터 2년이 지나지 아니한 자
5. 금고 이상의 형의 선고유예를 받은 경우에 그 선고유예 기간 중에 있는 자
6. 법원의 판결 또는 다른 법률에 따라 자격이 상실되거나 정지된 자
7. 징계로 파면처분을 받은 때부터 5년이 지나지 아니한 자
8. 징계로 해임처분을 받은 때부터 3년이 지나지 아니한 자
단, 검찰직 지원자는 금고 이상의 형을 선고받은 경우 응시할 수 없습니다.

03 공무원으로서의 직무수행에 지장을 주지 않는 건강상태를 유지하고 있어, 공무원 채용 신체검사에서 불합격 판정기준에 해당되지 않는다.

04 9급 지역별 구분모집 지원자의 경우, 시험시행년도 1월 1일을 포함하여 1월 1일 전 또는 후로 연속하여 3개월 이상 해당 지역에 주민등록이 되어 있다.

05 지방직 공무원, 경찰 등 다른 공무원시험을 포함하여 공무원 임용시험에서 부정한 행위를 한 적이 없다.

06 국어, 영어, 한국사와 선택하고자 하는 직류의 시험과목 기출문제를 풀어보았으며, 합격을 위한 최소한의 점수는 과목별로 40점 이상임을 알고 있다.

● 위의 요건들은 7급, 9급 공무원 시험에 응시하기 위한 기본 조건입니다.
● 장애인 구분모집, 저소득층 구분모집 지원자는 해당 요건을 추가로 확인하시기 바랍니다.

"나두 공무원 할 수 있다"

나두공

9급 공무원

영어

개념서

2025
나두공 9급 공무원 영어 개념서

인쇄일 2024년 10월 1일 4판 1쇄 인쇄
발행일 2024년 10월 5일 4판 1쇄 발행
등 록 제17-269호
판 권 시스컴2024

ISBN 979-11-6941-410-4 13350
정 가 26,000원

발행처 시스컴 출판사
발행인 송인식
지은이 나두공 수험연구소

주소 서울시 금천구 가산디지털1로 225, 514호(가산포휴) | **시스컴** www.siscom.co.kr / **나두공** www.nadoogong.com
E-mail siscombooks@naver.com | **전화** 02)866-9311 | **Fax** 02)866-9312

최근 경제 불황은 심각해진 상태이다. 경제 불황에서 시작된 고용 불안은 이제 만성화 단계에 이르렀다. 이러한 현실에서 많은 젊은이들이 공무원에 주목하는 것은 당연한 일일 것이다.

최근 9급 공무원의 위상은 많이 바뀌었다. 대학 진학을 하지 않고 준비하는 학생들이 증가하고 있고, 상당수의 대학 1학년생들이 입학 직후부터 9급 공무원 시험 준비를 시작한다. 또한 다니던 직장을 그만두고 9급 공무원 시험을 준비하는 사람들도 찾아볼 수 있다. 이러한 응시생의 증가는 시험 문제의 변별력 및 난이도 상승으로 이어지고 있다. 이러한 이유로 오랜 준비에도 불구하고 합격을 장담하기가 어려워지고 있다.

따라서 이 책에서는 짧은 시간에 수험생들이 고득점을 획득할 수 있도록 시험에 나오는 핵심 내용을 위주로 구성하였다. 불필요한 부분을 과감히 쳐내고 반드시 필요한 부분만을 엄선하였고, 수험생의 이해를 돕기 위한 Check Point를 추가하여 공무원 시험 준비를 더욱 쉽게 할 수 있도록 하였다.

이 책을 통해 공무원 시험을 준비하는 수험생들에게 합격의 밝은 내일이 있길 기원한다.

시험 과목

직렬	직류	시험 과목
행정직	일반행정	국어, 영어, 한국사, 행정법총론, 행정학개론
	고용노동	국어, 영어, 한국사, 행정법총론, 노동법개론
	선거행정	국어, 영어, 한국사, 행정법총론, 공직선거법
직업상담직	직업상담	국어, 영어, 한국사, 노동법개론, 직업상담·심리학개론
세무직(국가직)	세무	국어, 영어, 한국사, 세법개론, 회계학
세무직(지방직)		국어, 영어, 한국사, 지방세법, 회계학
사회복지직	사회복지	국어, 영어, 한국사, 사회복지학개론, 행정법총론
교육행정직	교육행정	국어, 영어, 한국사, 교육학개론, 행정법총론
관세직	관세	국어, 영어, 한국사, 관세법개론, 회계원리
통계직	통계	국어, 영어, 한국사, 통계학개론, 경제학개론
교정직	교정	국어, 영어, 한국사, 교정학개론, 형사소송법개론
보호직	보호	국어, 영어, 한국사, 형사정책개론, 사회복지학개론
검찰직	검찰	국어, 영어, 한국사, 형법, 형사소송법
마약수사직	마약수사	국어, 영어, 한국사, 형법, 형사소송법
출입국관리직	출입국관리	국어, 영어, 한국사, 국제법개론, 행정법총론
철도경찰직	철도경찰	국어, 영어, 한국사, 형사소송법개론, 형법총론
공업직	일반기계	국어, 영어, 한국사, 기계일반, 기계설계
	전기	국어, 영어, 한국사, 전기이론, 전기기기
	화공	국어, 영어, 한국사, 화학공학일반, 공업화학
농업직	일반농업	국어, 영어, 한국사, 재배학개론, 식용작물
임업직	산림자원	국어, 영어, 한국사, 조림, 임업경영
시설직	일반토목	국어, 영어, 한국사, 응용역학개론, 토목설계
	건축	국어, 영어, 한국사, 건축계획, 건축구조
	시설조경	국어, 영어, 한국사, 조경학, 조경계획 및 설계

방재안전직	방재안전	국어, 영어, 한국사, 재난관리론, 안전관리론
전산직	전산개발	국어, 영어, 한국사, 컴퓨터일반, 정보보호론
	정보보호	국어, 영어, 한국사, 네트워크 보안, 정보시스템 보안
방송통신직	전송기술	국어, 영어, 한국사, 전자공학개론, 무선공학개론
법원사무직 (법원직)	법원사무	국어, 영어, 한국사, 헌법, 민법, 민사소송법, 형법, 형사소송법
등기사무직 (법원직)	등기사무	국어, 영어, 한국사, 헌법, 민법, 민사소송법, 상법, 부동산등기법
사서직 (국회직)	사서	국어, 영어, 한국사, 헌법, 정보학개론
속기직 (국회직)	속기	국어, 영어, 한국사, 헌법, 행정학개론
방호직 (국회직)	방호	국어, 영어, 한국사, 헌법, 사회
경위직 (국회직)	경위	국어, 영어, 한국사, 헌법, 행정법총론
방송직 (국회직)	방송제작	국어, 영어, 한국사, 방송학, 영상제작론
	취재보도	국어, 영어, 한국사, 방송학, 취재보도론
	촬영	국어, 영어, 한국사, 방송학, 미디어론

- 교정학개론에 형사정책 및 행형학, 국제법개론에 국제경제법, 행정학개론에 지방행정이 포함되며, 공직선거법에 '제16장 벌칙'은 제외됩니다.
- 노동법개론은 근로기준법 · 최저임금법 · 노동조합 및 노동관계조정법에서 하위법령을 포함하여 출제됩니다.
- 시설조경 직류의 조경학은 조경일반(미학, 조경사 등), 조경시공구조, 조경재료(식물재료 포함), 조경생태(생태복원 포함), 조경관리(식물, 시설물 등)에서, 조경계획 및 설계는 조경식재 및 시설물 계획, 조경계획과 설계과정, 공원 · 녹지계획과 설계, 휴양 · 단지계획과 설계, 전통조경계획과 설계에서 출제됩니다.

※ 추후 변경 가능하므로 반드시 응시 기간 내 시험과목 및 범위를 확인하시기 바랍니다.

응시자격

1. 인터넷 접수만 가능
2. 접수방법 : 사이버국가고시센터(www.gosi.kr)에 접속하여 접수할 수 있습니다.
3. 접수시간 : 기간 중 24시간 접수
4. 비용 : 응시수수료(7급 7,000원, 9급 5,000원) 외에 소정의 처리비용(휴대폰·카드 결제, 계좌이체비용)이 소요됩니다.

※ 저소득층 해당자(국민기초생활 보장법에 따른 수급자 또는 한부모가족지원법에 따른 지원대상자)는 응시수수료가 면제됩니다.

※ 응시원서 접수 시 등록용 사진파일(JPG, PNG)이 필요하며 접수 완료 후 변경 불가합니다.

학력 및 경력

제한 없음

시험방법

1. 제1·2차시험(병합실시) : 선택형 필기
2. 제3차시험 : 면접

※ 교정직(교정) 및 철도경찰직(철도경찰)의 6급 이하 채용시험의 경우, 9급 제1·2차 시험(병합실시) 합격자를 대상으로 실기시험(체력검사)을 실시하고, 실기시험 합격자에 한하여 면접시험을 실시합니다.

원서접수 유의사항

1. 접수기간에는 기재사항(응시직렬, 응시지역, 선택과목 등)을 수정할 수 있으나, 접수기간이 종료된 후에는 수정할 수 없습니다.
2. 응시자는 응시원서에 표기한 응시지역(시·도)에서만 필기시험에 응시할 수 있습니다.

※ 다만, 지역별 구분모집[9급 행정직(일반), 9급 행정직(우정사업본부)] 응시자의 필기시험 응시지역은 해당 지역모집 시·도가 됩니다.(복수의 시·도가 하나의 모집단위일 경우, 해당 시·도 중 응시희망지역을 선택할 수 있습니다.)
3. 인사혁신처에서 동일 날짜에 시행하는 임용시험에는 복수로 원서를 제출할 수 없습니다.

양성평등채용목표제

1. 대상시험 : 선발예정인원이 5명 이상인 모집단위(교정·보호직렬은 적용 제외)
2. 채용목표 : 30%

　※ 시험실시단계별로 합격예정인원에 대한 채용목표 비율이며 인원수 계산 시, 선발예정인원이 10명 이상
　인 경우에는 소수점 이하를 반올림하며, 5명 이상 10명 미만일 경우에는 소수점 이하는 버립니다.

응시 결격 사유

해당 시험의 최종시험 시행예정일(면접시험 최종예정일) 현재를 기준으로 국가공무원법 제33조(외무공무원은 외무공무원법 제9조, 검찰직·마약수사직 공무원은 검찰청법 제50조)의 결격사유에 해당하거나, 국가공무원법 제74조(정년)·외무공무원법 제27조(정년)에 해당하는 자 또는 공무원임용시험령 등 관계법령에 의하여 응시자격이 정지된 자는 응시할 수 없습니다.

가산점 적용

구분	가산비율	비고
취업지원대상자	과목별 만점의 10% 또는 5%	• 취업지원대상자 가점과 의사상자 등 가점은 1개만 적용 • 취업지원대상자/의사상자 등 가점과 자격증 가산점은 각각 적용
의사상자 등	과목별 만점의 5% 또는 3%	
직렬별 가산대상 자격증 소지자	과목별 만점의 3~5% (1개의 자격증만 인정)	

기타 유의사항

1. 필기시험에서 과락(만점의 40% 미만) 과목이 있을 경우에는 불합격 처리됩니다. 필기시험의 합격선은 공무원임용시험령 제4조에 따라 구성된 시험관리위원회의 심의를 통해 결정되며, 구체적인 합격자 결정 방법 등은 공무원임용시험령 등 관계법령을 참고하시기 바랍니다.
2. 9급 공채시험에서 가산점을 받고자 하는 자는 필기시험 시행 전일까지 해당요건을 갖추어야 하며, 반드시 필기시험 시행일을 포함한 3일 이내에 사이버국가고시센터(www.gosi.kr)에 접속하여 자격증의 종류 및 가산비율을 입력해야 합니다.

※ 자격증 종류 및 가산비율을 잘못 기재하는 경우에는 응시자 본인에게 불이익이 있을 수 있습니다.

※ 반드시 응시 기간 내 공고문을 확인하시기 바랍니다.

간결한 내용 구성

빠른 시간 안에 공무원 수험을 마칠 수 있도록 만들어진 단기완성용 공무원 수험서입니다. 꼭 필요한 내용만 쏙쏙 뽑아 공부하면서 합격까지 한번에!

Check Point

공부하면서 알아두어야 하는 요소를 모아 관련 내용 옆에 수록하였습니다. 본문 학습 시 슬쩍 주워가세요.

기출 plus

이해도를 높이는 가장 빠른 방법, 문제풀이! 요점정리와 함께 기출 plus로 실력을 쏙쏙 키웁시다.

중요 단어 정리

공무원 영어 시험에서 중요한 것은 시험에 나왔던 많은 단어들과 앞으로 나올 가능성이 높은 단어들을 잘 정리하여 외우는 것! 동의어 혹은 비슷한 의미의 단어들까지 묶어서 외울 수 있도록 정리했으니 꼭 짚고 넘어가세요.

꼭! 확인 기출문제

학습한 내용을 바로바로 확인 할 수 있도록 기출문제를 적재적소에 배치하였습니다. 학습 성과를 점검하세요.

제1절 중요 단어 정리

A

- abandon 버리다, 그만두다, 포기하다(≒ discard, desert, forsake, quit, relinquish)
- aberrant 정도를 벗어난, 비정상적인, 변종의 (≒ abnormal, anomalous, deviant)
- abhor 몹시 싫어하다, 증오하다(≒ abominate, detest, dislike)
- abort 유산하다, 발육하지 않다, 실패하다, 중단되다(≒ miscarry, fail) a, abortive
- abridge 단축하다, 요약하다(≒ shorten, abbreviate, summarize, abstract, condense)
- abruptly 갑자기(≒ suddenly, unexpectedly, out of the blue) a, abrupt
- abscond 도주하다(≒ beat it, run away[off], depart suddenly)
- absolve 면제하다, 사면하다(≒ forgive, free, let go)
- abstruse 난해한, 심오한(≒ difficult, complex,

- abundant 풍부한, 많은(≒ ample, bountiful, plentiful, copious, rich)
- accidental 우연의, 우발적인 (≒ casual, incidental, coincidental, unexpected)
- acclaim 갈채하다, 환호하다, 칭찬하다 (≒ applaud, hail, compliment, praise)
- accomplice 공범자, 공모자(≒ associate, conspirator, accessory, confederate)
- accumulate 축적하다, 모으다(≒ gather, accrue, pile[store] up, hoard, amass)
- acerbate 시게[쓰게] 하다, 화나게 하다(≒ make bitter, anger, nettle, provoke)
- acquiesce (수동적으로) 동의하다, 마지못해 따르다, 묵인하다(≒ comply passively, accept, assent, consent, agree, accede)
- acquit 무죄로 하다, 석방하다(≒ absolve, exculpate, free, let go, release)
- acrimonious 통렬한, 신랄한(≒ acrid, biting, bitter, harsh, severe, sharp, pungent)

① Who do you think is the most smart student in this class?
② How come you are so late?
③ Hardly had the game begun, when it started raining.
❹ The next time I will go to New York, I am going to see a ballet.
⑤ Temporary jobs decreased by 108,000, pulling down overall employment.

해설

기출문제의 상세한 정답 해설은 물론 오답 해설까지 친절하게 풀어드립니다.

1편 문법(Grammar)

4주완성 Study Plan

		분류	날짜	학습 시간
1st Week	1편 문법(Grammar)	제1장 동사(Verb)/시제(Tense) 제2장 조동사(Auxiliary Verb) 제3장 법(Mood)/태(Voice) 제4장 일치(Agreement)/ 　　　화법(Narration) 제5장 부정사(Infinitive)/ 　　　동명사(Gerund)/ 　　　분사(Participle)		
2nd Week		제6장 명사(Noun)/관사(Article) 제7장 대명사(Pronoun)/ 　　　관계사(Relatives) 제8장 형용사(Adjective)/ 　　　부사(Adverb)/ 　　　비교(Comparison) 제9장 접속사(Conjunction)/ 　　　전치사(Preposition) 제10장 특수구문(Particular Sentences)		
3rd Week	2편 문제유형별 연습(Exercise)	제1장 어휘(Vocabulary) 제2장 독해(Reading)		
4th Week		제3장 작문(Composition) 제4장 생활영어(Daily Conversation)		

🟠 나두공

2025 출제기조 전환대비
현장직무형 예시문제

제1회 예시문제

제2회 예시문제

제1차 **영 어**

정답 및 해설 34p

[01~03] 밑줄 친 부분에 들어갈 말로 가장 적절한 것을 고르시오.

01

Recently, increasingly _____ weather patterns, often referred to as "abnormal climate," have been observed around the world.

① irregular   ② consistent

③ predictable   ④ ineffective

02

Most economic theories assume that people act on a _____ basis; however, this doesn't account for the fact that they often rely on their emotions instead.

① temporary   ② rational

③ voluntary   ④ commercial

03

By the time she _____ her degree, she will have acquired valuable knowledge on her field of study.

① will have finished   ② is finishing

③ will finish   ④ finishes

[04~05] 밑줄 친 부분 중 어법상 옳지 않은 것을 고르시오.

04

You may conclude that knowledge of the sound systems, word patterns, and sentence structures ①are sufficient to help a student ② become competent in a language. Yet we have ③all worked with language learners who understand English structurally but still have difficulty ④communicating.

05

Beyond the cars and traffic jams, she said it took a while to ①get used to have so many people in one place, ②all of whom were moving so fast. "There are only 18 million people in Australia ③ spread out over an entire country," she said, "compared to more than six million people in ④the state of Massachusetts alone."

[06~07] 밑줄 친 부분에 들어갈 말로 가장 적절한 것을 고르시오.

A: Hello. I'd like to book a flight from Seoul to Oakland.
B: Okay. Do you have any specific dates in mind?
A: Yes. I am planning to leave on May 2nd and return on May 14th.
B: Okay, I found one that fits your schedule. What class would you like to book?
A: Economy class is good enough for me.
B: Any preference on your seating?
A: _____
B: Great. Your flight is now booked.

06

① Yes. I'd like to upgrade to business class.
② No. I'd like to buy a one-way ticket.
③ No. I don't have any luggage.
④ Yes. I want an aisle seat.

07

Kate Anderson

Are you coming to the workshop next Friday?
10:42

Jim Henson

I'm not sure. I have a doctor's appointment that day.
10:42

Kate Anderson

You should come! The workshop is about A.I. tools that can improve our work efficiency.
10:43

Jim Henson

Wow, the topic sounds really interesting!
10:44

Kate Anderson

Exactly. But don't forget to reserve a seat if you want to attend the workshop.
10:45

Jim Henson

How do I do that?
10:45

Kate Anderson

_____
10:46

① You need to bring your own laptop.
② I already have a reservation.
③ Follow the instructions on the bulletin board.
④ You should call the doctor's office for an appointment.

[08~09] 다음 글을 읽고 물음에 답하시오.

To whom it may concern,

I hope this email finds you well. I am writing to express my concern and frustration regarding the excessive noise levels in our neighborhood, specifically coming from the new sports field.

As a resident of Clifton district, I have always appreciated the peace of our community. However, the ongoing noise disturbances have significantly impacted my family's well-being and our overall quality of life. The sources of the noise include crowds cheering, players shouting, whistles, and ball impacts.

I kindly request that you look into this matter and take appropriate steps to address the noise disturbances. Thank you for your attention to this matter, and I appreciate your prompt response to help restore the tranquility in our neighborhood.

Sincerely,
Rachael Beasley

08 윗글의 목적으로 가장 적절한 것은?

① 체육대회 소음에 대해 주민들의 양해를 구하려고

② 새로 이사 온 이웃 주민의 소음에 대해 항의하려고

③ 인근 스포츠 시설의 소음에 대한 조치를 요청하려고

④ 밤시간 악기 연주와 같은 소음의 차단을 부탁하려고

09 밑줄 친 "steps"의 의미와 가장 가까운 것은?

① movements   ② actions

③ levels   ④ stairs

[10~11] 다음 글을 읽고 물음에 답하시오.

(A)

We're pleased to announce the upcoming City Harbour Festival, an annual event that brings our diverse community together to celebrate our shared heritage, culture, and local talent. Mark your calendars and join us for an exciting weekend!

Details
• **Dates**: Friday, June 16 – Sunday, June 18
• **Times**: 10:00 a.m. – 8:00 p.m. (Friday & Saturday)
        10:00 a.m. – 6:00 p.m. (Sunday)
• **Location**: City Harbour Park, Main Street, and surrounding areas

Highlights

• Live Performances

Enjoy a variety of live music, dance, and theatrical performances on multiple stages throughout the festival grounds.

• Food Trucks

Have a feast with a wide selection of food trucks offering diverse and delicious cuisines, as well as free sample tastings.

For the full schedule of events and activities, please visit our website at www.cityharbourfestival.org or contact the Festival Office at (552) 234-5678.

10 (A)에 들어갈 윗글의 제목으로 가장 적절한 것은?

① Make Safety Regulations for Your Community

② Celebrate Our Vibrant Community Events

③ Plan Your Exciting Maritime Experience

④ Recreate Our City's Heritage

11 City Harbour Festival에 관한 윗글의 내용과 일치하지 <u>않는</u> 것은?

① 일 년에 한 번 개최된다.

② 일요일에는 오후 6시까지 열린다.

③ 주요 행사로 무료 요리 강습이 진행된다.

④ 웹사이트나 전화 문의를 통해 행사 일정을 알 수 있다.

12 Enter-K 앱에 관한 다음 글의 내용과 일치하지 <u>않는</u> 것은?

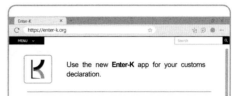

Use the new **Enter-K** app for your customs declaration.

Use the new Enter-K app upon your arrival at the airport. One notable feature offered by Enter-K is the Advance Declaration, which allows travellers the option to submit their customs declaration in advance, enabling them to save time at all our international airports. As part of the ongoing Traveller Modernization initiative, Enter-K will continue to introduce additional border-related features in the future, further improving the overall border experience. Simply download the latest version of the app from the online store before your arrival. There is also a web version of the app for those who are not comfortable using mobile devices.

① It allows travellers to declare customs in advance.

② More features will be added later.

③ Travellers can download it from the online store.

④ It only works on personal mobile devices.

13 Office of the Labor Commissioner에 관한 다음 글의 내용과 일치하는 것은?

Office of the Labor Commissioner (OLC) Responsibilities

The OLC is the principal labor regulatory agency for the state. The OLC is responsible for ensuring that minimum wage, prevailing wage, and overtime are paid to employees, and that employee break and lunch periods are provided. In addition, the OLC has authority over the employment of minors. It is the vision and mission of this office to resolve labor-related problems in an efficient, professional, and effective manner. This includes educating employers and employees regarding their rights and responsibilities under the law. The OLC takes enforcement action when necessary to ensure that workers are treated fairly and compensated for all time worked.

① It ensures that employees pay taxes properly.

② It has authority over employment of adult workers only.

③ It promotes employers' business opportunities.

④ It takes action when employees are unfairly treated.

14 다음 글의 주제로 가장 적절한 것은?

The Ministry of Food and Drug Safety warned that cases of food poisoning have occurred as a result of cross-contamination, where people touch eggs and neglect to wash their hands before preparing food or using utensils. To mitigate such risks, the ministry advised refrigerating eggs and ensuring they are thoroughly cooked until both the yolk and white are firm. Over the past five years, a staggering 7,400 people experienced food poisoning caused by Salmonella bacteria. Salmonella thrives in warm temperatures, with approximately 37 degrees Celsius being the optimal growth condition. Consuming raw or undercooked eggs and failing to separate raw and cooked foods were identified as the most common causes of Salmonella infection. It is crucial to prioritize food safety measures and adhere to proper cooking practices to minimize the risk of Salmonella-related illnesses.

① Benefits of consuming eggs to the immune system

② Different types of treatments for Salmonella infection

③ Life span of Salmonella bacteria in warm temperatures

④ Safe handling of eggs for the prevention of Salmonella infection

15 다음 글의 요지로 가장 적절한 것은?

Despite ongoing efforts to address educational disparities, the persistent achievement gap among students continues to highlight significant inequities in the education system. Recent data reveal that marginalized students, including those from low-income back grounds and vulnerable groups, continue to lag behind their peers in academic performance. The gap poses a challenge to achieving educational equity and social mobility. Experts emphasize the need for targeted interventions, equitable resource allocation, and inclusive policies to bridge this gap and ensure equal opportunities for all students, irrespective of their socioeconomic status or background. The issue of continued educational divide should be addressed at all levels of education system in an effort to find a solution.

① We should deal with persistent educational inequities.

② Educational experts need to focus on new school policies.

③ New teaching methods are necessary to bridge the achievement gap.

④ Family income should not be considered in the discussion of education.

16 다음 글의 흐름상 어색한 문장은?

Every parent or guardian of small children will have experienced the desperate urge to get out of the house and the magical restorative effect of even a short trip to the local park. ①There is probably more going on here than just letting off steam. ②The benefits for kids of getting into nature are huge, ranging from better academic performance to improved mood and focus. ③Outdoor activities make it difficult for them to spend quality time with their family. ④ Childhood experiences of nature can also boost environmentalism in adulthood. Having access to urban green spaces can play a role in children's social networks and friendships.

17 주어진 문장이 들어갈 위치로 가장 적절한 것은?

> In particular, in many urban counties, air pollution, as measured by the amount of total suspended particles, had reached dangerous levels.

> Economists Chay and Greenstone evaluated the value of cleaning up of air pollution after the Clean Air Act of 1970. (①) Before 1970, there was little federal regulation of air pollution, and the issue was not high on the agenda of state legislators. (②) As a result, many counties allowed factories to operate without any regulation on their pollution, and in several heavily industrialized counties, pollution had reached very high levels. (③) The Clean Air Act established guidelines for what constituted excessively high levels of five particularly dangerous pollutants. (④) Following the Act in 1970 and the 1977 amendment, there were improvements in air quality.

18 주어진 글 다음에 이어질 글의 순서로 가장 적절한 것은?

> Before anyone could witness what had happened, I shoved the loaves of bread up under my shirt, wrapped the hunting jacket tightly about me, and walked swiftly away.

> (A) When I dropped them on the table, my sister's hands reached to tear off a chunk, but I made her sit, forced my mother to join us at the table, and poured warm tea.
>
> (B) The heat of the bread burned into my skin, but I clutched it tighter, clinging to life. By the time I reached home, the loaves had cooled somewhat, but the insides were still warm.
>
> (C) I sliced the bread. We ate an entire loaf, slice by slice. It was good hearty bread, filled with raisins and nuts.

① (A)—(B)—(C)
② (B)—(A)—(C)
③ (B)—(C)—(A)
④ (C)—(A)—(B)

[19～20] 밑줄 친 부분에 들어갈 말로 가장 적절한 것을 고르시오.

19

Falling fertility rates are projected to result in shrinking populations for nearly every country by the end of the century. The global fertility rate was 4.7 in 1950, but it dropped by nearly half to 2.4 in 2017. It is expected to fall below 1.7 by 2100. As a result, some researchers predict that the number of people on the planet would peak at 9.7 billion around 2064 before falling down to 8.8 billion by the century's end. This transition will also lead to a significant aging of populations, with as many people reaching 80 years old as there are being born. Such a demographic shift _____, including taxation, healthcare for the elderly, caregiving responsibilities, and retirement. To ensure a "soft landing" into a new demographic landscape, researchers emphasize the need for careful management of the transition.

① raises concerns about future challenges

② mitigates the inverted age structure phenomenon

③ compensates for the reduced marriage rate issue

④ provides immediate solutions to resolve the problems

20

Many listeners blame a speaker for their inattention by thinking to themselves: "Who could listen to such a character? Will he ever stop reading from his notes?" The good listener reacts differently. He may well look at the speaker and think, "This man is incompetent. Seems like almost anyone would be able to talk better than that." But from this initial similarity he moves on to a different conclusion, thinking "But wait a minute. I'm not interested in his personality or delivery. I want to find out what he knows. Does this man know some things that I need to know?" Essentially, we "listen with our own experience." Is the speaker to be held responsible because we are poorly equipped to comprehend his message? We cannot understand everything we hear, but one sure way to raise the level of our understanding is to _____.

① ignore what the speaker knows

② analyze the character of a speaker

③ assume the responsibility which is inherently ours

④ focus on the speaker's competency of speech delivery

제2차

영 어

정답 및 해설 42p

[01~03] 밑줄 친 부분에 들어갈 말로 가장 적절한 것을 고르시오.

01

In order to exhibit a large mural, the museum curators had to make sure they had _____ space.

① cozy
② stuffy
③ ample
④ cramped

02

Even though there are many problems that have to be solved, I want to emphasize that the safety of our citizens is our top _____.

① secret
② priority
③ solution
④ opportunity

03

Overpopulation may have played a key role: too much exploitation of the rain-forest ecosystem, on which the Maya depended for food, as well as water shortages, seems to _____ the collapse.

① contribute to
② be contributed to
③ have contributed to
④ have been contributed to

[04~05] 밑줄 친 부분 중 어법상 옳지 않은 것을 고르시오.

04

It seems to me that any international organization ①designed to keep the peace must have the power not merely to talk ②but also to act. Indeed, I see this ③as the central theme of any progress towards an international community ④which war is avoided not by chance but by design.

05

We have already ①arrived in a digitized world. Digitization affects not only traditional IT companies, but companies across the board, in all sectors. New and changed business models ②are emerged: cars ③are being shared via apps, languages learned online, and music streamed. But industry is changing too: 3D printers make parts for machines, robots assemble them, and entire factories are intelligently ④connected with one another.

[06～07] 밑줄 친 부분에 들어갈 말로 가장 적절한 것을 고르시오.

06

Tim Jones

Hi, I'm interested in renting one of your meeting rooms.

3:10 pm

Jane Baker

Thank you for your interest. We have several spaces available depending on the size of your meeting We can accommodate groups of 5 to 20 people.

3:11 pm

Tim Jones

That sounds great. We need a room for 17, and the meeting is scheduled for next month.

3:13 pm

Jane Baker

_____
_____

3:14 pm

Tim Jones

Tme meeting is going to be on Monday, July 15th. Do you have a meeting room available for that day?

3:15 pm

Jane Baker

Yes, we do. I can reserve the space for you and send you a confirmation email with all the details.

3:17 pm

① Could I have your contact information?

② Can you tell me the exact date of your meeting?

③ Do you need a beam projector or a copy machine?

④ How many people are going to attend the meeting?

A: What do you think of this bicycle?

B: Wow, it looks very nice! Did you just get it?

A: No, this is a shared bike. The city launched a bike sharing service.

B: Really? How does it work? I mean, how do I use that service?

A: It's easy. _____.

B: It doesn't sound complicated. Maybe I'll try it this weekend.

A: By the way, it's an electric bicycle.

B: Yes, I can tell. It looks cool.

07

① You can save energy because it's electric

② Just apply for a permit to park your own bike

③ Just download the bike sharing app and pay online

④ You must wear a helmet at all times for your safety

[08~09] 다음 글을 읽고 물음에 답하시오.

Agricultural Marketing Office

Mission

We administer programs that create domestic and international marketing opportunities for national producers of food, fiber, and specialty crops. We also provide the agriculture industry with valuable services to ensure the quality and availability of wholesome food for consumers across the country and around the world.

Vision

We facilitate the strategic marketing of national agricultural products in domestic and international markets while ensuring <u>fair</u> trading practices and promoting a competitive and efficient marketplace to the benefit of producers, traders, and consumers of national food, fiber, and specialty crops.

Core Values

- Honesty & Integrity: We expect and require complete honesty and integrity in all we do.
- Independence & Objectivity: We act independently and objectively to create trust in our programs and services.

08 윗글에서 Agricultural Marketing Office에 관한 내용과 일치하는 것은?

① It creates marketing opportunities for domestic producers.

② It limits wholesome food consumption around the world.

③ It is committed to benefiting consumers over producers.

④ It receives mandates from other agencies before making decisions.

09 밑줄 친 fair의 의미와 가장 가까운 것은?

① free
② mutual
③ profitable
④ impartial

[10~11] 다음 글을 읽고 물음에 답하시오.

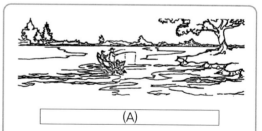

(A)

As a close neighbor, you will want to learn how to save your lake.

While it isn't dead yet, Lake Dimmesdale is heading toward this end. So pay your respects to this beautiful body of water while it is still alive.

Some dedicated people are working to save it now. They are having a special meeting to tell you about it. Come learn what is being done and how you can help. This affects your property value as well.

Who wants to live near a dead lake?

Sponsored by Central State Regional Planning Council

• Location: Green City Park Opposite Southern State College (in case of rain: College Library Room 203)
• Date: Saturday, July 6, 2024
• Time: 2:00 p.m.

For any questions about the meeting, please visit our website at www.planningcouncilsavelake.org or contact our office at (432) 345-6789.

10 (A)에 들어갈 윗글의 제목으로 가장 적절한 것은?

① Lake Dimmesdale Is Dying
② Praise to the Lake's Beauty
③ Cultural Value of Lake Dimmesdale
④ Significance of the Lake to the College

11 위 안내문의 내용과 일치하지 <u>않는</u> 것은?

① 호수를 살리기 위해 노력하는 사람들이 있다.
② 호수를 위한 활동이 주민들의 재산에 영향을 미친다.
③ 우천 시에는 대학의 구내식당에서 회의가 열린다.
④ 웹사이트 방문이나 전화로 회의에 관해 질문할 수 있다.

12 다음 글의 목적으로 가장 적절한 것은?

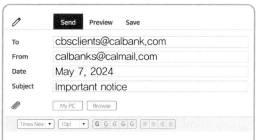

Dear Valued Clients,

In today's world, cybercrime poses a serious threat to your security. As your trusted partner, we want to help you protect your personal and business information. Here are five easy ways to safeguard yourself from cyber threats:

1. Use strong passwords and change them frequently.
2. Keep your software and devices up to date.
3. Be wary of suspicious emails, links, or telephone calls that pressure you to act quickly or give out sensitive information.
4. Enable Two Factor authentication and use it whenever possible. When contacting California Bank & Savings, you will be asked to use a One Time Passcode (OTP) to verify your identity.
5. Back up your data regularly.

Visit our Security Center to learn more about how you can stay safe online. Remember, cybersecurity is a team effort. By working together, environment for ourselves and the world.

Sincerely,

California Bank & Savings

① to inform clients of how to keep themselves safe from cyber threats

② to inform clients of how to update their software and devices

③ to inform clients of how to make their passwords stronger

④ to inform clients of how to safeguard their OTPs

① evaluation of sustainability of global ecosystems

② successful training projects of Russian astronauts

③ animal experiments conducted in the orbiting outpost

④ innovative wildlife monitoring from the space station

13 다음 글의 주제로 가장 적절한 것은?

The International Space Station, orbiting some 240 miles above the planet, is about to join the effort to monitor the world's wildlife — and to revolutionize the science of animal tracking. A large antenna and other equipment aboard the orbiting outpost, installed by spacewalking Russian astronauts in 2018, are being tested and will become fully operational this summer. The system will relay a much wider range of data than previous tracking technologies, logging not just an animal's location but also its physiology and environment. This will assist scientists, conservationists and others whose work requires close monitoring of wildlife on the move and provide much more detailed information on the health of the world's ecosystems.

14 다음 글의 내용과 일치하지 <u>않는</u> 것은?

The David Williams Library and Museum is open 7 days a week, from 9:00 a.m. to 5:00 p.m. (NOV − MAR) and 9:00 a.m. to 6:00 p.m. (APR − OCT). Online tickets may be purchased at the link below. You will receive an email confirmation after making a purchase (be sure to check your SPAM folder). Bring this confirmation—printed or on smart device—as proof of purchase.

• Online tickets: buy.davidwilliams. com/events

The David Williams Library and Museum and the Home of David Williams (operated by the National Heritage Service) offer separate $10.00 adult admission tickets. Tickets for tours of the Home may be purchased on-site during normal business hours.

• CLOSED: Thanksgiving, Christmas and New Year's Day

There is no charge for conducting research in the David Williams Library research room.

For additional information, call 1 (800) 333-7777.

① The Library and Museum closes at 5:00 p.m. in December.

② Visitors can buy tour tickets for the Home on-site.

③ The Home of David Williams is open all year round.

④ One can do research in the Library research room for free.

15 다음 글의 요지로 가장 적절한 것은?

Animal Health Emergencies

Preparedness for animal disease outbreaks has been a top priority for the Board of Animal Health (BOAH) for decades. A highly contagious animal disease event may have economically devastating effects as well as public health or food safety and security consequences.

Foreign Animal Diseases

A foreign animal disease (FAD) is a disease that is not currently found in the country, and could cause significant illness or death in animals or cause extensive economic harm by eliminating trading opportunities with other countries and states.

Several BOAH veterinarians who are trained in diagnosing FADs are available 24 hours a day to investigate suspected cases of a FAD. An investigation is triggered when report of animals with clinical signs indicative of a FAD is received or when diagnostic laboratory identifies a suspicious test result.

① BOAH focuses on training veterinarians for FADs.

② BOAH's main goal is to repsond to animal disease epidemic.

③ BOAH actively promotes international trade opportunities.

④ BOAH aims to lead laboratory research on the causes of FADs.

16 다음 글의 흐름상 어색한 문장은?

A very common type of writing task—one that appears in every academic discipline—is a reaction or response. ①In a reaction essay, the writer is usually given a "prompt"— a visual or written stimulus — to think about and then respond to. ② It is very important to gather reliable facts so that you can defend your argument effectively. ③Common prompts or stimuli for this type of writing include quotes, pieces of literature, photos, paintings, multimedia presentations, and news events. ④A reaction focuses on the writer's feelings, opinions, and personal observations about the particular prompt. Your task in writing a reaction essay is twofold: to briefly summarize the prompt and to give your personal reaction to it.

17 주어진 문장이 들어갈 위치로 가장 적절한 것은?

For others, activism is controversial and disruptive; after all, it often manifests as confrontational activity that directly challenges the order of things.

Activism is frequently defined as intentional, vigorous or energetic action that individuals and groups practice to bring about a desired goal. (①) For some, activism is a theoretically or ideologically focused project intended to effect a perceived need for political or social change. (②) Activism is uncomfortable, sometimes messy, and almost always strenuous. (③) In addition, it does not occur without the presence and commitment of activists, that is, folks who develop workable strategies, focus a collective spotlight onto particular issues, and ultimately move people into action. (④) As a noted scholar suggests, effective activists also make noise, sometimes loudly.

18 주어진 글 다음에 이어질 글의 순서로 가장 적절한 것은?

Nick started a fire with some chunks of pine he got with the ax from a stump. Over the fire he stuck a wire grill, pushing the four legs down into the ground with his boot.

(A) They began to bubble, making little bubbles that rose with difficulty to the surface. There was a good smell. Nick got out a bottle of tomato ketchup and cut four slices of bread.

(B) The little bubbles were coming faster now. Nick sat down beside the fire and lifted the frying pan off.

(C) Nick put the frying pan on the grill over the flames. He was hungrier. The beans and spaghetti warmed. He stirred them and mixed them together.

① (B) − (A) − (C)

② (B) − (C) − (A)

③ (C) − (A) − (B)

④ (C) − (B) − (A)

[19~20] 밑줄 친 부분에 들어갈 말로 가장 적절한 것을 고르시오.

Technological progress can destroy jobs in a single industry such as textiles. However, historical evidence shows that technological progress does not produce unemployment in a country as a whole. Technological progress increases productivity and incomes in the overall economy, and higher incomes lead to higher demand for goods and thus _____.
As a result, workers who lose jobs in one industry will be able to find jobs in others, although for many of them this might take time and some of them, like the Luddites, will end up with lower wages in their new jobs.

19

① increased job losses

② delayed promotion at work

③ greater work satisfaction

④ higher demand for labor

There is no substitute for oil, which is one reason _____, taking the global economy along with it. While we can generate electricity through coal or natural gas, nuclear or renewables — switching from source to source, according to price—oil remains by far the predominant fuel for transportation. When the global economy heats up, demand for oil rises, boosting the price and encouraging producers to pump more. Inevitably, those high prices eat into economic growth and reduce demand just as suppliers are overproducing. Prices crash, and the cycle starts all over again. That's bad for producers, who can be left holding the bag when prices plummet, and it hurts consumers and industries uncertain about future energy prices. Low oil prices in the 1990s lulled U.S. auto companies into disastrous complacency; they had few efficient models available when oil turned expensive.

20

① the automobile industry thrives

② it creates disruptions between borders

③ it is prone to big booms and deep busts

④ the research on renewable energy is limited

제1차 정답 및 해설

정답

01 ①	02 ②	03 ④	04 ①	05 ①
06 ④	07 ③	08 ③	09 ②	10 ②
11 ③	12 ④	13 ④	14 ④	15 ①
16 ③	17 ③	18 ②	19 ①	20 ③

해설

01 ①

[정답해설] 전 세계에서 관찰되고 있는 날씨 패턴이 '이상 기후(abnormal climate)'에 해당하므로, 날씨가 변화무쌍하고 불규칙적이라는 의미가 되어야 한다. 그러므로 빈칸에는 'irregular(불규칙적인)'가 들어갈 말로 가장 적절하다.

[오답해설] ② 지속적인
③ 예측할 수 있는
④ 비효과적인

[핵심어휘] □ refer to 언급하다, 지칭하다
□ abnormal 비정상적인
□ irregular 고르지 못한, 불규칙적인
□ consistent 지속적인, 한결같은
□ predictable 예측[예언]할 수 있는
□ ineffective 효과 없는, 비효과적인

[본문해석] 최근, 흔히 "이상 기후"라고 불리는 점점 더 불규칙한 날씨 패턴이 전 세계에서 관찰되고 있다.

02 ②

[정답해설] 주어진 문장이 역접의 접속부사 'however(그러나)'로 연결되어 앞뒤의 내용이 상반되므로, 빈칸에는 글의 내용상 감정(emotions)에 반대되는 말이 와야 한다. 그러므로 빈칸에는 'rational(이성적인)'이 들어갈 말로 가장 적절하다.

[오답해설] ① 일시적인
③ 자발적인
④ 상업적인

[핵심어휘] □ assume 가정하다, 추정하다
□ on a basis ∼의 근거에 따라
□ account for 설명하다
□ temporary 임시의, 일시적인
□ rational 합리적인, 이성적인
□ voluntary 자발적인, 자원봉사의
□ commercial 상업의, 상업적인

[본문해석] 대부분의 경제 이론들은 사람들이 이성적인 근거에 따라 행동한다고 추정하지만, 그러나 이는 그들이 종종 감정에 대신 의존한다는 사실을 설명하지 못한다.

03 ④

[정답해설] 주절의 시제가 'will have acquired'로 미래완료이고, 종속절이 때나 조건의 부사절이므로 현재가 미래를 대용한다. 그러므로 빈칸에는 3인칭 단수 현재 시제의 동사인 'finishes'를 사용하는 것이 적절하다.

[오답해설] ①·③ 주절의 시제가 미래완료이지만, 때나 조건의 부사절은 현재가 미래를 대용하므로 종속절에 미래 또는 미래완료 시제를 사용하는 것은 적절하지 못하다.
② 'finish'가 의미상 '완료'의 의미이므로, '진행'이나 '계속'을 나타내는 현재 진행형 시제인 'is finishing'의 사용은 적절하지 못하다.

[핵심어휘] □ by the time ∼때쯤, ∼무렵
□ degree 학위
□ valuable 소중한, 귀중한
□ field 분야

[본문해석] 학위를 마칠 때쯤이면, 그녀는 자신의 연구 분야에서 귀중한 지식을 습득하게 될 것이다.

04 ①

[정답해설] are → is
종속절을 이끄는 접속사 that의 주어가 knowledge이므로 be동사의 형태는 3인칭 단수 현재 시제인 'is'가 적절하다. 그러므로 ①의 'are'는 'is'로 고쳐 써야 옳다.

[오답해설] ② 동사 'help'는 목적격 보어로 'to부정사' 또는 '원형부정사'를 취하므로 원형부정사 형태인 'become'을 사용한 것은 적절하다.
③ 현재완료 시제인 'have worked'에서 'have'는 조동사이고 'worked'는 일반동사이므로 부사 'all'이 그 사이에 위치한 것은 적절하다.
④ 'have difficulty (in) ∼ ing(∼하는 데 어려움을 겪다)' 구문이므로 'communicating'의 형태는 적절하다.

[핵심어휘] □ conclude 결론짓다, 결론을 내리다
□ sufficient 충분한, 족한

□ competent 능숙한, 만족할 만한

□ structurally 구조상, 구조적으로

[본문해석] 음성 체계, 단어 패턴, 문장 구조에 대한 지식이 학생이 어떤 언어에 능숙하도록 돕는데 충분하다고 결론지을 수도 있다. 그러나 우리 모두 영어를 구조적으로 이해하는 언어 학습자들과 함께 연구해왔지만 여전히 의사소통에 어려움을 겪는다.

05 ①

[정답해설] to have → to having

글의 내용상 '~에 익숙해지다'의 의미인 'get used to ~ing' 구문을 사용해야 한다. 이때 'to'가 전치사이므로 뒤에는 동명사 형태가 와야 하고, 따라서 'to have'를 'to having'으로 고쳐 써야 옳다.

[오답해설] ② all, some, both, each 등의 부분을 나타내는 말과 함께 사용된 'of + 목적격 관계대명사' 구문이다. 선행사가 앞의 'so many people'로 '사람'이므로 목적격 관계대명사 'whom'을 사용한 것은 적절하다.

③ 'spread out'이 '퍼져 있는'의 뜻으로 앞의 '18 million people'을 수식하고, 수동의 의미를 지니므로 과거분사를 사용해야 한다. 그런데 동사 'spread'는 기본형과 과거, 과거분사의 형태가 모두 동일한 'A-A-A'형 불규칙 동사이므로 'spread out'은 옳게 사용되었다.

④ 'the state of Massachusetts' 뒤에 쓰인 'alone'은 형용사로 명사 또는 대명사 뒤에 쓰여 특정한 것 하나만을 가리킬 때 사용된다. 그러므로 해당 문장에서 'alone'의 위치가 옳게 사용되었다.

[핵심어휘] □ take a while to ~하는데 시간이 걸리다

□ get used to ~ing ~에 익숙해지다

□ spread out 떨어져 나가다, 더 널리 퍼지다

□ entire 전체의, 전역의

□ compared to ~와 비교하여

[본문해석] 차와 교통 체증은 말할 것도 없고, 그녀는 한 장소에서 모두가 그렇게 분주하게 움직이는 너무나 많은 사람들에 익숙해지는데 시간이 좀 걸렸다고 말했다. 그녀는 "매사추세츠 주 한 곳에만 600만 명 이상의 사람들이 있는 것과 비교하면, 호주에는 나라 전체에 퍼져 있는 사람들이 겨우 1,800만 명에 불과하다."고 말했다.

06 ④

[정답해설] 비행기 티켓을 예매하기 위한 대화 내용으로, B가 선호하는 좌석을 A에게 묻고 있으므로 통로 쪽 좌석을 원한다(Yes, I want an aisle seat.)는 ④의 내용이 빈칸에 들어갈 말로 가장 적절하다.

[오답해설] ① 네, 비즈니스석으로 업그레이드하고 싶습니다. → A가 이코노미석이면 충분하다고 하였으므로 틀린 내용임

② 아니요, 편도 티켓을 구매하고 싶습니다. → A가 5월 2일에 출발해서 5월 14일에 돌아올 계획이라고 밝히고 있으므로 왕복 티켓을 구매하고 있음을 알 수 있음

③ 아니요, 수하물은 없습니다. → 수하물에 관한 사항은 대화 내용에 나타나 있지 않음

[핵심어휘] □ book 예약하다

□ have ~ in mind ~을 염두해 두다

□ preference 선호

□ one-way 편도

□ luggage 가방, 수하물

□ aisle 통로, 복도

[본문해석] A: 안녕하세요. 서울발 오클랜드행 비행기를 예약하고 싶은데요.

B: 알겠습니다. 생각하고 계신 특정 날짜가 있으신가요?

A: 네. 저는 5월 2일에 출발해서 5월 14일에 돌아올 계획입니다.

B: 네, 고객님 일정에 맞는 것을 하나 찾았습니다. 어떤 등급으로 예약하시겠어요?

A: 저는 이코노미석이면 충분합니다.

B: 원하시는 좌석이 있으신가요?

A: 네. 저는 통로 쪽 좌석을 원합니다.

B: 알겠습니다. 고객님의 비행편이 지금 예약되었습니다.

07 ③

[정답해설] 워크숍 참석 여부와 좌석 예약 방법에 대한 메신저 내용이다. 워크숍에 참석하고 싶다면 좌석을 예약하라는 Kate Anderson의 말에 Jim Henson이 어떻게 하면 되는지 그 방법을 묻고 있으므로, ③의 'Follow the instructions on the bulletin board.(게시판의 지침을 따르세요.)'가 빈칸에 들어갈 말로 가장 적절하다.

[오답해설] ① 노트북을 가지고 와야 합니다. → 예약하는 방법을 묻고 있으므로 준비물에 대한 내용과는 관련 없음

② 이미 예약을 했습니다. → 예약에 대한 확인 여부가 아니라 예약 하는 방법에 대한 설명이 와야 함

④ 예약을 하려면 병원에 전화를 해야 합니다. → 병원 진료 예약이 아니라 워크숍에 참석하기 위한 좌석 예약 방법을 묻고 있음

[핵심어휘] □ doctor's appointment 진료[진찰] 예약

□ improve 개선하다, 향상시키다

□ reserve 예약하다

□ laptop 노트북

□ reservation 예약

제1차 영어

□ instruction 설명, 지시, 지침
□ bulletin board 게시판

[본문해석] Kate Anderson: 다음 주 금요일에 워크숍에 오시나요?
Jim Henson: 잘 모르겠어요. 그날 진료 예약이 있어서요.
Kate Anderson: 오셔야 합니다! 그 워크숍은 우리의 업무 효율을 향상시킬 수 있는 인공지능 도구에 관한 것입니다.
Jim Henson: 와, 주제가 정말 흥미롭게 들리네요!
Kate Anderson: 맞아요. 하지만 워크숍에 참석하고 싶다면 좌석을 예약해야 하는 것을 잊지 마세요.
Jim Henson: 어떻게 하면 되죠?
Kate Anderson: 게시판의 지침을 따르세요.

08 ③
[정답해설] 글의 서두에서 새로운 스포츠 경기장에서 발생하는 소음 수준에 대한 우려와 불만을 전달하기 위해 이 편지를 쓴다고 이메일의 목적을 구체적으로 밝히고 있다. 그러므로 윗글을 쓴 목적은 ③의 '인근 스포츠 시설의 소음에 대한 조치를 요청하려고'가 가장 적절하다.
[오답해설] ① 체육대회 소음에 대해 주민들의 양해를 구하려고 → 항의의 주체가 주민이며, 그 대상은 인근의 새로 생긴 스포츠 경기장에서 발생하는 소음임
② 새로 이사 온 이웃 주민의 소음에 대해 항의하려고 → 이웃 주민이 아니라 새로 생긴 스포츠 경기장 소음에 항의하기 위한 이메일임
④ 밤시간 악기 연주와 같은 소음의 차단을 부탁하려고 → 소음 공해에 대한 조치를 요청하고 있지만, 밤시간 악기 연주의 소음 차단이 아님
[핵심어휘] □ district office 구청, 군청, 지점
□ excessive 과도한, 지나친
□ neighborhood 이웃, 인근, 동네
□ to whom it may concern 관계자 제위, 관계자에게
□ concern 근심, 걱정, 우려
□ frustration 좌절, 불만
□ specifically 분명히, 특별히, 구체적으로 말하면
□ resident 거주자
□ appreciate 고마워하다, 감사하다
□ disturbance 방해, 소란, 장애
□ significantly 상당히, 중요하게
□ whistle 호각 소리
□ impact 충돌하다, 영향을 주다
□ look into 조사하다, 주의 깊게 살피다
□ appropriate 적절한, 타당한
□ take steps 조치를 취하다
□ address 해결하다, 해소하다
□ tranquility 평온, 평정

□ sincerely 정말로, 진심으로 cf) Yours sincerely 올림
[본문해석] 수신자: Clifton 군청
발신자: Rachael Beasley
날짜: 6월 7일
제목: 우리 동네의 과도한 소음

관계당사자 분께

이 이메일이 귀하에게 잘 도착하기를 바랍니다. 우리 동네, 구체적으로 말하면 새로운 스포츠 경기장에서 발생하는 소음 수준에 대한 우려와 불만을 전달하기 위해 이 편지를 씁니다.

Clifton 지역 주민으로서, 저는 항상 우리 지역 사회의 평화에 감사해 왔습니다. 하지만, 계속되는 소음 공해로 인해 우리 가족의 안녕과 전반적인 삶의 질에 큰 영향을 미치고 있습니다. 소음의 원인은 관중의 환호, 선수들의 외침, 호각 소리, 그리고 공에 의한 충격 등입니다.

이 문제를 살펴보시고 소음 공해를 해결하기 위해 적절한 조치를 취해 주시기를 정중히 요청합니다. 이 문제에 관심을 가져주셔서 감사드리며, 우리 동네의 평온을 회복하기 위한 신속한 대응에 감사드립니다.

Rachale Beasley 올림

09 ②
[정답해설] 'step'은 '계단'이라는 뜻 외에 '필요한 대책을 세워 행하다'는 의미의 '조치'라는 뜻으로도 사용된다. 해당 문장에서도 'take steps'는 '조치하다'라는 의미로 사용되어, 글쓴이가 소음 공해를 해결하기 위해 적절한 조치를 취해 달라고 요청하고 있다. ②의 'actions'가 '조치'라는 뜻의 'steps'와 그 의미가 가장 유사하다.
[오답해설] ① 운동
③ 수준
④ 계단

10 ②
[정답해설] 글의 서두에서 곧 있을 지역 사회의 연례행사인 City Harbour Festival의 개최를 축하하고 있으므로, (A)에 들어갈 윗글의 제목으로는 ②의 'Celebrate Our Vibrant Community Events(활기찬 지역 행사 축하하기)'가 가장 적절하다.
[오답해설] ① 지역 사회를 위한 안전 규정 만들기 → 지역 사회의 축제를 소개하고 있을 뿐 안전 규정과는 관련이 없음
③ 신나는 해양 경험을 계획하기 → 해양 경험과 활동에 대한 사항이 아니라 지역 사회의 축제에 대한 소개임
④ 우리 도시의 유산을 되살리기 → 지역 사회의 공동 유산을 기념하기 위한 연례행사를 소개하고 있으나, 도

36

시의 유산을 되살리자는 내용은 언급되어 있지 않음

[핵심어휘] □ upcoming 다가오는, 곧 있을

□ annual 매년의, 일 년에 한 번의

□ diverse 다양한, 여러 가지의

□ heritage 유산

□ surrounding 인근의, 주위의

□ theatrical performance 연극

□ multiple 많은, 여러, 다수의

□ feast 연회, 축제일

□ cuisine 요리, 음식

□ regulation 규정, 규율, 규제

□ vibrant 활기찬, 힘찬

□ maritime 해양의, 바다의

□ recreate 되살리다, 재현하다

[본문해석] 공동 유산, 문화, 그리고 지역 재능을 기념하기 위해 우리의 다양한 지역 공동체를 화합하게 하는 연례행사인 곧 있을 City Harbour Festival을 발표하게 되어 기쁩니다. 달력에 표시하시고 신나는 주말을 보내기 위해 우리와 함께 하세요!

세부사항

- 날짜 : 6월 16일(금요일) ~ 6월 18일(일요일)
- 시간 : 오전 10:00 ~ 오후 8:00(금 · 토요일)
  오전 10:00 ~ 오후 6:00(일요일)
- 장소 : 시티하버파크, 메인스트리트, 주변 지역

하이라이트

- 라이브 공연
  축제장 곳곳의 여러 무대에서 다양한 라이브 음악, 춤, 연극 공연을 즐기실 수 있습니다.

- 푸드트럭
  무료 시식뿐만 아니라 다양하고 맛있는 요리를 제공하는 여러 엄선된 푸드 트럭에서 만찬을 즐기세요.

행사 및 활동의 전체 일정은 당사 홈페이지(www.cityharbourfestival.org)를 방문하시거나 (552) 234-5678 번호로 축제 사무실에 문의하시기 바랍니다.

11 ③

[정답해설] 푸드트럭에서 무료 시식을 제공하고 있으나, 무료로 요리 강습이 진행되는 행사 내용은 윗글에 언급되어 있지 않다. 그러므로 '주요 행사로 무료 요리 강습이 진행된다.'는 ③의 설명은 윗글의 내용과 일치하지 않는다.

[오답해설] ① 일 년에 한 번 개최된다. → 다양한 지역 공동체를 화합하게 하는 연례행사라고 소개하고 있음

② 일요일에는 오후 6시까지 열린다. → 세부사항의 '시간'에서 일요일은 '오전 10:00 ~ 오후 6:00'까지

임을 알 수 있음

④ 웹사이트나 전화 문의를 통해 행사 일정을 알 수 있다. → 행사의 전체 일정은 당사 웹사이트를 방문하거나 축제 사무실에 전화로 문의하라고 안내되어 있음

12 ④

[정답해설] 제시문의 마지막 문장에서 모바일 기기 사용이 불편한 분들을 위한 웹 버전의 앱도 또한 있다고 설명하고 있다. 그러므로 '개인용 모바일 기기에서만 작동한다.'는 ④의 설명은 윗글의 내용과 일치하지 않는다.

[오답해설] ① 여행객이 미리 세관 신고를 할 수 있도록 해준다. → Enter-K가 제공하는 주요 기능 중의 하나는 사전 신고로, 여행객에게 미리 세관 신고서를 제출할 수 있는 옵션을 제공함

② 더 많은 기능이 향후 추가될 것이다. → Enter-K가 향후에도 국경 관련 추가 기능을 계속 도입하여 전반적인 국경 체험을 더욱 향상시킬 것이라고 설명함

③ 여행객은 온라인 상점에서 그것을 다운로드 할 수 있다. → 도착하기 전에 온라인 상점에서 최신 버전의 앱을 단지 다운로드하기만 하면 된다고 언급되어 있음

[핵심어휘] □ customs declaration 세관 신고

□ notable 주목할 만한, 주요한

□ feature 특징, 특색

□ the Advance Declaration 사전 신고

□ submit 제출하다

□ in advance 미리, 사전에

□ modernization 현대화, 근대화

□ initiative 계획, 착수

□ additional 부가적인, 추가적인

□ device 장치, 기기, 기구

[본문해석] 세관 신고를 위해 신규 Enter-K 앱을 사용하세요.

공항에 도착하자마자 신규 Enter-K 앱을 사용하세요. Enter-K가 제공하는 주요 기능 중의 하나는 사전 신고인데, 이는 여행객에게 미리 세관 신고서를 제출할 수 있는 옵션을 제공하여 모든 국제공항에서 시간을 절약할 수 있도록 해줍니다. 현재 진행 중인 여행객 현대화 계획의 일환으로 Enter-K는 향후에도 국경 관련 추가 기능을 계속 도입하여 전반적인 국경 체험을 더욱 향상시킬 것입니다. 도착하기 전에 온라인 상점에서 최신 버전의 앱을 단지 다운로드하기만 하면 됩니다. 모바일 기기 사용이 불편한 분들을 위한 웹 버전의 앱도 또한 있습니다.

13 ④

[정답해설] 제시문의 마지막 문장에서 OLC는 근로자들이 공정하게 대우받고 근무한 모든 시간에 대해 보상받는 것을 보장하기 위해 필요 시 강제 조치를 취한다고 서술되어 있다. 그러므로 '직원들이 부당한 대우를 받았을 때 조치를 취한다.'는 ④의 설명은 제시문의 내용과 일치한다.

[오답해설] ① 직원들이 세금을 제대로 납부하도록 보장한다. → 본문에 직원들의 세금 납부에 대한 언급은 없음
② 성인 근로자의 고용에 대한 권한만을 갖는다. → OLC는 성인 근로자뿐만 아니라 미성년자의 고용에 대한 권한도 가지고 있음
③ 고용주의 사업 기회를 촉진한다. → OLC는 노동 규제 기관으로 고용주가 아닌 노동자를 위한 단체임

[핵심어휘]
□ labor 노역, 노동
□ commissioner 위원, 장관
□ responsibility 책임, 의무, 맡은 일(업무)
□ principal 주요한, 주된
□ regulatory 규제하는, 단속하는
□ agency 기관, 단체
□ minimum wage 최저 임금
□ prevailing wage 일반 직종별 임금
□ overtime 초과 근무 (수당), 야근 (수당)
□ employee 종업원, 직원
□ authority 권한, 권위
□ minor 미성년자
□ resolve 풀다, 해결하다
□ efficient 효율적인, 능률적인
□ enforcement 강제, 시행, 집행
□ take action 조치를 취하다
□ compensate 갚다, 보상하다
□ properly 적절하게, 알맞게
□ unfairly 불공평하게, 부당하게

[본문해석] 노동 위원회 사무국
노동 위원회 사무국(OLC)의 업무
OLC는 주(州)의 주요 노동 규제 기관입니다. OLC는 최저 임금, 일반 직종별 임금 및 초과 근무 수당이 직원들에게 지급되고 직원 휴식 및 점심시간이 제공되도록 보장할 책임이 있습니다. 또한, OLC는 미성년자의 고용에 대한 권한도 가지고 있습니다. 노동 관련 문제를 능률적이고 전문적이며 효과적인 방식으로 해결하는 것이 이 사무국의 비전이자 임무입니다. 이것은 법에 따른 그들의 권리와 책임에 관해 고용주와 직원들을 교육하는 것을 포함합니다. OLC는 근로자들이 공정하게 대우받고 근무한 모든 시간에 대해 보상받는 것을 보장하기 위해 필요 시 강제 조치를 취합니다.

14 ④

[정답해설] 제시문은 날계란이나 설익은 계란을 섭취하고 익히지 않은 음식과 조리된 음식을 분리하지 않는 등 살모넬라균 감염의 원인을 설명하고, 이런 위험을 최소화하기 위해 식품 안전 조치와 적절한 요리법을 지킬 것을 당부하고 있다. 그러므로 ④의 '살모넬라균 감염 예방을 위한 계란의 안전한 처리'가 윗글의 주제로 가장 적절하다.

[오답해설] ① 계란 섭취가 면역계에 미치는 이점 → 살모넬라균에 감염되지 않고 계란을 섭취하는 방법에 대해 설명하고 있으나, 계란 섭취가 면역계에 어떠한 이점이 있는지에 대한 언급은 없음
② 다양한 종류의 살모넬라균 감염 치료제 → 살모넬라균 감염을 최소화하는 방법에 대한 설명은 있으나, 감염 치료제에 대한 언급은 없음
③ 따뜻한 온도에서의 살모넬라균의 수명 → 살모넬라균의 최적 성장 조건만 언급되어 있으며 구체적인 수명에 대한 언급은 없음

[핵심어휘]
□ the Ministry of Food and Drug Safety 식품의약품안전처
□ food poisoning 식중독
□ cross-contamination 교차오염
□ neglect 방치하다, 소홀히 하다
□ utensil 식기, 도구
□ mitigate 완화[경감]시키다, 줄이다
□ refrigerate 냉장하다, 냉장고에 보관하다
□ the yolk and white 노른자와 흰자
□ staggering 충격적인, 믿기 어려운
□ Salmonella bacteria 살모넬라균
□ thrive 성장하다, 자라다
□ approximately 약, 대략
□ Celsius 섭씨
□ optimal 최적의
□ consume 먹다, 소모하다, 섭취하다
□ raw 날것의, 익히지 않은
□ undercooked 설익은, 덜익은
□ identify 확인하다, 알아보다
□ infection 감염, 전염병
□ crucial 중대한, 결정적인
□ prioritize 우선시하다, 우선순위를 매기다
□ adhere to ~을 고수하다, 지키다
□ immune 면역
□ life span 수명

[본문해석] 식품의약품안전처는 계란을 만지고 음식을 준비하거나 식기를 사용하기 전에 손 씻기를 소홀히 하는 교차오염의 결과로 식중독 사례가 발생했다고 경고했다. 이러

한 위험을 줄이기 위해 해당 부처는 계란을 냉장 보관하고 노른자와 흰자가 모두 굳을 때까지 완전히 익힐 것을 권고했다. 지난 5년 동안 충격적이게도 7,400명의 사람들이 살모넬라균에 의한 식중독을 경험했다. 살모넬라균은 따뜻한 온도에서 번성하며, 대략 섭씨 37도가 최적의 성장 조건이다. 날계란이나 설익은 계란을 섭취하고 익히지 않은 음식과 조리된 음식을 분리하지 않는 것이 살모넬라균 감염의 가장 흔한 원인으로 확인되었다. 살모넬라균과 관련된 질병의 위험을 최소화하기 위해 식품 안전 조치를 우선시하고 적절한 요리법을 지키는 것이 중요하다.

15 ①

[정답해설] 글의 서두에서 교육 불균형을 해소하기 위한 지속적인 노력에도 불구하고 학생들 사이의 학업 격차는 교육 시스템의 상당한 불평등을 계속해서 야기한다고 문제를 제기하고 있고, 마지막 문장에서 이러한 교육 분열 문제를 모든 교육 시스템 단계에서 찾아 해결할 것을 주문하고 있다. 그러므로 ①의 '우리는 지속적인 교육 불평등에 대처해야 한다.'가 윗글의 요지로 가장 적절하다.

[오답해설] ② 교육 전문가들은 새로운 학교 정책에 집중할 필요가 있다. → 새로운 학교 정책이 아니라 모든 교육 시스템에서의 포괄적인 정책의 필요성을 강조함

③ 성적 격차를 메우기 위해서는 새로운 교수법이 필요하다. → 표적 개입, 공평한 자원 할당 및 포괄적인 정책의 필요성을 제시하고 있으나, 새로운 교수법의 필요성에 대해서는 언급되어 있지 않음

④ 가정 소득은 교육 논의에서 고려되어서는 안 된다. → 학업 성취도가 뒤처지는 학생들의 저소득 배경 사례를 예로 들고 있을 뿐, 교육적 논의의 대상 여부를 밝히고 있지는 않음

[핵심어휘] □ address 해결하다, 해소하다
□ disparity 불균형, 불평등, 격차
□ persistent 끊임없는, 지속되는
□ significant 중요한, 의미심장한
□ inequity 불평등, 불공평
□ reveal 드러내다, 폭로하다
□ marginalized 하찮은, 소외된
□ vulnerable 취약한, 연약한
□ lag behind 뒤처지다, 뒤떨어지다
□ peer 동료, 또래
□ pose a challenge to ~에 도전하다, ~에 직면하다
□ emphasize 강조하다, 역설하다
□ intervention 개입, 조정, 중재
□ equitable 공정한, 공평한
□ allocation 할당, 분배

□ inclusive 포함된, 포괄적인
□ bridge a gap 공백[간격]을 메우다, 틈을 좁히다
□ irrespective of ~와 무관하게, ~와 관계없이
□ socioeconomic 사회 경제적인
□ status 신분, 지위
□ divide 분할, 분열, 차이

[본문해석] 교육 불균형을 해소하기 위한 지속적인 노력에도 불구하고, 학생들 사이의 지속적인 학업 격차는 교육 시스템의 상당한 불평등을 계속해서 강조하고 있다. 최근 자료는 저소득 배경과 취약 계층의 학생들을 포함하여 소외된 학생들이 학업 성취에서 또래 학생들보다 계속 뒤처지고 있다는 것을 보여준다. 이러한 격차는 교육 형평성과 사회적 이동성을 달성하기 위한 도전에 직면해 있다. 전문가들은 사회 경제적 지위나 배경에 관계없이 이 간극을 메우고 모든 학생들에게 동등한 기회를 보장하기 위해 표적 개입, 공평한 자원 할당 및 포괄적인 정책의 필요성을 강조한다. 지속적인 교육 분열 문제는 해결책을 찾기 위한 노력으로 모든 교육 시스템 단계에서 해결되어야만 한다.

16 ③

[정답해설] 제시문은 아이들이 어렸을 때 자연과 함께 함으로써 얻는 이점에 대해 서술하고 있다. 그런데 ③에서 야외 활동은 아이들이 그들의 가족과 양질의 시간을 보내는 것을 어렵게 만든다며 야외 활동의 단점에 대해 언급하고 있다. 그러므로 ③은 글의 전체적인 흐름상 어울리지 않는다.

[핵심어휘] □ guardian 수호자, 보호자
□ desperate 절박한, 간절한
□ urge 욕구, 욕망, 충동
□ restorative 회복시키는, 복원하는
□ let off steam 발산하다, 기분을 풀다
□ huge 거대한, 엄청난
□ range from ~에 걸치다, 범위가 ~부터이다
□ boost 신장시키다, 북돋우다, 후원[지지]하다
□ environmentalism 환경보호론, 환경보호주의
□ adulthood 성인, 성년
□ urban 도심의, 도시의

[본문해석] 어린 아이들의 모든 부모나 보호자들은 집 밖으로 나가고 싶은 간절한 충동과 근처 공원으로의 잠깐 동안의 산책조차 마법 같은 회복 효과가 있음을 경험했을 것이다. ① 여기에는 아마도 단지 기분을 푸는 것 이상의 일들이 있을 것이다. ② 아이들이 자연과 함께 하는 이점은 학업 성적을 더 올리고 기분과 집중력을 향상시키기까지 엄청 크다. ③ 야외 활동은 아이들이 그들의 가족과 양질의 시간을 보내는 것을 어렵게 만든다.

④ 자연에 대한 어린 시절의 경험은 또한 성인기에 환경보호주의를 지지할 수도 있다. 도심의 녹지공간에 대한 접근성은 아이들의 소셜네트워크와 우정에 어떤 역할을 수행할 수 있다.

17 ③

[정답해설] ③ 이전에는 대기오염에 대한 연방정부의 규제가 없어서 공장 가동으로 인한 대기오염 수준이 매우 심각했다고 서술되어 있고, ③ 이후에는 대기오염 방지법이 제정되어 대기의 질이 호전되었다고 서술되어 있다. 주어진 문장이 '특히 많은 도시 자치주에서, 부유 입자의 총량으로 측정된 대기 오염이 위험한 수준에 도달했다.'고 ②의 내용을 보충하고 있으므로, 주어진 문장은 ③에 들어가는 것이 가장 적절하다.

[핵심어휘] □ county 자치주[군]
□ suspend particle 부유 입자
□ evaluate 평가하다, 측정하다
□ pollution 오염(물질), 공해
□ the Clean Air Act 대기오염 방지법
□ federal 연방정부의, 연방제의
□ regulation 규제, 규정
□ issue 주제, 문제
□ be high on ~열광하다, ~에 주목하다
□ agenda 의제, 행동 강령
□ legislator 입법자, 국회의원
□ guideline 지침, 지도
□ constitute 구성하다, 설립하다
□ excessively 과도하게, 매우, 심히
□ pollutant 오염 물질, 오염원
□ amendment 개정, 수정
□ improvement 향상, 개선, 호전

[본문해석] 특히 많은 도시 자치주에서, 부유 입자의 총량으로 측정된 대기 오염이 위험한 수준에 도달했다.

경제학자인 Chay와 Greenstone은 1970년 대기오염 방지법 이후 대기오염의 정화 가치를 측정했다. (①) 1970년 이전에는 대기오염에 대한 연방정부의 규제가 거의 없었고, 그 문제가 주 의원들의 의제로 주목받지도 못했다. (②) 결과적으로 많은 자치주들이 오염에 대한 아무런 규제 없이 공장 가동을 허용했고, 몇몇 중공업화된 자치주에서는 오염이 매우 높은 수준에 이르렀다. (③) 대기오염 방지법은 특히 위험한 다섯 가지 오염물질을 심히 높은 수준으로 구성하는 지침을 제정했다. (④) 1970년 이 법안과 1977년 개정 이후 대기의 질이 호전되었다.

18 ②

[정답해설] 주어진 지문은 화자가 빵을 훔쳐 셔츠 속에 넣고 달아나는 장면이며, (B)는 화자가 훔친 빵을 가지고 집으로 돌아오는 장면이다. (A)는 화자가 훔친 빵을 식탁 위에 올려놓자 가족들이 모이는 장면이며, 마지막으로 (C)는 화자가 가족과 함께 빵을 나눠 먹는 모습이다. 그러므로 주어진 글 다음에 (B) – (A) – (C)의 순으로 이어져야 한다.

[핵심어휘] □ witness 보다, 목격하다
□ shove 아무렇게나 놓다[넣다]
□ loaf (빵 등의) 덩어리
□ swiftly 재빨리, 신속히
□ chunk (두툼한) 덩어리
□ tear off 떼어내다, 뜯다
□ pour 쏟다, 붓다
□ clutch 움켜잡다
□ cling to ~에 매달리다, ~에 집착하다
□ slice 썰다, 베다
□ entire 전체의, 모든
□ hearty 풍부한, 푸짐한
□ raisin 건포도

[본문해석] 무슨 일이 있었는지 누군가 보기 전에, 나는 셔츠 속에 빵 덩어리를 넣고, 사냥 재킷을 몸에 꽉 두른 채 재빨리 걸어 나갔다.

(B) 빵의 열기로 피부가 타들어갔지만, 나는 그것을 더 꽉 움켜쥐고 삶에 집착했다. 이윽고 집에 도착했을 때, 빵은 다소 식었지만, 속은 여전히 따뜻했다.

(A) 그것들을 식탁 위에 내려놓았을 때, 여동생의 손이 빵 덩어리를 떼려 다가왔지만, 나는 그녀를 자리에 앉힌 후 어머니를 우리와 함께 식탁에 앉도록 하고 따뜻한 차를 따라주었다.

(C) 나는 빵을 얇게 썰었다. 우리는 빵 한 덩어리를 한 조각 한 조각씩 전부 먹었다. 건포도와 견과류로 가득 찬 푸짐한 빵이었다.

19 ①

[정답해설] 제시문은 출산율 하락을 통계적 수치로 제시한 후 이러한 인구학적 변화로 인해 발생하는 세금, 노인 의료, 부양 책임, 은퇴 등의 문제점을 지적하고 있다. 그러므로 빈칸에는 이러한 문제점들에 대한 우려를 나타내는 말이 와야 하므로, ①의 'raises concerns about future challenges(미래의 도전에 대한 우려를 증가시킨다)'가 들어갈 말로 가장 적절하다.

[오답해설] ② 역연령 구조 현상을 완화하다 → 출산율 하락으로 인한 인구 고령화의 문제점에 대해 설명하고 있으므로, 역연령 구조 현상의 완화는 글의 흐름과 어울리지 않음

③ 결혼율 감소 문제를 보완하다 → 출산율 하락에 대한 문제이며, 결혼율 감소 문제에 대한 내용은 나타나 있지 않음

④ 문제 해결을 위한 즉각적인 해결책을 제공하다 → 출산율 하락으로 인한 문제점을 부각하고 있으나, 이를 위한 해결책을 제시하고 있지는 않음

[핵심어휘] □ fertility rate 출산율, 출생률
□ project 예상하다, 추정하다
□ shrink 줄어들다, 감소하다
□ population 인구, 주민
□ peak 절정[최고조]에 달하다
□ transition 변화, 변천, 전환
□ significant 상당한, 중요한
□ aging of population 인구 고령화[노령화]
□ demographic 인구학의, 인구통계학의
□ shift 변화, 이동
□ taxation 조세, 과세
□ caregiving 부양, 돌봄
□ retirement 은퇴, 퇴직
□ ensure 확신시키다, 보장하다
□ soft landing 연착륙
□ raise 높이다, 올리다, 인상하다
□ mitigate 완화시키다, 경감시키다
□ inverted 역의, 반대의
□ phenomenon 현상
□ compensate for 보상하다, 보완하다
□ reduce 줄이다, 낮추다
□ immediate 즉각적인, 당면한

[본문해석] 출산율 하락은 금세기 말까지 거의 모든 국가의 인구가 감소하는 결과를 초래할 것으로 예상된다. 전 세계 출산율은 1950년에 4.7명이었지만, 2017년에는 2.4명으로 거의 절반까지 떨어졌다. 2100년에는 1.7명 밑으로 떨어질 것으로 예상된다. 그 결과, 일부 연구원들은 지구상의 인구수가 2064년 무렵에 97억 명으로 정점을 찍은 후 금세기 말까지 88억 명으로 떨어질 것으로 예측한다. 이러한 변화는 또한 인구의 상당한 고령화를 초래하여, 80세에 이르는 사람들이 출생하는 아이들의 수만큼 많을 것이다. 이러한 인구학적 변화는 세금, 노인 의료, 부양 책임 및 은퇴를 포함한 미래의 도전에 대한 우려를 증가시킨다. 새로운 인구학적 지형으로의 '연착륙'을 보장하기 위해 연구원들은 이러한 변화를 신중히 관리할 필요가 있다고 강조한다.

20 ③

[정답해설] 제시문은 화자의 말에 집중하지 못하는 것을 화자의 성격이나 전달 태도를 비난하며 화자에게 책임을 돌리

기보다는 청자 스스로에게 책임이 있음을 주지시키고 있다. 즉, 화자의 메시지에 대한 이해 수준을 높이는 것은 청자 자신에게 달려 있다는 내용이므로, ③의 '본질적으로 우리 자신이 책임을 지는 것이다.'가 빈칸에 들어갈 말로 가장 적절하다.

[오답해설] ① 화자가 아는 것을 무시하다 → 좋은 청자는 화자가 알고 있는 것을 알고 싶어 한다고 하였으므로, 화자가 아는 것을 무시한다는 내용은 적절하지 않음

② 화자의 성격을 분석하다 → 화자의 성격이나 전달 태도에는 관심이 없다고 하였으므로, 화자의 성격을 분석하는 것은 아님

④ 화자의 연설 전달 능력에 초점을 맞추다 → 화자의 성격이나 전달 태도에는 관심이 없다고 하였으므로, 화자의 전달 능력에 초점을 맞추는 것은 아님

[핵심어휘] □ blame A for B B를 A의 탓으로 돌리다
□ inattention 부주의, 무관심
□ incompetent 무능한, 쓸모없는
□ initial 초기의, 처음의
□ similarity 비슷함, 유사성
□ personality 개성, 성격
□ delivery 전달[발표] (태도)
□ find out 알아내다, 이해하다
□ essentially 본질적으로, 근본적으로
□ equipped 장비를 갖춘
□ analyze 분석하다
□ assume the responsibility 책임을 떠맡다, 책임을 지다
□ inherently 본질적으로, 내재적으로
□ competency 능숙함, 유능함, 능력

[본문해석] 많은 청자들은 "누가 그런 사람의 말을 들을 수 있겠어? 그는 메모지 읽는 것을 언제쯤 그만둘까?"라고 스스로 생각함으로써 그들의 무관심을 화자 탓으로 돌린다. 좋은 청자는 다르게 반응한다. 그는 화자를 보고 "이 사람은 무능해. 어느 누구도 그보다는 더 잘 말할 수 있을 것 같아."라고 생각할 수 있다. 그러나 이러한 초기 유사함으로부터 그는 다른 결론으로 나아가고, "하지만 잠시만. 나는 그의 성격이나 전달 태도에는 관심이 없어. 나는 그가 알고 있는 것을 알고 싶을 뿐이야. 이 사람이 내가 알아야 할 것들을 알고 있나?"라고 생각한다. 본질적으로, 우리는 "우리 자신의 경험으로 듣는다." 우리가 그의 메시지를 이해할 수 있는 준비가 제대로 되어 있지 않기 때문에 말하는 사람이 책임을 져야 할까? 우리가 듣는 모든 것을 이해할 수는 없지만, 우리의 이해 수준을 높이는 한 가지 확실한 방법은 본질적으로 우리 자신이 책임을 지는 것이다.

제2차 정답 및 해설

▌정답

01 ③	02 ②	03 ③	04 ④	05 ②
06 ②	07 ③	08 ①	09 ④	10 ①
11 ③	12 ①	13 ④	14 ③	15 ②
16 ②	17 ②	18 ③	19 ④	20 ③

▌해설

01 ③

[정답해설] 대형 벽화를 전시하기 위해 필요한 공간을 확보하는 것이므로, 빈칸에는 ③의 'ample(충분한, 넓은)'이 들어갈 말로 가장 적절하다.

[오답해설] ① 편안한
② 답답한
④ 비좁은

[핵심어휘] □ exhibit 전시하다, 진열하다
□ mural 벽화
□ make sure 확실하게 하다, 반드시 하다
□ cozy 편안한, 안락한
□ stuffy 답답한, 딱딱한
□ ample 충분한, 넓은
□ cramped 비좁은, 갑갑한

[본문해석] 대형 벽화를 전시하기 위해 박물관 큐레이터들은 넓은 공간을 반드시 확보해야 했다.

02 ②

[정답해설] 양보의 부사절을 이끄는 'Even though(비록 ~일지라도)'는 주절과 종속절의 내용이 서로 대비된다. 많은 문제점들이 있지만 시민의 안전이 가장 우선시 된다는 내용이므로, 빈칸에는 앞의 'top'과 함께 '최우선'이라는 의미로 ②의 'priority(우선)'가 들어갈 말로 가장 적절하다.

[오답해설] ① 비밀
③ 해결책
④ 기회

[핵심어휘] □ emphasize 강조하다, 역설하다
□ safety 안전, 안전성
□ top priority 최우선
□ opportunity 기회, 호기

[본문해석] 해결해야 할 문제가 많음에도 불구하고, 나는 우리 시민의 안전이 최우선이라는 점을 강조하고 싶다.

03 ③

[정답해설] 글의 흐름상 'exploitation(이용)'이 'collapse(몰락)'에 기여한 것이고, 'contribute'는 전치사 to를 동반하여 자동사로 쓰이므로 능동태가 되어야 한다. 또한 주절의 시제가 'may have + p.p'로 과거 사실에 대한 추측을 나타내므로 'seems' 다음에 현재보다 더 이전의 사실을 나타내는 완료형 부정사를 사용해야 한다. 그러므로 빈칸에는 ③의 'have contributed to'가 들어갈 말로 가장 적절하다.

[오답해설] ①·② 능동태의 형태는 옳으나 시제가 일치하지 않는다.
④ 완료형 시제는 맞으나 수동태이므로 옳지 않다.

[핵심어휘] □ overpopulation 인구 과밀[과잉]
□ exploitation 착취, 개발, 이용
□ rain-forest 열대 우림
□ ecosystem 생태계
□ A as well as B B뿐만 아니라 A도
□ shortage 부족, 결핍
□ collapse 붕괴, 몰락
□ contribute to ~에 기여하다

[본문해석] 인구 과밀이 중요한 역할을 했을지도 모른다. 즉, 물 부족뿐만 아니라 마야인들이 식량을 위해 의존했던 열대 우림 생태계의 과도한 이용이 몰락에 기여했던 것으로 보인다.

04 ④

[정답해설] which → where / in which
주어진 문장에서 ④의 'which' 이하의 절은 선행사인 'an international community'를 수식하므로 관계대명사가 이끄는 형용사절이다. 그런데 'which' 이하의 종속절이 완전한 문장이므로, 'which'를 장소를 나타내는 관계부사 'where' 또는 '전치사+관계대명사'의 형태인 'in which'로 고쳐 써야 옳다.

[오답해설] ① 'international organization(국제기구)'가 '조직된' 것이므로 수동의 관계이다. 그러므로 과거분사의 형태인 'designed'를 사용한 것은 적절하다.
② 'not merely A but also B' 구문에서 A와 B는 동일 형태를 사용해야 한다. A에 to부정사의 형태인 'to talk'가 왔으므로 B도 to부정사의 형태인 'to act'를 사용한 것은 적절하다.
③ 'see A as B(A를 B로 생각하다[여기다, 간주하다])' 구문으로 접속사 'as'를 사용한 것은 적절하다.

[핵심어휘] □ it seems to me that 나는 ~하고 생각한다. 내 생각에는 ~인 것 같다
□ international organization 국제 기구
□ not merely A but also B A뿐만 아니라 B도
□ see A as B A를 B로 생각하다[여기다, 간주하다]
□ international community 국제 사회
□ by chance 우연히
□ by design 의도적으로, 계획적으로

[본문해석] 나는 평화를 유지하기 위해 조직된 어떤 국제 기구든 말뿐만 아니라 행동할 수 있는 힘도 있어야 한다고 생각한다. 정말로 이것이 우연이 아닌 의도적으로 전쟁을 피할 수 있는 국제 사회로 나아가는 모든 발전의 핵심 주제라고 생각한다.

05 ②

[정답해설] are emerged → are emerging
'emerge'는 완전자동사이므로 'are emerged'처럼 수동태로 만들 수 없으며, 글의 흐름상 다음 문장의 'industry is changing'와 마찬가지로 현재진행형 시제인 'are emerging'로 고쳐 써야 옳다.

[오답해설] ① 'arrive'는 자동사로 전치사 'in'과 함께 '~에 도착하다'라는 의미로 사용되며, 앞의 'have'와 함께 'have+p.p'의 현재완료 시제를 구성하므로 'arrived in'은 옳게 사용되었다.
③ 내용상 자동차가 공유되는 것이므로 수동형이고, 현재 발생중인 일이므로 'be being+p.p'의 수동형 현재진행 시제인 'are being shared'는 옳게 사용되었다.
④ 내용상 전체 공장들이 서로 연결된 것이므로, 'connect A with B' 구문이 수동형으로 바뀌어 'are (intelligently) connected with'로 사용된 것은 적절하다.

[핵심어휘] □ digitization 디지털화
□ across the board 전반에 걸쳐
□ in all sectors 모든 부문[분야]에서
□ emerge 나타나다, 출현하다, 등장하다
□ assemble 모이다, 조립하다
□ entire 전체의, 모든
□ intelligently 똑똑하게, 지능적으로

[본문해석] 우리는 이미 디지털화된 세상에 도착해 있다. 디지털화는 전통적인 IT 회사들뿐만 아니라, 전반적으로 모든 분야의 회사들에 영향을 미친다. 새롭게 변화된 비즈니스 모델들이 등장하고 있는데, 즉 자동차는 앱으로 공유되고 있고, 언어는 온라인에서 학습되며, 그리고 음악은 스트리밍되고 있다. 그러나 산업은 또한 변화하고 있는데, 3D 프린터는 기계 부품을 만들고, 로봇은 그것들을 조립하며, 전체 공장들은 서로 지능적으로 연결되어 있다.

06 ②

[정답해설] 회의실 대여에 관련된 대화 내용으로, Tim Jones이 회의는 7월 15일 월요일에 있을 예정이라고 구체적 회의 날짜와 요일을 답하고 있으므로, 빈칸에는 ②의 '정확한 회의 날짜를 알려주실 수 있나요?'가 들어갈 말로 가장 적절하다.

[오답해설] ① 연락처를 알 수 있을까요? → 회의 날짜를 제시하고 있으므로 연락처를 묻는 내용은 부적절함
③ 빔 프로젝터나 복사기가 필요하십니까? → 회의할 때 필요한 장비를 묻는 질문은 없음
④ 회의에 몇 명이 참석할 예정입니까? → 17인실이 필요하다고 앞에서 이미 언급되어 있음

[핵심어휘] □ rent 대여하다, 임차[임대]하다
□ available 활용할 수 있는, 이용할 수 있는
□ accommodate 수용하다, 공간을 제공하다
□ reserve 예약하다, 비축하다
□ confirmation 확인, 확정

[본문해석] Tim Jones: 안녕하세요, 저는 회의실 중 하나를 대여하는 것에 관심이 있습니다.
Jane Baker: 관심에 감사드립니다. 회의 규모에 따라 이용 가능한 공간이 여럿 있습니다. 5~20명의 단체를 수용할 수 있습니다.
Tim Jones: 좋습니다. 17인실이 필요하고, 회의는 다음 달로 예정되어 있습니다.
Jane Baker: 정확한 회의 날짜를 알려주실 수 있나요?
Tim Jones: 회의는 7월 15일 월요일에 있을 예정입니다. 그날 가능한 회의실이 있나요?
Jane Baker: 네, 있습니다. 자리를 예약하고 모든 세부 사항이 포함된 확인 이메일을 보내드릴 수 있습니다.

07 ③

[정답해설] B가 그 서비스를 어떻게 이용하느냐고 질문한 후 A의 답변을 듣고 복잡하지는 않은 것 같다며 주말에 한 번 해보겠다고 답하고 있다. 따라서 빈칸에는 공유 자전거 서비스를 이용하는 방법에 대한 설명이 오면 된다. 그러므로 ③의 '자전거 공유 앱을 다운받고 온라인으로 결제하면 돼'가 빈칸에 들어갈 말로 가장 적절하다.

[오답해설] ① 그건 전기식이라 에너지를 절약할 수 있어 → 공유 자전거가 전기 자전거라는 사실은 대화 후미에 등장함
② 네 소유의 자전거를 주차하려면 꼭 허가증을 신청해 → 공유 자전거에 대한 내용이므로, 자가 소유 자전거의 주차 허가 신청과는 관련 없음
④ 안전을 위해 항상 헬멧을 써야만 해 → 공유 자전거 서비스 이용 방법을 묻는 질문에 헬멧 착용 답변은 어울리지 않음

[핵심어휘]
- □ launch 시작하다, 개시하다
- □ sharing service 공유 서비스
- □ by the way 그런데
- □ I can tell 딱 보니 알겠네, 확실해
- □ it looks cool 멋있어 보이네
- □ apply for ~에 지원하다, 신청하다
- □ permit 허가(증)
- □ at all times 항상
- □ safety 안전, 안심

[본문해석]
A: 이 자전거에 대해 어떻게 생각해?
B: 와, 정말 좋아 보인다! 금방 산거야?
A: 아니, 이건 공유 자전거야. 시가 자전거 공유 서비스를 시작했어.
B: 정말? 그건 어떻게 작동해? 내 말은, 그 서비스는 어떻게 이용해?
A: 간단해. 자전거 공유 앱을 다운받고 온라인으로 결제하면 돼.
B: 복잡하지는 않은 것 같네. 이번 주말에 한 번 해봐야겠어.
A: 그런데, 그건 전기 자전거야.
B: 그래, 딱 보니 알겠네. 멋있어 보이네.

08 ①

[정답해설] 첫 번째 문장에서 우리는 식품, 섬유 및 특산작물의 자국 생산자를 위한 국내외 마케팅 기회를 창출하는 프로그램을 운영한다고 그 임무를 소개하고 있다. 그러므로 '국내 생산자를 위한 마케팅 기회를 창출한다.'는 ①의 설명은 윗글의 내용과 일치한다.

[오답해설] ② 전 세계의 건강한 식품의 소비를 제한한다. → 자국 및 전 세계 소비자에게 건강에 좋은 식품의 품질과 유용성을 보장함
③ 생산자보다 소비자에게 이익이 되도록 전념한다. → 생산자, 상인 및 소비자 모두에게 이익이 되도록 함
④ 결정을 내리기 전에 다른 기관으로부터 명령을 받는다. → 프로그램과 서비스에 대한 신뢰를 구축하기 위해 독립성과 객관성을 보장받음

[핵심어휘]
- □ agricultural 농업의
- □ administer 운영하다, 관리하다
- □ domestic 국내의
- □ opportunity 기회
- □ fiber 섬유
- □ specialty crops 특수작물
- □ valuable 귀중한, 가치 있는
- □ ensure 보장하다, 보증하다
- □ availability 이용성, 유용성
- □ wholesome 건강에 좋은, 건전한
- □ facilitate 촉진하다, 가능하게 하다

- □ strategic 전략적인, 전략상 중요한
- □ competitive 경쟁적인, 경쟁을 하는
- □ integrity 청렴, 고결, 성실
- □ independence 독립, 자립
- □ objectivity 객관성
- □ independently 독립하여, 자주적으로
- □ be committed to ~에 전념[헌신]하다
- □ mandate 권한, 명령
- □ mutual 서로의, 상호의
- □ profitable 수익성이 있는, 이익이 되는
- □ impartial 공평한, 공정한

[본문해석] 농업 마케팅 사무소

임무
우리는 식품, 섬유 및 특산작물의 자국 생산자를 위한 국내외 마케팅 기회를 창출하는 프로그램을 운영한다. 우리는 또한 전국 및 전 세계 소비자를 위한 건강에 좋은 식품의 품질과 유용성을 보장하는 가치 있는 서비스를 농업계에 제공한다.

비전
우리는 국내외 시장에서 자국 농산품의 전략적 마케팅을 촉진하는 동시에 공정한 거래 관행을 보장하고 자국의 식품, 섬유 및 특산작물의 생산자, 상인 및 소비자에게 이익이 되도록 경쟁적이고 효율적인 시장을 촉진한다.

핵심 가치
- 정직과 성실: 우리는 우리가 하는 모든 일에 완벽한 정직과 성실을 기대하고 요구한다.
- 독립성과 객관성: 우리는 프로그램과 서비스에 대한 신뢰를 구축하기 위해 독립적이고 객관적으로 행동한다.

09 ④

[정답해설] 'fair'는 '공정한'의 의미로 ④의 'impartial(공평한, 공정한)'과 그 의미가 가장 유사하다.

[오답해설] ① 무료의
② 상호의
③ 이익이 되는

10 ①

[정답해설] 제시문은 죽어가고 있는 Dimmesdale 호수를 살리기 위한 대책을 논의하기 위해 특별 회의를 개최한다고 주민들의 참여를 독려하며 장소, 날짜, 시간 등을 공지한 게시물이다. 그러므로 (A)에 들어갈 윗글의 제목은 ①의 'Dimmesdale 호수가 죽어가고 있어요'가 가장 적절하다.

[오답해설] ② 호수의 아름다움에 대한 찬사 → 죽어 가는 호수를

살리기 위한 대책 회의가 중심 주제이지 호수의 아름다움이 중심 주제는 아님

③ Dimmesdale 호수의 문화적 가치 → 호수를 살리는 것이 주민의 재산 가치에 영향을 미친다고 서술하고 있으나, 호수의 문화적 가치에 대한 언급은 없음

④ 그 대학에 있어서 호수의 중요성 → 우천 시 회의가 대신 개최되는 장소일 뿐 호수와의 연관성은 없음

[핵심어휘] □ head toward ~를 향하다

□ pay one's respect to ~에게 경의[존경]를 표하다

□ body of water 수역

□ dedicated 전념하는, 헌신적인

□ affect 영향을 미치다

□ property 재산, 부동산

□ regional 지역의, 지방의

□ council 의회, 평의회, 심의회

□ opposite 맞은편의, 반대편의

□ significance 중요성, 의미

[본문해석] 가까운 이웃으로서, 호수를 살리는 방법을 알고 싶을 것입니다.

아직 죽지는 않았지만, Dimmesdale 호수는 종말을 향해 가고 있습니다. 그러므로 살아있을 때 이 아름다운 수역에 경의를 표하세요.

일부 헌신적인 사람들이 지금 그것을 살리기 위해 일하고 있습니다. 그들은 그 사실을 여러분에게 알리기 위해 특별 회의를 개최할 것입니다. 오셔서 무엇을 하고 있고 여러분이 어떻게 도울 수 있는지 알아보세요. 이것은 여러분의 재산 가치에도 영향을 미칩니다.

누가 죽은 호수 근처에서 살고 싶겠습니까?

중부 주 지역 계획 위원회 후원

• 장소: 남부 주립대학 맞은편 그린 시티 파크 (우천 시: 대학도서관 203호)

• 일시: 2024년 7월 6일, 토요일

• 시간: 오후 2시

회의에 대한 질문은 당사 웹사이트 www.planningcouncilsavelake.org를 방문하시거나 (432) 345-6789로 저희 사무실에 연락주세요.

11 ③

[정답해설] 회의가 개최될 장소는 남부 주립대학 맞은편 그린 시티 파크이며, 우천 시에는 대학도서관 203호에서 회의가 열린다고 공지하고 있다. 그러므로 '우천 시에는 대학의 구내식당에서 회의가 열린다.'는 ③의 설명은 윗글의 내용과 일치하지 않는다.

[오답해설] ① 일부 헌신적인 사람들이 호수를 살리기 위해 일하고 있다고 서술하고 있다.

② 호수를 살리기 위한 활동이 주민들의 재산 가치에도 영향을 미친다고 서술하고 있다.

④ 제시문의 마지막 줄에 회의에 대한 질문은 웹사이트를 방문하거나 전화로 사무실에 연락 달라고 서술하고 있다.

12 ①

[정답해설] 제시문은 보안에 심각한 위협이 되고 있는 사이버 범죄로부터 개인 및 비즈니스 정보를 보호하기 위한 다섯 가지 방법을 안내하고 있다. 그러므로 윗글의 목적은 ①의 '고객에게 사이버 위협으로부터 자신을 안전하게 보호하는 방법을 알려주기 위해'서이다.

[오답해설] ② 고객에게 소프트웨어 및 장치를 업데이트하는 방법을 알려주기 위해 → 소프트웨어와 장치를 최신 상태로 유지할 것을 권고하고 있으나, 업데이트하는 방법을 알려주고 있지는 않음

③ 고객에게 비밀번호를 더 강화하는 방법을 알려주기 위해 → 강력한 비밀번호를 사용하고 자주 바꿔줄 것을 권고하고 있으나, 비밀번호를 더 강화하는 방법에 대한 설명은 없음

④ 고객에게 OTP를 보호하는 방법을 알려주기 위해 → 본인 확인을 위한 OTP 사용 요청을 안내하고 있으나, OTP를 보호하는 방법은 제시되어 있지 않음

[핵심어휘] □ client 고객, 단골

□ cybercrime 사이버 범죄

□ security 안전, 보안

□ safeguard 보호하다

□ threat 위협, 협박

□ frequently 자주, 빈번히

□ up to date 최신의

□ wary 경계하는, 주의하는

□ suspicious 수상한, 의심스러운

□ give out 발설하다, 내뱉다, 제공하다

□ sensitive 민감한, 예민한

□ two factor authentication 이중 인증

□ passcode 암호, 비밀번호

□ verify 확인하다, 입증하다

□ identity 신원

[본문해석] 친애하는 고객 여러분께,

오늘날의 세계에서, 사이버 범죄는 여러분의 보안에 심각한 위협이 되고 있습니다. 여러분의 신뢰할 수 있는 파트너로서, 여러분의 개인 및 비즈니스 정보를 보호하는 데 도움을 드리고자 합니다. 사이버 위협으로부터 여러분을 보호하는 다섯 가지 쉬운 방법이 있습니다.

1. 강력한 비밀번호를 사용하고 자주 바꿔주세요.

2. 소프트웨어와 장치를 최신 상태로 유지하세요.

제2차 영어

3. 독촉하거나 민감한 정보를 제공하도록 압박하는 의심스러운 이메일, 링크 또는 전화를 주의하세요.
4. 이중 인증을 활성화하고 가능한 한 언제든지 사용하세요. California Bank & Savings에 연락하시면 본인 확인을 위해 일회용 비밀 번호(OTP)를 사용하라는 요청을 받으실 겁니다.
5. 데이터를 정기적으로 백업하세요.

어떻게 하면 온라인상에서 안전할 수 있는지 더 알고 싶다면 보안 센터를 방문하세요. 사이버 보안은 팀의 노력이라는 것을 기억하세요. 함께 협력함으로써, 우리는 우리 자신과 세계를 위해 더 안전한 온라인 환경을 구축할 수 있습니다.

California Bank & Savings 올림

13 ④

[정답해설] 제시문은 동물 추적 과학에 혁신을 가져다 줄 국제 우주 정거장의 야생 동물 감시 장비에 대해 소개한 후 향후 가동 일정과 기대효과 등에 대해 설명하고 있다. 그러므로 ④의 '우주 정거장에서의 혁신적인 야생 동물 감시'가 윗글의 주제로 가장 적절하다.

[오답해설] ① 지구 생태계의 지속 가능성 평가 → 지구 생태계의 지속 가능성이 아니라, 우주 정거장에서의 혁신적인 야생 동물 감시 장비에 대해 소개하고 있음
② 러시아 우주비행사들의 성공적인 훈련 프로젝트 → 우주 정거장에 야생 동물 감시 장비를 설치한 것은 러시아 우주 비행사들임을 언급하고 있으나, 이들의 훈련 프로젝트에 대한 내용은 없음
③ 우주 정거장에서 실행된 동물 실험 → 우주 정거장에 야생 동물 감시 장비가 설치되었을 뿐이며, 우주 정거장에서 동물 실험 자체가 시행된 것은 아님

[핵심어휘] □ orbit 궤도를 돌다
□ be about to 막 ~하려 하다
□ revolutionize 혁명[혁신]을 일으키다
□ equipment 장비, 설비
□ orbiting outpost 우주 정거장, 궤도 정거장
□ install 설치하다
□ spacewalk 우주 유영을 하다
□ astronaut 우주비행사
□ operational 가동상의, 작동하는
□ relay 중계하다, 전달하다
□ log 기록하다
□ physiology 생리(학)
□ assist 돕다, 보조하다
□ conservationist 환경보호론자
□ ecosystem 생태계

□ evaluation 평가
□ sustainability 지속 가능성, 유지 가능성
□ innovative 획기적인, 혁신적인

[본문해석] 지구 상공 약 240마일을 돌고 있는 국제 우주 정거장은 세계 야생 동물 감시 즉, 동물 추적 과학에 혁신을 일으키기 위한 노력에 곧 동참할 예정이다. 2018년 우주 유영 중인 러시아 우주 비행사들에 의해 설치된 우주 정거장에 탑재된 대형 안테나와 다른 장비들이 시험 중이며 올 여름에 완전히 가동될 예정이다. 이 시스템은 동물의 위치뿐만 아니라 생리와 환경 또한 기록하여 이전의 추적 기술보다 훨씬 더 넓은 범위의 데이터를 전달할 것이다. 이는 이동 중에 야생 동물을 면밀히 감시해야 하는 과학자, 환경보호론자 및 기타 작업을 수행하는 사람들을 보조하고 지구 생태계의 건강에 대해 훨씬 더 자세한 정보를 제공할 것이다.

14 ③

[정답해설] 본문 중간에 추수감사절, 크리스마스, 설날은 휴무일이라고 밝히고 있다. 그러므로 David Williams의 생가는 연중무휴라는 ③의 설명은 윗글의 내용과 일치하지 않는다.

[오답해설] ① 도서관과 박물관은 12월 오후 5시에 문을 닫는다. → David Williams 도서관과 박물관은 11월부터 3월까지는 오전 9시부터 오후 5시까지 개방한다고 서술되어 있음
② 방문객은 현장에서 생가 투어 티켓을 구입할 수 있다. → 생가 투어 티켓은 정상 영업시간 동안 현장에서 구매할 수 있다고 서술되어 있음
④ 도서관 연구실에서 무료로 연구를 할 수 있다. → David Williams 도서관 연구실에서 연구를 수행하는 것은 무료라고 서술되어 있음

[핵심어휘] □ purchase 구입하다, 구매하다
□ confirmation 확인, 확정
□ heritage 유산, 물려받은 것
□ offer 제공하다, 제안하다
□ separate 각각의, 개별의
□ admission 입장(료)
□ on-site 현장에서, 현지에서
□ normal business hours 정상 영업시간
□ additional 부가적인, 추가적인

[본문해석] David Williams 도서관과 박물관은 1주일에 7일, 11월부터 3월까지는 오전 9시부터 오후 5시까지 개방하고, 4월부터 10월까지는 오전 9시부터 오후 6시까지 개방합니다. 온라인 티켓은 아래 링크 주소에서 구매할 수 있습니다. 구매 후 이메일 확인서를 받으실 겁니다(스팸 폴더를 반드시 확인하세요). 구매 증빙을 위해 인쇄되

46

거나 스마트 기기에 저장된 이 확인서를 가져오세요.

- **온라인 티켓**: buy.davidwilliams.com/events
  David Williams 도서관과 박물관 및 David Williams 생가(국립 유산 관리소에서 운영)는 10달러의 성인 입장권을 별도로 판매합니다. 생가 투어 티켓은 정상 영업시간 동안 현장에서 구매할 수 있습니다.

- **휴무일** : 추수감사절, 크리스마스, 설날
  David Williams 도서관 연구실에서 연구를 수행하는 것은 무료입니다.

추가 정보를 원하시면 1 (800) 333–7777로 전화주세요.

15 ②

[정답해설] 글의 서두에 동물 질병 발병에 대한 대비가 수십 년 동안 동물보건위원회(BOAH)의 최우선 과제였다고 소개한 후 외래 동물 질병(FAD)의 피해와 동물 질병과 관련한 BOAH의 활동들을 서술하고 있다. 그러므로 ②의 'BOAH의 주요 목적은 동물 질병 유행에 대응하는 것이다.'가 윗글의 요지로 가장 적절하다.

[오답해설] ① BOAH는 FAD를 대비한 수의사 훈련에 집중한다. → BOAH의 수의사들이 FAD 의심 사례를 조사하기 위해 하루 24시간 대기하고 있으나, 수의사 훈련이 BOAH의 직접적인 목적은 아님

③ BOAH는 적극적으로 국제 무역 기회를 촉진한다. → FAD로 인한 경제적 피해로 국제 무역 기회의 박탈을 거론하고 있으나, BOAH가 국제 무역 기회를 촉진한다는 내용은 없음

④ BOAH는 FAD의 원인에 대한 실험실 연구를 주도하는 것을 목표로 한다. → BOAH의 최우선 목표는 동물 질병에 대비하는 것이지 FAD의 원인에 대한 실험실 연구 주도가 아님

[핵심어휘] □ emergency 긴급, 비상 (사태)
□ preparedness 준비, 대비
□ outbreak 발생, 발발
□ top priority 최우선, 최우선 순위
□ the Board of Animal Health(BOAH) 동물보건위원회
□ decade 10년
□ contagious 전염성의, 전염병에 걸린
□ devastating 파괴적인, 치명적인
□ security 보안, 안전
□ a foreign animal disease(FAD) 외래 동물 질병
□ significant 중요한, 심각한
□ extensive 광범위한, 대규모의
□ eliminate 없애다, 제거하다
□ veterinarian 수의사
□ diagnose 진단하다

□ investigate 수사하다, 조사하다
□ suspected 의심나는, 미심쩍은, 수상한
□ trigger 촉발하다, 시작하다
□ clinical sign 임상 증상
□ indicative of ~을 가리키는, 나타내는
□ diagnostic 진단의, 진단상의
□ identify 확인하다, 알아보다
□ suspicious 의심스러운, 수상한
□ epidemic 유행병, 전염병

[본문해석] 동물 건강 비상사태
동물 질병 발병에 대한 대비는 수십 년 동안 동물보건위원회(BOAH)의 최우선 순위였습니다. 전염성이 높은 동물 질병의 발병은 공중 보건 혹은 식품 안전 및 안보 결과뿐만 아니라 경제적으로 치명적인 영향을 미칠 수 있습니다.

외래 동물 질병
외래 동물 질병(FAD)은 현재 국내에서 발견되지 않는 질병으로, 동물에게 심각한 질병이나 사망을 유발하거나 다른 국가 및 주(州)와의 무역 기회를 없애 광범위한 경제적 피해를 초래할 수 있습니다.

FAD 진단 훈련을 받은 몇몇 BOAH 수의사들이 FAD 의심 사례를 조사하기 위해 하루 24시간 대기하고 있습니다. FAD를 나타내는 임상 증상이 있는 동물에 대한 보고가 접수되거나 진단 실험실에서 의심스러운 검사 결과를 확인했을 때 조사가 시작됩니다.

16 ②

[정답해설] 제시문은 일반적인 글쓰기 유형 중의 하나인 반응 글쓰기(reaction essay)에 대해 소개한 후, '프롬프트'와 관련된 사례와 과제 등에 대해 서술하고 있다. 그런데 ②는 주장을 효과적으로 변호할 수 있는 믿을 만한 자료 수집에 대해 언급하고 있으므로, 전체적인 글의 흐름과 어울리지 않는다.

[핵심어휘] □ academic discipline 학문 영역[분야]
□ essay 과제물, 글, 수필
□ prompt 자극, 촉진
□ stimulus 자극(제)
□ reliable 믿을 수 있는, 믿을 만한
□ argument 논쟁, 주장
□ effectively 효과적으로
□ quote 인용구
□ observation 관찰, 의견, 소견
□ twofold 두 배의
□ summarize 요약하다

[본문해석] 모든 학문 분야에서 나타나는 매우 일반적인 글쓰기 과

제 유형은 반응 또는 응답이다. ① 반응 글쓰기에서, 글쓴이는 대개 시각적 또는 문자로 된 자극제인 '프롬프트'를 제공받아 생각한 후 응답한다. ② 당신의 주장을 효과적으로 변호할 수 있도록 믿을 만한 사실들을 수집하는 것은 매우 중요하다. ③ 이러한 글쓰기 유형의 일반적인 프롬프트 또는 자극제는 인용문, 문학 작품, 사진, 그림, 멀티미디어 자료 및 뉴스 기사가 포함된다. ④ 반응은 특정 프롬프트에 대한 글쓴이의 감정, 의견 및 개인적인 소견에 중점을 둔다. 반응 글쓰기를 작성하는 데 있어 과제는 두 가지인데, 프롬프트를 간략하게 요약하는 것과 그것에 대한 개인적인 반응을 제공하는 것이다.

17 ②

[정답해설] 제시문은 행동주의의 개념에 대해 설명한 글로, ①에서는 '몇몇 사람들(For some)'이 이해하는 행동주의의 이론적 또는 이념적 개념에 대해 서술하고 있고, 주어진 문장에서는 '다른 사람들(For others)'이 이해하는 대립적 활동으로써의 행동주의에 대해 서술하고 있다. 그러므로 'some'과 'others'의 부정대명사 용법과 행동주의에 대한 이론과 실천의 개념을 설명한 글의 흐름상 주어진 문장은 ②에 들어가는 것이 가장 적절하다.

[핵심어휘]
- activism 행동주의, 활동주의
- controversial 논쟁을 일으키는, 논란이 많은
- disruptive 분열[붕괴]시키는, 파괴적인
- manifest 나타내다, 드러내 보이다
- confrontational 대립적인, 모순되는
- define 정의하다, 규정하다
- intentional 의도적인, 고의의
- vigorous 활발한, 격렬한
- bring about 성취하다, 달성하다
- theoretically 이론적으로, 이론상으로
- ideologically 이념적으로
- perceived 인지된, 지각된
- messy 지저분한, 골치 아픈
- strenuous 몹시 힘든, 격렬한
- commitment 헌신, 전념
- folk 사람들
- workable 실행 가능한, 운용 가능한
- strategy 전략, 계획
- collective 집단의 공동의, 집합적인
- noted 유명한, 저명한

[본문해석]

다른 사람들에게 행동주의는 논란을 일으키고 파괴적인데, 결국 그것은 종종 기존 질서에 직접적으로 도전하는 대립적 활동으로 나타난다.

행동주의는 흔히 개인과 집단이 원하는 목표를 달성하기 위해 실행하는 의도적이며, 활발하고 정렬적인 행동으로 정의된다. (①) 몇몇 사람들에게 행동주의는 정치적 또는 사회적 변화에 대한 인지된 필요에 영향을 미치기 위한 이론적 또는 이념적으로 초점을 맞춘 프로젝트이다. (②) 행동주의는 불편하고, 때로는 골치 아프며, 거의 항상 격렬하다. (③) 게다가, 실행 가능한 전략을 개발하고, 특정 사안에 집단적인 스포트라이트를 집중시키고, 궁극적으로 사람들을 행동하게 만드는 사람들, 즉 행동가들의 존재와 헌신 없이 그 일은 일어나지 않는다. (④) 한 저명한 학자가 말했듯이, 유능한 행동가들 또한 때때로 큰 소리로 소음을 유발한다.

18 ③

[정답해설] Nick이 야외에서 불을 피우고 식사를 준비하는 과정을 다음의 시간적 순서에 따라 배열하면 ③의 (C)-(A)-(B) 순이 가장 적절하다.

주어진 글 : 불 위에 석쇠를 고정시킴
(C) 석쇠에 프라이팬을 올리고 콩과 스파게티를 데움
(A) 작은 거품을 내며 끓기 시작함
(B) 석쇠에서 프라이팬을 들어 올림

[핵심어휘]
- chunk (두툼한) 덩어리, 토막
- pine 소나무
- ax 도끼
- stick 찌르다, 박다, 고정하다
- wire grill 석쇠
- stump 그루터기
- bubble 거품이 일다, 보글보글 끓다
- flame 불꽃, 불길
- stir 휘젓다, 뒤섞다

[본문해석]

Nick은 그가 도끼로 그루터기에서 잘라 낸 소나무 장작으로 불을 피웠다. 그는 부추로 네 다리를 땅바닥에 밀어 넣어 불 위에 석쇠를 고정했다.

(C) Nick은 불길 위의 석쇠에 프라이팬을 올렸다. 그는 점점 더 배가 고팠다. 콩과 스파게티가 데워졌다. 그는 그것들을 저어 함께 섞었다.

(A) 그것들은 어렵게 표면으로 올라오는 작은 거품들을 만들며 보글보글 끓기 시작했다. 좋은 냄새가 났다. Nick은 토마토케첩 한 병을 꺼내고 빵을 네 조각으로 잘랐다.

(B) 이제 작은 거품들이 더 빨리 올라오고 있었다. Nick은 불 옆에 앉아 프라이팬을 들어 올렸다.

19 ④

[정답해설] 제시문에 따르면 기술의 발전은 한 산업에서 일자리를 잃은 노동자들이 다른 산업에서 일자리를 찾을 수 있

기 때문에 한 국가 전체로 볼 때 실업을 유발하지는 않는다고 서술되어 있다. 그러므로 기술의 발전이 생산성과 소득을 증가시키고, 더 높은 소득은 상품에 대한 더 높은 수요로 이어지며, 이에 따라 노동에 대한 수요도 증가할 것으로 예상된다. 그러므로 빈칸에는 ④의 'higher demand for labor(노동에 대한 더 높은 수요)'가 들어갈 말로 가장 적절하다.

[오답해설] ① 증가하는 실직 → 상품에 대한 수요 증가가 실직의 증가를 가져오지는 않음
② 직장에서의 승진 지연 → 상품에 대한 수요 증가와 직장에서의 승진 지연은 무관한 내용임
③ 더 높은 직장 만족도 → 상품에 대한 수요 증가와 직장 만족도와는 무관한 내용임

[핵심어휘] □ textile 직물, 섬유, 방직
□ unemployment 실업(률), 실업자 수
□ as a whole 전체적으로
□ productivity 생산성
□ Luddite 러다이트, 신기술 반대자
□ end up with 결국 ~하게 되다
□ delayed 지연된
□ promotion 승진, 승격
□ labor 노동

[본문해석] 기술의 발전은 방직과 같은 단일 산업의 일자리를 빼앗을 수 있다. 그러나 역사적 증거는 기술의 발전이 한 국가 전체로 볼 때 실업을 유발하지 않는다는 사실을 나타낸다. 기술의 발전은 경제 전체에서 생산성과 소득을 증가시키고, 더 높은 소득은 상품에 대한 더 높은 수요로 이어지며 따라서 노동에 대한 더 높은 수요로 이어진다. 결과적으로, 그들 중 많은 사람들에게 이것은 시간이 걸릴 수도 있고 러다이트와 같은 일부 사람들은 새로운 일자리에서 더 낮은 임금을 받게 될 것이지만, 한 산업에서 일자리를 잃은 노동자들은 다른 산업에서 일자리를 찾을 수 있을 것이다.

20 ③

[정답해설] 제시문에 따르면 석유를 대체할 수 있는 에너지원이 없기 때문에, 세계 경제가 호황일 때 석유에 대한 수요가 증가하여 과잉 생산을 유발하고, 이것은 석유 가격의 폭락으로 이어진다고 진술하고 있다. 즉, 석유 가격에 따라 세계 경제가 요동치므로, ③의 '큰 호황과 깊은 불황에 빠지기 쉽다'가 빈칸에 들어갈 말로 가장 적절하다.

[오답해설] ① 자동차 산업이 번창하다 → 석유를 대체할 수 있는 것이 없기 때문에 자동차 산업이 번창하는 것은 아님
② 국경 간에 분열을 일으키다 → 석유 가격과 국경 분쟁에 대한 관련성은 언급되지 않음

④ 재생 가능 에너지에 대한 연구가 제한적이다 → 전기 생산을 위한 에너지원으로 재생 가능 에너지를 예로 들고 있으나, 재생 가능 에너지에 대한 연구는 서술되어 있지 않음

[핵심어휘] □ substitute 대체, 대리, 대용
□ generate 발생시키다, 만들어 내다
□ coal 석탄
□ renewables 재생 가능 에너지, 신재생 에너지
□ switch 바꾸다, 전환하다
□ predominant 우세한, 지배적인
□ fuel 연료
□ boost 북돋우다, 신장시키다
□ inevitably 필연적으로, 불가피하게
□ eat into 잠식하다, 부식시키다
□ overproduce 과잉 생산하다
□ crash 추락하다, 폭락하다
□ hold the bag 혼자 덮어쓰다, 빈털터리가 되다
□ plummet 곤두박질치다, 급락하다
□ uncertain 불확실한, 확신이 없는
□ lull into 안심시켜 ~하게 만들다
□ disastrous 처참한, 심각한
□ complacency 무사안일, 자기만족, 안주
□ disruption 분열, 와해, 방해
□ be prone to ~하기 쉽다
□ big booms and deep busts 큰 호황과 깊은 불황

[본문해석] 석유를 대체할 수 있는 것이 없기 때문에, 그것이 세계 경제가 큰 호황과 깊은 불황에 빠지기 쉬운 한 가지 이유이다. 우리가 가격에 따라 한 에너지원에서 다른 에너지원으로 전환하면서 석탄이나 천연 가스, 원자력이나 재생 가능한 에너지를 통해 전기를 생산할 수 있지만, 석유는 여전히 수송을 위한 가장 우세한 연료이다. 세계 경제가 활기를 띨 때, 석유에 대한 수요가 증가하여 가격이 상승하고 생산자들에게 더 많이 공급할 것을 주문한다. 필연적으로 이러한 높은 가격은 공급업체들이 과잉 생산을 하는 것처럼 경제 성장을 잠식시키고 수요를 감소시킨다. 가격은 폭락하고, 순환은 처음부터 다시 시작된다. 그것은 가격이 곤두박질칠 때 혼자 부담을 떠안게 될 생산자들에게는 좋지 않은 일이며, 장래의 에너지 가격에 대해 확신이 없는 소비자와 산업에 피해를 입힌다. 1990년대의 저유가는 미국 자동차 회사들을 심각한 무사안일주의에 빠뜨렸고, 석유가 비싸졌을 때 판매 가능한 유효 모델이 거의 없었다.

1편

문법
(Grammar)

제1장

동사(Verb)/
시제(Tense)

제1절 문형과 동사

1. 문장의 5형식

(1) 1형식 문형

① 문형

> S + V (주어 + 완전 자동사)

Time flies. (시간은 흘러간다[시간은 유수와 같다].)

The sun rises in the east. (해는 동쪽에서 뜬다.)

The train has just arrived. (기차가 지금 막 도착했다.)

I go to church on Sundays. (나는 일요일마다 교회에 간다.)

There lived a dwarf. (한 난쟁이가 살았다.) * there는 유도부사

There is nothing there. (거기에는 아무것도 없다.)

Here comes the bus! (여기 버스가 온다) * here는 유도부사

② 완전 자동사

동사만으로 의미 표현이 가능하며, 보어나 목적어가 필요하지 않은 동사

예 fly, fight, grow, smile, sneeze, rise, twinkle, weep 등

③ 의미에 주의할 완전 자동사

• do(충분하다, 도움이 되다)

예 Any book will do. (아무 책이라도 됩니다.)

• matter(중요하다, 문제가 되다)

예 It doesn't matter if we flunk. (우리는 낙제해도 상관없다.)

- count(중요하다)
  - 예 He doesn't count in our team. (그는 우리 팀에서 중요한 존재가 아니다)
- pay(수지맞다, 이익이 되다)
  - 예 Kindness sometimes does not pay. (때때로 친절은 이익이 되지 않는다./때때로 친절을 베풀어도 보답을 받지 못한다.)
- work(작동하다, 잘 돌아가다)
  - 예 This TV doesn't work. (이 TV는 작동하지 않는다.)
- read(~이라고 쓰여 있다, ~으로 해석되다)
  - 예 It reads as follows. (그것은 다음과 같이 적혀 있다.)
- sell(팔리다)
  - 예 This sells for one dollars. (이것은 1달러에 팔린다.)

(2) 2형식 문형

① 문형

S + V + C (주어 + 불완전 자동사 + 보어)

He is a doctor. (그는 의사다.)

That sounds great! (좋은 의견이에요!)

They remained silent for some time. (그들은 한동안 침묵했다.)

It proved (to be) true. (그것은 사실임이 판명되었다.)

My teacher seemed disappointed. (내 선생님은 실망한 듯 했다.)

② 불완전 자동사

의미의 완전한 표현을 위해 동사를 보충하는 보어(형용사, 명사 및 명사 상당어구)를 필요로 하는 동사

- 감각을 표현하는 동사 : smell, look, taste, feel, sound 등
  - 예 This flower smells sweet(sweetly ×).
- 상태의 지속('~이다', '~있다')을 표현하는 동사(be 유형) : be, seem, appear, look, remain, keep, hold, lie, stand, sit, stay 등(* 'be'가 완전자동사로 쓰일 때는 '존재하다'의 의미를 지님)
  - 예 He remained silent(silently ×) for an hour.
  - 예 The apple appears rotten(rottenly ×) inside.
- 상태의 변화('~이 되다', '~해지다')를 표현하는 동사(become 유형) : become, go, get, grow, come, run, fall, make, turn, prove, turn out 등
  - 예 He grew weary(wearily ×).

Check Point

준보어(유사보어)
- 2형식 문장의 보어와 같은 역할을 하지만, 없어도 구조(1형식)상 문제가 없는 문장 성분
  - 예 She died a bachelor. The boy returned safe.

Check Point

감각동사 + 형용사
- 감각동사(feel, sound, smell, look, taste) 다음에 형용사가 오면 2형식 문장이 됨
  - 예 I feel good. It smells nice. He looks happy. It sounds great.
- 다음과 같은 경우는 5형식 문장이 됨
  - 예 I saw him entered the room. I heard the boy singing a song.

Check Point

seem

• seem + (to be) ~ (~처럼) 보
이다[생각되다], (~인) 듯하다

• seem + to do ~ (~하는 것
으로) 생각되다[느껴지다], (~같
은) 생각이 들다, (~한) 듯하다

기출 Plus [서울시 9급 기출]

**01. 밑줄 친 부분 중 어법상 옳
지 않은 것은?**

It would be difficult ① to imagine life without the beauty and richness of forests. But scientists warn we cannot take our forest for ② granted. By some estimates, deforestation ③ has been resulted in the loss of as much as eighty percent of the natural forests of the world. Currently, deforestation is a global problem, ④ affecting wilderness regions such as the temperate rainforests of the Pacific.

해 'result'는 '(~의 결과로) 발
생하다[생기다]'는 뜻의 자
동사이므로 수동태로 사용
될 수 없다. 그러므로 현재완
료 수동태 형태인 ③의 'has
been resulted in'은 'has
resulted in'으로 고쳐 써야
옳다.

답 01 ③

 확인 기출문제

01. 우리말을 영어로 옮긴 것 중 가장 어색한 것을 고르시오. [국가직 9급 기출]

❶ 그에게서는 악취가 난다.
→ He smells badly.
② 그녀는 혼자 사는 데 익숙하다.
→ She is used to living alone.
③ 그녀는 밤에 외출하는 것을 겁낸다.
→ She is afraid of going out at night.
④ 중요한 것은 사람됨이지 재산이 아니다.
→ The important thing is not what you have but what you are.

해 ① smell, taste, look, sound 등의 동사는 2형식 동사(불완전 자동사)이므로 다음에는 주격보어가 와야 한다('S + V +
SC'의 구조). 그런데, 부사(badly)는 주어의 상태나 성질을 설명하는 보어가 될 수 없으므로 이를 형용사(bad)로 고쳐야
한다.
② 'be used[accustomed] to + (동)명사'는 '~하는데 익숙해지다'라는 표현이다.
③ 'be afraid of + (동)명사'는 '~대해(~하는 것을) 두려워하다'라는 표현이다.
④ 'what you have'는 '당신이 가진 것(당신의 재산)'을 의미하며, 'what you are'는 '당신의 인격(사람됨, 됨됨이)'을 의미
한다.

02. 우리말을 영어로 가장 잘 옮긴 것은? [국가직 9급 기출]

① 몇 가지 문제가 새로운 회원들 때문에 생겼다.
→ Several problems have raised due to the new members.
❷ 그 위원회는 그 건물의 건설을 중단하라고 명했다.
→ The committee commanded that construction of the building cease.
③ 그들은 한 시간에 40마일이 넘는 바람과 싸워야 했다.
→ They had to fight against winds that will blow over 40 miles an hour.
④ 거의 모든 식물의 씨앗은 혹독한 날씨에도 살아남는다.
→ The seeds of most plants are survived by harsh weather.

해 명령의 동사인 'command'가 'that'을 목적어로 취하므로 that절의 동사는 'should + 동사원형'의 형태가 되어야 한다. 또
한 'cease'는 자동사 혹은 타동사 두 가지 모두로 사용될 수 있으므로, 'construction of the building (should) cease'는
어법에 맞게 쓰였다.

03. 다음 중 어법상 옳은 것은? [국가직 7급 기출]

① Sharks have been looked more or less the same for hundreds of millions of years.
❷ "They have evolved through time to improve upon the basic model," says John Maisey, a
paleontologist who helped identify the fossil.
③ The skeleton supporting this ancient shark's gills is completely different from those of a
modern shark's.
④ Previously, many scientists had been believed that shark gills were an ancient system that
predated modern fish.

해 ② evolved는 자동사로 '진화하다'라는 의미이다.
　① look은 1형식 또는 2형식 자동사로만 쓰이므로 수동태가 불가능하다.
　③ 내용상 those가 가리키는 대상은 skeleton이기 때문에 단수형을 사용해야 한다.
　④ 많은 과학자들이 믿었던 것이므로 능동으로 쓰이는 것이 알맞다.

　어휘　Sharks 상어
　　　　evolved 진화하다

　해석　① 상어는 수억년 동안 거의 비슷해 보였다.
　　　　② "그들은 기본 모델을 개선하기 위해 시간에 따라 진화해 왔습니다."라고 이 화석을 식별하는 것을 도왔던 고생물
　　　　　학자인 John Maisey는 말한다.
　　　　③ 이 고대 상어의 아가미를 지탱하는 뼈대는 현대 상어의 아가미와는 완전히 다르다.
　　　　④ 이전에, 많은 과학자들은 상어 아가미가 현대의 물고기보다 앞선 고대의 기관이라고 믿어왔다.

(3) 3형식 문형

① 문형

> S + V + O (주어 + 완전 타동사 + 목적어)

She loves Mr. Kim. (그녀는 김 씨를 사랑한다.)

Mr. Wilson attended the meeting. (윌슨 씨는 회의에 참석했다.)

He robbed me of my watch. (그가 내 시계를 훔쳤다.)

They went on a strike. (그들은 동맹 파업에 들어갔다.)

② 완전 타동사

동작을 받는 목적어가 필요하고, 그 목적어만으로 표현이 가능한 동사

예 see, catch, smile, know, enter, attend, join, reach, marry, obey, explain, introduce, contact, excuse, approach, resemble, survive, discuss 등

③ 4형식 동사(수여동사)로 혼동하기 쉬운 3형식 동사

예 explain, introduce, announce, admit, describe, confess, complain, suggest, propose, rob, deprive, rid, cure, remind, notify, warn, provide, supply, furnish, endow, invest, load, confer 등

• 구조 : 동사 + 목적어 + 전치사 + 사람 / 동사 + 전치사 + 사람 + 목적어
(목적어가 후치될 때)

The investor explained us the situation. (×) → They explained the situation to us.

He introduced me his parents. (×) → He introduced his parents to me.

He suggested me that I apply for a scholarship. (×) → He suggested to me that I (should) apply for a scholarship.

답 02 ④

기출 Plus　[국가직 9급 기출]

02. 다음의 문장 중 어법상 옳은 것은?

① When have you heard the news?

② He employed a man he thought was diligent.

③ The garden is all wet. It must rain last night.

④ While waiting, I began to feel strangely nervous.

해 While이나 when, if 등이 이끄는 부사절 속의 주어가 주절의 주어와 같고, 부사절의 동사가 be동사인 경우 '주어+be 동사'는 주로 생략된다. 여기서는 While 다음에 'I was'가 생략되었다. feel, sound, smell, taste, look, become, get, turn, go 등의 불완전 자동사(2형식을 구성하는 동사) 뒤에는 보어(형용사)가 나와야 하므로 형용사 'nervous'가 사용되었다.

Check Point

자동사와 타동사의 구별

동사가 목적어를 필요로 하면 타동사, 목적어를 필요로 하지 않으면 자동사이다. 자동사는 동사의 작용이 다른 것에 미치지 않고 오직 주어 자신에서만 끝난다.

기출 Plus [지방직 7급 기출]

03. 어법상 옳지 않은 것을 고르시오.

① He is alleged that he has hit a police officer.
② Tom got his license taken away for driving too fast.
③ The building was destroyed in a fire, the cause of which was never confirmed.
④ Under no circumstances can a customer's money be refunded.

해 allege는 '단언하다, 주장하다'의 의미로 목적어를 명사절로 하는 동사이다. 'it is alleged that~'은 '~라는 혐의가 제기되다, 혐의가 있다'라고 사용되며 allege는 3형식과 5형식이 모두 가능한 동사로 수동태에 사용된다. 그러나 allege가 수동태로 쓰이려면 4형식이 아닌 동사 뒤에 남아있는 목적어로 쓰인 명사절이 없어야 가능하다. 그러나 that 명사절이 있으므로 맞지 않은 표현이다.

Check Point

군동사의 타동사화의 종류
• 전치사적 동사 : 동사 + 전치사
  예 A taxi ran over a dog.
  She depends on her husband.
• 어구 동사 : 동사 + 부사
  예 I called off the meeting.
  We put off the conference.

답 03 ①

④ 3형식 동사의 특수한 유형

• 동족목적어 : 자동사가 그 동사와 같은 의미의 목적어와 어울리며 타동사로 변하는 경우, 같은 의미의 목적어를 동족목적어라고 함
  예 live, sleep, dream, nod, fight, die, smile, sing, sigh, breathe 등
  The boy lived a happy life. (그 소년은 행복한 삶을 살았다.)
  I dreamed a weird dream. (나는 이상한 꿈을 꾸었다.)
  They fought a good battle. (그들은 잘 싸웠다.)
• 군동사(群動詞)의 타동사화 : look at, call up, call off, give in, bring up, make out, account for, make up for, make use of, put up with, pay attention to, find fault with 등
  The union called off the strike. (노조는 파업을 중지했다.)
  They could not account for the missing funds. (그들은 없어진 자금에 대해 설명하지 못했다.)
  He must make up for the loss. (그는 손실을 변상해야 한다.)
  We should pay attention to the fact. (우리는 그 사실에 유의해야 한다.)

꼭! 확인 기출문제

다음 밑줄 친 부분 중 어법상 옳지 않은 것은? [국가직 9급 기출]

In Rome, Italy, a store burglar suspect, when ① caught in a store after closing hours, ❷ explained the police that he suffered from a desire to sleep constantly and had fallen asleep inside the store. ③ To prove his point, he ④ kept falling asleep during the police questioning.

해 ② explain은 위의 문장에서와 같이 목적어가 두 개인 4형식 동사(수여동사)가 아니라 목적어가 하나인 3형식 동사(완전타동사)이므로 'explain + to 사람 + 목적어'의 형식을 취한다. ②에서 목적어는 'that~'이다. explained the police → explained to the police
① when 다음에 'he was'가 생략되어 있다.
③ to부정사의 부사적 용법(목적: '~하기 위해서)에 해당하며, to부정사의 주체(의미상 주어)는 다음의 주어('he')와 같이 생략된다.
④ 'keep (on) + -ing'는 '계속해서 ~하다'는 표현이며, 'fall asleep'은 '잠들다'는 의미이다.

어휘 burglary 주거침입(죄), 밤도둑[강도]질
suspect 혐의자, 용의자
fall asleep 잠들다, 죽대[영면하다]
questioning 의문, 질문, 심문, 따지는, 캐묻는

해석 이탈리아 로마에서 상점털이 용의자 한 사람이 폐점 시간 이후 붙잡혔을 때, 자신은 계속되는 수면욕에 시달렸고 그래서 그 가게 안에서 잠들었다고 경찰에 설명했다. 이것을 증명하기 위해 그는 경찰 심문 동안 계속해서 잠을 잤다.

(4) 4형식 문형

① 문형

> S + V + IO + DO (주어 + 수여동사 + 간접 목적어 + 직접 목적어)

She gave me her necklace. (그녀는 내게 자신의 목걸이를 주었다.)

He bought her a book. (그는 그녀에게 책을 한 권 사주었다.)

I envy him his bravery. (나는 그의 용기를 부러워한다.)

② 수여동사

어떤 것을 주고받는다는 의미를 가진 타동사로서, 간접 목적어와 직접 목적어를 필요로 함

예 ask, bring, buy, give, lend, make, show, send 등

③ 4형식 문장의 전환(4형식 ⇔ 3형식)

- 4형식 문장의 「주어 + 동사 + 간접 목적어 + 직접 목적어」형식을 「주어 + 동사 + 직접 목적어 + 전치사 + 간접 목적어」로 바꾸어 3형식 문장으로 전환할 수 있음

- 4형식 전환 시의 전치사 유형

  - 'to' 사용 : give, pay, hand, sell, send, lend, show, teach, write, offer, mail, owe 등

    예 I send her my baggage. (나는 그녀에게 내 짐을 보냈다.) [4형식] → I send my baggage to her. [3형식]

    I owe him my success. [4형식] → I owe my success to him. [3형식]

  - 'for' 사용 : buy, build, make, get, order, find, choose, save, spare, do(~을 베풀다) 등

    예 I will buy my father an overcoat. (나는 아버지에게 외투를 사드릴 것이다.) [4형식] → I will buy an overcoat for my father. [3형식]

    Will you do me a favor? (부탁 하나 들어줄래?) [4형식] → Will you do a favor for me? [3형식]

  - 'on' 사용 : play, impose, bestow 등

  - 'of' 사용 : ask, beg, inquire 등

    예 The student asked me a question. [4형식] → The student asked a question of me. [3형식]

기출 Plus [서울시 9급 기출]

04. 다음 문장 중 어법상 가장 옳지 않은 것은?

① John promised Mary that he would clean his room.

② John told Mary that he would leave early.

③ John believed Mary that she would be happy.

④ John reminded Mary that she should get there early.

해 'believe'은 수여동사가 아니므로 John believed Mary that she would be happy.의 4형식 문장으로 사용될 수 없다. 그러므로 해당 문장은 John believed that Mary would be happy.의 3형식 문장이나, John believed Mary to be happy.의 5형식 문장으로 고쳐 써야 옳다.

Check Point

do의 4형식 전환 시 전치사 유형
- 'to' 사용 : harm, damage, good을 직접 목적어로 취할 경우
  예 Too much light does the eyes harm. [4형식] → Too much light does harm to the eyes. [3형식]
- 'for' 사용 : favor를 직접 목적어로 취할 경우
  예 Will you do me a favor? [4형식] → Will you do a favor for me? [3형식]

 04 ③

Check Point

4형식 형태로만 사용되는 동사들이 사용된 4형식 문장에서는 간접목적어를 생략 가능함

Check Point

'I envy you your fortune.'에서 직접 목적어 앞에 for를 쓸 수도 있음

예 I envy you for your fortune.

④ 4형식 형태로만 사용되는 동사(3형식으로 쓸 수 없는 수여동사)

'주어 + 수여동사 + 간접목적어 + 직접목적어'의 형태로만 쓰이며, '주어 + 수여동사 + 직접목적어 + 전치사 + 간접목적어'의 형태는 불가함

예 envy, pardon, forgive, save, spare, cost, charge, grudge, answer, deny, take, strike 등

I envy you your fortune. [4형식] / I envy your fortune to you. [3형식] (×)

That saves me much time. [4형식]

It costs me ten dollars. [4형식]

꼭! 확인 기출문제

밑줄 친 부분 중 어법상 옳지 <u>않은</u> 것을 고르시오. [서울시 9급 기출]

> Most European countries failed ① to welcome Jewish refugees ② after the war, which caused ③ many Jewish people ❹ immigrate elsewhere.

해 'cause'는 'to 부정사'를 목적보어로 취하는 불완전 타동사로, 주어 + 동사 + 목적어 + 목적보어의 5형식 문장을 구성한다. 따라서 'immigrate'는 'to immigrate'로 수정되어야 한다.

어휘 refugee 난민, 망명자
immigrate 이주해오다, 이민 오다
fail to 부정사 ~하지 못하다 cf. never fail to 부정사 반드시 ~하다

해석 전쟁 후, 대부분의 유럽 국가들이 유태인 난민들을 환영하지 않았으므로 많은 유태인들은 다른 곳으로 이주해야 했다.

(5) 5형식 문형

① 문형

> S + V + O + OC (주어 + 불완전 타동사 + 목적어 + 목적보어)

I believe him honest. (나는 그가 정직하다고 믿는다.)

I saw her play the piano. (나는 그녀가 피아노 연주하는 것을 보았다.)

Willy heard his name called. (Willy는 그의 이름이 불리는 것을 들었다.)

② 불완전 타동사

목적어와 더불어 그 목적어를 설명하는 목적보어(명사, 형용사, 분사, to부정사 등)를 필요로 하는 동사

예 call, elect, find, leave, make, name 등

③ 목적보어와 동사 유형

• '명사(구)'가 목적보어인 동사 : make, elect, appoint, call, name, think 등

We elected John president. (우리는 John을 의장으로 선출했다.)

기출 Plus

[국가직 9급 기출]

05. 다음 밑줄 친 부분 중 어법상 가장 잘못된 것을 고르시오.

People ① who knew Dave in the marketing department ② called an expert and said he was very ③ detailed in everything he ④ ever did.

해 ②의 call은 '~을 …라 부르다'라는 의미로서, 목적어와 목적보어를 동반하는 불완전타동사(5형식 동사)이다. 따라서 목적어 'him(Dave)'을 써야 한다. called an expert → called him an expert

답 05 ②

I thought him a man of ability. (나는 그가 능력 있는 사람이라 생각했다.)

- '형용사'와 '분사'가 목적보어인 동사 : make, believe, leave, hold, have, render, keep, see, push, paint, strike, set 등

Please leave the door open. (문을 열어두세요.)

They painted their house blue. (그들은 집을 파란색으로 칠했다.)

I found the boys playing baseball. (나는 그 아이들이 야구를 하고 있는 것을 발견했다.)

- 'to부정사'가 목적보어인 동사 : allow, ask, expect, cause, enable, encourage, order, force, forbid, believe 등

Professor Kim ordered me to do this first. (김 교수는 나에게 이것을 먼저 하라고 명령했다.)

The rain caused the river to rise. (비는 그 강이 넘치게 했다.)

- 'as + (동)명사' 형태가 목적보어인 동사(S + V + O + as + OC) : consider, treat, describe, look on[upon], regard, think of, refer to, define

They considered her (as) stupid. (그들은 그녀를 우둔한 사람으로 간주했다.)

We treated it as a joke. (우리는 그것을 농담으로 여겼다.)

We regard his argument as logical. (우리는 그의 주장이 논리적이라 생각한다.)

- 'for + 형용사 · 분사 · 명사' 형태가 목적보어인 동사 : take, mistake, give up 등

She took his help for granted. (그녀는 그의 도움을 당연한 것으로 생각했다.)

④ 사역동사와 지각동사

- 사역동사
  - 종류 : make, let, have
  - 용법 : 목적어와 목적보어의 관계가 능동일 때 목적보어는 원형부정사(동사원형)가 되며, 목적어와 목적보어의 관계가 수동일 때 목적보어는 과거분사가 됨
    - I will make him change his plans.(= I will compel him to change his plans.) (나는 그가 계획을 바꾸도록 만들 것이다.)
      The police let the boys go.(= The police permitted the boys to go.) (경찰은 그 소년들이 가도록 허가했다.)
      She won't let you go alone. (그녀는 네가 혼자 가도록 내버려두지 않을 것이다.)

Check Point

목적보어가 'to be + 형용사[분사]'인 경우 'to be'는 생략 가능
- want 유형(want, like, wish, get, find) → 일반적으로 'to be'를 생략
  - We want it (to be) ready.
- think 유형(think, consider, order, feel, prove, believe, imagine) → 'to be' 생략 가능
  - I thought him (to be) wise.
- know 유형(know, allow, permit, expect) → 일반적으로 'to be' 생략 불가
  - He expected her to be reliable.

Check Point

목적보어 to부정사의 that절 전환
- to부정사를 that절로 전환할 수 있는 동사 : admit, ask, beg, believe, consider, expect, feel, find, know, report, suppose, warn
- to부정사를 that절로 전환할 수 없는 동사 : allow, appoint, cause, compel, condemn, dare, get, help, mean, permit, require

My parents had me clean the room.(= My parents got me to clean the room.) (내 부모님은 내가 방 청소를 하게 했다.)

He had[got] his watch stolen. (그는 그의 시계를 도둑맞았다.)

• 지각동사

　– 종류 : see, watch, notice, observe, hear, feel, smell, taste, listen to

　– 용법 : 목적어와 목적보어의 관계가 능동일 때 목적보어는 원형부정사 (동사원형)가 되는데, 목적보어가 목적어의 진행 동작을 나타내는 경우는 목적보어가 진행형(-ing)이 된다. 목적어와 목적보어의 관계가 수동일 때 목적보어는 과거분사가 된다.

　예 I saw him cross the road. (나는 그가 길을 건너는 것을 보았다.)

　예 I smell something burning. (무엇인가가 타고 있는 냄새가 난다.)

　예 He saw his room cleaned. (그는 그의 방이 청소되어 있는 것을 보았다.)

⑤ 목적어와 목적보어의 도치

• 목적어가 부정사 · 동명사구, 명사절인 경우 : 가목적어 'it'을 두고 도치됨

They thought it their duty[목적보어] to serve their country[목적어]. (그들은 조국에 봉사하는 것이 그들의 의무라 생각했다.)

• 목적어가 명사구인 경우 : 목적어와 목적보어가 도치됨

It can make visible[목적보어] details in our body[목적어]. (그것은 우리 몸의 상세한 부분이 보이도록 할 수 있다.)

• 관용적으로 도치될 수 있는 경우(동사 + 목적보어) : make possible, make clear, cut short, push open, wash clean

It will make possible[목적보어] our success[목적어]. (그것은 우리의 성공이 가능하도록 할 것이다.)

2. 동사의 주의해야 할 용법

(1) 타동사로 착각하기 쉬운 자동사

① 중요 자동사

• graduate 졸업하다, 승진하다, 자격을 얻다

When did you graduate college? (×)

　→ When did you graduate from college? (언제 대학을 졸업하셨습니까?) (○)

• complain 불평하다, 푸념하다

I have nothing to complain. (×)

→ I have nothing to complain of. (나는 불만 없습니다.) (○)

- wait 기다리다(~for), 시중들다(~on, at)

Who are you waiting? (×)

→ Who are you waiting for? (누구를 기다리고 있니?) (○)

② 기타 자동사의 용법

- head for ~로 향하다
- return to ~로 돌아가다
- speak to ~에게 말을 걸다, ~에게 말하다, ~에 언급하다
- talk to ~에게 말을 걸다
- account for ~에 대해 설명하다
- listen to ~에 귀 기울이다, 경청하다
- agree with ~와 의견이 일치하다, ~에 맞다
- agree to ~에 동의하다

③ 완전타동사로 착각하기 쉬운 완전 자동사

- happen 일어나다
- occur 일어나다
- emerge 나타나다
- apologize 사과하다
- arrive 도착하다
- wait 기다리다

(2) 자동사로 착각하기 쉬운 타동사

① 중요 타동사(3형식 동사)

- resemble ~을 닮다

The boy resembles with his father. (×)

→ The boy resembles his father. (그 소년은 아버지를 닮았다.) (○)

- attend 출석[참석]하다

cf. attend to(〈자동사〉 보살피다, 돌보다, 전념하다, 귀를 기울이다, 주의하여 듣다)

I forgot to attend to the meeting. (×)

→ I forgot to attend the meeting. (그 회의에 참석할 것을 잊었다.) (○)

- discuss 논의하다, 토의하다

We will discuss about the situation tomorrow. (×)

→ We will discuss the situation tomorrow. (그 상황에 대해서는 내일 논의할 것이다.) (○)

기출 Plus [국가직 9급 기출]

07. 다음 중 우리말의 영작이 옳지 않은 것은?

① 그들은 이메일을 보내는 사람들이 누구인지를 알 필요가 있다.
= They need to know who e-mail senders are.

② 그녀는 이제 모든 것을 하는 것이 매우 힘들다는 것을 알고 있다.
= She now finds very hard to do everything.

③ 나는 이처럼 대접받는 것은 신경 쓰지 않는다.
= I don't mind being treated like this.

④ 나는 이 일을 하는 것이 올바른 일이었는지 아니었는지가 궁금하다.
= I wonder whether this was the right thing to do.

해 find는 종종 다음에 목적어와 목적보어를 수반하는 5형식 동사로 사용되는데, 목적어가 길어 뒤로 이동하는 경우 목적보어 앞에 가목적어(it)를 써서 'find + 가목적어 + 목적보어 + 진목적어'의 형식이 된다. ②의 경우도 목적어(to do everything)가 후치되었으므로 가목적어를 써서 '~ finds it very hard to do everything'이 되어야 한다.

Check Point

3형식 동사 explain, introduce
explain/introduce + 목적어(사물) + to 사람 [3형식]

---

② 기타 타동사

- approach ~에 다가가다
  cf. approach to (×)
- enter 들어가다, 참가하다
  cf. enter into (~에 착수하다), enter for an examination(시험에 응시하다)
- marry ~와 결혼하다
  cf. marry with (×)
- mention 언급하다, 간단히 말하다
  cf. mention about (×)
- reach ~에 도착[도달]하다(= get to)
  cf. reach to[at] (×)
- attack 공격하다, 착수하다
- survive 살아남다
- inhabit ~에 살다, 거주[서식]하다
- obey 복종[순종]하다, 준수하다

(3) 4형식 동사(수여동사)로 착각하기 쉬운 3형식 동사

① 중요 3형식 동사

- explain 설명하다
  John explained me the situation. [4형식] (×)
  → John explained the situation to me. [3형식] (○)
- introduce 소개하다, 도입하다
  He introduced us his family. [4형식] (×)
  → He introduced his family to us. [3형식] (○)

② 기타 3형식 동사

- suggest 암시하다, 제의[제안]하다
- propose 제의하다, 작정하다, 꾸미다, 신청하다
- announce 알리다, 공고하다
- admit 들이다, 넣다, 허락하다
- describe 묘사하다, 기술하다
- confess 자백[고백]하다, 인정하다
- complain 불평하다, 호소하다
- provide, supply, furnish 공급하다

답 07 ②

제2절 시제(Tense)

1. 현재시제와 과거시제

(1) 현재시제

① 현재형의 구조

> be 동사의 경우에는 am, are, is
> have 동사의 경우에는 have, has
> 그 외의 경우에는 동사의 원형과 같음
> 단, 주어가 3인칭 단수인 경우에는 동사의 원형에 -s나 -es를 붙임

② 현재시제의 용법

• 일반적 사실이나 불변의 진리 · 격언

Teachers teach students at schools. (교사들은 학교에서 학생들을 가르친다.)

Honesty is the best policy. (정직이 최선의 방책이다.)

The moon goes around the earth. (달은 지구 주위를 돈다.)

The early bird catches the worm. (일찍 일어나는 새가 벌레를 잡는다.)

• 현재의 반복적 · 습관적인 일이나 현재의 동작 · 상태(사실)

I usually leave for work at 7:00 A.M. (나는 아침 7시에 출근한다.)

She goes to school. (그녀는 학교에 다닌다.)

We live in an apartment. (우리는 아파트에 산다.)

Mary has beautiful eyes. (Mary는 아름다운 눈을 가지고 있다.)

③ 현재시제의 미래시제 대용

• 왕래발착동사

– 왕래발착동사의 현재형(현재진행형) + 가까운 미래를 나타내는 부사 · 부사구

– 왕래발착동사 : go, come, start, leave, return, arrive, depart, reach, open, close, begin, end 등

– He comes back tonight.

– She returns next Monday.

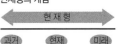

Check Point

현재형의 개념

현재형

과거   현재   미래

기출 Plus [국가직 7급 기출]

01. 밑줄 친 부분 중 어법상 옳지 않은 것은?

It's time for Major League Baseball to go to an expanded roster, one ① that makes sense for the way the game has evolved. Make it a 25-man game roster, but expand the overall roster to 28. Major League Baseball spokesman Pat Courtney said there ② been discussions on the topic but nothing has been advanced. Yet the dialogue continues, and ③ as the game evolves into one in which players keep getting hurt, it would behoove MLB ④ to create a roster that fits the times.

해 시제일치 원칙에 따라 주절이 과거시제이기 때문에 had been으로 사용하는 것이 알맞은 표현이다.

답 01 ②

• 시간 · 조건의 부사절(* 명사절 · 형용사절에서는 미래시제 사용)

시간 · 조건의 부사절에서 현재(현재완료)시제가 미래(미래완료)시제를 대신함

The next time I go[will go(×)] to New York, I am going to see a ballet. (다음번에 내가 뉴욕에 갈 때에, 나는 발레를 볼 것이다.)

When he comes[will come(×)], I will talk with him. (그가 돌아올 때, 나는 그와 대화할 것이다.)

I will go if he comes[will come(×)] back. (그가 돌아오면 나는 갈 것이다.)

Do you mind if I open[will open(×)] the window? (제가 창문을 열어도 괜찮을까요?)

I will have read this book four times if I read[will read(×)] it once again. (내가 이 책을 한 번 더 읽으면 네 번째 읽는 셈이 될 것이다.)

Check Point

시간 · 조건 부사절을 이끄는 접속사
• 시간 · 때 : after, before, when, as soon as
• 조건 : if, unless

꼭! 확인 기출문제

01. Choose the sentence that is grammatically correct. [국회직 8급 기출]

① Do these people hear what the speaker say?
② When will it be convenient for you go there?
❸ The scientist reminded us that light travels at a tremendous speed.
④ Whom do you think is the best student in this class?
⑤ I couldn't help to laugh at the funny story.

해 ③ 주절의 동사가 과거(reminded)이므로 종속절의 동사는 과거나 과거분사가 되어야 하는데, 여기서는 종속절의 내용이 일반적 사실 또는 진리에 해당하므로 항상 현재시제(travels)로 쓴다. 일반적으로, 현재의 습관적(반복적)인 동작이나 습성, 일반적 사실이나 진리, 격언, 속담 등은 현재시제로 쓴다. remind는 'remind + 목적어 + that절', 'remind + 목적어 + of~', 'remind + 목적어 + to do'의 구조로 사용되는데, 여기서는 'remind + 목적어 + that절'의 4형식 구조가 되었다.

① what절 내의 동사 say의 주어는 3인칭 단수(the speaker)이므로 'says'가 되어야 한다. say → says
② 'It will be convenient for you to go there'의 문장에서 의문사(when)를 사용하여 의문문으로 전환한 구조이다. 여기서 it은 가주어이며 진주어는 'to go there'이며(원형부정사는 진주어가 될 수 없다), 'for you'는 to부정사의 의미상 주어이다.
④ 'do you think'는 삽입절이다. 따라서 의문대명사는 동사(is)의 주어가 되므로 주격인 who가 되어야 한다. whom → who
⑤ 'cannot help + ~ing'는 '~하지 않을 수 없다'는 표현이다. to laugh → laughing

어휘 remind 생각나게 하다, 상기시키다, 일깨우다
tremendous 거대한, 대단한, 굉장한, 무시무시한

해석 ① 이 사람들은 그 연설자가 말하는 것을 듣고 있나요?
② 언제 거기에 가는 것이 당신에게 편리한가요?
③ 그 과학자는 우리에게 빛은 엄청난 속도로 이동한다는 것을 상기시켜 주었다.
④ 당신이 생각하기에 누가 이 학급에서 최고의 학생인가요?
⑤ 나는 그 우스운 이야기에 웃지 않을 수 없었다.

기출 Plus

[국가직 9급 기출]

02. 어법상 빈칸에 들어가기에 가장 적절한 것은?

> It was when I got support across the board politically, from Republicans as well as Democrats, _____ I knew I had done the right thing.

① who　　② whom
③ whose　　④ that

해 'It is ~ that' 강조 구문으로, 본문에서 It was와 that 사이의 시간의 부사절(when ~ as Democrats)을 강조하고 있다. that 이하의 문장이 완전한 구조이므로 '접속사+대명사' 역할을 하는 관계대명사 who나 whom은 부적절하며, 소유격 관계대명사 'whose' 또한 피수식어로 대명사가 아닌 명사로 시작해야 하므로 'I knew~'로 시작하는 완전한 문장에서 사용할 수 없다.

답 02 ④

02. 다음 문장 중 어법상 옳지 <u>않은</u> 것은? [국가직 9급 기출]

❶ Columbus proved that the earth was round.

② My parents kept on encouraging me to study.

③ Please remember to put out the cat before you go to bed.

④ The hotel has been closed for many years.

해 ① 지구가 둥글다는 것은 불변의 진리에 해당하므로 항상 현재시제를 쓴다. 따라서 주절의 시제가 과거이지만 종속절 내의 was를 is로 고쳐야 한다. 이렇게 항상 현재시제를 쓰는 것으로는 불변의 진리나 일반적 사실, 습관적인 일이나 습성, 속담, 격언 등이 있다.

② 'keep (on) -ing' 계속해서 ~하다'라는 표현이며, 'encourage + 목적어(사람) + to do(목적보어)'는 '사람에게 ~을 하도록 격려하다'라는 의미이다. 한편, 목적보어로 to부정사를 취하는 동사에는 encourage, enable, get, invite, cause, compel, force, oblige 등이 있다.

③ remember나 recall, forget, regret 등의 기억 · 회상 · 회고 동사의 경우 다음에 목적어로 to부정사나 동명사(-ing)가 모두 올 수 있는데, 이 경우 의미에 차이가 있다. 즉, 앞으로의 일(미래의 일)에 대해 말할 때는 to부정사가 오며, 이전의 일(과거의 일)에 대해 말할 때는 동명사가 온다. ③의 경우 잠자리에 드는 것은 앞으로의 일이므로 'remember + to put out'의 형태가 되었다. 여기서 before 이하는 시간의 부사절이므로 미래시제(will go) 대신에 현재시제(go)가 사용되었다.

한편, '잠자리에 들다(go to bed)'는 추상적인 의미의 표현이므로 정관사(the)를 쓰지 않는다. 'go to the bed'는 '침대라는 특정한 장소나 위치에 가다'라는 구체적 의미이다. 이러한 예로는 'go to school(학교에 가다)', 'go to the school(학교라는 건물이나 장소로 가다)'이 있다.

④ 'for many years(여러 해 동안)'이라는 시간의 부사구와 현재완료시제에 어울려 쓸 수 있으며, 주어(hotel)와 동사(close)의 관계상 수동형이 적절하다.

> **어휘** encourage 장려[격려]하다, 용기를 북돋우다
>
> put out 밖으로 내다, 내쫓다, 끄다, 산출하다, 생산하다, 출판하다, 발표하다, 해고하다, 난처하게 하다, 혼란시키다, 괴롭히다

> **해석** ① 콜럼버스는 지구가 둥글다는 것을 증명했다.
> ② 나의 부모님께서는 내가 공부하도록 계속 격려해주셨다.
> ③ 잠자리에 들기 전에 고양이를 밖으로 내 놓는 것을 기억해주세요.
> ④ 그 호텔은 여러 해 동안 폐쇄되어 있었다.

03. Choose the sentence that is not grammatically correct. [국회직 8급 기출]

① Who do you think is the most smart student in this class?

② How come you are so late?

③ Hardly had the game begun, when it started raining.

❹ The next time I will go to New York, I am going to see a ballet.

⑤ Temporary jobs decreased by 108,000, pulling down overall employment.

해 ④ 'next time'은 접속사처럼 사용되어 '이번[다음번]에 ~할 때에'라는 의미이다. 이 경우 시간의 부사절을 이끄는 접속사가 되므로 미래시제 대신에 현재시제를 쓴다. will go → go

① 간접의문문의 일반적 어순은 '의문사 + 주어 + 동사'의 순서이나, 위의 경우 의문사 who가 문장의 주어이므로 'who ~ + 동사(is) + 보어'의 순서가 되었다.

② 'How come ~?'은 '어째서(왜)', '~은 어찌된 일인가'라는 의미로, 'How did it come that ~?'의 단축형이다. 따라서 'How (did it) come (that)' 다음에는 정치 어순(주어 + 동사)이 된다.

③ 'Hardly[Scarcely] had + S + p.p. ~ when[before] + S + V(과거형)'는 '~하자마자 …하다'는 표현이다.

⑤ decrease는 자동사로 '줄다[감소하다]'의 의미이며, 전치사 by는 '~만큼[까지]'을 나타낸다. 분사 구문(pulling ~)도 적절하다.

> **어휘** ballet 발레, 무용극
>
> temporary job 임시직 cf. permanent job 평생직장
>
> pull down (건물을) 헐다, (가치를) 떨어뜨리다, 쇠약하게 하다, 끌어내리다
>
> employment 고용, 사용, 일자리, 직업

> **해석** ① 당신은 누가 이 반에서 가장 똑똑한 학생이라고 생각합니까?
> ② 당신은 왜 늦었습니까?
> ③ 경기가 시작하자마자 비가 오기 시작했다.
> ④ 다음번에 내가 뉴욕에 갈 때에, 나는 발레를 볼 것이다.
> ⑤ 전체 일자리를 감소시키면서 임시직 108,000개가 줄었다.

(2) 현재진행형

① 구조

> 주어 + be + 동사의 진행형
> I + am + going / doing
> He / She / It + is + going / doing
> You / We / They + are + going / doing

② 현재진행시제의 용법

- 현재 이루어지고 있는 일

  Please don't make so much noise. I'm reading. (시끄럽게 하지 말아주세요. 지금 책 읽고 있습니다.) → I read. (×)

  "Where's Mr. Park?" "He's taking a bath." ("박 씨는 어디 있죠?" "지금 목욕 중입니다.") → He takes a bath. (×)

- 반드시 현재 일어나는 일일 필요는 없음

  I'm reading the book. I'll lend it to you when I'm done with it. (지금 그 책을 읽고 있습니다. 다 읽으면 당신에게 빌려드리죠.) * 화자는 말하는 현재 책을 읽고 있지 않다. 책 읽기를 시작했지만 아직 끝나지 않은 상태이기 때문에 현재진행시제를 사용하였다.

- '현재진행형 + 빈도부사(always, continuously 등)'는 습관·성질, 반복된 동작의 표현

  They are always quarrelling. (그들은 항상 다툰다.)

  He is constantly complaining that he cannot find time to do what he wants to. (그는 항상 하고 싶은 일을 할 여가가 없다고 불평한다.)

③ 진행형으로 쓸 수 없는 동사

- 진행형이 가능한 동사 : 반복행위나 활동, 변이 등을 표현하는 동적 동사

  That girl is always grumbling. (저 소녀는 항상 불평한다.)

  My father is watering the flowers. (아버지는 꽃에 물을 주고 있다.)

- 진행형 불가 동사 : 지각·인식·감정·상황·소유 등을 표시하는 상태 동사

무의식적 지각동사	see, hear, smell, taste, feel cf. 의지가 포함된 지각동사(look, watch, listen 등)는 진행형 가능
인식·사고 동사	know, suppose, mean, think, believe, doubt, understand, remember, wonder(* wonder는 구어체에서 진행형 가능)
감정·심리 동사	like, love, prefer, hate, want, hope, fear

소유 · 존재 · 소속 동사	have, belong, possess, seem, appear, exist, consist, contain cf. 소유의 의미가 아닌 다른 의미로 사용되는 경우 진행형 가능
기타 상태 동사	be, resemble, differ, lack 등

Are you seeing the girl walking down the street? (×)

→ Do you see the girl walking down the street? (길을 걸어가는 저 소녀를 보고 있습니까?)

 cf. She is seeing a doctor. (○) (seeing = consulting)

I'm knowing Mr. Kim very well. (×)

→ I know Mr. Kim very well. (나는 김 씨를 잘 알고 있습니다.)

Tony is resembling his grandfather. (×)

→ Tony resembles his grandfather. (Tony는 그의 할아버지를 닮았다.)

I'm wanting to eat something because I'm hungry. (×)

→ I want to eat something because I'm hungry. (배가 고파서 무언가 먹고 싶다.)

This pen is belonging to me. (×)

→ This pen belongs to me. (이 펜은 내 것이다.)

 cf. They are having dinner now. (○) (having = eating)

(3) 과거시제

① 과거형

- 일반적 형태 : 일반적으로 동사 뒤에 −ed를 붙여준다. 의문문은 「Did + you/she + 원형 ~ ?」의 형태로 만든다.
- 주의할 동사의 변화형(불규칙 형태) : 현재형 − 과거형 − 과거분사형

bite(물다) − bit − bitten

creep(기다) − crept − crept

dig(파다) − dug − dug

fight(싸우다) − fought − fought

forbid(금지하다) − forbade − forbidden

hang(매달다) − hung − hung / hang(교수형에 처하다) − hanged − hanged

lay(눕히다) − laid − laid

lie(눕다) − lay − lain

Check Point

have는 '소유하다'의 의미일 때 진행형으로 쓸 수 없음

🔟 I have a good laptop computer. (나는 좋은 휴대용 컴퓨터를 가지고 있다.)
 → I'm having a good laptop computer. (×)

🔟 I'm having a great time. (나는 즐거운 시간을 보내고 있다.) (○)

지각동사는 본래의 의미 이외의 뜻을 가진 경우 진행형을 쓸 수 있음

🔟 I'm seeing my client next Monday. (오는 월요일에 내 고객을 만날 것이다.) (○)

기출 Plus

[국회직 8급 기출]

03. Choose the answer that best completes sentence(s).

> The failure of Exxon Oil Company in the 1980s _____ in large part to high salaries paid to executives.

① was due with
② was due
③ was
④ had been
⑤ has been

해 주어에 적합한 동사의 형태를 찾는 것인데, 주어가 'The failure'이므로 수동형이다. '파산'은 '~에 의해 초래되는 것(~에 기인하는 것)'이다. 그런데, 여기서 문장의 시제는 과거(in the 1980s)이며 'in large part'는 삽입된 부사구이므로 ②가 가장 적합하다. 'be due to'는 '~에 기인하다'라는 표현으로, 다음에 명사가 수반된다.

 답 03 ②

[국회직 8급 기출]

04. Choose the answer which best completes the following.

> During the siege of Troy, Achilles, the greatest of all the Greek heroes, _____ to fight because of a quarrel with his leader Agamemnon who _____ away a captive girl awarded to Achilles.

① has refused – taking
② refuse – has taken
③ refused – had taken
④ having refused – takes
⑤ refusing – took

해 문장 전체의 주어는 'Achilles'이고 동사는 첫 번째 빈칸의 'refuse'인데, 과거(During the siege of Troy)의 일이므로 동사의 시제는 과거가 된다. 그리고 싸움을 거절한 것(과거)보다 포로 소녀를 빼앗아 간 것이 더 이전이므로 두 번째 빈칸에는 대과거형(had + p.p.)이 적합하다.

lie(거짓말하다) – lied – lied
ride(타다) – rode – ridden
seek(찾다) – sought – sought
sink(가라앉다) – sank – sunk
slide(미끄러지다) – slid – slid
sting(찌르다) – stung – stung
swear(맹세하다) – swore – sworn
swim(수영하다) – swam – swum

② 과거시제의 용법

• 과거의 동작이나 상태, 경험, 습관

He was born in 1972. (그는 1972년에 태어났다.)

Do you remember the incident that took place at our first meeting? (우리의 첫 회의에서 일어났던 사고를 기억합니까?)

The recital was a great success. (그 연주회는 큰 성공을 거두었다.)

• 역사적 사실

Columbus discovered America in 1492. (콜럼버스는 1492년 미국을 발견했다.)

The Korean War broke out in 1950. (한국전은 1950년 발발했다.)

(4) 과거진행형

① 구조

> 주어 + be동사의 과거형 + -ing
> I / He / She / It + was + going / doing
> We / You / They + were + going / doing

② 과거진행시제의 용법 : 과거의 특정 시점에 진행 중이었던 일

Allen was reading a book when Jamie entered the room.

(Jamie가 방에 들어갔을 때 Allen은 책을 읽고 있었다.)

What were you doing at 8:00 P.M. last night?

(어제 밤 8시에 무엇을 하고 있었니?)

③ 과거형과의 비교

• 구분 : 과거형에서 행위는 진행이 끝나지만 과거진행형에서는 행위가 진행 중에 있음을 표현

답 04 ③

• 예문

- 과거진행형

  I was walking home when I met Kelly. (Kelly를 만났을 때 나는 집으로 걸어가고 있었다.) [집으로 걸어가고 있는 도중에 만났다.]

- 과거형

  I walked home after the class. (수업이 끝난 후 나는 집에 걸어갔다.) [집까지 걸어가는 행위가 끝났다.]

2. 완료시제

(1) 현재완료시제

① 현재완료형의 구조

> • 현재완료 : 주어 + have[has] + p.p.(과거분사형)
> • I / We / You / They + have(= 've) + gone / done
> • He / She / It + has(= 's) + gone / done
> • 현재완료 진행 : 주어 + have[has] + been + –ing
> • I / We / You / They + have(= 've) + been + going / doing
> • He / She / It + has(= 's) + been + going / doing

② 현재완료시제의 용법

• 경험 : 과거부터 현재까지의 경험(→ 주로 ever, never, often, once, seldom, before, sometimes 등과 함께 쓰임)

Have you ever been to London? (런던에 가 본적이 있습니까?)

This is the first time I've flown an airplane. (비행기를 조종하는 건 처음입니다.)

I'm surprised that you haven't heard of Mark Twain, the American novelist. (당신이 미국 소설가 Mark Twain에 대해 들어본 적이 없다는 것은 놀랍습니다.)

• 계속 : 과거부터 현재까지 계속되는 일이나 사실(→ 주로 how long, for, since, always, so far, these days 등이 함께 사용됨)

How long have you been in Busan? (부산에는 얼마나 오랫동안 계셨습니까?)

I have lived here for a year. (나는 여기에 일 년째 살고 있다.)

I've known Corey very well since I was in high school. (나는 고등학교 때부터 Corey를 잘 알았다.)

Check Point

been (to)
방문하다(= visit)
예 I've never been to the Republic of South Africa.

for와 since
for 다음에는 기간, since 다음에는 기간의 특정한 시작점이 옴
예 Darren has been waiting for 5 hours.
I haven't seen Yumi since 9 A.M.

[국가직 9급 기출]

05. 다음 글의 빈칸에 들어갈 단어로 가장 알맞은 것은?

The administration plans to introduce the new formula this year at the earliest, applying it first to replies to opinions posted on some portal sites. The sooner the system put into effect, the better South Korea is an _____ Internet power house as the world's most wired country, with Web surfing a daily routine for many people. In proportion to the sharp increase in the number of internet surfers, cyber crimes have _____ as a serious social evil with the number of cyber crime victims rising rapidly to 2 million in 2004 from 1.65 million in 2003 and 1.19 million 2002.

① undisputed – emerged
② undisputing – emerged
③ undisputed – emerging
④ undisputing – emerging

해 첫 번째 빈칸에는 '논의의 여지가 없는', '이의 없는', '명백한'의 뜻인 'undisputed'가 적합하다. 그리고 다음의 빈칸의 경우, 앞에 'have'가 있으므로 동사의 과거분사형(emerged)이 와서 현재완료시제를 구성한다.

답 05 ①

It has been raining for three hours. (비가 세 시간 동안 내리고 있다.)

• **완료** : 과거 사실이 현재 완료되어 있음을 강조(→ 주로 already, yet, just, lately, this week, today, this year, recently, by the time 등의 표현과 함께 사용됨)

He has just finished the work. (그는 막 그 일을 끝냈다.)

The investors have already arrived. (투자자들이 이미 도착했다.)

• **결과** : 과거 사실이나 행위의 결과가 현재 나타남을 강조할 때

Hank has lost his eyesight. (Hank는 시력을 잃었다.) → 그 결과 현재 앞을 볼 수 없다.

The old man has cut his finger. (그 노인은 손가락을 베었다.) → 현재 손가락이 아프다.

Mr. Jung has gone out. (정 씨는 밖에 나갔다.) → 현재 밖에 있다.

(2) 과거완료시제

① 과거완료형의 구조

> • 과거완료 : 주어 + had + p.p.(과거분사형)
> • I / We / You / They / He / She / It + had(= 'd) + gone / done
> • 과거완료 진행 : 주어 + had + been + -ing
> • I / We / You / They / He / She / It + had(= 'd) + been + going / doing

② 과거완료시제의 용법 : 과거의 기준이 되는 시점보다 과거에 일어난 일을 표현

The train had left when I got to the station. (내가 역에 도착했을 때 기차는 이미 떠났었다.)

I was very tired when I got home. I had been studying hard all day. (집에 돌아갔을 때 굉장히 피곤했다. 그날 하루는 열심히 공부했었다.)

③ No sooner, scarcely, hardly 구문 : ~하자마자 ~했다

> No sooner + had + 주어 + 과거분사 + than + 과거형
> = Scarcely[Hardly] + had + 주어 + 과거분사 + when / before + 과거형

No sooner had she heard the news, than she began to cry. (그 소식을 듣자마자 그녀는 울기 시작했다.)

= Scarcely[Hardly] had she heard the news when[before] she began to cry.

No sooner had I arrived at home, than it began to rain. (내가 집에 도착하자마자 비가 내리기 시작했다.)

= I had no sooner arrived at home than it began to rain.

= Hardly[Scarcely] had I arrived at home, before[when] it began to rain.

= I had hardly[scarcely] arrived at home before[when] it began to rain.

= The minute[moment, instant] I arrived at home, it began to rain.

= Immediately[Directly, Instantly] I arrived at home, it began to rain.

= As soon as I arrived at home, it began to rain.

= On my arriving at home, it began to rain.

⊕ 꼭! 확인 기출문제

우리말을 영어로 잘못 옮긴 것은? [국가직 9급 기출]

① 나의 이모는 파티에서 그녀를 만난 것을 기억하지 못했다.
　→ My aunt didn't remember meeting her at the party.
② 나의 첫 책을 쓰는 데 40년이 걸렸다.
　→ It took me 40 years to write my first book.
③ 학교에서 집으로 걸어오고 있을 때 강풍에 내 우산이 뒤집혔다.
　→ A strong wind blew my umbrella inside out as I was walking home from school.
❹ 끝까지 생존하는 생물은 가장 강한 생물도, 가장 지적인 생물도 아니고, 변화에 가장 잘 반응하는 생물이다.
　→ It is not the strongest of the species, nor the most intelligent, or the one most responsive to change that survives to the end.

[해] ④ 'not A but B' 구문과 '(neither) A nor B' 구문을 합쳐 'not A nor B but C(A도 아니고 B도 아니고 C이다)' 구문으로 복합된 문장이다. 그러므로 'or' 대신 'but'을 사용해야 한다.
　It is not the strongest of the species, nor the most intelligent, but the one most responsive to change that
　　　　　　　　　 A　　　　　　　　　　　B　　　　　　　　　　　C
　survives to the end.
① '그녀를 만난 것을 기억하지 못했다'고 과거의 일을 기억한 것이므로, 동명사 'meeting'을 사용한 것은 적절하다.
　• remember + to부정사 : ~할 것을 기억하다(미래의 일)
　• remember + ~ing : ~한 것을 기억하다(과거의 일)
② It(가주어) takes + 간접목적어(사람) + 직접목적어(시간) + to부정사(진주어) 구문으로, '사람이 ~하는 데 시간이 얼마나 걸리다'의 표현이다.
③ 'A strong wind'로 시작하는 물주구문이고, 'home'은 '집으로'라는 부사로 전치사 없이 사용되었으므로 옳은 문장이다.

　[어휘] species 종(種) 생물 분류의 기초 단위) cf. a rare species 희귀종
　　　　responsive 즉각 반응[대응]하는, 호응하는

3. 미래시제

(1) 미래시제의 다양한 표현

　① will / shall의 용법

　　• 행위를 하기로 결정한 경우

　　I'll have some vanilla milk shake. (바닐라 밀크셰이크로 주세요.)

　　I'll let you have this magazine. (내가 이 잡지 너 줄게.)

기출 Plus [서울시 9급 기출]

06. 어법상 가장 옳은 것은?

① If the item should not be delivered tomorrow, they would complain about it.
② He was more skillful than any other baseball players in his class.
③ Hardly has the violinist finished his performance before the audience stood up and applauded.
④ Bakers have been made come out, asking for promoting wheat consumption.

[해] 미래에 발생할 가능성이 매우 희박한 일을 가정할 때 가정법 미래를 사용한다. 가정법 미래는 'If + 주어 + should / were to + 동사원형, 주어 + 조동사(과거형) + 동사원형'의 형태가 온다. tomorrow를 보아 가정법 미래가 쓰여야 하며, 그 형태가 알맞게 사용되었다.

답 06 ①

• 이미 결정한 사실에 대해 말할 때는 will을 사용하지 않음

Will you work next Sunday? (×)

→ Are you working next Sunday? (다음주 일요일에 일하세요?)

I will watch the football game this evening. (×)

→ I'm going to watch the football game this evening. (오늘 저녁에는 축구 경기를 볼 생각이다.) * 이미 결정한 사실(가까운 시간에 일어날 것)에 대해서는 'be going to'를 사용하는 것이 일반적임

• 미래에 일어날 일을 예측하는 경우에 will을 사용

Where will you be this time next year? / I'll be in France.

(내년 이맘때에 어디에 계실 건가요? / 프랑스에 있을 겁니다.)

Ron won't pass the exam for he hasn't studied hard.

(공부를 열심히 안 했기 때문에 Ron은 시험을 통과하지 못할 것이다.)

• 타인의 의견을 물을 때는 「Shall[Should] I …? / Shall[Should] we …?」의 형식을 취함

Shall I telephone her and ask her to come here? (그녀에게 전화를 해서 여기로 오라고 할까요?)

What should we do? (우리는 무엇을 해야 하죠?)

② 미래시제를 대신하는 주요 표현

• be going to + 동사원형(~할 예정이다)

It is going to rain. (비가 올 것이다.)

He is going to buy a new car. (그는 새 자동차를 살 것이다.)

• be to + 동사원형(하기로 되어 있다, ~할 예정이다)(= be supposed to + 동사원형)

The concert is to be held in November. (콘서트는 11월에 열릴 것이다.)

We are to meet there at 9. (우리는 그곳에서 9시에 만나기로 되어 있다.)

So what are we supposed to do? (그럼 우리는 어떻게 해야 되죠?)

• be about to + 동사원형(막~ 하려고 한다)(= be ready to + 동사원형 = be on the point[brink, verge] of -ing)

I'm about to go to the airport. (나는 공항으로 가려고 한다.)

The film is about to start. (영화가 곧 시작하려고 한다.)

What are you about to do? (뭘 하려는 겁니까?)

I am on the point of posting the letter. (나는 지금 막 편지를 보내려 한다.)

Check Point

was going to do

과거에 행위를 하려고 했으나 하지 않은 경우를 표현

@ Bill was going to meet Jane, but he changed his mind. (Bill은 Jane을 만날 예정이었지만 생각을 바꾸었다.)

- be bound to + 동사원형(반드시 ~하다, ~할 의무가 있다)

  They are bound to lose in the game. (그들은 반드시 경기에서 지게 될 것이다.)

  You are bound to observe the regulation. (너는 그 규정을 준수해야 한다.)

- be likely to + 동사원형(~할[일] 것 같다)

  It is likely to rain(= It looks like rain). (비가 올 것 같다.)

  The event is likely to be a great success. (그 행사는 대단한 성공을 이룰 것 같다.)

- be supposed + to동사원형 (~하기로 되어있다)
- intend to ~할 작정이다

(2) 미래진행시제와 미래완료시제

① 미래진행형

- 미래의 진행 중인 동작 등을 표현
- 'will be + −ing'

  He will be working at 2 P.M. tomorrow. (내일 오후 2시에 그는 일하고 있을 것이다.)

  I will be watching TV if they go out. (그들이 나가면 나는 TV를 보고 있을 것이다.)

② 미래완료형

- 미래의 어느 시점을 기준으로 그때까지의 완료 · 경험 · 계속 · 결과를 표현
- 'will have + p.p.(과거분사)'

  She will have finished her work by tonight. (그녀는 오늘 밤까지 일을 끝내게 될 것이다.)

  The train will already have started by the time we get to the station. (우리가 역에 도착했을 때 이미 기차는 떠난 뒤일 것이다.)

  The task will have been done by me. (그 일은 나에 의해 완수될 것이다.) [미래완료형수동태]

기출 Plus [국가직 9급 기출]

07. 다음 우리말을 영어로 가장 잘 옮긴 것을 고르시오.

2017년부터, 정부가 봉급에서 세금으로 거두어들이는 것보다 더 많은 액수를 사회 보장 혜택에 지출하게 될 것이다.

① In 2017, the government will begin to pay out more in Social Security benefits than it collects in payroll taxes.

② In 2017, the government begins paying out Social Security benefits more than the taxes collecting in payroll.

③ In 2017, more in Social Security benefits than in payroll taxes they pay out will begin to be collected by the government.

④ In 2017, paying out more in Social Security benefits than in payroll the government will begin to collect taxes.

해 'the government'가 주어이며 시제는 미래이므로 'will begin'이 된다. 그리고 더 많이 지출한다는 것이므로 'pay out more ~'로 표현할 수 있고, 사회 보장 혜택에 돈을 지출하는 것이므로 전치사 'in'을 사용하여 'in Social Security benefits'로 써야 한다. than 이하의 경우도 비교대상이 '정부가 세금으로 거두어들이는 것'이므로 'the government(it) collects in payroll taxes'가 된다.

답 07 ①

③ 동사의 12시제

현재	am, are, is	현재진행	am, are, is + ing
과거	was, were	과거진행	was, were + –ing
미래	will + 동사원형	미래진행	will be + –ing
현재완료	have[has] p.p	현재완료진행	have[has] been + –ing
과거완료	had p.p	과거완료진행	has been + –ing
미래완료	will have p.p	미래완료진행	will have been + –ing

꼭! 확인 기출문제

어법상 옳은 것은? [지방직 · 서울시 9급 기출]

① Of the billions of stars in the galaxy, how much are able to hatch life?

② The Christmas party was really excited and I totally lost track of time.

❸ I must leave right now because I am starting work at noon today.

④ They used to loving books much more when they were younger.

해 ③ 현재진행형인 'be –ing'가 미래의 의미를 전달한다는 것을 보여주는 문장으로 'be –ing'으로 가까운 미래를 나타내고 자 할 때는 'will' 대신 얼마든지 미래를 나타낼 수 있기 때문에 올바른 문장이다.

　① 'much'는 불가산명사를 수식하는 형용사이므로, 'many'로 수정해야 한다.

　② 본 문장의 주어는 'Christmas party'이므로 감정을 느낀다는 뜻의 'excited(과거분사)' 대신 현재분사 'exciting'으로 써 야 적절하다.

　④ 주어인 'they' 다음에 동사가 와야 하는데 'used to'는 조동사이기 때문에 동사의 원형이 오는 것이 올바르므로 'used to loving'이 아닌 'used to love'로 써야 한다.

어휘 billion 10억, 엄청난 양, 1조(= trillion)

　　galaxy 은하계, 은하수(= The Milky Way), 성운, 소우주, (사람 · 물건의) 화려한 대집단

　　hatch 부화하다, (비밀리에 계획 등을) 만들어 내다, (바닥이나 천장에 나 있는) 출입구

　　excited 신이 난, 들뜬, 흥분한, 초조한, (시황 · 장사 등이) 활기를 띤

　　lose track of time 시간 가는 것을 잊다

　　used to ~하곤 했다, 과거 한때는[예전에는] ~이었다[했다]

　　much more 더 많이, 더구나, 하물며

해석 ① 은하계에 있는 수십억 개의 별들 중에서, 얼마나 많은 별들이 생명을 부화할 수 있을까?

　　② 크리스마스 파티는 정말 재미있었고 나는 시간가는 줄을 몰랐다.

　　③ 나는 오늘 정오에 일을 시작할 것이기 때문에 지금 당장 떠나야 한다.

　　④ 그들은 어렸을 때 책을 훨씬 더 좋아했었다.

제2장

조동사 (Auxiliary Verb)

1. Can/Could

(1) 주요 용법

① 능력 · 가능성 : can(~할 수 있다)(= be able to do = be capable of doing)

Can you speak Japanese? (일본어를 말할 수 있습니까?)

I can help you if you want. (원한다면 너를 도와줄 수 있다.)

Anyone can make mistakes. (누구나 실수를 할 수 있다.)

The word 'water' can be a noun or a verb. ('water'라는 단어는 명사도, 동사도 될 수 있다.)

You can take a horse to the water, but you cannot make him drink. (말을 물가로 몰고 갈 수는 있지만 그 말에게 물을 먹게 할 수는 없다.)

② 추측 · 추정

• cannot(~일[할] 리 없다) (↔ must)

• cannot have p.p.(~이었을[했을] 리 없다)

It cannot be true. (그것은 사실일 리 없다.) (↔ It must be true)

He cannot have said so. (그가 그렇게 말했을 리 없다.)

③ 허가

Can I go back now? (지금 돌아가도 되나요?)

Can I stay here a little longer? (여기 조금 더 머무를 수 있을까요?)

Could I borrow your book? (책 좀 빌려도 되겠습니까?)['Can ~', 'Will~' 보다 공손한 표현]

④ could의 주요 용법

• 과거의 능력 : '~할 수 있었다'는 의미의 could는 마음만 먹으면 언제든지 발휘할 수 있는 일반적인 능력을 나타내며, 반드시 '(과거에) 실제로 ~했다' 를 의미하지는 않는다.

Check Point

조동사 + 동사원형
조동사 다음에는 동사원형의 형태로 본동사가 와야 함
⑩ The energy can be transferred to power.
All students must keep quiet in the library.

Check Point

can과 be able to
의미상 유사하나, can이 사람이나 사물을 주어로 할 수 있음에 비해 'be able to'는 사람이 주어인 경우에만 사용한다. can의 미래의 의미는 'will be able to'를 사용한다.

He could pass the test (그는 시험에 합격할 수 있었다.) [실제로 합격했다는 것을 의미하지는 않음]

cf. 과거에 실제로 일어난 일은 'was able to', 'managed to', 'succeeded in -ing' 등으로 나타낸다. 단, 부정문에 쓰인 could는 실제로 일어난 일을 나타낸다.

예 I could not pass the exam. (나는 시험에 합격할 수 없었다.)[실제로 합격하지 못했음]

- **가능성 · 추측** : 현재나 미래에 가능한 일에 대해 말할 때(can도 사용 가능)
  What would you like to do this evening? We could go to a ballpark. (오늘 저녁에 뭐하실래요? 야구장에 가는 건 어때요.)
- **정중한 표현** : 정중히 요청하거나 부탁할 때 쓴다.
  Could you help you in any way? (어떻게든 도와드릴 수 있을까요?)

꼭! 확인 기출문제

다음 우리말을 영어로 잘못 옮긴 것은? [국가직 9급 기출]

① 난 그 파티에 가지 말았어야 했다.
  → I should not have gone to the party.
② 그는 그 사실을 미리 알고 있었음에 틀림없다.
  → He must have known the truth in advance.
❸ 그가 그렇게 어리석은 짓을 했을 리가 없다.
  → He could have done such a stupid thing.
④ 아프면 운전을 하지 말아야 한다.
  → You ought not to drive if you're sick.

해 ③ 과거 사실에 대한 강한 부정의 표현인 '~했을[이었을] 리가 없다'라는 표현은 'cannot have p.p.'이다. 따라서 ③의 경우 'could have done'을 'could not have done'으로 고쳐야 한다. 'could have p.p.'는 '~할 수 있었을 것이다', '~이었을 수 있다(그렇지 않아 아쉽다)'의 표현이다.
① 'should not have p.p.'는 '~하지 말았어야 했다'는 표현이다. 한편, 'should have p.p.'는 '~했어야 했다'라는 의미로, 과거에 이루지 못한 것에 대한 유감이나 후회의 표현이다.
② 'must have p.p.'는 '~했음에(이었음에) 틀림없다'는 뜻으로, 과거의 사실에 대한 강한(단정적인) 추측을 나타내는 표현이다.
④ 'ought to V(~해야 한다)'의 부정 표현은 'ought not to V(~하지 말아야 한다)'이다. 일반적으로 부정사에 대한 부정은 부정어를 해당 부정사 앞에 쓴다(should not V, ought not to V, had better not V 등).

어휘 in advance 미리, 선금으로, 전방에[앞에], 선두에 서서
stupid 어리석은, 생각 없는, 우둔한, 시시한, 짜증나게 하는 n. stupidity 어리석음

(2) 관용적 표현

① cannot but + 원형부정사

cannot (choose) but + 원형부정사(~하지 않을 수 없다)
= cannot help + doing
= cannot help but do
= have no choice but to do
= have no other way but to do
= have no alternative[option] but to do

I cannot but laugh at his hairdo. (나는 그의 머리 모양을 보고 웃지 않을 수 없다.)

= I cannot help laughing at his hairdo.

② cannot[never] … without ~

> cannot[never] … without ~(…하면[할 때마다] 반드시 ~한다) [부정어 + without]
> = cannot[never] … but + 주어 + 동사
> = Whenever 주어 + 동사, 주어 + 동사
> = When 주어 +동사, 주어 + always + 동사

I cannot[never] see her without thinking of my mother. (그녀를 볼 때마다 내 어머니가 생각난다.)

= Whenever I see her, I think of my mother.

= When I see her, I always think of my mother.

③ cannot … too

> cannot … too(아무리 …해도 지나치지 않다)
> = It is impossible to … enough

You cannot study too hard. (너는 아무리 공부를 열심히 해도 지나치지 않다.)

꼭! 확인 기출문제

다음 대화의 빈칸에 가장 알맞은 것을 고르시오. [서울시 9급 기출]

> A : David, you did not attend the board meeting this morning.
> B : I couldn't make it. I called in sick, in fact.
> A : Important agendas were decided.
> B : _____

❶ Could you fill me in?
② Let's make it together.
③ Let me attend instead.
④ I haven't decide yet.

해 참석하지 못한 회의에서 중요한 의제가 결정되었다고 했을 때 할 수 있는 말로 가장 적합한 것을 찾아본다. 아마도 그 의제에 대해 좀 알려(설명해) 줄 수 있겠느냐는 표현이 가장 적합할 것이다.

어휘 board meeting 이사회
    agendas 의제
    decided 확실한, 결정적인
    instead 대신에

해석 A : 데이비드, 오늘 아침 이사회에 참석하지 않았잖아.
    B : 갈 수 없었어. 사실 병가를 냈어요.
    A : 중요한 안건이 결정됐어.
    B : _____

2. May/Might

(1) 주요 용법

① 추측 · 추정

- may + 동사원형(~일[할]지도 모른다)
- may have + 과거분사(~이었을[하였을]지 모른다)

  He may know. (그가 알지도 모른다.)

  She may be at home. (그녀는 집에 있을 것이다.)

  Tom may have been hurt. (Tom은 다쳤을지 모른다.)(= Perhaps Tom was hurt.)

  I may have left the book in my room. (그 책을 내 방에 둔 것 같다.)

② 허가 · 가능 · 기원 · 양보

- 허가(= can)

  You may leave now. (지금 가도 됩니다.)

  Might I smoke in here? (여기서 담배를 피워도 될까요?)['may ~'보다 공손한 표현]

  You may not borrow my car. (제 차를 빌릴 수 없습니다.)[may not : 불허가, 금지]

- 가능(= can)

  The road may be blocked. (길이 막혔을 것이다.)

  Gather roses while you may[can]. (할 수 있을 때 장미꽃을 모아라. 즐길 수 있을 때[젊을 때] 즐겨라.)

- 기원(소망)

  May you live long! (오래 사시길 바랍니다!)

  May you always be happy and healthy! (언제나 행복하시고 건강하시길 바랍니다!)

- 양보

  The businessman may be rich, but he is not refined. (그는 부자인지는 몰라도 세련되지는 못하다.)[뒤에 등위접속사 but 등을 동반]

  = Though the businessman may be rich, he is not refined.

  Try as she may, she will not succeed. (그녀가 아무리 노력해 보았자 성공하지 못할 것이다.)[양보의 부사절에서 사용됨]

  Whatever you may say, I will not believe you. (당신이 무슨 말을 한다 해도 나는 당신을 믿지 않을 것이다.)

③ might의 용법

- 현재 · 미래에 관한 추측 : may보다는 자신이 없는 추측
- 과거사실의 불확실한 추측 : 'might have + p.p.'(어쩌면 ~했을지도 모른다)['may have + p.p.'보다 약한 가능성을 나타냄]

  She might have left yesterday. (그녀는 어제 떠났을지도 모른다.)

- 과거사실을 반대로 추측 : 가정법 과거완료(might have p.p.)에 사용되어 '어쩌면 ~할 수도 있었는데 실제로는 ~하지 않았다'는 의미가 된다. 주로 과거사실에 대한 '유감'의 뜻을 나타낼 때가 많으며, 조건절은 생략되는 경우가 많다.

  World history might have been changed if they had won the war. (만약 그들이 전쟁에서 이겼더라면 세계의 역사가 바뀔 수도 있었을텐데.)

  She might have come to meet him. (그녀가 그를 만나러 왔을 수도 있었는데. – 그렇지 못했다.)

Check Point

명사 might
(강력한) 힘[에너지], 권력
예 I pushed the rock with all my might. (나는 온 힘을 다해 그 바위를 밀었다.)

(2) 관용적 표현

① may well(~하는 것이 당연하다)

= have good reason to + 동사원형

= It is natural that + 주어 + should 동사원형

He may well refuse the offer. (그가 그 제안을 거절하는 것이 당연하다.)

= He has good reason to refuse the offer.

= It is natural that he should refuse the offer.

② might(may) as well(~하는 편이 낫다)

= had better + 동사원형

We might as well begin at once. (지금 즉시 시작하는 게 낫겠다.)

You may as well consult your lawyer. (변호사와 상의하는 게 좋겠습니다.)

(= You had better consult your lawyer.)

③ might[may] as well A as B(B하느니 차라리 A하는 편이 낫다)

You might as well reason with the wolf as try to persuade him. (그를 설득하려고 하느니 늑대를 설득하는 편이 더 낫다.) * reason with ~을 설득하다

You might as well expect the river to flow back as expect me to change my mind. (내가 마음을 바꾸기를 기대하기보다는 차라리 강물이 거꾸로 흐르기를 기대하는 것이 더 낫다.)

④ so that … may ~ (~하기 위해서)

= in order that … may ~

= that … may ~

He studied hard so that he might pass the exam. (그는 시험에 통과하기 위해서 열심히 공부했다.)

3. Must

(1) 강한 추측

① 현재의 추측 : must + be(~임에 틀림없다) [↔ cannot + be(~일 리가 없다)]

He has been working all day. He must be tired.

(그는 하루 종일 일했다. 그는 피곤해할 것이다.)

She must be honest. (그녀는 정직한 사람임이 틀림없다.)

He must be a liar. (그는 거짓말쟁이임에 틀림없다.)

(↔ He cannot be a liar.)

② 과거의 추측 : must have + p.p.(~이었음에[하였음에] 틀림없다)

It must have rained during the night. (간밤에 비가 왔음에 틀림없다.)

She must have been beautiful. (그녀는 예전에 예뻤던 것이 틀림없다.)

He must have been smoking too much when he was young. (그는 젊었을 때 담배를 너무 많이 피운 것이 틀림없다.)

(2) 의무, 필연

① 의무 · 필요

Check Point

must와 have to
같은 의미이나 과거의 경우는 'had to', 미래의 경우는 'will have to'를 사용

• 의무 · 필요(~해야 한다)(= have to)

I must get up early tomorrow. (나는 내일 아침 일찍 일어나야 한다.)

You must hurry for it's too late. (너무 늦었으니 서둘러야 한다.)

• 명령 · 금지 : must not(~해서는 안 된다)

You must not accept their offer. (당신은 그들의 제안을 수용해서는 안 된다.)(= You are not allowed to accept their offer.)

cf. need not(= don't have to)(~할 필요가 없다; 불필요)

You need not accept their offer.

= You don't have to accept their offer.

② 필연(반드시 ~하다, ~하기 마련이다)

Man must die sometime. (인간은 언젠가 죽기 마련이다.)

Check Point

추측의 확신 정도
must > should > may
- **예** The boy must be hungry.
  (그 소년은 배고픔에 틀림없다.)
- **예** The boy should be hungry.
  (그 소년은 배고플 것이다.)
- **예** The boy may be hungry.
  (그 소년은 배고플지도 모른다.)

꼭! 확인 기출문제

다음 제시된 우리말을 영어로 옮긴 것으로 가장 알맞은 것은? [지방직 9급 기출]

> 실험실에 불빛이 하나도 없는 것을 보니 그들은 분명히 일찍 떠났을 것이다.

① As there were no lights in the laboratory, they must be left early.
② Since there were no lights in the laboratory, they would be left early.
❸ Since there were no lights on in the laboratory, they must have left early.
④ As there were no lights on in the laboratory, they should have left early.

해 ③ 과거 사실에 대한 확신이나 단정적 추측의 표현인 '~했음[이었음]에 틀림없다', '틀림없이 ~했을[이었을] 것이다'는 'must have p.p.'이다. 따라서 주절에 이러한 표현이 사용된 ③이 가장 적절하다. 한편, ③의 'since'는 이유를 나타내는 접속사로 '~이므로', '~이니까'라는 의미이다.
① 'must be~(~임에 틀림없다)'는 현재 사실에 대한 확신이나 단정적 추측의 표현이다. 또한, '전등(빛)(light) 자체가 없다(no lights)'는 것이 아니라 '전등이 켜져 있는 것이 없다(아니다)'는 의미이므로 'no lights on'이 되어야 한다. 전기·수도·가스가 '켜져서', '통하여'라는 것을 표현할 때는 전치사 'on'을 쓴다.
② would는 단순미래의 표현(~일 것이다)이나 의지가 개입된 미래의 표현(~하겠다)이므로, 제시된 우리말과 맞지 않다.
④ 'should have p.p.'는 '~했어야 했는데(하지 못했다)'라는 의미로, 과거 사실에 대한 후회나 유감을 나타내는 표현이다.

4. Will/Would

(1) 주요 용법

① will
- 단순미래(~할[일] 것이다)
  You'll be in time if you hurry. (서두르면 제시간에 도착할 수 있을 것이다.)
- 의지미래(~할 작정이다[~하겠다])
  I will do as I like. (내가 원하는 대로 할 것이다.)
  I will do my best. (최선을 다하겠습니다.)
- 현재의 습관·습성
  He will often go to school without eating breakfast. (그는 자주 아침을 먹지 않고 학교에 가곤 한다.)
- 현재에 대한 추측
  Mom will be downstairs now. (어머니는 지금 아래층에 계실 것이다.)

② would
- will의 과거
- 고집·강한거절
  He would not listen to my advice. (그는 내 충고를 들으려 하지 않았다.)
  His income was still small, but she would marry him. (그의 수입은 여전히 적었지만 그녀는 기필코 그와 결혼하려 했다.)

• 공손한 표현

Would you please help me? (저를 도와주시지 않겠습니까?)

• 과거의 불규칙적 습관 · 습성(~하곤 했다, 흔히 ~하였다)

I would often swim in this river when I was a child. (내가 어렸을 때 이 강에서 종종 수영을 하곤 했다.)

• 과거에 대한 추측

I suppose it would be the first time I saw the girl. (그것이 내가 그 소녀를 처음 본 것이었을 것이다.)

• 소원 · 소망(= wish to, want to)

If you would pass the test, you might follow my advice. (당신이 그 테스트를 통과하고 싶다면 내 조언을 따라야 한다.)

(2) 관용적 표현

① would like to + 동사원형(~하고 싶다)

I would like to see her. (나는 그녀가 보고 싶다.)

Would you like to have a cup of coffee? (커피 한 잔 드시지 않겠습니까?)

② would rather A(동사원형) than B(동사원형)(B 하느니 차라리 A 하겠다)

I would rather[sooner] go than stay. (여기 머무르느니 떠나겠다.)

= I had better go than stay.

= I prefer going to staying.

= I prefer to go than (to) stay.

③ A would rather B + C(과거동사)(A는 B가 차라리 C 하기를 바란다.)

I'd rather he didn't know my name. (나는 그가 내 이름을 몰랐으면 좋겠다.)

④ would like + 명사 (~을 가지고 싶다)

Would you like another cup of coffee? (커피 한 잔 더 하시겠습니까?)

5. Should/Ought to

(1) should의 일반적 용법

① 의무(~해야 한다)(= ought to) → must보다 약한 의미를 지님

You should take this medicine. (이 약을 먹어야 한다. → 이 약을 먹으면 좋다.)

You must take this medicine. (이 약을 먹어야 한다. → 반드시 이 약을 먹어야 한다.)

You should take the responsibility for your own conduct. (당신은 당신 자신의 행위에 대해 책임을 져야 한다.)

② 충고, 가능성 · 기대

- 충고 · 의견

You should take a bus to go there. (그곳에 가려면 버스를 타야 한다.)

We should do more to improve the quality of the products. (우리는 제품의 질을 높이기 위해 더 노력해야 한다.)

- 가능성 · 기대 · 당연한 추측

Since they left at noon, they should have arrived there. (그들은 정오에 출발했으니까 그곳에 도착해 있을 것이다.)

- 실현 가능성이 적은 사항에 대한 가정 · 양보

If you should leave me, I will miss you forever. (당신이 나를 떠난다면, 나는 당신을 영원히 그리워할 것이다.)

(2) 감정에 관한 표현

① 과거 사실에 대한 후회 · 유감 · 원망

> should[ought to] have + p.p.(~했어야 했는데)
> → 과거에 이루어지지 않은 일이나 사실에 대해 사후에 후회하는 표현

You should have come to the party last night. (네가 어젯밤 파티에 왔어야 하는데.)(= You had to come to the party, but you didn't.)

She should have been here one hour ago. (그녀는 한 시간 전에는 여기 왔어야 하는데.)

② 걱정 · 염려 · 두려움

> lest … should ~(…가 ~하지 않도록)
> = so that … may not ~
> = for fear of + ~ing
> = for fear (that) … should ~

She woke up early lest she (should) be late at work. (그녀는 직장에 늦지 않도록 일찍 일어났다.)

= She woke up early so that she may not be late at work.

= She woke up early for fear of being late at work.

= She woke up early for fear that she should be late at work.

기출 Plus [지방직 9급 기출]

02. 밑줄 친 부분 중 어법상 옳지 않은 것은?

A college girl was really ① upset with her father. She was ashamed of him because he didn't treat his workers well. She demanded that he ② shared the profits with the employees. She explained to him ③ how unfairly workers ④ were treated.

해 요구동사 demand이고 당위성을 지니고 있다면 that절 안에서는 (should) + 동사원형을 사용해야 한다.

Check Point

'should[ought to] have + p.p.'의 부정

'should[ought to] have + p.p.'의 부정문은 'should not have + p.p.'와 'ought not to have + p.p.'이다. [~하지 말았어야 했다(그런데 했다)]

Check Point

'lest … should ~' 구문에서 부정어 'not'을 함께 사용하지 않도록 주의

예 I hurried to the station lest I should not miss the train. (×)
→ I hurried to the station lest I (should) miss the train. (○)

답 02 ②

③ 유감 · 놀람(수사적 감정표현)

Who should come in but your mother? (당신의 어머니 말고 과연 누가 들어오겠는가?) * 여기서 but은 except의 의미

I'm surprised that your wife should object. (당신의 아내가 반대했다니 놀랐다.)

(3) should 중요 용법

① 이성적 판단의 형용사가 있는 경우

- 구조 : 이성판단의 형용사가 주절에 있는 경우 다음의 that절의 동사는 '(should) + 동사원형'이 됨
- 해당 형용사 : impossible, necessary, important, essential, imperative, mandatory, urgent, natural, good, right, proper, wrong 등

It is necessary that he (should) stop drinking. (그는 금주할 필요가 있다.)

It is natural that they (should) get angry. (그들이 화내는 것은 당연하다.)

② 감정적 판단의 형용사가 있는 경우

- 구조 : 주절에 감정적 판단을 표현하는 형용사가 있는 경우 that절의 동사는 '(should) + 동사원형'이 됨
- 해당 형용사 : strange, surprising, regrettable, wonderful, depressed, sorry, a pity, no wonder 등

It is strange that she (should) do such a thing. (그녀가 그런 일을 하다니 이상하군.)

I am sorry that the child (should) be so weak. (그 아이가 그렇게 약하다니 유감이다.)

③ 요구 · 주장 · 명령 · 제안 · 충고 · 희망 · 기대 동사가 있는 경우

- 구조 : 요구 · 주장 · 명령 · 제안 · 충고 · 희망 · 기대 동사 + that + S + (should) + 동사원형
- 해당 동사
  - 요구 : demand, require, request, ask, desire
  - 주장 · 결정 : insist, urge, decide, determine
  - 명령 : order, command
  - 제안 · 충고 : suggest, propose, move, recommend, advise

He required that I (should) pay the money. (그는 나에게 돈을 지불하라고 말했다.)

Check Point

ought to의 용법

- 의무(~해야 한다)(= should)
- 추측(~임이 분명하다)(= must)
- 과거 사실에 대한 후회 · 유감 (~했어야 했는데) : ought to have + p.p.(= should have p.p.)
- 과거 사실에 대한 추정(~하였음이 분명하다) : ought to have + p.p.(= must have p.p.)

기출 Plus

[지방직 9급 기출]

03. 어법상 옳은 것은?

① The paper charged her with use the company's money for her own purposes.

② The investigation had to be handled with the utmost care lest suspicion be aroused.

③ Another way to speed up the process would be made the shift to a new system.

④ Burning fossil fuels is one of the lead cause of climate change.

해 'lest ~ (should) + 동사원형' 구문으로 '~하지 않도록'의 의미를 가진다. 'should'는 생략이 가능하므로 'be+p.p'의 수동태 문장에서 동사원형에 해당하는 'be aroused'가 사용된 것은 어법상 적절하다.

 답 03 ②

84

He insisted that the plan (should) be reconsidered. (그는 그 계획이 재고되어야 한다고 주장했다.)

The commander ordered that the deserter (should) be shot to death. (지휘관은 그 탈영병을 총살하라고 명령했다.)

I proposed that the loan (should) be reduced. (나는 대부금을 감액할 것을 제의했다.)

The doctor advised that she (should) stop smoking. (그 의사는 그녀가 담배를 끊어야 한다고 충고했다.)

꼭! 확인 기출문제

우리말을 영어로 잘못 옮긴 것을 고르시오. [지방직 9급 기출]

❶ 오늘 밤 나는 영화 보러 가기보다는 집에서 쉬고 싶다.
→ I'd rather relax at home than going to the movies tonight.
② 경찰은 집안 문제에 대해서는 개입하기를 무척 꺼린다.
→ The police are very unwilling to interfere in family problems.
③ 네가 통제하지 못하는 과거의 일을 걱정해봐야 소용없다.
→ It's no use worrying about past events over which you have no control.
④ 내가 자주 열쇠를 엉뚱한 곳에 두어서 내 비서가 나를 위해 여분의 열쇠를 갖고 다닌다.
→ I misplace my keys so often that my secretary carries spare ones for me.

해 ① would rather A than B(B하기보다는 차라리 A하는 게 낫다) 구문에서 A와 B는 동일한 병렬구조이고, 'would'가 조동사이므로 A와 B 둘 다 '동사원형'의 형태로 써야 한다. 그러므로 뒤의 'going'은 'go'로 고쳐 써야 옳다.

어휘 relax 휴식을 취하다, 쉬다, 긴장을 풀다
would rather A than B B하기보다는 차라리 A하는 게 낫다
be unwilling to 부정사 ~를 꺼리다

6. 기타 조동사

(1) do 동사

① 조동사
- **의문문과 부정문** : be 동사 이외의 동사의 문장에서 의문문과 부정문을 만듦
  Do you have any money? (돈이 좀 있습니까?)
  Did he phone? (그가 전화했습니까?)
  She doesn't eat meat. (그녀는 고기를 먹지 않는다.)
  They didn't go there. (그들은 그곳에 가지 않았다.)

기출 Plus [국가직 9급 기출]

04. 다음 중 어법상 옳은 것은?
① She felt that she was good swimmer as he was, if not better.
② This phenomenon has described so often as to need no further cliches on the subject.
③ What surprised us most was the fact that he said that he had hardly never arrived at work late.
④ Even before Mr. Kay announced his movement to another company, the manager insisted that we begin advertising for a new accountant.

해 ④ insist, demand, suggest 등의 주장·요구·제안동사 다음에 오는 종속절의 동사는 시제일치가 적용되지 않고 '(should)+동사원형'의 형태가 된다.
① she was good swimmer as he was → she was as good a swimmer as he was
② has described → has been described
③ 'hardly never'는 이중부정에 해당하므로, 둘 중 하나를 삭제하거나 'never'를 'ever'로 고쳐야 한다.

답 04 ④

- 강조 · 도치구문 : 긍정문을 강조하거나 강조 · 균형 등을 위하여 술어를 문두에 놓을 때 사용됨

  Do be quiet. (조용히 해.)

  He did say so. (그가 정말 그렇게 말했다.)

  Little did I dream a letter would come from him. (그에게서 편지가 오리라고는 생각지 못했다.)

  Never did I see such a genius. (나는 일찍이 저런 천재를 본 적이 없다.)

② 일반동사 : 주로 '(행)하다', '(이익 · 손해 등을) 주다'의 의미로 사용됨

  You can do what you like. (당신은 하고 싶은 일을 해도 좋습니다.)

  Do your duty. (당신의 의무를 다해라.)

  The medicine will do you good. (그 약을 먹으면 나을 겁니다.)

(2) need와 dare

① 조동사 : need와 dare는 의문문, 부정문에서 조동사의 역할을 할 수 있음

  Need we go that place? (우리가 거기 갈 필요가 있는가?)

  How dare you speak to me like that? (어찌 감히 나에게 그렇게 말할 수 있는가?)

  He need not go there. (그는 거기에 갈 필요가 없다.)(= He doesn't need to go there.)

② 일반동사 : need와 dare는 긍정문에서 일반동사(본동사)로 쓰임

  Her composition needs correction. (그녀의 작문은 고칠 필요가 있다.)

  We need to go that place. (우리는 거기 갈 필요가 있다.)

  He dared to tell us the truth. (그는 용기 있게 우리에게 진실을 말했다.)

(3) 기타 준조동사

① used to + 동사원형 : 과거의 규칙적 행동 · 습관

  cf. would : 과거의 불규칙적 습관

  I used to drink much when I was young. (나는 젊었을 때 술을 많이 마셨다.)

  She used to call on me every Sunday. (그녀는 일요일마다 나를 방문하곤 했었다.)

Check Point

be used to + (동)명사
- be used to + 명사/동명사(~에 익숙하다)
- become[get] used to + 명사/동명사(~에 익숙해지다)

② had better + 동사원형(~하는 것이 낫다)

We had better streamline our bureaucracy. (우리의 관료제를 보다 효율화 하는 것이 낫다.)

You had better take an umbrella with you. (우산을 가져가는 게 좋겠습니다.)

　　cf. had better A than B(= would rather[sooner] A than B = may[might] as well A as B)(B 하는 것 보다 A 하는 것이 낫다)[A와 B는 동사원형 또는 have + p.p.]

　　　I would rather die than live like that. (나는 그렇게 사느니 죽겠다.)

　　　You may as well leave as stay with your husband. (당신은 남편과 머무는 것보다 떠나는 게 더 낫다.)

③ be going to + 동사원형

• ~할 작정이다(= will)

What are you going to do tonight? (당신은 오늘밤 무엇을 할 것입니까?)

• 막 ~하려 하다(= be about to)

They are going to leave. (그들은 막 떠나려 한다.)

④ be supposed to + 동사원형(~하기로 되어 있다, ~할 것으로 예상된다 / (부정문에서) ~해서는 안 된다)

Were we supposed to do something? (우리가 뭔가 하기로 했었나?)

We are supposed to obey the rule. (우리는 그 규칙에 따라야 한다.)

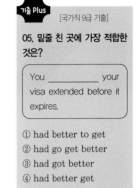

제3장

법(Mood)/
태(Voice)

제1절 법(Mood)

1. 직설법과 명령법

(1) 법의 의의 및 종류

① 법(Mood)의 의미 : 말하는 사람의 심리 · 태도에 의한 동사의 표현 형식

② 종류 : 일반적으로 법에는 직설법, 명령법, 가정법이 있다.

She always tells a lie. [직설법] (그 여자는 항상 거짓말을 한다.)

Open your eyes. [명령법] (눈을 떠라.)

If I were a bird, I could fly to you. [가정법] (내가 새라면 너에게 날아갈 수 있을 텐데.)

(2) 직설법 · 명령법

① 직설법

- 실제 사실을 있는 그대로 진술하는 법
- 평서문, 의문문, 감탄문, 조건문 등이 있음
- I have two sisters. [평서문] (나에게는 두 명의 누이가 있다.)
- Should I take the 9:30 train? [의문문] (9시 반 기차를 타야 합니까?)
- What a beautiful flower it is! [감탄문] (꽃이 정말 아름답군요!)

② 명령법

- 상대방에 대한 명령 · 요구 · 금지 등을 진술하는 법(명령문)
- 보통 주어를 생략하고 문장을 동사의 원형으로 시작하며, 상대방의 주의를 끌려고 할 때는 주어 'You'를 사용

- 강조의 의미를 나타낼 때에는 감탄부호를 쓰기도 함

  Look at those children. (저 아이들을 보아라.)

  You open the door, Rick. (네가 문을 열어, Rick.)

  Be careful! (조심해!)

- 조건 명령

  - 「명령문 + and」: ~ 하라, 그러면 ~ 할 것이다

    Work hard, and you will succeed. (열심히 일하라, 그러면 너는 성공할 것이다.)

    = If you work hard, you will succeed.

  - 「명령문 + or」: ~ 하라, 그렇지 않으면 ~ 할 것이다

    Work hard, or your life will be meaningless. (열심히 일하라, 그렇지 않으면 너의 삶은 의미가 없어질 것이다.)

    = If you do not work hard, your life will be meaningless.

    = Unless you work hard, your life will be meaningless.

  - Let us

    Let us go. (→ Let's go.) [권유] (갑시다.)

    Let us go. [허가] (우리들을 보내주시오.)

2. 가정법

(1) 가정법 현재

① 현재 또는 미래에 대한 단순한 가정이나 불확실한 상상, 의심 등을 표현

> 가정법 현재의 기본구조 : If + 주어 + 동사원형[현재형], 주어 + 현재형 조동사 + 동사원형

If it be[is] true, he will be disappointed. (그것이 사실이라면 그는 실망할 것이다.) (현재의 불확실한 사실)

If she come[comes] this weekend, I will go to meet her. (그녀가 이번 주말에 온다면 나는 그녀를 보러 가겠다.) [미래의 불확실한 사실]

cf. 현대 영어의 경우 가정법 현재의 경우에 직설법 현재를 쓰는 경향이 더 많다.

예 If it rains tomorrow, I will stay at home.(= If it rain tomorrow, I will stay at home.) (내일 비가 온다면 나는 집에 있겠다.)

Check Point

일반적으로 가정법은 실제 사실에 대한 의심·반대의 가정을 표현한 것으로, 가정법 현재와 미래, 과거, 과거완료, 특수한 형태의 가정법 등이 있음

기출 Plus

[국가직 9급 기출]

01. 우리말을 영어로 잘못 옮긴 것을 고르시오.

① 이 편지를 받는 대로 곧 본사로 와 주십시오.
→ Please come to the headquarters as soon as you receive this letter.

② 나는 소년 시절에 독서하는 버릇을 길러 놓았어야만 했다.
→ I ought to have formed a habit of reading in my boyhood.

③ 그는 10년 동안 외국에 있었기 때문에 영어를 매우 유창하게 말할 수 있다.
→ Having been abroad for ten years, he can speak English very fluently.

④ 내가 그때 그 계획을 포기했다면 이렇게 훌륭한 성과를 얻지 못했을 것이다.
→ Had I given up the project at that time, I should have achieved such a splendid result.

해 해당 문장은 '이렇게 훌륭한 성과를 얻지 못했을 것이다'라는 부정의 의미를 나타내고 있다. 그러므로 주절은 'I should not have achieved ~'라고 고쳐 써야 옳다.

② 요구, 주장, 제안, 추천, 명령, 충고, 결정 등을 나타내는 동사

- 기본구조 : 주어 + 동사 + that + 주어 + (should) + 동사원형
- 해당 동사 : demand, require, request, ask, desire, insist, urge, suggest, propose, recommend, order, command, advise 등

He insisted that the plan (should) be reconsidered. (그는 그 계획이 재고되어야 한다고 주장했다.)

I suggested that he (should) be stay there another day. (그가 거기서 하루 더 머물러야 된다고 주장했다.)

③ 당연, 의무, 권고 등을 나타내는 형용사(이성적 판단의 형용사)

- 기본구조 : It is + 형용사 + that + 주어 + (should) + 동사원형
- 해당 형용사 : impossible, necessary, important, essential, imperative, mandatory, urgent, natural, good, right, desirable, proper, wrong 등

It is necessary that the bill (should) be passed. (그 법안은 통과되는 것이 마땅하다.)

It is natural that they (should) get angry. (그들이 화내는 것은 당연하다.)

It is desirable that you (should) be there by seven o'clock. (당신은 7시까지 그곳에 가는 것이 좋겠다.)

④ 놀람 · 후회 · 유감 등을 나타내는 형용사(감정적 판단의 형용사)

- 기본구조 : It is + 형용사 + that + 주어 + (should) + 동사원형
- 해당 형용사 : strange, surprising, wonderful, depressed, regrettable, sorry, a pity, no wonder 등

It is strange that she (should) do such a thing. (그녀가 그런 일을 하다니 이상하군.)

It is regrettable that the teacher (should) get angry with me. (그 선생님이 나에게 화를 내다니 유감이다.)

I am sorry that the child (should) be so weak. (그 아이가 그렇게 약하다니 유감이다.)

⑤ 기원문

God bless you. (신의 가호가 있기를.)

답 01 ④

(2) 가정법 과거

① 현재의 사실과 반대되는 가정이나 상상 · 희망을 표현(시점 : 현재)

> • 기본구조
> – If + 주어 + were ~, 주어 + 과거형 조동사(would, could, should, might) + 동사
>   원형
> – If + 주어 + 과거형 동사 ~, 주어 + 과거형 조동사 + 동사원형
> • 가정법 과거의 경우 be동사는 인칭이나 수에 관계없이 were를 사용하며, If가 생략되
>   면 주어와 동사가 도치됨

If I were rich, I could go abroad. (내가 부자라면 해외에 갈 수 있을 텐데.)

= As I am not rich, I cannot go abroad. [직설법]

= Were I rich, I could go abroad. [도치]

If I had enough money, I could buy a house. (충분한 돈이 있다면 집을 한 채 살 수 있을 텐데.)

= As I don't have enough money, I cannot buy a house. [직설법]

= Had I enough money, I could buy a house. [도치]

② If it were not for ~

> If it were not for ~ : (사실은 있지만) ~이 없다면(가정법 과거)
> = Were it not for ~ = If there were no ~
> = But for ~ = Without ~

If it were not for water, nothing could live. (물이 없다면 어떤 것도 살 수 없다.)

= Were it not for water, nothing could live. [도치]

= But for[Without] water, nothing could live.

= If there were no water, nothing could live.

③ 「It is time + 가정법 과거동사(should+동사원형)」: ~할 시간[때]이다(당연, 필요의 뜻을 나타냄)

It is time you went to bed. (잠자리에 들 시간이다.)

= It is time you should go to bed.

= It is time for you to go to bed.

[지방직 9급 기출]

03. 다음 중 어법상 옳은 것은?

① She supposed to phone me last night, but she didn't.

② I have been knowing Jose until I was seven.

③ You'd better to go now or you'll be late.

④ Sarah would be offended if I didn't go to her party.

해 ④에서는 문장이 현재의 사실과 반대되는 가정이나 상상을 표현하고 있으므로, 가정법 과거(if + 주어 + were, 주어 + 과거형 조동사 + 동사원형) 구문을 사용해야 한다. 따라서 주절은 '과거형 조동사 + 동사원형(would be)'이 맞게 사용되었고, if 이하의 종속절은 '과거 동사(didn't go)'가 옳게 사용되었다.

Check Point

But for[Without] ~
가정법 과거와 가정법 과거완료 양쪽에 모두 사용된다.

꼭! 확인 기출문제

어법상 다음 밑줄 친 곳에 가장 적절한 것은? [지방직 9급 기출]

> Our failure to provide full security to the American people has shaken the nation devastated by this terrible carnage and has stunned the whole world. It is high time that we _____ our foreign policy in the Middle East.

① have reviewed
② review
❸ reviewed
④ are reviewed

해 빈칸이 포함된 문장은 'It is time (that)'의 가정법 구문인데, 여기서는 가정법 과거, 즉 현재 사실에 대한 가정('우리의 외교 정책을 점검해야 할 때이다.')을 의미하므로 가정법 과거동사(reviewed) 또는 'should + 동사원형(should review)'로 써야 한다. 'It's time(high time/about time) (that) + S + 가정법 과거동사(should + 동사원형)'는 '(지금이 바로) ~할 시간(때)이다'라는 표현이다. 이것은 일반적인 가정법(if~)에 있어, 현재 사실에 대한 반대의 가정이나 희망은 가정법 과거로, 과거 사실에 대한 반대의 가정이나 희망은 가정법 과거완료로 표현하는 것과 같다.

어휘 security 안전, 무사, 안심, 보호, 보장, 보증 a. v. secure 안전한, 튼튼한, 확보하다, 안전하게 하다
shake 흔들다, 진동시키다, 흔들리다, 떨리다, 흔들림, 진동, 동요, 흔들기, (몸을) 떪, 전율
devastate 황폐화하다, 철저하게 파괴하다 a. devastating 파괴적인, 황폐화하는, 압도적인, 통렬한, 엄청난, 치명적인
carnage 대(량)학살, 대량 살인[살육]
stun 실신[기절]시키다, 아연하게[대경실색하게] 하다
review 재검토[조사]하다, 정밀하게 살피다, 복습하다, 비평[논평]하다, 재검토[조사], 관찰, 복습, 평론[비평], 논평
foreign policy 외교 정책

해석 미국인들에게 충분한 안전을 제공하는 데 우리가 실패한 것은 이런 끔찍한 대학살로 인해 황폐화된 국가를 뒤흔들었고 전 세계를 깜짝 놀라게 했다. 지금이 바로 중동지역에서 우리의 외교정책을 재검토해야 할 때이다.

(3) 가정법 과거완료

① 과거의 사실과 반대되는 가정이나 상상 · 희망을 표현(시점 : 과거)

> • 기본구조 : If + 주어 + had + 과거분사(p.p.) ~, 주어 + 과거형 조동사 (would · could · should · might) + have + 과거분사
> • If가 생략되면 주어와 조동사가 도치 : Had + S + 과거분사(p.p.) ~, 주어 + 과거형 조동사 + have + 과거분사

If I had been rich, I could have gone abroad. (내가 부자였다면 해외에 나갈 수 있었을 텐데.)

= As I was not rich, I could not go abroad. [직설법]

= Had I been rich, I could have gone abroad. [도치]

If I had had enough money, I could have bought a house. (내게 돈이 많았더라면 집을 한 채 살 수 있었을 텐데.)

= As I didn't have enough money, I could not buy a house. [직설법]

= Had I had enough money, I could have bought a house. [도치]

답 03 ④

If (only) I had listened to her advice then. (내가 그때 그녀의 충고를 들었더라면.) [주절의 생략]

You should have left. (당신은 떠났어야 했다.) [조건절의 생략]

② If it had not been for ~

> If it had not been for ~ : (사실은 있었지만) ~이 없었더라면(가정법 과거완료)
> = Had it not been for ~ = If there had been no ~
> = But for ~ = Without ~

If it had not been for your help, I would have failed. (당신의 도움이 없었더라면 나는 실패했을 것이다.)

= Had it not been for your help, I would have failed. [도치]

= But for[Without] your help, I would have failed.

꼭! 확인 기출문제

01. 밑줄 친 부분 중 어법상 옳지 <u>않은</u> 것은? [지방직 9급 기출]

Many studies ① have shown the life-saving value of safety belt. When accidents ② occur, most serious injuries and deaths are ③ caused by people being thrown from their seats. About 40 percent of those killed in bygone accidents ❹ would be saved if wearing safety belts.

해 ④ 마지막 문장의 경우 문맥상 '안전벨트를 착용했다면 과거의 사고 사망자의 40퍼센트는 살 수 있었을 것이다.'라는 의미이므로, 과거 사실에 대한 가정(가정법 과거완료)에 해당한다. 따라서 주절의 동사 형태는 '조동사 과거형 + have +과거분사'가 되어야 한다. would be saved → would have been saved

② 주어가 복수(accidents)이고 현재시제이므로 occur가 적합하다.

③ 타동사 cause의 목적어가 없으며 다음에 by ~ 구문이 오는 것으로 보아 수동문 형태가 적합하다.

어휘 safety belt 안전벨트(= seat belt), 안전띠, 구명대
accident 사고, 재난[재해], 고장, 우연, 우연한 일, 부수적인 사물[성질]
occur 일어나다[생기다], 발생[출현]하다, 발견되다, 분포[서식]하다, 떠오르다[생각나다] n. occurrence
serious 진지한, 진정의, 엄숙한, 중대한, 심각한 n. seriousness 진지함, 중대함[심각함]
injury 상해, 손상, 손해, 위해, 모욕, 무례 a. injurious 해로운, 나쁜, 부정한, 무례한, 모욕적인
cause 원인이 되다, 일으키다[초래하다, 야기하다] 원인, 이유, 근거, 주의, 주장, 논점
throw(– threw – thrown) 던지다, 발사하다, 가하다, 빠지게 하다
bygone 과거의, 지난
wear 입고[쓰고, 신고, 휴대하고] 있다, (수염 등) 기르고 있다, 닳게[해지게] 하다, 지치게[쇠약하게] 하다, 닳다, 낡아지다, 해지다, 지치다

해석 많은 연구들이 안전벨트의 생명구조의 진가에 대해서 보여주었다. 사고가 발생하는 경우, 대부분의 부상과 사망은 사람들이 좌석에서 튕겨 나옴으로써 발생한다. 과거의 사고에서 사망자의 대략 40% 정도는 안전벨트를 매고 있었다면 구조될 수(살 수) 있었을 것이다.

기출 Plus [국가직 9급 기출]

04. 다음 중 어법상 옳은 것은?

① She objects to be asked out by people at work.
② I have no idea where is the nearest bank around here.
③ Tom, one of my best friends, were born in April 4th, 1985.
④ Had they followed my order, they would not have been punished.

해 과거사실과 반대되는 가정이나 상상을 표현하는 가정법 과거완료 구문은 'If+S+had+ p.p.~, S+과거조동사(would · could · should · might)+have+p.p.'의 형태가 되며, 여기서 'if'가 생략되면 주어와 조동사가 도치되어 'Had+S+p.p.~'의 형태가 된다. 따라서 ④는 'If they had followed my order, they would not have been punished'에서 접속사 if가 생략되면서 조동사(had)와 주어(they)가 도치된 구조로서, 옳은 문장이다.

답 04 ④

기출 Plus

[경찰직 9급 기출]

05. 다음 빈칸에 가장 적합한 것은?

_____ you were coming, I would've invited my mother and father to come and meet you.

① Knowing
② If I know
③ Had I known
④ If I was knowing

헤 주절이 'would have p.p.'의 구조인 것으로 보아 가정법 과거완료 구문임을 알 수 있다. 따라서 조건절의 형태는 'If I had known (that) you were coming'이 되어야 하는데, 여기서 'if'가 생략되면서 had와 주어가 도치되어 'Had I known ~'이 된다.

---

02. 다음 중 밑줄 친 곳에 가장 적절한 것은? [서울시 9급 기출]

Jack would have helped us make a CD, _____.

① and he did help us
② and he will help us
❸ but he didn't have time
④ but he will not help us

헤 제시문은 가정법 과거완료의 주절 구조에 해당한다. 가정법 과거완료는 과거의 사실에 대한 반대되는 가정이나 상상을 표현하는 것으로, 'If + S + had + p.p., S + 과거조동사(would, could…) + have + p.p.'의 구조를 지니며, '~했다면(~이었다면) ~했을 텐데(이었을 텐데)'의 의미가 된다. 즉, 과거 사실에 대한 반대의 가정이므로 사실은 과거에 어떤 일을 이루지 못했음을 의미한다. 따라서 제시문의 빈칸은 'but he didn't have time'이 적절하다. 제시문을 가정법 과거완료 문장으로 나타내면 'If Jack had had time, Jack would have helped us make a CD.'이며, 의미는 '만일 Jack이 시간이 있었다면 우리가 CD 만드는 것을 도왔을 것이다(사실은 시간이 없었다).'이다.

해석 Jack은 우리가 CD 만드는 것을 도와줬을 것이다. 그러나 그는 시간이 없었다.

---

03. 어법상 다음 빈칸에 가장 적합한 것은? [국회직 8급 기출]

Had the companies been notified of the possibility of a strike, _____.

① they will take extra measures
② which would take extra measures
❸ they would have taken extra measures
④ would they have taken extra measures
⑤ which would have taken extra measures

헤 종속절의 형태가 'Had + 주어 + 과거완료'이므로 if를 생략하고 had와 주어가 도치된 가정법 과거완료 문장임을 알 수 있다. 가정법 과거완료 문장은 'If + S+ had + p.p. ~, S + 조동사 과거형 + have + p.p.'의 형식을 띤다. 따라서 ③이 주절의 형태로 가장 적절하다.

어휘 notify 통지(통고, 공시, 발표)하다, 알리다(= inform)
strike 파업, (노동) 쟁의, 타격, 치기, 때리기
take measures 조치를 취하다
extra 여분의, 추가의

해석 그 회사들이 파업의 가능성에 대해 통지를 받았더라면 그들은 추가 조치를 취했을 것이다.

---

(4) 가정법 미래

① 미래에 대한 강한 의심을 나타내는 경우(가능성이 희박한 경우)

> • 기본구조 : If + 주어 + should / would + 동사원형 ~, 주어 + 과거형 조동사(should, would 등) + 동사원형

If she should smile at you, I would give you her first solo album. (그녀가 너에게 (그럴 리 없겠지만) 미소를 보내면 너에게 그녀의 첫 번째 솔로 앨범을 주겠다.)

답 05 ③

If you should fail the exam, your parents would be disappointed. (네가 시험에 불합격한다면 너의 부모님께서는 실망하실 것이다.)

If you should see her, what would you tell her? (만약 당신이 그녀를 만난다면 무슨 말을 할 것입니까?)

② 실현 불가능한 미래 사실을 가정하는 경우(순수가정)

> If + 주어 + were to + 동사원형 ~, 주어 + 과거형 조동사(should, would등) + 동사원형

If the sun were to rise in the west, I would never change my mind. (태양이 서쪽에서 떠오른다 해도 나는 내 마음을 바꾸지 않겠다.)

3. 주의해야 할 가정법

(1) 혼합 가정법

① 의의
- 가정법 과거완료와 가정법 과거가 혼합된 가정법으로, 종속절(조건절)은 가정법 과거완료, 주절(귀결절)은 가정법 과거의 형태로 표현
- 과거 사건의 결과가 현재에 영향을 주는 경우로서, 종속절이 주절보다 앞선 시제인 경우 사용됨

② 기본구조 : If + 가정법 과거완료, S + 가정법 과거

> If + 주어 + had + 과거완료, 주어 + 조동사 과거형 + 동사원형
> (과거에 ~했더라면, 현재 …할[일] 것이다)

If she had married the first lover, she would be happier now. (그녀가 첫사랑과 결혼을 했더라면 지금 더 행복할 것이다.)

If you had not helped me, I would not be alive now. (네가 나를 돕지 않았다면, 나는 지금 살아있지 않을 것이다.)(→ You helped me, so I can be alive now.)

If they had listened to me, they wouldn't be in danger. (그들이 내 말을 들었더라면 위기에 처하지 않을 텐데.)

(2) '명령문 + and'와 '명령문 + or'

① 명령문 + and ~(하라, 그러면 ~할[일] 것이다)

Work hard, and you will pass the exam. (열심히 노력하라, 그러면 당신은 시험을 통과할 것이다.)

= If you work hard, you will pass the exam.

Check Point

가정법 현재 · 과거 · 미래
- 가정법 현재와 가정법 미래 : 가정법 현재는 미래에 대한 추측에 있어 가능성이나 기대치가 일정 정도 있는 경우 주로 사용하며, 가정법 미래는 가능성이나 기대치가 희박한 경우 사용
- 가정법 과거와 가정법 미래 : 가정법 과거는 현재 사실에 대한 반대되는 가정을 표현하는 데 비해, 가정법 미래는 미래의 실현 가능성이 희박하거나 불가능한 내용을 가정할 때 주로 사용

② 명령문 + or ~(하라, 그렇지 않으면 ~할[일] 것이다)

Work hard, or you will fail in the exam. (열심히 노력하라, 그렇지 않으면 당신은 그 시험에 실패할 것이다.)

= If you do not work hard, you will fail in the exam.

= Unless you work hard, you will fail in the exam.

(3) I wish 가정법

① **I wish + 가정법 과거** : 현재에 실현할 수 없는 일을 나타내며, 종속절의 시점이 주절과 동일

I wish you told me that. (당신이 나에게 그것을 말해주면 좋을 텐데.)(현재 사실에 대한 유감)

= I am sorry you don't tell me that.

I wish it were fine today. (오늘 날씨가 좋으면 좋을 텐데.)

= I am sorry it is not fine today.

I wished it were true. (그것이 사실이라면 좋았을 텐데.)

= I was sorry it was not true.

I wish/wished I were a bird. (내가 지금 새라면 좋겠다./내가 새였으면 하고 바랐다.)

② **I wish + 가정법 과거완료** : 과거에 실현하지 못한 일을 나타내며, 종속절의 시점이 주절의 주어보다 앞선 시점임

I wish you had told me that. (당신이 그것을 말했더라면 좋을 텐데.)(과거 사실에 대한 유감)

= I am sorry you didn't tell me that.

I wish I could have bought the house. (그 집을 살 수 있었더라면 좋을 텐데.)

= I am sorry I could not buy the house.

I wished it had been true. (그것이 사실이었다면 좋았을 텐데.)

= I was sorry it had not been true.

I wish/wished I had been a bird.

(내가 그때 새였더라면 지금 좋을텐데/내가 (이전에) 새였으면 하고 바랐다.)

꼭! 확인 기출문제

다음 우리말을 영어로 옮긴 것으로 가장 옳은 것은? [국가직 9급 기출]

> 우리가 작년에 그 아파트를 구입했었더라면 얼마나 좋을까.

① I wish we purchased the apartment last year.
② I wished we purchased the apartment last year.
❸ I wish we had purchased the apartment last year.
④ I wished we had purchased the apartment last year.

해 '~면 좋을까(좋을 텐데)'는 'I wish + 가정법'으로 표현할 수 있다. 제시된 내용은 과거 사실에 대한 반대('아파트를 구입했었더라면')의 가정을 나타내므로, wish 다음의 종속절은 가정법 과거완료(had + p.p.)가 되어야 한다. 따라서 ③이 가장 적합하다.

어휘 purchase 사다(구입하다), 획득하다, 구매, 구입(물)
apartment 아파트, (셋)방

(4) as if[as though] + 가정법

① as if + 가정법 과거(마치 ~ 처럼) : 주절의 동사와 같은 때의 내용을 나타냄, 즉 종속절의 시점이 주절과 동일

She talks as if she knew it. (그녀는 그것을 아는 것처럼 말한다.)

→ In fact she doesn't know it.

The old man talked as if he were rich. (그 노인은 마치 부자인 것처럼 말했다.)

② as if + 가정법 과거완료(마치 ~ 이었던(했던) 것처럼) : 주절의 동사보다 이전의 내용을 나타냄, 즉 종속절의 시점이 주절보다 앞선 시점임

She talks as if she had seen it. (그녀는 그것을 보았던 것처럼 말한다.)

→ In fact she didn't see it.

The old man talked as if he had been rich. (그 노인은 마치 부자였던 것처럼 말했다.)

(5) 'If'를 대신하는 표현

① unless, suppose, provided, otherwise, in case 등은 if절을 대신해서 조건절을 이끎

- unless(~하지 않으면)(= if … not ~)

  You'll miss the train unless you make haste. (서두르지 않으면 당신은 기차를 놓칠 것이다.)

  = You'll miss the train if you don't make haste.

Check Point

'I wish ~'가정법 구문과 'as if(though)'가정법 구문의 경우, 종속절의 시점이 주절과 동일하면 가정법 과거동사를 쓰며, 종속절의 시점이 주절보다 앞서면 가정법 과거완료를 쓴다.

Check Point

seem, look 등의 동사 뒤에 오는 as if 절에서 실제로 그렇게 보이는 경우의 내용을 나타낼 때에는 직설법 동사를 사용하기도 한다.
예 It seems as if the quarrel will never end.
It looks as if it is going to snow.

- suppose(만약 ~이라면)(= supposing, provided, providing)

  Suppose you were left alone on a desert island, what would you do? (네가 무인도에 홀로 있다고 한다면 무엇을 하겠는가?)

  = If you were left alone on a desert island, what would you do?

  Providing that all your task is done, you may go home. (만약 당신의 일이 끝난다면 집에 가도 좋습니다.)

- otherwise(그렇지 않다면)(= or, or else)

  I was poor; otherwise I could have bought it. (나는 가난했다; 그렇지 않다면 그것을 살 수 있었을 것이다.)

  = If I had not been poor, I could have bought it.

- in case (that) (~하는 경우에는, ~의 경우에 대비하여)

  In case I am late, don't wait to start dinner. (제가 늦을 경우엔 저녁을 먼저 드십시오.)

② 부정사구가 if절을 대신하는 경우

To hear him speak French, you would take him for a Frenchman. (그가 불어로 말하는 것을 들으면 너는 그를 프랑스 인으로 생각할 것이다.)

= If you heard him speak French, you would take him for a Frenchman.

③ 분사구문이 if절을 대신하는 경우

Left to himself, he could not have accomplished it. (그가 혼자 남았더라면 그 일을 이루지 못했을 것이다.)

= If he had been left to himself, he could not have accomplished it.

④ 전치사구가 if절을 대신하는 경우

With more experience, he would succeed. (경험이 더 많다면 그는 성공할 것이다.)

= If he had more experience, he would succeed.

With guns, they could defend themselves. (총이 있다면 그들은 자신들을 방어할 수 있을 것이다.)

= If they had guns, they could defend themselves.

⑤ 명사구가 if절을 대신하는 경우(조건절이 없는 경우로 주어에 조건의 의미가 있는 경우)

A man of sense would not do such a thing. (지각 있는 사람이라면 그런 일을 하지 않을 텐데.)

= If he were a man of sense, he would not do such a thing.

Check Point

'if' 대응의 'given that'

예 I will take you to the party if you come home by 6.

= I will take you to the party given that you come home by 6.

A more cautious driver could have avoided the accident. (좀 더 조심성 있는 운전자라면 그 사고를 피할 수 있었을 것이다.)

= If he had been a more cautious driver, he could have avoided the accident.

제2절 태(Voice)

1. 수동태와 능동태

(1) 태(Voice)의 의미와 종류

① 태의 의미 : 태는 동작의 관점 차이에 의해 생기는 동사의 표현 형식으로, 능동태는 동작을 하는 쪽에 중점을, 수동태는 동작을 받는 쪽에 중점을 둠

② 태의 종류

- 능동태 : 주어가 동작을 하는 어법으로, 'S(주어) + V(동사) + O(목적어)'의 구조를 취함(여기서 동사는 목적어를 취하는 타동사)

He painted this house. (그가 이 집을 칠했다.)

- 수동태 : 주어가 동작을 받는 어법으로, 'S + be동사 + p.p.(과거분사) + by + O'의 구조를 취함

This house was painted by him. (이 집은 그에 의해 칠해졌다.)

(2) 수동태로 쓸 수 없는 동사

- 자동사
- have, possess, belong to, own 등의 소유동사
- resemble, lack(부족하다), become(어울리다), befall, hold(유지하다, 수용하다), reach, escape, suit(맞다, 어울리다), meet, cost(소요되다), weigh, let 등의 상태동사
  cf. have가 '먹다'의 의미인 경우와 hold가 '붙잡다', '개최하다'의 의미인 경우 등은 수동태 가능

He resembles his mother. (그는 그의 어머니를 닮았다.)

→ His mother is resembled by him. (×)

We can't let you go. (우리는 너를 보낼 수 없다.)

→ You can't be let to go. (×)

Thanks to the newly invented vaccine, that disease has now disappeared. (새로 발명된 백신 덕분에, 그 질병은 이제 사라졌다.)

Check Point

have(시키다), let(허락하다)의 수동태 사용 시 형태 변화

- have → be asked to
  예 She had me sing. → I was asked to sing by her.
- let → be allowed to
  예 She let me go. → I was allowed to go by her.

→ Thanks to the newly invented vaccine, that disease has been disappeared. (×)[disappear는 자동사이므로 수동태 불가]

(3) 관용적인 수동 동사구

① be born (태어나다)

② be wounded (= be hurt, be injured, 부상을 입다)

③ be starved to death (굶어 죽다)

④ be drowned (익사하다)

⑤ be burnt to death (타 죽다)

⑥ be frozen to death (얼어 죽다)

⑦ be seated (앉아 있다)

⑧ be held (개최되다)

The meeting will be held tomorrow. (그 회의는 내일 개최될 것이다.)

⑨ be possessed of (소유하다)

She was possessed of magical power. (그녀는 마법의 힘을 갖고 있었다.)

⑩ be situated (= be located, 위치하다)

The house is situated on the hill. (그 집은 언덕에 위치해 있다.)

⑪ be engaged in (~에 종사하다)

He is engaged in foreign trade. (그는 해외 무역에 종사하고 있다.)

⑫ be engaged to (~와 약혼한 상태이다)

He is engaged to Jane. (그는 Jane과 약혼한 상태이다.)

2. 문장 형식과 수동태

(1) 3형식(S + V + O)의 수동태 전환

① 수동태 구조 : 능동태의 목적어 + be동사 + 과거분사 + by + 능동태 주어

> • 능동태의 목적어는 수동태의 주어가 됨(→ 주격으로 전환)
> • 능동태의 동사는 수동태에서 'be + p.p.'의 구조가 됨(→ be동사는 주어의 수와 인칭, 시제에 따라 적절히 전환)
> • 능동태의 주어는 'by + 목적어'의 구조가 됨(→ 목적격으로 전환)

Shakespeare wrote Hamlet. (셰익스피어가 햄릿을 썼다.)

→ Hamlet was written by Shakespeare.

He repaired the bike. (그는 자전거를 수리했다.)

→ The bike was repaired by him.

Check Point

수동태 가능 문장
수동태의 문장이 되기 위해서는 능동태의 문장이 목적어가 포함된 3형식 이상의 문장이어야 함

② 구동사(phrasal verb)가 있는 문장의 수동태 전환

- **'자동사 + 전치사'의 전환**

  The spectators laughed at him. (구경꾼들은 그를 비웃었다.) (laugh at : 비웃다)

  → He was laughed at by the spectators.

  A car ran over the child. (자동차가 그 아이를 쳤다.) (run over : (차가 사람·물건을) 치다)

  → The child was run over by a car.

  cf. account for(설명하다), depend on(~에 의존하다), look after(보살피다, 돌보다), send for(데리러(가지러, 부르러) 보내다)

- **'자동사 + 부사 + 전치사'의 전환**

  We looked up to the professor. (우리는 그 교수를 존경했다.) (look up to : 존경하다)

  → The professor was looked up to by us.

  cf. look down on(낮추어보다, 경멸하다), do away with(폐지하다), keep up with(지지 않다), make up for(벌충하다), put up with(참다, 견디다)

- **'타동사 + 명사 + 전치사'의 전환**

  My mother took good care of the baby. (나의 어머니는 그 아기를 잘 돌봤다.) (take care of : 돌보다, 소중히 하다)

  → The baby was taken good care of by my mother. [주로 사용되는 형태]

  → Good care was taken of the baby by her.

  cf. catch sight of(찾아내다), make fun of(놀리다, 조소하다), make use of(사용하다), pay attention to(유의하다), take notice of(주의하다, 알아차리다), take (a) pride in(자랑하다)

(2) 4형식(S + V + IO + DO)의 수동태 전환

① 2개의 수동태로 전환할 수 있는 경우

- 간접목적어(IO)와 직접목적어(DO)를 주어로 하는 2개의 수동태가 가능
- 4형식 동사 중 일부의 경우만 가능하며, 일반적으로는 직접목적어만 주어가 될 수 있음

  My uncle gave me an English book. (나의 삼촌이 나에게 영어책을 주었다.)

  → I was given an English book by my uncle. [능동태의 IO가 수동태의 주어]

→ An English book was given (to) me by my uncle. [능동태의 DO가 수동태의 주어]

② 직접목적어만을 수동태 주어로 할 수 있는 경우
- 간접목적어는 수동태의 주어로 할 수 없으며 직접목적어만 가능
- bring, buy, do, make, pass, read, sell, sing, throw, write 등 대부분의 4형식 동사
- He bought me a book. (그는 나에게 책 한 권을 사주었다.)
  → I was bought a book by him. (×)
  → A book was bought for me by him. (○)
- She made me a doll. (그녀는 나를 위해 인형을 만들어주었다.)
  → I was made a doll by mother. (×)
  → A doll was made me by her. (○)

③ 간접목적어만 수동태 주어로 할 수 있는 경우
- 직접목적어는 수동태의 주어로 할 수 없으며 간접목적어만 가능
- answer, call, deny, envy, kiss, refuse, save 등의 동사
- I envied her beauty. (나는 그녀의 미모를 부러워했다.)
  → Her beauty was envied her by me. (×)
  → She was envied her beauty by me. (○)

(3) 5형식(S + V + O + O.C)의 수동태 전환

① 목적어를 수동태의 주어로 하는 수동태만 가능

They elected Lincoln President of the United States. (링컨은 미국의 대통령으로 선출되었다.)

→ Lincoln was elected President of the United States (by them). (○)

→ President of the United States was elected Lincoln (by them). (×)

→ [목적보어는 수동태의 주어가 될 수 없음]

They thought him to be clever. (그들은 그가 영리한 사람이라 생각했다.)

→ He was thought to be clever.

I often heard him sing a song. (나는 종종 그가 노래하는 것을 들었다.)

→ He was often heard to sing a song by me.

② 지각동사가 있는 문장의 수동태
- 지각동사의 목적보어(원형부정사)는 수동태에서 to부정사로 전환됨
  I saw her enter the room. (나는 그가 방으로 들어가는 것을 보았다.)
  → She was seen to enter the room by me.

Check Point

직접목적어를 주어로 하는 수동태
3형식 문장으로 전환 후 수동태 전환

예 She sold me a pretty doll.
→ She sold a pretty doll for me. [3형식 전환]
→ A pretty doll was sold for me by her. [수동태 전환]

 [서울시 9급 기출]

01. 밑줄 친 부분 중 어법상 가장 옳지 않은 것은?

By 1955 Nikita Khrushchev ① had been emerged as Stalin's successor in the USSR, and he ② embarked on a policy of "peaceful coexistence" ③ whereby East and West ④ were to continue their competition, but in a less confrontational manner.

해 ① 'emerge(나타나다, 출현하다)'는 자동사이므로 수동태 문장에서 사용할 수 없다. 그러므로 'had been emerged'는 'had emerged'로 고쳐 써야 옳다.

답 01 ①

- 분사가 지각동사의 목적보어인 경우는 수동태에서도 그대로 사용됨

  We saw the car stopping. (우리는 차가 멈추는 것을 보았다.)

  → The car was seen stopping[to stop (×)/to be stopping (×)].

③ 사역동사가 있는 문장의 수동태

- 사역동사의 목적보어(원형부정사)는 수동태에서 to부정사로 전환됨

  My mother made me clean the room. (어머니가 방을 청소하라고 시켰다.)

  → I was made to clean the room by my mother.

- 사역동사 중 let과 have는 수동태에서 그대로 사용되지 못하고, 'be allowed to', 'be asked to'의 형태로 쓰임

  My parents let me go there with her. (나의 부모님은 내가 그녀와 같이 거기에 가도록 허락했다.)

  → I was allowed to go there with her.

꼭! 확인 기출문제

01. 다음 중 우리말을 영어로 잘못 옮긴 것은? [지방직 9급 기출]

① 이 가방은 가짜다. 비쌀 리가 없어.

→ This handbag is fake. It can't be expensive.

❷ 한국에서는 대통령 선거가 5년에 한 번씩 치러진다.

→ In Korea, a presidential election held every five years.

③ 이 표면은 쉽게 닦인다.

→ This surface cleans easily.

④ 내일까지 논문을 제출하는 것을 불가능하다고 생각한다.

→ I think it impossible to hand in the paper by tomorrow.

해 ② 주어(presidential election)는 개최되는 것으로 동사와의 관계에서 수동의 관계가 되므로 수동태가 되어야 한다(held → is held). 여기서는 반복되는 행위를 나타내므로 현재시제(is)가 됨에 주의한다.

한편, every가 '~마다', '간격으로'라는 표현으로 사용될 때 다음에는 '기수 + 복수명사' 또는 '서수 + 단수명사'가 올 수 있는데, 여기서는 기수(five) + 복수명사(years)가 왔다.

① 여기서 can은 추측 · 가능성을 나타내는 표현인데, cannot(can't)은 '~일 리가 없다'라는 의미로 사용되었다.

③ 여기서의 clean은 자동사로서 '깨끗해지다'라는 의미가 된다. clean은 자동사와 타동사로 모두 사용될 수 있는데, 자동사로는 '청소하다', '깨끗해지다'라는 의미이며, 타동사로는 '깨끗하게 하다(청소하다)'라는 의미이다.

④ 여기서 it은 가목적어, to 이하는 진목적어가 되는 구조이다(S + V + 가목적어 + 목적보어 + 목적어). 이러한 구조로 사용되는 동사유형으로는 think, find, make, take, believe, consider, suppose 등이 있다.

어휘 fake 위조하다, 날조하다, 속이다, 가짜, 모조품, 가짜의, 모조의(위조의)

expensive 값비싼, 비용이 많이 드는, 고가의, 사치스러운 n. expense 지출, 비용, 경비

presidential 대통령의, 대통령 선거의, 대통령제의, 지배(감독, 지휘)하는 n. president

election 선거, 선정, 선임, 당선 v. elect cf. presidential election 대통령 선거

surface 표면, 수면, 겉, 외부, 지(표)면, 겉보기, 외관, 첫인상

easily 용이하게[쉽게, 원활하게], 편안하게[마음 편히]

hand in 건네주다, 내놓다, 제출하다

paper 종이, 서류, 문서, 기록, 신문(지), 논문, 리포트, 지폐, 증권

---

02. 다음 중 어법상 잘못된 것을 고르시오. [서울시 9급 기출]

① Passengers ❷ request to remain ③ seated till the aircraft ④ stops.

해 주어인 '승객들(Passengers)'이 앉아 있도록 요구되는 것이므로 수동태의 구조가 되어야 하는데, 주어가 복수이므로 request를 'are requested'로 바꾸어야 한다.

> **어휘** remain seated 앉은 채로 있다
>   aircraft 항공기, 비행기
>
> **해석** 승객들은 비행기가 정지할 때까지 자리에 앉아 있도록 요구된다.

---

3. 주의해야 할 수동태

(1) 부정문의 수동태

「be동사 + not + 과거분사」의 형태로 쓰임

The mayor did not give an address this morning. (시장은 오늘 아침 연설을 하지 않았다.)

→ An address was not given by the mayor this morning.

Nobody paid much attention to his speech. (아무도 그의 연설에 주의를 기울이지 않았다.)

→ His speech was paid no attention to by anybody. (○)

→ His speech was paid much attention to by nobody. (×)

(2) 의문문의 수동태

① 의문사가 이끄는 의문문의 수동태

Who broke the window? (누가 창을 깼느냐?) (the window가 목적어)

→ By whom was the window broken? [By whom + be + S + p.p.]

What do you call this in English? (this가 목적어이며 what은 목적보어)

→ What is this called in English (by you)?

② 의문사 없는 의문문의 수동태

Did she write a letter? (그녀는 편지를 썼나요?)

→ Was a letter written by her?

(3) 조동사가 있는 문장의 수동태

「조동사 + be동사 + 과거분사」의 형태로 쓰임

We will elect a new chairman. (우리는 새로운 의장을 선출할 것이다.)

Check Point

pay attention to
~에 주의를 기울이다, ~에 유의하다

→ A new chairman will be elected by us.

He must do the work. (그는 그 일을 해야 한다.)

→ The work must be done by him.

(4) 명령문의 수동태

① 긍정문 : Let + 목적어 + be + 과거분사 (+ by ~)

　Do the homework at once. (당장 숙제를 해라.)

　→ Let the homework be done at once.

② 부정문

　• Let + 목적어 + not + be + 과거분사 (+ by ~)

　• Don't let + 목적어 + be + 과거분사 (+ by ~)

　Don't open the door. (문을 열지 마라.)

　→ Let the door not be opened.

　→ Don't let the door be opened.

(5) 명사절 수동태(목적어가 절인 문장의 수동태 : They say ~ 구문)

> 일반인 주어(They/People) + 완전타동사 + that + 주어 + 동사
> → It + be + 과거분사 + that + 주어 + 동사
> → 주어 + be + 과거분사 + to 부정사
> *to 부정사의 경우 시제가 주절과 명사절의 시제가 같으면 단순부정사(to + 동사원형), 명사절의 시제가 주절의 시제보다 앞선 시제이면 완료부정사(to + have + 과거분사)를 씀

They say that he works 11 hours a day. (그는 하루에 11시간을 일한다고 한다.)

→ It is said that he works 11 hours a day.

→ He is said to work 11 hours a day. [단순부정사]

They say that he was rich. (그는 부자였다고 한다.)

→ It is said that he was rich.

→ He is said to have been rich. [완료부정사]

(6) 완료형, 진행형의 수동태

① 완료형 수동태 : have + been + p.p.

　He has written a poem. (그를 시를 썼다.)

　→ A poem has been written by him. [현재완료형 수동태]

　I will have done the task. (나는 그 일을 끝낼 것이다.)

　→ The task will have been done by me. [미래완료형 수동태]

Check Point

목적어와 목적보어 간의 수동태 전환

목적보어가 to부정사이고 그 to부정사가 다른 목적어를 갖는 경우 원래의 목적어와 목적보어 사이에 수동태 전환이 가능

⑩ No one expected Jason to marry Kathy.

　→ No one expected Kathy to be married to Jason.

② 진행형 수동태 : be + being + p.p.

She is cleaning her room. (그녀는 그녀의 방을 청소하고 있다.)

→ Her room is being cleaned by her. [현재진행형 수동태]

The doctor was treating the patient. (그 의사는 환자를 치료하고 있었다.)

→ The patient was being treated by the doctor. [과거진행형 수동태]

(7) 기타 주의할 수동태

① 「have + 목적어 + 과거분사」의 수동태 : 피해(~당하다)를 나타냄

I had my pocket picked. (소매치기를 당했다.) [pick a person's pocket : ~의 호주머니에서 소매치기하다]

② 혼동하기 쉬운 능동 · 수동 표현

• 형태상 능동이나 의미상 수동인 경우

These oranges peel easily. (이 오렌지는 잘 벗겨진다.)

• 형태상 수동이나 의미상 능동인 경우

I was born in Seoul. (나는 서울에서 태어났다.)(be born : 태어나다)

Are you married? (당신은 결혼했습니까?)(be married : 결혼하다)

The girl was drowned in the river. (그 소녀는 강에서 익사했다.)

(be drowned : 익사하다)

 꼭! 확인 기출문제

밑줄 친 부분 중 어법상 옳지 <u>않은</u> 것을 고르시오. [국가직 9급 기출]

A myth is a narrative that embodies - and in some cases ① <u>helps to explain</u> - the religious, philosophical, moral, and political values of a culture. Through tales of gods and supernatural beings, myths ② <u>try to make</u> sense of occurrences in the natural world. Contrary to popular usage, myth does not mean "falsehood." In the broadest sense, myths are stories - usually whole groups of stories - ③ <u>that can be</u> true or partly true as well as false; regardless of their degree of accuracy, however, myths frequently express the deepest beliefs of a culture. According to this definition, the Iliad and the Odyssey, the Koran, and the Old and New Testaments can all ❹ <u>refer to as</u> myths.

해 ④ 'refer to A as B'는 'A를 B라고 부르다[언급하다]'라는 의미로, 해당 문장은 목적어에 해당하는 'the Iliad and the Odyssey, the Koran, and the Old and New Testaments'가 주어로 쓰였으므로 수동태 문장이다. 그러므로 ④의 'refer to as'는 수동태의 형태인 'be referred to as'로 고쳐 써야 적절하다.

① 'help'는 to부정사와 원형부정사 둘 다 목적어로 취할 수 있으며, 해당 문장에서 to부정사를 목적어로 취한 'helps to explain'은 어법상 적절하다.

② 'try to부정사'는 '~하려고 노력하다'의 의미로, 'try to make'는 어법상 적절한 표현이다.

③ 앞의 'stories'를 선행사로 하는 주격 관계대명사 'that'의 쓰임은 어법상 적절하다.

어휘 narrative 묘사, 서사, 설화

embody 상징하다, 구현하다

moral 도덕의, 도덕상의 n. morality 도덕성

supernatural 초자연적인(= paranormal) cf. a supernatural being 초자연적인 존재

make sense of ~을 이해하다

occurrence 발생하는[존재하는/나타나는] 것

falsehood 거짓임, 거짓말

regardless of …에 상관없이[구애받지 않고]

accuracy 정확, 정확도(↔ inaccuracy 부정확)

the Old and New Testaments 구약 성서와 신약 성서

refer to A as B A를 B라고 부르다[언급하다]

해석 신화는 문화의 종교적, 철학적, 도덕적, 정치적 가치를 구현하는 서사이며 경우에 따라 설명하는 데 도움을 준다. 신과 초자연적인 존재에 관한 이야기를 통해, 신화는 자연 세계에서 일어나는 일을 이해하려고 노력한다. 대중적인 사용과는 달리 신화는 '거짓말'을 의미하지 않는다. 가장 광범위한 의미에서 신화는 거짓일 뿐만 아니라 사실일 수도 있고 혹은 부분적으로 사실일 수도 있는 이야기(일반적으로 모든 이야기를 포괄함)이다. 그러나 정확성의 정도와 상관없이, 신화는 종종 문화의 가장 깊은 믿음을 표현한다. 이 정의에 따르면 일리아드와 오디세이, 코란, 구약성서와 신약성서 모두 신화라고 말할 수 있다.

4. 수동태에서의 전치사 by

(1) by의 생략

① 행위자가 we, you, they, people, one 등 일반인인 경우 종종 생략

They[People] speak English in Australia. (호주에서는 영어를 사용한다.)

→ English is spoken in Australia (by them).

② 행위자가 불분명한 경우 생략

He was hurt in a traffic accident. (그는 교통사고로 다쳤다.)

③ 행위자가 유추할 수 있거나 중요하지 않은 경우 생략

He passed by a beehive and was stung (by bees). (그는 벌집을 지나치다가 벌에 쏘였다.)

(2) by 이외의 전치사를 사용하는 수동태

① be surprised/astonished at(~에 놀라다)

I was surprised at the news. (나는 소식을 듣고 놀랐다.)

She was astonished at his unexpected death. (그녀는 그의 예상치 못한 죽음에 놀랐다.)

② be frightened at(~에 겁먹다, 질겁하다)

The woman was frightened to death at the sight. (그 여성은 그 광경을 보고 까무러칠 만큼 놀랐다.)

Check Point

수동태에서의 전치사 at
놀람이나 충격의 감정을 나타내는 경우

☝ be alarmed at, be amazed at, be astonished at, be frightened at, be shocked at, be surprised at 등

③ be interested in(~에 흥미[관심]가 있다)

He is much interested in music. (그는 음악에 흥미를 느끼고 있다.)

④ be absorbed in(~에 몰두하다)

He was absorbed in thought. (그는 생각에 깊이 잠겼다.)

⑤ be caught in(~에 걸리다, ~에 빠지다)

I was caught in a shower. (나는 소나기를 만났다.)

⑥ be made of/from

- be made of(~로 만들어지다 : 물리적 변화)

  Formerly all ships were made of wood. (전에 모든 배는 나무로 만들었다.)

- be made from(~로 만들어지다 : 화학적 변화)

  Cheese is made from milk. (치즈는 우유로 만들어진다.)

⑦ be beloved of(~에게 사랑받다)

He is beloved of all. (그는 모든 사람들에게 사랑을 받는다.)

⑧ be tired of/with

- be tired of(~에 싫증나다, 지겹다)

  I am tired of feeling sick. (나는 아픔을 느끼는 것이 지겹다.)

- be tired with(~에 지치다)

  I am tired with walking. (나는 걷는 데 지쳤다.)

⑨ be ashamed of(~을 부끄러워하다)

I am ashamed of what I did. (나는 내가 했던 일을 부끄러워한다.)

⑩ be married to(~와 결혼하다)

She is married to a rich man. (그녀는 돈 많은 남자와 결혼해 살고 있다.)

⑪ be known to/as/for/by

- be known to(~에 알려져 있다)

  The story is known to everybody. (그 이야기는 모든 사람들에게 알려져 있다.)

- be known as(~로 알려지다 : 자격)

  He is known as a movie star. (그는 영화배우로 알려져 있다.)

- be known for(~로 유명하다 : 이유)

  He is known for his savage. (그는 잔인한 사람으로 유명하다.)

- be known by(~으로 알 수 있다)

  A man is known by the company he keeps. (사람은 그가 어울리는 사람에 의해 알 수 있다.)

Check Point

수동태에서의 전치사 to
동등이나 지향의 관계를 나타내는 경우

예 be engaged to, be married to, be known to 등

⑫ be pleased with(~에 기뻐하다)

　She was pleased with his present. (그녀는 그의 선물에 기뻐했다.)

⑬ be satisfied with(~에 만족하다)

　He was satisfied with my answer. (그는 나의 대답에 만족했다.)

⑭ be covered with(~로 덮여 있다)

　The top of the mountain is covered with snow. (산마루는 눈으로 덮여 있다.)

　The ground was covered with snow. (땅이 눈으로 덮였다.)

⑮ be filled with(~로 가득 차다)

　The room was filled with smoke. (그 방이 연기로 가득 찼다.)

⑯ be surrounded with(~에 둘러싸이다)

　It was surround with a wall. (그것은 담에 둘러싸여 있었다.)

⑰ be disappointed at[in](~에 실망하다)

　I was disappointed in him. (나는 그에게 실망했다.)

⑱ be delighted at[with](~에 기뻐하다)

　We are just absolutely delighted with it. (우리는 그것에 너무나 기쁩니다.)

Check Point

수동태에서의 전치사 with

- 행위자가 동작을 가하는 도구일 경우
  - 예 The bottle was broken with a bullet.
- 기쁨이나 실망 등의 감정을 나타내는 경우
  - 예 be delighted with, be pleased with, be satisfied with, be disappointed with 등

제4장

일치(Agreement)/
화법(Narration)

제1절 일치(Agreement or Concord)

1. 주어와 동사의 수의 일치

(1) 기본적 일치 원칙

① 주어와 동사의 일치 : 주어의 인칭과 수에 따라서 동사의 형태가 결정됨

② 수의 일치

- 원칙적으로 주어가 단수이면 단수동사(is, was, does, has 등)로, 주어가 복수이면 복수동사(are, were, do, have 등)로 받음
- That pretty girl is very sick. (저 예쁜 소녀는 많이 아프다.)[단수동사]
- They are playing baseball. (그들은 야구를 하고 있다.)[복수동사]
- 예외적으로 주어의 형태가 아닌 의미에 따라 동사의 수가 결정되는 경우도 많이 있음

꼭! 확인 기출문제

01. 다음 밑줄 친 부분 중 어법상 옳지 않은 것을 고르시오. [국가직 9급 기출]

Scientists wonder ① why some of the pictures were painted in areas that are so difficult to ② get to, in caves for example that ③ are 2,400 feet under ground and ❹ access only by crawling through narrow passageways.

해 ④ access는 ③ 다음의 복수동사 are와 마찬가지로 앞의 명사 caves의 술어부에 해당한다. 따라서 'are accessible' 또는 'can be accessed' 등으로 바꿔야 한다.
① why는 wonder의 목적어가 되는 절(명사절)을 이끄는 접속사로 사용되었다.
② get to ∼에 도달하다

어휘 cave 굴, 동굴

crawl (네발로) 기다, 포복하다, 구물구물 움직이다, 천천히 가다

passageway 복도, 통로

해석 과학자들은 왜 몇몇 그림들이 도달하기에 너무 어려운 곳에 그려졌는지 궁금해 한다. 예를 들어 2,400피트 아래에 있고 좁은 통로를 통해 기어서만 접근할 수 있는 동굴 같은 곳을 말한다.

02. 밑줄 친 부분 중 어법상 가장 옳지 않은 것은? [서울시 9급 기출]

The idea that justice ① in allocating access to a university has something to do with ② the goods that ③ universities properly pursue ❹ explain why selling admission is unjust.

해 주어진 문장의 전체 주어가 'The idea'이므로 본동사인 'explain'은 문맥상 3인칭 단수 현재시제인 'explains'가 적절하다.

어휘 allocate 할당하다, 분배[배정]하다(= assign)

access 입장, 접근

have something to do with ~와 어떤 관련이 있다

goods 재화, 상품, 가치

properly 제대로, 적절히, 합당하게

admission 입장, 입학

해석 대학에 입학을 할당함에 있어서 정의가 대학들이 합당하게 추구한 가치들과 어떤 관련이 있다는 생각은 왜 입학증을 판매하는 것이 부당한지를 설명한다.

(2) A and B

① 주어가 'A and B'인 경우 원칙적으로 복수 취급

You and I are the only survivors. (당신과 내(우리)가 유일한 생존자이다.)

Oil and water do not mix. (기름과 물은 섞이지 않는다.)

② 동일인이나 불가분의 단일 개념인 경우 예외적으로 단수 취급

- **동일인** : 한 사람을 의미하므로 단수 취급

A poet and novelist was present. (시인 겸 소설가가 참석하였다.)(동일인을 의미)

cf. A poet and a novelist were present. (시인과 소설가가 참석하였다.)(다른 사람을 의미)

- **불가분의 단일 개념** : 하나 또는 하나의 단위를 가리키므로 단수 취급

Bread and butter is his usual breakfast. (버터를 바른 빵이 그의 일상적인 아침식사이다.)

cf. 단일 개념으로 보아 단수 취급되는 표현 : a needle and thread(실을 꿴 바늘, 실과 바늘), ham and eggs(계란을 넣은 햄, 햄에그), curry and rice(카레라이스), brandy and water(물 탄 브랜디), a watch and chain(줄 달린 시계), a horse and cart(말 한 마리가 끄는 마차), trial and error(시행착오), all work and no play(일[공부]만 하고 놀지 않는 것) 등

기출 Plus [서울시 9급 기출]

01. 밑줄 친 부분 중 어법상 가장 옳지 않은 것은?

Squid, octopuses, and cuttlefish are all ① types of cephalopods. ② Each of these animals has special cells under its skin that ③ contains pigment, a colored liquid. A cephalopod can move these cells toward or away from its skin. This allows it ④ to change the pattern and color of its appearance.

해 관계대명사 'that' 앞의 'under its skin'은 전치사구로써 부사구에 해당하며, 'cells'가 선행사이다. 그러므로 ③의 'contains'는 복수 명사인 선행사 'cells'의 수 따라 'contain'으로 고쳐 써야 적절하다.

 01 ③

(3) 근접주어의 일치

A or B, either A or B, neither A nor B, not only A but also B, not A but B 등은 동사를 동사와 가까운 쪽(일반적으로 B)의 주어와 일치시킨다.(다만, 오늘날 이를 구분하지 않고 쓰는 경향이 있음에 유의한다.)

① A or B(A 또는 B) : 동사는 B에 일치시킴

You or he has to attend the meeting. (너 아니면 그가 그 회의에 참석해야 한다.)

② Either A or B(A든 B든 어느 하나; 양자택일) : 동사는 B에 일치시킴

Either you or Tom is in the wrong. (당신과 Tom 어느 한 사람이 틀렸다.)

Either you or she is in the wrong. (너와 그녀 어느 한 사람이 틀렸다.)

③ Neither A nor B(A도 B도 ~아니다; 양자부정) : 동사는 B에 일치시킴

Neither he nor I am responsible for the accident. (그도 나도 그 사고에 대해 책임이 없다.)

④ not only A but also B(= B as well as A)(A뿐만 아니라 B도) : 동사는 B에 일치시킴

Not only he but also I am right. (그뿐만 아니라 나도 옳다.)

= I as well as he am[is] right.

꼭! 확인 기출문제

다음 밑줄 친 부분 중 어법상 옳지 않은 것을 고르시오. [서울시 9급 기출]

Neither the research assistant's consortium ① nor the biotech laboratory ❷ are poised ③ to strike a decisive blow in the debate over salaries that ④ has been raging for over a year.

해 ② 'neither A nor B(A도 B도 ~아닌)' 구문의 경우 원칙상 동사의 수는 B에 일치시키는 것이 원칙이므로, 여기서는 laboratory가 단수이므로 동사도 단수 동사가 되어야 한다. are → is

① neither ~ nor … ~도 …도 아닌
③ be poised to do ~할 준비[각오]가 되다
④ 과거(1년 전)부터 지금까지 계속 격론을 벌이고 있다는 의미이므로 현재완료진행시제가 적합하다.

어휘 research assistant 연구 조교[보조원, 조수]
consortium 컨소시엄, 협회, 조합, 채권단 회의, 차관단, 공동체
biotechnology(biotech) 생명[생물]공학, 인간공학
laboratory 실습실, 실습실, 연습실, 연구실, 실험[실습], 실험실[용]의, 실습[연습]의
poised to do ~할 준비[각오]가 된 cf. poised 침착한, 태연한, 이도 저도 아닌, 공중에 뜬, 준비가 된[태세를 갖춘]
strike 치다[때리다], 공격하다, 찌르다, 충돌하다[부딪치다], 향하다, 마음에 떠오르다[생각나다]
decisive 결정적인, 중대한, 단호한, 명확한, 당당한 v. decide
blow 강타, 구타, 타격, 쇼크, 꽃, 개화, 한바탕 불기, 강풍, 불다, 바람에 날리다, 불어대다, 폭파하다, 쏘다
salary 봉급[급료] 사례, 봉급[급료]을 지불하다, 보답하다
raging 격노한, 격한, 쑤시고 아픈, 미친 듯이 사나운, 맹렬한, 대단한 n. v. rage

해석 연구 조교의 컨소시엄도 생명공학 실험실도 1년 넘게 격론을 벌이고 있는 급료에 대한 논쟁에 있어 결정적인 타격을 가할 준비가 되지 않았다.

(4) 집합명사의 일치

① 집합명사 + 단수동사

- 단수 취급 : 집합명사는 사람 · 사물의 집합체를 나타내는 명사로, 집합체를 의미한다는 측면에서 단수동사로 받음
- 해당 명사 : family, class, public, nation 등
- My family is a large one. (나의 가족은 대가족이다.)[family는 가족 전체를 말하므로 집합명사]

② 군집명사 + 복수동사

- 복수 취급 : 군집명사는 집합명사의 일종으로, 집합체의 구성원을 개별적으로 표현하는 명사를 말하므로 복수동사로 받음
- 집합명사 중 어떤 것이 군집명사가 되는지는 문맥의 의미를 통해서 판별
- My family are all early risers. (나의 가족들은 모두 일찍 일어난다.)[이 문장에서 family는 가족 구성원 개개인을 의미하므로 군집명사]

(5) 전체나 일부를 나타내는 표현에서의 일치

[all, most, more than, some, half, one, the part, the rest, the remain, 분수, a lot, plenty 등] + of + 명사 + 동사
⇒ 앞의 명사가 복수명사인 경우 복수동사가, 단수명사인 경우 단수동사가 됨

Most of them are his friends. (그들 대부분은 그의 친구들이다.)

Half of this apple is rotten. (이 사과의 반은 썩었다.)[한 개의 사과]

Half of these apples are rotten. (이 사과들의 반은 썩었다.)[여러 개의 사과]

The rest of the students were absent. (학생들 중 나머지는 결석을 했다.)

Two-thirds of the task has finished. (직무의 2/3가 완료되었다.)

(6) 「the number of ~」와 「a number of ~」에서의 일치

① the number of ~(~의 수) : 단수동사로 받음

The number of students has been increasing. (학생들의 수가 증가하고 있다.)

② a number of ~(다수의 ~, 많은 ~) : 복수동사로 받음

A number of students were injured in the traffic accident. (수많은 학생들이 그 교통사고로 다쳤다.)

기출 Plus [서울시 9급 기출]

02. 다음 밑줄 친 부분 중 어법상 가장 어색한 것은?

① As decision making reached higher levels, half the harvests of the world ② was bought and sold in political and financial ③ deals which ignored the fact ④ that food was grown to be eaten.

해 half, some, most 등 부분이나 일부를 표현하는 대명사 다음에 'of the+복수명사'가 오는 경우는 복수 동사를, 'of the+불가산 명사(단수형)'가 오는 경우는 단수 동사를 사용한다. 따라서 ②의 동사는 앞에 있는 주어 half 다음에 복수 명사(harvests)가 왔으므로 복수형이 되어야 한다.
was → were

Check Point

many, all

• many + 복수명사 / many + of + 복수명사 : 복수동사로 받음
  예 Many people have to move before the coming spring.
  Many of us were tired.
• all : 사람('모든 사람', '모두')을 의미할 때는 복수 취급, '모든 것(만사)'을 의미할 때는 단수 취급
  예 All were happy.
  All I want is money.

 답 02 ②

꼭! 확인 기출문제

01. 밑줄 친 부분 중 어법상 옳지 않은 것은? [국가직 9급 기출]

① In the mid 1990s, ② it was estimated that 9 million Americans ③ were planning a summer vacation alone. Since then, the number of solo travelers ④ have increased.

해 ④ 'the number of ~'는 '~의 수'라는 표현이다. 여기서는 주어(number)의 수가 단수이므로 다음에 오는 동사도 단수가 되어야 한다(the number of + 복수명사 + 단수동사). have increased → has increased
한편, 'a number of(많은)'는 다음에 오는 복수명사가 주어가 되므로 동사도 복수동사를 취한다(a number of + 복수명사 + 복수동사).
① '1990년대 중반에'라는 표현에는 시간을 나타내는 전치사 'in'을 사용한다. '1990년대 후반에'는 'in the late of 1990s'이다.
② 여기서의 'it'은 가주어(형식주어)이며, 진주어(사실상의 주어)는 뒤의 that절(명사절)이다. 또한, 주어(that ~)는 추정되는 것이므로 수동형이 되며, 문장의 시제는 과거이다.
③ that절 속의 주어가 복수(Americans)이므로 동사도 복수(were)가 되었다.

어휘 estimate 평가하다, 견적하다, 추정하다, 견적, 어림, 개산(槪算), 추정, 평가
solo 단독의, (음악) 솔로의[독창의, 독주의], 단독 연기[무용], 독주(곡), 솔로

해석 1990년대 중반, 9백만 명의 미국인들이 혼자서 여름휴가를 계획하고 있는 것으로 추정되었다. 그 이후, 혼자 여행하는 사람(나 홀로 여행객)들의 수는 증가해왔다.

02. 밑줄 친 부분 중 어법상 가장 옳지 않은 것은? [서울시 9급 기출]

He acknowledged that ① the number of Koreans were forced ② into labor ③ under harsh conditions in some of the locations ④ during the 1940's.

해 ①은 많은 한국인들을 의미하고 동사도 복수 형태의 'were'를 사용하였으므로, 'the number of Koreans'를 'a number of Koreans'로 고쳐 써야 옳다. 'the number of ~'는 '~의 수'를 의미하고 단수로 취급되며, 'a number of ~'는 '많은, 다수의' 의미로 사용되고 복수로 취급된다.

어휘 acknowledge 인정하다(= admit, own up, allow)
harsh 가혹한, 냉혹한, 혹독한(= severe, hard, tough)
a number of 많은, 다수의
forced 강제적인, 강요된
labor (임금을 얻기 위한) 노동, 근로
conditions 형세, 사정

해석 그는 많은 한국인들이 1940년대에 일부 지역에서 혹독한 환경 속에 강제 노역에 동원되었음을 인정했다.

---

(7) 「many + a + 단수명사」는 단수 취급한다.

Many a young man has tried and failed. (많은 젊은이들이 시도했으나 실패했다.)

Many a landowner has become bankrupt due to the law. (그 법률 때문에 많은 지주들이 몰락했다.)

(8) 「every + 단수명사」와 「every + 단수명사 + and + (every)+단수명사」는 단수 취급한다.

Every dog has his day. (쥐구멍에도 볕 들 날이 있다.)

Every boy and (every) girl wants to see the movie. (모든 소년 소녀들이 그 영화를 보고자 한다.)

cf. Everyone[Everybody] knows that. (모두 그것을 알고 있다.)(everyone[everybody]도 단수 취급)

cf. each, no로 수식받는 명사도 단수 취급함

　Each boy and each girl was given a book. (각 소년소녀들은 책을 한권 받았다.)

　No student is to leave the room. (어떤 학생도 교실을 나갈 수 없다.)

(9) 복수형의 학문명, 병명, 게임명 등은 단수 취급한다.

① 복수형의 학과·학문명 : ethics(윤리학), politics(정치학), economics(경제학), statistics(통계학), mathematics(수학), linguistics(언어학), phonetics(음성학) 등 → 단수 취급

　Mathematics is my favorite subject. (수학은 내가 가장 좋아하는 과목이다.)

② 복수형의 병명 : measles(홍역), mumps(유행성 이하선염), blues(우울증), rickets(구루병) 등 → 단수 취급

③ 복수형의 오락·게임명 : billiards(당구), bowls(볼링), checkers(체커, 서양 장기), cards 등 → 단수 취급

⑩ 「There be ~」는 다음의 주어 수에 따라 be동사가 결정된다.

There is a man who wants to go with you. (당신과 같이 가고자 하는 사람이 있습니다.)['There be' 다음의 주어가 단수인 경우 be동사도 단수]

There are some nice gold rings. (예쁜 금반지가 꽤 있다.)['There be' 다음의 주어가 복수인 경우 be동사도 복수]

⑪ 「시간, 거리, 금액, 중량」 등이 한 단위 또는 단일 개념을 나타내는 경우 단수 취급한다.

Thirty years is a long time. (30년은 긴 세월이다.)

cf. Thirty years have passed since my mother died. (어머니가 돌아가신 지 30년이 지났다.)[시간의 경과를 나타내는 경우 복수 취급]

Twenty miles is a long way to walk. (20마일은 걸어가기에 먼 길이다.)

Five thousand dollars is a big money. (5천 달러는 거금이다.)

Check Point

지명·국가명을 나타내는 복수 고유명사의 수

• 단수 취급 : Athens(아테네), Naples(나폴리), the United Nations(유엔), the United States(미국)[*복수형의 국가명은 대부분 단수 취급]

• 복수 취급 : the Netherlands(네덜란드), the Alps(알프스) 등

Check Point

한 단위 또는 단일 개념을 나타내는 문장의 구별

시간, 거리, 금액, 중량 등이 한 단위 또는 단일 개념을 나타내는 경우에는 형태상으로 시간, 거리, 금액, 중량 등을 나타내는 어구 다음에 be동사가 옴

⑿ 명사절이나 명사구 등이 주어 역할을 하는 경우 단수 취급을 한다.

That he said so is true. (그가 그렇게 말했다는 것은 사실이다.) [명사절(That ~ so)이 주어이므로 단수동사(is)로 받음]

Whether he will succeed is doubtful. (그가 성공할 것인지는 의심스럽다.)

Beating a child does more harm than good. (아이를 때리는 것은 득보다 해가 크다.)[동명사(구)가 주어가 되는 경우 단수 취급하므로 단수동사(does)로 받음]

To know oneself is not easy. (자신을 아는 것은 쉽지 않다.)[부정사(구)가 명사기능을 하여 주어가 되는 경우 단수 취급]

⒀ 주격 관계대명사가 이끄는 절의 동사는 선행사의 수에 일치시킨다.

주격 관계대명사(who, which, that 등)가 이끄는 절의 동사의 경우는 주어가 선행사이므로, 선행사의 수와 인칭에 일치시켜야 한다.

Mr. Kim, who has a lot of teaching experience, will be joining the school in September. [관계대명사(who) 다음의 동사(has)는 선행사(Mr. Kim)에 일치] (김 선생님은, 가르쳐 본 경험이 많은 분인데, 9월에 우리 학교에서 함께 일하게 됩니다.)

꼭! 확인 기출문제

다음 중 어법상 옳은 것은? [지방직 9급 기출]

❶ Many a careless walker was killed in the street.
② Each officer must perform their duties efficient.
③ However you may try hard, you cannot carry it out.
④ German shepherd dogs are smart, alert, and loyalty.

해 ① 'Many a(an) + 단수 명사'가 주어일 경우에는 단수 취급을 하므로 단수 동사가 와야 한다. 따라서 동사 'was'는 적절하다.
② 'each'가 들어 있는 표현이 주어일 때에는 단수 동사, 단수 대명사를 취하므로 'their'를 'his'나 'her'로 바꿔야 한다. 동사(perform)를 수식할 수 있는 것은 부사이므로 형용사 'efficient'를 'efficiently'로 바꿔야 한다.
③ 'however'가 '아무리 ~해도'의 의미로 쓰일 경우 'However+형용사/부사+주어+동사'의 어순을 취하므로 'However hard you may try~'로 바꿔야 한다.
④ 등위접속사 'and'는 동일한 형식을 취하는 말을 이어주므로 형용사 'smart', 'alert'에 맞추어 명사 'loyalty'를 형용사 'loyal'로 바꿔야 한다.

어휘 carry something out ~을 수행[이행]하다, (과업을) 완수[완료]하다
alert 기민한, 정신이 초롱초롱한
loyalty 충실, 충성, 충성심 a. loyal

해석 ① 많은 부주의한 보행자들이 거리에서 사망하였다.
② 각각의 직원은 자신의 임무를 효율적으로 수행하여야 한다.
③ 당신이 아무리 열심히 애를 써도, 그것을 수행할 수는 없다.
④ 독일 셰퍼드는 영리하고 기민하며 충직하다.

2. 시제의 일치

(1) 시제 일치의 일반원칙

① 주절의 시제가 현재, 현재완료, 미래인 경우에는 종속절의 시제는 어느 것이 든 가능

I think that he is rich. (나는 그가 부자라고 생각한다.)

I think that he will be rich. (나는 그가 부자가 될 거라고 생각한다.)

I think that he was rich. (나는 그가 부자였다고 생각한다.)

He will say that he was busy. (그는 바빴었다고 말할 것이다.)

He has said that he will be busy. (그는 바쁠 것이라고 말했다.)

② 주절의 시제가 과거인 경우 종속절의 시제는 과거나 과거완료가 됨(단, 과거 완료는 주절의 시제(과거)보다 먼저 일어난 경우)

I thought that he was rich. (나는 그가 부자라고 생각하였다.)

I thought that he would be rich. (나는 그가 부자가 될 거라고 생각하였다.)

I thought that he had been rich. (나는 그가 부자였다고 생각하였다.)

(2) 시제 일치의 예외

① 불변의 진리, 격언 등은 주절의 시제와 관계없이 종속절에서 현재를 씀

We were taught that the earth is round like a ball. (우리는 지구가 공처 럼 둥글다고 배웠다.)

The professor said that time is money. (그 교수는 시간이 돈이라고 말했다.)

② 현재의 습관·관례, 현재의 사실은 주절의 시제와 관계없이 종속절에서 현재 를 씀

My grandfather said that he takes a walk everyday. (내 할아버지는 매 일 산책을 한다고 말씀하셨다.)

It is an accepted custom to say 'Excuse me' when he sneezes. (재채기를 할 때 'Excuse me'라고 말하는 것은 일반적으로 받아들여지는 관례이다.)

He said that he has breakfast at seven every morning. (그는 매일 아침 7시에 아침을 먹는다고 말하였다.)

③ 역사적 사실은 주절의 시제와 관계없이 종속절에서 과거를 씀

She said that Columbus discovered America in 1492. (그녀는 1492년 Columbus가 미국을 발견했다고 말했다.)

We learned that World War II broke out in 1939. (우리는 1939년에 2차 세계대전이 일어났다고 배웠다.)

④ 가정법의 시제는 주절의 시제와 관계없이 종속절에서 원래 그대로 씀

He said, "If I were well, I could swim in the river."

→ He said that if he were well he could swim in the river. (그는 자신이 건강하다면 강에서 수영을 할 수 있다고 말하였다.)

I wish I were a bird. (나는 내가 새라면 하고 바란다.)

→ I wished I were a bird. (나는 내가 새라면 하고 바랐다.)

⑤ 비교의 부사절에서는 내용에 따라 시제를 씀

She was then more generous than she is now. (그녀는 지금보다 그때 더 관대했다.)

She speaks English better than you did. (그녀는 예전의 당신보다 영어를 더 잘한다.)

⑥ 조동사 must, should, ought to 등[의무·추측]

• must가 의무(~해야 한다)를 나타내는 경우 'have to'로 바꾸어 쓸 수 있음

His father said that he must[had to] work hard. (그의 아버지는 그가 열심히 공부해야 한다고 말했다.)

• must가 추측(~임에 틀림없다)을 나타내는 경우 'had to'로 바꾸어 쓸 수 없음

He said that July must[had to(×)] be a liar. (그는 July가 거짓말쟁이임에 틀림없다고 말했다.)

(3) 기타 주의할 시제 일치 관련 어구

① in + (과거) 시간명사 : 과거시제에 쓰임

The foundation was founded in 2009. (그 재단은 2009년에 설립되었다.)

② during : 주로 과거의 특정한 기간 동안에 관하여 씀

The renowned singer stayed in Hawaii during a six-year gap. (그 유명한 가수는 6년간의 공백 기간 동안 하와이에 머물렀다.)

③ since : 앞의 주절 동사는 완료시제를 씀

I have known him since he was a child. (나는 그가 어릴 때부터 그를 알고 있다.)

John had not seen her since he (had) married. (John은 결혼한 이후로 그녀를 보지 못했다.)

④ so far : 현재완료시제에 쓰임

She has written only two novel so far. (그녀는 지금까지 단지 두 편의 소설만을 썼다.)

⑤ by this time : 주로 미래완료시제에 쓰임

He should have arrived by this time. (그는 지금쯤 도착했을 것이다.)

제2절 화법(Narration)

1. 화법전환(직접화법 ⇒ 간접화법)의 일반 공식

(1) 전달동사 등의 전환

① 전달동사 : say(said) → say(said), say(said) to → tell(told)

② 인용부호를 없애고 접속사 that을 사용

(2) 피전달문의 인칭 및 시제의 전환

① 직접화법에서의 1인칭은 간접화법에서 주어와 일치시킴

He said to me, "I will do my best."

→ He told me that he would do his best.

② 2인칭은 목적어와 일치시키며, 3인칭은 그대로 둠

I said to her, "You look fine."

→ I told her that she looked fine.

③ 전달동사의 시제가 과거일 경우 종속절의 시제는 시제 일치 원칙에 따라 바뀜

She said, "It is too expensive."

→ She said that it was too expensive.

④ 지시대명사나 부사(구) 등을 문맥에 맞게 전환함

She said, "I am busy today."

→ She said that she was busy that day.

He said, "I reached here yesterday."

→ He said that he had reached there the day before.

2. 문장의 종류에 따른 화법전환

(1) 평서문의 화법전환

① 전달동사 say는 say로, say to는 tell로 전환한다.

He said, "We will start early tomorrow morning."

→ He said that we would start early the next morning. (그는 우리가 다음날 아침 일찍 출발한다고 말했다.)

My teacher said to me, "You are very creative."

→ My teacher told me that I was very creative. (나의 선생님은 나에게 내가 아주 창의적이라 말씀하셨다.)

Check Point

화법(Narration)
화법이란 사람의 말을 전하는 방식을 말하는 것으로, 어떤 사람이 한 말을 그대로 인용부호로 전하는 것을 직접화법(Direct narration), 말의 의미·내용만을 자신의 말로 고쳐서 전하는 것을 간접화법(Indirect narration)이라 함

② 전달동사 뒤에 접속사 that을 놓는다. 이 that은 생략이 가능하다.

He said to her, "I have something to tell you."

→ He told her that he had something to tell her. (그는 그녀에게 할 말이 있다고 말했다.)

③ 전달동사가 과거인 경우 종속절의 시제를 일치시킨다.

I turned to my wife and said, "The picture is out of focus."

→ I turned to my wife and said that the picture was out of focus. (나는 아내에게 몸을 돌려 사진의 초점이 맞지 않는다고 말했다.)

She said, "I saw him in the concert."

→ She said she had seen him in the concert. (그녀는 콘서트에서 그를 보았었다고 말했다.)

④ 피전달문의 인칭대명사를 문맥에 맞도록 고친다.

She said to me, "I met your sister yesterday."

→ She told me (that) she had met my sister the day before. (그녀는 나에게 어제 내 누이를 만났다고 말했다.)

We said to him, "You are responsible for this accident."

→ We told him that he was responsible for that accident. (우리는 그에게 그 사고에 책임이 있다고 말했다.)

⑤ 부사나 부사구, 지시대명사 등을 문맥에 맞도록 고친다.

> now → then / ago → before
> today → that day / tonight → that night
> yesterday → the day before(the previous day)
> last night → the night before(the previous night)
> tomorrow → the next day(the following day)
> next week → the next week(the following week)
> this → that / these → those / here → there / thus → so

He said, "I arrived here a week ago."

→ He said that he had arrived there a week before. (그는 일주일 전에 거기에 도착했다고 말했다.)

⑥ Yes · No의 대답, 인사말의 화법전환

• Yes · No의 간접화법 전환

The boy said, "Yes."

→ The boy agreed. (그 소년은 동의했다.)

→ The boy answered in the affirmative. (그 소년은 긍정적으로 답했다(찬성했다).)

Check Point

화법전환 시 전달동사가 과거일 경우 종속절의 시제 전환

• 현재시제 → 과거시제

⑩ He said, "I am a teacher"
→ He said that he was a teacher.

• 현재완료, 과거시제 → 과거완료시제

⑩ He said, "I have lost my wallet." → He said that he had lost his wallet.

The girl said, "No."

→ The girl denied. (그 소녀는 부정[부인]했다.)

→ The girl answered in the negative. (그 소녀는 부정적으로 답했다(거부했다).)

• 인사말의 간접화법 전환

She said, "Hello, Tom! What are you doing?"

→ She greeted Tom and asked what he was doing. (그녀는 Tom에게 인사하고 그가 무엇을 하고 있는지 물었다.)

(2) 의문문의 화법전환

① 전달동사 'say to'를 'ask(inquire of)'로 바꾼다.

She said to me, "Have you heard from him?"

→ She asked me if I had heard from him. (그녀는 그에게서 소식을 들었냐고 나에게 물었다.)

② 의문사가 있는 경우 접속사 대신에 의문사를 그대로 사용하며, 의문사가 없는 경우 전달동사 뒤에 접속사 if나 whether를 놓는다.

He said to me, "Where is your baggage?"

→ He asked me where my baggage was. (그는 내 가방이 어디에 있냐고 물었다.)

Mother said to me, "Have you finished your homework?"

→ Mother asked me if I had finished my homework. (어머니는 나에게 숙제를 다 끝냈는지 물으셨다.)

③ 전달동사가 과거인 경우 종속절의 시제를 일치시킨다.

She said to me, "Where are you going?"

→ She asked me where I was going. (그녀가 나에게 어디 가냐고 물었다.)

④ 피전달문의 인칭대명사 등을 문맥에 맞도록 고친다.

John said to me, "Do you have my pen?"

→ John asked me if I had his pen. (John은 나에게 내가 그의 펜을 가지고 있는지 물었다.)

⑤ 피전달문의 어순은 평서문의 어순을 취한다.

(3) 명령문의 화법전환

① 전달동사 'say to'를 문맥에 따라 'tell, ask[beg], advise, suggest, order[command]' 등의 동사로 바꾼다.

Check Point

의문사 있는 의문문의 간접화법 어순

의문사가 접속사 역할을 하므로 '의문사＋주어＋동사'의 순서가 됨

🎯 I said to the boy, "What is your name?"

→ I asked the boy <u>what</u> (의문사＋) <u>his name was.</u> (주어 ＋ 동사)

(나는 그 소년에게 이름이 무엇이냐고 물었다.)

He said to me, "Open the door."

→ He told me to open the door. (그는 나에게 문을 열라고 말했다.)

He said to me, "Please open the door."

→ He asked me to open the door. (그는 나에게 문을 열어달라고 요청했다.)

② 명령문인 피전달문을 'to부정사(구)'로 바꾼다. 부정명령문의 경우 to부정사 앞에 not 또는 never를 놓는다(주어 + 동사 + 목적어 + not to~).

My teacher said to me, "Do your best."

→ My teacher told me to do my best. (나의 선생님께서는 나에게 최선을 다하라고 말씀하셨다.)

He said to me, "Don't open the door."

→ He told me not to open the door. (그는 나에게 문을 열지 말라고 하였다.)

③ 피전달문이 'Let's ~'로 시작하는 경우 '주어 + suggest(propose) + (to + 목적어) that ~ (should) + 동사원형'의 형태로 전환한다.

She said to me, "Let's go out for a walk."

→ She suggested to me that we should go out for a walk. (그녀는 나에게 산책을 가자고 제안을 하였다.)

cf. 여기서 suggest는 3형식 동사이므로 'She suggested me that ~'과 같은 4형식의 구조가 될 수 없고, 'She suggested (to me) that ~'과 같은 구조로 취한다.

④ 전달동사가 과거인 경우 종속절의 시제를 일치시킨다.

⑤ 피전달문의 인칭대명사를 문맥에 맞도록 고친다.

(4) 감탄문과 기원문의 화법전환

① 감탄문의 화법전환

- 전달 동사를 'cry (out), shout, exclaim' 등으로 전환
- 직접화법의 어순을 그대로 쓰는 경우와, 평서문으로 고쳐 very로 보충하는 두 가지 방법이 있음

He said, "What a sweet voice she has!" (그는 "그녀의 목소리는 정말 아름다워!"라고 말했다.)

→ He cried out what a sweet voice she had.

→ He cried out that she had a very sweet voice. (그는 그녀가 정말 아름다운 목소리를 가졌다고 감탄을 하였다.)

- 감탄사가 있는 경우 적절한 부사구(with a sigh, with regret, with delight 등)로 전환

He said, "Alas!, I have failed!" (그는 "아! 나는 실패했어!"라고 말했다.)

→ He said with a sigh that he had failed.

② 기원문의 경우 전달동사를 'pray', 'wish' 등으로 바꾸고, 종속절에는 may [might]를 쓴다.

She said, "(May) God save my son!" (그녀는 "신이시여 제 아들을 보호하소서!"하고 기도하였다.)

→ She prayed that God might save her son.

(5) 중문, 복문, 혼합문의 화법전환

① 중문을 연결하는 접속사 and나 but 뒤에 'that'을 쓴다.[and that, but that]

She said, "I feel sick, but I am all right."

→ She said that she felt sick, but that she was all right. (그녀는 아프지만 괜찮다고 말하였다.)

He said, "It rained heavily, but I started."

→ He said that it had rained heavily, but that he had started. (그는 비가 몹시 왔었지만 출발했었다고 말했다.)

② 접속사 for와 명령문 다음의 and나 or의 경우에는 that을 쓰지 않으며, 명령문 다음의 and의 경우 'if'를, or의 경우는 'unless'를 사용한다.

Mother said to me, "Get up early, and you will not be late for school."

→ Mother told me to get up early and I would not be late for school.

→ Mother told me that I would not be late for school if I got up early. (어머니는 내게 일찍 일어나면 학교에 지각하지 않을 것이라고 말씀하셨다.)

③ 복문의 경우 시제를 일치시키며, 접속사 다음에 that을 쓰지 않는다.

I said to him, "I can't understand what you mean."

→ I told him that I couldn't understand what he meant. (나는 그에게 그가 의미하는 바를 이해할 수 없다고 말하였다.)

④ 2개 이상의 다른 문장이 혼합된 경우(혼합문), 각각의 문장에 알맞게 바꾼다.

He said to me, "I am busy. Please help me."

→ He told me that he was busy and asked me to help him. (그는 나에게 바쁘니 도와달라고 부탁을 하였다.)

Mother said, "Please be quiet, boys. The baby has gone to sleep."

→ Mother told the boys to be quiet and said that the baby had gone to sleep. (어머니가 그 소년들에게 아기가 잠이 들었으니 조용히 하라고 말했다.)

Check Point

기원문의 화법전환 유형

• 피전달문에 God이 있을 때 : pray that God may ~

예 She said to me, "God bless you!" → She prayed that God might bless me.

• 사람에 대한 소망을 나타낼 때 : express one's wish that + 주어 + may ~

예 He said, "May you succeed!" → He expressed his wish that I might succeed.

Check Point

단문, 중문, 복문, 혼합문

• 단문(simple sentence) : 주어와 동사가 한 개로 이루어진 문장

• 중문(compound sentence) : 등위접속사(and, but, or, for, so 등)가 두 개 이상의 단문을 연결하고 있는 문장(* 연결된 각 문장들을 대등절 또는 등위절이라 함)

• 복문(complex sentence) : 종속접속사(that, when, before, if, although, 관계사 등)가 두 개 이상의 단문을 연결하고 있는 문장(* 종속접속사 앞에 있는 문장을 주절, 뒤에 있는 문장을 종속절(명사절·형용사절·부사절)이라 함)

• 혼합문(compound complex sentence) : 중문과 복문이 혼합된 문장

제5장

부정사(Infinitive)/동명사 (Gerund)/분사(Participle

제1절 부정사(Infinitive)

1. 부정사의 의의

(1) 부정사의 의미

① 부정사는 복문을 단문으로 만들어 문장을 간결하게 하는 준동사의 일종

② 부정사는 동사의 성질을 지니므로 목적어나 보어를 취할 수 있음

③ 부정사는 그 용법에 따라 문장에서 명사(구), 형용사(구), 부사(구)의 역할을 함

④ 부정사는 '~하는 것', '~하기 위해', '~할' 등과 같은 미래의 의미가 내포되어 있음

⑤ 문장의 간결성 차원에서 부정사가 있는 문장에서는 같은 단어의 반복이 안 됨

Check Point

미래(소망)에 관한 동사의 과거형 + 완료부정사

expected, forgot, hoped, intended, promised, wanted, remembered, wished 등 미래(소망)에 관한 동사의 과거형 뒤에 오는 완료부정사는 과거에 ~했으나 이루어지지 않은 동작 등을 나타낸다.

예 I intended to have met her.
= I had intended to meet her.
= I intended to meet her, but I didn't.

(2) 부정사의 종류

① to부정사 : to + 동사원형(기본형) / to + be + p.p(수동형) / to + have + p.p(완료형)

② 원형부정사 : 동사원형

③ 기타 : 대부정사(to), 분리부정사(to + 부사 + 동사원형)

(3) 부정사의 시제

① 단순부정사

• 동사의 시제와 같거나 늦은 시제를 나타냄

• 'to + 동사원형' 또는 'to be + p.p(단순형 수동부정사)'의 형태를 지님

• He seems to be ill. (그는 아픈 것처럼 보인다.)

= It seems that he is ill.

• He seemed to be ill. (그는 아픈 것처럼 보였다.)

= It seemed that he was ill.

• He seemed to be shocked. (그는 충격을 받은 것처럼 보였다.)

= It seemed that he was shocked.

② 완료부정사

• 동사의 시제보다 앞선 시제를 나타냄

• 'to have + p.p' 또는 'to have been + p.p(수동형 완료부정사)'의 형태를 지님

He seems to have been ill. (그는 아팠던 것처럼 보인다.)

= It seems that he was ill.

He seemed to have been ill. (그는 아팠던 것처럼 보였다.)

= It seemed that he had been ill.

He seemed to have been shocked. (그는 충격을 받았던 것처럼 보였다.)

= It seemed that he had been shocked.

(4) 부정사의 부정 : 부정사 앞에 부정어(not, never 등)를 쓴다.

I told him not to go out. But he went out. (나는 그에게 나가지 말라고 하였다. 그러나 그는 나갔다.)

He made it a principle never to be late for school. (그는 학교에 지각하지 않는 것을 원칙으로 삼았다.)

(5) 부정사구를 취하는 주요 구문

① 형용사 + to부정사

I'm happy to meet you. (만나서 반갑습니다.)

② 명사[대명사] + to부정사

He has a book to read. (그는 읽을 책을 갖고 있다.)

③ 술어동사 + to부정사

I have decided to buy it. (나는 그것을 사기로 결심했다.)

④ 술어동사 + 목적어 + to부정사

No one expected him to pass the exam. (아무도 그가 시험에 통과하리라고 예상치 않았다.)

⑤ 수동태 + to부정사

She was forced to quit her job. (그녀는 직장을 그만두도록 강요받았다.)

⑥ for[of] + 목적격 + to부정사

It was a mistake for Tom to marry Sue. (톰이 수와 결혼한 것은 잘못이었다.)

⑦ 의문사 + to부정사

I don't know what to say. (뭐라고 말해야 좋을지 모르겠다.)

⑧ 술어동사 + to have p.p

I should like to have gone for a walk, but it's been snowing. (산책을 갔으면 했지만 계속 눈이 오고 있다.)

2. 부정사를 목적어나 목적보어로 취하는 동사

(1) to부정사를 목적어나 목적보어로 취하는 동사

① 소망·기대·요구·노력동사 등은 to부정사를 목적어로 취함(⇒ S + V + to부정사[−ing(×)]) : want, wish, hope, long(간절히 바라다), desire, expect, ask, demand, endeavor, contrive, learn, manage, decide, choose, promise, arrange, agree, afford, offer, pretend, refuse, fail, threaten 등

We want to get back to the six−party talks as soon as possible. (우리는 가능한 한 빨리 6자회담에 복귀하기를 바란다.)

We expect to succeed. (우리는 성공할 것이다.)

They contrived to escape from the castle. (그들은 성을 빠져나갈 궁리를 했다.)

Tom did not choose to accept their proposal. (Tom은 그들의 제안을 받아들이려 하지 않았다.)

The president promised to clean up government. (대통령은 정부를 일소할 것이라 약속했다.)

He arranged to start early in the morning. (그는 아침 일찍 출발할 준비를 했다.)

② (준)사역동사 get, cause, induce, persuade, compel, force 등은 목적보어로 to부정사를 취함(⇒ S + V + O + to부정사)

Get your parents to help you. (당신의 부모님께 도와 달라고 하시오.)

The policeman compelled Tom to confess. (그 경찰관은 Tom이 자백하도록 강요했다.)

(2) 원형부정사를 취하는 동사

① 조동사 뒤에 오는 동사는 원형부정사(동사원형)를 취함

Cancer can be cured when it is discovered in its earliest stages. (암은 초기 단계에 발견되면 치료될 수 있다.)

② 사역동사 make, have, let, bid(명령하다) 등은 목적보어로 원형부정사를 취함(⇒ S + 사역동사 + O + 원형부정사)

Her song always makes me feel happy. (그녀의 노래는 언제나 나를 행복하게 한다.)

Our teacher made us learn the poem by heart. (우리 선생님은 우리에게 그 시를 암송하라고 시켰다.)

→ We were made to learn the poem by heart (by our teacher).[수동태가 되면 원형부정사가 아닌 to부정사가 사용됨]

③ 지각동사는 목적보어로 원형부정사를 취함(⇒ S + 지각동사 + O + 원형부정사)

I heard the singer sing on TV last night. (나는 어젯밤 TV에서 그 가수가 노래하는 것을 들었다.)

I saw him cross the street. (나는 그가 길을 건너는 것을 보았다.)

→ He was seen to cross the street (by me).[수동태가 되면 원형부정사가 아닌 to부정사가 사용됨]

④ 원형부정사(동사원형)를 취하는 관용적 표현

• had better + 원형부정사(~하는 편이 낫다)

You had better not say anything. (아무 말도 하지 않는 것이 낫다.)

• do nothing but + 원형부정사(단지[오직] ~할 뿐이다[~만 하다])

cf. nothing but = only

She did nothing but complain. (그녀는 오직 불평만 했다.)

• cannot (choose) but + 원형부정사(~하지 않을 수 없다)

= cannot help V -ing

= have no choice but + to부정사

= have no other way but + to부정사

= have no alternative[option] but + to부정사

I cannot (choose) but accept the offer. (나는 그 제안을 받아들이지 않을 수 없다.)

= I have no choice[alternative, option, other way] but to accept the offer.

Check Point

지각동사

see, watch, behold, look at, observe, hear, listen to, smell, taste, feel, find, notice 등

 기출 Plus [서울시 9급 기출]

02. 밑줄 친 부분에 들어갈 말로 가장 옳은 것은?

I am writing to you from a train in Germany, sitting on the floor. The train is crowded, and all the seats are taken. However, there is a special class of "comfort customers" who are allowed to make those already seated _____ their seats.

① give up ② take
③ giving up ④ taken

해 'make(사역동사) + 목적어 + 목적보어' 구문에서 목적보어로 사용될 수 있는 것은 원형부정사와 과거분사이다. 문맥상 목적어에 해당하는 '이미 착석한 사람들(those already seated)'이 그들의 자리를 양보하는 것이므로 원형부정사의 형태인 'give up'이 빈칸에 들어갈 말로 적절하다.

Check Point

had better 구문 정리

• 기본형 : had better + 동사원형(~하는 편이 낫다)

• 부정형 : had better not + 동사원형(~하지 않는 편이 낫다)

• 과거형 : had better have + p.p(~하는 편이 나았을 텐데)

• 과거부정형 : had better not have + p.p(~하지 않는 편이 나았을 텐데)

 답 02 ①

• would rather + 원형부정사 (than 원형부정사) ((~하느니) 차라리[오히려] ~하고 싶다)

I would rather stay here alone. (나는 여기 혼자 있는 것이 낫겠다.)

⑤ 원형부정사를 취하는 기타 구문

• let go (놓아주다)

Don't let go the rope. (줄을 놓지 마라)

• make believe (~하는 체하다)

The kids are making believe that they are bride and bridegroom. (애들이 신랑 신부 놀이를 하고 있다.)

• Why not + 원형부정사? (~하지 그래? ~하세요.)

Why not put an ad in the paper? (신문에 광고를 내지 그래? = 신문에 광고를 내세요.)

• but, except + 원형부정사 (~ 제외하면)

I will do anything but work on a construction site. (나는 건설 현장에서 일하는 것만 제외하면 무엇이든 하겠다.)

3. 부정사의 용법

(1) 명사적 용법 : 부정사가 명사의 역할(주어 · 목적어 · 보어 등)을 한다.

① 문장에서 주어 역할을 함

To know oneself is not easy. (자신을 아는 것은 쉽지 않다.)

To get up early is good for the health. (일찍 일어나는 것은 건강에 좋다.)

= It is good for the health to get up early.

= Getting up early is good for the health.

② 문장에서 목적어 역할을 함

She likes to play the piano. (그녀는 피아노 치는 것을 좋아한다.)

I hate to accept it. (나는 그것을 받아들이고 싶지 않다.)

③ 문장에서 보어 역할을 함

My desire is to be a pilot. (나의 소망은 조종사가 되는 것이다.)

His hobby is to collect stamps. (그의 취미는 우표 수집이다.)

= His hobby is collecting stamps.

④ 명사와 '동격'이 되는 경우

My desire, to be a pilot, never came true. (조종사가 되고자 하는 나의

소망은 결코 실현되지 않았다.)

⑤ 「의문사 + to부정사」

What to do is very important. (무엇을 하느냐가 아주 중요하다.) [주어]

I don't know what to do. (나는 무엇을 해야 할지를 모르겠다.) [목적어]

The difficulty is what to do. (어려운 것은 무엇을 하느냐이다.) [보어]

(2) 형용사적 용법

① 한정적 용법 : 부정사가 명사(주어 · 목적어 · 보어)를 수식

• 부정사가 수식하는 명사가 부정사의 의미상의 주어인 경우

She has no friend to help her. (그녀는 도와줄 친구가 없다.)[to부정사가 명사(friend)를 수식]

He is the last man to betray his friends. (그는 자기 친구들을 배신할 사람이 결코 아니다.)

= He is not a man who will betray his friends.

• 부정사가 수식하는 명사가 부정사의 의미상의 목적어인 경우

I bought a book to read. (나는 읽을 책을 샀다.)[to부정사가 명사(book)을 수식]

Please give me something hot to drink. (제게 뜨거운 음료를 주세요.) [to부정사가 대명사(something)를 수식]

= Please give me something hot that I can drink.

• '부정사 + 전치사'가 수식하는 명사가 전치사의 목적어인 경우

The child had a spoon to eat with. (아이는 갖고 먹을 스푼이 있었다.) [명사(spoon)는 전치사(with)의 목적어]

I have no house to live in, nor money to buy a house with. (나는 살 집이 없고, 집을 살 돈도 없다.)

예 a chair to sit on, paper to write on, a pencil to write with 등

• 부정사가 수식하는 명사가 부정사와 동격 관계

Give me your promise never to smoke. (절대 금연하겠다고 약속해라.) [to부정사와 명사(promise)가 동격]

I have no opportunity to speak English these days. (나는 요즈음 영어를 말할 기회가 없다.)

= I have no opportunity of speaking English these days.

• 수식 관계

It is time to go to bed now. (이제 잠자리에 들 시간이다.)

Check Point

의문사구(의문사 + to부정사)
• what to do : 무엇을 해야 할지
• how to do : 어떻게 해야 할지
• where to do : 어디서 해야 할지
• when to do : 언제 해야 할지

Check Point

준동사의 부정
준동사(부정사 · 동명사 · 분사)를 부정할 때, not, never 등의 부정어를 준동사 앞에 붙이는데, 이는 부정어가 부사로서 형용사로 기능하는 준동사 앞에 위치하기 때문이다.
예 I made up my mind not to oversleep again.

② 서술적 용법 : 부정사가 동사의 보어가 됨

• 불완전자동사(2형식 동사)의 주격 보어가 되는 경우

The news proved to be false. (그 뉴스는 거짓임이 판명되었다.)

I happened to meet her. (나는 우연히 그녀를 만났다.)

He seems to be sad. (그는 슬픈 것 같다.)

His wound turned out to be fatal. (그의 상처는 치명적인 것으로 판명되었다.)

We soon came to like her. (우리는 곧 그녀를 좋아하게 되었다.)

cf. 'to be'의 생략

'정도'를 나타내는 형용사 · 명사 앞의 to be는 생략 가능하지만, '단계적 의미'를 나타내는 형용사 · 명사 앞의 to be는 보통 생략할 수 없다.

She seems (to be) very happy. [생략 가능]

She seems to be a single. [생략 불가]

• 불완전타동사(5형식 동사)의 목적격 보어가 되는 경우

He thought her to be unkind. (그는 그녀가 불친절하다고 생각했다.)

I believe him to be cruel. (나는 그가 잔인하다고 믿는다.)

• be + to부정사 : 의무 · 예정 · 운명 · 가능 · 소망 · 의도를 표현

We are to observe the law. (우리는 법을 지켜야 한다.)[의무]

He is to make a speech this weekend. (그는 이번 주말에 연설을 할 예정이다.)[예정]

Nothing was to be seen but waves and gulls. (파도와 갈매기 외에는 아무 것도 볼 수 없었다.)[가능]

If you are to get a high score, you have to study hard. (당신이 높은 점수를 얻으려 한다면, 열심히 공부해야 한다.)[의도]

꼭! 확인 기출문제

다음 중 어법 또는 문법적으로 틀린 것을 고르시오. [서울시 9급 기출]

The alarming ① increase in childhood obesity rates ② has galvanized parents and schools ③ across the nation to find ❹ ways improve children's diets and health, and we hope our report will assist that effort.

해 ④ '개선할 (수 있는) 방법'이라는 의미이므로, 명사(ways)를 수식하는 to부정사를 써야 한다(to부정사의 형용사적 용법).
improve → to improve
① increase(증가)는 명사로서 has galvanized의 주어이다. '비만 비율(에 있어서)의 증가'를 의미하므로 전치사 in도 적절하다.
② 주어(increase)가 3인칭이며, 과거 시점부터 자극하여 지금까지 하게 하는 것이므로 완료형이 되었다.
③ 'across the nation'는 '전국적으로(전역에서)'라는 의미이다.

어휘 alarming 놀라운, 심상치 않은
childhood 어린 시절[유년], 초기 단계, 어린이들
obesity 비만, 비대(= overweight)

해석 아동 비만율의 놀라울 정도의 증가는 전국의 부모들과 학교들을 자극하여 아이들의 식단과 건강을 개선할 방법을 찾아내도록 하였으며, 우리는 우리의 보고서가 그러한 노력에 도움이 되기를 바란다.

(3) 부사적 용법

① 부정사가 부사처럼 동사 · 형용사 · 다른 부사 등을 수식하는 경우

- 목적(~하기 위하여)(= in order to ~ = so as to ~)

  We eat to live, not live to eat. (우리는 살기 위해 먹는 것이지 먹기 위해 사는 것이 아니다.)

- 원인(~하니, ~하고서)

  I am glad to meet you. (당신을 만나서 반갑습니다.)

- 이유 · 판단의 근거(~하는 것을 보니, ~을 하다니)

  He must be a liar to say such a thing. (그런 말을 하는 것을 보니 그는 분명히 거짓말쟁이다.)

- 결과(~해서 …하다 / ~하여[하지만] …하다)(= and ~ / = but ~)

  He grew up to be a great scientist. (그는 커서 위대한 과학자가 되었다.)

  She worked hard only to fail. (그녀는 열심히 일했지만 실패했다.)

  = She worked hard but she failed.

  The good old days have gone never to return. (좋은 시절은 가고 다시는 돌아오지 않는다.)

기출 Plus
[국가직 9급 기출]

03. 밑줄 친 부분에 들어갈 표현으로 가장 적절한 것은?

There still remain many issues _____ even after her lifelong devotion to the poor and helpless in this obscure village.

① having resolved
② resolve
③ to be resolved
④ resolving

해 문장 전체의 주어는 issues이고 동사는 remain이며, even 이하는 부사구에 해당한다. 따라서 빈칸에 들어갈 'resolve'의 형태는 앞의 issues(명사)를 수식하는 수식어구(형용사구)의 형태가 되어야 하며, issues와 resolve의 의미관계상 수동형이 되어야 한다. 이러한 조건을 모두 만족하는 것은 ③이다. 여기서의 to부정사는 앞의 명사를 수식하는 형용사구(형용사적 용법)가 된다.

답 03 ③

131

• 조건(~하다면)(= if ~)

I should be very glad to go with you. (당신과 함께 간다면 나는 아주 기쁠 것이다.)

= I should be very glad if I could go with you.

To hear him speak English, you would mistake him for an American. (너는 그가 영어로 말하는 것을 들으면 그를 미국인으로 착각할 것이다.)

• 양보(~에도 불구하고)(= though ~)

To do my best, I couldn't help it. (최선을 다했지만 어쩔 수 없었다.)

• 지정(~하기에, ~하기가)

The book is easy to read. (그 책은 읽기가 쉽다.)

= It is easy to read the book.

This river is dangerous to swim in. (이 강은 수영하기에 위험하다.)

= It is dangerous to swim in this river.

cf. 여기서의 부사적 용법은 to부정사가 형용사를 수식하는 경우이며, 이러한 구문에 사용되는 형용사에는 easy, hard, difficult, good, dangerous, convenient, impossible 등이 있다.

• 형용사 + enough to + 원형부정사(~할 정도로 …하다)(= so … that + S + can ~)

It is hot enough to swim today. (오늘은 수영하기에 충분히 덥다.)

= It is so hot that we can swim today.

cf. 여기서의 부사적 용법은 to부정사가 앞의 부사(enough)를 수식하는 경우이다.

• too ~ to + 원형부정사(너무 ~해서 …할 수 없다)(= so ~ that + S + can't + 원형부정사)

You are too young to understand it. (너는 너무 어려서 그것을 이해할 수 없다.)

= You are so young that you can't understand it.

• so ~ as to …(…할 만큼 ~하다[정도] / 너무 ~해서 …하다[결과])

She was so kind as to show me around the town. (그녀는 내게 시내를 구경시켜줄 만큼 친절하였다.)[정도]

He got up so late as to miss the train. (그는 너무 늦게 일어나서 기차를 놓쳤다.)[결과]

Check Point

• ~ enough for + 명사(…할 만큼 ~하다)
• too ~ for + 명사(…하기엔 너무 ~하다)

Check Point

'too ~ to' 구문의 특수용법
• not too ~ to …(…할 수 없을 정도로 ~하지는 않다)(= not so ~ that …not)
• too ~ not to …(대단히 ~하므로 …할 수 있다)(= so ~ that can[cannot but])
• only too(매우, 대단히)(= very, exceedingly)

② 독립부정사 : 문장 전체를 수식

> • to tell the truth 사실[진실]을 말하자면(= truth to tell = to be honest)
> • to be frank with 솔직히 말하면, 사실은
> • to do ~ justice 공평히 말해서
> • to be brief[short] 간단히 말하면(= to make a long story short)
> • to begin with 우선, 무엇보다도
> • to be sure 확실히
> • to say nothing of ~은 말할 것도 없이(= not to speak of = not to mention)
> • to say the least (of it) 적어도, 줄잡아 말하더라도
> • to make matters worse 설상가상으로
> • so to speak 말하자면
> • strange to say 이상한 말이지만
> • needless to say 말할 필요도 없이

To tell the truth, I can't understand what you are saying. (진실을 말하면, 나는 네가 말하는 것을 이해할 수가 없다.)

To do him justice, the work does not suit him. (공평히 말해서 그는 그 일에 어울리지 않는다.)

He is, so to speak, a celibate. (그는 말하자면 독신주의자이다.)

③ 'to부정사'가 포함된 관용구

• be likely[apt, liable, inclined] to ~(~하는 경향이 있다)

• be ready to ~(~할 준비가 되어 있다)

• be sure to ~(반드시 ~하다)

• be willing to ~(기꺼이 ~하다)

• be anxious[eager] to ~(~을 바라다)

• be free to ~ (자유롭게 ~하다)

4. 기타 부정사 관련 용법

(1) **대부정사 :** 같은 동사의 반복을 피하기 위하여 to부정사에서 to만을 쓰는 것을 말한다.

You may smoke if you want to smoke. (원한다면 담배를 피워도 좋습니다.)

(2) **분리 부정사 :** to와 원형 사이에 to부정사를 수식하는 부사를 두는 것을 말한다.

I failed to entirely understand the poem. (나는 그 시를 완전히 이해하지 못했다.)

Check Point

흔히 사용되는 대부정사의 예
• want to
• wish to
• hope to
• like to
• love to
• hate to
• need to
• try to
• have to
• be going to
• would like to
• be sorry to

(3) 과거에 이루지 못한 희망 · 기대

> • 희망 · 기대 동사 + 완료부정사 : 희망 · 기대 · 의지 등을 나타내는 동사가 완료부정사
> 의 형태를 취하여 과거에 이루지 못한 희망 · 기대 등을 표현
> • wanted[hoped, wished, intended, expected 등] + to have p.p.
>   = had wanted[hoped, wished, intended, expected 등] + to부정사

I hoped to have seen her before her death. (나는 그녀가 죽기 전에 그녀를 보기를 바랐다. (그러나 보지 못했다.))

= I had hoped to see her before her death.

= I hoped to see her before her death, but I couldn't.

 꼭! 확인 기출문제

우리말을 영어로 옳게 옮긴 것은? [지방직 9급 기출]

❶ 그는 며칠 전에 친구를 배웅하기 위해 역으로 갔다.
   → He went to the station a few days ago to see off his friend.
② 버릇없는 그 소년은 아버지가 부르는 것을 못 들은 체했다.
   → The spoiled boy made it believe he didn't hear his father calling.
③ 나는 버팔로에 가본 적이 없어서 그곳에 가기를 고대하고 있다.
   → I have never been to Buffalo, so I am looking forward to go there.
④ 나는 아직 오늘 신문을 못 읽었어. 뭐 재미있는 것 있니?
   → I have not read today's newspaper yet. Is there anything interested in it?

레 ① 'see off'는 '~을 배웅[전송]하다'는 뜻으로, 해당 문장에서는 '~ to see off his friend(친구를 배웅하기 위해)'의 형태로 to부정사의 부사적 용법 중 '목적(~하기 위해)'의 의미로 사용되었다.

5. 부정사의 의미상 주어

(1) 의미상 주어를 따로 쓰지 않는 경우

① 의미상 주어가 문장의 주어(술어동사의 주어)와 일치하는 경우
   I want to go to Japan. (나는 일본에 가고 싶다.)
   He intended to visit there. (그는 그곳을 방문하려고 했다.)
② 의미상 주어가 일반주어(people, we, they 등의 일반인)인 경우
   This book is easy to read. (이 책은 읽기 쉽다.)
   It is wrong to cheat on an exam. (시험에서 부정행위를 하는 것은 잘못된 것이다.)

③ 독립부정사 구문의 경우

To make matters worse, he lost his money. (설상가상으로 그는 돈을 잃어버렸다.)

To be frank with you, I think he has little chance of passing the exam. (솔직히 말하면, 나는 그가 시험에 통과할 가능성이 거의 없다고 생각한다.)

④ 의미상 주어가 문장의 목적어와 일치하는 경우

> • 일반적으로 'S + V + O + OC(to부정사)'의 5형식 문장이 됨
> • 해당 동사
>   − 희망 · 기대 동사 : want, wish, desire, expect, intend, mean 등
>   − 명령 · 권고 동사 : tell, order, warn, ask, beg, advise, require 등
>   − 생각 · 사유 동사 : believe, think, consider, suppose, imagine 등
>   − 허용 · 금지 동사 : allow, permit, forbid 등
>   − 준사역동사 : get, cause, compel, force, lead, enable, encourage 등

I want you to go to Japan. (나는 네가 일본에 가기를 원한다.)

He advised Jennifer to tell the truth. (그는 Jennifer에게 진실을 말하라 충고했다.)

I believed him (to be) honest. (나는 그가 정직하다고 생각했다.)

= I believed (that) he was honest.

(2) 의미상 주어를 따로 쓰는 경우

① 의미상 주어가 'for + 목적어'가 되는 경우(for + 목적어 + to부정사)

> • 부정사의 의미상 주어를 'for + 목적어(사람)' 형태로 따로 씀
> • 해당 유형 : 의미상 주어를 따로 쓰지 않는 경우나 'of + 목적어'가 의미상 주어가 되는 경우를 제외하고 대부분 이러한 형태로 씀 → to부정사가 (대)명사의 역할(문장의 주어, 목적어, 보어 역할)을 하는 경우, to부정사가 명사를 수식하는 형용사 역할을 하는 경우 등

It is necessary for you to go there at once. (네가 거기에 즉시 가는 것이 필요하다.)

= It is necessary that you should go there at once.

It is impossible for you to do so. (네가 그렇게 하는 것은 불가능하다.)

It is very difficult for me to speak Spanish. (내가 스페인어를 하는 것은 아주 어렵다.)

It is time for us to begin that work. (우리가 그 일을 시작할 시간이다.)

I opened the door for them to enter. (나는 그들이 들어오도록 문을 열었다.)

② 의미상 주어가 'of + 목적어'가 되는 경우(of + 목적어 + to부정사)

> • 사람의 성품 · 성향, 감정표현의 형용사가 있는 경우 부정사의 의미상 주어를 'of + 목적어(사람)' 형태로 씀
> • 해당 형용사 : good, nice, kind, generous, polite, considerate, careful, selfish, impudent, cruel, rude, wrong, wise, clever, foolish, silly, stupid 등

It is kind of you to invite us to the party. (우리를 잔치에 초대하여 주셔서 고맙습니다.)

= You are kind to invite us to the party.

It was wise of her not to spend the money. (그녀가 돈을 낭비하지 않은 것은 현명했다.)

It is foolish of him to do such a thing. (그가 그런 일을 하다니 어리석다.)

꼭! 확인 기출문제

다음 문장 중 어법상 옳지 않은 것은? [지방직 9급 기출]

❶ It is foolish for you to do such a thing.
② He ordered that it be done at once.
③ I was really amazed when I was offered the job.
④ The heavy rain kept them from going on a picnic.

해 ① 부정사의 의미상 주어가 될 수 있는 것은 타동사의 목적어와 'for + 목적어', 'of + 목적어' 등이 있는데, foolish, stupid, wise, kind, cruel 등과 같이 사람의 성품(성격)을 나타내는 형용사가 있는 경우 부정사의 의미상 주어는 'of + 목적어' 형태가 된다. for you → of you

② order, demand, require, insist, propose, advise 등의 동사(명령 · 요구 · 주장 · 제안 · 충고 동사)는 다음의 종속절(that절) 속의 동사 형태가 '(should) + 동사 원형'이 된다. 따라서 ②의 경우 'He ordered that it (should) be done at once'에서 should가 생략된 구조이다.

③ 주어인 사람(I)과 분사의 관계에 있어 사람이 '~에 의해 놀라는(놀랍게 되는)' 것이므로 수동관계가 된다. 따라서 분사는 과거분사(amazed)가 되어야 한다. 그리고 부사절 속의 수동태 문장(I was offered the job)은, offer가 이끄는 4형식 문장을 간접목적어를 수동태의 주어로 하는 3형식 문장으로 전환한 형태이다. 즉, 'They offered me the job(4형식)'을 간접목적어(me)를 수동태의 주어로 하여 'I was offered the job (by them)(3형식)'으로 전환한 것이다. 목적어를 두 개(간접목적어, 직접목적어)를 가지는 4형식 동사 중 give, offer 등은 간접목적어와 직접목적어를 모두 주어로 하여 수동태 문장으로 전환할 수 있다. 하지만, 대부분의 4형식 동사는 수동태 문장으로 바꿀 때, 간접목적어를 수동태의 주어로 할 수 없고 오직 직접목적어만을 수동태의 주어로 할 수 있다(bring, make, pass, sing, buy, sell, read, write 등). 또한, 몇몇 동사는 위와 반대로 직접목적어가 아닌 간접목적어만을 수동태의 주어로 할 수 있다(save, call, envy, kiss, answer, refuse, deny).

④ 동사 keep은 'keep + O(목적어) + from V-ing'의 형태로 사용되어 '목적어가 ~하는 것을 막다[못하게 하다]'라는 의미를 지닌다. 이러한 유형의 동사로는 keep 외에도 prevent, prohibit, hinder, ban, stop, restrain, deter, discourage, preclude, dissuade 등이 있다. ④의 문장은 'They could not go on a picnic because of the heavy rain'과 같은 의미가 된다.

어휘 amaze 몹시 놀라게 하다, 경악하게 하다
keep ~ from V-ing ~가 V하는 것을 막다[못하게 하다]
go on a picnic 소풍 가다

해석 ① 당신이 그런 일을 한다는 것은 어리석다.
② 그는 그 일이 즉시 처리되어야 한다고 명령했다.
③ 나는 그 일자리를 제의받았을 때 정말 놀랐다.
④ 폭우가 그들이 소풍 가는 것을 막았다[폭우 때문에 그들은 소풍을 갈 수 없었다].

제2절 동명사(Gerund)

1. 동명사의 성질 및 기능

(1) 동명사가 가진 동사의 성질

① 시제와 수동형이 있음
- 시제 : 단순동명사(V-ing), 완료동명사(having+p.p.)
- 수동형 : 단순 수동형(being+p.p.), 완료 수동형(having been+p.p.)

② 동사처럼 목적어를 취할 수 있음

My hobby is collecting stamps. (나의 취미는 우표 수집이다.)[동명사 collecting은 stamps를 목적어로 취함]

③ 동사처럼 보어를 취할 수 있음

Becoming a singer is her dream. (가수가 되는 것이 그녀의 꿈이다.)

④ 동사처럼 부사(구) 등의 수식어를 동반할 수 있음

Playing on the field is forbidden. (운동장에서 노는 것은 금지되어 있다.)
[부사구 'on the field'가 동명사 playing을 수식]

(2) 동명사의 명사 기능

① 문장의 주어로 쓰임

Walking in the snow is very romantic. (눈 위를 걷는 것은 아주 낭만적이다.)

Speaking English fluently is very difficult. (영어를 유창하게 말하는 것은 매우 어렵다.)

= To speak English fluently is very difficult.

② 문장의 보어로 쓰임

My hobby is collecting stamps. (나의 취미는 우표 수집이다.)

= My hobby is to collect stamps.

③ 동사의 목적어로 쓰임

This car needs washing. (이 차는 세차를 할 필요가 있다.)

= This car needs to be washed.

I regret having said so. (나는 그렇게 말했던 것을 후회한다.)

④ 전치사의 목적어로 쓰임

The woman went out without saying. (그 여자는 말없이 나갔다.)

He is proud of being an engineer. (그는 기술자인 것을 자랑스럽게 여긴다.)

Check Point

동명사(動名詞, Gerund)
동명사는 동사의 원형(R)에 '-ing'를 붙인 형태로서, 명사로 쓰이는 것을 말한다. 동명사도 부정사와 같은 준동사의 일종으로 동사의 성질을 가지고 있으므로, 문장 내에서 목적어 · 보어 · 수식 어구를 동반할 수 있다. 또한 동명사는 명사의 기능을 하므로 문장 내에서 주어 · 목적어 · 보어로 사용된다. 이러한 점에서 동명사는 동명사와 형태가 유사하나 형용사로 쓰이는 현재분사와 구별된다.

- 전치사 'to'이므로 동명사를 목적어로 취하는 구문(전치사 'to' 다음에 반드시 v-ing가 와야 하며, 동사원형이 올 수 없음)
  - look forward to V-ing (~하는 것을 기대하다)
  - be used[accustomed] to V-ing (~하는 데 익숙해져 있다)
  - be opposed to V-ing (~하는 데 반대하다)
  - with a view to V-ing (~할 의도를 가지고)
  - object to V-ing (~하는 것을 반대하다)
- 전치사 'in'이 자주 생략되는 구문
  - spend[waste] money[time] (in) V-ing (~하는 데 돈[시간]을 쓰다[허비하다])
  - have no trouble (in) V-ing (애쓰지 않고[수월하게] ~하다)
  - have a hard time (in) V-ing (~하는 데 어려움을 겪다)

(3) 동명사의 부정

동명사의 부정은 부정어(not, never 등)를 동명사 바로 앞에 위치시켜 표현한다.
I can't excuse her for not having answered my letter. (나는 그녀가 내 편지에 답장하지 않은 것을 용서할 수 없다.)

(4) 동명사와 현재분사

동명사	현재분사
• 명사이므로 문장 내에서 주어 · 목적어 · 보어 등 명사의 역할을 함 • 주로 '용도 · 목적'을 나타내며, '~ 것'으로 해석됨 • 「동명사 + 명사」는 「동사 + 주어」의 관계가 성립하지 않는 경우가 많음	• 형용사이므로 문장 내에서 주로 명사를 수식하거나 보어가 됨 • 주로 '상태나 동작'을 나타내며, '~하고 있는', '~주는', '~한' 등으로 해석됨 • 「현재분사 + 명사」는 「동사 + 주어」의 관계가 성립하는 경우가 많음

① 동명사의 예
a sleeping car(= a car for sleeping)
a smoking room(= a room for smoking)
② 현재분사의 예
a sleeping baby(= a baby who is sleeping)
a smoking chimney(= a chimney which is smoking)

2. 동명사의 시제 및 수동형

(1) 동명사의 시제

① 단순동명사(V-ing) : 일반적으로 동사의 시제와 같은 시제이거나 이후 시제

I know his being rich. (나는 그가 부자라는 것을 안다.)

= I know (that) he is rich.

② 완료동명사(having + p.p) : 동사의 시제보다 앞선 시제

I know his having been rich. (나는 그가 부자였다는 것을 안다.)

= I know (that) he was rich.

(2) 동명사의 수동형

① 단순 수동형(being + p.p)

He is afraid of being scolded. (그는 꾸중들을 것을 두려워하고 있다.)

= He is afraid that he will be scolded.

After being interviewed, the applicant was employed in the company. (인터뷰 후에, 그 지원자는 그 회사에 채용되었다.)

② 완료 수동형(having been + p.p)

She was not aware of her husband having been fired. (그녀는 남편이 해고되었다는 것을 알지 못했다.)

= She was not aware that her husband had been fired.

> **Check Point**
>
> **능동 동명사가 수동의 의미를 표현하는 경우**
> - 의미상 수동태이나 능동형 동명사를 쓰는 것을 말한다.
> - need[want, require, deserve 등] + 동명사(= to be + p.p)
> 예 My phone needs[wants] repairing.
>   = My phone needs [wants] to be repaired.
>   Your opinion deserves thinking.
>   = Your opinion deserves to be thought.

3. 동명사의 의미상 주어

(1) 의미상 주어를 따로 쓰지 않는 경우

① 의미상 주어가 문장의 주어와 같은 경우

I am sorry for being late. (늦어서 미안합니다.)[의미상 주어와 문장의 주어(I)가 동일]

I am sure of winning the first prize. (나는 1등 상을 받을 것이라 확신하고 있다.)

= I am sure that I will win the first prize.

② 의미상 주어가 목적어와 일치하는 경우

Excuse me for being late. (늦어서 죄송합니다.)[의미상 주어와 목적어(me)가 동일]

기출 Plus
[국가직 9급 기출]

02. 다음 두 문장의 의미가 서로 같지 않은 것은?

① She seems to have been rich.
= It seems that she was rich.

② She insists that I should go there.
= She insists on going there.

③ When you speak English, don't be afraid of making mistakes.
= In speaking to meet him, don't be afraid of making mistakes.

④ Not wanting to meet him, I didn't go to the party.
= As I did not want to meet him, I didn't go to the party.

해 동명사의 의미상 주어는 소유격으로 나타내는 것이 원칙이며, 의미상 주어가 문장의 주어와 같은 경우에는 의미상 주어를 따로 쓰지 않는다. 따라서 ②의 두 문장의 의미가 서로 같아지려면 두 번째 문장의 'on going'을 'on my going'으로 고쳐야 한다.

Thank you for coming to my birthday party. (제 생일 파티에 와주셔서 감사합니다.)

③ 의미상 주어가 일반인(our, your, their 등)인 경우

Teaching is learning. (가르치는 것은 배우는 것이다.)

Seeing is believing. (보는 것이 믿는 것이다.)

(2) 의미상 주어의 일반적 형태

① 동명사의 의미상 주어는 소유격으로 나타내는 것이 원칙

I am sure of his passing the exam. (나는 그가 시험에 합격하리라는 것을 확신한다.)

= I am sure that he will pass the exam.

I don't like your speaking ill of your mother. (나는 당신이 당신의 어머니를 비난하는 것을 좋아하지 않는다.)

= I don't like that you should speak ill of your mother.

② 의미상 주어는 소유격이 원칙이나, 오늘날 구어체 등에서 목적격으로 나타내기도 함

I don't like his/him coming here. (나는 그가 여기에 오는 것을 좋아하지 않는다.)

I can't understand your brother/brother's refusing to join our club. (나는 너의 남동생이 우리 클럽에 가입하기를 거부하는 것을 이해할 수 없다.)

We were glad of the examination being over. (우리는 시험이 끝나서 기뻤다.)[의미상 주어(examination)가 무생물인 경우 목적격으로 씀]

4. 동명사와 부정사를 목적어로 취하는 동사

(1) 동명사를 목적어로 취하는 동사

① '동사 + 동명사(-ing)'의 구조를 취하며, '동사 + to부정사(to do)'의 구조는 불가능한 동사

② 해당 동사

admit, anticipate, appreciate, avoid, consider, defer, delay, deny, dislike, dispute, doubt, enjoy, escape, excuse, finish, forgive, give up, imagine, involve, keep, mention, mind, miss, pardon, postpone, put off, practice, prevent, prohibit, recall, recollect, report, resent, resist, risk, suggest, understand 등

답 02 ②

The company can consider hiring him. (그 회사는 그를 고용하는 것을 고려할 수 있다.)[to hire (×)]

They dislike listening to jazz. (그들은 재즈음악 듣는 것을 싫어한다.)

Would you mind closing the window? (창문을 닫아도 괜찮겠습니까?)

Are you going to postpone going home? (당신은 집에 가는 것을 미룰 것입니까?)

꼭! 확인 기출문제

우리말을 영어로 잘못 옮긴 것은? [국가직 9급 기출]

① 인간은 환경에 자신을 빨리 적응시킨다.
  → Human beings quickly adapt themselves to the environment.
② 그녀는 그 사고 때문에 그녀의 목표를 포기할 수밖에 없었다.
  → She had no choice but to give up her goal because of the accident.
❸ 그 회사는 그가 부회장으로 승진하는 것을 금했다.
  → The company prohibited him from promoting to vice president.
④ 그 장난감 자동차를 조립하고 분리하는 것은 쉽다.
  → It is easy to assemble and take apart the toy car.

해 동사 'promote'는 '승진하다'가 아닌 '승진시키다'의 의미이므로 '승진하는 것'의 뜻을 가진 동명사는 'promoting'이 아닌 수동형 'being promoted'여야 한다. 또한 동명사 뒤에 목적어가 없는 것도 주목해야 하며 'prohibit + 목적어 + from ~ing'의 형태는 바르게 쓰였다.

어휘 raise (무엇을 위로) 올리다[들다](= move upward, lift up, elevate), (몸을) 일으켜 세우다(↔lower 낮추다)
  due to ~ 때문에
  committee 위원회, 평의회

(2) 부정사를 목적어로 취하는 동사

① '동사 + to부정사(to do)'의 구조를 취하며, '동사 + 동명사(-ing)'의 구조는 불가능한 동사

② 해당 동사

> afford, agree, arrange, ask, choose, contrive, decide, demand, desire, endeavor, expect, fail, hope, learn, long, manage, offer, pretend, promise, refuse, threaten, want, wish 등

He arranged to start early in the morning. (그는 아침 일찍 출발할 준비를 했다.)

Tom did not choose to accept their proposal. (Tom은 그들의 제안을 받아들이려 하지 않았다.)

I promised to write to her soon. (나는 편지를 그녀에게 곧 쓰겠다고 약속하였다.)

(3) 목적어로 동명사와 부정사가 모두 가능한 동사

① 목적어로 동명사·부정사 모두 가능하며, 의미상의 차이도 거의 없는 동사

② 해당동사 : begin, start, commence, continue, intend, neglect 등

They began borrowing[to borrow] money. (그들은 돈을 빌리기 시작했다.)

It started raining[to rain]. (비가 내리기 시작했다.)

I intend going[to go]. (나는 갈 작정이다.)

(4) 동명사와 부정사를 목적어로 취할 때 의미상의 차이가 있는 동사

① 일반적·구체적 의미 차이가 있는 경우

• 동사가 일반적 기호를 나타내는 경우는 동명사를 목적어로 가지며, 구체적·특정적 기호를 나타내는 경우는 to부정사를 목적어로 가짐

• 해당 동사 : like, prefer, love, hate, dread, intend 등 [호불호·기호 동사]

I hate getting up early in the morning. (나는 아침에 일찍 일어나는 것이 싫다.) [일반적 의미]

I hate to get up early that cold morning. (나는 그렇게 추운 아침에는 일찍 일어나는 것이 싫다.) [구체적·특정적 의미]

② 시차에 따른 의미 차이가 있는 경우

• 해당 동사보다 과거의 일인 경우에는 동명사를 목적어로 하며, 동사와 동일 시점이나 미래의 일인 경우에는 to부정사를 목적어로 함

• 해당 동사 : remember, recall, forget, regret 등[기억·회상·회고 동사]

I remember mailing the letter. (편지를 보낸 것을 기억한다.)[동사(remember)보다 과거의 일인 경우 동명사(mailing)를 목적어로 함]

= I remember that I mailed the letter.

I remember to mail the letter. (편지를 보내야 하는 것을 기억한다.) [동사(remember)보다 미래의 일인 경우 to부정사(to mail)를 목적어로 함]

= I remember that I will have to mail the letter.

She forgot going to the bank. 그녀는 그 은행에 갔던 것을 잊어버렸다(갔었다는 사실을 잊어버렸다.).

She forgot to go to the bank. (그녀는 은행에 가는 것을[가야 한다는 것을] 잊어버렸다(잊고 가지 못했다).

I'll never forget hearing her say so. (나는 그녀가 그렇게 말한 것을 결코 잊지 않겠다.)

= I'll never forget that I heard her say so.

Don't forget to turn off the light. (전등을 끄는 것을 잊지 말아라.)

= Don't forget that you will have to turn off the light.

③ 문맥상 의미 차이가 있는 경우

- 동명사는 그 자체가 해당 동사의 목적어가 되며, to부정사는 부정사의 '목적'(부사적 용법)의 의미를 나타냄
- 해당 동사 : stop, propose 등

He stopped eating. 그는 먹는 것을 멈추었다.

He stopped to eat. 그는 먹기 위해서 멈추었다(그는 먹기 위해 하던 것을 멈추었다).

꼭! 확인 기출문제

01. 우리말을 영어로 옮긴 것 중 가장 어색한 것을 고르시오. [국가직 9급 기출]

① 그가 조만간 승진할 것이란 소문이 있다.
→ The rumor says he will be promoted sooner or later.

② 음주 운전하는 것은 어리석은 짓이라는 것을 알았다.
→ I found it stupid to drive under the influence.

③ 우리는 폭풍우 때문에 야구를 하지 못했다.
→ The heavy rain prevented us from playing baseball.

❹ 내 기억에는 그가 나에게 그런 뻔뻔스러운 거짓말을 한 적이 없다.
→ I don't remember for him to tell me such a direct lie.

圝 ④ remember, recall, forget, regret 등의 동사(기억·회상·회고 동사)는 to부정사와 동명사(-ing)를 모두 목적어로 가질 수 있는데, 이 경우 의미상 차이가 있다. 즉, 앞으로의 일(미래의 일)에 대한 것일 때는 to부정사가, 이전의 일(과거의 일)에 대한 것일 때는 동명사가 목적어로 온다. 여기서 ④의 경우 '나에게 그런 거짓말을 한 기억이 없다'는 것으로 과거의 일에 해당하므로 동명사를 목적어로 해야 한다. 또한, 일반적으로 to부정사의 경우 'for/of + 목적어'를 의미상 주어로 가짐에 비해, 동명사의 경우 주로 소유격을 의미상의 주어로 한다. for him to tell → his telling

① 'rumor says ~'는 '~라는 소문이 있다', '소문에 의하면 ~이다(라고 한다)'라는 표현이다. 여기서 say는 3형식 동사로서 목적어로 that절을 취할 수 있다. 또한 that절 속의 주어 he는 승진되는 대상이므로 수동형으로 썼다. 'sooner or later'는 '조만간'이라는 의미이다.

② find는 목적어와 목적보어를 수반하는 5형식 동사로서, 목적어가 긴 경우(주로 부정사구나 동명사구, 명사절인 경우) 목적어는 후치되며, 그 자리에 가목적어(it)를 쓴다(find + it + 목적보어 + 진목적어). 이러한 유형의 동사에는 find, think, make, take, believe, consider, suppose 등이 있다. 'under the influence'는 '술에 취하여'라는 표현이다.

③ 'S(주어) + prevent + O(목적어) + from + (동)명사'는 'S는 O가 ~하는 것을 (못하도록) 막다', 'S때문에 O는 ~할 수 없다'는 표현이다. 이러한 유형의 동사로는 prevent, prohibit, hinder, keep, ban, bar, stop, restrain, deter, discourage, preclude, dissuade 등이 있다.

[어휘] sooner or later 조만간
under the influence 술에 취하여 cf. under the influence of ~의 영향을 받아[~에 힘입어]
direct 똑바른, 직행의, 직통의, 직접의, 정면의, 솔직한, 노골적인, 단도직입적인

 04 ②

02. 다음 빈칸에 가장 적절한 것을 고르시오. [서울시 9급 기출]

> I couldn't find any vegetables in the refrigerator, which means my wife must have forgotten _____ some on her way home.

① buy　　　　　　　② buying
❸ to buy　　　　　　④ to have bought

해 ③ 동사 forget(잊다)은 to부정사와 동명사를 목적어로 가질 수 있는데, 의미상 목적어가 동사와 동일 시점이나 미래의 일일 때는 to부정사를 목적어로 하며, 목적어가 동사보다 이전(과거)의 일일 때는 동명사를 목적어로 한다. 여기서는 '(앞으로) 사야 한다는 것(사야 한다는 사실)'을 잊어버렸다는 의미이므로 to부정사 형태가 적합하다. 사는 주체가 사람이므로 의미상 to부정사가 능동형이 되어야 하며, 동사보다 이전 시제가 아니므로 완료부정사가 아닌 단순부정사가 되어야 한다. 따라서 가장 적합한 것은 'to buy'이다.
① · ② '사야 한다는 것을 잊어버렸다(잊어버리고 사지 않았다)'는 의미이므로 to부정사가 목적어로 와야 한다. 동명사(buying)를 쓰는 경우는 '샀다는 사실 그 자체를 잊어버렸다'는 의미가 된다.
④ 완료부정사(to have p.p.)는 술어동사보다 이전 시제를 나타낼 때 쓰는 것이므로 여기에는 부적합하다.

어휘 vegetable 야채, 식물
refrigerator 냉장고
on one's way home 집에 가는[오는] 도중에, 귀가하는 도중에

해석 나는 냉장고 안에서 야채를 전혀 찾을 수 없었는데, 그것은 내 아내가 집으로 오는 도중에 뭘 좀 사오는 것을 잊어버렸음에 틀림없다는 것을 뜻한다.

5. 동명사 관련 중요 표현

(1) 전치사 to이므로 동명사를 취하는 구문

① look forward to ~ing(~하기를 기대하다)

　예 I'm looking forward to seeing you. (나는 너를 만나기를 고대하고 있다.)

② be used[accustomed] to ~ing(~하는 데 익숙해져 있다)

　예 She is used to washing the dishes. (그녀는 설거지하는 데 익숙해져 있다.)

③ be opposed to ~ing(~하는 데 반대하다)

　= object to ~ing

　예 They were opposed to discussing the matter with me. (그들은 나와 그 문제에 대해 논의하는 데 반대했다.)

④ have an/no objection to ~ing(~에 이의가 있다/없다)

　예 I have no objection to having a party. (나는 파티를 여는 데 이의가 없다.)

　cf. object to -ing(~하는 데 반대하다)

⑤ with a view to ~ing(~할 의도[목적]으로)

　예 He painted the house with a view to selling it for a good price. (그는 좋은 가격으로 집을 팔 목적으로 페인트칠을 하였다.)

⑥ be devoted to ～ing(～하는 데 전념하다)

　　예 The author was devoted entirely to writing. (그 작가는 오직 저술에만 전념했다.)

⑦ what do you say to ～ing(～하는 것은 어떻습니까?)

　　예 What do you say to eating out tonight? (오늘 밤 외식하는 거 어때?)

⑧ when it comes to ～ing(～에 관해서라면)

　　예 He's really handy when it comes to fixing cars. (그는 차를 고치는 것에 관해서라면 정말 손재주가 있다.)

⑨ contribute to ～ing(～에 기여하다)

　　예 Scholars contribute to passing on the lamp. (학자들은 지식의 진보에 기여한다.)

⑩ fall to ～ing(～하기 시작하다)

　　예 The teacher and his students fell to talking. (선생님과 그의 학생들이 대화를 시작했다.)

(2) 관용적 표현

① cannot help ～ing(～하지 않을 수 없다)

　= cannot (choose) but + R

　　예 I could not help laughing at the sight. (나는 그 광경을 보고 웃지 않을 수 없었다.)

　　　= I could not but laugh at the sight.

② feel like ～ing(～하고 싶은 기분이다)

　　예 I don't feel like eating now. (나는 지금 먹고 싶지 않다.)

③ be busy ～ing(～하느라 바쁘다)

　　예 She is busy preparing for the trip. (그녀는 여행을 준비하느라 바쁘다.)

④ be on the point[brink, verge] of ～ing(막 ～하려고 하다, ～할 지경에 있다)

　= be about[ready] to do

　　예 The ship is on the point of sailing. (배가 막 출항하려고 한다.)

⑤ come near[close] ～ing(거의[하마터면] ～할 뻔하다)

　　예 The boy came near being drowned. (그 소년은 하마터면 익사할 뻔했다.)

⑥ go ～ing(～을 하러 가다)

　　예 He went fishing/hunting. (그는 낚시/사냥하러 갔다.)

⑦ have difficulty[a hard time] (in) ～ing(～에 어려움을 겪다[애먹다])

　　예 I had difficulty[a hard time] discussing some of the question. (나는 그 문제들 중 일부를 논의하는 데 어려움을 겪었다.)

⑧ of one's own ～ing(자기가 직접 ～한)

　　예 This is the tree of his own planting. (이것이 그가 손수 심은 나무이다.)

 기출 Plus　[국가직 9급 기출]

05. 다음 문장 중 어법상 옳지 않은 것은?

① I never see her without being reminded of my mother.

② I just hate the thought of doing just one thing through the day.

③ It's needless to say that diligence wins in the end.

④ They were on the verge to leave the summer resort.

해 '막 ～하려고 하다'라는 의미의 'be on the verge'의 뒤에는 of ～ing가 와야 한다. to leave → of leaving

답 05 ④

145

[지방직 9급 기출]

06. 다음 우리말을 영어로 가장 잘 옮긴 것은?

그 회사의 마케팅 전략은 대금을 신용카드로 지불하는 것에 익숙한 소비자들을 겨냥하고 있다.

① The company's marketing strategy appeals to the consumers who are accustomed to pay bills by credit cards.

② Company's marketing strategy points toward the consumers who accustom to paying bills by credit cards.

③ The company's marketing strategy appeals to the consumers who are accustomed to paying bills by credit cards.

④ Company's marketing strategy point toward the consumers who accustom to pay bills by credit cards.

🔈 동사 accustom은 be accustomed to 구문으로 사용될 때, to는 to부정사가 아니라 전치사 이다. 즉 명사나 동명사를 목적어로 취한다.

답 **06** ③

⑨ be worth ~ing(~할 가치가 있다)

= be worthy of ~ing

🔈 This book is worth reading. (이 책은 읽을 만한 가치가 있다.)

⑩ It is no use[good] ~ing(~해야 소용없다)

= It is useless to do

🔈 It is no use[good] getting angry with him. (그에게 화를 내봤자 소용이 없다.)

= It is useless to get angry with him.

⑪ There is no ~ing(도저히 ~할 수 없다)

= It is impossible to do

🔈 There is no telling what will happen tomorrow. (내일 무슨 일이 일어날지 아무도 모른다.)

= It is impossible to tell what will happen tomorrow.

⑫ It goes without saying that ~(~은 말할 필요도 없다)

= It is needless to say that ~

= It is a matter of course that ~

🔈 It goes without saying that health is above wealth. (건강이 돈보다 우선한다는 것은 두말할 필요가 없다.)

= It is needless to say that health is above wealth.

= It is a matter of course that health is above wealth.

⑬ on[upon] ~ing(~하자마자)

🔈 On[Upon] seeing me, she ran away. (그녀는 나를 보자마자 도망갔다.)

= As soon as she saw me, she ran away.

⑭ How about ~ing(~하는 것이 어떻습니까?)

🔈 How about going to the park this afternoon? (오늘 오후에 공원에 가는 것이 어때요?)

= Shall we go to the park this afternoon?

⑮ not[never] … without ~(…할 때마다[하면] (반드시) ~하다)

🔈 I never see this picture without thinking of my mother. (나는 이 그림을 볼 때마다 어머니 생각이 난다.)

= I never see this picture but I think of my mother.

= Whenever I see this picture, I think of my mother.

⑯ go[keep] on ~ing(계속해서 ~하다)

🔈 In spite of the interruption, he went on speaking. (방해에도 불구하고 그는 계속 말을 했다.)

⑰ prevent[keep] … from ~ing(…가 ~하는 것을 막다[못하게 하다])

🔈 The heavy rain prevented him from going out[his going out]. (폭우 때문에 그는 외출할 수 없었다.)

⑱ make a point of ~ing(~하는 것을 습관으로 삼다)

= make it a rule to do

예 I make a point of jogging every morning. (나는 매일 아침 규칙적으로 조깅을 한다.)

= I make it a rule to jog every morning.

⑲ lose no time (in) ~ing(~하는 데 지체하지 않다, 지체 없이 ~하다)

예 I lost no time in preparing the test. (나는 지체 없이 시험을 준비했다.)

제3절 분사(Participle)

1. 분사의 종류와 기능

(1) 분사의 종류

① 현재분사 : 동사원형 + ing

• 현재분사는 be동사와 함께 진행형을 만들거나 명사를 수식함

• 자동사의 현재분사는 '진행(~하고 있는, ~주는)'의 의미를 지님

• 타동사의 현재분사는 '능동(~을 주는, ~하게 하는[시키는])'의 의미를 지님

• an sleeping baby (잠자고 있는 아이)(=a baby who is sleeping)[진행]

• playing children (놀고 있는 아이들)(= children who are playing)[진행]

• A lark is flying in the sky. (종달새가 하늘을 날고 있다.)[진행]

• an exciting story (흥미진진한 이야기)(=a story which excites the one) [능동]

• The result is satisfying. (그 결과는 만족을 준다.)[능동]

② 과거분사 : 동사원형 + ed / 불규칙동사의 과거분사

• 과거분사는 be동사와 함께 수동태를 만들거나 have동사와 함께 완료형을 만들며, 명사를 수식하기도 함

• 자동사의 과거분사는 '완료(~한, ~해 버린)'의 의미를 지니며, 타동사의 과거분사는 '수동(~해진, ~받은, ~당한, ~된)'의 의미를 지님

• a retired policeman (퇴직한 경찰관)(= a policeman who has retired) [완료]

• a returned soldier (돌아온 군인)[완료]

• fallen leaves (낙엽)(= leaves which are fallen)[완료]

• decayed tooth (충치)[완료]

• an excited spectator (흥분한 관중)(= a spectator who is excited)[수동]

Check Point

동명사와 분사

동명사는 동사의 성질을 지니면서 명사의 역할을 하는 데 비해, 분사는 동사의 성질을 가지면서 형용사의 역할을 한다.

Check Point

분사의 구별 방법

• 주어나 목적어가 동작을 능동적으로 행하는 경우는 현재분사를 씀

• 주어나 목적어가 동작을 수동적으로 받는 입장인 경우는 과거분사를 씀

• a broken window (깨진 창문)[수동]
• All of us are satisfied. (우리는 모두 만족한다.)[수동]

(2) 분사의 기능

① 동사적 기능 : 분사는 시제와 수동형이 있으며, 목적어 · 보어 · 수식어를 동반할 수 있음

She sat reading a novel. (그녀는 앉아 소설을 읽고 있었다.)[분사가 목적어(novel)를 동반]

② 형용사의 기능 : 명사를 직접 수식(한정적 용법)하거나 보어로 쓰임(서술적 용법)

broken leg (부러진 다리)[명사를 앞에서 수식]

people living in Mexico (멕시코에 사는 사람들)[명사를 뒤에서 수식]

I found him lying in the bed. (나는 그가 침대에 누워 있는 것을 발견했다.)[목적격 보어로 쓰임]

[경찰직 9급 기출]

01. 다음 밑줄 친 부분이 잘못된 것은?

There are certain ① establishing procedures ② that must ③ be followed in ④ conducting.

해 procedures를 앞에서 수식하는 establish가 수동의 의미여야 하므로 과거분사로 고쳐야 한다. establishing → established

꼭! 확인 기출문제

밑줄 친 부분 중 어법상 옳지 않은 것은? [국가직 9급 기출]

A men who ① shoplifted from the Woolworth's store in Shanton in 1952, recently sent the shop an anonymous letter of apology. In it, he said, "I ② have been guilt-ridden all these days." The item he ③ stole was a two dollar toy. He enclosed a money order ❹ paid back the two dollars with interest.

해 ④ 마지막 문장은 '주어(He) + 동사(enclosed) + 목적어(a money order)'의 완전한 구조(3형식)를 이루고 있으므로, 다음에 이어지는 내용은 수식어구로서 분사구문에 해당한다. 여기에서 명사(목적어) 'money order'와 다음의 분사의 관계는 능동의 관계('우편환이 2달러를 변제함')가 되므로 분사는 현재분사가 되어야 한다(paid back → paying back). 일반적으로 명사(주어나 목적어)와 분사의 관계에서, 명사가 능동적으로 동작을 행하는 경우는 현재분사를 쓰며, 수동적으로 동작을 받는 입장인 경우는 과거분사를 쓴다.
① 관계사절 내의 시제는 과거이며, 의미상 능동형에 해당하므로 'shoplifted'가 된다.
② 물건을 훔친 이후 요즘까지 계속 죄책감에 시달리는 것이므로 현재완료 시제(have been guilt-ridden)가 적절하다.
③ 그가 훔친 것이므로 과거동사 'stole'이 옳다. 이 문장은 'The item (which) he stole'에서 목적격 관계대명사가 생략된 구조이다.

어휘 shoplift 슬쩍 훔치다[슬쩍하다], 들치기하다
anonymous 익명의, 작가미상의, 개성[특색] 없는, 평범한 n. anonymity
apology 사과[사죄], 변호, 변명, 해명, 명색뿐인 것, 임시변통의 것, 대용품
ridden 지배된[지배를 당한], 억압당한, 괴롭힘을 당하는[시달림을 받는]
enclose 동봉하다, 에워싸다, 둘러싸다
money order 환(換), 우편환
pay back 돈을 갚다, 변제하다

해석 1952년 Shanton에 있는 Woolworth 가게에서 물건을 슬쩍한 한 남성이 최근 익명의 사과편지 한 통을 그 가게로 보냈다. 그 편지에서 그는 "저는 요즘 내내 죄책감에 시달리고 있습니다."라고 말했다. 그가 훔친 물건은 2달러짜리 장난감이었다. 그는 이자와 함께 2달러를 변제하는 우편환을 동봉했다.

답 01 ①

2. 분사의 용법

(1) 분사의 한정적 용법

① 한정적 용법은 분사가 명사 앞에서 또는 뒤에서 수식하는 용법으로, 현재분사는 능동과 진행의 의미가 있고, 과거분사는 수동과 상태의 의미가 있음

② 전치 수식 : 분사가 다른 수식어구 없이 단독으로 명사를 수식하는 경우로, 명사 앞에서 수식

A rolling stone gathers no moss. (구르는 돌에는 이끼가 끼지 않는다.)

The crying child is my son. (울고 있는 아이가 나의 아들이다.)

Look at those red fallen leaves. (저 붉은 낙엽을 보아라.)

③ 후치 수식 : 분사에 다른 수식어구(보어·목적어·부사(구) 등)가 딸린 경우는 형용사(구)가 되어 명사 뒤에서 수식

The girl (who is) playing the piano in the room is my daughter. (방에서 피아노를 치고 있는 소녀는 내 딸이다.)

Look at the mountain (which is) covered with snow. (눈으로 덮인 저 산을 보아라.)

Of those invited, all but Tom came to the party. (초대받은 사람들 중, Tom을 제외한 모든 사람들이 파티에 왔다.)[대명사(those)를 수식하는 경우 분사 단독으로 후치 수식이 가능]

(2) 분사의 서술적 용법

① 서술적 용법은 분사가 주어를 설명하는 주격보어와 목적어를 설명하는 목적격 보어로 쓰이는 용법으로, 현재분사는 능동과 진행, 과거분사는 수동과 상태의 의미가 있음

② 주격보어로 현재분사 또는 과거분사를 취하는 자동사 : come, go, keep, remain, stand, lie, look, seem, appear, become, get 등

She sat reading a newspaper. (그녀는 앉아서 신문을 읽고 있었다.)

He stood astonished at the sight of the big tiger. (그는 큰 호랑이를 보고 놀라서 서 있었다.)

③ 목적격 보어로 현재분사를 취하는 타동사 : see, watch, hear, listen to, have, get, set, start, leave, keep 등

I heard her playing the guitar. (나는 그녀가 기타를 치고 있는 것을 들었다.)

④ 목적격 보어로 과거분사를 취하는 타동사 : have, get, make, keep, leave, want, like 등

I had my bag stolen. (나는 가방을 도난 당했다.)

Check Point

의사분사

'명사 + -ed'가 분사처럼 명사를 수식하는 것을 의사분사라 하며, 한정용법으로만 사용됨

예 a one – eyed man (애꾸눈의 남자)

a red–haired girl (빨간 머리를 가진 소녀)

a kind – hearted woman (인자한 여성)

three two – headed snakes (두 개의 머리를 가진 뱀 세 마리)

149

3. 분사구문

(1) 분사구문의 정의 및 특징

① 분사구문의 정의

- 주절을 수식하는 부사절(종속절)을 접속사를 사용하지 않고 분사를 사용하여 부사(구)로 만든 것(따라서 분사구문은 이를 다시 부사절[접속사+주어+동사]로 바꾸어 쓸 수 있음)
- 분사구문은 부사적 역할을 하여 시간, 이유, 조건, 양보, 부대상황 등의 의미를 지님

② 분사구문의 특징

- 주절의 주어와 분사구문의 의미상 주어는 일치하는 것이 원칙(이 경우 분사구문의 주어는 생략됨)

  Living next door, I hate her. (나는 그녀의 옆집에 살지만 그녀를 싫어한다.) [분사(living)의 주어는 주절의 주어(I)와 일치됨]

  = Though I live next door, I hate her.

- 주절의 주어와 분사구문의 주어가 다른 경우 분사구문의 주어를 표시 → 독립분사구문

  It being fine, he went hiking. (날씨가 좋아 그는 하이킹을 갔다.) [분사구문의 주어(It)와 주절의 주어(he)가 다름]

- 접속사의 의미를 강조하는 경우 분사구문에 접속사를 삽입(when, while, if, though 등)

  While walking along street, I met her. (길을 따라 걷다가 나는 그녀를 만났다.)

- 'being'이나 'having been'은 생략이 가능

  (Being) Wounded in the legs, he could not walk. (다리에 부상을 당해 그는 걸을 수 없었다.)

  Though (being) very tired, he went on foot. (아주 피곤했지만 그는 도보로 갔다.)

(2) 분사구문의 의미

① 시간을 나타내는 경우 : while, when, as, after, as soon as 등

Walking down the street, I met an old friend of mine. (나는 길을 걸어가다가 옛 친구를 한 명 만났다.)

= While I was walking down the street, I met an old friend of mine.

② 이유를 나타내는 경우 : because, as, since 등

Being poor, he could not afford to buy books. (그는 가난했기 때문에 책을 살 수가 없었다.)

= Because he was poor, he could not afford to buy books.

③ 조건을 나타내는 경우 : if, unless 등

Turning to the left there, you will find the bank. (거기서 왼쪽으로 돌면, 은행을 찾을 수 있다.)

= If you turn to the left there, you will find the bank.

④ 양보를 나타내는 경우 : though, although 등

Living near his house, I seldom see him. (나는 그의 집 옆에 살지만 그를 좀처럼 보지 못한다.)

= Though I live near his house, I seldom see him.

⑤ 부대상황을 나타내는 경우 : as, while[동시동작], ~ and[연속동작] 등

He extended his hand, smiling brightly. (그는 밝게 웃으면서 그의 손을 내밀었다.)

= He extended his hand, while he smiled brightly.

He picked up a stone, throwing it at a dog. (그는 돌을 주워 그것을 개에게 던졌다.)

= He picked up a stone, and threw it at a dog.

Saying goodbye to them, he left their house. (그는 그들에게 인사를 하면서 그들의 집을 떠났다.)

= He left their house as he said goodbye to them.

= He said goodbye to them, and he left their house.

Check Point

종속절의 분사구문으로의 전환

- 접속사 생략(→ 필요시 전치사 사용)
- 주절과 종속절 주어가 동일한 경우 종속절 주어를 생략하며, 동일하지 않은 경우 그대로 둠
- 주절과 종속절 시제가 같은 경우 동사를 단순형 분사(동사원형 – ing)로 하며, 종속절 시제가 주절보다 이전인 경우 완료형 분사(having + p.p.)로 전환

03. 다음 대화에서 어법상 가장 옳지 않은 것은?

Ann : Your hair ① looks nice.

Tori : I ② had it cut by the tall hairdresser in the new hair salon next to the cafeteria.

Ann : Not that place where I ③ got my head to stick in the drier?

Tori : ④ Must be, I suppose. Yes, that one.

Ann : Huh, and they still let them open.

해 내용상 내 머리카락이 드라이기에 끼운 것이 아니라 드라이기에 낀 것이므로, get의 목적어와 목적보어가 수동의 관계이다. 그러므로 목적보어가 과거분사의 형태여야 하므로, 밑줄 친 'got my head to stick'을 'got my head stuck'으로 고쳐야 옳다.

꼭! 확인 기출문제

01. 다음 밑줄 친 부분 중 어법상 옳지 않은 것을 고르시오. [국가직 9급 기출]

I ① looked forward to this visit more than one ② would think, ❸ considered I was flying seven hundred miles to sit alongside a ④ dying man. But I seemed to slip into a time warp when I visited Morrie, and I liked myself better when I was there.

해 ③ 분사 'considered'의 주어는 주절의 주어(I)와 같고 목적어(절)는 'I was flying … man'이므로 능동의 의미를 나타내는 현재분사가 적절하다(considered → considering).
한편, 여기서의 분사 구문을 절(종속절)로 바꾸어 본다면 'if I considered (that) I was flying ~ man'이 된다.
① 'look forward to(~을 기대하다)' 다음에는 명사나 동명사가 오는데, 여기서는 명사 visit이 왔으므로 적절하다.
② 주절의 시제가 과거(looked)이므로 시제 일치상 과거형(would)이 적절하다.
④ dying(죽어가는)은 현재분사로 진행의 의미를 나타낸다.

어휘 look forward to ~을 기대하다, 고대하다
alongside 옆으로 대고, (~의) 쪽에[을]
slip into 쏙 입다, 많이 먹다, ~으로 갈아입다, ~에 살짝 넣다, ~에 미끄러지듯 들어가다
time warp 시간 왜곡[시간의 변칙적 흐름·정지], 시간적 착각, 시대착오 cf. warp 휨[뒤틀림, 굽음], (마음의) 비뚤어짐[편견], 날(실), 휘게 하다[뒤틀다, 구부리다]

해석 내가 죽어가는 사람 옆에 앉아서 칠백 마일을 비행하고 있다는 것을 고려해보면, 나는 어떤 사람이 생각하는 것 이상으로 이번의 방문을 기대했다. 하지만 나는 내가 Morrie를 방문했을 때 시간적 착각에 빠져드는 것 같았고, 내가 거기에 있을 때 내 자신을 더 좋아하게 되었다(방문한 것이 더 좋았다는 생각이 들었다).

02. 밑줄 친 부분 중 어법상 옳지 않은 것은? [지방직 9급 기출]

Each year, more than 270,000 pedestrians ① lose their lives on the world's roads. Many leave their homes as they would on any given day never ② to return. Globally, pedestrians constitute 22% of all road traffic fatalities, and in some countries this proportion is ③ as high as two thirds of all road traffic deaths. Millions of pedestrians are non-fatally ❹ injuring - some of whom are left with permanent disabilities. These incidents cause much suffering and grief as well as economic hardship.

해 ④ 수백 만 명의 보행자들(pedestrians)이 부상을 당하는 것이므로, ④의 'injuring'은 수동의 의미인 과거분사 'injured'로 고쳐 써야 적절하다.
① 주어가 복수 명사인 'pedestrians(보행자들)'이므로 복수 동사인 'lose'를 사용한 것은 적절하다.
② 'to return'은 to부정사의 부사적 용법 중 결과에 해당하며, 옳은 표현이다.
③ 'as 원급 as'의 동등비교 구문으로, 원급 'high'를 사용하였으므로 어법상 적절하다.

어휘 pedestrian 보행자(↔ motorist 운전자)
constitute …을 구성하다, 이루다(= make up)
fatality 사망자, 치사율
proportion 비, 비율(= ratio)
non-fatally 치명적이지 않게, 비참하지 않게
injure 부상을 입히다, 상하게 하다 n. injury 부상, 피해
permanent 불변의, 영구적인(↔ transient 일시적인, 순간적인)
disability 장애(= affliction)
incident 일, 사건
grief 비탄, 비통, 슬픔
hardship 어려움, 곤란

해석 매년 27만 명 이상의 보행자들이 도로에서 목숨을 잃는다. 많은 사람들이 평소처럼 집을 떠났다가 돌아오지 못한다. 전 세계적으로 보행자들이 교통사고 사망자들의 22%를 차지하고, 몇몇 국가에서는 이 비율이 전체 교통사고 사망자의 2/3에 이를 정도로 높다. 수백 명의 보행자들이 치명적이지는 않지만 부상을 당하는데, 그 중 일부는 영구장애를 갖게 된다. 이러한 사고는 경제적 어려움뿐만 아니라 많은 고통과 슬픔을 야기한다.

답 **03 ③**

03. Choose the underlined part that is not grammatically correct. [국회직 8급 기출]

> For all folk ① music lovers, Johnny's CD, the Long Harvest, ❷ releasing two weeks ago, will be a great addition to their collection. Bob recently ③ went solo after five years with the folk band Blue Mountain. He is proud of the ④ musical heritage of his native Kentucky. Track 3 and track 7 feature his old friend Carter on guitar. With this CD, Johnny says he hopes to ⑤ capture a wider audience for folk music.

해 ② 앞의 명사인 'Johnny's CD'와 분사 releasing의 관계에서, CD가 발매되는 것(대상)이므로 수동관계가 된다. 따라서 분사는 과거분사(released)가 되어야 한다. 이는 '~ Johnny's CD, the Long Harvest, (which was) released~'에서 관계대명사와 be동사가 생략된 구조이다. '관계대명사 + be동사'는 함께 생략될 수 있다.
① 복수를 나타내는 부정형용사 all로 보아 'music lovers(음악 애호가들)'는 복수가 되었다.
③ 여기서 go는 상태의 변화(~이 되다, ~해지다)를 의미하는 2형식동사(불완전 자동사)로 볼 수 있으며, solo(솔로의)는 주격보어(형용사)이다. 이러한 상태 변화를 의미하는 2형식 동사의 유형으로는 go, come, get, grow, make, turn, prove, turn out, run, fall 등이 있다.
④ 'musical heritage'는 '음악적 유산(전통)'을 의미한다.

어휘 music lover 음악 애호가
release 놓아주다, 석방하다(= let loose, let go of), 해방시키다, 발표하다, (영화 등을) 개봉하다, (음반 등을) 발매하다
collection 수집, 채집, 수금[징세], 수집물, 소장품, (복식의) 컬렉션
heritage 세습[상속] 재산, 물려받은 것, 유산, 전통, 전승
feature ~의 특색을 이루다, ~의 특징을 그리다, 특색으로 하다, 특종으로 다루다, 주연으로 하다, 특징, 특색, 생김새
capture 사로잡다[매료하다](= captivate), 붙잡다[포획하다](= seize, catch), 포획(물), 생포

해석 모든 포크 음악 애호가들에게 2주 전에 발매된 Johnny의 CD "the Long Harvest"는 그들의 소장 목록에 훌륭한 추가 목록이 될 것이다. Bob은 포크 밴드 Blue Mountain과 함께 5년간 활동한 후 최근에 솔로가 되었다. 그는 그의 고향 켄터키의 음악적 유산을 자랑스러워한다. 3번 트랙과 7번 트랙은 그의 오랜 친구인 Carter가 기타 연주를 맡았다. 이번 CD를 통해, Johnny는 포크 음악이 보다 많은 사람을 매료하기를 희망한다고 말한다.

04. 밑줄 친 부분 중 어법상 가장 옳지 않은 것은? [서울시 9급 기출]

> The first coffeehouse in western Europe ① opened not in ② a center of trade or commerce but in the university city of Oxford, ③ in which a Lebanese man ❹ naming Jacob set up shop in 1650.

해 'name'은 '이름을 지어주다, 명명하다'라는 타동사로써, 제시문에서 Jacob라는 레바논 사람이 다른 사람들에 의해 불리는 것이므로 수동의 의미인 과거분사를 사용해야 한다. 그러므로 'a Lebanese man (who was) named Jacob'의 뜻이 되게, 'naming'을 'named'로 고쳐 써야 옳다. naming → named

어휘 set up 세우다, 설립하다, 착수[시작]하다

해석 서유럽에서 처음으로 등장한 카페는 무역이나 상업의 중심지가 아니라 옥스퍼드 대학 도시에서 문을 열었는데, Jacob이라 불리는 레바논 사람이 1650년에 가게를 시작했다.

[국가직 9급 기출]

기출 Plus

04. 밑줄 친 부분을 옳게 바꾼 것은?

> He was sitting alone, and he was folding his arm.

① with his arms folded
② with his arms folding
③ his arms folded
④ his arms folding

🖍 'and he was folding'을 부대상황을 나타내는 독립분사구문으로 바꾸면 ① 'with his arms folded'가 된다. 한편, ④ 'his arms folding'의 경우 'folding his arms'로 고치면 올바른 형태가 된다.

Check Point

독립분사구문

분사의 의미상 주어와 문장의 주어가 다른 경우 문장의 의미를 명확히 하기 위해 반드시 분사의 의미상 주어를 표시해야 하는데, 이 경우 분사구문 그 자체가 주어를 가진 하나의 독립된 절과 같은 역할을 하므로 이를 독립분사구문이라 한다.

Check Point

with 분사구문

with + 목적어 + 현재분사/과거분사/형용사/부사구/전명구

---

4. 독립분사구문

(1) 독립분사구문

주절의 주어와 분사의 의미상 주어가 다른 경우, 분사의 주어를 분사구문에 표시 (주격으로 표시)

The weather being rainy, we played indoors. (비가 와서 우리는 실내에서 놀았다.) [분사구문의 주어(whether)가 주절의 주어(we)와 달라 따로 표시]

= Because the weather was rainy, we played indoors.

I will come, weather permitting. (날씨가 좋으면 가겠다.)

= I will come if the weather permits.

He was reading a book, his wife knitting beside him. (그의 아내가 그의 옆에서 뜨개질을 하고 있는 동안 그는 책을 읽고 있었다.)

= He was reading a book, while his wife was knitting beside him.

(2) 「with + 독립분사구문」

부대상황을 나타내는 독립분사구문에는 with를 붙이는 경우가 있음

I fell asleep with my television set turned on. (나는 텔레비전을 켜둔 채 잠이 들었다.)

With night coming on, we came home. (밤이 다가오자 우리는 집으로 돌아왔다.)

The girl ran to her mother, with tears running down her cheeks. (그 소녀는 두 뺨에 눈물을 흘리면서 엄마에게 달려갔다.)

Don't speak with your mouth full. (먹으면서 말하지 마라.)

He sat with his back against the wall. (그는 등을 벽에 기댄 채 앉아 있었다.)

He was sitting on the chair, with his arms folded. (그는 팔짱을 낀 채 의자에 앉아 있었다.)

답 **04** ①

(3) 비인칭 독립분사구문

분사의 의미상 주어가 일반인(we, you, they 등)인 경우 이를 생략(분사구문의 주어가 주절의 주어와 달라도 따로 쓰지 않음)

Generally speaking, the Koreans are diligent and polite. (일반적으로 말하면, 한국인은 부지런하고 공손하다.)

= If we speak generally, the Koreans are diligent and polite.

Strictly speaking, this is not correct. (엄격히 말해, 이것은 정확하지 않다.)

Frankly speaking, I don't like either of his brothers. (솔직히 말해, 나는 그의 형제들을 어느 쪽도 좋아하지 않는다.)

Roughly speaking, they are diligent. (대체로 그들은 부지런하다.)

Judging from her accent, she must be a foreigner. (그녀의 억양으로 판단한다면, 그녀는 외국인임이 분명하다.)

Granting that this is true, you were in the wrong. (이것이 사실이라 인정하더라도 당신은 잘못했다.)

꼭! 확인 기출문제

다음 중 어법상 빈칸에 가장 알맞은 것은? [국회직 8급 기출]

In many parts of the world, struggles between different racial groups are being played out, some _____ intense bitterness and appalling instances of bloodshed.

① led to
② lead to
③ to lead to
④ have led to
❺ leading to

해 comma 다음에 접속사나 이를 대신할 만한 연결어(관계사 등)가 없으므로 comma 다음의 내용은 앞의 문장에 부가적으로 연결되어 문장을 구성하는 분사구문이 어울린다. 'lead to'는 '~로 이어지다[연결되다]'의 의미이므로, 적합한 분사구문은 '(being) led to'가 아닌 'leading to'이다. 여기서의 some은 분사 leading의 의미상 주어라 할 수 있다.

어휘 struggle 투쟁, 싸움, 노력, 분투, 고투
play out 끝까지 출연하다[진행하다], 다 써버리다, 지치게 하다, (밧줄 등을) 풀어내다
intense 격렬한, 심한, 강렬한, 강한, 열정적인
bitterness 쓴맛[씀], 신랄함, 괴로움, 비통함, 슬픔
appalling 소름 끼치는, 간담이 서늘해지는, 무시무시한(= dreadful) v. appall
bloodshed 유혈, 유혈의 참사, 살해, 학살

해석 세계의 많은 곳에서 다른 인간 집단 간의 투쟁들이 진행되고 있는데, 일부는 격심한 고통과 소름 끼치는 유혈사태로 이어진다.

05. 밑줄 친 부분 중 어법상 옳지 않은 것은?

The week before I was scheduled to fly home from St. Louis, there ① were periods of bad weather – severe storms and tornadoes. I thought there was a good chance my flight to New York would be canceled. But that morning the weather was flyable and we took off as scheduled. The plane was full, every seat ② to take. We had not been aloft for long – the seat belt sign was still on – when the plane began to shudder. I travel often and have never been afraid of ③ flying. I assumed we were going through ④ what is normally called turbulence, though I had never felt such lurching.

해 모든 좌석이 다 차 있었다는 의미가 되어야 한다. 독립분사구문 형태가 적합하다.

답 05 ②

기출 Plus [서울시 9급 기출]

06. 밑줄 친 부분 중 어법상 가장 옳지 않은 것은?

Strange as ① it may seem, ② the Sahara was once an expanse of grassland ③ supported the kind of animal life ④ associated with the African plains.

圖 supported → supporting 사하라 사막이 동물의 생태를 지탱하는 것이므로 수동의 의미인 과거분사가 아니라 능동의 의미를 지닌 현재분사를 사용해야 한다. 바꿔 쓰면 '~an expanse of grassland (which was) supporting the kind of animal life~'의 형태이므로, 'supported'를 'supporting'으로 고쳐 써야 옳다.

5. 분사구문의 주의할 용법

(1) 분사구문의 시제

① 단순분사구문 : 주절의 시제와 같은 시제를 나타냄

Feeling very tired, I went to bed early. (매우 피곤해서 나는 일찍 잠자리에 들었다.)

= Because I felt very tired, I went to bed early.

② 완료분사구문 : 주절의 시제보다 앞선 시제를 나타냄

Having written my composition, I have nothing else to do. (작문을 마쳤기 때문에, 나는 달리 할 일이 없다.)

= As I wrote[have written] my composition, I have nothing else to do.

Having overworked himself, he fell ill. (그는 과로를 하였기 때문에 병에 걸렸다.)

= Because he had overworked himself, he fell ill.

(2) 분사구문의 수동태

① 분사가 수동의 의미가 되는 경우 수동형 분사구문으로 나타냄

• 단순수동형 분사 : being + p.p [주절의 시제와 같은 수동형 분사구문]

• 완료수동형 분사 : having been + p.p [주절의 시제보다 앞선 수동형 분사구문]

② 문두의 'Being' 또는 'Having been'은 종종 생략됨

(Being) Written in plain English, this book is easy to read. (이 책은 쉬운 영어로 쓰였기 때문에 읽기 쉽다.)

= Because this book is written in plain English, it is easy to read.

(Having been) Born in the U.S., she is fluent in English. (미국에서 태어났기 때문에 그녀는 영어를 유창하게 한다.)

= Because she was born in the U.S., she is fluent in English.

답 06 ③

(3) 분사구문의 부정

분사구문이 부정의 의미를 지닌 경우 분사 바로 앞에 부정어(not, never)를 씀

Not knowing what to do, she came to me for my advice. (그녀는 무엇을 해야 할지 몰라 나에게 와서 조언을 구했다.)

= Because she didn't know what to do, she came to me for my advice.

Never having seen the movie, I couldn't criticize it. (그 영화를 본적이 없었기 때문에, 나는 그것을 비평할 수 없었다.)

= As I had never seen the movie, I couldn't criticize it.

(4) 감정동사의 분사

주어가 감정을 느끼는 것이면 과거분사, 대상에게 감정을 초래하는 것이면 현재분사를 사용

The drama bored me. (그 연극은 나를 따분하게 했다.)

= The drama was boring me.

= I was bored with the drama.

꼭! 확인 기출문제

다음 밑줄 친 부분 중 어법상 옳지 않은 것을 고르시오. [국가직 9급 기출]

It is worth ① pointing out that despite ❷ guiding by an ideal of physicalism, most philosophers ③ have come to recognize the distinctive aspects of the mind as, in some way, ④ irreducible.

해 ② 분사의 주어는 '사람(most philosophers)'인데, 이들은 물리주의의 이상에 의해(by an ideal of physicalism) 인도되는 것이므로 수동태 분사구문인 'being+p.p.'가 적합하다. 따라서 'guiding'을 'being guided'로 고쳐야 한다. 일반적으로 guide와 같은 타동사에 목적어가 수반하지 않는 경우 수동태 구조가 되어 목적어가 주어로 전환되었다고 보면 문장 구조 파악이 좀 더 용이하다.
① be worth -ing'는 '~할 가치가 있다'라는 표현이며, 'point out'은 '~을 지적하다'라는 의미이다.
③ have come to do ~하게 되다
④ recognize A as B A를 B로 인식하다

어휘 point out ~을 지적하다
physicalism (철학) 물리주의
philosopher 철학자, 현인, 달관한 사람
distinctive 독특핸[특이한], 구별이 분명한, 차이를[차별을] 나타내는
aspect 양상, 모습[외관, 생김새], 국면[정세], 견해, 방향[전망]
in some way 어떤 점에서는, 어떻게든 해서 cf. in some ways 어떤 점에 있어서는, 여러 가지 점에서
irreducible (일정 한도 이상으로) 단순화[축소]할 수 없는, 돌릴[바꿀] 수 없는

해석 대부분의 철학자들이 이상적인 물리주의에 이끌리면서도, 정신의 독특한 모습을, 어떤 의미로는, 축소시킬 수 없는 것으로 인식하게 되었다는 것은 지적할 만한 가치가 있다.

기출 Plus [국가직 9급 기출]

07. 다음 밑줄 친 부분 중 어법상 잘못된 것을 고르시오.

If you are ① interesting in learning ② more about this ③ profitable opportunity, call today ④ for a free information kit.

해 분사가 기분이나 감정, 심리를 표현하는 경우, 일반적으로 주어가 사람이면 과거분사 형태를 쓰고 주어가 사물이면 현재분사 형태를 쓴다. ①의 경우 주어가 사람(you)이며, 어떤 일이나 대상에 의해 관심·흥미를 가지게 되는 것이므로 과거분사형인 'interested'가 되어야 한다.

Check Point

감정형 분사
감정 제공 형용사(현재분사)
pleasing 기쁘게 하는
satisfying 만족시키는
interesting 흥미를 일으키는

감정 상태 형용사(과거분사)
pleased 기쁜
satisfied 만족한
interested 흥미를 가진

답 07 ①

제6장

명사(Noun)/
관사(Article)

제1절 명사(Noun)

1. 가산명사(Countable Noun)

(1) 보통명사

① 보통명사의 의미와 종류
- 흔히 존재하는 것으로, 유·무형의 형태로 존재할 수 있으나 구분이 가능한 것을 지칭함

  student, book, house, day, year, spring, minute 등

- '하나, 둘' 등으로 셀 수 있으며, 단수형과 복수형이 있음

  I have one pencil.

  She has two pencils.

  - 구체적인 수를 나타내는 경우 : one, two, three, ten 등 수사(數詞)를 사용
  - I have four books.
  - I was five minutes behind time for school.
  - 불특정인 수를 나타내는 경우 : (a) few, several, some, many, a lot of 등 사용
  - I have a few books.
  - I have many friends.
  - There's a lot of flu going around.
  - 두 부분으로 이루어진 의류, 도구 등의 경우 : a pair of, two pairs of 등을 사용

Check Point

가산명사와 불가산명사의 수식어 구분

일반적으로 'few'와 'a few', 'many', 'a number of' 등은 가산명사를 수식(수를 표시)하며, 'little', 'a little', 'much', 'an amount of' 등은 불가산명사를 수식(양을 표시)한다. 한편 'a lot of'는 양쪽 모두에 사용될 수 있다.

- I need a pair of trousers. (나는 바지 한 벌이 필요하다.)
- Two pairs of his socks are full of holes. (그의 양말 두 켤레가 다 구 멍이 났다.)

② 보통명사의 특수용법

- 전체를 나타내는 방법(대표단수)

A dog is a faithful animal. (개는 충실한 동물이다.)

= The dog is a faithful animal.

= Dogs are faithful animals.

- 'the + 보통명사'가 추상명사를 나타내는 경우

What is learned in the cradle is carried to the tomb. (요람에서 배운 것이 무덤까지 간다./어려서 배운 것은 죽을 때까지 간다./세 살 버릇 여든 까지 간다.)

The pen is mightier than the sword. (펜은 칼보다 더 강하다./문(文)은 무(武)보다 강하다.)

(2) 집합명사

① 집합명사는 같은 종류의 여러 사람[사물]이 모여 집합체를 이루는 명사를 말함 family, class, committee, group 등

② Family형 집합명사 : family, audience, class, committee, crowd, government, group, jury(배심원), party, people(민족, 국민), team, army, assembly, public, nation, crew, staff 등

- 단수형과 복수형이 있음
- 집합명사는 집합체를 하나의 단위로 보는 것으로, 단수형은 단수 취급하며 복수형은 복수 취급함
- 군집명사는 집합체를 개별적 단위로 보는 것으로 복수 취급함(구성원이나 구성 요소 하나하나를 의미)

My family is a large one. [family는 집합명사]

Two families live under the same roof. [집합명사의 복수 형태]

My family are all early risers. [family는 군집명사로 구성원 하나하나를 말함]

③ Police형 집합명사 : police, aristocracy, clergy, gentry, nobility, peasantry 등

- 보통 정관사(the)를 동반하며, 단수형으로만 씀
- 항상 복수 취급함

The police are after you.

Check Point

명사와 관사

- 가산명사(보통명사 · 집합명사)
  - 셀 수 있는 가산명사는 단수와 복수의 구별이 있으며, 단수에 부정관사를 취할 수 있음
  - 문맥상 특정한 것을 지정하는 경우 정관사를 취함
- 불가산명사(물질명사 · 추상명사 · 고유명사)
  - 셀 수 없는 불가산명사는 양이나 정도를 나타내므로 원칙적으로 복수형을 쓸 수 없으며, 부정관사를 취할 수도 없음
  - 문맥상 특정한 것을 지정하는 경우 정관사를 취함

④ Cattle형 집합명사 : cattle, people(사람들), poultry, foliage(잎, 군엽), vermin 등

- 단수형으로만 쓰며, 관사를 붙이지 않음
- 항상 복수 취급함

  Cattle feed on grass.

  People tend to listen to one side of a story.

⑤ Furniture형 집합명사 : furniture, baggage, clothing, game, jewelry, luggage, machinery, merchandise 등[물질명사의 성격을 갖는 집합명사]

- 관사 없이 단수형으로만 쓰고 단수 취급함
- 셀 때는 'a piece of', 'an article of', 'little', 'much', 'a lot of' 등을 사용함

  Furniture is usually made of wood.

  They don't have much furniture.

  A bed is a piece of furniture.

⑥ 그 밖에 주의해야 할 집합명사의 용법

- fish : 단·복수 동형으로, 한 마리를 나타낼 때에는 a를 붙인다. 물고기의 종류를 말할 때는 복수형도 가능하다.

  I caught a fish. (나는 물고기 한 마리를 잡았다.)

  I caught many kinds of fishes. (나는 많은 종류의 물고기를 잡았다.)

- people : '사람들'이란 뜻일 때에는 항상 단수형으로 쓰고 복수 취급하며, '국민', '민족', '종족'의 뜻일 때에는 단수형(people)과 복수형(peoples)이 모두 가능하다.

  Many people are jobless in these days. (요즘에는 많은 사람들이 실직한 상태이다.)

  the French people (프랑스 국민)

  the peoples of Asia (아시아의 여러 민족들)

  the native peoples of Siberia (시베리아 원주민들)

- fruit : 과일 전체를 나타낼 때에는 무관사·단수형이고, 종류와 관련하여 쓰일 때에는 보통명사가 된다.

  Eat plenty of fresh fruit and vegetables. (신선한 과일과 채소를 많이 먹어라.)

  tropical fruits, such as bananas and pineapples (바나나와 파인애플 같은 열대 과일들)

160

⑦ **집합명사의 수** : 집합명사는 셀 수 있는 명사로서, 'of'를 수반해서 수량을 나타냄

a crowd of people (사람의 무리)

a herd of cattle (한 무리의 소 떼)

a flock of sheep (한 떼의 양)

a school of fish (물고기 무리)

꼭! 확인 기출문제

다음 중 어법상 옳은 것은? [지방직 9급 기출]

① Without plants to eat, animals must leave from their habitat.

② He arrived with Owen, who was weak and exhaust.

❸ This team usually work late on Fridays.

④ Beside literature, we have to study history and philosophy.

해 ③ 'team'은 집합체나 집단을 나타내는 집합명사(단수집합명사)인 경우 단수 취급하며, 집단의 구성원을 개별적으로 나타내는 군집명사로 사용되는 경우 복수 취급한다. 여기에서는 개인들(구성원들)이 일하는 것을 말하므로, 복수 동사(work)가 사용된다. 또한 'late'는 부사로 쓰여 '늦게(늦게까지)'의 의미를 지니며, 요일의 명사 앞에서 전치사 'on'을 사용한 것도 옳다.

① 'leave'는 타동사(3형식 동사)이므로 전치사를 함께 쓰지 않는다. 따라서 'from'을 삭제해야 한다(leave from → leave).

② 'exhaust'는 be 동사(was)의 보어에 해당하므로, 형용사 'exhausted'로 고쳐야 한다. 일반적으로, and 등의 등위접속사가 있는 경우, 앞뒤의 문장은 병렬구조가 되어야 한다(병치법).

④ '~이외에도', '~에 더하여'라는 의미를 지닌 전치사는 'besides'이다(Beside → Besides). 이에 비해 전치사 'beside'는 '~의 옆에[곁에, 나란히]', '~의 가까이에', '~와 비교하면' 등의 의미를 지닌다. 한편, 'besides'가 부사로 사용되는 경우 '게다가[그리고 또, 그 위에]', '그 밖에'라는 의미가 된다.

어휘 habitat 서식지[서식 환경], 생육지, (원)산지, 거주지, 주소
exhausted 다 써버린[소모된], 기진맥진한, 비워진[바닥난]
literature 문학[문예], 문학작품, 문헌, 문학연구
philosophy 철학, 형이상학

해석 ① 먹을 식물이 없으면 동물들은 서식지를 떠나야 한다.
② 그는 Owen과 함께 도착했는데, 그는 힘이 없고 기진맥진했다.
③ 이 팀은 보통 금요일에 늦게까지 일한다.
④ 우리는 문학 이외에도 역사와 철학을 공부해야 한다.

2. 불가산명사(Uncountable Noun)

(1) 불가산명사의 종류

① 고유명사

• 오직 하나인 사람이나 사물 등의 이름이나 명칭을 말함

• 개개의 보통명사에 이름을 부여한 것으로, 첫 글자는 언제나 대문자로 씀

Tom, July, Namdaemun, Seoul, Korea, Sunday[요일(曜日)], January[월(月)], Sun, Moon 등

② **물질명사**
- 주로 기체 · 액체 · 고체나 재료, 식품 등 물질의 이름을 말함
- 일정 형태가 있는 것도 없는 것도 있음

  air, water, coffee, wood, stone, bread, paper, money 등

③ **추상명사**
- 감각기관으로 직접 인식되는 않지만 인간의 머릿속에서 생각되는 것을 말함
- 주로 인간 활동의 결과물로 사람과 관련된 추상적 단어들이 이에 해당

  love, friendship, beauty, life, peace 등

(2) 고유명사

① 고유명사는 문장 가운데 쓰여도 대문자로 시작하며, 부정관사나 복수형 없이 사용됨

This is Tom.

I wish to speak to Mr. Johnson.

② 고유명사의 보통명사화 : 「~라는 사람」, 「~같은 인물」, 「~가문의 사람」, 「~의 작품」 등의 의미로 쓰이면, 보통명사처럼 관사가 붙거나 복수형으로 쓰일 수 있음

- 「~라는 사람」

  A Mr. Johnson came to see you. (Johnson 씨라는 분이 당신을 찾아왔습니다.)

  A Mr. Kim is waiting for you. (김 씨라는 사람이 당신을 기다리고 있습니다.)

- 「~같은 인물」

  He wants to be an Edison. (그는 에디슨과 같은 과학자가 되고자 한다.)

  cf. I want to make this place the Eden of Korea. (나는 이곳을 한국의 에덴동산으로 만들고 싶다.)[수식어가 있는 경우 'the'를 붙임]

- 「~가문(집안)의 사람」

  He is a Park. (그는 박씨(氏) 가문의 사람이다.)

  His wife is a Rockefeller. (그의 부인은 록펠러가(家) 출신이다.)

- 「가족, 부부」(the + 복수형)

  The Kims moved. (김 씨네 가족이 이사를 갔다.)

  = The Kim family moved.

The Bakers watched TV last night. (어젯밤 Baker 씨 가족(부부)은 TV를 봤다.)

= The Baker family watched TV last night.

• 「~의 작품, 제품」

There is a Monet on the wall. (벽에 모네의 작품이 걸려 있다.)

He has a Ford. (그는 포드 자동차를 가지고 있다.)

Two Picassos and a Gogh will also be displayed. (피카소 작품 2점과 고흐 작품 1점도 역시 전시될 것이다.)

③ 정관사(the)가 붙는 고유명사 : 신문 · 잡지 · 책, 공공건물, 바다 · 강 · 대양, 운하, 반도, 사막, 복수형의 고유명사(산맥, 군도, 국가) 등

the Newsweek / the White House / the Thames / the Suez Canal / the Sahara / the Alps / the Philippines

(3) 물질명사

① 부정관사를 붙이지 않으며, 단수 형태로 쓰이고 단수 취급함

Bread is made from wheat. (빵은 밀로 만든다.)

② 물질명사의 양을 나타내는 방법

• 불특정한 양을 나타내는 경우 : some, any, no, (a) little, much, a lot of 등을 사용

I want some bread.

• 구체적인 양을 나타내는 경우 : 양을 나타내려는 명사에 따른 조수사를 사용

I have two slices of bread and a cup of coffee for breakfast. (나는 아침으로 빵 두 조각과 커피 한 잔을 마신다.)

a loaf[slice] of bread (빵 한 덩어리[조각])

a cup of coffee[tea] (커피[차] 한 잔) / two cups of coffee (커피 두 잔)

a glass of water[milk] (물[우유] 한 컵)

a bottle of beer (맥주 한 병)

a piece[sheet] of paper (종이 한 장)

a piece of cake (케이크 한 조각)

cf. 'a piece of cake'은 '아주 쉬운 일', '누워서 떡 먹기'라는 의미가 있음

a piece[stick] of chalk (분필 한 자루)

a cake[bar] of soap (비누 한 덩이)

a lump of sugar (설탕 한 덩어리)

a handful of rice (쌀 한 줌)

03. 밑줄 친 부분 중 어법상 옳지 않은 것은?

Elizabeth Taylor had an eye for beautiful jewels and over the years amassed some amazing pieces, once ① declaring "a girl can always have more diamonds." In 2011, her finest jewels were sold by Christie's at an evening auction ② that brought in $115.9 million. Among her most prized possessions sold during the evening sale ③ were a 1961 bejeweled timepiece by Bulgari. Designed as a serpent to coil around the wrist, with its head and tail ④ covered with diamonds and having two hypnotic emerald eyes, a discreet mechanism opens its fierce jaws to reveal a tiny quartz watch.

해 ③이 속한 문장의 'Among ~ sale'까지가 문두로 오면서 도치를 이룬 것이므로 주어는 'were' 다음에 이어지는 단수명사인 'a 1961 bejeweled timepiece'이기 때문에 수일치는 'were'이 아닌 'was'가 되어야 올바르다.

③ 물질명사의 보통명사화 : 물질명사가 종류, 제품, 개체 등을 나타내는 경우 보통명사처럼 쓰여 부정관사가 붙거나 복수형이 됨

- 종류(일종의/여러 종의)

  This is a first-class perfume. (이 향수는 최고급 향수이다.) [부정관사 동반]

  The company produce several teas. (그 회사는 여러 종의 차를 생산한다.) [복수형]

  This is a metal. (이것은 일종의 금속이다.)

  cf. This is made of metal.[물질명사로서 부정관사를 동반하지 않음]

- 제품ㆍ작품

  He wears glasses. (그는 안경을 쓰고 있다.)

  a glass(유리잔) / glass(유리) [물질명사]

- 개체(물질명사의 일부분을 지칭하는 경우)

  The boy threw a stone at the dog. (그 소년은 개에게 돌멩이를 던졌다.)

- 구체적 사건ㆍ행위

  We had a heavy rain this morning. (오늘 아침 호우가 내렸다.)

④ 물질명사가 한정될 때 정관사 'the'를 씀

  The water in this bottle is not good to drink. (이 병에 있는 물은 마시기에 좋지 않다.)

(4) 추상명사

① 부정관사를 붙이지 않으며, 단수 형태로 쓰이고 단수 취급함

  Art is long, life is short. (인생은 짧고 예술은 길다.)

② 추상명사의 양을 나타내는 방법 : much, (a) little, some, a lot of, a piece of, a bit of, an item of 등으로 나타냄

  A little knowledge is a dangerous thing. (적은 지식은 위험한 것이다.)

  I would like to get some advice about my plan. (저의 계획에 대한 조언을 듣고 싶습니다.)

  a piece[word] of advice (충고 한 마디)

  a piece[an item] of information (정보 한 편)

  a piece of folly (한 차례의 어리석은 짓)

  a bit of nonsense (무의미한[허튼, 터무니없는] 말 한마디)

  a crap of thunder (천둥소리)

답 03 ③

③ 추상명사의 보통명사화 : 구체적인 종류나 사례, 행위 등을 나타내는 경우 보통명사처럼 쓰임

- 종류(일종의, 여러 종의)

  Astronomy is a science. (천문학은 일종의 과학이다.)

- 구체적인 행위

  He committed a folly. (그는 어리석은 한 행위를 저질렀다.)

  She has done me a kindness. (그녀는 나에게 친절하게 행동했다.)

- 어떤 것 자체의 소유자

  He is a success as a painter. (그는 화가로서 성공한 사람이다.)

  She is a beauty. (그녀는 미인이다.)

④ 추상명사가 한정될 때 정관사 'the'를 씀

The beauty of the scenery is very wonderful. (그 풍경의 아름다움은 아주 뛰어나다.)

⑤ 추상명사가 나타내는 특성을 가진 집합명사를 표현하는 경우

Youth should have respect for age. (젊은이들은 노인을 공경해야 한다.)

⑥ 관용적인 용법

- of + 추상명사 = 형용사

  He is a man of wisdom. (그는 현명한 사람이다.)

  = He is a wise man.

  of use = useful (유용한) / of no use = useless (쓸모없는)

  of ability = able (유능한)

  of value = valuable (귀중한)

  of importance[significance] = important[significant] (중요한)

  of great help = very helpful (무척 도움이 되는)

- 전치사 + 추상명사 = 부사

  He solved the problem with ease. (그는 문제를 쉽게 풀었다.)

  = He solved the problem easily.

  with great ease = very easily (아주 쉽게)

  with rapidity = rapidly (신속하게)

  by accident = accidentally (우연히)

  in haste = hastily (서둘러서)

  in private = privately (사적으로)

  on purpose = purposely (고의로, 일부러)

  of courage = courageous (용기 있는)

Check Point

to one's + 추상명사 : ~하게도
to one's sorrow : 슬프게도
to one's shame : 창피스럽게도
to one's regret : 후회스럽게도
to one's grief : 슬프게도

Check Point

「all + 복수명사」 형태의 강조 용법
- all eyes and ears (열심히 보고 듣는)
- all smiles (매우 행복한)
- all thumbs (매우 서투른)
- all tongues (수다스러운)

[서울시 9급 기출]

04. 밑줄 친 부분 중 어법상 옳지 않은 것을 고르시오.

It was ① a little past 3 p.m. when 16 people gathered and sat cross-legged in a circle, blushing at the strangers they knew they'd ② be mingling with for the next two hours. Wearing figure-hugging tights and sleeveless tops in ③ a variety of shape and size, each person took turns sharing their names and native countries. ④ All but five were foreigners from places including the United States, Germany and the United Kingdom.

酬 'shape'와 'size'는 셀 수 있는 가산명사이고 'a variety of~' 다음에는 복수명사가 와야 하므로 'shape and size'는 'shapes and sizes'로 수정되어야 한다.

of importance = important (중요한)

of no value = valueless (가치 없는)

with care = carefully (주의 깊게)

to perfection = perfectly (완전하기)

• all + 추상명사 = 추상명사 + itself = very + 형용사(매우 ~ 한)

She is all kindness. (그녀는 아주 친절하다.)

= She is kindness itself.

= She is very kind.

all attention (매우 주의 깊은)

• have + the + 추상명사 + to부정사 = be + so + 형용사 + as + to부정사

= be + 형용사 + enough + to부정사 = 부사 + 동사(~하게도 ~하다)

She had the kindness to show me the way. (그녀는 친절하게도 나에게 길을 가르쳐 주었다.)

= She was so kind as to show me the way.

= She was kind enough to show me the way.

= She kindly showed me the way.

 꼭! 확인 기출문제

01. 다음 밑줄 친 부분 중 어법상 옳지 <u>않은</u> 것을 고르시오. [국가직 9급 기출]

Some of the notebooks that George Washington kept ① as a young man are still ② in existence, and they show that he learned ❸ a few Latin and that he ④ acquired some of the basic elements of good conduct.

酬 ③ 'a few'는 '약간의(다소의, 몇몇의)'라는 의미의 한정사로 복수가산명사 앞에 쓰인다. 그런데, 언어명(Latin, Greek, English, Korean 등)은 고유명사로서 불가산명사이다. 따라서 'a few'를 불가산명사를 수식하는 한정사 'a little'로 고쳐야 한다. 일반적으로 '(a) few'는 가산명사의 수(數)를 표시할 때 사용되며, '(a) little'은 불가산명사의 양(量)을 표시할 때 사용된다.

① as는 '~할[일] 때'라는 의미이다. 참고로, 여기서의 as는 일반적으로 접속사로 보아 'as (he was) a young man'으로 볼 수 있지만, 이를 동격의 전치사로 보기도 한다.

② be in existence 존재하다, 현존하다

④ 등위접속사 and로 연결된 것으로 보아 앞의 'that he learned ~'와 같이 동사 show의 목적어(절)가 되며, 시제도 같아야 하므로 과거형 'acquired'가 된다.

어휘 in existence 존재하는, 현존의
Latin 라틴어, 라틴계 사람, 라틴어의, 라틴계(系)의
element 요소, 성분
conduct 행위, 행동, 품행, 지도, 지휘

해석 조지 워싱턴이 젊은 시절 간직했던 공책 일부가 아직도 남아 있는데, 그것들은 그가 약간의 라틴어를 배웠고 훌륭한 품행의 기본적인 일부 요소들을 습득했다는 것을 보여주고 있다.

답 04 ③

02. 다음 밑줄 친 부분 중 어법상 잘못된 것을 고르시오. [국회직 9급 기출]

A ① huge ❷ amount of immigrants ③ passed ④ through the Great Hall ⑤ on Ellis Island between 1892 and 1954.

해 'an amount of'는 셀 수 없는 양(量)(불가산명사)의 수식에 사용되는데, 복수명사(immigrants)는 셀 수 있는 명사이므로 함께 쓸 수 없다. 셀 수 있는 수(數)(가산명사)를 수식하는 표현으로는 'a number of(다수의, 얼마간의)', 'a large[huge, great, good] number of(수많은)' 등이 있다.

어휘 amount 총액, 총계, 원리합계, 양(= quantity), 액수, 총계[금액]가 ~에 이르다 cf. an amount of 상당한 (양의)
immigrant 이주자, 이민, 외국인
pass through 지나가다, 횡단하다, 빠져 나가[오]다, 경험하다, 당하다, 꿰뚫다, 관통하다
Ellis Island 엘리스 섬(이전에 이민 검역소가 있었던 뉴욕항의 작은 섬)

해석 수많은 이민자들이 1892년과 1954년 사이에 엘리스 섬(Ellis Island)에 있는 Great Hall을 지나갔다.

3. 명사의 수(數)

(1) 규칙 변화

① 대부분의 경우 단어 뒤에 −s나 −es를 붙임

book − books / student − students / stomach − stomachs
bus − buses / hero − heroes / dish − dishes / church − churches / box − boxes
cf. 주로 어미가 s[s], sh[ʃ], ch[tʃ], x[ks], z[z]이면 'es[iz]'를 붙임

② 어미가 '자음 + y'인 경우에 y를 i로 바꾸고 −es를 붙이며, '모음 + y'는 그대로 −s를 붙임

city − cities / story − stories / key − keys

③ −f(e)는 −ves가 됨

leaf − leaves / knife − knives
cf. 예외 : chief − chiefs, roof − roofs / safe − safes / belief − beliefs / dwarf − dwarfs / cliff − cliffs

④ 어미가 '자음 + o'인 경우 −es를 붙이며, '모음 + o'는 −s를 붙임

hero − heroes / potato − potatoes / radio − radios
cf. 예외 : photo − photos, auto − autos, piano − pianos, soprano − sopranos

(2) 불규칙 변화

① 모음이 변화하는 것

man − men / woman − women / oasis − oases
crisis − crises / basis − bases / analysis − analyses
mouse − mice / foot − feet / tooth − teeth / goose − geese

기출 Plus [국회직 8급 기출]

05. Choose the underlined part which is not grammatically correct.

The data, ① which have been submitted ② for publication in ③ the Astrophysical Journal, also ④ confirms that the universe is not ⑤ what it seems to human senses.

해 data는 datum의 복수형 명사이므로 일반적으로 복수 취급한다. 간혹 단수 취급하는 경우도 있으나, 제시된 문장의 data를 수식하는 관계사절 내의 동사(have)가 복수인 것으로 보아 복수 취급하고 있다는 것을 알 수 있다. 따라서 문장 전체의 동사(confirms)도 복수가 되어야 한다. confirms → confirm

답 05 ④

② 어미의 변화가 있는 것, 어미에 –en을 붙이는 것

  datum – data / memorandum – memoranda / focus – foci

  stimulus – stimuli / crisis – crises

  phenomenon – phenomena / criterion – criteria

  nebula – nebulae / formula – formulae

  ox – oxen / child – children

③ 단수와 복수의 형태가 동일한 경우

  score – score / hundred – hundred / thousand – thousand

  deer – deer / sheep – sheep / swine – swine(돼지)

  fish – fish / salmon – salmon

  Japanese – Japanese / Swiss – Swiss / English – English

④ 언제나 복수 형태로 쓰는 것(상시복수)

  • 짝을 이루는 물건명(의류 · 신발 · 도구 명칭 등) : trousers, pants, gloves, glasses, shoes, scissors 등 [복수 취급]

  • 일부 복수 고유명사

    – the Netherlands, the Alps 등 [복수 취급]

    – Athens, Naples, the United States, the United Nations 등 [단수 취급]

  • 학과 · 학문명 : mathematics, economics, ethics, politics, linguistics 등[단수 취급]

  • 병명(질병 · 질환 등) : measles, mumps, blues, creeps, rickets 등 [단수 취급]

  • 일부 게임명 : billiards, bowls, checkers, cards 등 [단수 취급]

  • 기타

    – arms(무기), damages(손해배상), belongings(소유물), wages(임금), riches(부, 재물), savings(저축), goods(상품, 화물) 등 [복수 취급]

    – news, odds(차이), amends(보상) 등 [단수 취급]

⑤ 복합어의 복수 : 일반적으로 중요한 요소를 복수형으로 하나 그렇지 않은 경우도 있음

  • 가장 중요한 명사를 복수로 하는 경우 : son-in-law – sons-in-law

  • 명사 – 전치사 → 명사s – 전치사 : looker-on – lookers-on

  • 형용사 – 명사 → 형용사 – 명사s : male-sex – male-sexes

  • 동사로 시작하는 경우 : forget-me-not – forget-me-nots

  • man – 명사 → men – 명사s : manservant – menservants

⑥ **복수형 어미의 생략** : 명사가 포함된 복합 형용사나 「수사 + 명사(+형용사)」가 다른 명사를 수식하는 경우 명사는 단수 형태로 함

She has a three-year old son. (그녀는 3살 된 아들이 하나 있다.)

cf. He is three years old.

a ten-mile race(10마일의 경주) / the three-power conference(삼국회담)

two-horse carriage(쌍두마차)

two ten-dollar bills(10달러 지폐 두 장) / four-act play(4막극)

six-party talks(6자 회담) / three-inch-thick board(3인치 두께의 보드)

cf. This board is three inches thick.

⑦ **상호복수** : 의미상 복수를 필요로 하는 경우 사용

I shook hands with her. (나는 그녀와 악수했다.)

shake hands / make friends / change trains

exchange seats / take turns

⑧ **문자와 숫자의 복수** : 's를 붙이는 것이 원칙이나, 요즘은 그냥 s만 붙이는 경우도 있음

R – R's / 8 – 8's / M.P. – M.P.s

⑨ **이중복수** : 복수형이 의미에 따라 두 가지가 있는 경우

brother – brothers(형제들) / brethren(동포)

⑩ **분화복수** : 단수와 복수의 의미가 다른 경우

air(공기) – airs(거만한 태도) / arm(팔) – arms(무기)

manner(방법) – manners(예절) / custom(관습) – customs(세관)

⑪ **근사복수** : 연대나 연배 등을 나타내는 경우에 사용됨

in nineteen fifties(1950년대에)

in his late teens(그의 10대 후반에)

기출 Plus [경찰직 9급 기출]

06. 다음 빈칸에 들어갈 알맞은 것을 고르시오.

You must change ____ ____ for Seoul Express Bus terminal at this station.

① train   ② trains
③ to train ④ a train

圖 의미상 복수를 필요로 하는 경우이므로 빈칸에는 상호복수의 용법으로 'trains'가 알맞다.

꼭! 확인 기출문제

어법상 괄호 안에 들어갈 적절한 표현은? [지방직 9급 기출]

Richard Wagner had the emotional stability of a _____ child.

① ten-year-old's   ② ten-year-olds
③ ten-years-old   ❹ ten-year-old

圖 복수의 수사 다음의 명사(year)가 뒤에 오는 명사(child)를 수식하는 경우 앞의 명사는 형용사로 간주되기 때문에 복수형으로 쓸 수 없다(단수형으로 씀). 따라서 'ten-year-old (child)'가 옳다.

어휘 emotional 감정의, 정서의, 감정적인, 정에 무른, 감수성이 강한, 감동적인 n. emotion 감동, 감정 emotional stability 정서적 안정 cf. stability 안정(성), 확고, 착실(성), 부동(성) a. stable 안정된, 견고한, 견실한, 착실한

해석 Richard Wagner는 열 살 난 아이의 정서적 안정을 가졌다.

圖 06 ②

4. 명사의 성

(1) 남성명사와 여성명사

① 남성명사와 여성명사가 서로 다른 형태를 사용하는 경우

husband – wife / bachelor – spinster / wizard – witch / bull – cow

② 남성명사의 어미에 –ess, –ine, –ix를 붙여 여성명사를 만드는 경우

prince – princess / hero – heroine / aviator – aviatrix(비행사)

③ 복합어 및 기타의 경우

he – goat – she – goat / man – servant – maid – servant / bridegroom – bride

(2) 통성명사

① 사람의 경우 : 성이 분명한 경우 'he'와 'she'로 구분해 받으며, 성이 불분명한 경우 'he', 'he or she'로 받음

Every man has his weak side. (누구나 다 약점이 있다.)

② child, baby의 경우 : 'it'으로 받으나, 성별을 아는 경우 'he' 또는 'she'로 받기도 함

The baby stretched out its arms to me. (그 아기가 내게 팔을 뻗었다.)

③ 동물의 경우 : 'it'으로 받는 것이 원칙이나, 경우에 따라서 'he' 또는 'she'로 받음

A cow is driving away flies with its tail. (젖소가 꼬리로 파리떼를 쫓고 있다.)

(3) 무생물 명사의 성(무성명사[중성명사]의 성)

① 남성으로 받는 경우 : sun, anger, fear, love, death, day, ocean, mountain, war, winter 등[주로 웅장함과 위대함, 강렬함, 용기, 정렬, 공포 등을 나타내는 명사]

The sun was shining in all his splendid beauty. (태양이 화려하게 빛나고 있었다.)

② 여성으로 받는 경우 : moon, mercy, liberty, ship, peace, spring, nature, country, fortune 등[주로 우아함과 평온함, 온순, 아름다움, 평화 등을 나타내는 명사]

The moon hid her face in the cloud. (달이 구름 속에 얼굴을 감추었다.)

③ 국가는 일반적으로 'she'로 받지만, 지리적인 측면이 강조된 경우 'it'으로 받음

England is proud of her poets. (영국은 그 나라의 시인들을 자랑스럽게 여긴다.)

Korea is famous for its beautiful scenery. (한국은 아름다운 경치로 유명하다.)

America is rich in its natural resources. (미국은 천연자원이 풍부하다.)

5. 명사의 격

(1) 명사의 격

① 주격 : 문장의 주어, 주격 보어, 주어의 동격, 호격으로 쓰임

My father is a good cook. (나의 아버지는 훌륭한 요리사이다.)

Mr. Lee, our English teacher, is American. (이 선생님은 우리들의 영어 선생님으로 미국인이다.)

Ladies and gentlemen, listen to me. (신사숙녀 여러분, 제 말을 경청하여 주십시오.)

② 목적격 : 동사나 전치사의 목적어, 목적격 보어, 목적어의 동격으로 쓰임

I met the man on my way home. (나는 집에 오는 도중에 그 사람을 만났다.)

We elected him chairman. (우리는 그를 의장으로 선출했다.)

I saw Elizabeth, the Queen of England. (나는 영국 여왕인 엘리자베스를 보았다.)

③ 소유격 : 다른 명사를 수식하며 「~의」라는 뜻을 나타냄

I found Mary's watch. (나는 메리의 시계를 찾았다.)

(2) 소유격의 형태

① 소유격의 일반적 형태

• 생물(사람, 동물 등)의 소유격은 원칙적으로 's를 씀

a man's stick / the cat's ear

Tom's house / the hero's death

• 무생물의 소유격은 'of + 명사'의 형태로 표시

legs of the table / the core of a matter

• 복합명사나 하나의 어군을 이루는 말 등의 군(群) 소유격은 끝 단어에 's를 씀

someone else's son / father-in-law's hat

the teacher of music's room

• '-s'로 끝나는 복수명사의 소유격은 '(apostrophe)만 붙임

girls' school

• 고유명사는 어미가 −s로 끝나더라도 's를 붙임

Bridget Jones's Diary

참 Jesus, Moses, Socrates, Columbus 등의 고유명사는 '만 붙임

• 동격명사의 소유격은 일반적으로 뒤에 있는 동격명사에 's를 붙임

my friend John's wife

② 무생물의 의인화

• 무생물이 의인화 된 경우는 's를 씀

Fortune's smile / Nature's works

• 인간 활동과 밀접한 명사의 경우 's를 쓸 수 있음

life's journey(= the journey of life)

• 무생물이라도 시간, 거리, 중량, 가격 등을 나타내는 명사는 's를 씀

today's paper / a moment's thought

a stone's throw / ten miles' distance

a pound's weight / two pounds' weight

a dollar's worth of sugar / two dollars' worth of sugar

• 지명이나 공공기관, 집합명사의 경우 's를 쓸 수 있음

Korea's future(= the future of Korea)

(3) 소유격의 의미

Check Point

kind, sort, type의 소유격
kind, sort, type의 경우 of 앞 ·
뒤 어디든 올 수 있으며, 'kind
[sort, type] of' 다음에는 무관사
명사가 온다.
참 this(단수) kind of car(이런 종
류의 차) = car of this kind
these(복수) kinds of cars(이
런 종류들의 차) = cars of
these kinds

① 소유자 표시

Tom's book (→ Tom has a book.)

② 저자, 발명자 표시

Shakespeare's Macbeth (→ Shakespeare wrote Macbeth.)

③ 사용 목적, 대상 표시

a girl's high school (→ a high school for girls)

④ 주격 관계(행위의 주체) 표시

my daughter's death (→ My daughter died.)

⑤ 목적격 관계(행위의 대상) 표시

Caesar's murderers (→ those who murdered Caesar)

(4) 소유격의 특별한 용법

① 개별소유와 공동소유

• 개별소유 : Tom's and Frank's books → Tom과 Frank가 각자 소유하는 책

• 공동소유 : Tom and Frank's books → Tom과 Frank가 공유하는 책

② 이중소유격

- 소유격이 관사 등과 함께 쓰이는 경우 '관사 + 명사 + of 소유격(소유대명사)'의 형태가 됨
- 이러한 형태가 되는 관사 등에는 관사(a, an, the), 소유격(my, your 등), 지시형용사(this, that), 의문형용사(what, which), 부정형용사(any, all, both, each, every, either, neither, no, one, some, other) 등이 있음

  this camera of Tom's (○) / Tom's this camera (×)

  some friends of Jane's (○) / Jane's some friends (×)

③ 독립 소유격(소유격 다음 명사의 생략)

- 명사의 반복을 피하는 경우 소유격 다음의 명사는 생략 가능

  This book is my brother's (book). (이 책은 내 남동생의 책이다.)

- 장소나 건물을 나타내는 명사가 생략되는 경우로, house, shop, store, office, church, restaurant 등이 생략되는 경우가 많음

- He passed the summer at his uncle's (house). (그는 삼촌의 집에서 여름을 났다.)

④ 관용 표현

  for mercy's sake (불쌍히 여기셔서, 제발)

  for conscience's sake (양심상)

  at one's wits'[wit's] end (어찌할 바를 몰라)

  at a stone's throw (엎어지면 코 닿을 곳에)

⑤ 동격

  The City of Seoul = Seoul City

  life's journey = the journey of life

꼭! 확인 기출문제

우리말을 영어로 옮긴 것 중 가장 어색한 것은? [지방직 9급 기출]

① 제인은 보기만큼 젊지 않다.
  → Jane is not as young as she looks.
② 전화하는 것이 편지 쓰는 것보다 더 쉽다.
  → It's easier to make a phone call than to write a letter.
③ 너는 나보다 돈이 많다
  → You have more money than I.
❹ 당신 아들 머리는 당신 머리와 같은 색깔이다.
  → Your son's hair is the same color as you.

해 'A is the same as B'의 비교구문으로 A와 B를 일치시켜야 하는데, 비교의 대상이 'your son's hair'와 'your hair'이므로, 주격 대명사인 'you' 대신 소유격 대명사인 'yours'를 사용해야 옳다.

제2절 관사

1. 부정관사

(1) 부정관사의 일반적 용법

① 부정관사는 보통명사가 문장에서 처음 사용될 때 그 명사의 앞에 위치하는 것이 원칙

② 뒤에 오는 단어가 발음이 자음으로 시작하면 'a'를, 모음으로 시작하면 'an'을 씀

This is a book. (이것은 책입니다.)

That is an album. (저것은 사진첩입니다.)

(2) 부정관사의 의미에 따른 용법

① 막연히 가리키는 「하나의」(의미상 해석을 하지 않음)

This is a book, not a box. (이것은 상자가 아니라 책이다.)

② 「하나」의 뜻을 나타나는 경우

Rome was not built in a day. (= one) (로마는 하루아침에 만들어지지 않았다.)

A bird in the hand is worth two in the bush. (손 안에 있는 새 한 마리가 숲 속의 새 두 마리보다 실속이 있다.)

③ 「어떤 ~나(라도)」의 뜻을 나타내는 경우

She goes well with a dress. (= any) (그녀는 어떤 옷에나 어울린다.)

④ 어떤 종류·종속 전체를 총칭하는 대표단수를 나타내는 경우

An ostrich cannot fly. (타조는 날 수가 없다.)

= The ostrich cannot fly.

= Ostriches cannot fly.

⑤ 「같은」의 뜻을 나타내는 경우

Birds of a feather flock together. (= the same) (유유상종. 깃이 같은 새들은 같이 날아다닌다.)

They are all of a mind. (그들 모두 같은 생각이다.)

We are of an age. (우리는 동갑이다.)

⑥ 「어떤」의 뜻을 나타내는 경우

In a sense it is true. (= a certain) (어떤 의미에서 그것은 진실이다.)

A Mr. Brown came to see you. (브라운 씨라는 분이 당신을 찾아왔습니다.)

⑦ 「약간의(얼마의)」의 뜻을 나타내는 경우

She waited for a while. (= some) (그녀는 잠시 기다렸다.)

He has a knowledge of Russian. (그는 러시아어를 약간 안다.)

⑧ 「~마다(당)」의 뜻을 나타내는 경우

Take this medicine three times a day. (= per) (이 약을 매일 세 번씩 드십시오.)

She makes a trip once a month. (그녀는 한 달에 한 번 여행을 한다.)

⑨ 관용적 표현

They were in a great hurry. (그들은 매우 서둘렀다.) [in a hurry]

He had a rest. (그는 휴식을 취했다.) [have a rest]

My son has a talent for music. (나의 아들은 음악에 재능이 있다.) [have a talent for]

The man ran away all of a sudden. (그 남자는 갑자기 도망갔다.) [all of a sudden = on a sudden]

Check Point

부정관사 a와 an의 구분
부정관사 a와 an의 경우 다음 명사의 철자가 아닌 발음에 따라 구분하여 사용한다. 예를 들어 'university'의 경우 철자(u)는 모음이나 발음상 자음[j]이므로 'an'이 아닌 'a'를 사용하여 'a university'가 되며, 'hour'의 경우 철자(h)는 자음이나 발음상 모음[a]이므로 'an hour'가 된다.

2. 정관사

(1) 정관사의 용법

① 앞에 나온 명사를 반복하는 경우

I saw a girl. The girl was crying. (나는 소녀를 보았다. 그 소녀는 울고 있었다.)

My uncle bought me a book yesterday. The book is very interesting. (우리 삼촌이 어제 책을 사주셨다. 그 책은 아주 재미있다.)

② 상황을 통해 누구나 알 수 있는 경우(특정한 것을 지칭하거나 한정을 받는 경우 등)

Erase the blackboard. (칠판을 지워라.) [특정한 것]

Would you mind opening the window? (창문을 열어도 되겠습니까?)

Be sure to shut the door after you. (나가면서 문 닫는 것을 잊지 마라.)

Astronomy is the science of stars and planets. (천문학은 항성과 행성들의 과학이다.)

The water in the well is not good to drink. (이 우물의 물은 먹기에 적당하지 않다.) [한정을 받는 경우]

This is the book which I bought yesterday. (이것은 내가 어제 산 책이다.)

③ 유일한 것을 나타내는 경우(유일한 자연물이나 물건 등)

The moon goes around the earth. (달은 지구 주위를 돈다.)

the moon / the earth / the sun

the universe / the sky / the Bible

④ 방위 표시나 계절 · 시절의 명사를 나타내는 경우

The sun rises in the east and sets in the west. (태양은 동쪽에서 떠서 서쪽으로 진다.)

in the north[방위] / the lobster season[시절]

⑤ 최상급이 쓰인 경우

What is the commonest surname in your country? (너의 나라에서 가장 흔한 성(姓)은 어떤 것이니?)

Mt. Everest is the highest mountain in the world. (에베레스트는 세계 최고봉이다.)

⑥ 서수, last, only, same, very 등과 함께 쓰이는 경우

January is the first month of the year. (정월은 일 년 중 맨 앞에 있는 달이다.)

He is the last man to tell a lie. (그는 거짓말할 사람이 아니다.)

Jane was the only student that answered the question. (Jane이 그 문제에 답한 유일한 학생이었다.)

The boy has made the same mistake again. (그 아이는 또다시 같은 잘못을 저질렀다.)

That's the very item we were looking for. (그것이 바로 우리가 찾던 것이다.)

in the first chapter(= in chapter one)

the second World War(= World War two)

the second lesson(= lesson two)

the sixth volume(= volume six)

the tenth day(= day ten)

⑦ 연대를 나타내는 경우

Rap music burst upon the scene in the early 1980s. (랩 뮤직은 1980년대 초에 갑자기 나타났다.)

the nineties(90s) / the 1900s / the twenty first century

⑧ 연주를 할 때의 악기 명칭, 기계 · 발명품 등의 앞에 쓰이는 경우

play the piano[violin, guitar, drum, harp]

invent the telephone[phonograph]

⑨ 종족 전체를 나타내는 경우(대표단수)

The cow is a useful animal. (소는 유용한 동물이다.)

= A cow is a useful animal.

= Cows are useful animals.

⑩ 신체의 일부를 표시하는 경우

- 전치사 by를 쓰는 동사 : catch, push, pull, seise(붙잡다), take, hold 등
- 전치사 on을 쓰는 동사 : hit, beat, pat(가볍게 두드리다) 등
- 전치사 in을 쓰는 동사 : look, stare(빤히 쳐다보다), gaze(뚫어지게 보다), watch, hit 등

He caught her by the hand. (그는 그녀의 손을 잡았다.)

He caught me by the arm. (그는 내 팔을 잡았다.)

She looked me in the face. (그녀는 내 얼굴을 똑바로 쳐다보았다.)

He struck me on the head. (그는 내 머리를 때렸다.)

He seized me by the collar. (그는 나의 멱살을 잡았다.)

⑪ 단위를 나타내는 경우(by 다음의 시간 · 수량 · 무게 등의 단위)

We hired the boat by the hour. (우리는 보트를 시간당으로 빌렸다.)

The workers are paid by the month. (근로자들은 월 단위를 보수를 받는다.)

Sugar is sold by the pound. (설탕은 파운드 단위로 판다.)

⑫ 「the + 형용사 / 분사」(~자들[것들]) [복수 보통명사]

The rich are not always happy. (부자가 항상 행복한 것은 아니다.)

the rich(= rich people) / the old(= old people) / the wounded(= wounded people)

cf. 단수 보통명사 : the accused(피고인), the deceased(고인), the condemned(사형수)

⑬ 「the + 형용사 / 보통명사」 [추상명사]

The beautiful is not always the same as the good. (미(美)가 항상 선과 동일한 것은 아니다.)

the beautiful(= beauty) / the good(= goodness) / the true(= truth)

the patriot(=patriotism) / the unknown(미지의 것) / the mother(모정, 모성적 감정)

⑭ 관용적 표현

in the morning / in the afternoon / in the evening

the past / the present / the future

in the dark / on the way

기출 Plus   [국가직 9급 기출]

01. 다음 밑줄 친 부분의 표현이 적절하지 않은 것은?

① In the case of rain, the athletic meeting will be postponed.

② He gave me a check instead of cash.

③ In spite of all his exertions, he failed the test.

④ Because of an advance in the cost of living, salary raise is needed.

🖪 '비가 오는 경우에'라는 표현은 'in case of rain'이다. 대체로 'in the case of'는 '~에 관해서는'의 뜻으로 사용되며, 'in case of'는 '~경우에는'의 뜻으로 사용된다. 따라서 ①의 경우, 정관사 'the'를 빼야 한다.

Check Point

전치사와 관사의 쓰임

- 기간 표시의 전치사 in, during 다음에는 주로 정관사를 사용한다.

🔘 They arrived in the morning.

- 시점 표시의 전치사 at, by 다음에는 일반적으로 관사를 사용하지 않는다.

🔘 They arrived at[by] midnight[noon, daybreak, dawn, night]

 01 ①

(2) 정관사(the)를 동반하는 고유명사

① 집합체의 의미(union, united)가 포함된 말이나 복수형의 국가명, 군도

the United States / the Soviet Union / the United Nations

the Netherlands / the Philippines / the East Indies

② 대양, 바다, 해협, 강, 운하

the Pacific (Ocean) / the Red (Sea) / the Mediterranean

the English Channel / the Korea Strait

the Hudson River / the Thames

the Panama Canal / the Suez Canal

③ 산맥, 반도, 사막

the Alps / the Rockies

the Korean Peninsula / the Crimea Peninsular

the Sahara (Desert) / the Gobi Desert

④ 선박, 열차, 비행기 등의 탈 것

the Mayflower / the Titanic / the Orient Express

⑤ 신문, 잡지, 서적 등

the Washington Post / the New York Times / the Newsweek

cf. Times / London Times

⑥ 공공건물 · 관공서, 호텔

the British Museum / the White House / the Grand Hotel

⑦ 국민 전체를 나타내는 경우(the + 복수 고유명사 → 복수취급)

the English / the Koreans

⑧ 인명 앞에 형용사가 붙는 경우

the late Dr. Schweitzer

cf. 인명 앞에 감정적인 색채가 있는 형용사가 붙는 경우는 'the'를 붙이지 않음 **예** poor

Tom

⑨ 고유명사가 'of + 명사'의 수식을 받는 경우

the University of London / the Gulf of Mexico

3. 관사의 위치 및 생략

(1) 주의할 관사의 위치

① 「all/both/half/double/twice + the + 명사」의 어순을 취함

You must answer all the questions. (너는 모든 문제에 답해야 한다.)

Both the parents are alive. (양친 모두 생존해 계신다.)

Half the apples were bad. (사과의 반은 상했다.)

② 「such/half/many/what + a[an] + (형용사) + 명사」의 어순을 취함

I've never seen such a pretty girl. (나는 그렇게 예쁜 소녀를 본 적이 없다.)

Many a man came to see him. (많은 사람들이 그를 보러 왔다.)

What a beautiful flower it is! (참 아름다운 꽃이다!)(= How beautiful a flower it is!)

③ 「so/as/too/how/however + 형용사 + a + 명사」의 어순을 취함

I've never seen so pretty a girl. (나는 그렇게 예쁜 소녀를 본 적이 없다.)

He is as strong a man as his father. (그는 자신의 아버지만큼 강하다.)

This is too difficult a question for me to answer. (이것은 내가 답하기에는 너무 어려운 문제이다.)

④ 「quite/rather + a + 명사」 또는 「a + quite/rather + 명사」의 어순을 취함

This is quite a good book. (이것은 아주 좋은 책이다.)

This is a quite good book.

He is rather a proud man. (그는 꽤 자부심이 있는 사람이다.)

= He is a rather proud man.

(2) 관사의 생략

① 가족 관계를 나타내는 명사는 관사 없이 쓰이며, 대문자로 쓰이는 경우도 있음

Mother has gone out to do some shopping. (어머니는 장을 보러 나가셨다.)

father, mother, baby, uncle, aunt 등

② 호격어로 쓰이는 경우

Waiter, two coffees, please. (웨이터, 커피 두 잔이요.)

Keep the change, driver. (잔돈은 가지십시오, 기사님.)

③ 신분·관직·지위를 나타내는 말이 보어(주격보어·목적격보어)나 동격어, 또는 as와 of 다음에 쓰이는 경우

Mr. Smith is principal of our school. (Smith씨는 우리 학교의 교장 선생님이다.) [주격 보어]

Lincoln was elected President of the United States in 1860. (링컨은 1860년에 미국 대통령으로 선출되었다.)

We elected him principal of our school. (우리는 그를 우리 학교의 교장으로 선출했다.) [목적격 보어]

President Obama (오바마 대통령) [동격]

Elizabeth II, Queen of England (영국 여왕 엘리자베스 2세)

He went on board the steamer as surgeon. (그는 선의(船醫)로 기선에 승선했다.)

The post of general manager became vacant. (총지배인 자리가 비었다.)

④ 건물이나 장소가 본래의 기능을 하거나 본래 목적으로 쓰이는 경우

I go to church every Sunday. (나는 매주 일요일 교회에 (예배를 보러) 간다.)

He goes to school. (그는 학교에 다닌다[공부한다, 배운다].)

cf. He went to the school. (그는 그 학교에 갔다.)

go to bed(잠자리에 들다) / go to school(학교에 다니다, 통학[등교]하다, 취학하다)

go to sea(선원이 되다, 출항하다) / go to hospital(병원에 다니다, 입원하다)

at (the) table(식사 중) / at school(취학 중, 수업 중) / at work(작업 중)

after school(방과 후) / in class(수업 중) / in bed(취침 중)

cf. 이러한 명사들이 건물 그 자체를 나타낼 때에는 관사를 붙인다는 것에 주의한다.

There is a meeting at the school at 9 o'clock. (9시 정각에 그 학교에서 모임이 있다.)

⑤ 교통수단이나 통신수단의 경우

I usually go to school by bus. (나는 보통 학교에 버스를 타고 간다.)

by boat / by ship / by car / by bicycle / by air / by train / by subway

by mail / by wire / by telephone / by letter

cf. on foot, on horseback

⑥ 운동경기명, 식사명, 계절명, 질병명 등의 경우

I like tennis. (나는 테니스를 좋아한다.)

Let's play soccer after lunch. (점심 먹고 축구하자.)

What time do you have breakfast? (몇 시에 아침 식사를 하니?)

Winter has come. (겨울이 왔다.)

He died of cancer last year. (그는 작년에 암으로 죽었다.)

cancer / fever / cholera

cf. a cold / a headache / a toothache

⑦ 학과명, 언어명 등의 경우

My favorite subject is biology. (내가 가장 좋아하는 과목은 생물이다.)

I can speak Korean. (나는 한국어를 할 수 있다.)

= I can speak the Korean language.

speak English[Spanish, Japanese]

⑧ 월(月) · 요일의 경우

   May is my favorite season. (5월은 내가 가장 좋아하는 계절이다.)

   She goes to church on Sunday. (그녀는 일요일에 교회에 간다.)

⑨ a kind of, a sort of, a type of 뒤에 오는 명사

   Pine is a common kind of tree in Korea. (소나무는 한국에서 흔한 나무이다.)

   That is a new sort of game. (저것은 새로운 유형의 놀이다.)

⑩ 2개의 명사가 대구(對句)를 이루는 경우

   He gave body and soul to the work. (그는 몸과 마음을 다해 그 일을 하였다.)

   They are husband and wife. (그들은 부부다.)

   from right to left / from hand to mouth / from door to door

   day and night / trial and error / rich and poor / young and old

   step by step / hand in hand / word for word / side by side

   case by case / place to place

⑪ 접속사 and로 연결된 표현의 경우

   • and로 연결된 두 명사가 동일한 사람 · 사물인 경우 뒤에 나오는 명사 앞의 관사는 생략됨

    The poet and painter was invited to the party.[한 사람](시인이자 화가인 그는 파티에 초대되었다.)

   • and로 연결된 두 명사가 다른 사람 · 사물인 경우 두 명사에 각각 관사를 씀

    The poet and the painter were invited to the party.[두 사람](그 시인과 그 화가는 파티에 초대되었다.)

   • and로 연결된 형용사가 동일한 사람 · 사물을 수식하는 경우 뒤의 관사는 생략됨

    I saw a black and white dog.[한 마리](나는 바둑이 한 마리를 보았다.)

   • and로 연결된 형용사가 다른 사람 · 사물을 수식하는 경우 앞뒤 명사에 각각 관사를 씀

    I saw a black and a white dog.[두 마리](나는 검은 개 한 마리와 흰 개 한 마리를 보았다.)

   • and로 연결된 두 명사가 한 쌍이 되는 경우 앞의 명사에만 관사를 쓰고 뒤의 경우 생략됨

    the King and Queen / a watch and chain / a horse and cart

    the bread and butter / a cup and saucer

⑫ 양보의 부사절에서 문두에 나오는 명사의 경우

Child as he is, he knows a great many things. (그는 비록 어린애지만 많은 것을 안다.)

⑬ 무관사 명사를 포함하는 관용구

by name 이름을 대고[써서]

know ~ by sight (사람·물건 등)을 본 적이 있다, …에 대한 면식이 있다

take place 생기다, 일어나다

on account of ~ 때문에

대명사(Pronoun) / 관계사(Relatives)

제1절 대명사(Pronoun)

1. 인칭대명사

(1) 인칭대명사의 의미와 용법

① 인칭대명사는 '사람'을 대신하는 말로, I, You, He, She, We, They, It 등이 있음

② 인칭대명사 we, you, they는 「(막연한) 일반인」을 나타내기도 함

We have little snow here. (이곳은 눈이 많이 오지 않는다.)

You must not speak ill of others in their absence. (당사자가 없다고 그의 험담을 해서는 안 된다.)

They speak English in Australia. (호주에서는 영어로 말한다.)

(2) 인칭대명사의 격

인칭	수·성		주격	목적격	소유격
1인칭	단수		I	me	my
	복수		we	us	our
2인칭	단수		you	you	your
	복수		you	you	your
3인칭	단수	남성	he	him	his
		여성	she	her	her
		중성	it	it	its
	복수		they	them	their
문장에서의 위치			주어, 주격보어	목적어, 목적격보어	명사 앞

Who is there? It's I.[주격보어] cf. It's me[회화체에서는 목적격을 씀]

She caught him by the hand.

They discussed the matters with him.

We should obey our parents.

Mary and Jane did not keep their promise.

2. 소유대명사와 재귀대명사

(1) 소유대명사

① 소유대명사는 문장에서 「소유격 + 명사」의 역할을 함

② mine, yours, his, hers, ours, yours, theirs 등

Your bag is heavy, but mine is heavier. (네 가방은 무겁다. 그러나 내 가방은 더 무겁다.)

Yours is better than mine. (당신 것이 내 것보다 낫다.)

(2) 재귀대명사

① 재귀대명사의 용법

• 재귀적 용법 : 동사나 전치사의 목적어가 되거나 주어의 동작이 주어 자신에게 미침

Make yourself at home. (편히 쉬십시오.)

He killed himself. (그는 자살했다.)

We enjoyed ourselves very much. (우리는 마음껏 즐겼다.)

• 강조 용법 : 주어, 목적어, 보어 등과 동격으로 쓰여 의미를 강조[생략해도 문장이 성립함]

I myself did it(= I did it myself). (내가 스스로 그것을 했다.)[주어 강조]

She went there herself. (그녀는 직접 거기에 갔다.)

He was simplicity itself. (그는 아주 수수했다.) [보어 강조]

② 「전치사 + 재귀대명사」의 관용적 표현

• for oneself(혼자 힘으로)(= without another help)

• by oneself(홀로, 외로이)(= alone)

• of itself(저절로)(= spontaneously)

• in itself(본래)(= in its own nature)

• beside oneself(미친, 제정신이 아닌)(= mad)

- between ourselves(우리끼리 얘기지만)(= between you and me)
- in spite of oneself(자신도 모르게)
- to oneself(자신에게만, 독립하여)

③ 「동사 + 재귀대명사」의 중요 표현
- absent oneself from ~에 결석하다
- avail oneself of ~을 이용하다
- pride oneself on ~을 자랑으로 여기다
- help oneself to ~을 먹다
- apply oneself to ~에 전념하다
- behave oneself 점잖게 굴다
- find oneself ~ (알고 보니 ~의 상태·장소에) 있다
  I found myself lying in the beach. (정신을 차리고 보니 나는 해변에 누워 있었다.)
- present oneself 출석하다
- enjoy oneself 즐기다
- seat oneself 앉다
- cut oneself 베이다
- burn oneself 데다
- hurt oneself 다치다
- make oneself at home (스스럼없이) 편히 하다

3. 지시대명사

(1) this(these), that(those)

① 일반적 의미와 용법 구분
- this는 '이것'이라는 의미로, 시간적·공간적으로 가까이 있는 것[사람]을 지칭
- that은 '저것'이라는 의미로, 시간적·공간적으로 멀리 있는 것[사람]을 지칭
  I like this better than that. (나는 이것을 저것보다 더 좋아한다.)

② this는 앞·뒤 문장의 단어나 구·절, 문장 전체를 받으며, that은 주로 앞에 나온 내용을 받음
  She said nothing, and this made me very angry. (그녀는 아무 말도 하지 않았는데, 이것이 나를 아주 화나게 했다.)

③ 앞에 나온 명사의 반복을 피하기 위해 사용되는 that[those](주로 'of ~'의 수식어구가 있는 경우에 사용되며, 'that[those] + of~'의 구조를 이룸)

The voice of woman is softer than that(= the voice) of man. (여성의 목소리는 남성의 목소리보다 더 부드럽다.)

The ears of a rabbit are longer than those(= the ears) of a cat. (토끼의 귀는 고양이의 귀보다 길다.)

④ this는 '후자(後者)', that은 '전자(前者)'를 지칭

- 후자(後者) : this, the other, the latter

- 전자(前者) : that, the one, the former

- Work and play are both necessary to health; this(= play) gives rest, and that(= work) gives us energy. (일과 놀이는 건강에 모두 필요하다. 후자(놀이)는 우리에게 휴식을 주고 전자(일)는 우리에게 힘을 준다.)

⑤ 현재와 과거의 표현

- In these days(요즘, 오늘날)(= nowadays)

- In those days(그 당시에)(= then)

⑥ 대화문에서의 this

- 사람의 소개

This is Tom. (이 사람은 Tom입니다.)

- 전화 통화

This is Tom speaking. (Tom입니다.)

⑦ 「those who」(~한 사람들)(= people who)

Heaven helps those who help themselves. (하늘은 스스로 돕는 자를 돕는다.)

cf. he who[that]~(~하는 사람)[단수]

⑧ that의 관용적 표현

- 'and that'(게다가, 그것도, 더구나)[강조의 that으로 앞에서 말한 사실을 강조할 때 쓰임]

You must go home, and that at once. (너는 집에 가야 한다. 그것도 지금 당장.)

Come here, and that hurry up. (이리 오세요, 빨리요.)

- 'and all that'(~ 등)

There we bought cabbages and carrots and all that. (거기에서 우리는 양배추며 홍당무 등을 샀다.)

⑨ 지시형용사로서의 this와 that

This cat is mine and that one is hers. (이 고양이는 내 것이고 저것은 그녀의 것이다.)

Are those girls your friends? (그 소녀들은 당신의 친구들입니까?)

꼭! 확인 기출문제

다음 밑줄 친 부분에 가장 알맞은 것은? [국회직 9급 기출]

The flora of the arid American Southwest is less varied than _____.

① the Southeast is semi-tropical
② it is the semi-tropical Southeast
③ it is semi-tropical in the Southeast
④ the semi-tropical Southeast
❺ that of the semi-tropical Southeast

해 비교의 대상은 두 지역의 'flora'이므로 빈칸은 'that(= the flora) of the semi-tropical Southeast'가 가장 적절하다. 여기서 'the flora'가 앞에 나와 중복되므로 이를 대명사 that으로 바꿔 쓴 것이다.

어휘 flora 식물군(群), 식물상(相), 식물구계(區系) cf. fauna 동물군, 동물구계(區系)
arid 건조한, 메마른[바싹 마른], 불모의, 빈약한 n. aridity 건조, 빈약, 무미건조
semi-tropical 아열대의(= subtropical)

해석 건조한 미국 남서부의 식물군(群)은 아열대인 남동부의 식물군보다 덜 다양하다.

(2) such

① 일반적으로 '그런 것[사람]'의 의미로, 앞 문장이나 어구를 대신함

His bullet killed her, but such was not his intention. (그의 탄환이 그녀를 죽였지만 그것은 그의 의도가 아니었다.)[such는 앞 문장(His bullet killed her)을 대신함]

② 「as such」(그렇게, ~답게, ~로서) : 앞에 나온 낱말이나 문장이 중복될 때, as가 있으면 중복되는 말을 such로 대신할 수 있음

She is a sick person and must be treated as such. (그녀는 아픈 사람이다. 그러므로 그렇게(환자로) 취급되어야 한다.)[such = a sick person]

The professor, as such, is entitled to respect. (교수는 교수로서 존경받을 권리가 있다.)[such = the professor]

Mr. Park regrets not having studied history as such. (박 씨는 역사를 역사답게 공부하지 못한 것을 후회한다.)[such = history]

③ 「such A as B」(B와 같은 A)(= A such as B)[여기서의 'such as'는 'like(~같은)'의 의미]

Check Point

this와 that의 부사적 용법
'양'이나 '정도'를 나타내는 부사·형용사 앞에 쓰인다.
예 The tree was about this high. (그 나무는 대략 이만큼 높았다.)
We won't go that far. (우리는 그렇게 멀리 가지 않을 것이다.)

[국회직 9급 기출]
03. 다음 밑줄 친 부분 중 어법 상 옳지 않은 것은?

Democracy, after all, is not just ① a set of practices but a culture. It lives not only ② in so formal mechanisms as party and ballot ③ but in the instincts and expectations of citizens. Objective circumstances–jobs, war, competition from abroad–shape ④ that political culture, but ⑤ so do the words and deeds of leaders.

📖 밑줄 친 부분 뒤에 있는 as와 호응하는 것은 부사 so가 아니라 형용사 such이다(such as). 따라서 so를 such로 바꿔야 옳다.

Check Point

지시형용사로서의 such(대단한, 엄청난)
It was such a hot day.
He was such a polite man that everyone liked him.[such ~ that …(너무 ~해서 …하다)]

Check Point

대명사(대형태) so의 반대 표현
Do you think that he will succeed?
→ 긍정의 답변 :
　　Yes, I hope so.
→ 부정의 답변 :
　　No, I'm afraid not.

답 **03** ②

Such poets as Milton are rare. (밀턴과 같은 시인은 드물다.)
= Poets such as Milton are rare.
such birds as the hawk and the eagle (매와 독수리 같은 새들)
= birds such as the hawk and the eagle

④ 「such as」+ V(~한 사람들)(= those who ~ = people who ~)
Such as have plenty of money will not need friends. (많은 돈을 가진 사람들은 친구가 필요하지 않을 것이다.)
= Those who have plenty of money will not need friends.
All such as are bad sailors prefer to travel by land. (뱃멀미를 많이 하는 사람들은 육상 여행을 더 좋아한다.)

⑤ 「such that」(~할 정도의)
The heat of my room is such that I cannot study in it. (내 방의 열기는 안에서 공부를 할 수 없을 정도이다.)
cf. He is not such a fool as to quarrel. (그는 싸울 만큼 어리석지 않다.)
　　= He knows better than to quarrel.

⑥ such A as to B, such A that B (B할 만큼[할 정도로] A하는)
It is such a good bike that I bought it twice. (그것은 내가 두 번이나 살 정도로 좋은 자전거이다.)
He is not such a fool as to do it. (그는 그것을 할 정도로 바보는 아니다.)

⑦ 관용적 표현
• such as it is(변변치 않지만)
My car, such as it is, is at your disposal. (변변치는 않지만 내 차를 당신 마음대로 쓰세요.)
• such being the case(사정이 이래서)
Such being the case, I can't help him. (사정이 이래서, 그를 도와줄 수가 없어.)

(3) so

① think, believe, suppose, imagine, hope, expect, say, tell, hear, fear 등의 동사와 함께 쓰여 앞에 나온 문장 전체 또는 일부를 받음
Is she pretty? I think so.(= I think that she is pretty.)
(그녀는 예쁩니까? 그렇게 생각해요.)
Will he succeed? I hope so. (= I hope that he will succeed.)
(그가 성공할까요? 그러기를 바랍니다.)

② 「So + S + V」(S는 정말 그렇다[사실이다])[앞서 말한 내용에 동의할 때 사용]

She likes to travel. So she does. (그녀는 여행을 좋아한다. 정말 그렇다.)

He worked hard. So he did. (그는 열심히 일했다. 정말 그랬다.)

③ 「So + V + S」(S 또한 그렇다)[다른 사람도 역시 그러하다는 표현]

She likes to travel. So do I. (그녀는 여행을 좋아한다. 나도 그렇다.)

He worked hard. So did she. (그는 열심히 일했다. 그녀도 그랬다.)

(4) same

① 앞에서 언급한 것과 동일 또는 동종의 것을 가리킴

She ordered coffee, and I ordered the same.

(그녀는 커피를 주문했다. 나도 같은 것[커피]을 주문했다.)

② 「the same ~ as」(동일 종류의 것) / 「the same ~ that」(동일한 것)

This is the same watch as I lost. (이 시계는 내가 잃어버린 것과 같은 종류의 것이다.)

This is the same watch that I lost. (이 시계가 바로 내가 잃어버린 시계이다.)

③ 형용사로 쓰이는 경우

He and I are the same age. (그와 나는 동갑이다.)

You've made the same mistakes as you made last time. (너는 지난번에 했던 실수와 동일한 실수를 했다.)

④ 부사로 쓰이는 경우

They do not think the same as we do. (그들은 우리가 생각하는 것과 같은 방식으로 생각하지 않는다.)

(5) It

① 앞에 나온 명사나 구·절을 가리키는 경우['그것'으로 해석됨]

He has a car. It is a new car. (그는 차가 있다. 그 차는 새 차이다.) [it → car]

If you have a pen, lend it to me. (펜 가지고 있으면, 나에게 그것을 빌려주세요.) [it → pen]

She tried to get a bus, but it was not easy. (그녀는 버스를 타려고 했으나 그것은 쉽지 않았다.) [it → to get a bus]

They are kind, and he knows it. (그들은 친절하다. 그리고 그는 그것을 알고 있다.) [it → They are kind]

② 비인칭 주어로서 시간·요일·계절·날씨·거리·명암·온도 등을 나타내는 경우[아무 의미가 없고 아무것도 지칭하지 않으며 주어로만 사용됨]

답 04 ③

189

- 시간 : It is nine o'clock. (9시 정각이다.)
- 요일 : It is Sunday today. (오늘은 일요일이다.)
- 계절 : It is spring now. (지금은 봄이다.)
- 날씨 : It is rather warm today. (오늘은 다소 따뜻하다.)
- 거리 : It is 5 miles to our school. (학교까지는 5마일이다.)
- 명암 : It is dark here. (여기는 어둡다.)
- 온도 : It is 10 degrees Celsius. (섭씨 10도이다.)

③ 주어(부정사구 · 동명사구 · 명사절)가 길어 가주어(it)가 사용되는 경우['가주어 (it) + be + 보어 + 진주어'의 구조가 됨]

To learn a foreign language is difficult.

→ It is difficult to learn a foreign language. (외국어를 배우는 것은 어렵다.) [부정사구(to learn a foreign language)가 진주어]

That he is handsome is true.

→ It is true that he is handsome. (그가 잘생겼다는 것은 사실이다.) [명사절(that he is handsome)이 진주어]

④ 목적어(부정사구 · 동명사구 · 명사절)가 길어 가목적어(it)를 목적보어 앞에 두는 경우[주로 5형식문형에서 '주어 + 동사 + 가목적어(it) + 목적보어 + 진목적어'의 구조를 취함]

I think to tell a lie wrong.

→ I think it wrong to tell a lie. (나는 거짓말을 하는 것은 잘못이라 생각한다.) [it은 가목적어이며, 부정사구(to tell a lie)가 목적어]

You will find talking with him pleasant.

→ You will find it pleasant talking with him. (당신은 그와 이야기하는 것이 즐겁다는 것을 알게 될 것입니다.) [동명사구(talking with him)가 목적어]

I think that she is kind true.

→ I think it true that she is kind. (나는 그녀가 친절하다는 것이 사실이라 생각한다.) [명사절(that she is kind)이 목적어]

⑤ 「It is A that ~」의 강조구문

- 강조하고자 하는 요소(주어 · 목적어 · 부사(구, 절))를 A 위치에 놓음
- 'It is'와 'that'을 배제하고 해석함
- 여기서 that은 관계대명사 또는 관계부사이므로, 강조할 부분이 사람이면 who, 사물이면 which, 장소의 부사이면 where, 시간의 부사이면 when 등을 쓸 수 있음

Check Point

가주어 · 진주어 구문과 강조구문의 구분

'It is', 'that'을 배제하고 해석하여 의미가 통하면 강조구문(분열구문)이며, 그렇지 않고 'It'만을 배제하여 의미가 통하면 가주어 · 진주어 구문이다.

- It was I that[who] broke the window yesterday. (어제 유리창을 깬 사람은 바로 나다.) [주어(I)를 강조]
- It was the window that[which] I broke yesterday. (내가 어제 깬 것은 바로 창문이다.) [목적어(the window)를 강조]
- It was yesterday that[when] I broke the window. (내가 창문을 깬 것은 바로 어제이다.) [부사(yesterday)를 강조]
- What was it that she wanted you to do? (그녀가 당신이 하기를 원한 것은 무엇이었습니까?) [의문사(what)를 강조한 것으로, 의문사가 문두로 나가면서 'it was'가 도치됨]

⑥ 관용적으로 쓰이는 경우(상황의 it)

Take it easy. (천천히 하세요.)

4. 의문대명사

(1) who의 용법

① who는 사람에 대해 사용되며, 주로 이름이나 관계 등의 물음에 사용됨

② 주격(who), 소유격(whose), 목적격(whom)으로 구분됨

Who is that boy? (저 소년은 누구인가?)

Whose book is this? (이것은 누구의 책인가?)

Whom[Who] did you meet? (당신은 누구를 만났는가?)

(2) What의 용법

① 물건의 명칭이나 사람의 이름·신분 등에 사용되며, '무엇', '무슨' 등의 의미를 지님

What do you call that animal? (저 동물을 무엇이라 합니까?) [명칭]

What is she?(= What does she do?) (그녀는 무엇을 하는 사람입니까?) [신분·직업]

② 가격이나 비용, 금액, 수(數) 등에 사용되어 '얼마'라는 의미를 지님

What is the price of this computer? (이 컴퓨터의 가격은 얼마입니까?)

What's the cost of the product? (그 제품의 비용[원가]은 얼마입니까?)

What is his monthly income? (그의 한 달 수입은 얼마입니까?)

What's the population of Seoul? (서울의 인구는 얼마나 됩니까?)

③ 감탄문을 만드는 what[What + a(n) + 형용사 + 명사 + 주어 + 동사]

What a pretty girl she is! (그녀는 정말 예쁘구나!)

④ 의문형용사

What sports do you like best? (당신은 무슨 스포츠를 가장 좋아합니까?)

(3) which의 용법

① 한정적 의미로 '어느 것', '어느 하나'를 묻는 데 사용됨

Which do you want, tomato or apple? (당신은 토마토와 사과 중 어느 것을 원합니까?)

② 의문형용사

Which book is yours? (어느 책이 당신 것입니까?)

(4) 간접의문문(의문대명사가 명사절을 이끄는 경우)

① 의문대명사가 이끄는 의문문이 다른 주절에 삽입되어 타동사의 목적어(명사절)가 될 때 이를 간접의문문이라 함

② 직접의문문이 '의문사 + 동사 + 주어'의 어순임에 비해, 간접의문문은 의문사 + 주어 + 동사'의 어순이 됨

Who is she? / What does he want? [직접의문문]

Do you know where I bought this book? (당신은 내가 이 책을 어디서 샀는지 아십니까?) [간접의문문]

③ 의문문이 생각동사[think, believe, suppose, imagine, guess 등]의 목적어(절)가 되는 경우 의문사가 문두로 나감

Who do you think he is? (당신은 그가 누구라고 생각합니까?)

What do you suppose it is? (당신은 이것이 무엇이라 생각합니까?)

(5) 관용적 표현

① What[how] about ~ ? (~은 어떻습니까?)

What about a trip to London? (런던으로 여행 가는 거 어떻습니까?)

How about (having) a drink? (술 한잔 할래요?)

② What do you think about ~? (~을 어떻게 생각합니까?)

What do you think about him? (그에 대해 어떻게 생각하십니까?)

[How do you think about him? (×)]

③ What do you mean by ~? (~은 무슨 의미입니까?)

What do you mean by that? (그게 무슨 뜻입니까?)

④ What ~ like? (어떠한 사람[것]일까?, 어떠한 기분일까?)

What's the new coach like? (새 코치는 어떤 사람입니까?)

답 05 ④

What was it like going there alone? (그곳에 혼자 가는 것은 어떠한 기분이었습니까?)

⑤ What time shall we make it? (우리 언제 만날까요?)

꼭! 확인 기출문제

어법상 다음 빈칸에 가장 알맞은 것은? [국회직 9급 기출]

> It is not easy to determine precisely _____.

① what does the center of the earth consist of
❷ what the center of the earth consists of
③ the center of the earth consists of what
④ of what does the center of the earth consist
⑤ what of the center of the earth consists

해 빈칸에는 동사 determine의 목적어가 들어가야 하는데, 여기서는 의문대명사 what이 이끄는 절이 목적어(명사절)가 된다. 그런데 의문대명사가 이끄는 절(의문문)이 목적절인 경우는 간접의문문이 되며, 간접의문문은 '의문사 + 주어 + 동사'의 어순을 취한다. 위의 보기에서 주어는 'the center of the earth(지구의 중심)'이며, 동사는 'consists of'이므로, 빈칸에는 'what + the center of the earth + consists of'가 가장 적절하다.

> **어휘** determine 결심[결의]하다, 결정하다, 단정하다 n. determination 결심, 결정
> precisely 정확하게, 정밀하게, 엄밀히, 틀림없이 a. precise n. precision
> consist of ~으로 구성되다, 이루어져 있다

> **해석** 지구의 중심이 무엇으로 이루어져 있는지 정확하게 결정하는 것은 쉽지 않다.

5. 부정대명사

(1) one, no one, none

① one의 용법

• 앞에 나온 명사와 동류의 것을 지칭[불특정명사, 즉 '부정관사 + 명사'를 지칭]
I have no ruler. I must buy one(= a ruler). (나는 자가 없다. 자를 하나 사야 한다.)

cf. Do you have the ruler I bought you? Yes, I have it(= the ruler).[it은 특정명사, 즉 'the/this/that + 명사'를 대신함]

• 일반인을 가리키는 경우
One must keep one's promise. (사람은 약속을 지켜야 한다.)

• 형용사 다음에 사용되는 경우
This car is very old one. (이 차는 아주 낡은 것이다.)
The audience in this hall is a large one. (이 홀에 있는 청중은 규모가 거대하다.)

기출 Plus [경찰직 9급 기출]

06. 다음 밑줄 친 부분 중 문법적으로 옳지 않은 것은?

Although Julia Adams was ① almost totally deaf in one ear and had ② weak hearing in ③ another, she ④ overcame the handicap and became an internationally renowned pianist.

해 두 개 중에서 하나는 one, 다른 하나는 'the other'로 표현한다. another → the other

---

Check Point

사람을 가리키는 someone, everyone, anyone, somebody, everybody, anybody 등은 단수 취급한다.

답 06 ③

② 'no one'과 'none'의 용법

- no one(아무도 ~않다) : 사람에게만 사용되며, 단수 취급

  No one knows the fact. (어느 누구도 그 사실은 모른다.)

- none(아무도[어떤 것도] ~않다[아니다]) : 사람과 사물 모두에 사용되며, 수를 표시하는 경우 복수 취급, 양을 표시하는 경우 단수 취급

  None know the fact. (어느 누구도 그 사실은 모른다.)

(2) other, another

① other의 용법

Check Point

둘 중 순서가 정해져 있을 때는, 전자는 'the one(= the former)', 후자는 'the other(= the latter)'로 표현한다.

- 둘 중 하나는 'one', 다른 하나는 'the other'로 표현[정해진 순서 없이 하나, 나머지 하나를 지칭]

  I have two dogs; one is white and the other is black.

  (나는 개가 두 마리 있다. 한 마리는 백구이고, 다른 한 마리는 검둥이다.)

- 여러 사람[개] 중에서 하나는 'one', 나머지 전부는 'the others(=the rest)'로 표현

  There were many people; one played the piano and the others sang. (많은 사람들이 있었다. 한 사람은 피아노를 연주했고 나머지 사람들은 노래했다.)

  When she opposed his suggestion, the others did too. (그녀가 그의 제안에 반대하자 나머지 사람들도 또한 반대했다.)

- others는 일반적으로 '다른 사람들', '다른 것들'을 의미함

  Don't speak ill of others(= other people). (다른 사람들을 나쁘게 말하지 마세요.)

  She does not trust others. (그녀는 다른 사람들을 믿지 않는다.)

  Show me some others. (나에게 몇 가지 다른 것들을 보여주세요.)

- 여러 사람[개] 중에서 일부는 'some', 다른 일부는 'others'로 표현

  There are many stories in this book. Some are tragic and others are funny. (이 책에는 많은 이야기가 있다. 일부는 비극적이고, 일부는 희극적이다.)

- 여러 사람[개] 중에서 일부는 'some', 나머지 전부는 'the others(= the rest)'로 표현

  Here are ten books; some are mine, the others are hers. (여기에 책이 10권 있다. 몇 권은 내 것이고 나머지는 그녀의 것이다.)

Some were late, but the others were in time for the meeting. (일부
는 늦었지만 나머지 사람들은 회의에 늦지 않았다.)

② another의 용법

- another는 일반적으로 '또 하나', '다른 것'을 의미하며, 항상 단수로 쓰임

  This pear is delicious. Give me another. (이 배는 맛있습니다. 하나
  더 주세요.)

  I don't like this one. Show me another. (이것이 마음에 들지 않습니다.
  다른 것을 보여 주십시오.)

  She is a liar, and her daughter is another. (그녀는 거짓말쟁이고 그녀
  의 딸도 또한 거짓말쟁이다.)

- 세 개 중에서 하나는 'one', 다른 하나는 'another', 나머지 하나는 'the
  other'로 표현[정해진 순서 없이 하나, 다른 하나, 나머지 하나를 지칭]

  She has three flowers; one is yellow, another is red, and the other
  is violet. (그녀는 꽃을 세 송이 가지고 있다. 하나는 노란색, 다른 하나는
  빨간색, 그리고 나머지 하나는 보라색이다.)

- 여러 개 중에서 하나는 'one', 또 다른 하나는 'another', 나머지 전부는
  'the others'로 표현

  She has many flowers; one is yellow, another is red, the others
  are violet. (그녀는 많은 꽃을 가지고 있다. 하나는 노란색, 다른 하나는 빨
  간색, 나머지는 보라색이다.)

- 「A is one thing, and B is another」(A와 B는 별개의 것이다)

  Saying is one thing, and doing is another. (말하는 것과 행동하는 것
  은 별개이다.)

③ one, other, another 관련 중요 표현

- each other (둘 사이) 서로
- one another (셋 이상 사이) 서로
- on the one hand ~, on the other hand … 한편으로는 ~, 다른 한편으
  로는 …
- tell one from the other (둘 가운데서) 서로 구별하다
- tell one from another (셋 이상 가운데서) 서로 구별하다
- one after the other (둘이) 교대로
- one after another (셋 이상이) 차례로
- one way of another 어떻게 해서든
- the other day 일전에

195

(3) some, any

① some의 용법

- some은 긍정문에서 '다소[약간, 몇몇]'의 의미로 사용됨

  May I give you some? (조금 드릴까요?)

- some이 수를 나타내는 경우 복수, 양을 나타내는 경우 단수 취급

  Some of the butter has melted. (버터가 약간 녹았다.) [단수]

  Some of the apples are rotten. (사과들 중 일부는 썩었다.) [복수]

  Some of the movies are very interesting. (그 영화 중 몇몇은 아주 흥미진진하다.)

- '어떤 사람'이란 의미로 사용되기도 함

  Some said yes and some said no. (어떤 사람은 예라고 말했고 어떤 사람은 아니라고 말했다.)

- some이 형용사로 사용되는 경우

  - 약간의[조금의, 몇몇의] : I want some money. (나는 약간의 돈을 원한다.)

  - 대략[약] : They waited some(= about) five minutes. (그들은 5분 정도를 기다렸다.)['some + 숫자'에서는 '대략(약)'의 의미를 지님]

  - '어떤[무슨]' : I saw it in some book. (나는 그것을 어떤 책에서 보았다.)

  - 어딘가의 : She went to some place in North America. (그녀는 북미 어딘가로 갔다.)

  - 권유 · 간청이나 긍정의 답을 기대하는 의문문

  - Will you lend me some money? (돈을 좀 빌려주시겠습니까?)

  - Won't you have some tea? (차 한잔 하지 않겠습니까?)[→ 차를 마실 것을 기대하면서 질문]

② any의 용법

- 의문문이나 조건문에서 '무엇이든[누구든]', '얼마간[다소]'의 의미로 사용됨

  Do you want any of these books? (이 책들 중 어떤 것이든 원하는 것이 있습니까?)

  If any of them opposed to the plan, we'll have to think it over. (만약 그들 중 누구든지 그 계획에 반대하는 사람이 있다면 우리는 재고해봐야 한다.)

  Have you any question? (질문 있습니까?)

- 부정문에서 '아무(것)도[조금도]'라는 의미로 사용됨

  I've never seen any of these books. (나는 이 책들 중 아무것도 보지 못

했다.)

It isn't known to any. (그것은 아무에게도 알려져 있지 않다.)

• 긍정문에서는 '무엇이든지[누구든지]'라는 강조의 의미를 지님

Any of my friends will help me. (내 친구들 중 어느 누구든지 나를 도와줄 것이다.)

• any가 형용사로 사용되는 경우[any는 대명사보다 주로 형용사로 사용됨]

− 의문문이나 조건문에서 '몇몇의[약간의]', '어떤 하나의[누구 한 사람의]'

− Do you have any friends in this town? (이 도시에 몇몇의 친구가 있습니까?)

− Is there any ink in the bottle? (병에 잉크가 있습니까?)

− If you have any books, will you lend me one? (책이 있으면, 하나 빌려주시겠습니까?)

− Do you have any sister? (당신은 여자 형제가 있습니까?)

− 부정문에서 '조금도[아무것도, 아무도] (~아니다)'

− I don't have any books. (나는 책이라고는 조금도 없다.)(= I have no books.)

− 긍정문에서는 '어떠한 ~이라도', '어느 것이든[무엇이든, 누구든]'

− Any boy can do it. (어떤 소년이라도 그것을 할 수 있다.)

− Any drink will do. (어떤 음료든지 괜찮습니다.)

(4) each, every

① each의 용법

• each는 대명사로서 '각각[각자]'을 의미하며, 단수 취급

Each has his own habit. (각자 자신의 버릇이 있다.)

Each of us has a house. (우리들 각자는 집을 가지고 있다.)

• 형용사로서 '각각의[각자의]'를 의미하며, 단수명사를 수식하고 단수 취급

Each country has its own custom. (각각의 나라는 자신의 관습을 가지고 있다.)

• 'each other'는 '서로'라는 의미로, 둘 사이에서 사용

The couple loved each other. (그 부부는 서로 사랑했다.)

cf. 'one another'는 셋 이상 사이에서 '서로'를 의미하는 표현이지만, 'each other'과 엄격히 구별되지는 않음

cf. 'We should love one another.' (우리는 서로를 사랑해야 한다.)

Check Point

any는 부정문에서 주어로 쓸 수 없어 이를 'no one[none]'으로 바꾸어야 한다.

예 Any of them cannot do it. (×)
→ None of them can do it. (○)

Check Point

any는 '셋 이상 중의 하나'를 의미하기도 한다.

예 Any of the three will do. (셋 중 어떤 것도 괜찮습니다.)

Check Point

each는 부사로서 '한 사람[개]마다', '각자에게[제각기]'라는 의미를 지닌다.

예 He gave the boys two dollars each. (그는 그 소년들에게 각각 2달러씩 주었다.)

② every의 용법

- every는 형용사로서 '각각의[각자의]', '모든'의 의미를 지님[대명사로는 사용되지 않음]
- every는 단수명사를 수식하고 단수 취급함

    Every student is diligent. (모든 학생들은 부지런하다.)

- every + 기수 + 복수명사(매 ~마다)(= every + 서수 + 단수명사)

    They come here every three months. (그들은 이곳에 석 달마다 온다.)

    = They come here every third month.

(5) either, neither

① either의 용법

- 긍정문에서 '둘 중의 어느 하나[한쪽]'를 의미하며, 단수 취급

    Either of the two will do. (둘 중 어느 것이든 괜찮습니다.)

- 부정문에서 전체부정의 의미를 지님

    I don't know either of your parents. (나는 당신의 부모님 두 분을 다 알지 못한다.)[전체부정]

    = I know neither of your parents.

    cf. I don't know both of your parents. (나는 당신의 부모님 두 분을 다 아는 것은 아니다.) [부분부정]

        = I know one of your parents.

- either는 형용사로서 '어느 한쪽의', '양쪽의'라는 의미를 가지며, 단수명사를 수식

    Either card will do. (어느 카드이든 좋습니다.)

    There are shops on either side of the road. (길 양쪽에 가게들이 있다.)

    = There are shops on both sides of the road. [both + 복수명사]

- either은 부사로서 '또한[역시] (~아니다)', '게다가'라는 의미를 가짐[주로 부정문에서 사용됨]

    If you don't go, I won't, either. (네가 가지 않으면, 나도 역시 가지 않겠다.)

    = If you don't go, neither will I.

    cf. 긍정문에서는 too, also가 쓰임

- either A or B(A와 B 둘 중 하나)

    Either you or she must go. (너와 그녀 중 한 사람은 가야 한다.)

② neither의 용법

- neither은 '둘 중 어느 쪽도 ~아니다[않다]'를 의미하며, 단수 취급

  Neither of them was aware of the fact. (그들 (두 사람) 중 누구도 그 사실을 알지 못했다.)[전체 부정]

- neither은 형용사로서 '둘 중 어느 쪽도 ~아닌[않는]'이라는 의미를 가지며, 단수명사를 수식

  Neither sentence is correct. (어느 문장도 옳지 않다.)

  In neither case can we agree. (우리는 어느 경우건 찬성할 수 없다.)

- neither A nor B(A도 B도 아니다[않다])

  Neither you nor she is responsible for the accident. (당신도 그녀도 그 사고에 책임이 없다.)

  Gold will neither rust nor corrode. (금은 녹슬지도 부식되지도 않는다.)

(6) all, both

① all의 용법

- all은 '모두[모든 것, 모든 사람]'의 의미로 사람과 사물에 두루 쓰일 수 있으며, 수를 표시하면 복수, 양을 표시하면 단수 취급

  All of the students are diligent. (모든 학생들은 부지런하다.)

  All is well that ends well. (끝이 좋으면 모든 것이 좋다.)

- all이 부정어 not과 함께 쓰이면 부분부정이 됨

  All is not gold that glitters. (빛이 난다고 모든 것이 금은 아니다.) [부분부정]

  I have not read all of these books. (나는 이 책들을 모두 읽은 것은 아니다.)

  = I have read some of these books.

  cf. I have read none of these books.[전체부정]

- all은 형용사로서 '모든[모두의, 전체의]'이라는 의미를 지님

  All the students of this school are diligent. (이 학교의 모든 학생들은 부지런하다.)

  All his money was gone. (그의 모든 돈이 날아가 버렸다.)

- all을 포함한 관용표현

  - at all : 부정문에서 '조금도[전혀]', '아무리 보아도'의 의미이며, 의문문에서는 '도대체', 조건문에서 '이왕', '적어도', 긍정문에서 '하여간[어쨌든]'의 의미를 지님

  - They don't know him at all. (그들은 그를 전혀 모른다.)

기출 Plus [국가직 9급 기출]

07. 빈칸에 들어갈 가장 알맞은 것을 고르시오.

Study is necessary, and so is practice. The combination will give one the ability to communicate in a foreign language, but _____ will result in slow, incorrect speech.

① either one of them alone
② all of them
③ both of them
④ neither of them

해 공부와 실습이 모두 필요하며, 두 가지의 결합이 주는 긍정적인 결과에 관한 내용이 빈칸의 앞문장에 오고 역접의 접속사 but으로 연결되어 있으므로, '둘 중 어느 한 쪽만' 있을 때는 빈칸 뒤의 내용처럼 부정적인 결과가 나타난다는 것을 유추할 수 있다.

답 07 ①

199

- Why bother at all? (왜 그렇게 신경을 쓰니?)

- If you do it at all, do it well. (이왕 그것을 할 바에야 잘하시오.)

- after all : 문두에서 '아무튼[하지만, 어쨌든]', 문장 끝에서 '역시[결국]'의 의미를 지님

- first of all(무엇보다도, 우선 첫째로)

- all over(다 끝나)

- all but 거의(= almost)

- above all 무엇보다도

- all at once 갑자기(= suddenly)

② both의 용법

- both는 '둘 다[양쪽 다]'의 의미로 사람과 사물에 쓰이며, 복수 취급
  Both belong to me. (둘 다 내 것이다.)
  Both of his parents are dead. (양친 모두 돌아가셨다.)
  = Neither of his parents is alive.

- both가 부정어 not과 함께 쓰이면 부분부정이 됨
  Both of his parents are not dead. (양친 모두가 돌아가신 것은 아니다.)
  [한 분만 돌아가셨다는 의미]

- both는 형용사로서 '둘 다의[양쪽의, 쌍방의]'라는 의미를 지님
  Both her parents live in this city. (그녀의 부모님 두 분 다 이 도시에 살고 계신다.)

- both A and B(A와 B 둘 다)
  Both Tom and July can play the violin. (Tom과 July 둘 다 바이올린을 켤 수 있다.)

제2절 관계사(Relatives)

1. 관계대명사

(1) 관계대명사의 의의

① 관계대명사의 기능 및 특징

- 관계대명사는 문장에서 '접속사 + 대명사'의 기능을 함
  I know the woman and she can speak English very well.[the woman = she]

→ I know the woman who can speak English very well. [접속사 (and)와 대명사(she)를 관계대명사(who)로 전환]

- 관계대명사가 이끄는 절은 문장에서 선행사(명사 · 대명사)를 수식하는 형용사(절)가 됨 : 위의 문장에서 관계대명사절(who ~)은 선행사(the woman)를 수식하는 형용사절
- 관계대명사는 관계대명사 다음 문장의 주어나 목적어, 보어 중 하나가 되므로, 관계대명사를 제외한 다음 문장은 불완전한 형태의 문장이 됨

  I know the boy who broke the window. [관계대명사 who는 관계대명사절에서 주어의 역할을 하므로, 관계대명사 다음의 문장(broke the window)은 불완전한 문장이 됨]

  Tell me the title of the book which you choose. [관계대명사 which가 목적어 역할을 하므로, 다음의 문장(you choose)은 불완전한 문장이 됨]

② 관계대명사의 종류

격 / 선행사	주격	소유격 (관계형용사)	목적격	관계대명사절의 성격
사람	who	whose	whom	형용사절
동물이나 사물	which	whose/ of which	which	형용사절
사람, 동물, 사물	that	–	that	형용사절
선행사가 포함된 사물	what	–	what	명사절

Check Point

관계대명사 that은 who, whom, which 등을 대신하여 사용할 수 있다.

(2) who

① 선행사가 사람이고, 관계사절에서 주어 역할을 하는 경우 who를 씀

I know a boy. + He is called Tom.

→ I know a boy who is called Tom. (나는 Tom이라고 불리는 소년을 알고 있다.)

② 선행사가 사람이고, 관계사절에서 목적어 역할을 하는 경우 whom을 씀

I know a boy. + They call him Tom.

→ I know a boy whom they call Tom. (나는 사람들이 Tom이라고 부르는 소년을 알고 있다.)

③ 선행사가 사람이고, 관계사절에서 소유격 역할을 하는 경우 whose를 씀

I know a boy. + His name is Tom.

→ I know a boy whose name is Tom. (나는 이름이 Tom인 소년을 알고 있다.)

Check Point

의문사 who와 관계대명사 who의 비교
- 의문사 who
  - **예** I know who can speak English well. (나는 누가 영어를 잘할 수 있는지 안다.)['who ~'는 명사절로서, know의 목적어이고 who는 의문사]
- 관계대명사 who
  - **예** I know the man who can speak Korean well. (나는 한국어를 잘할 수 있는 사람을 알고 있다.)['who ~'는 관계대명사절(형용사절)로서 선행사(the man)를 수식]

(3) which

① 선행사가 사물이고, 관계사절에서 주어 역할을 하는 경우 which를 씀[주격 관계대명사]

I live in a house. + It was built by father.

→ I live in a house which was built by father. (나는 아버지에 의해 지어진 집에서 살고 있다.)

② 선행사가 사물이고, 관계사절에서 목적어 역할을 하는 경우 which를 씀[목적격 관계대명사]

I live in a house. + My father built it.

→ I live in a house which my father built. (나는 아버지가 지은 집에서 살고 있다.)

③ 선행사가 사물이고, 관계사절에서 소유격 역할을 하는 경우 whose를 씀

I live in a house. + Its roof is blue.

→ I live in a house whose roof is blue. (나는 지붕이 푸른 집에서 살고 있다.)

cf. 소유격의 경우 whose를 쓰지 않고 of which를 쓰는 경우도 있으나 드물다.

= I live in a house of which the roof is blue.

= I live in a house the roof of which is blue.

④ 사람의 지위, 직업, 성격이 선행사인 경우도 관계대명사 which를 씀

He is not the man which his father wanted him to be. (그는 그의 아버지가 되기를 바란 사람이 아니다.)

⑤ which가 앞 문장의 일부 또는 전체를 받는 경우도 있음

She looked very happy, which she really was not. (그녀는 매우 행복해 보였다. 그러나 사실은 행복하지 않았다.) [계속적 용법]

꼭! 확인 기출문제

다음 밑줄 친 부분 중 어법상 옳지 않은 것을 고르시오. [지방직 9급 기출]

The navigational compass was one of ① the most important inventions in history. It sparked an enormous age of exploration ② which in turn brought great wealth to Europe. This wealth is ❸ that fueled later events such as the Enlightenment and the Industrial Revolution. It has been continually simplifying the lives of people around the globe ④ since its introduction to the world.

(4) that

① 관계대명사 that을 쓸 수 있는 경우

- 선행사가 사람인 경우 관계대명사 that을 쓸 수 있음

He is the man that(= who) lives next door to us. (그는 옆집에 사는 사람이다.)[주격 관계대명사]

- 선행사가 동물이나 사물인 경우에도 that을 쓸 수 있음

This is the book that(= which) my uncle gave to me. (이 책은 삼촌이 나에게 준 책이다.)[목적격 관계대명사]

② 관계대명사 that을 쓰는 경우

- 선행사가 '사람 + 동물'이나 '사람 + 사물'인 경우 보통 관계대명사 that을 씀

Look at the girl and her dog that are coming here. (여기로 오고 있는 소녀와 개를 보아라.)

The car hit the boy and his bicycle that were crossing the street. (그 차는 길을 건너고 있던 소년과 자전거를 치었다.)

- 선행사가 최상급이나 서수의 수식을 받는 경우 보통 that을 씀

He is the greatest actor that has ever lived. (그는 지금까지 살았던 배우 중에서 가장 훌륭한 배우이다.)

She is the first singer that the school has ever produced. (그녀는 그 학교에서 배출한 첫 번째 가수이다.)

- 선행사가 the only, the very, the same 등의 제한적 표현의 수식을 받는 경우 보통 that을 씀

She is the only girl that I loved in my childhood. (그녀는 내가 어린 시절 사랑했던 유일한 소녀이다.)

This is the very book that I have been looking for. (이것이 내가 찾아 온 바로 그 책이다.)

This is the same pen that I have. (이것은 내가 가지고 것과 동일한 펜이다.)

Check Point

관계대명사 that은 who나 whom, which 등을 대신해 사용할 수 있는데, 주격과 목적격이 'that'으로 같으며 소유격은 없다.

203

02. 다음 글의 밑줄에서 어법 상 옳은 것을 모두 고른 것은?

Pattern books contain stories that make use of repeated phrases, refrains, and sometimes rhymes. In addition, pattern books frequently contain pictures (A) (that/what) may facilitate story comprehension. The predictable patterns allow beginning second language readers to become involved (B) (immediate/immediately) in a literacy event in their second language. Moreover, the use of pattern books (C) (meet/meets) the criteria for literacy scaffolds by modeling reading, by challenging students' current level of linguistic competence, and by assisting comprehension through the repetition of a simple sentence pattern.

	(A)	(B)	(C)
①	that	immediate	meet
②	what	immediately	meets
③	that	immediately	meets
④	what	immediate	meet

해 (A) '이야기의 이해를 도와줄 그림' 즉, 관계대명사 이하의 문장이 선행사 'pictures'를 수식 하므로 관계대명사 'that'이 적합하다. 'what'은 선행사를 포함하는데, 위의 문장에서는 선행사 'pictures'가 있으므로 적합하지 않다.

• 선행사가 all, every, some, any, no, none, much, little 등의 수식을 받는 경우 보통 that을 씀

All that you read in this book will do you good. (이 책에서 네가 읽은 모든 것은 너를 이롭게 할 것이다.)

He has lost all the money that his mother gave him. (그는 그의 어머니께서 주신 모든 돈을 잃어버렸다.)

Her writing contains little that is new, but much that is old. (그녀의 글은 새롭지만 오래된 것이 많다.)

• 선행사가 -thing 형태로 끝나는 명사(something, anything, everything, nothing 등)인 경우 보통 that을 씀

There is nothing that I like better. (내가 더 좋아하는 것은 아무것도 없다.)

• 선행사가 의문사 who, which, what 등으로 시작되는 경우 보통 that을 씀

Who that has common sense will do such a thing? (상식이 있는 사람이 그런 짓을 할까?)

Who is the man that is standing there? (저기에 서 있는 사람은 누구입니까?)

• 관계대명사가 관계절의 보어로 쓰이는 경우 보통 that을 씀

He is not the man that he was ten years ago. (그는 10년 전의 그가 아니다.)

③ 관계대명사 that의 주의할 용법

• 관계대명사 that은 제한적 용법으로만 사용되며, 계속적 용법에서는 쓸 수 없음

The car that[which] stands in front of the building is mine. (그 건물 앞에 서있는 차는 내 것이다.)[제한적 용법]

I met a gentleman, that told me the fact.(×)[계속적 용법]

→ I met a gentleman, who told me the fact.(○)

• 관계대명사 that 앞에는 전치사를 쓸 수 없음

This is the lady of that I spoke yesterday.(×)

→ This is the lady that I spoke of yesterday.(○)

→ This is the lady of which I spoke yesterday.(○)

답 02 ③

꼭! 확인 기출문제

다음 빈칸에 가장 알맞은 것은? [국가직 9급 기출]

> All _____ is a continuous supply of food and water.

① what is needed ② which is needed

③ the things needed ❹ that is needed

해 ④ 빈칸 다음의 'is'가 전체 문장의 정동사이며 'all'은 주어에 해당된다. 따라서 빈칸은 대명사 all을 선행사로 하며, 이를 수식하는 형용사절(관계대명사절)이 온다는 것을 알 수 있다. 그런데, 일반적으로 부정대명사 all이 선행사인 경우 관계대명사는 'that'을 사용한다. 따라서 빈칸에는 'that is needed'가 가장 적합하다. 한편, '주격 관계대명사 + be동사'는 생략이 가능하므로 'All (that is) needed ~'로 쓸 수 있으며, 이는 또한 'All (being) needed'와 같이 분사구문으로 표현할 수도 있다.

① what은 선행사를 포함하는 관계대명사이다.

② 부정대명사 all, some 등이 선행사인 경우 관계대명사는 that을 쓴다.

③ 'All the things (that are) needed'의 형식은 가능하나, 이 경우 다음의 동사가 단수(is)가 아니라 복수(are)가 되어야 한다.

어휘 continuous 계속[연속]적인, 끊이지 않는, 부단한

supply 공급(↔demand), 보급, 공급품[량], 재고품, 공급하다, 보충하다

해석 필요한 전부는 식량과 물의 계속적인 공급이다.

(5) what

① 선행사를 포함하고 있는 관계대명사 what

- what은 선행사를 포함하고 있으므로 '선행사 + 관계대명사(which 등)'의 역할을 대신함
- What이 이끄는 절(명사절)은 문장의 주어 · 목적어 · 보어 역할을 함
- 의미상 '~하는 것', '~하는 모든[어떤] 것'이란 의미로 쓰임
- What is done cannot be undone. (이미 한 것을 되돌릴 수 없다.)[주어]

  = That which is done cannot be undone.
- What he said is true. (그가 말한 것은 사실이다.)
- You must not spend what you earn. (너는 네가 버는 것 모두를 써버려서는 안 된다.)[목적어]

  = You must not spend all that you earn.
- You may do what you will. (너는 네가 하고 싶은 것을 해도 좋다.)

  = You may do anything you will.
- We must do what is right. (우리는 올바른 것을 행해야 한다.)

  = We must do the thing that is right.
- This is what I want. (이것은 내가 원하는 것이다.)[보어]

Check Point

관계대명사 what과 접속사 that의 차이

선행사가 없다는 것은 같지만, 관계대명사 what 다음의 절은 완전한 문장이 아닌데 비해 접속사 that 다음의 절은 완전한 문장이 된다는 점에서 차이가 있다.

예 What is beautiful is not always good. (아름다운 것이 항상 좋은 것은 아니다.)[what 이하의 절이 주어가 없는 불완전한 문장임]

That he is alive is certain. (그가 살아 있는 것이 분명하다.)[that 이하의 절이 '주어 + 동사 + 보어'로 된 완전한 문장임]

[지방직 9급 기출]

03. 밑줄 친 부분 중 어법상 옳지 않은 것은?

I am writing in response to your request for a reference for Mrs. Ferrer. She has worked as my secretary ① for the last three years and has been an excellent employee. I believe that she meets all the requirements ② mentioned in your job description and indeed exceeds them in many ways. I have never had reason ③ to doubt her complete integrity. I would, therefore, recommend Mrs. Ferrer for the post ④ what you advertise.

해 관계대명사 'what'은 선행사를 자체 포함하나, 해당 문장에서는 뒤의 종속절이 앞의 'the post'를 수식하는 형용사절의 역할을 하므로 'the post'는 선행사이다. 그러므로 'what'을 관계대명사 'that' 또는 'which'로 고쳐 써야 옳다.

② **what의 관용적 표현**

- what we[you] call(= what is called)(소위)
  He is what is called a bookworm. (그는 소위 책벌레다.)
- what is + 비교급(더욱 ~한 것은) / what is worse(설상가상으로), what is more[better](게다가)
  He lost his way, and what was worse, it began to rain. (그는 길을 잃었고, 설상가상으로 비가 내리기 시작했다.)
- A is to B what C is to D(A와 B의 관계는 C와 D의 관계와 같다.)
  Reading is to the mind what food is to the body. (독서와 정신에 대한 관계는 음식과 신체에 대한 관계와 같다.)
- what + S + be(현재의 S, S의 인격·위치), what + S + used to(과거의 S), what + S + have(S의 재산)
  My parents made me what I am today. (나의 부모님이 나를 현재의 나로 만드셨다.)
  We honor him not for what he has, but for what he is. (우리는 그의 재산이 아니라 인격 때문에 그를 존경한다.)
  He is no longer what he used to be. (그는 더 이상 예전의 그가 아니다.)
- what with ~, what with(한편으로는 ~때문에, 또 한편으로는 ~때문에)
  What with drinking, and (what with) gambling, he is ruined. (한편으로는 술 때문에 또 한편으로는 도박 때문에 그는 파멸되었다.)
- what by ~, what by ~(한편으로 ~의 수단으로, 또 한편으로 ~의 수단으로)
  What by threats, what by entreaties. (위협하기도 하고, 애원하기도 하여)

 꼭! 확인 기출문제

01. 다음 중 어법 또는 문법적으로 틀린 것을 고르시오. [서울시 9급 기출]

① Since the poets and philosophers discovered the unconscious ② before him, ❸ that Freud discovered was the scientific method ④ by which the unconscious can be studied.

해 ③의 경우 'that Freud discovered' 부분이 동사 was의 주어('프로이트가 발견한 것')가 되어야 한다. 그런데 명사절 내의 동사 'discovered'의 목적어(선행사)가 없으므로 'that'을 선행사를 포함하고 있는 관계대명사 'what'으로 바꾸어야 한다.
① since는 이유나 근거(~이므로, ~이니까)를 나타내는 접속사이다.
② him은 Freud를 말하며, before는 순서나 우선순위(~보다 먼저, ~에 앞서)를 나타내는 전치사이다.
④ 'by which' 이하는 선행사 method를 수식하는 관계대명사절(형용사절)이다. 이는 'and the unconscious can be studied by the scientific method'의 문장 구조를 관계사절로 바꾸면서 by가 관계대명사 앞으로 나간 형태이다.

답 03 ④

어휘 philosopher 철학자, 현인
the unconscious 무의식(적인 심리) cf. unconscious 무의식의, 모르는, 의식 불명의, 의식[자각, 지각]이 없는
method 방법, 방식, 순서, 분류법

해석 시인들과 철학자들이 그(프로이트) 보다 앞서 무의식을 발견했기 때문에 프로이트가 발견한 것은 무의식이 연구될 수 있는 과학적 방법이었다.

02. 다음 중 어법상 빈칸에 가장 적합한 것은? [국회직 8급 기출]

> The Blue Train commenced service in 1908, _____
> to Cape Town, a journey of almost 2,000 kilometers.

① ran from which was then Salisbury, Rhodesia (now Harare, Zimbabwe)
❷ running from what was then Salisbury, Rhodesia (now Harare, Zimbabwe)
③ running from which was then Salisbury, Rhodesia (now Harare, Zimbabwe)
④ has run from that was then Salisbury, Rhodesia (now Harare, Zimbabwe)
⑤ has run from the city that was then Salisbury, Rhodesia (now Harare, Zimbabwe)

해 제시된 보기를 통해 판단할 때, comma(,) 다음에 접속사나 관계사 등의 연결사가 없으므로 빈칸에는 분사 구문(②, ③)으로 연결된다는 것을 생각해볼 수 있다. 그런데, ③의 경우는 which의 선행사가 없으므로 관계대명사로 볼 수 없고, 또한 의문대명사로 보아도 의미상 전혀 어울리지 않는다. ②의 경우 what이 선행사를 포함하고 있는 관계대명사이며, 관계대명사절(명사절)이 전치사의 목적어가 되는 구조로 본다면 빈칸에 어울릴 수 있다.

어휘 commence 개시하다, 시작하다, 학위를 받다 n. commencement 시작, 개시, 착수, 졸업식
journey 여행, 여정(旅程)

해석 Blue Train은 1908년에 그 당시의 Salisbury와 Rhodesia(지금의 Harare와 Zimbabwe)에서 Cape Town까지 운행하면서 업무를 시작했는데, 거의 2천 킬로미터에 이르는 여정이었다.

(6) 관계대명사의 제한적 용법과 계속적 용법

① 제한적 용법

- 관계대명사 앞에 comma(,)가 없음
- 관계대명사가 앞의 선행사와 같으며 해석 시 관계대명사는 곧 선행사가 됨
- He has two sons who are doctors. (그는 의사가 된 두 아들이 있다. → 아들이 더 있을 수 있음)

② 계속적 용법

- 관계대명사 앞에 comma가 있음
- 선행사가 고유명사인 경우나 앞 문장 전체가 선행사가 되는 경우 등에 주로 사용됨
- 관계대명사를 문장에 따라 '접속사(and, but, for, though 등) + 대명사'로 바꾸어 쓸 수 있음
- He has two sons, who are doctors. (그는 아들이 둘 있는데, 둘 다 의사이다. → 아들이 두 명 있음)

Check Point

계속적 용법으로 쓰일 수 있는 관계대명사는 who, which, as 등이 있다(that은 불가).

04. 다음 빈칸에 가장 알맞은 것을 고르시오.

> There are over 74 varieties of scorpions _____.

① humans are harmless
② much of which is harmless to humans
③ which is harmless to humans
④ most of which are harmless to humans

해 빈칸에 들어갈 원래 문장 구조는 'but most of them (scorpions) are harmless to humans'이다. 여기서 관계대명사는 접속사와 대명사의 역할을 하므로 이를 관계대명사(계속적 용법)를 사용하는 문장으로 바꾼다면, 'most of which are harmless to humans'가 된다. 이때 선행사는 빈칸 앞의 'scorpions'이다.

- She lives in Busan, which is the second largest city in Korea. (그녀는 부산에 사는데, 부산은 한국에서 두 번째 큰 도시이다.)[선행사가 고유명사]
- I missed my train, which made me late to the meeting. (나는 기차를 놓쳤는데, 그것은 내가 그 모임에 늦게 만들었다.)[선행사는 앞 문장 전체]

(7) 관계대명사의 생략과 전치사

① 목적격 관계대명사의 생략
- 동사의 목적어인 경우
  He is the man (whom) I saw there. (그는 내가 거기서 본 사람이다.)
- 전치사의 목적어인 경우
  This is a doll (which / that) she plays with. (이 인형은 그녀가 가지고 노는 인형이다.)

② 주격 관계대명사의 생략 : 관계대명사의 주격 · 소유격은 생략할 수 없으나, 다음과 같은 경우 예외적으로 생략 가능
- 관계대명사가 주격보어인 경우
  He is not the rude man (that) he used to be. (그는 예전처럼 무례한 사람이 아니다.)
- 'There is' 또는 'Here is'로 시작하는 문장의 경우
  There is a man (who / that) wants to see you. (어떤 사람이 당신을 만나고자 합니다.)
- 관계대명사절이 'there is'로 시작하는 경우
  This is one of the most beautiful mountains (that) there are in this country. (이 산은 이 나라에 있는 가장 아름다운 산 중의 하나입니다.)
- 'I think', 'you know', 'he says' 등이 삽입된 경우
  I met a man (who) they said was an entertainer. (나는 그들이 연예인이라 말한 사람을 만났다.)
- '주격 관계대명사 + be동사'는 생략이 가능
  That boy (who is) playing tennis there is my son. (저기서 테니스를 치고 있는 저 아이는 나의 아들이다.)
  It is a very old monument (which is) made of marble. (이것은 대리석으로 만들어진 아주 오래된 기념물이다.)

답 04 ④

③ 관계대명사를 생략할 수 없는 경우
- 관계대명사의 계속적 용법

  I bowed to the gentleman, whom I knew well. (나는 그 신사에게 인사했는데, 그는 내가 잘 아는 사람이었다.)[관계대명사 whom은 생략 불가]
- '전치사 + 관계대명사'가 시간, 장소, 방법 등을 나타내는 경우

  I remember the day on which he went to the building. (나는 그가 그 빌딩에 간 날을 기억한다.)
- 'of which', 'of whom' 등이 어느 부분을 나타내는 경우

  I bought ten pencils, the half of which I gave my brother. (연필 열 자루를 샀는데, 그중 반을 내 동생에게 주었다.)

④ 관계대명사와 전치사
- 대부분의 전치사는 관계대명사의 앞 또는 문미(文尾)에 오는 것이 가능

  This is the house which I live in. (이 집은 내가 살고 있는 집이다.)

  = This is the house in which I live.
- 관계대명사가 that인 경우 전치사는 문미(文尾)에 위치

  This is the house that I live in. (○) (이것이 내가 사는 집이다.)

  This is the house in that I live. (×)
- 부분을 나타내는 전치사 of 앞에 all, most, many, some, any, one, both 등이 오는 경우 관계대명사는 of 뒤에 위치

  He had many friends, all of whom were sailors. (그는 친구들이 많았는데 모두 선원이었다.)
- ask for, laugh at, look for, be afraid of 등이 쓰인 경우 전치사는 문장 뒤에 위치[관계대명사 앞에 쓰지 않음]

  The boy whom we laughed at got very angry. (우리가 비웃었던 소년은 매우 화가 났다.)

기출 Plus [국가직 9급 기출]

05. 밑줄 친 부분 중 어법상 옳지 않은 것은?

The Aztecs believed that chocolate ① made people intelligent. Today, we do not believe this. But chocolate has a special chemical ② calling phenylethylamine. This is the same chemical ③ the body makes when a person is in love. Which do you prefer─④ eating chocolate or being in love?

해 ②의 경우 앞의 선행사 chemical(화학물질)을 수식하는 형용사절(관계대명사절)로서, 선행사 다음에 'which is(주격관계대명사 + be동사)'가 생략된 형태이다. 여기서 선행사 chemical과 다음 분사는 의미상 수동관계('불리는')이므로 과거분사 형태가 와야 한다. 따라서 'calling'을 'called'로 고쳐야 한다.

Check Point

beyond, as to, during 등의 전치사는 관계대명사 앞에 위치한다.

예 There was a high wall, beyond which nobody was permitted to go.

답 05 ②

기출 Plus
[서울시 9급 기출]

06. 밑줄 친 부분 중 어법상 가장 옳지 않은 것은?

I'm ① pleased that I have enough clothes with me. American men are generally bigger than Japanese men so ② it's very difficult to find clothes in Chicago that ③ fits me. ④ What is a medium size in Japan is a small size here.

圖 ③ 관계대명사가 이끄는 종속절의 동사의 수는 선행사의 수에 일치시켜야 한다. 'that'은 앞의 'clothes'를 선행사로 하는 주격 관계대명사로 선행사가 복수이므로 종속절의 동사 'fits'는 'fit'로 고쳐 써야 옳다. 'that'의 선행사가 'Chicago'가 아님에 주의해야 한다.
① 사람이 주어일 경우 감정을 나타내는 동사는 'be + p.p'의 수동태 형태여야 하므로, 과거분사 형태인 'pleased'는 타당하다.
② 'difficult'는 사람을 주어로 쓸 수 없는 형용사로 'it ~ to부정사'의 '가주어 ~ 진주어' 구문으로 사용되어야 한다.
④ 'what'은 선행사가 자체 포함된 주격 관계대명사로 옳게 사용되었다.

답 06 ③

🔍 **꼭! 확인 기출문제**

다음 빈칸 (A), (B)에 알맞은 것을 바르게 고른 것은? [국회직 8급 기출]

It seems safe to say that (A) _____ of Asian-Americans include the residents of New York's sprawling Chinatown, many of (B) _____ never learn English and rarely move out of their own community.

	(A)	(b)
①	the most assimilated	who
②	the least assimilated	who
③	the most assimilated	whom
❹	the least assimilated	whom
⑤	the most assimilated	whose

圖 (A) 다음의 내용(~the residents ~ never learn English and rarely move out of their own community)으로 미루어, '가장 덜 동화된 (사람들)'을 의미하므로 'the least assimilated'가 적합하다.
(B) 빈칸에는 사람(the residents ~)을 선행사로 하는 관계대명사가 필요한데, 문장 구조상 전치사 of의 목적어가 되므로 목적격 관계대명사 whom이 적합하다. 여기서 관계대명사 다음의 동사(learn, move)의 주어는 many이다. 한편, 관계대명사를 쓰지 않은 문장 구조는 '~ Chinatown, and many of them(= the residents ~) never learn English and rarely move out of their own community'라 볼 수 있다.

어휘 It is safe to say that ~라고 해도 괜찮다[과언이 아니다]
assimilate 동화[동질화]하다, 같게 하다(= make similar) n. assimilation
Asian-American 아시아계 미국인
resident 거주재[거류민], 주민(= inhabitant, dweller), 거주하는, 고유의[내재하는] n. residence 주거, 거주
sprawling 팔다리를 흉하게 쭉 뻗은, 불규칙하게 뻗는[넓어지는] v. sprawl 팔다리를 펴다, 볼품없이 뻗어 있다, 내뻗다, 기어 다니다
rarely 드물게, 좀처럼[거의] ~하지 않는(= seldom)
community 공동사회[공동체, 지역], 일반 사회, 공중

해석 아시아계 미국인들 중 가장 적게 동화된 사람들은 뉴욕의 이곳저곳으로 뻗어 있는 차이나타운의 거주자들을 포함한다고 해도 괜찮은 것 같다(과언이 아니다). 그들 중 다수는 결코 영어를 배우지 않으며 그들 자신의 공동체(차이나타운)에서 좀처럼 나오지 않는다.

---

(8) 관계대명사의 격과 수의 일치

① 주격 : 관계대명사가 다음의 동사의 주어가 되는 경우
  • 주격 관계대명사 다음의 동사는 선행사의 수에 일치
    He has a son who lives in Incheon. (그는 인천에 사는 아들 하나가 있다.)[동사 live는 선행사(a son)에 일치]
  • 'I thought' 등이 삽입절이 되는 경우는 이를 제외하고 관계대명사의 격과 수 일치를 결정
    The man who (I thought) was your father turned out quite a stranger. (내가 너의 아버지라고 생각했던 사람은 전혀 낯선 사람으로 판명되었다.)[who는 주격 관계대명사이므로 동사(was)는 선행사(the man)에 일치]

② **목적격** : 관계대명사가 동사나 전치사의 목적어가 되는 경우

Who is the girl whom you were playing tennis with? (당신이 함께 테니스를 친 소녀는 누구입니까?)

= Who is the girl with whom you were playing tennis?

The man whom I thought to be your father turned out quite a stranger. (내가 당신의 아버지라 생각했던 사람은 전혀 낯선 사람으로 판명되었다.)[이 경우 'I thought'는 삽입절이 아니며 관계대명사절의 주어와 동사에 해당됨]

③ **주의할 수의 일치**

- 'one of + 복수명사'가 선행사인 경우 관계대명사의 수는 복수로 받음

  He is one of my friends who help me with my homework. (그는 내 숙제를 도와주는 친구들 중의 한 명이다.)

- 'only one of + 복수명사'가 선행사인 경우 관계대명사의 수는 단수로 받음

  He is the only one of my friends who helps me with my homework. (그는 친구들 중에서 내 숙제를 도와주는 유일한 친구이다.)

(9) 유사관계대명사

① as

- as가 such와 상관적으로 쓰이는 경우

  Choose such friends as will listen to you quietly. (너의 말을 경청하려는 친구들을 선택하라.)

- as가 same과 상관적으로 쓰이는 경우

  This is the same camera as I bought yesterday. (이것은 내가 어제 산 카메라와 같은 종류의 카메라이다.)[the same ~ as(동일 종류의 ~)]

  cf. This is the same camera that I bought yesterday. (이것은 내가 어제 산 그 카메라이다.)[the same ~ that(바로 그것)]

- as가 앞 또는 뒤의 문장 전체 또는 일부를 받는 경우

  She is very careful, as her work shows. (그녀는 매우 조심성이 있다. 그녀의 작품이 그것을 말해준다.)

- 'as many A(복수명사) as ~'와 'as much A(단수명사) as ~'(~하는 모든 A)

  As many passengers as were in the bus were injured. (버스에 타고 있던 모든 사람들이 다쳤다.)

  Lend me as much money as you have. (네가 가진 돈 모두를 나에게 빌려 달라.)

Check Point

관계대명사의 동사의 수는 항상 선행사의 수에 일치시킨다는 점에 주의한다.

Check Point

유사관계대명사 as, but, than
유사관계대명사(의사관계대명사) as, but, than은 관계대명사로 보기도 하나, 이를 엄밀히 보아 접속사로 분류하기도 한다.

Check Point

as is often the case with(흔히 있는 일이지만, 늘 그랬듯이)
ⓔ As is often the case with him, he was late for school. (늘 그랬듯이, 그는 학교에 지각했다.)

[경찰직 9급 기출]

07. 다음 중 어법상 가장 어색한 것은?

① Have you made up your mind about my offer?

② I've given it a lot of thought, but I'm still not sure.

③ What's the exact problem as bothers you?

④ I just need more time to work things out.

해 ③의 경우 선행사 problem을 표현하는 주격관계대명사가 와야 하므로 'that' 또는 'which'로 고쳐야 한다. as가 유사관계대명사로 쓰이는 경우에는 앞의 선행사 부분에 오는 such, so, the same, as many, as much 등과 짝을 이루어 함께 사용된다.

② but : 'that ~ not'의 의미로 관계대명사처럼 쓰임

There is no one but loves peace. (평화를 사랑하지 않는 사람은 없다.)

③ than : 비교표현에서 '~이상의'란 의미로 관계대명사처럼 쓰임

He bought more books than he could read. (그는 자신이 읽을 수 있는 것보다 더 많은 책을 샀다.)

⑽ 복합관계대명사

① 복합관계대명사의 특징

- '관계대명사 + ever'의 형태를 지님 : whoever, whomever, whichever, whatever 등
- 선행사를 포함하며, 명사절이나 양보의 부사절을 이끎
- 명사절의 경우 '모든[누구, 어떤] ~ 도'의 의미이며, 양보의 부사절의 경우 '~이더라도[하더라도]'의 의미가 됨
- Give it to whoever wants it. (그것을 원하는 어떤 사람[누구]에게라도 그것을 주어라.)[명사절을 이끄는 (주격) 복합관계대명사]
- Give it to whomever you like. (당신이 좋아하는 어떤 사람[누구]에게도 그것을 주어라.)[명사절을 이끄는 (목적격) 복합관계대명사]
- Whoever may object, I will go with you. (누가 반대를 하더라도 나는 당신과 함께 갈 것이다.)[양보의 부사절을 이끄는 복합관계대명사]
- Whatever may happen, I must do it. (무슨 일이 생긴다 하더라도 나는 이것을 해야 한다.)[양보의 부사절을 이끄는 복합관계대명사]

② whoever

- 명사절을 이끄는 whoever는 'anyone who'의 의미

Whoever(= Anyone who) comes will be welcomed. (오는 사람은 누구나 환영합니다.)

- 양보의 부사절을 이끄는 whoever는 'no matter who'의 의미

Whoever(= No matter who) dissuades me, I will not change my mind. (누가 설득하더라도 나는 마음을 바꾸지 않을 것이다.)

③ whomever

- 명사절을 이끄는 whomever는 'anyone whom'의 의미

You can invite to the party whomever you like. (당신이 좋아하는 사람이라면 누구든지 잔치에 초대하십시오.)

- 양보의 부사절을 이끄는 whomever는 'no matter whom'의 의미

Whomever you recommend, I will not employ him. (당신이 누구를 추천하던지, 나는 그를 고용하지 않겠다.)

④ whichever

- 명사절을 이끄는 whichever는 'anything[either thing] that'의 의미

Take whichever you want. (당신이 원하는 건 뭐든지 가지시오.)

- 양보의 부사절을 이끄는 whichever는 'no matter which'의 의미

Whichever way you take, you'll be able to get to the park. (당신이 어떤 길을 택하던지, 공원에 도착할 수 있을 것이다.)

cf. whichever가 형용사처럼 쓰이는 경우도 있다.

You may read whichever book you like. (당신이 좋아하는 어떤 책이라도 읽을 수 있다.)

= You may read any book that you like.

⑤ whatever

- 명사절을 이끄는 whatever는 'anything that'의 의미

Whatever I have is yours. (내가 가진 것은 어느 것이든 당신 것이다.)

- 양보의 부사절을 이끄는 whatever는 'no matter what'의 의미

Don't be surprised whatever may happen. (무슨 일이 일어나더라도 놀라지 마라.)

cf. whatever가 형용사처럼 쓰이는 경우도 있다.

Take whatever means is considered best. (최선이라고 여겨지는 무슨 조치든 취하라.)

꼭! 확인 기출문제

01. 다음 밑줄 친 부분 중 문법적으로 옳지 않은 것은? [서울시 9급 기출]

The supervisor ① was advised to give the assignment to ❷ whomever ③ he believed had a strong ④ sense of responsibility and the courage of his conviction.

해 ② 선행사를 포함하는 복합관계대명사인데, 관계사절 내에서 다음에 오는 동사 had의 주어가 된다(여기서의 'he believed'는 삽입구). 따라서 목적격이 아닌 주격이 되어야 한다. whomever → whoever[anyone who]

① 감독자가 충고(권고)받은 것이므로 수동형이 되었다.

③ 'he believed'는 삽입구이며, 동사 had의 시제는 과거이다.

④ sense of responsibility(책임감)

어휘 supervisor 감독자, 관리자, 지휘[통제]자 a. supervisory 감독의, 관리의

assignment 할당, 할당된 몫, 지정, 지시, 지령, 임명, 담당, 임무, 연구 과제[숙제] v. assign 할당하다, 임명하다

sense of responsibility 책임감

courage of one's convictions 신념[자기 소신]에 따른 용기

해석 그 감독관은 자신이 믿기에 강한 책임감과 신념에 따른 용기를 가진 누구에게라도 그 임무를 주라는 권고를 받았다.

기출 Plus [국가직 9급 기출]

08. 어법상 옳은 것은?

① While worked at a hospital, she saw her first air show.

② However weary you may be, you must do the project.

③ One of the exciting games I saw were the World Cup final in 2010.

④ It was the main entrance for that she was looking.

해 ② 양보의 부사절로 however + 형용사 + 주어 + 동사의 어순으로 바르게 쓰였다.

Check Point

복합관계대명사가 이끄는 양보의 부사절

복합관계대명사가 양보의 부사절을 이끄는 경우 'no matter who[what, which]'(비록 ~일지라도)'의 의미가 된다.

예 Whichever you choose, make sure that it is a good one. (어느 것을 고르든지, 그것이 좋은 것인지 확인해라.)

= No matter which you choose, make sure that it is a good one.

답 08 ②

09. 다음 우리말을 영어로 가장 잘 옮긴 것은?

5세 미만의 9백만 명 아이들이 적어도 한 명의 흡연자가 있는 집에 산다.

① Nine million children below the age of 5 live in homes with one smoker.
② Nine million children above the age of 5 live in home with at least one smoker.
③ Nine million children of the age of 5 live in homes where both parents smoke.
④ Nine million children under the age of 5 live in homes where at least one person smokes.

해 연령에서 '〜 미만'이라고 표현할 때는 전치사 'under'나 'below'를 사용할 수 있으며, 'at least'는 우리말로 '적어도(최소한)'이라는 표현이다. 따라서 ④가 옳다. 여기에서 where는 homes를 선행사로 하는 관계부사이다.

---

02. 우리말을 영어로 **잘못** 옮긴 것은? [지방직 · 서울시 9급 기출]

① 보증이 만료되어서 수리는 무료가 아니었다.
　→ Since the warranty had expired, the repairs were not free of charge.
❷ 설문지를 완성하는 누구에게나 선물카드가 주어질 예정이다.
　→ A gift card will be given to whomever completes the questionnaire.
③ 지난달 내가 휴가를 요청했더라면 지금 하와이에 있을 텐데.
　→ If I had asked for a vacation last month, I would be in Hawaii now.
④ 그의 아버지가 갑자기 작년에 돌아가셨고, 설상가상으로 그의 어머니도 병에 걸리셨다.
　→ His father suddenly passed away last year, and, what was worse, his mother became sick.

해 ② 'whomever'는 목적격 복합관계대명사이므로 바로 뒤에 'completes'라는 동사가 나오고 있는데 동사앞에 주어가 없기 때문에 주격인 'whoever'가 나와야 알맞다.

어휘 pass away 사망하다[돌아가시다], (존재하던 것이) 없어지다[사라지다]
　　　 what is worse 설상가상으로, 엎친 데 덮친 격으로

---

2. 관계부사

(1) 관계부사의 의의

① 관계부사의 기능 : 문장 내에서 '접속사 + 부사'의 기능을 함
② 관계부사의 특징
　• 부사와 마찬가지로 문장의 필수성분이 아니므로 관계부사를 생략해도 다음 문장은 완전한 문장이 되며, 관계부사 자체는 뜻을 지니지 않아 해석하지 않음
　• 관계부사 that은 모든 관계부사(where, when, why, how)를 대신할 수 있으며, 종종 생략됨

(2) 관계부사의 종류

① when
　• 시간을 나타내는 선행사(the time / day / year / season 등)가 있을 경우 사용됨
　• 관계부사 when은 '전치사(in/on/at) + which'로 나타낼 수 있음
　• The birthday is the day when a person is born. (생일은 사람이 태어난 날이다.)
　= The birthday is the day on which a person is born.

답 09 ④

② where
- 장소를 나타내는 선행사(the place / house 등)가 있을 경우 사용됨
- 관계부사 where는 '전치사(in / at / to) + which'로 나타낼 수 있음
- The village where he lives is famous for its production of potatoes. (그가 살고 있는 그 마을은 감자 산지로 유명하다.)
  = The village in which he lives is famous for its production of potatoes.

③ why
- 이유를 나타내는 선행사(the reason)가 있을 경우 사용됨
- 관계부사 why는 '전치사(for) + which'로 나타낼 수 있음
- Explain the reason why the stars cannot be seen in the daytime. (별이 낮에는 보이지 않는 이유를 설명하시오.)
  = Explain the reason for which the stars cannot be seen in the daytime.

④ how
- 방법을 나타내는 선행사(the way)가 있을 경우 사용하나, 선행사(the way)와 관계부사 how는 같이 쓸 수 없고 하나를 생략해야 함
- 'the way in which'로 나타낼 수 있음
- Do you know how the bird builds its nest? (새가 둥지를 어떻게 만드는지 아니?)
  = Do you know the way the bird builds its nest?
  = Do you know the way in which the bird builds its nest?

⑤ that
- 관계부사 that은 관계부사 when, where, why, how 대신에 쓰일 수 있음
- 관계부사로 쓰인 that은 종종 생략됨
  This is the first time that I have ever stood on the platform. (이번이 내가 연단에 선 첫 번째다.)

(3) 관계부사의 선행사 생략 및 용법
① 관계부사 앞의 선행사 생략
- 관계부사 when 앞에 시간을 나타내는 선행사가 생략될 수 있음
  That is (the time) when the station is most crowded. (그때가 역이 가장 붐비는 시간이다.)
  cf. 선행사를 두고 관계부사를 생략하는 경우도 있음

기출 Plus [국가직 9급 기출]

10. 다음 밑줄 친 부분 중 어법상 옳지 않은 것은?

One of my patients was self-made man ① used to getting his way. A cynic, he never trusted his workers to do their jobs. He always double-checked them, and this often led to conflict and angry outbursts. But he believed his temper had contributed to his success. One autumn afternoon a motorist ② cut him off as he rushed from one job site to another. Ordinarily he would have leaned on the horn. But suddenly he felt as though a red-hot poker ③ were being thrust into his chest. He barely managed to drive to the nearest hospital, ④ which he was admitted to the coronary-care unit.

해 ④의 경우 앞의 선행사(hospital)가 장소를 나타내며 관계사 뒤의 문장이 완전한 형태이므로 관계부사가 와야 한다. 즉, 'which(관계대명사)'를 'where(관계부사)'나 'in(at) which(전치사 + 관계대명사)'로 바꾸어야 한다.

답 10 ④

[경찰직 9급 기출]

11. 다음 문장의 밑줄 친 부분에 가장 적절한 표현을 보기에서 고르시오.

> She loves her husband, no matter how _____
> _____.

① is he crazy
② he is crazy
③ crazy he is
④ crazy is he

해 'no matter how + 형용사 + 주어 + 동사'의 어순이다.

- 관계부사 where 앞에 장소를 나타내는 선행사가 생략될 수 있음

  Home is (the place) where you can have a peaceful time. (가정은 당신이 가장 평화로운 시간을 보낼 수 있는 곳이다.)

  cf. 선행사를 두고 관계부사를 생략하는 경우도 있음

- 관계부사 why 앞에 이유를 나타내는 선행사(reason)는 생략될 수 있음

  That is (the reason) why she did not come on the day. (그 이유 때문에 그녀가 그날 오지 않았다.)

  cf. 선행사를 두고 관계부사를 생략하는 경우도 있음

- 관계부사 how 앞에 방법을 나타내는 선행사(way)는 언제나 생략됨

  Tell me (the way) how you caught the tiger. (호랑이를 어떻게 잡았는지 나에게 말해줘.)

  cf. 선행사를 쓰는 경우 관계부사 how는 반드시 생략해야 됨

② 관계부사의 제한적 용법과 계속적 용법 : 관계대명사처럼 제한적 용법과 계속적 용법 두 가지가 있으며, 계속적 용법으로 쓰이는 관계부사는 when과 where 두 가지임

Please let me know the exact date when she will return. (그녀가 돌아오는 정확한 시간을 알려주시오.)[제한적 용법]

I'll be back before supper, when we'll talk about plans for the trip. (저녁 식사 전까지 돌아오겠다. 그때 여행 계획에 대해서 논의를 하자.)[계속적 용법]

(4) 복합관계부사

① 복합관계부사의 특징

- '관계부사 + ever'의 형태를 지님 : whenever, wherever, however
- 선행사를 포함하며, 양보의 부사절이나 시간 · 장소의 부사절을 이끎

② 복합관계부사의 종류

종류 ＼ 용법	시간 · 장소의 부사절	양보의 부사절
whenever	at any time when (~할 때는 언제나)	no matter when (언제 ~해도)
wherever	at any place where (~하는 곳은 어디나)	no matter where (어디에서 ~해도)
however	–	no matter how (아무리 ~해도)

- whenever

  Whenever(= At any time when) I visited her, she was not at home.

답 11 ③

(내가 그녀를 방문할 때마다 그녀는 집에 없었다.)[시간의 부사절]

Whenever(= No matter when) you may come, I am always ready. (당신이 언제 오더라도 나는 준비가 되어 있다.)[양보의 부사절]

- **wherever**

I will follow you wherever(= at any place where) you go. (당신이 가는 곳은 어디든지 따라가겠다.)[장소의 부사절]

Wherever(= No matter where) you (may) go, remember me. (당신이 어디를 가더라도 나를 기억해라.)[양보의 부사절]

- **however**

However(= No matter how) hard you may try, you can't master English in a month. (당신이 아무리 열심히 노력하더라도 영어를 한 달 안에 마스터할 수 없다.)[양보의 부사절]

However(= No matter how) fast you may run, you won't be able to overtake him. (당신이 아무리 빨리 달려도 당신은 그를 따라 잡을 수 없을 것이다.)

Check Point

however(어떻게 ~하더라도)
(= by whatever means)
However you express it, it is anything but a truth. (당신이 그것을 어떻게 표현하더라도 그것은 진실이 아니다.)[anything but(결코 ~이 아닌, ~이기는커녕)]

꼭! 확인 기출문제

다음 밑줄 친 부분 중 어법상 옳지 않은 것은? [지방직 9급 기출]

A mutual aid group is a place ① where an individual brings a problem and asks for assistance. As the group members offer help to the individual with the problem, they are also helping ② themselves. Each group member can make associations to a similar ③ concern. This is one of the important ways in which ④ give help in a mutual aid group is a form of self-help.

① where   ② themselves
③ concern   ❹ give

해 ④ 관계사절 '~ which give help in a mutual aid group is a form of self-help'에서 동사(is)의 주어가 없으므로, 'give help'를 주어의 역할을 할 수 있는 명사구의 형태로 고쳐야 한다. 구체적으로, 동사(give)가 주어의 역할을 하기 위해서는 준동사의 형태가 되어야 하므로, 'give help'를 'giving help'로 고쳐야 한다.
① 선행사가 장소(place)이므로 관계부사 'where'가 사용되었다. 관계부사는 부사와 마찬가지로 문장의 필수성분이 아니므로, 관계부사 다음에는 완전한 문장 구조가 되어야 한다.
② 타동사의 목적어가 주어(they)와 같으므로 목적어는 재귀대명사 'themselves'로 쓴다.
③ 어법상 명사가 와야 한다. 여기에서 'concern'은 명사로서, '관심(사)'이라는 의미가 된다.

어휘 mutual aid group 상호부조집단[단체] cf. mutual aid 상호 협조[협력, 부조]
association 협회[단체, 조합], 연합[합동, 제휴], 관련, 교제[사귐]
concern 관계, 이해관계, 중요성, 관심(사), 염려, 걱정
self-help 자조, 자립, 자치

해석 상호부조단체는 개인이 문제를 가져와 도움을 청하는 곳이다. 단체의 회원들이 문제를 지닌 개인에게 도움을 줌으로써, 그들은 또한 그들 자신을 돕게 된다. 단체의 각 회원들은 비슷한 관심사에 대해 연대할 수 있다. 이것이 상호부조단체 내에서 도움을 주는 것이 자신을 돕는 형식이 되는 중요한 방식의 하나이다.

제8장

형용사(Adjective)/부사 (Adverb)/비교(Comparison)

제1절 형용사(Adjective)

1. 형용사의 용법

(1) 한정적 용법

① 형용사가 명사를 수식하는 것을 말하며, 대부분 명사 앞에서 수식함[전치 수식]

He is a diligent man. (그는 부지런한 사람이다.)

She is a good dancer. (그녀는 좋은 무용수이다.)

My family are all early risers. (우리 집 식구들은 모두 일찍 일어난다.)

[early는 형용사로서 '(시각·계절 등이) 이른'의 의미]

② 한정적 용법으로만 쓰이는 형용사

> • –er 형태 : utter, former, inner, outer, upper, latter 등
> • –en 형태 : wooden, drunken, golden 등
> • 기타 형태 : mere, utmost, entire, sheer, only, very(바로 그), dramatic, medical, elder, lone 등

That man is an utter fool. (저 사람은 완전 바보이다.)

I prefer a wooden door to a metal door. (나는 금속재 문보다 목재 문을 더 좋아한다.)

I don't like drunken men. (나는 취한 사람은 싫어한다.)

cf. He was drunk. (그는 취했다.)[drunk는 서술적 용법에만 쓰임]

(2) 서술적 용법

① 형용사가 주격 보어와 목적격 보어로 쓰이는 것을 말함

The sea is calm. (바다는 고요하다.)[주격 보어]

He looked happy. (그는 행복해 보인다.)

He died young. (그는 젊어서 죽었다.)

She made him happy. (그녀는 그를 행복하게 하였다.)[목적격 보어]

He opened his mouth wide. (그는 입을 크게 벌렸다.)

② 서술적 용법으로만 쓰이는 형용사

> • a- 형태 : afloat, afraid, alike, alive, alone, asleep, awake, aware, averse 등
> • 기타 형태 : content, fond, glad, liable, unable, sorry, subject, worth 등

The plan is still afloat. (그 계획은 여전히 표류 중이다.)

She fell asleep. (그녀는 잠이 들었다.)

cf. There are half-asleep children.[수식어 동반 시 전치 수식]

He is still alive. (그는 아직도 생존해 있다.)

cf. This is a live program. (이 프로그램은 생방송입니다.)

They were content with their salary. (그들은 자신들의 봉급에 만족하고 있었다.)

(3) 한정적 용법과 서술적 용법으로 쓰일 때 의미가 다른 형용사

① late

Mr. Brown was late. (브라운 씨가 늦었다.)

the late Mr. Brown (고(故) 브라운 씨)

② present

The mayor was present. (시장이 참석했다.)

the present mayor (현(現) 시장)

③ certain

I am certain of his success. (나는 그의 성공을 확신한다.)

A certain man came to see you during your absence. (어떤 남자가 당신이 외출했을 때 당신을 찾아 왔다.)

④ ill

She is ill in bed. (그녀는 아파서 누워 있다.)

Ill news runs fast. (나쁜 소식은 빨리 퍼진다.)

(4) 주의해야 할 형용사 유형

① 유형 1

㉠ 해당 형용사 : easy, hard, impossible, difficult, dangerous, convenient, pleasant, safe 등

Check Point

대부분의 형용사는 한정용법과 서술용법에 모두 사용될 수 있으나, 일부 형용사는 한정용법에만, 일부 형용사는 서술용법에만 사용된다.

Check Point

혼동하기 쉬운 형용사
comparative 비교의
considerable 많은
desirable 바람직한
historic 역사적인
literary 문학의
memorable 기억할 만한
sensible 분별 있는
respective 각각의

ⓒ 용법
• 원칙상 사람 주어 불가(→ 단, 타동사나 전치사의 목적어(사람)가 주어로 오는 것은 가능)

Tom is difficult to read this book (×) [사람 주어 불가]

This book is difficult for Tom to read. (○) (이 책은 Tom이 읽기에는 어렵다.)

I am difficult to persuade him. (×) [사람 주어 불가]

⇒ He is difficult for me to persuade. (○) [동사의 목적어는 주어 위치에 올 수 있음] (내가 그를 설득하는 것은 어렵다.)

He is pleasant to talk with. (○) [전치사의 목적어는 주어 위치에 올 수 있음] (그와 이야기하는 것은 유쾌하다.)

• 'It be ~ that절'의 형태가 불가능함(→ that절을 진주어로 쓸 수 없음)
• 'It be ~ for + 목적어⟨의미상 주어⟩ + to V'의 형태로 사용됨

It is difficult that I persuade him. (×) ['It ~ that절' 불가]

⇒ It is difficult for me to persuade him. (○) ['It ~ to V' 가능]

It is pleasant to talk with him.(= He is pleasant to talk with.) [의미상 주어는 일반인이므로 생략됨]

② 유형 2

㉠ 해당 형용사 : natural, necessary, important, essential, vital, desirable, proper, right, rational, reasonable 등

ⓒ 용법
• 원칙상 사람 주어 불가(→ 단, 타동사나 전치사의 목적어(사람)가 주어로 오는 것은 가능)

He is impossible to persuade. (×) [사람 주어 불가]

It is impossible to persuade him. (○) (그를 설득하는 것은 불가능하다.)

You are natural to get angry with her. (×) [사람 주어 불가]

She is natural for you to get angry with. (○) [전치사의 목적어가 주어 위치에 올 수 있음] (당신이 그녀에게 화를 내는 것은 당연하다.)

• 'It be ~ that절'의 형태와 'It be ~ for + 목적어⟨의미상 주어⟩ + to V'의 형태가 모두 가능

It is natural that you (should) get angry with her. (○) ['It ~ that절' 가능]

= It is natural for you to get angry with her. (○) [('It ~ to V' 가능]

It is necessary that you study Spanish. (당신은 스페인어를 공부할 필요가 있다.)

= It is necessary for you to study Spanish.

It is desirable that you should attend the meeting. (당신은 그 회의에 참석하는 것이 바람직하다.)

= It is desirable for you to attend the meeting.

③ 유형 3

㉠ 해당 형용사 : certain, likely 등

㉡ 용법

- 'It ~ that절'의 형태로 쓰며, that절의 주어를 주어로 하는 부정사 구문도 가능

It is certain that he will pass the exam. (○) (그가 시험에 합격하는 것은 확실하다.)

= He is certain to pass the exam. (○) ['that절의 주어 ~ to V' 형태 가능]

- 'It ~ 의미상주어 + to V' 형태는 불가

It is certain for him to pass the exam. (×) [It ~ to V' 형태는 불가]

꿀! 확인 기출문제

01. 밑줄 친 부분 중 어법상 옳지 않은 것은? [지방직 9급 기출]

John took ❶ carefully notes ② of all presentations throughout the conference, ③ to be able to refer to ④ them later.

해 ① carefully는 명사 'notes'를 직접 수식하는 것이므로 부사가 아닌 형용사가 되어야 한다. carefully → careful
② 'take a note of'는 '~을 써 놓다', '기록하다(적다)'라는 표현이다.
③ 여기서의 to부정사는 '목적(~하기 위해서)'을 나타내며, 'be able to'는 '~할 수 있다'는 의미이다.
④ them은 앞의 notes를 지칭한다.

어휘 take[make] a note of ~을 써 놓다[필기하다, 기록하다], ~을 노트에 적다
presentation 발표[표현], 진술, 표시, 제출, 증여[수여, 증정], 수여식, 선물, 소개
throughout ~을 통하여, ~동안, ~의 전체에 걸쳐서, ~의 도처에, ~에 널리, 모든 점에서[무엇이든]
conference 회담, 협의, 회의, 협의회
be able to do ~할 수 있다
refer to ~을 참조[참고]하다, 조회[문의]하다, ~에 대해 언급하다, ~라 부르다, ~에 위탁하다[맡기다]

해석 John은 나중에 (기록한 것을) 참고할 수 있도록 그 회의 동안 내내 모든 발표내용을 주의 깊게 기록했다.

02. 밑줄 친 부분과 의미가 가장 가까운 것을 고르시오. [지방직 9급 기출]

Experienced salespeople claim there is a difference between being assertive and being pushy.

① thrilled   ② brave
③ timid   ❹ aggressive

기출 Plus [경찰직 9급 기출]

01. 다음 대화의 빈칸에 가장 적합한 표현을 고르시오.

A : Do you think that the labor bill will be passed?
B : Oh, yes. It's _____ _____ that it will.

① almost surely
② very likely
③ near positive
④ quite certainly

해 주어진 ①~④ 중 어법상 적합한 것은 ②뿐이다. 'It is likely that S+V'는 '~할 것 같다', '~하기 쉽다'라는 표현이다.

 답 01 ②

기출 Plus   [경찰직 9급 기출]

02. 다음 빈칸에 알맞은 말은?

It was _____ of you to get his offer in writing.

① sensory
② sensible
③ sensitive
④ sensuous

해 ② 분별력 있는
  ① 감각의
  ③ 민감한
  ④ 감각적인

해 'pushy'는 '밀다, 누르다'라는 의미의 'push'에 '~이 가득한'이라는 의미를 더하는 접미사 '-y'가 붙어서 만들어진 형용사로, '강요하는'이라는 의미로 사용된다. 이와 의미가 가장 비슷한 단어는 'aggressive(공격적인, 적극적인)'이다.

어휘 salespeople 판매원, 영업사원
assertive 적극적인, 확신에 찬 v. assert 주장하다, 단언하다
pushy 지나치게 밀어붙이는, 강요하는, 강매하는 v. push 밀다, 누르다 cf. Don't be so pushy. 재촉하지 마.
timid 소심한, 용기 없는
aggressive 공격적인, 적극적인

해석 경험이 풍부한 판매원들은 적극적인 것과 강요하는 것에는 차이가 있다고 주장한다.

03. Choose the sentence that is not grammatically correct. [국회직 8급 기출]

❶ Rescue workers searched the most remote areas of the park trying to locate the missed man.
② The entry fee to the exposition will be reduced for tickets purchased in advance.
③ We have decided not to commission new project.
④ Immigrants must obtain a certificate of alien registration.
⑤ You look sick. You had better consult a doctor.

해 '행방불명인 사람'은 'missing man'이다. missing은 '행방불명인', '없어진(실종된)', '보이지 않는' 등의 의미를 지닌 형용사이다. 분사가 형용사의 역할을 하기는 하나, missing과 같은 단어는 완전히 형용사로 되어 버린 경우에 해당한다. the missed man → the missing man

어휘 missing 있어야 할 곳에 없는, 없어진, 보이지 않는, 분실한, 행방불명인
rescue worker 구조대원 cf. rescue 구제, 구출, 구원, 해방, 구조하다, 구조하다, 구하다
remote 먼 (곳의), 외딴, 외진, 동떨어진, 희박한, 희미한
locate 위치를 정하다, ~에 있다, ~에 두다[위치하다], ~의 위치[장소]를 알아내다, 찾아내다
entry fee 입장료
exposition 전시회, 박람회, 전람회, 설명, 해설
reduce 줄이다, 축소[삭감]하다, 한정하다, 떨어뜨리다, 진압하다
purchased in advance 예매된[미리 구매된] cf. in advance 미리, 앞에, 전방에
commission 권한을 주다, 위임[위탁]하다, 위임, 위탁, 임무, 위원회, 수수료, 커미션
immigrant 이주자, 이민, 이주하는, 이민자의
certificate 증명서, 검정서, 면허장
alien registration 외국인 등록 cf. registration 기재, 등기, 등록, 기명, 등기
had better do ~하는 편이 낫다[하는 게 좋다]
consult a doctor 의사의 진찰을 받다

해석 ① 구조대원은 없어진 사람을 찾아내기 위해 공원의 가장 먼 곳까지 수색했다.
② 예매한 표에 대해서는 전시회 입장료가 인하될 것이다.
③ 우리는 새로운 계획을 위탁하지 않기로 결정했다.
④ 이주자들은 외국인 등록증을 취득하여야 한다.
⑤ 당신은 아파 보입니다. 의사의 진찰을 받는 게 좋겠어요.

답 02 ②

2. 형용사의 후치 수식과 어순

(1) 형용사의 후치 수식(형용사가 명사 · 대명사 뒤에서 수식하는 경우)

① '-thing', '-body', '-one'으로 끝난 대명사를 수식하는 경우

There is nothing new under the sun. (하늘 아래 새로운 것은 없다.)

Please give something cold to drink. (시원한 음료 좀 주세요.)

② 최상급, all, every의 한정을 받는 명사를 수식하는 경우(이 경우의 형용사는 주로 어미가 -able 또는 -ible인 경우가 많음)

He drove the car at the highest speed possible. (그는 자동차를 가능한 한 전속력으로 몰았다.)

They took all the trouble imaginable. (그들은 상상할 수 있는 모든 고생을 겪었다.)

I tried every means possible. (나는 가능한 모든 수단을 다했다.)

③ 두 개 이상의 형용사가 겹치거나 대구를 이루는 경우

A lady tall, beautiful and attractive entered the office. (키가 크고, 아름답고, 매력적인 여성이 사무실에 들어왔다.)[형용사 tall, beautiful, attractive가 후치 수식]

He is a writer both witty and wise. (그는 재치 있고 현명한 작가이다.) [witty, wise가 후치 수식]

④ 형용사에 다른 수식어가 붙은 경우

She broke a glass full of wine. (그녀는 포도주가 가득한 잔을 깨뜨렸다.) [형용사 full에 수식어구 'of wine'이 붙어 명사 glass를 후치 수식]

The town famous for its film production grew into a big city. (영화 제작으로 유명한 그 마을은 큰 도시로 성장했다.)[형용사 famous가 수식어구를 동반하여 후치 수식]

He is a man of proud of his son. (그는 자신의 아들을 자랑스러워하는 남자이다.)

⑤ 서술적 용법으로 쓰이는 형용사가 명사를 수식할 경우

All fish asleep stay still. (잠든 모든 물고기는 움직이지 않는다.)[asleep이 명사를 후치 수식]

She is the greatest singer alive. (그녀는 살아 있는 가장 위대한 가수이다.) [alive가 명사를 후치 수식]

⑥ 측정표시의 구가 오는 경우

a child five years old (5세 된 아이)(= a five-year-old child)

a man forty-five years old (45세의 남자)

a river two hundred miles long (200마일 길이의 강)

a road twenty feet wide (20피트 넓이의 길)

⑦ 대명사를 수식하는 경우

those chosen (선발된[선택된] 자들) / those present (출석자[참석자]들)

⑧ 관용적 표현

Asia Minor (소아시아)

France proper (프랑스 본토) / China proper (중국 본토)

the sum total (총액)

notary public (공증인)

the president elect (대통령 당선자)

attorney general (법무장관, 검찰총장)

coral alive (살아있는 산호)(= living coral)

houses ablaze (불타는 집들)

the court martial (군법회의)

the authorities concerned (관계당국)

from time immemorial (태고부터)

things Korean (한국의 문물)

those present (출석자)

(2) 형용사 등을 포함한 수식어의 어순

① 복수의 형용사가 포함된 수식어구의 어순

> 일반적 어순 : '전치한정사 + 한정사 + 수량(서수 + 기수) + 성질 + 대소 + 상태 + 신구 / 연령 + 색깔 + 소속 / 출신 + 재료' + 명사
> • 전치한정사 : all, both, half(다음에 of를 둘 수 있음)
> • 한정사 : 관사, 소유격, 지시형용사(this, that 등), 부정형용사(some, any) 등

all the five beautiful Korean girls (모든 5명의 아름다운 한국의 소녀들)

our first two English lessons (우리의 첫 두 번의 영어 수업)

those three tall refined young English gentlemen (저 세 명의 키 크고 세련된 젊은 영국 신사들)

a large old wooden house (크고 낡은 목조 주택)

a small green French table (작고 푸른 프랑스 식탁)

② 주의할 어순

• so/as/too/how + 형용사 + 관사 + 명사

He is as great a scientist as ever lived. (그는 지금까지 없었던 위대한 과학자이다.)

How handsome a man he is! (그는 정말 멋진 사람이군!)

- such/quite/rather/what + 관사 + 형용사 + 명사

She is such a beautiful woman. (그녀는 정말 아름다운 여성이다.)

She has rather a good voice. (그녀는 꽤 아름다운 목소리를 가지고 있다.)

What a pretty girl! (정말 예쁜 소녀다!)

3. 형용사의 전치사적 용법과 명사적 용법

(1) 전치사적 용법

> 형용사에는 전치사와 같이 목적어를 필요로 하는 것이 있는데, 이러한 형용사로는 like, near, opposite, unlike, worth 등이 있음

Like a singer, he sang. (그는 가수처럼 노래했다.)[he ≠ singer]

cf. As a singer, he sang. (그는 가수로서 노래했다.)[he = singer]

She looks like her mother. (그녀는 그녀의 어머니와 닮았다.)

My house is near the river. (내 집은 강과 가깝다.)

He sat down opposite her. (그는 그녀의 맞은편에 앉았다.)

This book is worth reading. (이 책은 읽을 만한 가치가 있다.)

(2) 'the + 형용사/분사'가 명사의 역할을 하는 경우

① 'the + 형용사/분사 = 복수 보통명사'인 경우

The rich(= Rich people) are not always happy. (부자가 항상 행복한 것은 아니다.)

The old forget, the young don't know. (늙은이는 잊어버리고, 젊은이는 모른다.)

The living, the wounded, and the war dead were taken to a hospital right away. (생존자, 부상자 그리고 전사자들은 곧바로 병원으로 옮겨졌다.)

② 'the + 형용사/분사 = 추상명사'인 경우

The true, the good, and the beautiful were the ideals of the Greeks.
= truth   = goodness   = beauty

(진, 선, 미는 그리스 사람들의 이상이었다.)

The unexpected has taken place. (예상치 못한 일이 벌어졌다.)

Check Point

worth while + to부정사/동명사(~할 가치가 있는)(= worthy of + (동)명사/to부정사)

📖 This book is worth while to read/reading.
She is worthy of praise/to be praised.

Check Point

'the + 형용사/분사'가 '단수 보통명사'인 경우
the accusead (피고인)

📖 The accused was sentenced to life imprisonment. (피고인은 무기형의 선고를 받았다.)

4. 수량 형용사

(1) many

① many + 복수명사[복수 취급]

He has many books. (그는 많은 책을 가지고 있다.)

Many people have the book. (많은 사람들이 그 책을 가지고 있다.)

② many + a + 단수명사[의미상 복수이나 단수 취급]

Many a young soldier was killed in the battle. (많은 젊은 병사들이 그 전투에서 죽었다.)

③ a great[good] many(아주 많은) + 복수명사[복수 취급]

We argued over a great many things. (우리는 아주 많은 문제에 대해 논쟁했다.)

A good many applicants were deficient in qualification. (많은 지원자들은 자격에 결함이 있었다.)

④ many의 대용 표현 : a lot of, lots of, plenty of, a number of, numbers of 등

They have lots of books. (그들은 책이 많다.)

A number of people agree that he is untrustworthy. (많은 사람들이 그가 믿을 수 없는 사람이라는 점에 동의한다.)

⑤ many의 관용표현

• as many + 복수명사(~ 같은 수의)(= the same number of)

There were five accidents in as many days. (5일에 5건의 사고가 일어났다.)

• like[as] so many + 복수명사(마치 ~처럼)

We worked like so many ants. (우리는 마치 개미처럼 일했다.)

• not a few(많은)(= many)

He has seen not a few[many] movies recently. (그는 최근에 많은 영화를 보았다.)

(2) much

① much + 단수명사[단수 취급] : 양을 나타내므로 불가산명사(물질명사·추상명사)와 함께 쓰임

Much money is needed in repairing the house. (집을 고치는 데 많은 돈이 필요하다.)

Don't eat much meal. (식사를 많이 하지 마세요.)

② a great[good] deal of(다량의) + 단수명사[단수 취급](= an amount of, a lot of)

They don't drink a good deal of wine. (그들은 와인을 많이 마시지 않는다.)

cf. a large quantity of(많은, 다량의/다수의)

③ much의 대용 표현 : a lot of, lots of, plenty of, a (large) amount of 등

There was a large amount of information. (많은 양의 정보가 있었다.)

④ much의 관용표현

• as much … as (같은 양[정도]의)

You can take as much as you want. (당신은 원하는 만큼 가져갈 수 있습니다.)

• like[as] so much(그 정도의 ~로)

I regard it as so much lost labor. (나는 그것을 그 정도의 헛수고로 여긴다.)

• not so much A as B (A라기보다는 B)

She is not so much honest as naive. (그녀는 정직하다기보다는 순진하다.)

• cannot so much as (~조차도 못하다)

The boy cannot so much as write his own name. (그 소년은 자신의 이름조차도 쓰지 못한다.)

• not a little(적지 않은, 많은)(= much, a good little)

She has made not a little profit. (그녀는 적지 않은 수입을 올렸다.)

(3) a few와 few

① a few

• 'a few'는 '조금은 있는[다소의, 약간의]'의 긍정의 의미를 나타냄(= a couple of)

• 수를 나타내는 표현으로, 명사의 복수형과 함께 쓰임

There are a few apples in the box. (상자에는 사과가 약간 있다.)

② few

• 'few'는 ' 거의 없는', '조금[소수]밖에 없는'이라는 부정의 의미를 나타냄

• 수를 나타내는 표현으로, 명사의 복수형과 함께 쓰임

There are few apples in the box. (상자에는 사과가 거의 없다.)

③ 관련 관용표현

• only a few (거의 없는, 극히 소수만)[부정의 의미]

기출 Plus
[국회직 9급 기출]

04. 다음 세 문장의 밑줄 친 부분에 들어갈 말이 순서대로 짝지어진 것은?

> • Many a student _____ to pass the exam.
> • A number of people _____ late for work because there was a traffic accident.
> • I could not read every _____ of the library.

① tries – were – book
② try – was – books
③ tries – was – book
④ try – were – books
⑤ tries – was – books

해 첫 번째 문장은 many a + 단수명사는 단수 취급을 하므로 tries가 알맞다. 두 번째 문장은 a number of + 복수명사는 복수 취급 하므로 were이 적절하다. 마지막 문장은 every는 단수명사를 한정하므로 book이 적절하다.

Only a few people attended the meeting. (불과 소수의 사람만이 회의에 참석했다.)

• quite a few(꽤 많은 (수), 상당히 많은)(= not a few, a good many, a fair number of)

Quite a few of them agreed. (그들 중 꽤 많은 사람들이 찬성했다.)

(4) a little과 little

① a little
 • '작은[약간의, 조금의]'이라는 긍정의 의미를 나타냄
 • 양을 나타내는 불가산명사와 함께 쓰임
 There is a little water in the bucket. (양동이에는 물이 약간 있다.)

② little
 • '거의 없는'이라는 부정의 의미를 나타냄
 • 양을 나타내는 불가산명사와 함께 쓰임
 There is little water in the bucket. (양동이에는 물이 거의 없다.)

③ 관련 관용표현
 • only a little(거의 없는, 아주 적은, 조금뿐인)[부정의 의미]
 There is only a little wine. (포도주가 조금밖에 없다.)
 • quite a little(꽤 많은, 상당히 많은)(= not a little, very much of)
 She knew quite a little about me. (그녀는 나에 관해서 많은 것을 알고 있었다.)

(5) enough, several

① enough
 • 복수형 명사나 불가산명사와 함께 쓰일 수 있음
 • enough는 명사의 앞과 뒤 어느 쪽에도 올 수 있음
 I have enough apples. (나는 사과가 충분히 있다.)
 He has money enough. (그는 돈이 충분히 있다.)

② several
 • 복수형 명사와 함께 쓰이며, (주로 6에서 8을 의미) '몇몇의[수개의]', '몇 명[사람]의', '몇 번의' 등의 의미로 쓰임
 • several은 'a few'보다는 많고 'many'보다는 적다는 느낌을 나타내며, 주로 '대여섯'을 의미함
 I have been there several times. (몇 번인가 거기에 가 본 적이 있다.)

답 04 ①

We waited for the bus for several minutes. (우리는 버스를 몇 분 동안 기다렸다.)

(6) 주의할 수량 형용사의 용법

① amount, audience, attendance, family, number, population, quantity, sum 등의 명사 : 수량 형용사 중 주로 large와 small을 사용

② income, salary, wage, fee 등의 명사 : 주로 high와 low를 사용

③ '가능성(chance, odds)'을 의미하는 명사의 대소 표현

- (가능성이) 높은 : fair, good, great, excellent

  We have[stand] a good chance. (우리는 가능성이 높다)

- (가능성이) 낮은 : poor, slim

  The odds are slim. (가능성이 낮다.)

5. 수사

(1) 기수사, 서수사, 배수사

① 기수사

- 개수(個數)를 나타내는 말을 의미함

  one, ten, twenty, forty, hundred, thousand, million, dozen(12), score(20)

- dozen, score, hundred, thousand 등은 앞에 수사가 있어도 복수형으로 하지 않으나, 수사 없이 '수십의', '수백의', '수천의' 등을 나타내는 경우 복수형으로 씀

  The castle was built five hundred years ago. (그 성은 500년 전에 지어졌다.)

  Thousands of[Tens of hundreds of] people visited the place. (수천 명의 사람들이 그곳을 찾았다.)

  tens[dozens, scores] of (수십의) / hundreds of (수백의)

  hundreds of thousands (수십만의)

- 연도는 두 자리씩 끊어서 읽고, 연대는 복수 형태로 나타냄

  It happened in the nineteen fifties. (그것은 1950년대에 일어났다.)

  He got married in his late thirties. (그는 30대 후반에 결혼하였다.)

② 서수사
- 순서를 나타내는 말을 의미함
- 주로 앞에 정관사 the를 씀[부정관사가 오는 경우도 있음]

first, second, third, fourth, eighth, ninth, twelfth, twentieth

It was the second time this year he has changed plans. (그가 자신의 계획을 바꾼 것은 올해 들어 두 번째였다.)

He tried a third time. (그는 (두 번 실패 후) 한 번 더 시도했다.)

③ 배수사
- 배수(倍數)나 횟수를 나타내는 말을 말함
- single, double, triple, treble, quadruple, once, twice, thrice, two times, twofold 등

He earns treble my earnings. (그는 내 수입의 세 배를 번다.)

- 배수사 + as + 원급 + as

I paid three times as much as he did. (나는 그보다 세 배를 지불했다.)
= I paid three times more than he did.

- 배수사 + the + 명사

I paid double the price. (나는 가격의 두 배를 지불했다.)[double of the price(×)]

(2) 분수와 소수

① 분수
- 분수의 경우 분자는 기수로, 분모는 서수로 나타냄
- 분자가 2 이상인 경우 분모는 복수 형태를 씀
- 분자와 분모가 두 자리 이상의 수일 경우, 둘 다 기수로 하고 중간에 'over[by]'를 씀

Nearly three-fourths of the earth's surface is water. (지구 표면의 약 3/4이 물이다.)

a[one] half(1/2) / a[one] fourth(1/4) / two-thirds(2/3)

six and two-fifths(6과 2/5) / forty two over[by] fifty three(42/53)

② 소수 : 소수점은 point 또는 decimal로 쓰며, 소수점 이하는 한 자씩 끊어 읽음

twenty-one point[decimal] one nought[zero] five (21.105)

thirty seven point one nine two (37.192)

(3) 사칙연산

구분		표현
더하기	1 + 2 = 3	One and two is[are, make(s)] three One plus two is[equals] three
빼기	6 − 2 = 4	Two from six is[leaves] four Six minus two is[equals] four
곱하기	3 × 5 = 15	Three times five is[equals] fifteen Three multiplied by five equals fifteen
나누기	15 ÷ 5 = 3	Five into fifteen goes three Fifteen divided by five is[equals] three

cf. 나누기는 분수의 용법으로 나타내어 over를 사용할 수도 있음

17 ÷ 73 → seventeen over seventy three(= 17/73)

(4) 기타 표현

구분		표현
연도	1999년	nineteen ninety-nine
	2000년	two thousand
	2011년	two thousand eleven
날짜	7월 10일	July (the) tenth / July ten / the tenth of July
시간	5시 정각	five o'clock
	오전 11시 15분	eleven fifteen a.m.
전화번호	390-2153	three nine O[ou] two one five three
금액	$10.65	ten dollars (and) sixty-five (cents)
온도	45°F	forty-five degrees Fahrenheit
	−10°C	ten degrees below zero Centigrade
기타	World War II	World War Two / The Second World War
	Elizabeth II	Elizabeth the Second
	No. 5	number five

Check Point

시간을 표현하는 법
- 8 : 15 → eight fifteen / a quarter past[after] eight
- 9 : 30 → nine thirty / half past[after] nine
- 10 : 45 → ten forty-five / a quarter to[before] eleven

231

제2절 부사(Adverb)

1. 부사의 종류와 형태

(1) 부사의 종류

① 단순부사

　• 부사는 동사, 형용사 또는 다른 부사를 수식하는 말로, 대부분이 단순부사임

　• 주로 시간, 장소, 빈도(횟수), 양태(방법), 정도, 부정, 원인(이유) 등을 나타냄

　　now, here, there, once, sometimes, slowly, yet, no, not, never 등

② 의문부사

　• 의문의 뜻을 갖는 부사

　• 동사를 수식하며, 일반적으로 의문문을 이끎

　　when, where, how, why 등

③ 관계부사 : 접속사와 부사의 역할을 동시에 하는 부사

　　when, where, how, why, whenever, wherever, however 등

(2) 부사의 형태

① '형용사 + -ly'의 형태 : 대부분의 부사가 이 부류에 속함

kindly, carefully, easily, truly, gently, fully, probably, dramatically,
scientifically 등

He drives carefully. He is a careful driver. (그는 조심성 있게 운전을 한
다. 그는 조심성 있는 운전자이다.)

② 특정한 형태가 없는 경우

Here comes the bus. (버스가 온다.)

③ 형용사와 부사의 형태가 동일한 경우

early, late, high, low, deep, fast, long, hard, near, far 등

He rises early. (그는 일찍 일어난다.)[early는 부사]

He is an early riser. (그는 일찍 일어나는 사람이다.)[early는 형용사]

He works hard. (그는 열심히 일한다.)[부사]

He is a hard worker. (그는 열심히 일하는 사람이다.)[형용사]

This magazine is published weekly. (이 잡지는 주마다 발행된다.)[부사]

This is a weekly magazine. (이것은 주간지이다.)[형용사]

④ 형용사와 형태가 동일한 부사와 '-ly'가 붙은 부사의 의미가 다른 경우

late(늦게) – lately(요즈음, 최근에)

near(가까이) – nearly(거의, 하마터면, 매우 가까이, 긴밀하게)

high(높이, 높게) – highly(크게, 대단히, 몹시, 고귀하게)

hard(굳게, 단단히, 열심히, 몹시) – hardly(애써서, 가까스로, 거의 ~않다)

The doctor arrived too late. (의사는 너무 늦게 도착했다.)

I haven't seen him lately. (나는 그를 최근에 보지 못했다.)

He studies hard. (그는 열심히 공부한다.)

He hardly studies. (그는 거의 공부하지 않는다.)

2. 부사의 용법

(1) 수식어구로서의 부사

① 동사를 수식하는 경우

He lived frugally. (그는 검소하게 살았다.)[부사 frugally가 동사 lived를 수식]

I often go to the movies. (나는 종종 영화를 보러 간다.)

② 형용사를 수식하는 경우

The game is very exciting. (그 경기는 아주 흥미진진했다.)[부사 very가 형용사 exciting을 수식]

This book is very difficult. (이 책은 매우 어렵다.)

③ 부사를 수식하는 경우

Thank you so much. (대단히 고맙습니다.)[부사 so가 뒤에 나오는 다른 부사 much를 수식]

④ 명사를 수식하는 경우

Even children can do the work. (어린이들조차도 그 일을 할 수 있다.)[부사 even이 뒤에 나오는 명사 children을 수식]

⑤ 대명사를 수식하는 경우

She alone knows that. (그녀 혼자 그것을 알고 있다.)[부사 alone이 앞에 나오는 대명사 she를 수식]

⑥ 부사구를 수식하는 경우

He came here just at six. (그는 6시 정각에 이곳에 왔다.)[부사 just가 뒤에 나오는 부사구 'at six'를 수식]

⑦ 부사절을 수식하는 경우

They had arrived long before we came. (그들은 우리가 오기 훨씬 이전에 도착했다.)[부사 long이 뒤에 나오는 부사절 'before we came'을 수식]

⑧ 문장 전체를 수식하는 경우

Happily he did not die. (다행스럽게도 그는 죽지 않았다.)
→ happily가 문장 전체(he did not die.)를 수식함

꼭! 확인 기출문제

밑줄 친 부분에 들어갈 말로 가장 적절한 것을 고르시오. [국회직 9급 기출]

> A : I hope my parents don't miss the beginning of the performance.
> B : I think they'll _____ to see it.

① enough early arrive
② enough arrive early
③ arrive enough early
❹ arrive early enough
⑤ early enough arrive

해 enough는 동사의 앞에 쓰지 않고, 부사로 쓰여 형용사나 부사를 수식할 때도 뒤에서 수식한다.

어휘 performance 공연: 성과

해석 A : 난 우리 부모님이 그 공연의 시작부분을 놓치지 말았으면 좋겠어.
B : 난 그들이 그것을 보기에 충분히 일찍 도착하실 거라 생각해.

(2) 강조어구로서의 부사(강조를 위해 도치되는 경우)

① 문장필수부사의 도치

There are four seasons in a year. (한 해에는 4계절이 있다.)[보통 부사는 문장필수성분이 아니나 여기서의 there는 필수성분이며, there가 문두로 도치되는 경우 다음의 주어와 동사도 도치됨)

② 부정부사의 도치

Never did I see such a beautiful woman. (나는 그런 아름다운 여성을 본 적이 없다.)[부정부사 never가 강조를 위해 도치되면서 다음의 주어 · 동사도 도치되어 '조동사 + 주어 + 본동사'의 어순이 됨]

③ 부사절(종속절)의 도치

If I had the book, I could lend it to you. (내가 그 책을 가지고 있다면 그것을 당신에게 빌려줄 텐데.)[부사절(If ~ book)이 문두로 도치]

3. 부사의 위치

(1) 동사를 수식하는 경우

① 부사는 일반적으로 동사 뒤에서 수식

The dog was running fast. (그 개는 빠르게 달리고 있었다.)

② 빈도부사나 정도부사의 위치

- 일반적으로 조동사와 be동사가 있는 경우는 그 뒤에, 일반동사만 있는 경우는 그 앞에 위치

- often, always, sometimes, usually, hardly, never, only, too, still, also 등

She often comes to see me. (그녀는 종종 나를 보러 온다.)[빈도부사 often이 일반동사 앞에 위치]

She would often come to see me. (그녀는 종종 나를 보러 왔다.)[조동사 뒤에 위치]

She is often late for school. (그녀는 종종 학교에 지각을 한다.)[be동사 뒤에 위치]

What do you usually do on weekends? (당신은 주말에 보통 무엇을 합니까?)[조동사 뒤에, 일반동사 앞에 위치]

꼭! 확인 기출문제

Choose the underlined part that is not grammatically correct. [국회직 8급 기출]

The bridge, built to replace one that ① collapsed in 2007, killing 13 people, is constructed almost ② entirely of concrete embedded with steel reinforcing bars. But it is ❸ hard a monolithic structure: the components are made from different concrete mixes, with the recipes ④ tweaked, as a chef would, for specific strength and durability requirements and to reduce ⑤ the impact on the environment.

해 ③ 여기서의 hard는 관사 앞에 위치한 것으로 보아 형용사나 명사가 아닌 부사로 볼 수 있는데, 부사로서의 hard는 '굳게[단단히]', '열심히[힘껏]', '몹시[심하게]'라는 의미이므로 문맥상 전혀 어울리지 않는다. 그런데 바로 다음의 내용에서 '구성 성분이 서로 다른 콘크리트 혼합물로 만들어졌다(the components are made from different concrete mixes)'는 내용을 통해 볼 때, '그것(다리)은 하나의 암석으로 된 구조물(a monolithic structure)이 전혀 아니다'라는 내용이 되어야 함을 알 수 있다. 따라서 hard를 'hardly(전혀[거의, 조금도] ~않다)'로 고쳐야 한다. hardly는 빈도 · 정도 부사로서 일반적으로 be동사나 조동사 다음에, 일반동사 앞에 위치한다.

① collapsed(무너지다)는 자동사로 사용되었고, 무너진 시점이 과거이므로 과거형이 되었다.

② almost는 부사로서 다른 부사 entirely를 수식하고 있으며, 전치사 of 다음에 명사 concrete가 왔다.

④ 명사(recipes)와 분사의 관계가 수동관계(조리법은 미조정되는 대상)이므로 과거분사(tweaked)가 사용되었다. 여기서 with 이하는 부대상황의 표현이다.

⑤ 'impact on ~'은 '~에 대한(미치는) 영향'을 의미한다.

부사의 위치

부사는 동사의 뒤에서, 형용사나 다른 부사의 앞에서 수식한다. 그런데 예외적으로 강조 부사의 경우 주어와 동사 사이에 위치하며, 부사 'enough'의 경우 형용사 뒤에서 수식한다.

어휘 embed (물건을) 깊숙이 박다, 파묻다, (마음 속 등에) 깊이 간직하다
reinforcing bar (콘크리트에 넣는) (보강용) 철근, 보강근 cf. reinforce 강화[증강 · 보강]하다
monolithic 하나로 암석으로 된 단일체의, 확실적인, (건축) 중공 초석의
component 구성 요소, 성분(= ingredient, element), 구성하는, 성분의
recipe 처방(전)(medical prescription), 요리(조리)법, 비법(결), 수법(means)
tweak 비틀다, 꼬집다, 홱 당기다, 미조정(微調整)하다
chef 요리사, 주방장
specific 뚜렷한[명확한], 구체적인[특정한], 특수한, 특유의[독특한]
durability 내구성, 내구력 a. durable 영속성 있는[항구성의], 오래 견디는[튼튼한]
impact 충격, 영향, 충격[영향]을 주다(~ on)

해석 2007년에 붕괴되어 13명을 사망하게 한 다리를 대체하기 위해 건설된 그 다리는 거의 전적으로 강철로 된 철근(鐵筋)을 깊숙이 박은 콘크리트로 건설되었다. 하지만 그것은 하나의 암석으로 된 구조물은 전혀 아니다. 구성 요소들은 특수한 힘과 내구요건을 갖추고 환경에 대한 영향을 줄이기 위해, 마치 주방장이 미조정된 조리법으로 (요리할 경우) 그렇게 하듯, 서로 다른 콘크리트 혼합물로 만들어진다.

(2) 형용사, 부사를 수식하는 경우

① 일반적으로 부사가 형용사나 다른 부사를 수식하는 경우 형용사 · 부사 앞에 위치

This book is very easy. (이 책은 매우 쉽다.)

Thank you very much. (대단히 감사합니다.)

② enough가 부사로서 형용사나 부사를 수식할 때는 형용사 · 부사 뒤에 위치

He is smart enough to understand how to deal with the matter. (그는 그 일에 어떻게 대처해야 할지를 알 정도로 똑똑하다.)

꼭! 확인 기출문제

다음 밑줄 친 부분 중 옳지 않은 것은? [국회직 9급 기출]

Water particles ① carried to ② a great height freeze into ice particles and ③ are swept upward and ④ refrozen repeatedly until they are ❺ enough heavy to fall as hail.

해 ⑤ 'enough(충분히, 필요한 만큼)'가 부사로 사용되는 경우 형용사의 뒤에서 이를 수식한다. 따라서 ⑤의 경우 'heavy enough(충분히 무거운)'로 고쳐야 한다.
① 앞의 명사(particles)는 다음 분사와의 관계에 있어 수동 관계(입자들은 운반되는 대상)가 되므로 과거분사(carried)가 사용되었다.
③ · ④ 입자들은 위로 휩쓸려서 다시 동결되는 것이므로 수동형이 되었다.

어휘 particle 미립자, 분자, 극히 작은 조각, 극소(량) cf. water particle 물 입자[분자]
carry to ~으로 운반하다
height 높음, 높이, 고도, 해발, 신장, 높은 곳, 고지
freeze 얼다, 얼어붙다, 얼게 하다[결빙시키다], 간담을 서늘케 하다, 결빙(기), 혹한
sweep 청소하다, 쓸어버리다, 쓸어내리다, 휩쓸다
upward 위로[위쪽으로] 향한, 올라가는, 위쪽에 있는, 위쪽으로
refreeze (– refroze – refrozen) 다시 얼다[얼리다]
repeatedly 되풀이[반복]하여, 여러 차례
hail 싸락눈, 우박

해석 아주 높은 곳까지 운반된 물 입자는 얼음 입자로 얼어붙고, 위쪽으로 휩쓸려서 그것들이 우박으로 떨어질 정도로 충분히 무거워질 때까지 반복하여 재동결된다.

(3) 명사, 대명사를 수식하는 경우

① 일반적으로 수식하는 명사와 대명사 뒤에 위치

The man there is my uncle. (저기에 있는 남자는 나의 삼촌이다.)

② alone, also, else, too의 경우 명사와 대명사 뒤에서 수식

We can't live on bread alone. (우리는 빵만으로 살 수 없다.)

③ even, quite, just, almost의 경우 명사와 대명사 앞에서 수식

Even a child can answer such an easy question. (아이들조차도 그렇게 쉬운 문제에는 답할 수 있다.)

(4) 부정사를 수식하는 경우

not, never, always, merely, only 등은 부정사 앞에 놓는다.

She told me not to go there. (그녀는 나에게 그곳에 가지 말라고 하였다.)

My parents want me always to be an honest man. (나의 부모님께서는 내가 항상 정직한 사람이기를 바라신다.)

(5) 문장 전체를 수식하는 경우

일반적으로 문두에 놓이나, 문중·문미에 놓일 수 있다.

Fortunately she was not seriously injured. (다행스럽게도 그녀는 중상을 입지 않았다.)

He will certainly become ill if he goes on working like this. (이런 식으로 계속해서 일을 하면 그는 분명 병이 날 것이다.)

(6) 부사(구)가 2개 이상인 경우

① 「장소 + 방법(목적)·횟수 + 시간」, 「작은 단위 + 큰 단위」의 순서를 취함

② 일반적으로 「좁은 장소 + 넓은 장소」의 순서가 되며, 문두에는 넓은 장소만 가능

I went there by bus yesterday morning. (나는 어제 아침에 버스를 타고 그곳에 갔다.)

I met her in a hotel in Seoul yesterday. (난 그녀를 어제 서울의 한 호텔에서 만났다.)

In Seoul many workers eat in restaurants. (서울에서는 많은 근로자들이 음식점에서 식사를 한다.)

cf. In restaurants many workers eat in Seoul. (×)

기출 Plus [경찰직 9급 기출]

04. 다음 밑줄 친 곳에 틀린 것은?

He was ① enough kind ② to show me ③ the way ④ to the post office.

🖪 enough가 부사로서 형용사를 수식할 때는 형용사(kind) 뒤에 위치해야 한다. enough kind → kind enough

Check Point

문장 전체를 수식하는 부사
- 일반적으로 : generally, mostly
- 아마 : probably, supposedly
- 확실히 : certainly, surely
- 분명히 : apparently, obviously
- 다행히 : fortunately, happily

답 04 ①

꼭! 확인 기출문제

밑줄 친 부분 중 어법상 가장 옳지 않은 것은? [서울시 9급 기출]

His survival ① <u>over</u> the years since independence in 1961 does not alter the fact that the discussion of real policy choices in a public manner has hardly ❷ <u>never</u> occurred. In fact, there have always been ③ <u>a number of</u> important policy issues ④ <u>which</u> Nyerere has had to argue through the NEC.

해 ② 'hardly'는 '거의 ~ 않는'의 의미를 지닌 부정 부사로, 이미 부정어의 기능을 하고 있으므로 'never'를 사용할 수 없다.

해석 1961년 독립 이래로 수년 동안 그의 생존이 실제 정책 선택에 대한 공식적인 논의가 거의 없었다는 사실을 바꾸지는 못했다. 사실 Nyerere는 NEC를 통해서 주장하려고 했던 주요 정책 안건들이 많이 있었다.

4. 주의해야 할 부사의 용법

(1) ago, before, since

① ago
- '그 전에', '지금부터 ~전'의 뜻으로, 항상 과거 시제와 함께 쓰임
- 문장에서 주로 '과거동사 + 시간 + ago'의 형태로 사용됨

  He went to Japan five years ago. (그는 5년 전에 일본에 갔다.)

② before
- '그때보다 ~전', '~앞에'의 의미
- 과거나 현재완료, 과거완료 시제와 함께 쓰이나, 주로 과거완료와 함께 쓰임

  I had seen him before. (나는 전에 그를 만났었다.)

  I went to Paris two years ago, but he had gone there two years before. (나는 2년 전에 파리에 갔으나 그는 2년 더 이전에 거기에 갔었다.)

  He said that she had left for China three days before. (그는 그녀가 3일 전에 중국으로 떠났다고 말했다.)

③ since
- '그때부터 지금까지 쭉'(=since then)의 의미로, 주로 현재완료시제와 함께 쓰임
- 문장에서 부사, 전치사, 접속사로 쓰임

  She left home three weeks ago and we haven't heard from her since. (그녀는 3주 전에 집을 떠났는데 그 이후로 우리는 그녀에게서 소식을 못 들었다.)

The castle has long since been demolished. (그 성은 허물어진 지가 오래 되었다.)

(2) already, yet, still

① already
- '이미[벌써]'의 뜻으로, 일반적으로 긍정문에 쓰임[부정문에 쓰지 않음]
  She has already gone to bed. (그녀는 이미 잠자리에 들었다.)
- 의문문에 쓰인 「already」에는 놀람('벌써', '이렇게 빨리')의 뜻이 내포되어 있음
  Have you read the book already? (그 책을 벌써 다 읽었니?)

② yet
- 긍정문에서 '아직도'의 뜻으로 사용됨
  My daughter is sleeping yet. (나의 딸은 아직도 자고 있다.)
- 부정문에서 '아직 (~않다)'의 뜻으로 사용됨
  I have not finished my homework yet. (나는 아직 내 숙제를 다하지 못했다.)
  I have never yet lied. (나는 아직 거짓말을 한 적이 없다.)
- 의문문에서는 '벌써'의 뜻으로 사용됨
  Do you have to go yet? (당신은 벌써 가야 합니까?)
  Has he come home yet? (그는 벌써 집에 왔습니까?)

③ still : 긍정문, 부정문, 의문문에서 '지금도[아직도, 여전히]'의 뜻으로 사용됨
  They still love July. (그들은 지금도 July를 사랑한다.)
  Is she still in bed? (아직 그녀는 자고 있나요?)

(3) very와 much

① 의미
- very는 '대단히[매우, 무척]', '바로'의 의미이며, 부정문에서는 '그다지', '조금도'의 의미를 지님
- much는 '매우[대단히]', '훨씬[무척]'의 의미를 지님

② 수식
- very는 형용사와 부사의 원급을, much는 형용사와 부사의 비교급을 수식
  This house is very old. (이 집은 매우 오래된 집이다.)
  This house is much older than that. (이 집은 저 집보다 훨씬 오래된 것이다.)

Check Point

부사 enough

enough가 형용사로 사용되는 경우 명사 앞이나 뒤에서 사용되나, 부사로 사용되는 경우 형용사나 부사 뒤에 위치한다.

◎ They has enough food for the winter.[형용사로서 명사 앞에 위치]
It is good enough for me.[부사로서 형용사 뒤에 위치]
I know well enough what he is up to.[부사로서 다른 부사 뒤에서 수식]

- very는 현재분사를, much는 과거분사를 수식

  This book is very interesting to me. (이 책은 내게 아주 재미있다.)

  He is much addicted to sleeping pills. (그는 수면제에 심하게 중독이

  되어 있다.)

- 형용사로 생각되는 감정을 나타내는 과거분사는 very로 수식[tired,

  pleased, satisfied, excited, surprised 등]

  She is very tired. (그녀는 아주 지쳐있다.)

  He is very pleased. (그는 매우 기쁘다.)

  I was very surprised at the news. (나는 그 소식을 듣고 매우 놀랐다.)

  They are very (much) interested in English. (그들은 영어에 매우 흥미

  를 가지고 있다.)

- 최상급을 수식하는 경우 very는 명사 앞에서, much는 정관사 앞에서 수식

  This is the very best thing. (이것은 단연 가장 좋은 것이다.)

  This is much the best thing. (이것은 단연 가장 좋은 것이다.)

(4) too와 either

① too : '또한[역시]', '지나치게[너무나]'의 의미를 지니며, 긍정문에 쓰임

  I like music. He likes music, too. (나는 음악을 좋아한다. 그도 또한 음악

  을 좋아한다.)

  You cannot be too diligent. (당신은 아무리 부지런해도 지나치지 않다.)

② either : '~도 역시'라는 의미로, 부정문에 쓰임

  I don't like cats. He doesn't like cats, either. (나는 고양이를 싫어한다.

  그도 고양이를 싫어한다.)

  It is nice place, and not too far, either. (이곳은 멋진 곳이고 게다가 그렇

  게 멀지도 않다.)

(5) so와 neither

① so

- '역시 ~하다'를 의미하며, 'So + 동사 + 주어'의 형태로 긍정문에 씀

- be동사와 조동사인 경우 be동사와 조동사를 그대로 사용하며, 일반동사인

  경우 do동사를 사용함

  A : I'm tired. (A : 나는 지쳤다.)

  B : So am I. (= I'm tired, too.) (B : 나도 지쳤다.)

A : I like music. (A : 나는 음악을 좋아한다.)

B : So do I. (= I like music, too.) (B : 나도 음악을 좋아한다.)

② neither

- '역시 ~아니다'를 의미하며, 'Neither + 동사 + 주어'의 형태로 부정문에 씀
- be동사와 조동사인 경우 be동사와 조동사를 그대로 사용하며, 일반동사인 경우 do동사를 사용함

A : I'm not Japanese. (A : 나는 일본인이 아니다.)

B : Neither am I. (= I'm not Japanese, either.) (B : 나도 일본인이 아니다.)

A : I don't like cats. (A : 나는 고양이를 싫어한다.)

B : Neither do I. (= I don't like cats, either.) (B : 나도 고양이를 싫어한다.)

(6) 기타 부사의 용법

① only(단지, 오직)

He has only four books. (그는 단지 4권의 책만 가지고 있다.)

I did it only because I felt it to be my duty. (나는 단지 그것을 나의 의무라 느꼈기 때문에 그것을 했다.)

② just : '꼭', '겨우[간신히]', '방금', '다만'의 의미로, 현재 · 과거 · 현재완료 시제와 함께 쓰임

This is just what I mean. (이것이 바로 내가 하려던 말이다.)

He was just in time for school. (그는 간신히 학교에 늦지 않았다.)

③ else(그 외에[그 밖에], 그렇지 않으면)

anybody else (누구든 다른 사람)

anything else (그 외에 무엇인가)

somewhere else (다른 어디에서)

Where else can I go? (내가 달리 어디로 갈 수 있겠는가?)

She must be joking, or else she is mad. (그녀는 농담을 하고 있음에 틀림없다, 그렇지 않다면 그녀는 미친 사람이다.)

④ even(~조차도, ~라도, 더욱, 한결같은)

Even a child can do it. (어린아이조차 그것을 할 수 있다.)

This book is even more useful than that. (이 책은 저것보다 더욱 더 유용하다.)

⑤ ever
- 긍정문에서 '언제나[늘]'의 의미
  The boy is ever quick to respond. (그 소년은 언제나 응답이 빠르다.)
- 부정문 · 의문문 · 조건문에서 '지금까지 (한번도 ~않다)', '언젠가'의 의미
  We haven't ever been there. (우리는 지금까지 한 번도 거기에 가본 적이 없다.)
  Have you ever been to Jeju Island? (당신은 제주도에 가본 적이 있습니까?)

⑥ rather, fairly
- rather(좀, 꽤)는 나쁜 의미로 사용되는 경우가 많으며, 부드러운 어조에서는 very의 의미로 사용됨
- fairly(좀, 꽤)의 의미로, 좋은 의미로 사용됨
  She is fairly diligent, but her younger sister is rather idle. (그녀는 꽤 부지런하지만 그녀의 여동생은 좀 게으르다.)
  Her elder sister is rather clever. (그녀의 여동생은 아주 영리하다.)

⑦ hardly, scarcely, barely
- '(정도 · 양이) 거의 ~않다'의 의미이며, 부정의 뜻을 갖고 있기 때문에 부정어(not, never, no 등)와 함께 사용하지 않는다.
  There's hardly any coffee left. (커피가 남아 있는 것이 거의 없다.)
  I can scarcely believe it. (나는 그것을 거의 믿을 수가 없다.)
  She barely acknowledged his presence. (그녀는 그가 있는 것을 거의 알은체를 안 했다.)

⑧ seldom, rarely
- '(횟수가) 좀처럼 ~않다'의 의미
  He had seldom seen a child with so much talent. (그는 그처럼 재능이 많은 아이는 좀처럼 보지 못했었다.)
  We rarely agree on what to do. (우리는 할 일에 대해 합의를 보는 일이 드물다.)

⑨ here, there
- be동사나 live, appear, come, go, remain 등의 동사와 함께 사용되는 경우, 도치되어 'Here/There + V + S'의 어순이 된다.
- 주어가 대명사인 경우에는 보통 'Here/There + S + V'의 어순이 된다.
  Here comes the bus! (버스가 온다!)
  There it goes! (그것이 온다!)
  Here's a cup of coffee for you. (여기 커피 한 잔 가지고 왔습니다.)

제3절 비교(Comparison)

1. 비교 변화

(1) 비교(Comparison)

① 의미
- 형용사와 부사가 그 성질이나 정도의 차이를 표현하기 위해 어형변화를 하는 것을 말함
- 다른 품사와 구별되는 형용사 · 부사만의 특징으로, 원급 · 비교급 · 최상급 3가지가 있음

② 비교변화의 형태
- 원급 : 형용사와 부사의 원형
- 비교급 : 원칙적으로 원급에 '-er'을 붙임(더 ~한, 더 ~하게)
- 최상급 : 원칙적으로 원급에 '-est'를 붙임(가장 ~한, 가장 ~하게)

(2) 규칙 변화

① 1음절의 경우 비교급은 원급에 -er을 붙이고, 최상급은 원급에 -est를 붙임

tall – taller – tallest / clever – cleverer – cleverest

small – smaller – smallest / long – longer – longest

② 원급의 어미가 '-e'로 끝나는 경우 -r, -st만을 붙임

wise – wiser – wisest

brave – braver – bravest / fine – finer – finest

③「단모음 + 단자음」으로 끝난 경우 자음을 반복하고, -er과 -est를 붙임

big – bigger – biggest / hot – hotter – hottest

thin – thinner – thinnest

④「자음 + y」로 끝난 경우 y를 i로 바꾸고, -er과 -est를 붙임

happy – happier – happiest / busy – busier – busiest

easy – easier – easiest / early – earlier – earliest

⑤ 3음절 이상인 경우 원급 앞에 more를, 최상급 앞에 most를 씀

diligent – more diligent – most diligent

important – more important – most important

⑥ -ful, -ous, -less, -ing, -ed, -ive, -ish, -able로 끝나는 형용사와 -ly로 끝나는 부사는 원급 앞에 more를, 최상급 앞에 most를 씀

useful – more useful – most useful

Check Point

right, wrong, like, fond, afraid, just, real 등은 3음절이 아니지만, 비교급에서 more, 최상급에서 most를 붙인다.

예 like – more like – most like
real – more real – most real

famous – more famous – most famous

interesting – more interesting – most interesting

(3) 불규칙 변화

① 비교 변화가 불규칙한 경우

good[well] – better – best

bad[ill] – worse – worst

many[much] – more – most

little – less – least

② 의미에 따라 비교 변화가 2가지가 있는 경우

late – later – latest [시간이 늦은] / late – latter – last [순서가 늦은]

old – older – oldest [연령, 신구] / old – elder – eldest [형제자매 · 친척 등의 비교]

far – farther – farthest [거리가 먼] / far – further – furthest [정도가 깊은]

(4) 복합어의 비교 변화

복합어의 일부 또는 전체를 비교 변화시키는 경우가 있다.

well-known – better-known – best-known

old-fashioned – more old-fashioned – most old-fashioned

2. 원급의 용법

(1) 동등비교

① 동등비교는 「as + 형용사 · 부사의 원급 + as」의 형식을 취함

He is as tall as his father. (그는 그의 아버지만큼 키가 크다.)

We have as much food as we need. (우리는 필요한 만큼의 많은 음식을 가지고 있다.)

② 'as + 원급 + as'에서 뒤의 품사는 접속사이므로 다음에 '주어 + 동사'의 형태를 취함

She is as tall as he (is). (그녀는 그만큼 키가 크다.)[이를 등위접속사의 병치법에서 앞의 'she is'와 같이 '주어 + 동사'가 오는 것으로 볼 수도 있음]

cf. She is as tall as him.(×)

③ 동등비교의 부정은 「not so[as] + 원급 + as」의 형식이 됨

He is not so[as] old as she. (그는 그녀보다 나이가 적다.)

= He is younger than she.

= She is older than he.

④ 부정어 + as[so] + 원급 + as + A (A만큼의[같은] 정도는 아니다[없다])[최상급 의미]

Nothing is as important as health. (어떤 것도 건강만큼 중요하지 않다.)

= Health is the most important thing.

No (other) mountain in the world is so high as Mt. Everest. (세계의 어떤 산도 Everest 산만큼 높지 않다.)

= Mt. Everest is the highest mountain in the world.

⑤ 동등비교의 관용적 표현

- so[as] long as (~하는 동안, ~하는 한)

  Stay here as long as you want to. (당신이 있고 싶은 만큼 여기 머물러 있어라.)

- as[so] far as (~하는 한, ~까지)

  As far as I know, he is trustworthy. (내가 아는 한 그는 믿음이 가는 사람이다.)

- as good as (~이나 다름없는[같은], 거의 ~인, ~에 충실한)

  She is as good as dead. (그녀는 죽은 거나 다름이 없다.)

  He is a man as good as his word[promise]. (그는 약속을 잘 지키는 사람이다.)

- A as well as B (B뿐만 아니라 A도 역시)

  Our teacher gave us books as well as pencils. (선생님은 우리에게 연필뿐만 아니라 책도 주셨다.)

- as obstinate as a mule (고집불통인)

  The man is as obstinate as a mule. (그 남자는 고집이 매우 세다.)

- as white as snow (새하얀, 결백한)

  Her skin is as white as snow. (그녀의 피부는 눈처럼 하얗다.)

- as busy as a bee (쉴 틈 없이 바쁜, 부지런한)

- as slow as a snail (매우 느린)

- as cool as a cucumber (아주 냉정한[침착한])

- as flat as a pancake (아주 납작한)

- as like as two peas (흡사한, 꼭 닮은)

- as poor as a church mouse (몹시 가난한)

- as sweet as honey (매우 상냥한)

Check Point

비교급에서의 as, than

비교급 구문 'as ~ as'의 뒤의 as나 'rather than'의 than 등은 등위접속사의 역할을 하므로 앞뒤의 어구는 그 형태나 품사가 같은 병치(병렬) 구조를 이룬다(동일 형태의 반복 시 접속사 다음의 중복 어구는 생략 가능).

기출 Plus
[경찰직 9급 기출]

01. 다음 문장 중 문법적으로 옳지 않은 것은?

① A dam stops the flow of water, creating a reservoir and raising the level of water.

② Hardly had I got into the building when it began to rain.

③ Business has never been as better as it is now.

④ After the accident, the policeman took the names of the people involved.

해 동등비교의 표현은 'as + 원급 + as(~만큼 ~한)'이다. 즉, as와 as 사이에는 형용사나 부사의 원급이 들어가야 하므로 'better'를 'good'으로 고쳐야 한다.

 꼭! 확인 기출문제

다음 우리말을 영어로 가장 잘 옮긴 것은? [국가직 9급 기출]

> 사람의 키는 자신의 가운뎃 손가락 길이의 약 20배 정도 된다고 한다.

① A human body is said to have twenty times as length to his or her middle finger.

② A human body is said to be twenty times high than his or her middle finger.

❸ The height of a human body is said to be about twenty times as long as the length of his or her middle finger.

④ The height of a human body is said to be as longer about twenty times as the length of his or her middle finger.

해 ③ 주어에 해당하는 '사람의 키'는 'the height of a human body'로 표현할 수 있다. 그리고 '~의 20배 정도이다(길다)'라는 표현으로는 'be about twenty times as long as ~'가 가장 적절하다.
한편, '~라고(들) 한다(말한다)'는 표현으로는 '주어 + be said to do'의 형태가 쓰이며, 이는 'It is said that절', 'They(People) say that절'로 쓸 수도 있다.
④ 'as + 비교급(longer) + as'의 표현은 옳지 않으며, 일반적으로 'as + 원급 + as'가 올바른 형태이다.

어휘 middle finger 가운뎃손가락, 중지(中指)
height 높음, 높이, 신장

---

(2) 기타 원급의 중요 표현

① 「as ~ as possible」(가능한 한 ~)(= as ~ as one can)

The boy walked as fast as possible. (그 소년은 가능한 한 빨리 걸었다.)

= The boy walked as fast as he could.

② 「as ~ as any + 명사」(어느 ~ 못지않게)(= as ~ as ever + 동사)

He is as great as any statesman. (그는 어떤 정치인 못지않게 위대한 정치인이다.)

= He is as great a statesman as ever lived.

= He is the greatest statesman that ever lived.

③ not so much A as B (A라기보다는 오히려 B이다)

= not A so much as B

= B rather than A

= more B than A = less A than B

He is not so much a poet as a philosopher. (그는 시인이라기보다는 오히려 철학자이다.)

= He is not a poet so much as a philosopher.

= He is a philosopher rather than a poet.

Check Point

not so much as(~조차 하지 않다)(= not even)

He could not so much as write his own name. (그는 자신의 이름조차도 쓰지 못했다.)

답 01 ③

= He is more a philosopher than a poet.

= He is less a poet than a philosopher.

④ may[might] as well A as B (B하기보다는 A하는 편이 낫다, B와 마찬가지로 A해도 좋다.)

You may as well go as stay. (너는 머무르느니 떠나는 게 낫다.)

You might as well keep it there (그냥 놔두는 게 낫겠어요.)

(3) 배수 표현

배수 표현은 '배수사 + as ~ as …(… 보다 몇 배 ~한)'로 표현한다.

This island is twice as large as that. (이 섬은 저 섬보다 2배나 크다.)

= This island is twice the size of that.

The house is three times as large as mine. (이 집은 내 집보다 3배 더 크다.)

That room is half as large as the living room. (저 방은 응접실 크기의 반이다.)

3. 비교급의 용법

(1) 우등비교와 열등비교

① 우등비교(우월비교) : 「비교급 + than」의 형식을 취함

He is taller than she. (그는 그녀보다 크다.)

She is more honest than he. (그녀는 그보다 정직하다.)

② 열등 비교 : 「less + 원급 + than」의 형식을 취함

She is less tall than he. (그녀는 그보다 키가 작다.)

= She is not so tall as he.

= He is taller than she.

Ashley is less beautiful than her sister. (Ashley는 그녀의 동생보다 덜 아름답다.)

③ than이 이끄는 절의 생략 : 무엇과 무엇의 비교인지 명확할 경우 생략이 가능함

Could I have a bigger one? (제가 더 큰 걸 가져도 될까요?)

There were less cars on the road then. (그때는 도로에 차들이 더 적었다.)

03. 우리말을 영어로 잘못 옮긴 것은?

① 그 연사는 자기 생각을 청중에게 전달하는 데 능숙하지 않았다.
→ The speaker was not good at getting his ideas across to the audience.

② 서울의 교통 체증은 세계 어느 도시보다 심각하다.
→ The traffic jams in Seoul are more serious than those in any other city in the world.

③ 네가 말하고 있는 사람과 시선을 마주치는 것은 서양 국가에서 중요하다.
→ Making eye contact with the person you are speaking to is important in western countries.

④ 그는 사람들이 생각했던 만큼 인색하지 않았다는 것이 드러났다.
→ It turns out that he was not so stingier as he was thought to be.

해 'not as(so) + 원급 + as' 구문은 동등 비교에 대한 부정 표현으로, 'as(so) ~as' 사이에는 반드시 원급을 사용해야 한다. 그러므로 비교급의 형태인 'stingier'를 원급의 형태인 'stingy'로 고쳐 써야 옳다.

꼭! 확인 기출문제

다음 글의 밑줄 친 부분 중 어법상 옳지 <u>않은</u> 것은? [국가직 9급 기출]

> Younger students ① <u>who</u> participated in the survey ② <u>sponsored</u> by a weekly magazine turned out ③ <u>to be</u> less concerned about the serious problems of homeless people ❹ <u>as</u> the older students were.

해 ④ 앞에 less가 있으므로 이와 호응하는 than(~보다)으로 바꿔야 한다. than은 비교급 다음에 사용되어 비교의 대상이 되는 부사절을 이끄는 접속사이다.
① 사람(students)을 선행사로 하는 주격 관계대명사이다.
② 분사 sponsored는 앞의 명사(survey)를 수식하는 형용사구 역할을 하는데, 수식을 받는 명사(survey)가 '후원을 받는(후원되는)' 대상으로서 분사와의 관계에 있어 수동관계가 되므로 과거분사(sponsored)를 쓴다.
③ 'turn out + to부정사'는 '(결국) ~임이 판명되다(드러나다)'의 의미이다. 여기서 to부정사로 'to be ~'의 형태가 오는 경우 'to be'는 생략이 가능하다.

어휘 participate in ~에 참여하다, 관여하다
survey 개관, 측량, 실지 답사, 측량[실측]도, 검사, 조사, 바라보다, 개관하다, 조사하다
sponsor 후원하다, 발기하다, 보증하다, 광고주[스폰서]가 되다, 보증인, 후원자, 발기인, 스폰서, 광고주
turn out to be ~ (결국) ~임이 판명되다(= prove), ~로 되어 가다[끝나다]
concerned about ~을 염려하는
homeless 집 없는

해석 한 주간 잡지사가 후원한 조사에 참여한 학생 중 어린 학생들은 나이 든 학생들보다 집 없는 사람들(노숙자들)에 대한 심각한 문제에 대해 덜 걱정하는 것으로 드러났다.

---

(2) 비교급을 강조하는 어구

① much, even, far, by far, a lot, still, yet, a good[great] deal 등은 비교급 의미를 강조하여 '훨씬[한층 더]'의 의미가 됨

He is much older than his wife. (그는 그의 부인보다 나이가 훨씬 많다.)

② a little이 비교급 앞에서 오는 경우 '조금[약간]'의 의미가 되며, somewhat은 '다소'의 의미가 됨

March is a little warmer than February. (3월은 2월보다 약간 더 따뜻하다.)

(3) 동일인 또는 동일물의 다른 성질 비교

동일인이나 동일물(物)의 다른 성질을 비교하는 경우 「more A than B」의 형식을 취한다.

He is more clever than wise. (그는 현명하기보다는 영리하다.)[cleverer로 쓰지 않음]

= He is clever rather than wise.

답 03 ④

(4) 「the + 비교급」 구문

① 「the + 비교급 + of the two」 또는 「the + 비교급 + of A and B」(둘 중에 더 ~하다)

Tom is the taller of the two. (Tom이 둘 중에서 키가 크다.)

② 「(all) the + 비교급 + 이유의 부사구[because, as, for ~]」(~ 때문에 더 하다)[여기서의 'the'는 '매우'의 의미가 됨]

He works the harder, because his parents praise him. (그는 그의 부모님이 칭찬하기 때문에 더 열심히 공부한다.)

She got the better for a change of air. (그녀의 건강은 전지(轉地) 요양으로 더 좋아졌다.)

③ 「the + 비교급 ~, the + 비교급 ~」(~하면 할수록 점점 더 ~하다)

The more we have, the more we want. (많이 가지면 가질수록 더 많이 원하게 된다.)

The more I know her, the more I like her. (내가 그녀를 알면 알수록 더욱 더 좋아하게 된다.)

(5) 「비교급 + and + 비교급」 구문

① 「비교급 + and + 비교급」(점점 더 ~)

The balloon went higher and higher. (그 기구는 점점 더 높이 올라갔다.)

She began to dance more and more quickly. (그녀는 점점 더 빨리 춤추기 시작했다.)

② 「get[grow, become] + 비교급 + and + 비교급」(점점 데[더욱 데] ~하게 되다)

It is getting warmer and warmer day by day. (날씨가 날마다 점점 더 따뜻해지고 있다.)

(6) 라틴어 유래의 형용사

라틴어에서 유래한 형용사의 경우 자체가 비교급으로 쓰이고, than 대신에 to를 쓴다.

> superior to (~ 보다 월등한) / inferior to (~ 보다 못한)
> prior to (~ 보다 앞선) / anterior to (~ 앞쪽인) / posterior to (~ 보다 후에)
> senior to (~보다 손위의) / junior to (~보다 어린)
> major to (~ 보다 많은[큰]) / minor to (~ 보다 적은)
> interior to (안의) / exterior to (밖의)
> preferable to (~보다 더 좋은)

He is superior to me in English. (그는 영어에서 나보다 앞선다.)

 기출 Plus [경찰직 9급 기출]

04. 다음 밑줄 친 부분이 어색한 것은?

In tests, their ① produce was ② far more superior ③ to the vegetables ④ available at the market.

해 라틴어에서 유래한 형용사인 superior는 자체가 비교급으로 쓰이고 than 대신에 to를 쓰므로 ②의 far more에서 more를 삭제해야 한다.

 답 04 ②

She is three years senior to me. (○) (그녀는 나보다 세 살이 많다.)

She is three years senior than me. (×)

(7) 기타 비교급의 관용적 표현

① 「A is no more B than C is D(D가 B와 같을 경우 D 생략 가능)」(A가 B가 아닌 것은 C가 D가 아닌 것과 같다)

A whale is no more a fish than a horse is. (고래가 물고기가 아닌 것은 말이 물고기가 아닌 것과 같다.)

= A whale is not a fish any more than a horse is.

② 「A is no less B than C is D」(C가 D인 것처럼[마찬가지로] A가 B이다)

A whale is no less a mammal than a horse is.

(고래는 말과 마찬가지로 포유동물이다.)

③ 「A is no less ~ than B」(A는 B와 마찬가지로 ~이다)

He is no less handsome than his elder brother.

(그는 그의 형과 마찬가지로 미남이다.)

④ 「A is not less ~ than B」(A는 B 못지않게 ~하다)

He is not less handsome than his elder brother.

(그는 그의 형 못지않게 미남이다.)

⑤ 「no more than」(단지)(= only)[적다는 기분의 표현]

He has no more than two dollars. (그는 2달러밖에 가지고 있지 않다.)

⑥ 「not more than」(기껏해야)(= at most)[적다는 기분의 표현]

He has not more than five dollars. (그는 많아야 5달러를 가지고 있다.)

⑦ 「no less than」(~만큼이나)(= as much[many] as)[많다는 기분의 표현]

He has no less than two dollars. (그는 2달러나 가지고 있다.)

⑧ 「not less than」(적어도)(= at least)[많다는 기분의 표현]

He has not less than two dollars. (그는 적어도 2달러를 가지고 있다.)

⑨ 「much more ~」(더욱 ~하다)(= still more)[긍정문에 사용]

She can speak French, much more English. (그녀는 불어를 할 수 있는데, 영어는 더 잘한다.)

⑩ 「much less ~」(더욱 ~않다)(= still less)[부정문에 사용]

He can't speak English, much less French. (그는 영어를 할 수 없는데, 불어는 더 못한다.)

4. 최상급의 용법

(1) 다양한 최상급 표현

① **일반적 형태** : 최상급의 표현은 주로 「the + 최상급 + in + 단수명사」의 형식이나 「the + 최상급 + of + 복수명사」의 형식을 취함

He is the most attractive in our class. (그는 우리 반에서 가장 매력적이다.)

He is the most attractive of our classmates.

February is the shortest of all the months. (2월은 일 년 중 가장 짧은 달이다.)

② **최상급 대용 표현** : 최상급 표현에는 일반적 형태 외에도 'as ~ as any + 단수명사', 'as ~ as ever + 동사', '비교급 + than any other + 단수명사', '비교급 + than all the other + 복수명사', '부정주어 ~ + so[as] + 원급 + as', '부정주어 ~ + 비교급 + than', '비교급 + than anyone(anything) else' 등이 있음

Mt. Everest is the highest mountain in the world. (에베레스트 산은 세상에서 가장 높은 산이다.)

= Mt. Everest is the highest of all the mountains in the world.

= Mt. Everest is as high as any mountain in the world.

  [as ~ as any + 단수명사]

= Mt. Everest is higher than any other mountain in the world.

  [비교급 + than any other + 단수명사]

= Mt. Everest is higher than all the other mountains in the world.

  [비교급 + than all the other + 복수명사]

= No (other) mountain in the world is so high as Mt. Everest.

  [부정주어 + 동사 + so[as] + 원급 + as + 주어]

= No (other) mountain in the world is higher than Mt. Everest.

  [부정주어 + 동사 + 비교급 + than + 주어]

(2) 최상급의 강조하는 어구

최상급을 수식하여 의미를 강조하는 어구로는 much, the very, (by) far, far and away 등이 있다.

This is much[by far] the best book. (이것이 단연 가장 좋은 책이다.)

= This is the very best book.

Check Point

「비교급 + than anyone (anything) else」

'비교급 + than anyone(anything) else'도 최상급을 의미하는 표현이다.

🗨 Mary is kinder than anyone else in the class.

꽉! 확인 기출문제

우리말을 영어로 잘못 옮긴 것은? [국가직 9급 기출]

① 나이가 들어가면 들어갈수록 그만큼 더 외국어 공부하기가 어려워진다.
→ The older you grow, the more difficult it becomes to learn a foreign language.

❷ 우리가 가지고 있는 학식이란 기껏해야 우리가 모르고 있는 것과 비교할 때 지극히 작은 것이다.
→ The learning and knowledge that we have is at the least but little compared with that of which we are ignorant.

③ 인생의 비밀은 좋아하는 것을 하는 것이 아니라 해야 할 것을 좋아하도록 시도하는 것이다.
→ The secret of life is not to do what one likes, but to try to like what one has to do.

④ 이 세상에서 당신이 소유하고 있는 것은 당신이 죽을 때 다른 누군가에게 가지만, 당신의 인격은 영원히 당신의 것일 것이다.
→ What you possess in this world will go to someone else when you die, but your personality will be yours forever.

해 '기껏해야'는 '아무리 많아도'를 뜻하므로 at the most를 써야한다. 최상급 관용표현이다.

(3) 정관사(the)를 생략한 최상급(무관사 최상급)

① 동일인이나 동일물의 성질 · 상태를 비교할 때 보통 생략[최상급이 보어가 되는 경우]

This lake is deepest at this point. (이 호수는 이 지점이 가장 깊다.)

cf. This lake is the deepest in this country.

② 정관사가 명사 또는 대명사의 소유격으로 대체되는 경우

She is my best friend. (그녀는 나의 가장 친한 친구이다.)

It is my greatest honor to meet you. (당신을 만나게 된 것은 대단한 영광입니다.)

③ 부사의 최상급

She always works hardest among the employees. (그녀는 늘 직원들 중 가장 열심히 일한다.)

(4) 기타 최상급의 특별한 용법

① 양보를 나타내는 최상급 : 문장에서 최상급 표현이 양보의 의미로 사용됨

The richest man in the world cannot avoid death. (세상에서 가장 부유한 사람도 죽음을 피할 수는 없다.)

= Even the richest man in the world cannot avoid death.

② 「a most」(매우 ~한)

He is a most clever man. (그는 아주 영리한 사람이다.)

= He is a very clever man.

③ 「the 서수 + 최상급」(몇 번째로 가장 ~)

Busan is the second largest city in Korea. (부산은 한국에서 두 번째로 가장 큰 도시이다.)

= Busan is the largest city but one in Korea. [but은 '~ 외에는[제외하고] (= except)'의 의미]

④ 「the last + 명사 + to ~」(결코 ~ 할 것 같지 않은, 가장 부적당한[안 어울리는])

He is the last man to do such a thing. (그는 그런 일을 할 사람이 결코 아니다.)

(5) 최상급 관련 주요 관용표현

① the last ~ but one(= the second last) 마지막에서 두 번째의

She was the last in line but one. (그녀는 마지막에서 두 번째였다.)

② at last 마침내

At last we're home! (드디어 우리가 집에 왔어!)

③ at (the) most 많아야(= not more than)

As a news item it merits a short paragraph at most. (그것은 뉴스 항목으로서 기껏해야 짧은 단락 하나를 할애할 정도밖에 안 된다.)

④ at (the) worst 최악의 경우에도

At the very worst, he'll have to pay a fine. (가장 최악의 경우에는 그가 벌금을 내야 할 것이다.)

⑤ at (the) latest 늦어도

Applications should be in by next Monday at the latest. (지원서는 늦어도 다음 월요일까지는 접수되어야 한다.)

⑥ at (the) least 적어도

It'll cost at least 500 dollars. (그것은 적어도 500달러는 들[할] 것이다.)

⑦ not ~ in the least 조금도 ~않다(= not ~ at all).

Really, I'm not in the least tired. (정말이야. 난 하나도 안 피곤해.)

⑧ for the most part 대부분

The contributors are, for the most part, professional scientists. (기고자들은 대개 전문 과학자들이다.)

⑨ to the best of my knowledge 내가 알고 있는 한

It is impossible to the best of my knowledge. (내가 알고 있는 한 그것은 불가능하다.)

제9장

접속사(Conjunction)/
전치사(Preposition)

제1절 접속사(Conjunction)

1. 등위접속사

(1) 등위접속사의 의의
 ① 등위접속사의 의미와 종류
  • 단어와 단어, 구와 구, 절과 절 등을 대등한 관계로 연결하는 역할을 함(등위절을 연결하는 역할)
  • 등위접속사에는 and, but, or, so, for, yet, still 등이 있음
 ② 병치법(병렬관계, 평행구조) : 등위접속사 전후의 어구는 문법구조나 조건(형태, 품사, 시제 등)이 같은 병치(병렬)구조가 됨
  She stayed in London and in Paris. (그녀는 런던과 파리에 머물렀다.)
  He happened to see her and came to love her. (그는 그녀를 우연히 만났고 그녀를 사랑하게 되었다.)

(2) And
 ① 단어와 단어를 연결하는 경우 : A and B는 복수 취급하는 것이 원칙
  Tom and Jack are good friends. (Tom과 Jack은 좋은 친구 사이이다.)
  He learns to listen, speak, read, and write. (그는 듣기와 말하기, 읽기, 쓰기를 배운다.)
 ② 구와 구를 연결하는 경우
  I go to school by bus and by train. (나는 학교에 버스와 기차를 타고 간다.)
 ③ 절과 절을 연결하는 경우
  Winter is over and spring has come. (겨울이 가고 봄이 왔다.)

The sun set, and the moon rose. (태양이 지고, 달이 떴다.)

④ 「명령문, + and ~」(…해라, 그러면 ~할 것이다)

Work harder, and you will pass the exam. (더 열심히 공부해라. 그러면 시험에 합격할 것이다.)

= If you work harder, you will pass the exam.

⑤ 「go/come/try + and + 동사」는 「go/come/try + to + 동사」로 쓸 수 있음

Come and see him. (와서 그를 만나보렴.)

= Come to see him.

(3) But

Check Point

but for

'but for(= without, if it were not for / if it had not been for)'의 구문에서 but은 전치사로 본다.

㉘ But for[Without] the rain, we would have had a pleasant journey. (비가 오지 않았더라면 우리는 즐거운 여행을 했을 것이다.)

= If it had not been for the rain, we would have had a pleasant journey.

① 단어와 단어를 연결하는 경우

He is poor but happy. (그는 가난하지만 행복하다.)

② 절과 절을 연결하는 경우

He speaks German, but he doesn't speak French.

(그는 독일어를 말할 수 있지만 프랑스어는 말하지 못한다.)

③ 「not A but B」(A가 아니라 B)[등위 상관접속사]

This is not an apple, but a pear. (이것은 사과가 아니라 배이다.)

Not he but you are to be blamed. (그가 아니라 너에게 책임이 있다.)

④ 「부정어 + but」(…하면 반드시 ~한다)[여기서의 but은 'that + not'의 의미]

I never meet her but I think of her mother. (내가 그녀를 만날 때마다 그녀의 어머니가 생각난다.)[부정어 + but + S + V]

= I never meet her without thinking of her mother.

= [부정어 + without V-ing]

= When I meet her, I always think of her mother.[when + S + V, S + always + V]

= Whenever I meet her, I think of her mother.[whenever + S + V, S + V]

(4) Or

① 단어와 단어를 연결하는 경우

Which do you like better, apples or oranges? (너는 사과와 오렌지 중에서 어느 것을 더 좋아하니?)

② 구와 구를 연결하는 경우

To be or not to be, that is the question. (사느냐 죽느냐, 그것이 문제로다.)

기출 Plus

01. Choose the answer that best completes the sentence.

We thought the school you had before was not good enough, _____ _____ to build the best school for you.

① so we wanted
② that we wanted
③ therefore
④ concluded
⑤ so as

해 ','를 기준으로 볼 때, 앞뒤 문장은 의미상 인과 관계임을 알 수 있다. 여기서는 앞의 문장이 완전한 형태의 하나의 문장이므로 다음 문장은 의미상·어법상 자연스럽게 연결될 수 있는 자립적인 문장(접속사+주어 +동사)이나 앞의 문장에 부가될 수 있는 문장 형태가 되어야 하며, 또 의미상 결과의 문장이 되어야 한다. 따라서 보기 중에서 이러한 조건에 모두 부합하는 것은 결과의 등위접속사와 적절한 주어, 동사가 갖추어진 ①이다.

③ 절과 절을 연결하는 경우

He will come to my house, or I will go to his house. (그가 우리 집에 오거나, 내가 그의 집으로 갈 것이다.)

④ 「명령문, + or ~」(…해라, 그렇지 않으면 ~할 것이다)

Work harder, or you will fail the exam. (더 열심히 공부해라. 그렇지 않으면 불합격할 것이다.)

= If you don't work harder, you will fail the exam.

= Unless you work harder, you will fail the exam.

(5) So, For

① So : 어떤 사실의 결과를 나타내며, 일반적으로 '그래서[그러므로]'의 의미를 지님

He is rich, so he can buy the car. (그는 부자다. 그래서 그는 그 차를 살 수 있다.)

② For : for는 앞에 나온 내용의 이유나 판단의 원인을 나타내므로 문장의 뒤에 위치함

It must have rained last night, for the ground is wet. (간밤에 비가 온 것이 분명하다, 땅이 젖은 것을 보면.)

꼭! 확인 기출문제

01. 어법상 빈칸에 들어가기에 가장 적절한 것은? [서울시 9급 기출]

Creativity is thinking in ways that lead to original, practical and meaningful solutions to problems or _____ new ideas or forms of artistic expression.

❶ that generate
② having generated
③ to be generated
④ being generated

해 등위접속사 or에 의해 that절이 병치를 이루는 문장으로, A or B에서 A와 B는 동일한 문장구조를 이루어야 한다. 즉, 앞에서 'that lead ~'의 형태로 왔으므로 마찬가지로 빈칸에도 ①의 'that generate'의 형태로 써야 옳다.

어휘 creativity 창조성, 독창력 a. creative 창조적인, 창의적인
generate 발생시키다, 만들어내다

해석 창조성이란 문제에 대한 독창적이고 실제적이며 중요한 해결책을 유도하거나 혹은 예술적 표현에 대한 새로운 아이디어나 형태들을 만들 방법을 궁리하는 것이다.

답 01 ①

02. 다음 밑줄 친 부분 중 어법상 옳지 않은 것을 고르시오. [국가직 9급 기출]

> Soon there will be ① something new for the tourist who has been everywhere and ❷ see everything on Earth. Spacecraft ③ being developed by private commercial companies will soon enable private citizens ④ to buy their own tickets to travel into space.

해 ② and 다음에 있는 see는 앞의 완료 조동사 has에 걸리므로 완료시제를 표현하는 과거분사형이 되어야 한다(see → seen). 바로 앞에 있는 and는 등위접속사이므로 'A and B'의 구조에서 A와 B의 문법구조(품사, 구문형태, 시제 등)가 같다.
① '-thing'으로 끝나는 대명사를 수식하는 형용사는 그 뒤에 위치한다.
④ enable + 목적어 + to do(~가 할 수 있게[~이 가능하게] 하다)

　어휘 spacecraft 우주선(= spaceship)
　commercial 상업[통상, 무역]의, 상업에 종사하는, 거래에 쓰이는, 영리적인
　enable 가능하게[할 수 있게] 하다, ~에게 힘[능력, 가능성, 권한, 자격]을 주다(~ to)

해석 지구상의 모든 곳에 가본 적이 있고 모든 것을 본 적이 있는 여행자에게 조만간 무엇인가 새로운 것이 있을 것이다. 민간 영리 기업에 의해 개발된 우주선이 곧 민간인들이 우주로 여행할 수 있는 그들의 표를 살 수 있도록 할 것이다.

2. 상관접속사

(1) 「both A and B」

'both A and B'는 'A와 B 둘 다[양자 긍정]'의 의미이며, 동사는 복수 취급함

Both brother and sister are alive. (형과 누나 모두 생존해 있다.)

(2) 「not only A but also B」

① 'not only A but (also) B'는 'A뿐만 아니라 B도'라는 의미이며, 동사는 B에 따름

② 'not just[merely, simply] A but (also) B' 또는 'B as well as A'의 표현으로 바꾸어 쓸 수 있음

Not only you but also he is right. (너뿐만 아니라 그도 옳다.)

= He as well as you is right.

(3) 「either/neither A or B」

① either A or B : 'A이든 B이든 어느 한쪽[양자택일]'의 의미이며, 동사는 B에 따름

Either you or I am to attend the meeting. (너 아니면 내가 회의에 참석해야 한다.)

② neither A nor B : 'A도 B도 둘 다 아닌[양자 부정]'의 의미이며, 동사는 B에 따름

Neither he nor I am the right person for the post. (그도 나도 그 일에 적임자가 아니다.)

3. 종속접속사

(1) 종속접속사의 의의

① 의미와 종류
- 종속접속사 절을 주종의 관계로 연결하는 역할, 즉 종속절을 주절에 연결하는 접속사를 말함
- 종속접속사에는 that, if, whether, when 등이 있음

② 용법
- 종속접속사 이하의 문장(종속절)은 전체 문장에서 명사나 부사가 됨
- 부사가 강조를 위해 문두나 문미로 이동하는 것과 마찬가지로, 조건이나 양보, 이유, 시간을 나타내는 경우 문두로 나갈 수 있음[종속접속사가 나가면 문장 중간에는 도치되었다는 의미의 'comma(,)'를 찍는 것이 원칙]

(2) 명사절을 이끄는 종속접속사

① that절 : 명사의 역할을 하므로 문장에서 주어절·보어절·목적어절 등이 될 수 있음
- 주어절을 이끄는 경우

  That she did her best is true. (그녀가 최선을 다했다는 것은 사실이다.)

  = It is true that she did her best.[that절인 주어는 복잡하므로 가주어(it)를 사용해 전환한 것으로, that 이하가 진주어에 해당함]
- 보어절을 이끄는 경우[이때의 that은 잘 생략되지 않음]

  The trouble is that my mother is sick in bed. (문제는 어머니께서 병석에 누워 계시다는 것이다.)[the trouble = that my mother is sick in bed]
- 목적어절을 이끄는 경우[이때의 that은 종종 생략됨]

  I know (that) you are honest. (나는 당신이 정직하다는 것을 알고 있다.)

  He admitted that he was in the wrong. (그는 자신이 틀렸다는 것을 시인했다.)
- 동격절을 이끄는 경우

  I know the fact that I have made many mistakes. (나는 내가 실수를 많이 했다는 사실을 안다.)[동격의 that은 완전한 문장을 연결하는 것으로, '~라고 하는'으로 해석됨]

② whether절
- 주어절을 이끄는 경우

  Whether he will come or not is very doubtful. (그가 올지 오지 않을지는 매우 의심스럽다.)

Check Point

'except that(~을 제외하고)'과 'in that(~라는 점에서)' 두 경우를 제외하고는 접속사 that 앞에 어떠한 전치사도 올 수 없다.

Check Point

종속접속사 that의 뒤에는 완전한 문장이 오지만, 관계대명사 that의 뒤에는 주어나 목적어가 탈락한 불완전한 문장이 오는 것으로, 둘을 구분할 수 있다.

• 보어절을 이끄는 경우

The question is whether you do it well or not. (문제는 네가 잘하느냐 잘하지 않느냐이다.)

• 목적어절을 이끄는 경우[이 경우 whether는 if로 바꾸어 쓸 수 있음]

He asked me whether[if] I liked fish. (그는 나에게 생선을 좋아하느냐고 물었다.)

• 동격절을 이끄는 경우

The question whether he will join us is uncertain.(그가 우리와 합류하느냐 하는 문제는 매우 불확실하다.)

③ if절

• whether절이 문장의 주어·목적어·보어가 될 수 있는 데 비해, if절은 타동사의 목적어만 될 수 있음[전치사의 목적어도 될 수 없음]

Do you know if[whether] she is at home? (당신은 그녀가 집에 있는지 아십니까?)

• if는 'whether + or not'과 같은 의미이므로, if 뒤에 'or not'을 쓸 수 없음

I don't know whether it will rain tomorrow or not. (나는 내일 비가 올지 안 올지를 모른다.)

I don't know if it will rain tomorrow or not. (×)

I don't know if it will rain tomorrow. (○)

• whether는 문두로 도치될 수 있으나 if는 불가능

Whether she can come, I doubt. (나는 그녀가 올 수 있을지 어떨지 의심스럽다.)

Check Point

명사절을 이끄는 if와 whether
보통 의미가 확실한 타동사 다음의 절은 that절이 되는데 비해, 불확실한 동사나 의문동사 다음의 절은 if나 whether 등이 이끄는 절이 된다. 불확실하거나 의문을 나타내는 표현으로는 ask, doubt, wonder, inquire, don't know, be not sure, Do you mind ~? 등이 있다.

꼭! 확인 기출문제

01. Choose the underlined part that is not grammatically correct. [국회직 8급 기출]

One of the preeminent ① benefits I used to ② derive from ③ being chancellor of ④ a university was ❺ what I had the pleasure of entering thoughtful men all over the world.

해설 ⑤ 'what I had the pleasure ~'는 be동사의 보어 역할을 하는 명사절이 된다. 그런데 what은 선행사를 포함하는 관계대명사이므로 what을 제외한 나머지 부분은 불완전한 문장이 된다. 즉, (what에 포함된) 선행사는 명사나 대명사로서 관계사절 내의 문장에서 필수적인 요소(문장성분)가 되기 때문에, 이를 제외한 문장은 필수 요소가 결여된 불완전한 문장이 된다는 것이다. 그런데 ⑤의 경우 what 다음의 문장(I had the pleasure … world)은 완전한 문장이 되므로 관계대명사 what은 적합하지 않다. 여기서는 be동사의 보어인 명사절을 이끌 수 있는 접속사 that이 적합하다. what → that

① · ② 'one of + 복수명사(benefits)'의 구조가 되며, benefit(이익, 혜택)은 가산명사이다. 또한 'derive + benefits(목적어) + from ~'은 '~로부터 혜택을 얻다(끌어내다)'는 표현인데, 여기서는 '~ benefits[선행사] + (that/which) + 주어 + 동사'의 구조가 되었으며 목적격 관계대명사(that/which)는 생략되었다.

③ 전치사(from) 다음에 있는 being은 동명사로서, 의미상의 주어가 주어(I)와 같으므로 따로 쓰지 않는다. 그리고 chancellor(총장)는 특정한 직책을 나타내므로 관사를 붙이지 않는다. 일반적으로, 특정한 직책이나 신분을 나타내는 명사가 보어로 사용되는 경우 관사를 붙이지 않는다.

④ 부정관사 'a'는 자음으로 시작되는 명사 앞에서, 'an'은 모음으로 시작되는 명사 앞에서 사용되는데, 이때 자음과 모음의 구분은 철자가 아닌 실제 발음에 따른 것이다. 따라서 'university[juːnəvɜːrsəti]는 반자음인 [j]로 시작되므로 부정관사는 'a'를 붙인다.

> **어휘** preeminent 걸출한, 뛰어난, 현저한(= prominent, conspicuous, outstanding)
> derive 끌어내다, 얻다, ~에서 비롯되다, ~의 유래를 찾다(~ from)
> chancellor (재무) 장관, 수상, 대법관, (대학의) 총장, 학장
> have the pleasure of ~을 만족스럽게 여기다, (~하는 것을) 기뻐하다
> thoughtful 생각이 깊은, 사려 깊은(= considerate), 인정 있는

> **해석** 대학의 총장이라는 것으로부터 내가 얻어 내곤 했던 두드러진 혜택 중 하나는 내가 전 세계의 생각이 깊은 사람들에 속하게 되는 기쁨을 누렸다는 것이었다.

02. 어법상 옳지 <u>않은</u> 것은? [지방직 9급 기출]

① You might think that just eating a lot of vegetables will keep you perfectly healthy.
❷ Academic knowledge isn't always that leads you to make right decisions.
③ The fear of getting hurt didn't prevent him from engaging in reckless behaviors.
④ Julie's doctor told her to stop eating so many processed foods.

> **해** ② 동사 isn't의 뒤에 보어로 쓰인 that절은 명사절이다. 명사절 접속사 that은 완전한 절을 이끌고 명사절 접속사 what은 주어, 목적어, 보어 중 하나가 빠진 불완전한 절을 이끌어야 한다. 뒤에 주어자리가 비었으므로 that은 what으로 고쳐야 알맞은 표현이다.

> **어휘** engage in 가담하다, 참여하다
> reckless 무모한
> processed food 가공 식품

> **해석** ② 학문적 지식은 언제나 네가 옳은 결정을 내리도록 해주는 것은 아니다.
> ① 많은 야채를 섭취하는 것은 너를 완벽히 건강하게 할 거라고 당신은 생각할 수도 있다.
> ③ 다치는 것에 대한 두려움은 그가 무모한 행동에 참여하는 것으로부터 막는 것은 아니다.
> ④ 줄리의 의사는 그녀가 너무 많은 가공음식을 먹기를 그만 두라고 말씀하셨다.

(3) 부사절을 이끄는 종속접속사

① 시간을 나타내는 접속사

> when, while, as(~할 때, ~하면서, ~함에 따라서), whenever(~할 때마다), till[until], before, after, since, as soon as, as long as(~하는 동안, ~하는 한), no sooner ⋯ than ~ (하자마자 ~하다)

When it rains, he stays at home. (비가 오면 그는 집에 머무른다.)

She came up as I was speaking. (내가 말하고 있을 때 그녀가 다가왔다.)

It is three years since he passed away. (그가 죽은 지 3년이 되었다.)

② 장소를 나타내는 접속사

> where, wherever(~하는 곳은 어디든지)

Where there is life, there is hope. (삶이 있는 곳에 희망이 있다.) → 하늘이 무너져도 솟아날 구멍은 있다.

Sit wherever you like. (당신이 좋아하는 곳 어디든지 앉아라.)

③ 이유나 원인을 나타내는 접속사

> because, since(~때문에), as(~때문에), for, now that(~이니까) 등

I was late because there was a lot of traffic on the way. (나는 오는 도중에 차량이 많아서 늦었다.)

Since she spoke in French, I couldn't understand her. (그녀가 프랑스어로 말했기 때문에 나는 이해할 수 없었다.)

He must have been ill, for he was absent. (그가 결석했으니까 그는 아팠음에 틀림없다.)

Now that you mention it, I do remember. (당신이 그것을 언급하니까 나는 정말 기억이 나네요.)

④ 목적을 나타내는 접속사

> • 「~하기 위하여, ~하도록」: (so) that ~ may[can], in order that ~ may[can]
> • 「~하지 않기 위하여, ~하지 않도록」: so that ~ may not = lest ~ should

Make haste (so) that you may catch the last train. (마지막 기차를 잡을 수 있도록 서둘러라.)

= Make haste in order that you may catch the last train.

I worked hard (so) that I might not fail. (나는 실패하지 않기 위해서 열심히 일했다.)

= I worked hard lest I should fail.[lest에 부정의 의미가 포함되어 있으므로 부정어를 따로 쓰지 않도록 주의]

Check Point

종속접속사 중 조건이나 양보, 이유, 시간의 접속사가 이끄는 종속절의 경우에는 문두로 나갈 수 있다. 이 경우 종속절에 comma(,)를 찍어 구분하는 것이 일반적이다.

예 I cannot run because I am very tired.
→ Because I am very tired, I cannot run.

기출 Plus

[경찰직 9급 기출]

02. 다음 밑줄 친 부분 중 어법상 잘못된 것을 고르시오.

① Despite Alex ② had graduate from high school ③ with honors, he failed two subjects ④ as a college freshman.

閱 despite는 양보의 의미를 지닌 전치사이므로 절을 이끌 수 없다. 따라서 이를 양보절을 이끄는 접속사 though, although, even if, enen though 등으로 바꾸어야 한다.

⑤ 결과를 나타내는 접속사

> so + 형용사/부사 + that(매우 ~해서), so that(그래서)
> such + 명사 + that(매우 ~해서)

He is so honest that I trust him. (그는 매우 정직해서 나는 그를 믿는다.)

= He is so honest a man that I trust him.

= He is such an honest man that we trust him.

This is so difficult a problem that I can't solve it. (이 문제는 매우 어려워 내가 풀 수가 없다.)

Her father died suddenly, so that she had to leave school. (그녀의 아버지가 갑자기 돌아가셔서 그녀는 학교를 그만둬야 했다.)

⑥ 조건을 나타내는 접속사

> if, unless(만일 ~하지 않는다면), so long as(~하는 한은), in case(~의 경우를 생각하여, 만일 ~라면)

If it is fine tomorrow, we will go on a picnic. (내일 날씨가 좋으면 우리는 소풍을 갈 것이다.)

Unless you get up early, you will miss the train. (만일 당신이 일찍 일어나지 않는다면, 당신은 기차를 놓일 것이다.)

= If you do not get up early, you will miss the train.

⑦ 양보를 나타내는 접속사

> though, although, even if(비록 일지라도[할지라도]), even though(~인데도[하는데도]), whether(~이든지 아니든지 (간에), ~이든지 (여하간에))

Though[Although] he is poor, he is always cheerful. (그는 비록 가난하지만 항상 밝은 모습을 하고 있다.)

I will go there even if it rains. (비가 오더라도 나는 그곳에 갈 것이다.)

⑧ 비교를 나타내는 접속사

> as(~와 같이[처럼], ~만큼), than(보다(도)), ~하느니보다 (오히려), ~할 바에는 (차라리))

He is not so tall as she. (그는 그녀만큼 키가 크지 않다.)

She is older than I (am). (그녀는 나보다 나이가 많다.)

cf. He is older than me.[구어에서 주로 쓰는 것으로, 이때의 than은 전치사]

답 02 ①

⑨ 양태를 나타내는 접속사

> as(~와 같이, ~대로), as if, as though(마치 ~인 것처럼) 등

Do in Rome as the Romans do. (로마에 가면 로마의 법을 따르라.)

He looks as if he had seen the ghost. (그는 마치 유령을 보았던 것처럼 보인다.)

⑩ 비례를 나타내는 접속사

> as(~함에 따라, ~할수록), according as(~에 따라서[준하여], ~나름으로)

As we go up, the air grows colder. (올라갈수록, 공기는 더 차가워진다.)

꼭! 확인 기출문제

01. 다음 빈칸에 가장 알맞은 것은? [지방직 9급 기출]

> The dancing bear at the circus was very entertaining. It was able to balance a ball on its nose _____ it was standing on one foot.

① where   ② whereas

❸ while   ④ now that

📖 ③ 곰이 한 발로 서서(선 채로) 코에 공을 올려두고 균형을 잡았다는 의미이므로, 동작이나 상태가 계속되고 있는 시간·기간 등을 표현하는 접속사 'while(~하면서, ~하는 동안, ~와 동시에)'이 가장 적합하다.
　① where는 주로 장소의 부사절을 이끄는 접속사이므로 적합하지 않다.
　② whereas는 '~에 반하여', '그러나 (사실은)' 등의 역접의 의미이므로 어울리지 않는다.
　④ 'now that(~이니까)'은 원인이나 이유의 부사절을 이끄는 접속사이다.

　어휘 entertaining 재미있는, 유쾌한 v. entertain 즐겁게[즐기게] 하다, 대접[환대]하다 n. entertainment
　　balance ~의 평형[균형]을 잡대[맞추다], 가늠하다, 비교 평가하다, 균형, 평균, 평형, 조화, 저울
　　whereas ~에 반하여(= while on the other hand), 그런데, 그러나 (사실은), ~이므로, ~인 까닭에

　해석 서커스에서 춤추는 곰은 아주 재미있었다. 곰은 한 발로 서서 공을 코에 올려놓고 균형을 잡을 수 있었다.

02. 다음 문장 중 어법상 옳지 않은 것은? [지방직 9급 기출]

❶ Everything changed afterwards we left home.
② At the moment, she's working as an assistant in a bookstore.
③ I'm going to train hard until the marathon and then I'll relax.
④ This beautiful photo album is the perfect gift for a newly-married couple.

📖 ① afterward(후에, 나중에)는 부사이므로 절을 이끌 수 없다. 따라서 이를 절을 이끌며 다른 절과 연결할 수 있는 접속사로 고쳐야 한다. 여기서는 '그가 집을 떠난 후에'라는 종속절의 의미로 보아 'after(후에, 뒤에)'가 가장 어울린다.
　　afterwards → after
　② 진행시제(be + -ing)이므로 'is working'이 사용되었다.
　③ 'be going to'는 가까운 미래를 나타내는 표현으로 사용된다. 전체적으로 미래시제이므로 then 이후의 문장도 미래(will relax)가 되었다. 여기서 until은 전치사로서 '(시간의 계속) ~까지'의 의미이다.
　④ 'gift for a newly-married couple'은 '신혼부부를 위한 선물'의 의미이다.

기출 Plus [서울시 9급 기출]

03. 다음 괄호에 들어가기 적절한 것을 순서대로 나열한 것은?

> (　　) cats cannot see in complete darkness, their eyes are much more sensitive (　　) light than human eyes.

① Despite, to
② Though, at
③ Nonetheless, at
④ While, to

해 첫 번째 빈칸은 '주어 + 동사'의 절이 왔으므로 우선 접속사가 필요하고, 종속절과 주절의 내용이 대조적이므로 양보의 접속사 'while'이나 'though'가 적합하다. 두 번째 빈칸은 '~에 민감하다'라는 표현이 'be sensitive to'이므로 전치사 'to'가 알맞다.

답 03 ④

03. 다음의 밑줄 친 부분에 들어갈 가장 적절한 표현을 고르면? [국회직 9급 기출]

> Josh hasn't begun working on his today's assignment _____ working on his yesterday's.

❶ yet because he is still
② still because he is yet
③ yet as a result he is still
④ still as a result he is yet
⑤ already however he is yet

해 조쉬가 어제 숙제를 하느라 오늘 숙제를 못했다는 말이 되어야 함을 알 수 있다. 접속사는 이유를 말하는 because를 써야 알맞다.

어휘 assignment 과제, 임무
already 이미, 벌써

해석 조쉬는 그의 오늘 숙제에 아직 시간을 들이지 못했다. 왜냐하면 그는 여전히 그의 어제 숙제에 애를 쓰고 있기 때문에.

제2절 전치사(Preposition)

1. 전치사의 의의

(1) 전치사의 의미

① 전치사 : 명사 상당어구(명사, 대명사, 동명사 등) 앞에서 명사 상당어구와 다른 말과의 관계를 나타냄

② 전치사 + 명사 상당어구(목적어) : 대부분 부사(구)의 역할을 하며, 일부는 형용사(구)의 역할을 함

I found it with ease. (나는 손쉽게 그것을 찾았다.)['with ease'는 부사구]

He is a man of ability. (그는 능력이 있는 사람이다.)['of ability'는 형용사구]

(2) 전치사의 종류

① 단순전치사 : 하나의 전치사로 된 것을 말함

at, by, from, till, up, with 등

Check Point

전치사와 접속사의 구분
전치사는 뒤에 명사 상당어구가 목적어로 오며, 접속사 다음에는 절이 나온다.

② 이중전치사 : 2개 이상의 전치사가 한 개의 전치사 역할을 하는 것을 말함

from under, till, after 등

③ 분사전치사 : 현재분사에서 나온 전치사를 말함

concerning, respecting(~에 관하여) 등

④ 구 전치사(전치사구) : 2개 이상의 단어가 모여 하나의 전치사 역할을 하는 것

in spite of(~에도 불구하고, ~을 무릅쓰고), in front of, at odds with(~와 마찰을 빚는), such as(~와 같은), owing to(~덕택에), thanks to(~덕분에) 등

2. 전치사의 목적어

(1) 명사와 대명사를 전치사의 목적어로 취하는 경우

① 명사가 목적어가 되는 경우

The books on the desk are mine. (책상 위에 있는 책들은 나의 것이다.)

[명사(desk)가 전치사(on)의 목적어가 됨. 여기서 'on the desk'는 형용사 역할을 함]

The river runs between two countries. (그 강은 두 나라 사이를 흐른다.)

② 대명사가 목적어가 되는 경우

She is fond of me. (그녀는 나를 좋아한다.)[대명사가 전치사의 목적어가 되는 경우 목적격이 되어야 함]

He looked at her for a while. (그는 잠시 동안 그녀를 바라보았다.)

Check Point

전치사의 목적어

전치사에 따르는 명사 상당어구가 전치사의 목적어가 되는데, 전치사의 목적어는 대부분 명사, 대명사이지만 그 외에 동명사나 부정사, 과거분사, 형용사·부사구, 절 등도 목적어가 될 수 있다. 대명사가 목적어가 되는 때에는 반드시 목적격으로 써야 한다.

꼭! 확인 기출문제

다음 밑줄 친 부분 중 어법상 옳지 않은 것을 고르시오. [국가직 9급 기출]

New York's Christmas is featured in many movies ❶ while this time of year, ② which means that this holiday is the most romantic and special in the Big Apple. ③ The colder it gets, the brighter the city becomes ④ with colorful lights and decorations.

해 ① while은 접속사이므로 다음에 주어와 동사로 이루어진 절이 와야 하는데, ①의 경우 다음에 명사구(this time of year)가 왔다. 따라서 접속사가 아닌 전치사가 되어야 하며, 의미상 'during(~동안, ~사이에)'이 가장 어울린다.

② which는 앞 문장 전체를 선행사로 하는 주격 관계대명사이다.

③ 'The 비교급 ~, The 비교급 …'은 '~하면 할수록 그만큼 더욱더 …하다'는 표현이다. 여기서는 'The colder ~, the brighter …'가 호응관계를 이루고 있다.

④ 의미상 전치사 with가 적합하다.

어휘 feature 특색으로 삼다, (배우를) 주연시키다, (사건을) 대서특필하다, ~의 특색[특징]을 이루다, ~와 닮다, 특색이 되다
Big Apple 뉴욕시(市), 대도시
decoration 장식(법), 꾸밈새, 훈장 v. decorate 장식하다, ~의 장식물이 되다

해석 뉴욕의 크리스마스는 연중 이 시기에 많은 영화에서 다루어지는데, 이는 크리스마스 휴일이 뉴욕에서 가장 로맨틱하고 특별하다는 것을 의미한다. 날씨가 추워질수록 이 도시는 화려한 불빛과 장식들로 더욱 밝아지게 된다.

(2) 형용사와 부사를 전치사의 목적어로 취하는 경우

① 형용사가 목적어가 되는 경우

Things went from bad to worse. (사태가 악화되었다.)[형용사 bad와 worse 다음에 'thing'이 생략되어 있음]

② 부사가 목적어가 되는 경우

She got back from abroad in 2009. (그녀는 2009년에 해외에서 돌아왔다.)

How far is it from here to the station? (여기서 역까지 거리가 어떻게 됩니까?)

(3) 준동사를 전치사의 목적어로 취하는 경우

① 동명사가 목적어가 되는 경우

She left the room without saying a word. (그녀는 말없이 방을 나갔다.) [to say (×) / say (×)]

My son is fond of swimming. (나의 아들은 수영하는 것을 좋아한다.)

② 부정사가 목적어가 되는 경우 : but과 except, save(~을 제외하고는, ~외에는), than 등은 예외적으로 to부정사와 원형부정사를 목적어로 취할 수 있음

He had no choice but to give up the plan. (그는 그 계획을 포기하는 수밖에 없다.)

③ 과거분사가 목적어가 되는 경우

They gave up the man for lost. (그들은 그 사람을 실종된 것으로 여기고 찾기를 그만두었다.)

(4) 구(句)나 절(節)을 전치사의 목적어로 취하는 경우

① 구를 목적어로 취하는 경우

He sat up till late at night. (그는 밤늦게까지 깨어 있었다.)

② 절을 목적어로 취하는 경우

Men differ from animals in that they can think and speak. (사람은 생각하고 말을 한다는 점에서 동물과 다르다.)[여기서 in과 that 사이에는 'the fact'가 생략되어 있으며, 여기서 that은 동격접속사로서 '~라는 점에서'의 의미가 됨]

3. 전치사구의 용법

(1) 형용사적인 용법

① 명사, 대명사를 수식

He is a man of wisdom. (그는 현명한 사람이다.)[전치사구(of wisdom)가 명사(man)를 수식]

I don't know any of them in the room. (나는 그 방안의 그들 어느 누구도 모른다.)[대명사를 수식]

② 주격보어, 목적격보어로 쓰임

He was against the proposal. (그는 그 제안을 반대하였다.)[주격보어]

Please make yourself at home. (편하게 계십시오.)[목적격보어]

(2) 부사적 용법

동사, 형용사, 부사, 문장 전체를 수식한다.

Please hang this picture on the wall. (이 그림을 벽에 걸어주십시오.)[동사를 수식]

The town is famous for its hot springs. (이 도시는 온천으로 유명하다.)[형용사를 수식]

He came home late at night. (그는 밤늦게 집에 돌아왔다.)[부사를 수식]

To my joy, the rain stopped. (기쁘게도 비가 그쳤다.)[문장전체를 수식]

(3) 명사적 용법

전치사구가 주어의 역할을 하는 경우도 있다.

From here to the park is about five miles. (여기서 공원까지는 약 5마일이다.)

4. 전치사의 위치

(1) 전치사의 전치

전치사는 목적어 앞에 위치하는 것이 원칙이다(전치사 + 목적어).

My cell phone is ringing on the table. (내 휴대폰이 테이블 위에서 울리고 있다.)

I have lived in Seoul since my birth. (나는 태어난 이래로 서울에서 살고 있다.)

기출 Plus [지방직 9급 기출]

01. 밑줄 친 부분 중 어법상 옳지 않은 것을 고르시오.

Yesterday at the swimming pool everything seemed ① to go wrong. Soon after I arrived, I sat on my sunglasses and broke them. But my worst moment came when I decided to climb up to the high diving tower to see ② how the view was like. ③ Once I was up there, I realized that my friends were looking at me because they thought I was going to dive. I decided I was too afraid to dive from that height. So I climbed down the ladder, feeling very ④ embarrassed.

해 'how the view was like'에서 like는 전치사인데, 전치사의 목적어가 될 수 있는 것은 명사 상당어구(명사, 대명사, 동명사 등)이며 부사는 일반적으로 그 목적어가 될 수 없다. 따라서 의문부사 how를 의문대명사 what으로 바꾸어야 한다.

답 01 ②

(2) 전치사의 후치

① 의문사가 목적어인 경우

Who are you waiting for? (당신은 누구를 기다리고 있습니까?)[의문사 who는 전치사 for의 목적어]

= Whom are you waiting for?

What was it like? (그것은 무엇과 닮았습니까?)

② 관계대명사가 목적어인 경우

This is the house which he lives in. (이 집은 그가 살고 있는 집이다.)

= This is the house in which he lives.

③ 전치사를 포함한 to부정사가 형용사적 용법으로 쓰인 경우

He has no friends to talk with. (그는 대화를 나눌 친구가 없다.)

= He has no friends with whom he can talk.

④ 전치사를 포함하는 타동사구가 수동태 문장에 쓰인 경우

The baby was looked after by her. (그 아이는 그녀가 돌봤다.)

= She looked after the baby.

He was laughed at by everybody. (그는 모두에 의해 비웃음당했다.)

= Everybody laughed at him.

⑤ 강조를 위해 목적어를 전치(前置)한 경우

Classical music he is very fond of. (고전 음악을 그는 좋아한다.)

= He is very fond of classical music.

(3) 전치사의 생략

① 요일 · 날짜 앞의 on은 구어에서 생략하는 경우가 많다. 요일 · 날짜 앞에 last, next, this, that, every, some 등의 어구가 붙을 경우 on은 문어체에서도 생략한다.

That store is closed (on) Sundays. (저 가게는 일요일에는 영업을 하지 않는다.)

Let's meet next Sunday. (다음 일요일에 만나요.)

② 시간 · 거리 · 방법 · 정도 · 양태 등을 나타내는 명사는 전치사 없이 부사구 역할을 하는 것이 보통이다.

It lasted (for) two hours. (그것은 2시간 동안 계속되었다.)

Do it (in) this way (그것은 이렇게 하시오.)

③ 연령 · 모양 · 대소 · 색채 · 가격 · 종류 등을 나타내는 명사가 'of+명사(구)'의 형태로 형용사 역할을 할 때 of는 보통 생략된다.

John and Jane are (of) same age. (존과 제인은 동갑이다.)

It is (of) no use crying. (울어도 소용없다.)

④ 현재분사화한 동명사 앞에서 생략

I was busy (in) preparing for the exam. (나는 시험 준비로 바빴다.)

5. 전치사의 분류

(1) 시간을 나타내는 전치사

① at, on, in

• at : 하루를 기준으로 함

at 7:00 / at nine o'clock / at noon (정오에) / at midnight (한밤중에)

at sunset (해질녘에) / at Christmas (크리스마스 날[연휴]에)

• on : 요일, 날짜, 특정한 날

on Sunday / on Sunday afternoon (일요일 오후에)

on the first of May (5월 1일에) / on Christmas Day (크리스마스 날에)

• in : at, on 보다 광범위한 기간의 표현

in May (5월에) / in 2012 (2012년에) / in the 20th century (20세기에)

in the past (과거에) / in the future / in summer

• 예외적인 경우

at night / at Christmas / at the moment / at the same time (동시에)

in the morning (아침에) / in the afternoon (오후에) / in the evening (저녁에)

② by, untill, to

• by(~까지는) : 미래의 어떤 순간이 지나기 전 행위가 발생하게 되는 경우

I will come here by ten o'clock. (나는 10시까지 여기에 올 것이다.)

• until[till](~까지 (줄곧)) : 미래의 어느 순간까지 행위가 계속되는 경우

I will stay here until[till] ten o'clock. (나는 10시까지 여기서 머무르겠다.)

• to(~까지) : 시간 · 기한의 끝

I will stay here to the end of May. (나는 5월 말까지 여기에 머무르겠다.)

Check Point

at과 관련된 관용구
at table 식사 중에
at random 무작위로
be at home in ~에 정통하다
at sea 항해 중에
people at large 일반 대중

Check Point

in과 관련된 관용구
in demand (수요가 있는)
in a day (하루에)
in time (늦지 않게)
in summary (요컨대)
in cash (현금으로)
in one's right mind (제 정신인)
in this regard (이 점에 대해서는)
in place (제자리에)

Check Point

by와 until의 구분
I'll be there by 7 o'clock. (7시 정각까지 그곳에 가겠다.)[7시까지 계속 그곳에 있는 것은 아님]
Let's wait until the rain stops. (비가 그칠 때까지 계속 기다리자.)[비가 그칠 때까지 기다리는 행위가 계속됨]

기출 Plus [국회직 8급 기출]

02. Choose the sentence which is not grammatically correct.

① Practically all of the water comes from the Pacific Ocean.
② The guest should come back until 7 p.m.
③ The organization strives for better health throughout the world.
④ An ability to control impulses is at the root of the problem.
⑤ Given a choice, I would probably opt for toys that encourage creativity.

해 전치사 until은 시간의 계속이나 행위의 반복을 표현하는 것으로 '~까지(~이 되기까지, ~에 이르기까지 (줄곧))'이라는 의미이다. 그런데 '7시까지 (돌아와야 한다)'라는 것은 어떤 기한까지 돌아와야 한다는 것을 의미하므로 until과 어울리지 않는다. 따라서 이를 특정 기한까지의 완료를 의미하는 전치사 'by(~까지는)'로 바꾸어야 한다. until 7 p.m. → by 7 p.m.

③ for, during, through
- for(~ 동안)
  I have lived in Seoul for ten years. (나는 10년 동안 서울에 살고 있다.)
- during(~ 동안 (내내), ~ 사이에)
  I am going to visit China during this vacation. (나는 이번 방학 동안에 중국을 방문하려고 한다.)
- through(동안 내내, 줄곧)
  It kept raining through the night. (밤새 계속해서 비가 내렸다.)

④ in, within, after
- in(~ 후에, ~지나면) : 시간의 경과를 나타냄
  He will come back in a few hours. (그는 몇 시간 후에 돌아올 것이다.)
- within(~ 이내의, ~ 범위 내에서) : 기한 내를 의미함
  He will come back within a few hours. (그는 몇 시간 내에 돌아올 것이다.)
- after(~의 뒤에[후에], 늦게)
  He came back after a few hours. (그는 몇 시간이 지나서 돌아왔다.)

⑤ since, from
- since(~ 이래 (죽), ~부터 (내내), ~ 이후)
  She has been sick in bed since last Sunday. (그녀는 지난 일요일부터 아파서 누워있다.)
- from(~에서, ~로부터)
  He worked hard from morning till night. (그는 아침부터 밤까지 열심히 일했다.)

(2) 장소를 나타내는 전치사

① at, in
- at(~에, ~에서) : 위치나 지점을 나타냄
  He is now staying at a hotel in Seoul. (그는 지금 서울의 한 호텔에서 머물고 있다.)
- in(~의 속에, ~에 있어서)
  He lived in the small village. (그는 작은 마을 안에서 살았다.)

답 02 ②

② on, above, over
- on(~의 표면에, ~ 위에) : 장소의 접촉을 나타냄

  There is a picture on the wall. (벽에 그림이 한 점 걸려 있다.)

  There is a book on the desk. (책상 위에 책이 있다.)
- above(~보다 위에[로], ~보다 높이[높은])

  The moon is rising above the mountain. (달이 산 위로 떠오르고 있다.)
- over(~ 위쪽에[의], ~바로 위에[의]) : 바로 위쪽으로 분리된 위치를 나타냄

  There is a wooden bridge over the stream. (시내 위로 나무다리가 놓여있다.)

③ under, below
- under(~의 아래에, ~의 바로 밑에)

  The box is under the table. (그 상자는 탁자 밑에 있다.)
- below(~보다 아래[밑]에)

  The sun sank below the horizon. (태양이 지평선 너머로 넘어갔다.)

④ up, down

  Some children ran up the stairs and others walked down the stairs.
  (몇 명의 아이들은 계단을 뛰어 올라가고, 다른 몇 명은 계단을 걸어 내려왔다.)

⑤ behind, before

  The blackboard is behind the table, and the table is before the blackboard. (칠판은 탁자 뒤에 있고, 탁자는 칠판 앞에 있다.)

⑥ between, among
- between(~ 사이에) : 명백하게 분리되는 둘 이상에서 사용됨

  The river runs between two countries. (그 강은 두 나라 사이를 흐른다.)

  I couldn't see any difference between the three cars. (나는 세 자동차들 사이의 차이점을 알 수 없었다.)[셋 이상이나 명백히 분리되는 대상에 관한 것이므로 among이 아닌 between이 사용됨]
- among(~ 사이에) : 분리할 수 없는 집단 사이에서 사용됨

  His car was hidden among the trees. (그의 차는 나무들 사이에 숨겨져 있었다.)[분리할 수 없는 나무들의 집단에 관한 것이므로 among이 사용됨]

  Seoul is among the biggest cities in the world. (서울은 세계에서 가장 큰 도시 중 하나이다.)

⑦ around, about
- around(~의 주위에, ~을 둘러싸고, ~ 주위를 (돌아))

  The earth goes around the sun. (지구는 태양의 주위를 돈다.)
- about(~ 주위를[둘레를], ~ 주위에)

  The man walked about the room. (그 남자는 방안을 돌았다.)

⑧ across, through
- across(~을 가로질러[횡단하여], ~의 맞은편[건너편]에)

  Take care when you walk across the street. (길을 건널 때는 조심하시오.)
- through(~을 통하여, ~을 지나서, ~을 꿰뚫어)

  The birds fly through the air. (새들이 공중을 날아간다.)

  The Han river flows through Seoul. (한강은 서울을 가로질러 흐른다.)

⑨ in, to, on
- in the + 방위 + of ~(~내의 ···쪽에)

  The building is in the north of the park. (그 건물은 공원 내의 북쪽에 있다.)
- to the + 방위 + of ~(~에서 떨어져 ···쪽으로)

  The building is to the north of the park. (그 건물은 공원에서 북쪽으로 떨어진 곳에 있다.)
- on the + 방위 + of ~(~에 접하여 ···쪽으로)

  The building is on the north of the park. (그 건물은 공원 북쪽 외곽에 있다.)

⑩ for, to, toward
- for(~을 향하여)

  He left for Tokyo. (그는 도쿄를 향해 떠났다.)
- to(~쪽으로, ~로 향하여)

  He came to Gwang-ju last night. (그는 지난밤에 광주에 왔다.)

  He went from Seoul to Tokyo. (그는 서울을 떠나 도쿄로 갔다.)
- toward(~쪽으로, 향하여, 면하여)

  He ran toward the capital. (그는 수도를 향해서 달렸다.)

⑪ on, off

- on(~에 접하여, ~의 위로)

  an inn on the lake (호수에 접한 여관)

- off(~으로부터 떨어져[벗어나])

  five kilometers off the main road (간선도로에서 5km 떨어져)

⑫ into, out of

- into(~안으로)

  Come into the house. (집 안으로 들어오세요.)

- out of(~의 밖으로)

  He hustled me out of the house. (그는 나를 집 밖으로 밀어냈다.)

⑬ by, next to, near

- by(~의 옆에)

  a house by the river (강가에 있는 집)

- next to(~와 나란히, ~에 이어, ~의 다음에)

  We sat next to each other. (우리는 서로 바로 옆에[나란히] 앉았다.)

- near(~가까이)

  Do you live near here? (여기에서 가까운 곳에 사세요?)

(3) 수단 · 방법 · 재료를 나타내는 전치사

① by(~에 의하여, ~으로)

I usually go to school by bus. (나는 보통 버스를 타고 학교에 간다.)

② with(~을 사용하여, ~으로)

Try opening the door with this key. (이 열쇠로 문을 열어보도록 해라.)

③ of, from

This desk is made of wood. (이 책상은 나무로 만든 것이다.)

Wine is made from grapes. (포도주는 포도로 만든다.)

④ on, in

I heard the news on the radio. (나는 그 소식을 라디오에서 들었다.)

The report was written in ink. (그 보고서는 잉크로 씌어 있었다.)

Please reply the email in French. (프랑스어로 그 이메일에 답장을 보내주세요.)

Check Point

out of + 명사 관용표현
out of date 구식의
out of sorts 불쾌한
out of place 부적절한
out of hand 즉시
out of spirits 기가 죽어

Check Point

운송수단의 전치사 by
- 일반적으로 운송수단은 by를 사용
  - 예 by car, by ship, by bicycle, by boat, by sea(바다로, 배편으로), by subway, by air(비행기로)
- 걸어서 이동하는 것은 경우 on을 사용 : on foot(걸어서, 도보로)
- one's car, the train, a taxi 등은 by를 사용하지 않음
  - 예 I'll go by my car. (×) → I'll go in my car. (○)
  We'll go there by train. (×) → We'll go there on the train. (○)
  She came here by taxi. (×) → She came here in a taxi. (○)

[경찰직 9급 기출]

03. 다음 빈칸에 가장 적합한 것을 고르시오.

Scientists have established that influenza viruses taken from man can cause the disease in animals _____ to continent.

① by migrating bird
② with migrated bird
③ of migrating bird
④ which migrating bird

해 의미상 철새에 '의해' 질병이 옮겨지는 것이므로, '행위자'나 '경로 · 수단 · 방법'등을 의미하는 전치사는 'by'가 적합하다. '철새'도 이동하는 주체이므로 'migrated bird'가 아니라 'migrating bird'로 표현하는 것이 옳다.

(4) 원인 · 이유를 나타내는 전치사

Many people died from hunger. (많은 사람들이 굶어 죽었다.)

His father died of cancer. (그의 아버지는 암으로 돌아가셨다.)

She trembled with fear. (그녀는 두려움으로 몸을 떨었다.)

I am surprised at his audacity. (나는 그의 뻔뻔함에 놀랐다.)

He lost his job through laziness. (그는 나태해서 직장을 잃었다.)

We jumped for joy. (우리는 기뻐서 뛰었다.)

They rejoiced over his success. (그들은 그의 성공을 기뻐하였다.)

(5) 목적 · 결과를 나타내는 전치사

They fought for independence. (그들은 독립을 위해 싸웠다.)

He sought after fame. (그는 명예를 추구하였다.)

She tore the letter to pieces. (그녀는 편지를 갈기갈기 찢었다.)

The girl has grown into a beautiful lady. (그 소녀는 성장해서 아름다운 여성이 되었다.)

(6) 관련을 나타내는 전치사

I've heard of him, but I don't know him. (나는 그에 대해서 들어 알고 있지만, 그를 직접 아는 것은 아니다.)

He wrote a book on atomic energy. (그는 원자력에 대한 책을 썼다.)

We talked about our school days. (우리는 학창 시절에 대해서 이야기했다.)

(7) 구분해야 할 전치사

① consist in (~에 있다) / consist of (~로 구성되다)

② call on + 사람 (~을 방문하다) / call at + 장소 (~을 방문하다)

③ succeed in (~에 성공하다) / succeed to (~을 계승하다)

④ at the rate of (~의 비율로) / in the ratio of (~의 비율로)

⑤ come by (얻다, 입수하다) / come across (우연히 만나다)

⑥ result in (~이 되다, ~로 끝나다) / result from (~에서 유래[기인]하다)

⑦ stay at + 장소 (~에 머물다) / stay with + 사람 (~와 머물다)

⑧ bump into (~와 부딪히다) / collide into (~와 부딪히다)

⑨ attend to (~에 주의하다) / attend on (~를 시중들다)

⑩ in the way (방해가 되는) / on the way (도중에)

답 **03** ①

꼭! 확인 기출문제

밑줄 친 부분 중 어법상 가장 옳지 않은 것은? [서울시 9급 기출]

Inventor Elias Howe attributed the discovery of the sewing machine ❶ for a dream ② in which he was captured by cannibals. He noticed as they danced around him ③ that there were holes at the tips of spears, and he realized this was the design feature he needed ④ to solve his problem.

해 ① 'attribute'는 전치사 'to'와 함께 'attribute A to B'라는 구문을 이루어 'A를 B의 탓으로 돌리다' 또는 'A는 B의 덕택이다' 라는 의미로 사용된다. 그러므로 ①의 'for'는 'to'로 고쳐 써야 옳다.

② 꿈속에서 식인종에게 붙잡힌 것이므로, 'he was captured by cannibals in a dream'이라는 문장에서 'dream'이 선행사로 나가고 '전치사 + 관계대명사'가 이끄는 형용사절인 'in which he was captured by cannibals'가 된 것이다.

③ 'as they danced around him'은 때를 나타내는 부사절로써 삽입절에 해당하므로 이를 묶어 보면, 'noticed'의 목적 절로써 접속사 'that'을 사용한 것은 올바르다.

④ 'to solve'는 to부정사의 부사적 용법 중 '목적(in order to)'에 해당되며 올바르게 사용되었다.

어휘 inventor 발명가, 창안자
attribute A to B A를 B의 탓으로 돌리다
sewing machine 재봉틀
cannibal 식인종
spear 창, 작살
feature 특징, 특색, 특성

해석 발명가 Elias Howe는 재봉틀의 발견이 식인종에게 붙잡힌 꿈 덕택이라고 하였다. 그는 식인종들이 자기 주위에서 춤을 추고 있을 때 창끝에 구멍이 있다는 사실을 알게 되었고, 이것이 문제를 해결하기 위해 그가 필요로 하는 디자인 특징이라는 것을 깨달았다.

기출 Plus [경찰직 9급 기출]

04. 다음 중 밑줄 친 부분에 가장 알맞은 것은?

Persons accused _____ a crime cannot be interrogated without their lawyers being present.

① with   ② of
③ for   ④ from

해 'Persons accused'는 'Persons who are accused'에서 'who are'가 생략된 구문으로, 'accuse A of B'(B 때문에 A를 고소(비난)하다)에서 'who'가 A에 해당되고 'a crime'이 B에 해당되므로 밑줄 친 부분에는 원인·이유를 나타내는 전치사 'of'가 알맞다.

 답 04 ②

제 10장

특수구문 (Particular Sentences)

제1절 도치 및 강조구문

1. 도치구문

(1) 목적어 및 보어의 강조

목적어나 보어를 강조하기 위해 문장 앞으로 도치하며, 주어가 지나치게 긴 경우 목적어나 보어를 문장 앞으로 도치시키는 것이 보통이다.

① 목적어의 강조 : 「목적어 + 주어 + 동사」

He broke that promise within a week. (그 약속을 그는 일주일도 못 가서 깼다.)

→ That promise he broke within a week.[목적어(promise) + 주어(he) + 동사(broke)]

I will read this book. (나는 이 책을 읽을 것이다.)

→ This book I will read.

② 보어의 강조 : 「보어 + 동사 + 주어」[주어와 동사도 도치된다는 점에 주의]

Her song and dance was great. (그녀의 노래와 춤은 대단했다.)

→ Great was her song and dance.[보어가 문두로 나가면 주어와 동사도 도치됨]

Those who know the pleasure of doing good are happy. (좋은 일을 하는 즐거움을 아는 사람들은 행복하다.)

→ Happy are those who know the pleasure of doing good.

꼭! 확인 기출문제

다음 중 문법상 다음 빈칸에 가장 적합한 것은? [국회직 8급 기출]

> _____ that Lee has now opened three tea shops in California, one in Australia and another in Japan with plans for more. If you're really a coffee addict, don't despair. Get your java coffee too at these shops too, as long as you don't mind it blended with tea.

① So successful has the concept
② So successful the concept has
③ The concept has so successful
❹ So successful has the concept been
⑤ So successful has been the concept

해 'so ∼ that …(너무[대단히] ∼해서 …했다)' 구문이 사용되었다. 여기서는 '그 구상이 너무나 성공적이어서 ∼했다(차 가게를 열었다)'는 의미이므로, 'The concept has been so successful (that) ∼'이 원래의 문장이 된다. 그런데 이 문장에서 보어를 문두로 이동하는 경우 보어 다음의 주어와 동사가 도치되어 '보어 + 조동사 + 주어 + 본동사'의 순서가 된다. 따라서 적합한 것은 ④이다.

> **어휘** concept 개념, 구상, 발상, 생각해내다, 개념을 전개하다
> addict 중독자, 상용자, 열혈 팬, 중독되게[빠지게] 하다, 중독시키다. n. addiction
> despair 절망하다, 체념[단념]하다, 비관적으로 생각하다, 절망, 자포자기(= desperation)
> blend 섞다[섞이다] 혼합하다[되다](= mix, mingle), 조화하다, 어울리다, 혼합물)

> **해석** 그 구상은 너무나 성공적이어서 이 씨는 이제 차 가게를 캘리포니아에 세 곳, 오스트레일리아에 한 곳, 일본에 또 한 곳을 열었고, 더 많은 (가게를 열) 계획을 가지고 있다. 당신이 정말 커피 중독자라 해도 절망하지 말라. 커피와 차가 섞이는 것도 괜찮다면 자바 커피도 이 찻집에서 마셔라.

(2) 부사의 강조

① 「시간의 부사 + 주어 + 동사」

She is at home on Sunday. (그녀는 일요일에 집에 있다.)

→ On Sunday she is at home.[부사 + 주어 + 동사]

② 「장소 · 방향 등의 부사 + 동사 + 주어」[주어와 동사도 도치된다는 점에 주의]

The sun is shining behind the clouds. (태양이 구름 뒤에서 빛나고 있다.)

→ Behind the clouds is the sun shining.[장소의 부사 + 동사 + 주어]

A taxi drove down the street. (택시가 길 아래로 운전해 갔다.)

→ Down the street drove a taxi.[방향의 부사 + 동사 + 주어]

cf. He walked down the street with the children. (그는 거리를 따라 아이들과 함께 걸어갔다.)

→ Down the street he walked with the children.[부사 + 주어 + 동사 → 주어가 대명사인 경우는 주어와 동사가 도치되지 않음]

He fulfilled the duties so well. (아주 훌륭하게 그는 그 임무를 수행했다.)

→ So well did he fulfill the duties.[부사 + 조동사 + 주어 + 본동사]

답 01 ④

(3) 부정어의 강조

① 부정어구가 문두로 나갈 때「부정어구 + 조동사 + 주어 + 본동사/부정어구 + be동사 + 주어」의 어순으로 도치됨

② 부정어구(부정의 부사 · 부사구)로는 not, never, no, few, little, hardly, scarcely, no sooner, rarely, only 등이 있음

I never saw him again. (나는 그를 다시는 만나지 않았다.)

→ Never did I see him again. [부정어 강조를 위해 문두로 나갈 때 다음은 '조동사 + 주어 + 본동사'의 어순이 됨]

Never have I seen such a strange animal. (나는 그렇게 이상한 동물은 본적이 없다.) [부정어 never의 강조]

Little did she think that her daughter would become a lawyer. (그녀는 자신의 딸이 변호사가 되리라고는 전혀 생각하지 못했다. [부정어 little의 강조]

He not only was brave, but (also) he was wise. (그는 용감할 뿐 아니라 현명했다.)

→ Not only was he brave, but (also) he was wise. [부정어구 'not only' 의 강조 시 주어와 동사가 도치]

I did not know the truth until yesterday. (나는 어제서야 진실을 알았다.)

→ Not until yesterday did I know the truth. [부정어(not until) + 조동사 + 주어 + 본동사]

The luggage had hardly[no sooner] been loaded when[than] the train started off. (수하물을 싣자마자 열차는 출발했다.)

→ Hardly[Scarcely] had the luggage been loaded when the train started off. [부정어(hardly) 강조 시 도치][Hardly + had + 주어 + p.p. when + 주어 + 동사(~하자마자 ~했다)]

→ No sooner had the luggage been loaded than the train started off. [No sooner + had + 주어 + p.p. than + 주어 + 동사(~하자마자 ~하였다)]

They go to the office only on Monday. (그들은 월요일에만 출근한다.)

→ Only on Monday do they go to the office. ['only + 부사(구 · 절)'가 문두에 오는 경우에도 원래 부정의 의미가 있다고 보아 다음의 주어 · 동사가 도치됨]

I had not understood what she said until then. (나는 그때서야 그녀가 말한 것을 이해하였다.)

→ Only then did I understand what she said.

Only after his death was I able to appreciate his courage. (그가 죽은 후에야 나는 그의 용기에 대해 감사할 수 있었다.)

(4) so, neither 도치구문(So/Neither + (조)동사 + 주어)

① so + (조)동사 + 주어(~역시 그러하다) : 긍정문의 뒤에서 동의 표시의 절을 이룸

Tom played tennis. So did Jane.(= Jane did, too.) (Tom은 테니스를 쳤다. Jane도 그랬다.)

She can go with you. So can I.(= I can, too.) (그녀는 당신과 함께 갈 수 있다. 나도 그렇다.)

My little brother started crying and so did his friend Alex. (내 동생이 울기 시작했고 그의 친구 Alex도 그랬다.)

cf. You look very tired. So I am (tired). (피곤해 보이는군요. 예, 그렇습니다.)['So+주어+동사'(예, 그렇습니다)]

② neither + (조)동사 + 주어(~ 역시 아니다) : 부정문 뒤에서 동의 표시의 절을 이룸

July never eats potatoes. Neither does Alice.(= Alice doesn't either.) (July는 절대 감자를 먹지 않는다. Alice도 먹지 않는다.)

He won't accept the offer. Neither will I.(= I won't either.) (그는 그 제안을 받아들이지 않을 것이다. 나도 받아들이지 않을 것이다.)

She can't play the piano, and neither can I. (그녀는 피아노를 칠 수 없다. 나도 칠 수 없다.)

= She can't play the piano, nor can I.

꼭! 확인 기출문제

Choose the underlined part that is not grammatically correct. [국회직 8급 기출]

The first successful British colony, at Jamestown on Chesapeake Bay in Virginia, ① was not founded until 1607. The first settlers ② relied on suppliers from England and depended on the Indians ③ to teach them how to survive. Not until ④ they began cultivating tobacco for sale abroad ❺ they could finance their activities and develop their country.

🔡 ⑤ 부정어가 문두로 나가는 경우는 다음에는 도치가 일어나 '조동사 + 주어 + 본동사'의 순서가 된다. ⑤의 경우도 앞에 부정어가 포함된 부사절(Not until they began cultivating tobacco for sale abroad)이 문두에 나갔으므로 뒤의 주절에서 조동사와 주어가 도치된다. they could finance → could they finance

🅐 **02** ①

한편, 이 문장(Not until they began cultivating tobacco … develop their country)은 원래 'They could not finance their activities and develop their country until they began cultivating tobacco for sale abroad'의 문장에서 부정어(not)와 접속사 until이 결합하여 문두로 이동한 구조이다. 여기서 'not A until B(= not until B, A)'는 'B하고 (나서야) (비로소) A하다'라는 의미이다.

① 주어는 단수(colony)이고 시제는 과거(1607년)이며, 주어가 '건설될' 것이므로 수동형이 옳다.

② 'rely on ∼'은 '∼에 의존(의지)하다'라는 의미이다.

③ to부정사는 명사(Indians)를 수식하는 형용사구(형용사적 용법)이며, 'teach + 간접목적어(them) + 직접목적어(how to survive)'의 구조도 옳다.

④ 접속사 until이 이끄는 절이 함께 문두로 이동한 구조이다. begin은 동명사와 to부정사 모두를 목적어로 가질 수 있다.

어휘 found 세우다[설립·창시하다], ∼의 기초[근거]를 두다
settler 식민자, 이민, 이주자, 개척자, 해결하는 사람, 결정자, 조정자, 청산인
rely on[upon] ∼에 의지[의존]하다(= depend on)
supplier 공급[보충]하는 사람[것], 원료 공급국[지], 부품[제품] 제조업자
cultivate (땅을) 갈다, 경작[재배], 양식, 배양]하다, 신장[계발, 연마]하다, 장려하다
tobacco 담배, 흡연
for sale 팔려고 내놓은, 팔 물건인
finance 자금을 공급[융통, 융자]하다, 재정을 처리하다, 자금을 조달하다[대다]

해석 Virginia 주 Chesapeake 만의 Jamestown에 최초의 성공적인 영국 식민지는 1607년이 되어서야 비로소 건설되었다. 최초의 이주자들은 영국 공급자와 그들에게 생존법을 가르쳐준 인디언들에게 의존했다. 해외 판매를 위한 담배 경작을 시작하고 나서야 비로소 그들은 그들의 활동에 자금을 조달하고 나라를 발전시킬 수 있었다.

2. 강조구문

(1) 「It ∼ that」 강조구문(분열문(分裂文))

① 강조하고자 하는 말을 It과 that 사이에 두며, 명사, 대명사, 부사, 부사구(절) 등을 강조할 수 있음

② that대신에 who, whom, which, when 등을 쓸 수 있음[where이나 how는 쓸 수 없음]

Tom lost a watch here today. (Tom은 오늘 여기서 시계를 잃어버렸다.)

→ It was Tom that[who] lost a watch here today. (오늘 여기서 시계를 잃어버린 사람은 바로 Tom이었다.)[명사(주어) Tom을 강조]

→ It was a watch that[which] Tom lost here today. (Tom이 오늘 여기서 잃어버린 것은 바로 시계였다.)[명사(목적어) 'a watch'를 강조]

→ It was here that Tom lost a watch today. (Tom이 오늘 시계를 잃어버린 곳은 바로 여기였다.)[부사 here를 강조]

→ It was today that[when] Tom lost a watch here. (Tom이 여기서 시계를 잃어버린 것은 바로 오늘이었다.)[부사 today를 강조]

cf. It was here where Tom lost a watch today. (×)[that 대신 where나 how를 쓰는 것은 불가함]

Who was it that lost a watch here today? (오늘 여기서 시계를 잃어버린 사람은 도대체 누구였는가?)[의문사 who를 강조하는 것으로, who가 문두로 나가면서 동사 was와 it이 도치됨]

What was it (that) Tom lost here today? (오늘 여기서 Tom이 잃어버린 것은 도대체 무엇이었는가?)[의문사 what을 강조]

③ 「whose + 명사」의 분열문

It is John whose hat is red. (모자가 빨간색인 사람이 바로 John이다.)

④ 「전치사 + whom[which]」의 분열문

It was John whom[that] I gave the pen to. (내가 펜을 준 사람은 바로 John이었다.)

→ It was John to whom[which] I gave the pen.

(2) 기타 강조 표현

① 동사의 강조 : 「do/does/did + 동사원형」

He came at last. (그는 마지막에 왔다.)

→ He did come at last.[did가 동사 come을 강조]

She does speak several languages freely. (그녀는 몇 개 국어를 자유롭게 구사한다.)[does가 동사 speak를 강조]

② 명사의 강조

The accident happened at that very moment. (사고는 바로 그 순간에 발생했다.)[very가 명사 moment를 강조]

Saving money itself is not always good. (돈 자체를 절약하는 것이 항상 좋은 것은 아니다.)[재귀대명사 itself가 명사 money를 강조]

③ 의문사의 강조

What on earth are you looking for? (도대체 당신은 무엇을 찾고 있는가?) ['on earth'가 의문사 what을 강조]

= What in the world are you looking for?['in the world'가 what을 강조]

④ 부정어 강조

He was not in the least surprised at the news. (그는 그 뉴스에 전혀 놀라지 않았다.)['not in the least(= not at all)'는 '조금도 ~않다'를 의미]

⑤ 반복어구에 의한 강조

She read the messages on Internet bulletin board again and again. (그녀는 인터넷 게시판의 글들을 몇 번이고 읽었다.)['again and again'은 반복에 의한 강조 어구]

제2절 부정구문

1. 주요한 부정구문

(1) 「not ~, but …」

「not ~, but …」 구문은 '~이 아니고 …이다'라는 의미를 지니며, but 앞에 comma(,)가 있으며, but 다음에 명사, 구, 절 어느 것이나 올 수 있다.

What I want is not wealth, but health. (내가 원하는 것은 부가 아니라 건강이다.)

Most people talk not because they have anything to say, but because they like talking. (대부분의 사람들은 할 말이 있어서가 아니라 말하기를 좋아하기 때문에 말을 한다.)[not because ~, but because …(~ 때문이 아니라 … 때문이다)]

(2) 「not ~ but …」, 「no ~ but …」

「not ~ but …」과 「no ~ but …」 구문은 '…하지 않는[않고는] ~는 없다[하지 않는다]', '모든 ~는 …하다'는 의미이다.

There is no rule but has exceptions. (예외 없는 규칙은 없다.)

It never rains but it pours. (비가 오기만 하면 언제나 쏟아 붓는다.)

Not a day passed but I met her. (그녀를 만나지 않고 지나는 날이 하루도 없었다.)

(3) 「not only ~, but (also) …」(~뿐만 아니라 …도)

He has not only knowledge, but also experience. (그는 지식뿐 아니라 경험도 가지고 있다.)

We like him not only for what he has, but for what he is. (우리는 그가 가진 것 때문만 아니라 그의 사람됨 때문에도 그를 좋아한다.)

She can not only sing, but dance. (그녀는 노래를 할 수 있을 뿐 아니라 춤도 출 수 있다.)

(4) 「not ~ until[till] …」(…할 때까지는 ~않다, …하고서야 비로소 ~하다)

We do not know the blessing of our health until we lose it. (우리는 건강을 잃고서야 비로소 그 고마움을 안다.)

Check Point

「not~until」의 구문은 「It is not until~that」의 형태로 변환할 수 있다.

⚫ They did not come back until late at night. (그들은 밤이 늦어서야 겨우 돌아왔다.)

→ It was not until late at night that they came back.

I didn't learn Korean until I came to Korea. (나는 한국에 와서야 비로소 한국어를 배웠다.)

→ It was not until I came to Korea that I learned Korean.

Until now I knew nothing about it. (지금까지 나는 그 일에 대해 전혀 몰랐다.)

I had not eaten anything until late in the afternoon. (오후 늦게까지 나는 아무 것도 안 먹었다.)

He won't go away until you promise to help him. (당신이 그를 돕겠다고 약속할 때까지 그는 떠나지 않을 것이다.)

(5) 「nothing but ~ 」, 「anything but」

① 「nothing but ~」(그저 ~일뿐)은 'only'와 같은 의미를 지니며, 주로 부정적인 시각을 표현함

He is nothing but an opportunist. (그는 그저 기회주의자일 뿐이다.)

② 「anything but」은 '~이외에는 무엇이든지'와 '결코 ~아니다'라는 의미를 지님

I would give you anything but life. (목숨 이외에 무엇이든 주겠다.)

He is anything but a liar. (그는 결코 거짓말쟁이가 아니다.)

= He is not a liar at all.

(6) 명사절을 이끄는 but

but이 명사절을 이끄는 경우 'that ~ not'의 의미를 지니며, 주로 부정문이나 수사의문에 쓰인다.

It was impossible but he should notice it. (그가 그것을 알아채지 못했다니 있을 수 없는 일이었다.)

Who knows but he may be right? (그가 옳을지 누가 아는가? → 그가 옳을지도 모른다.)

(7) 주의해야 할 but that

부정문이나 의문문에 쓰인 doubt, deny, question, wonder 등의 동사 뒤에 오는 'but that'은 명사절을 이끌어 '~라는 것'이라는 의미를 지닌다.[요즘은 대체로 that을 씀]

I do not doubt but that he will succeed. (그가 성공하리라는 것을 나는 의심치 않는다.)

I never deny but that you told the truth. (당신이 진실을 말했다는 것을 나는 결코 부정하지 않는다.)

(8) 「cannot ~ too」(아무리 ~해도 지나치지 않다)

We cannot be too careful in choosing our friends. (우리가 친구를 선택할 때 아무리 신중해도 지나치지 않는다.)

I cannot thank you enough for your help. (당신의 도움에 어떻게 감사의 말씀을 드려야 할지 모르겠습니다.)

(9) 「too ~ to부정사」(너무 ~해서 …할 수 없다, …하기에는 너무 ~하다)

He was too young to help his father. (그는 너무 어려서 아버지를 도울 수 없었다.)

It rained too hard for us to go out. (비가 너무 와서 우리는 밖에 나갈 수 없었다.)

She was too much frightened to speak. (그녀는 너무 놀라서 말도 할 수 없었다.)

2. 주의해야 할 부정구문

(1) 부분부정과 전체부정

① 부분부정(모두[항상, 완전히] ~한 것은 아니다) : 부정어(not, never, no)가 all, every, both, always 등과 함께 쓰이면 부분부정이 됨

All that glitters is not gold. (반짝이는 것이 모두 금은 아니다.)

Not every good man will prosper. (착한 사람이라고 모두 성공하는 것은 아니다.)

Not everybody likes him. (모두가 그를 좋아하는 것은 아니다.)

I don't know both those girls. (내가 저 소녀들을 둘 다 아는 것은 아니다.)

Both are not young. (두 사람 모두 젊은 것은 아니다.)

The rich are not always happy. (부자들이 언제나 행복한 것은 아니다.)

② 전체부정(결코[하나도] ~하지 않다) : 'no(none, neither, never, nobody)', 'not + any(either)' 등이 쓰이면 전체부정이 됨

None of them could make it to the finals. (그들 중 누구도 결승전에 진출하지 못했다.)

He did not get any better. (그는 병세가 조금도 나아지지 않았다.)

I don't like either of them. (나는 그들 중 누구도 좋아하지 않는다.)

(2) 부정 비교구문

「A no more ~ than B(= A not ~ any more than B)」은 'A가 ~이 아님은 B가 ~이 아님과 마찬가지다'라는 의미를 지닌다.

Check Point

같은 문장이라도 경우에 따라서 전체부정이나 부분부정으로 해석될 수 있다.

All that he says is not true. (그가 말하는 것은 모두가 사실이 아니다.)[전체부정]
= Nothing that he says is true.

All that he says is not true. (그가 말하는 것 모두가 사실인 것은 아니다.)[부분부정]
= Not all that he says is true.

He is no more a scholar than we are. (그가 학자가 아닌 것은 우리가 학자가 아닌 것과 마찬가지이다.)

= He is not a scholar any more than we are.

Economic laws cannot be evaded any more than can gravitation. (경제 법칙을 피할 수 없는 것은 중력을 피할 수 없는 것과 마찬가지다.)

He can not swim any more than fly. (그는 날 수가 없듯이 헤엄칠 줄도 모른다.)

(3) 주절이 없는 부정구문

「Not that ~, but that …」(~이 아니라 …라는 것이다), 「Not because ~, but because …」(~ 때문이 아니라 … 때문이다) 등은 주절이 없는 부정구문으로, 「It is not that/because ~, but that/because …」의 생략형으로 볼 수 있다.

It is not that I dislike it, but that I cannot afford it.
(그것이 마음에 안 든다는 것이 아니라 살 만한 여유가 없는 것이다.)

Not that I loved Caesar less, but that I loved Rome more.
(내가 시저를 덜 사랑했다는 것이 아니라 로마를 더 사랑했다는 것이다.)

Not that I am displeased with it, but that I do not want it.
(그것이 마음에 들지 않는 것이 아니라 그것을 원치 않는다는 것이다.)

Not because I dislike the work, but because I have no time.
(내가 그 일을 싫어하기 때문이 아니라 내가 시간이 없기 때문이다.)

(4) 준부정어 구문

① 준부정어의 의의

부정의 의미를 지닌 부사를 말하며, hardly, scarcely, rarely, seldom, little 등이 이에 해당

준부정어는 be동사나 조동사 다음에 쓰고, 일반동사 앞에 쓰는 것이 원칙

② hardly[scarcely](거의 ~않다)

A man can hardly live a week without water. (사람은 물 없이 일주일도 살 수 없다.)[hardly는 주로 can, any, ever, at all 등과 함께 쓰임]

I scarcely know him. (나는 그를 거의 모른다.)[일반동사 앞에 위치]

③ seldom[rarely](좀처럼 ~하지 않다, 드물게 ~하다)

She seldom gives me a call. (그녀는 좀처럼 나에게 전화하지 않는다.)

He rarely watches TV. (그는 좀처럼 TV를 보지 않는다.)

Check Point

단어/구의 직접 부정
not 등의 부정어가 부정할 단어나 구의 바로 앞에 붙어 직접 부정하는 것을 말한다.

예 No, not you, of course. (아니, 물론 당신은 아니야.)

It is his book, not mine. (그것은 그의 책이지 나의 것이 아니다.)

Not a man spoke to her. (누구 하나 그녀에게 말을 걸지 않았다.)

He spoke not a word. (그는 단 한마디도 하지 않았다.)

④ little(거의 ~않는)

I slept little last night. (간밤에 잠을 거의 못 잤다.)

He little expected to fall in love with her. (그는 그녀를 사랑하게 되리라고는 결코 생각하지 못했다.)

cf. little이 imagine, think, guess, know, expect, dream 등의 동사와 함께 쓰인 경우 강한 부정의 의미를 지니기도 한다.

제3절 생략구문

1. 생략구문의 일반적 유형

(1) 중복을 피하기 위한 생략

His wife died and also his children (died). (그의 부인도 죽었고 그의 아이들도 죽었다.)

One will certainly make life happy, the other (will make it) unhappy. (하나는 분명 인생을 행복하게 할 것이고, 다른 하나는 불행하게 할 것이다.)

(2) 비교 구문에서의 생략

They worked harder than (they worked) before. (그들은 전보다도 더 열심히 일했다.)

You are not so tall as he is (tall). (당신은 그만큼 크지 않다.)['is'도 생략가능]

He is as brave as you (are brave). (그는 당신만큼 용감하다.)

(3) 접속사 when, while, if, though 등이 이끄는 부사절에서 「주어 + 동사」의 생략

When (he was) a boy, he was very smart. (소년이었을 때, 그는 아주 영리했다.)

She had to work while (she was) yet a little girl. (그녀가 아직 어린 소녀였을 때 그녀는 일을 해야만 했다.)

I will give you the money today, if (it is) necessary. (필요하다면 오늘 돈을 드리겠습니다.)['주어 + 동사'를 함께 생략]

Though (he is) timid, he is no coward. (그는 수줍어하기는 하지만 겁쟁이는 아니다.)

(4) 관용구문에서의 생략

Why (do you) not go and see the doctor? (의사의 진찰을 받지 그래?)

(I wish you) A merry Christmas. (즐거운 성탄절이 되길.)

(This article is) Not for sale. (비매품)

No parking (is allowed). (주차금지)

2. 문장의 간결성을 위한 특수한 생략구문

(1) 일정 어구를 대신하는 대형태

① 명사(구)를 대신하는 대명사

Do you have the book? Yes, I have it(= the book).

(당신은 그 책을 가지고 있습니까? 예, 그것을 가지고 있습니다.)[대명사(it)가 명사(the book)를 대신함]

② 술어를 대신하는 대동사

Do you have the book? Yes, I do(= have the book).

(당신은 그 책을 가지고 있습니까? 예, 그렇습니다.)[동사(do)가 술어(have the book)를 대신함]

③ 부정사의 중복을 피하는 대부정사

I asked her to stay, but she didn't want to (stay).

(나는 그녀에게 머무를 것을 부탁했지만, 그녀는 원하지 않았다.)

He shouted to me to jump, but I refused to (jump).

(그는 나에게 뛰라고 소리쳤지만 나는 거절했다.)

You need not tell me, if you don't want to (tell me).

(만일 당신이 원하지 않는다면, 당신은 나에게 말할 필요가 없다.)

④ 대부사 so와 not

- think, suppose, believe, hope, say, be afraid 등이 목적어인 that절을 긍정으로 대신하면 so, 부정으로 대신하면 not을 씀

Will she leave? (그녀는 떠날까요?)

→ I hope so(= that she will leave). (나는 그러기를 바랍니다.)

→ I hope not(= that she won't leave). (나는 그러지 않기를 바랍니다.)

Does he stay home? (그가 집에 있을까요?)

→ I am afraid so(= that he stays home). (아무래도 그럴 것 같은데요.)

287

→ I am afraid not(= that he doesn't stay home). (아무래도 그러지 않을 것 같은데요.)

- 'think/believe not' 등이 부정의 that절을 대신할 때 종종 'don't think/believe so' 등으로 바꾸어 쓰기도 함

Will she return? (그녀는 돌아올까요?)

→ I think not(= that she won't return). (그러지 않을 것 같아요.)

→ I don't think so(= that she will return).

(2) 반복사용의 금지

① 동의어의 반복 금지

Tom and his friend they are walking together. (×) [같은 의미의 명사와 대명사의 중복 금지]

→ Tom and his friend are walking together. (○) (Tom과 그의 친구가 함께 걷고 있다.)

→ They are walking together. (○) (그들은 함께 걷고 있다.)

He has sufficient enough money to buy the new computer. (×)

→ He has sufficient money to buy the new computer. (○) (그는 새 컴퓨터를 살만큼 충분한 돈을 가지고 있다.)

→ He has enough money to buy the new computer. (○)

② 불필요한 수식어구의 반복 금지(간결성)

Different many kinds of tissues can be combined together. (×)

→ Different kinds of tissues can be combined together. (○) (다른 종류의 조직들이 함께 결합될 수 있다.)

제4절 물주구문(物主構文)

(1) 의의

① '사물이 주어가 되는 구문'이란 뜻

② 원래는 사람이 주어로 쓰여야 되는 문장에서 사람 대신 사물이 주어로 쓰인 경우

③ 주어를 부사적으로 해석함

(2) 구문유형

① 「enable ~ to」

사물주어 + enable + 목적어 + to do (~가 ~할 수 있게[가능하게] 하다)

= 사람주어 + can + 동사

= 사람주어 + be able to + 동사

예 Airplanes enable people to travel through the air. (비행기를 타고 사람들은 하늘을 여행할 수 있다.)

= People can travel through the air by airplanes.

= People are able to travel through the air by airplanes.

② 「prevent ~ from V-ing」

사물주어 + prevent[keep, prohibit, hinder] + 목적어 + from + 동명사
(~가 ~하는 것을 막다[~가 하지 못하게 하다])

= 사물주어 + forbid + 목적어 + to 부정사

= 사람주어 + cannot + 동사

예 My illness prevents me from attending the party. (아파서 나는 파티에 참석할 수 없다.)

= My illness forbids me to attend the party.

= As I am ill, I cannot attend the party.

= Because of my illness, I cannot attend the party.

③ 「force ~ to」

사물주어 + force[compel, oblige] + 목적어 + to부정사 (~가 ~하게 하다
[강요하다])

= 사람주어 + have to(= must) + 동사

예 The rain forced[compeled, obliged] him to cancel his departure. (비 때문에 그는 출발을 취소해야 했다.)

= He had to cancel his departure because of the rain.

④ 「what makes ~」

what + make + 목적어 + 지각동사/또는 형용사 ~ ?

= why + 조동사 + 주어 + 지각동사 ~ ?

예 What make you think so? (왜 그렇게 생각하느냐?)

= Why do you think so?

take의 용법 정리

- ~을 데리고 가다
- ~을 가지고 가다
- (시간이) 걸리다
- (교통수단을) 타다
- (충고 · 비판을) 받아들이다
- 먹다, 섭취하다
- 측정하다, 재다

「How long does it take to부정사」(~하는 데 얼마나 걸립니까?)

📵 A : How long does it take to go home? (집에 가는 데 얼마나 걸립니까?)

B : It takes me two hours (to go home). (두 시간 걸립니다.)

= It takes two hours for me to go home.

bring과 take

화자 또는 청자가 있는 곳을 향하는 움직임에는 bring을 쓰며, 그 밖의 다른 장소를 향하는 움직임에는 take를 사용한다. 즉, bring은 '데리고 오다'의 의미이고, take는 '데리고 가다'의 의미이다.

📵 This is a nice restaurant. Thanks for bringing me here. (이 곳은 멋진 식당이구나. 날 여기에 데려 와줘서 고마워.)

📵 Let's have another drink, and then I'll take you home. (한 잔 더 하고나서, 집까지 데려다 줄게.)

⑤ 「take ~」

It takes + 사람 + 시간 + to부정사 (~가 ~하는데 (시간이) 얼마나 걸리다)

= It takes + 시간 + for 목적격 + to부정사

= 사물주어 + take + (사람) 목적어 + to부정사

= 사람주어 + go/get to부정사

📵 It took us an hour to get to the airport by bus. (버스를 타고 공항에 도착하는데 한 시간이 걸렸다.)

= It took an hour for us to get to the airport by bus.

= An hour's bus ride took us to the airport.

= We rode in a bus for an hour, and got to the airport.

⑥ 「bring ~」

사물주어 + bring + (사람) 목적어

= 사람주어 + come[reach]

📵 The cry brought her to the park. (비명 소리를 듣고 그녀는 그 공원으로 왔다.)

= When she heard the cry, she came to the park.

2편

문제유형별 연습
(Exercise)

제1장

어휘
(Vocabulary)

제1절 중요 단어 정리

A

- abandon 버리다, 그만두다, 포기하다(≒ discard, desert, forsake, quit, relinquish)
- aberrant 정도를 벗어난, 비정상적인, 변종의 (≒ abnormal, anomalous, deviant)
- abhor 몹시 싫어하다, 증오하다(≒ abominate, detest, dislike)
- abort 유산하다, 발육하지 않다, 실패하다, 중단되다(≒ miscarry, fail) a. abortive
- abridge 단축하다, 요약하다(≒ shorten, abbreviate, summarize, abstract, condense)
- abruptly 갑자기(≒ suddenly, unexpectedly, out of the blue) a. abrupt
- abscond 도주하다(≒ beat it, run away[off], depart suddenly)
- absolve 면제하다, 사면하다(≒ forgive, free, let go)
- abstruse 난해한, 심오한(≒ difficult, complex, complicated, profound, abstract)
- absurd 불합리한, 어리석은, 웃기는(≒ illogical, irrational, unreasonable, foolish, ridiculous, ludicrous)

- abundant 풍부한, 많은(≒ ample, bountiful, plentiful, copious, rich)
- accidental 우연의, 우발적인(≒ casual, incidental, coincidental, unexpected)
- acclaim 갈채하다, 환호하다, 칭찬하다 (≒ applaud, hail, compliment, praise)
- accomplice 공범자, 공모자(≒ associate, conspirator, accessory, confederate)
- accumulate 축적하다, 모으다(≒ gather, accrue, pile[store] up, hoard, amass)
- acerbate 시게[쓰게] 하다, 화나게 하다(≒ make bitter; anger, nettle, provoke)
- acquiesce (수동적으로) 동의하다, 마지못해 따르다, 묵인하다(≒ comply passively, accept, assent, consent, agree, accede)
- acquit 무죄로 하다, 석방하다(≒ absolve, exculpate, free, let go, release)
- acrimonious 통렬한, 신랄한(≒ acrid, biting, bitter, harsh, severe, sharp, pungent)
- acronym 두문자어[머리글자어](a word formed from the initial letters)
- action painting 액션 페인팅, 행위 미술

- acute 격렬한, 예리한; (병이) 급성의(≒ intense, keen, sharp, shrewd; brief and severe) cf. chronic 만성의
- adapt 적응시키다; 개조[개작]하다(≒ adjust, suit, acclimate, accustom; modify)
- adept 숙달한, 정통한(≒ expert, skilled, skillful, conversant) n. adept 숙련자, 명인
- adhere 들러붙다; 집착[고수]하다(≒ cling, cement, fasten, stick) n. adherent 지지자[추종자, 신봉자]
- addict 중독되다, 중독시키다(≒ indulge, habituate, hook)
- adjacent 인접한[이웃의]; 직후[직전]의(≒ near, neighboring, adjoining; successive)
- adjourn 연기하다, 중단하다(≒ defer, delay, hold off, postpone)
- admonish 훈계하다, 질책하다, 권고하다(≒ reprove, scold, exhort, advise, warn)
- adolescent 사춘기의, 청춘의(≒ juvenile, young, youthful)
- adopt 채용[채택]하다, 양자로 삼다
- adventitious 우연한, 우발적인(≒ casual, accidental, fortuitous)
- adverse 반대의, 적대적인, 불리한(≒ diametric, antagonistic, unfavorable, detrimental) n. adversary 적, 반대자, 상대자
- affable 상냥한, 친절한, 붙임성 있는(≒ gentle, friendly, agreeable, amiable, sociable)
- affect 영향을 미치다, 침범하다; 감동시키다; 가장하다[꾸미다](≒ influence; touch, impress, move; feign, assume, pretend) n. affection 애정[호의]; 감동, 감정; 영향
- affiliation 제휴, 합병, 가입(≒ coalition, union, merger, amalgamation, joining)
- affluent 풍부한, 유복한; 번창하는(≒ rich, abundant, opulent, wealthy; prosperous)

- affront 모욕하다(≒ criticize, dispraise)
- aggravate 악화시키다; 증대[심화, 가중]시키다; 화나게 하다(≒ deteriorate, worsen, exacerbate; anger, irritate, annoy) n. aggravation
- agile 민첩한, 기민한(≒ nimble, swift, quick-moving)
- agitate 흔들다, 휘젓다, 선동하다, 교란시키다(≒ stir, disturb, excite)
- alias 가명, 별명(≒ anonym, assumed name, false name, nickname)
- alleviate 덜다, 완화[경감]하다(≒ lessen, ease, relieve, mitigate, palliate, allay)
- allocate 할당하다, 배분하다, 배치하다(≒ allot, assign, distribute)
- allowance 수당, 용돈; 공제, 할인; 허용, 승인(≒ pocket money; deduction; permission)
- allure 꾀다, 유혹하다(≒ attract, charm, fascinate)
- aloft 높은 곳에[으로], 위로, 공중에, 하늘 높이, 돛대 꼭대기에(서), 돛대 위에
- alternative 대안, 양자택일
- amass 모으다, 쌓다(≒ gather, collect, garner, accumulate, pile up)
- ambiguous 모호한, 분명하지 않은; 혼란시키는(≒ uncertain, obscure, doubtful, dubious, equivocal; confusing)
- ambush 매복, 잠복; 매복하다, 숨겨두다(≒ waylaying, stakeout; waylay, hunker down)
- amenities 쾌적한 편의시설, 오락시설(≒ conveniences, comforts) cf. amenity 쾌적함, 기분 좋음
- amiable 붙임성 있는, 상냥한(≒ affable, benign) cf. amicable 우호적인, 평화적인
- amorphous 무정형의, 형태가[조직이] 없는(≒ formless, shapeless)

- ample 충분한, 풍부한; 넓은(≒ sufficient, plentiful, plenty, affluent)
- analogous 유사한, 닮은(≒ similar, alike, like, resembling)
- anguish (심신의) 고통, (극심한)괴로움, 비통, 고뇌, 고민
- anonymity 익명(성), 작자 불명, 정체불명의 인물 a. anonymous v. anonymize 익명으로 하다, 신원을 숨기다
- anonymous 익명의, 작자불명의(≒ unidentified, unknown)
- anticipate 예기하다, 예상하다, 기대하다; 선수 치다, 앞서다(≒ foresee, forecast, expect; forestall)
- antidote 해독제, 교정수단(≒ medicine, remedy, corrective)
- antipathy 반감, 혐오(≒ aversion, disgust, dislike)
- anxiety 걱정, 불안, 갈망
- apathetic 무감각한, 무관심한, 냉담한(≒ indifferent, uninterested, nonchalant)
- appease 달래다, 진정시키다(≒ soothe, calm, pacify, placate, mollify)
- appoint 임명하다, 지명하다, 지정하다 a. appointed
- appraise 견적[감정]하다, 평가하다(≒ assess, value, evaluate)
- apprehend 이해하다; 체포하다; 염려하다(≒ understand; arrest, catch; worry, fear)
- appropriate 적절한, 적당한, 어울리는; 횡령[착복]하다(≒ pertinent, felicitous, fitting, suitable; usurp)
- arable 경작에 알맞은[작물을 산출하는, 농작 가능한], 경작지(arable land)
- arbitrary 임의의, 제멋대로인, 변덕스러운(≒ offhand, optional, capricious, whimsical, erratic)
- ardent 열렬한[정열적인, 열심인], 격렬한[맹렬한] n. ardentness
- arduous 힘든, 고된, 끈기 있는(≒ laborious, burdensome, toilsome, hard, strenuous)
- arid 메마른, 건조한; 무미건조한(≒ dry, parched, moistureless; uninteresting, dull)
- arrogant 거만한, 오만한(≒ haughty, insolent, impertinent, supercilious, impudent, bumptious, overbearing, conceited) n. arrogance
- artificial 인조의, 인공적인, 가짜의(≒ man-made, manufactured, synthetic, spurious)
- assess 평가[판단]하다, 감정하다(≒ appraise, value, estimate), 부과[과세]하다
- assiduous 끊임없는, 부지런한; 지칠 줄 모르는(≒ diligent, industrious; indefatigable)
- atheist 무신론자(≒ nonbeliever, unbeliever)
- atrocity 포악, 잔악한 행위(≒ brutalities, barbarities)
- atrophy 위축(증), 쇠약, 감퇴(≒ emaciation, degeneration)
- attenuate 가늘게[여위게] 하다, 감소하다, 약하게 하다(≒ diminish, dilute, weaken)
- attractive 매력[매혹]적인(≒ fascinating, charming, enthralling, inviting, catchy)
- audacious 대담한; 뻔뻔스러운, 무례한(≒ bold; insolent) n. audacity
- augment 증가시키다(≒ increase, enlarge, amplify, beef up) a. augmentative 증대[증가, 확장]하는
- auspicious 길조의; 유망한(≒ propitious, favorable, lucky, fortuitous; promising)

- austere 엄한, 엄격한; 간결한, 꾸밈없는(≒ rigorous, stern, severe, strict; unadorned)
- autonomous 자치(自治)의, 자율의(≒ self-determining, self-governing; acting independently)
- avaricious 탐욕스러운(≒ greedy, covetous)

B

- ban 금지하다; 금지; 추방(≒ bar, forbid, prohibit, proscribe; prohibition; banishment)
- barren 불모의, 메마른, 임신 못하는(≒ depleted, dry, fruitless, unproductive, unrewarding, futile, ineffective, unavailing)
- barely 간신히; 거의 ~않다(≒ only just; scarcely, hardly)
- beguiling 매력적인[묘한 매력이 있는], 재미 있는, 속이는 v. beguile 속이다[기만하다], 현혹시키다, 매혹하다
- belligerent 호전적인, 교전 중인(≒ combative, warlike, bellicose, contentious, militant)
- benefactor 은인; 후원자, 선행자(≒ helper; patron, sponsor, supporter, promoter, contributor, subsidizer, subscriber, donor, philanthropist)
- benevolent 자비로운, 선행을 하는(≒ generous, beneficent, philanthropic, merciful)
- benign 인자한, 상냥한, 친절한; 온화한(≒ kind, gentle, obliging; mild)
- beset 포위하다, 에워싸다; 괴롭히다(≒ besiege, surround, beleaguer; harass, plague)
- bilateral 쌍무적인, 쌍방의 cf. unilateral 일방의

- bizarre 이상한, 별난, 기괴한(≒ strange, odd, eccentric, extraordinary, queer)
- blackout 정전, 소등; 기억상실(≒ cutoff of electrical power; amnesia)
- blast 돌풍; 폭발(≒ gust; explosion, bang, burst, blow-up)
- bleak 황량한, 삭막한; 처절한, 어두운(≒ dreary; gloomy)
- blithe 명랑한, 즐거운; 태평스러운; 경솔한(≒ cheerful, joyful, jaunty, merry, gay; carefree; heedless)
- blunder 큰 실수[실책]; 큰 실수를 하다(≒ error, mistake)
- blunt 무딘, 뭉툭한; 부루퉁한; 퉁명한(≒ dull; sullen; curt, brusque)
- blush 얼굴을 붉히다, 부끄러워하다(≒ flush, become red)
- bluster 거세게 몰아치다; 고함치다
- bolster 지지하다, 보강하다, 지원하다(≒ support, buttress, strengthen)
- bondage 속박, 굴종; 농노[노예]의 신분(≒ confinement; slavery)
- boost 밀어 올리다; 후원하다(≒ elevate, lift; promote, support)
- bother 괴롭히다, 성가시게 하다(≒ badger, embarrass, irritate)
- breed (새끼)를 낳다, (알)을 까다; 번식시키다; 개량하다(≒ produce; propagate; improve)
- brevity 짧음, 순간; 간결함(≒ briefness, succinctness) a. brief
- brilliant 빛나는; 훌륭한(≒ bright, glittering, sparkling; distinguished, illustrious)
- brink 가장자리, 끝; 직전(≒ edge, border, skirt; verge)
- bristle (털이) 곤두서다; 성내다

- brittle 부서지기 쉬운; 상처받기 쉬운(≒ fragile; vulnerable, unstable)
- bulky 거대한, 부피가 큰; 커서 다루기가 힘든 (≒ massive, voluminous; unwieldy)
- bury 묻다, 매장하다(≒ inter, inhume, entomb)
- bustle 부산하게[활발히, 분주히] 움직이다(≒ move quickly, rush)
- buttress 지지하다; 부벽으로 버티다(≒ support, bolster)

C

- callous 굳은, 무감각한(≒ unfeeling, insensitive)
- camouflage 카무플라주, 위장, 변장, 기만(≒ cover up, guise, deceit)
- candid 솔직한; 공정한(≒ frank, forthright; impartial, nonpartisan, upright)
- capacity 수용량, 용적, 용량; 능력, 재능(≒ ability to contain, volume, size; ability)
- capricious 변덕스러운(≒ whimsical, fickle, mercurial, crotchety, erratic)
- carnivorous 육식성의, 육식류의(≒ predacious)
- catastrophe 대참사, 큰 재앙; 불행, 대실패(≒ disaster, calamity, downfall, cataclysm)
- catchall 잡동사니 주머니[잡낭], 잡동사니 창고, 잡동사니를 넣은, 포괄적인
- catchy 마음을 끄는, 매력적인; 함정이 있는; 단속적인, 변덕스러운(≒ charming, attractive, pleasant; tricky, deceptive; fitful, capricious)
- ceaseless 끊임없는(≒ endless, continuous, everlasting)

- censure 비난[책망]하다; 비난[책망](≒ blame, reproach, decry, condemn, scold)
- chagrin 억울함, 원통함; 굴욕; 억울하게 하다 (≒ indignation, resentment; humiliation; annoy, displease)
- characteristic 독특한, 특징[전형]적인, 특질, 특성, 특징
- charitable 자비로운, 관대한(≒ beneficent, altruistic)
- chilling 으슬으슬한; 쌀쌀한, 냉담한; 무시무시한(≒ cold, frigid; indifferent; frightening)
- chronic 장기간에 걸친, 만성적인(≒ persistent, long-lasting) cf. chronicle 연대기(年代記)
- circumlocution 에둘러 말함[에두르기], 에두른 표현, 핑계, 수다
- circumspect 조심성 있는, 신중한(≒ cautious, careful, attentive, wary, deliberate, prudent)
- circumvent 일주하다, 돌다, 우회하다; 회피하다(≒ bypass, detour, get around; avoid, shun, evade)
- cite 인용하다; 소환하다(≒ quote; summon)
- clarify 명백하게 하다, 명백하게 설명하다(≒ clear up, make plain, explain)
- claustrophobia 밀실공포증(abnormal fear of being in enclosed or narrow places)
- clement 온화한, 동정심이 있는, 관용적인(≒ bland, generous, gentle, mild)
- cluster 송이, 다발(≒ bundle, bunch)
- coalition 연합, 합동; 제휴(≒ union, confederation, alliance, affiliation)
- coherent 시종일관한, 일관적인, 논리적인, 달라붙은[밀착된], 결부된(≒ consistent, logical, orderly, congruous) n. coherence
- collaborate 협력[협동]하다(≒ work together, cooperate)

- collide 충돌하다, 부딪치다(≒ bang, clash, crash, shatter)
- colloquial 일상회화의, 대화체의(≒ conversational)
- colossal 거대한, 훌륭한(≒ gigantic, huge, immense, prodigious, enormous)
- commander 명령자, 지휘자[지휘관, 사령관], 중령 v. command 명령하다, 지휘하다, 지배[제압]하다, 억제하다
- commencement 시작, 개시; 학위수여식, 졸업식(≒ beginning, start; graduation) v. commence
- commiseration 연민, 동정(≒ pity, sympathy, compassion)
- commodity 상품, 일용품(≒ merchandise, goods, article)
- commute 갈다, 대용하다; 감형하다, 통근[통학]하다(≒ exchange, substitute; change to a less severe one; travel as a commuter)
- compatible 양립할 수 있는, 겸용식의, 조화하는; 호환성의(≒ harmonious, consistent, coherent; interchangeable)
- compel 강요하다(≒ coerce, force, impel, oblige, constrain)
- compensate 보상[배상]하다(≒ atone, reward, make up for, recompense, reimburse)
- complacent 자기만족의[자기만족적인](≒ self-satisfied, self-complacent), 상냥한, 기분 좋은, 자부심이 강한, 잘난 체 하는
- complex 복잡한, 복합의; 복합체[빌딩]; 콤플렉스(≒ complicated, compound, mixed)
- complicity 공모, 공범; 연루(≒ accomplice, accessory, conspiracy; involvement)
- complimentary 칭찬하는; 무료의(≒ commendatory, praising, laudatory; free, gratuitous)
- composure 침착, 평정(≒ calmness, serenity, tranquility, equilibrium, aplomb) a. composed
- compound 혼합하다; 혼합의, 합성의; 복잡한; 혼합물(≒ mingle, blend; synthetic, mixed; complex)
- compromise 타협, 양보; 절충안; 타협하다(≒ concession)
- conceal 숨기다, 비밀로 하다(≒ hide, cover, veil, shelter, disguise)
- concede 인정하다; 양보하다(≒ accept, admit, acknowledge; yield, compromise)
- concentrate 집중하다, 집중시키다(≒ focus, cluster)
- concord 일치, 조화(≒ agreement, harmony)
- condense 응축하다, 응축시키다; 요약하다(≒ contract, compress, constrict, concentrate; abbreviate, summarize)
- condescending 생색내는, 잘난 체하는, 일부러 공손한 n. condescension 겸손, 공손, 생색내는 듯한 태도
- conduct 행실, 품행, 행동; 실행하다(≒ behavior, demeanor)
- confidential 기밀의, 내밀한; 친밀한(≒ secret, private; intimate, close) a. confident 신뢰하는, 자신만만한
- confine 한정[제한]하다; 가두다(≒ restrict, limit, circumscribe, constrain; imprison)
- conflict 충돌, 투쟁; 충동하다, 투쟁하다(≒ collide, battle, fight, friction)
- conform 따르게 하다, 맞게 하다, 순응하다(≒ fit in, adjust, comply, obey)
- congenial 같은 성질의, 마음이 맞는, 취미가 같은, 알맞은(≒ kindred, pleasant, agreeable)
- conjugal 부부(간)의, 혼인(상)의(≒ spousal, nuptial, marital, matrimonial, connubial)

- conscientious 양심적인(≒ honest, upright) n. conscience
- conscript 징병[징집]된; 징집병, 신병; 징병(징집)하다(≒ draftee)
- considerable 상당한, 많은; 중요한(≒ large, substantial; important) cf. considerate 사려 깊은
- console 위로[위문]하다; 콘솔형 캐비닛(≒ comfort, soothe, solace)
- conspicuous 뚜렷한, 잘 보이는; 저명한(≒ apparent, noticeable, distinct; prominent, eminent)
- consumption 소비, 소비량; 폐결핵(≒ use; tuber-culosis)
- contagious 전염성의(≒ communicable, infect-ious) n. contagion
- contemplate 심사숙고하다; 묵상하다; 계획[기도]하다(≒ consider, deliberate, ponder; meditate; intend)
- contemporary 같은 시대의, 당대의, 현대의; 동시대사람(≒ coexisting, coeval)
- contempt n. 경멸, 멸시; 치욕(≒ disdain, scorn; disgrace)
- contentious 다투기[논쟁하기] 좋아하는, 이론이 분분한(≒ quarrelsome, argumentative, wrangling) v. contend
- continually 계속해서, 끊임없이, 빈번히(≒ constantly, repeatedly)
- contract 수축하다, 수축시키다; 계약하다; (병에) 걸리다(≒ shrink, compress)
- contradict 부정[부인, 반박]하다; 모순되다(≒ deny, gainsay, disapprove, refute; contravene, conflict) a. contradictory
- contradictory 모순된, 모순된 말, 정반대 v. contradict 모순되다, 다르다, 반박[부정]하다
- contrary 반대의, 불리한; 정반대(≒ opposed, opposite, adverse, unfavorable)
- contribute 기여[기부]하다, 공헌하다(≒ give, donate, grant, endow, bestow, confer; help, make for)
- controversial 논쟁의, 논란이 되는, 물의를 일으키는 n. controversy 논쟁, 논란, 논의(≒ dispute)
- conventional 전통적인; 흔한, 보통의; 형식적인(≒ usual, traditional, customary, accepted, common, unexceptional, formal)
- convenience 편의, 편리함, 이익, 편리한 물건[설비]
- conviction 유죄판결; 신념, 확신(≒ sentence; firm belief, confidence)
- copious 풍부한, 막대한(≒ abundant, opulent, ample, bounteous, plentiful)
- corpulent 뚱뚱한, 비만인(≒ obese, fat)
- counteract 거스르다, 방해하다; 중화하다(≒ oppose, obstruct; neutralize)
- counterfeit v. 위조하다 a. 위조의 n. 위조물(≒ forged, spurious, phony; fake)
- coverage 적용범위; [보험] 보상(범위)
- covet 갈망하다, 몹시 탐내다(≒ long for, desire wrongfully)
- crave 간청하다, 열망[갈망]하다(≒ beg, solicit, ask for, plead for, desire, yearn)
- credulous 말을 잘 믿는, 잘 속는(≒ gullible, naive)
- crucial 결정적인; 중대한(≒ decisive; critical, consequential, significant, essential)
- crude 천연 그대로의, 날것의; 조잡한, 거친; 버릇없는(≒ raw; rough, coarse, uncouth; rude)

- cryptic 불가사의한, 신비스러운, 비밀의; 암호를 사용한(≒ mysterious, mystic, mystifying, secret, occult; using code or cipher)
- culminate 최고조[최고점]에 달하다, 끝내다(≒ climax, summit, end up)
- culprit 범죄자, 죄인, 범인(≒ offender, criminal, convict)
- curtail 짧게 줄이다, 단축하다, 생략하다, 삭감하다(≒ shorten, abbreviate, lessen, reduce)
- custody 보관; 보호; 감금(≒ care, protection; imprisonment, confinement)
- cyberspace 사이버공간, 가상공간

D

- deadlock 막다른 골목, 교착상태; 교착상태가 되다(≒ dead end, standstill, impasse)
- dearth 부족, 결핍; 기근, 식량부족(≒ deficiency, lack; scarcity, famine)
- debatable 논의[논쟁, 이론]의 여지가 있는, 논쟁할 수 있는, 미해결의 v. n. debate 논쟁, 토론, 논쟁[토론]하다
- decade 10년간; 10개가 한 벌이 된 것
- deceptive 속이는, 현혹시키는(≒ cheating, misleading, delusive) v. deceive
- decipher 풀다, 해독[판독]하다; 판독, 암호 해독(≒ decode, decrypt)
- deduct 빼다, 공제하다(≒ reduce, take away, subtract)
- deference 복종; 존경, 경의(≒ obedience, sub-mission, respect)
- defiant 도전적인, 반항적인, 거만한(≒ rebellious, resisting, daring, bold, insolent)
- deficiency 부족, 결핍, 결함(≒ lack, shortage, failing, fault, weakness)

- defunct 죽은, 고인이 된; 효력을 잃은(≒ dead, late, deceased; expired, extinct)
- defuse (폭탄의) 신관을 제거하다, 위기를 해제하다(≒ remove a fuse, alleviate)
- deject 기를 꺾다, 낙담시키다(≒ dispirit, dishearten)
- deleterious 해로운, 유독한(≒ destroying, harmful, noxious, poisonous, pernicious)
- delinquent 태만자, 비행소년; 직무태만의, 비행을 저지른(≒ neglecter, derelict)
- delude 속이다, 현혹시키다(≒ cheat, deceive, beguile, trick, mislead)
- demise 붕어(崩御), 서거, 사망; 양도, 양위(≒ death; give over)
- demolish 파괴하다, 헐다(≒ destroy, teardown, raze, shatter)
- denounce 비난하다(≒ blame, criticize, condemn, decry, disparage)
- dependable 의존[신뢰]할 수 있는(≒ reliable, faithful, responsible)
- deplete 고갈시키다; 격감시키다(≒ drain, dry up, empty, exhaust; decrease)
- deride 비웃다, 조소하다(≒ laugh at, scoff, ridicule, mock)
- descendant 자손, 후예(≒ posterity, offspring, progeny, progeniture) cf. progenitor 선조
- desecrate 신성모독하다(≒ profane, blaspheme, defile) cf. consecrate 신성하게 하다
- deserted 황폐한, 버림받은(≒ bare, barren, desolate, cast off, abandoned)
- desertification 사막화
- desperate 절망적인; 필사의; 무모한(≒ hopeless, despairing; compelling, urgent, rash, reckless)

- despondent 낙담한, 기가 죽은, 의기소침한(≒ depressed, dejected, dispirited, disheartened)
- destitute 결핍한, 가난한(≒ poor, indigent, penurious, needy)
- deter 그만두게 하다, 막다(≒ dissuade, prevent, prohibit, hinder, discourage)
- deteriorate 나쁘게 하다, 나빠지다(≒ degenerate, disimprove, worsen)
- detrimental 해로운, 손해를 입히는(≒ damaging, harmful, pernicious, injurious)
- devastate 황폐화하다, 폐허로 만들다(≒ desolate, destroy, ravage)
- deviate 빗나가다, 빗나가게 하다(≒ stray, deflect, swerve, turn aside)
- diagnosis 진단, 진료(≒ medical examination, detection)
- differentiate 구별 짓다, 식별하다(≒ distinguish, discriminate)
- dilate 넓히다, 팽창하다(≒ amplify, augment, expand, widen, distend, swell)
- dilute 묽게 하다, 묽어지다; 묽게 한(≒ weaken, attenuate, thin)
- disabled 불구가 된; 장애인(≒ crippled, handicapped, challenged, maimed, decrepit)
- discard 버리다, 포기하다(≒ abandon, abdicate, throw away, do away with)
- discharge 짐을 부리다; 방출하다, 해고하다; 해방하다(≒ unload; fire, dismiss; release, set free)
- discipline 훈련, 단련; 기율; 징벌; 훈련하다; 벌하다(≒ training, drill; order; punishment, chastisement)
- disclaim 권리를 포기하다; 부인하다(≒ waive one's claim; deny)

- discreet 사려 깊은, 신중한; 예의 바른(≒ considerate, thoughtful, prudent, judicious, circumspect; decorous, polite)
- discrimination 구별, 식별; 차별(≒ differentiation, discernment; segregation)
- disdain 경멸[멸시]하다; 경멸(≒ abhor, scorn, look down on, contempt, slight)
- dismal 음침한, 황량한; 우울한(≒ bleak, dreary; gloomy, lugubrious)
- dismay 당황케 하다; 실망시키다; 놀람, 당황; 실망(≒ alarm, appall; disappoint, discourage)
- disparage 얕보다, 깔보다; 헐뜯다(≒ belittle, depreciate; criticize)
- disparity n. 같지 않음, 불일치, 차이(≒ difference, discord, inequality, imbalance)
- dispel 쫓아버리다; 흩어버리다(≒ banish, drive away, expel; disperse, dissipate, disband, scatter)
- dispense 나눠주다, 분배하다; ~없이 지내다[with](≒ distribute; do without)
- disposal 처분, 처리; 폐기; 배치(≒ settlement, deciding; clearance, discarding; distribution, allocation) v. dispose
- disrespect 실례[무례, 결례, 불경], 존경하지 않다, 결례[실례]되는 짓을 하다, 경멸하다
- disrupt 붕괴[분열]시키다; 혼란시키다(≒ disorder, disorganize, disarrange, disintegrate, collapse; interrupt, interfere with, agitate)
- dissuade (설득하여) 단념시키다(≒ deter, talk out of) cf. persuade 설득하다
- distraction 주의[정신]산만; 기분전환(≒ disturbance; entertainment, diversion)
- distribute 분배하다, 배포하다(≒ circulate, hand out, release, dispense)

- diversity 다양성; 차이점(≒ variety, divergence, multiformity; difference) a. diverse
- divulge 누설하다, 폭로하다(≒ disclose, reveal, expose, leak, unearth, betray)
- docile 다루기 쉬운, 유순한(≒ compliant, pliable, meek, ductile, tractable)
- dominant 지배적인, 주요한, 유력한, 우세한, 〈유전학〉 우성의(↔ recessive)
- dominate 지배하다, 억누르다(≒ control, rule, conquer) a. dominant
- donate 기증[기부]하다(≒ give, endow, dole, contribute, bestow) n. donation
- dormant 잠자는, 휴면[휴지]상태의(≒ asleep, inactive, torpid)
- drastic 격렬한, 맹렬한, 과감한, 대폭적인(≒ extreme, desperate, dramatic, harsh)
- drudgery 고역, 고된 일(≒ moil, toil, travail)
- duty 의무[임무], 직무, 세금[관세] cf. death duty 상속세
- dwindle 점차 감소하다, 줄이다(≒ decrease, diminish, wane, wither)

E

- ebullient 끓어 넘치는, 넘쳐흐르는(≒ boiling, seething, exuberant, enthusiastic)
- eccentric 이상한, 별난, 기괴한(≒ strange, odd, erratic, aberrant, bizarre, abnormal, queer, weird)
- edible 먹을 수 있는, 식용의; 식용품(≒ eatable, esculent, comestible)
- effect 결과; 효과[영향]; 취지, 의미; 초래하다(≒ result, consequence; impression, impact; purport, meaning; bring about)

- effectiveness 유효(성), 효율성 cf. cost effectiveness 비용 효율성
- elaborate 공들인; 정교한, 복잡한(≒ painstaking; sophisticated, complicated)
- elastic 탄력[신축성] 있는(≒ flexible, pliable, supple, resilient)
- eligible 적격의, 적임의, 바람직한; 적임자(≒ entitled, fit, qualified) cf. ineligible
- eliminate 제거하다, 삭제하다; 제외하다(≒ eject, eradicate, remove, get rid of; rule out, exclude)
- elucidate 밝히다, 명료하게 하다(≒ clarify, explain, explicate)
- elude 피하다, 회피하다(≒ escape, evade, eschew, shun, dodge, avoid) a. elusive
- emancipate 해방[석방]하다(≒ liberate, release, manumit, set free)
- embark (배, 비행기 등에) 타다, 태우다; 착수하다; 종사하다(≒ board; begin, depart; engage)
- eminent 저명한, 뛰어난(≒ famous, conspicuous, distinguished, outstanding, prominent)
- emulate 경쟁하다; 흉내 내다[모방하다](≒ compete, rival, imitate, mimic, copy)
- encounter 우연히 만나다; 직면하다[부닥치다](≒ come across, meet by chance; confront, meet with)
- endemic 풍토병의, 한 지방 특유의(≒ aboriginal, native, local, indigenous)
- endorse 배서하다; 보증하다; 시인하다(≒ back, sign; confirm, warrant; approve)
- enervate 기력을 빼앗다, 약화시키다(≒ weaken, emasculate, debilitate) cf. energize
- engross 몰두[열중]시키다(≒ occupy, attract, absorb, engage, enthrall)

- enhance 높이다, 강화하다(≒ improve, augment, boost, elevate, increase)
- enmesh 그물로 잡다; (곤란에) 빠뜨리다(≒ net; entangle, entrap, embroil, involve)
- enormous 거대한, 엄청난(≒ huge, vast, immense, gross, tremendous, stupendous)
- entice 꾀다, 유혹하다; 부추기다(≒ allure, lure, seduce, tempt; cajole)
- entrepreneur 기업가(≒ enterpriser, business person)
- ephemeral 하루살이 목숨의, 덧없는, 순식간의(≒ temporary, short-lived, fleeting, transient, transitory, evanescent)
- epoch 신기원, 신시대; 중요한 사건; 시대(≒ notable event; period, era, date)
- equivocal 모호한(≒ ambiguous, indistinct, vague, obscure, unclear)
- eradicate 뿌리째 뽑다, 근절하다(≒ get rid of, remove, extirpate, root out)
- erudite 박학한, 학식 있는; 박식한 사람(≒ learned, scholarly)
- eternal 영원한(≒ everlasting, timeless, immortal, perennial)
- euphemism 완곡어법, 완곡한 말, 완곡 어구[표현]
- euthanasia 안락사(安樂死)(≒ mercy killing)
- evacuate 비우다, 소개(疏開)하다; 철수시키다(≒ vacate, remove, clear; withdraw)
- evaporate 증발시키다, 증발하다(≒ vaporize, desiccate, disappear)
- evident 명백한(≒ plain, obvious, apparent, manifest)
- evoke 불러내다, 일깨우다(≒ educe, elicit, arouse, call up, draw forth)
- exacerbate 악화하다, 더하게 하다, 분개시키다[신경질 나게 하다] n. exacerbation

- exaggerate 과장하다, 지나치게 강조하다(≒ overstate, overdo, magnify)
- exclude 배척하다, 제외하다; 추방하다(≒ remove, rule out, keep[shut] out; expel)
- exempt 면제하다; 면제된(≒ excuse, release; free)
- exhaustively 철저하게, 속속들이(≒ thoroughly, without omission) a. exhausted 몹시 지친
- exhilarate 기분을 들뜨게 하다, 유쾌하게 하다(≒ invigorate, pep up, elate, cheer)
- exile 국외 추방, 망명, 유배, 추방자, 망명자, 유배자
- exonerate 해방시키다, 무죄가 되게 하다; 면제하다(≒ free, acquit, exculpate; release)
- expire 끝나다, 만기가 되다; 죽다, 소멸하다(≒ elapse; die, pass away)
- explicit 명백한, 숨김없는(≒ clear, certain, definitive, obvious, candid)
- exterminate 근절하다, 박멸하다(≒ kill, destroy, eradicate, eliminate, annihilate)
- extinct 꺼진, 끊어진; 사라진, 멸종된, 폐지된(≒ extinguished; exterminated; inactive)
- extraneous 외부로부터의, 관계없는; 불필요한(≒ external; irrelevant; unnecessary)
- exuberant 열광적인; 무성한; 원기 왕성한(≒ enthusiastic, ebullient; luxuriant; overflowing)

F

- fabricate 만들다, 제작[조립]하다; 꾸며내다, 위조하다(≒ make; forge)
- facility (pl.) 설비, 편의(시설); 재능, 솜씨; 쉬움; 유창함(≒ convenience(s); talent, dexterity; ease; fluency)

- faint 희미한, 엷은, 어렴풋한; 졸도(기절)하다(≒ indistinct, dim; swoon)
- fake 위조[날조]하다, 속이다; 가짜의; 가짜, 모조품(≒ counterfeit, fabricate; bogus, phony, pseudo)
- fallacious 그릇된, 허위의; 속이는, 현혹시키는 (≒ wrong, false; deceiving, deluding)
- fallout 방사성 낙진, (방사능 물질의) 강하; 부산물, 부수적 결과(≒ radiation; aftermath)
- famine 기근, 굶주림, 식량부족(≒ dearth, starvation, destitution)
- fanatic 열광자, 광신자; 광적인(≒ zealot, maniac, enthusiast, devotee; frantic, aficionado)
- fascinate 매혹하다, 주의를 끌다(≒ attract, bewitch, captivate, enchant, enamor, charm)
- feasible 실행 가능한; 있을법한, 그럴듯한 (≒ practicable, possible, viable; likely, probable, plausible)
- felicity 경사, 행복; 적절함, 적절한 표현 (≒ happiness, bliss, rapture, euphoria; appropriateness)
- fertile 비옥한; 다산의, 번식력 있는(≒ productive, abundant; prolific, fecund, fruitful)
- fervent 열렬한, 강렬한(≒ ardent, passionate, flaming, fervid, vehement, zealous)
- fickle 변덕스러운(≒ changeable, capricious, whimsical, crotchety, erratic)
- fictitious 가공의, 허구의, 거짓의(≒ made-up, fabricated, deceptive)
- firsthand 직접, 바로; 직접의(≒ at first hand, direct)
- flare (불꽃이) 너울거리다, 확 타오르다(≒ flame, burn)

- flash 번쩍이다, 빛나다, 폭발하다, 발끈하여 말하다, 번쩍임[섬광], 번득임, 돌발[분출], 순간, 플래시
- flatter 아첨하다, 알랑거리다(≒ adulate, blarney)
- flaw 흠[금]; 결점(≒ crack; fault, defect, shortcoming)
- flourish 번창[번영]하다, 번성하다(≒ prosper, thrive, grow vigorously)
- fluctuate 변동하다, 오르내리다(≒ alter, vary, change, move up and down)
- folly 어리석음, 어리석은 짓[생각](≒ stupidity)
- foreboding 전조, 예언, 예감(≒ presentiment, premonition, omen, portend, sign)
- forestall 앞서다, 선수 치다; 매점하다(≒ precede; monopolize)
- forfeit 상실, 박탈, 몰수; 벌금; 상실하다, 몰수하다(≒ confiscation, seizure; fine; lose, abandon, confiscate)
- formidable 무서운; 만만찮은(≒ dreaded, horrible, alarming, appalling, frightening)
- foster 기르다, 양육하다, 육성하다, 촉진하다(≒ nurse, care for; promote)
- fracture 부수다, 부러뜨리다; 무시하다; 부서짐; 골절(≒ break, breach)
- fragile 깨지기[부서지기] 쉬운(≒ breakable, brittle, flimsy, frail, weak)
- frugal 검소한, 알뜰한, 절약하는; 인색한(≒ thrifty, economical, sparing)
- frustration 좌절, 욕구 불만, 실패 v. frustrate
- fulfill 다하다, 이행[수행]하다, 성취하다(≒ achieve, accomplish)
- functionality 기능(성), 상관관계, 컴퓨터의 모든 기능
- fundamental 기본[기초]이 되는, 필수적인, 중요한, 본질적인, 근본적인

- funeral 장례(식), 고별식
- furious 격노한; 사납게 날뛰는, 맹렬한(≒ enraged, infuriated, incensed, inflamed, frenzied, indignant; fierce, wild, intense)
- furtive 은밀한, 몰래 하는(≒ secret, clandestine, stealthy, sly, covert)
- futile 헛된, 쓸데없는, 효과 없는(≒ vain, useless, inefficient, ineffective, bootless)

G

- galvanize 직류 전기로 자극하다, 활기를 띠게 하다(≒ stimulate, arouse, invigorate)
- garrulous 말 많은, 수다스러운(≒ talkative, loquacious, babbling, chatty)
- gather 모으다, 모이다(≒ collect, aggregate)
- gem 보석; 소중한 것[사람](≒ jewel, treasure)
- gene 유전(인)자 cf. dominant gene 우성 유전자, recessive gene 열성 유전자
- generalize 개괄[종합]하다, 법칙화하다; 일반화하다, 보급시키다(≒ universalize, popularize, theorize)
- genocide 대량학살(≒ massacre)
- genuine 진짜의, 진품의; 성실한, 참된, 순혈[순종]의(≒ real, actual, authentic; sincere, bona fide)
- germane 밀접한 관계가 있는, 적절한(≒ pertinent, relevant, appropriate)
- gestation 임신, 잉태; 창안, 형성(≒ pregnancy, conception)
- gingerly 몹시 조심스러운, 주의 깊은; 조심스럽게, 주의 깊게(≒ very cautious, careful)
- gist 핵심, 요점, 본질(≒ core, essence, point, kernel, pith, nub, nucleus)
- glimpse 흘끗 봄[보임]; 어렴풋이 감지함; 흘끗 보다(≒ quick look, glance; glance)

- glitter 반짝이다, 화려하다(≒ shine)
- gloomy 어두운, 음침한; 우울한(≒ somber, dark; depressed, downcast, melancholy)
- gradual 점차[점진]적인(≒ bit by bit, step by step) ad. gradually 차차, 서서히, 점차, 점진적으로 cf. radical 근본적인, 과격한
- gratify 만족시키다, 기쁘게 하다(≒ satisfy, please)
- greed 탐욕(≒ avarice, avidity, covetousness)
- gregarious 떼 지어 사는, 군거[집단]성의, 사교적인(≒ social, sociable, outgoing)
- grim 엄격한; 잔인한; 불쾌한(≒ severe, stern, austere; cruel, bloody; unpleasant)
- grotesque 그로테스크 풍의, 괴상한, 괴기한(≒ odd, weird, unnatural, bizarre)
- grudge 인색하게 굴다, 못마땅해 하다; 악의, 원한(≒ resent, be reluctant; animosity, bitterness)
- grueling 녹초로 만드는; 엄한; 엄벌(≒ laborious, arduous)
- gullible 잘 속는, 속기 쉬운(≒ easily deceived, credulous)

H

- habitable 거주할 수 있는, 살기에 알맞은(≒ inhabitable, residential)
- hail 환호하며 맞이하다; 싸락눈이 오다; 우박, 싸락눈(≒ acclaim; sleet)
- hamper 방해하다; 제한하다; 손바구니(≒ hinder, prevent, obstruct; restrict)
- haphazard 우연한, 아무렇게나 하는, 계획성 없는(≒ unplanned, aimless, random)
- harassing 괴롭히는, 귀찮게 구는(≒ bothering, harrowing, irritating) v. harass

- harsh 거친; 귀에 거슬리는; 지독[고약]한, 엄[가혹]한, 무자비한, 황량한(≒ rough, outrageous; strident, hoarse)
- haughty 거만한, 오만한(≒ arrogant, overbearing, supercilious)
- hazard 위험, 모험, 위험 요인, 우연, 불확실함, 장애물 a. hazardous
- hectic 몹시 흥분[동요]한; 아주 바쁜(≒ frantic, excited, feverish)
- helplessly 어쩔 수 없이, 무력하게, 당황하여, 의지할 데 없이 a. helpless
- hereditary 유전의, 유전적인; 세습의(≒ genetic, congenital, innate, inborn; inherited)
- hideous 끔찍한, 오싹한, 불쾌한(≒ dreadful, ugly, repulsive)
- hierarchy 계급제, 계층제(≒ grading, social order)
- homogeneous 동종의, 동질의(≒ similar, kindred, uniform) cf. heterogeneous 이종의
- horizontal 지평선의, 수평의, 가로의(≒ flat, even) cf. vertical 수직의
- hospitable 대접이 좋은[잘 접대하는], 공손한(≒ accommodating, sociable, friendly)
- hospitality 환대, 후대, 접대
- hostile 적의 있는, 반대하는(≒ antagonistic, unfriendly, inimical)
- hub 중심지, 중추(≒ center, heart)
- hubris 오만, 자기 과신(≒ arrogance, self-conceit)
- humble 겸손한; 비천한, 보잘것없는(≒ modest, shy, unassuming; ignoble, base)
- humdrum 평범한; 단조로운, 지루한(≒ arid, monotonous)
- humiliate 굴욕감을 느끼게 하다, 창피를 주다(≒ humble, mortify, shame, embarrass)

- hybrid 잡종의, 혼성의; 혼혈(아), 잡종(≒ mixed, mingled, crossbred, heterogeneous; mongrel, mixture)
- hypnosis 최면, 최면술, 최면상태(≒ mesmerization)
- hypodermic 피하(皮下)의 피하주사용의; 자극하는; 피하주사기(약)

I

- ignominious 면목 없는, 수치스러운(≒ disgraceful, shameful, abhorrent)
- illustrious 저명한, 유명한; 혁혁한, 빛나는(≒ prominent, distinguished; excellent)
- illiterate 글자를 모르는, 무식한(≒ ignorant, uneducated)
- imaginative 상상의, 상상적인; 가공의, 공상의; 상상력[창작력]이 풍부한 cf. imaginary 상상의, 가공의
- imitation 모방, 모조[위조]품, 가짜
- immaculate 오점[결점, 흠] 없는(≒ clean, faultless, flawless, spotless, stainless)
- immediately 곧[즉시, 당장에], 직접적으로, 밀착하여 a. immediate
- imminent 절박한, 촉박한(≒ impending, app-roaching)
- immortal 죽지 않는, 불멸의; 불사신(≒ undying) cf. mortal 죽을 운명의, 치명적인
- immune 면역의, 면역성의; 면제된(≒ insusceptible, unaffected, safe; exempt)
- impact 충돌; 충격; 영향(력), 효과; 충돌하다, 충격을 주다(≒ collision; shock; influence; effect; collide, crash, influence)
- impartial 편견 없는, 공평한(≒ equal, fair, unbiased, dispassionate)

- impatient 성급한, 참을성 없는; 몹시~하고 싶어 하는(≒ rash, restless; very eager)
- impede 방해하다, 저해하다(≒ block, hamper, hinder, prevent, retard, obstruct)
- imperative 피할 수 없는, 긴급한; 명령적인(≒ urgent, pressing; obligatory, mandatory)
- impetuous 성급한, 충동적인; 맹렬한(≒ impulsive, hasty, rash; violent)
- impetus n. (움직이게 하는) 힘, 자극(≒ incentive, stimulus, impulse, force)
- implacable 달래기 어려운, 무자비한(≒ merciless, pitiless, cruel, ruthless)
- implement 도구, 용구, 기구; 수단; 이행[실행]하다(≒ tool, device, instrument; execute, put in practice, carry out)
- impoverished 가난하게 된, 메마른, 허약해진, 빈약한(≒ poor, destitute, indigent)
- impractical 실행 불가능한, 쓸모없게 된, 비실용적인, 실제적[실용적]이 아닌
- impromptu 즉석에서, 즉흥적으로; 임시변통으로(≒ offhand, makeshift, extempore, extemporaneous)
- inactive 활동하지 않은, 움직이지 않는; 나태한; 불황인(≒ inert, dormant; lazy; sluggish)
- inadequate 부적당한, 부적절한; 불충분한(≒ inept, inappropriate, irrelevant, unfit; insufficient)
- inadvertent 고의가 아닌, 우연의; 부주의한(≒ unintentional, fortuitous, accidental; inattentive)
- incessantly 끊임없이, 쉴 새 없이(≒ unceasingly, ceaselessly, perpetually)
- incident 사건, 생긴 일, 부수적인 것[일], 일어나기 쉬운, 당연히 따르는, 부대[부수]하는
- inconsistent 일치하지[조화되지] 않는; 모순된(≒ discordant, discrepant; contradictory)
- incompatible 모순되는, 양립하지 않는(≒ adverse, contradictory)
- inconclusive (증거·논의 등이) 결정적이 아닌, 결론이 나지 않는, 설득적이 아닌(↔ conclusive 결정적인, 종국의, 확실한)
- incumbent 현직[재직]의; 의무로서 지워지는; 현직(재직)자(≒ in-service; obligatory)
- indifferent 무관심한, 냉담한; 중요치 않은, 관계없는; 사심 없는, 공평한(≒ uninterested, apathetic; impartial, dispassionate)
- indigenous 토착의, 지역 고유의; 타고난(≒ native, aboriginal; innate, inborn)
- indignation 분개, 분노(≒ resentment, anger, animus)
- induce 권유하다, 설득하여 ~시키다; 일으키다, 야기하다(≒ persuade, actuate; cause, bring about)
- inevitable 피할 수 없는, 부득이한, 면하기 어려운(≒ unavoidable, unpreventable, inescapable, fixed, settled, irrevocable, fated, destined)
- infer 추론하다, 추측하다; 의미하다, 암시하다(≒ guess; imply)
- infinite 무한한, 끝없는; 무한대(≒ boundless, unlimited, interminable, perpetual)
- inhibition 금지; 억제, 억압(≒ prohibition, ban; restraint, restriction)
- initial 처음의, 최초[시초]의 ad. initially
- innuendo 풍자, 빈정대는 말; 빈정거리다(≒ satire, sarcasm, irony, lampoon; lampoon)
- inquisitive 질문을 좋아하는, 탐구적인, 호기심이 강한(≒ inquiring, questioning, probing, scrutinizing, prying)
- insecurity 불안정, 위험, 불안, 자신없음, 위험[불안정]한 것, 위태로운 것 a. insecure(↔ secure)

- insidious 교활한, 음흉한, 방심할 수 없는(≒ sneaky, cunning, sly)
- insight 통찰[력], 식견(≒ intuitiveness, acumen, understanding, discernment)
- insignificance 무의미, 무가치(≒ unimportance)
- insolvent 지불 불능의, 파산한; 파산자(≒ bankrupt)
- inspiration n. 영감(靈感), 고취, 고무, 격려(≒ afflatus, encouragement, stimulation)
- instill 스며들게 하다, 서서히 주입하다; 한 방울씩 떨어뜨리다
- insulate 분리[격리]하다, 고립시키다; 절연[단열, 방음]하다(≒ isolate, seclude, separate, segregate)
- intellectual 지적인, 지성의; 지식인, 식자(≒ intelligent, scholarly, learned, lettered, cerebral; intellect)
- intermediate 중간의; 매개자, 중간물; 중재하다(≒ middle; mediator, intermediary; intervene)
- intermittent 때때로 중단되는, 간헐적인(≒ fitful, spasmodic, recurrent, irregular, sporadic, occasional, periodic, discontinuous)
- intervene 사이에 들다, 개재하다; 방해하다; 중재하다(≒ interpose; interfere; intercede)
- intimate 친밀한, 암시하다(≒ friendly, bosom, affectionate, close, dear, cherished, amicable)
- intimidate 협박하다, 겁주다; 위협하여 ~을 시키다(≒ threaten, frighten, menace)
- intrigue 음모, 밀통; 당혹하게 하다; 음모를 꾸미다(≒ scheme, collusion)
- intrinsic 본질적인, 본래의, 고유의, 내재성의(≒ inherent, innate, inborn)

- inundate 범람시키다[물에 잠기게 하다], 침수하다; 몰려오다, 쇄도하다(≒ flood, overflow)
- inure 익히다, 단련하다, 효력을 발생하다, 도움이 되다
- invalid 병약한, 허약한; 실효성 없는, 무효의; 병자, 병약자(≒ sick, decrepit; groundless, void; patient)
- invaluable 값을 헤아릴 수 없는, 매우 귀중한(≒ valueless, priceless, precious, costly)
- invincible 정복할[이길] 수 없는, 무적의(≒ unconquerable, insurmountable, impregnable)
- irreversible 뒤집을 수 없는, 거꾸로 할 수 없는, 역행[역전]시킬 수 없는, 불가역의, 취소[변경]되지 않는(↔ reversible)
- irrigate 관개하다[물을 대다]
- irritate 짜증나게[초조하게] 하다, 자극하다; 안달하게 하다(≒ annoy, vex, provoke, peeve, in-furiate, anger, enrage, disturb, bother; fret, rub, pain)

J

- jaundiced 편견을 가진; 황달에 걸린(≒ biased, prejudiced)
- jeopardy 위험(≒ danger, risk, hazard, peril, insecurity)
- justify 정당화하다, 정당성을 증명하다
- jot 소량, (매우) 적음; 메모하다, 대강 적어두다(≒ whit, bit, iota; write down)
- judicious 분별 있는, 현명한, 사려 깊은(≒ wise, sensible, prudent, discreet)
- juvenile 소년[소녀]의; 젊은, 유치한; 소년 소녀(≒ adolescent, young; childish)

K

- keen 날카로운; 신랄한; 예민한; 열심인(≒ sharp, acute; incisive; sensitive; eager)
- kidnap 유괴하다, 납치하다(≒ abduct, carry off)
- kindle 불붙이다, 타오르게 하다(≒ fire, ignite, light)
- knowingly 아는 듯이, 아는 체하고; 알면서, 일부러(≒ intentionally, purposely)
- knowledgeable 지식 있는, 아는 것이 많은, 총명한(≒ clever, insightful)

L

- laconic 간결한, 간명한; 말수가 적은(≒ concise, terse; reticent, taciturn)
- latent 숨은, 잠재적인; 잠복성의(≒ potential, dormant, inactive, concealed)
- lavish 아끼지 않는, 후한; 낭비벽이 있는, 사치스러운; 풍부한(≒ generous; profuse, prodigal, opulent)
- leftover 나머지의, 남은; 나머지(≒ debris, residue, remnant)
- legacy 유산, 유증(遺贈), 유물
- legible 읽기 쉬운; 명료한(≒ readable; plain) cf. illegible 읽기 어려운
- legitimate 합법적인, 적법의(≒ legal, lawful, licit, valid, justifiable)
- lethal 치명적인, 죽음에 이르는(≒ deadly, dangerous, fatal, baleful, noxious)
- lethargic 기면성의; 혼수상태의; 무기력한, 활발치 못한(≒ comatose; inactive, sluggish, inert)
- linger 오래 머무르다, 꾸물거리다, 근근이 목숨을 이어가다, 잔존하다

- linguistics 언어학, 어학
- literacy 읽고 쓸 줄 앎, 식자; 교양(있음)(≒ ability to read and write) cf. illiteracy 문맹, 무식
- loathe 몹시 싫어하다, 혐오하다(≒ dislike, detest, abhor, hate, execrate)
- longevity 장수(長壽); 수명(≒ long life[age]; life span)
- loquacious 수다스러운, 말이 많은(≒ talkative, garrulous, verbose, wordy)
- lucrative 유리한, 돈벌이가 되는(≒ profitable, cost effective, paying, remunerative)
- lukewarm 미지근한; 내키지 않는, 미온적인(≒ tepid; halfhearted, indifferent)
- lure 미끼; 매혹, 매력; 유혹하다(≒ bait, hook; attraction; entice, attract)

M

- magnitude 크기; 중요성, 중요함(≒ size; importance, consequence)
- malice 악의, 앙심, 적의(≒ animosity, hostility, enmity, hatred, spite, harm)
- malign 해로운, 악의 있는; 헐뜯다, 중상하다(≒ evil, harmful, malicious, baleful; slander, speak ill of)
- manifest 명백한; 명백하게 하다, 분명히 보여주다(≒ apparent, distinct, obvious, evident; display, clarify)
- marginal 변두리[가장자리]의; 별로 중요하지 않은; 한계의(≒ side; insignificant, unimportant)
- maritime 바다(위)의, 연해의(≒ marine)
- meager 메마른, 야윈; 빈약한, 결핍한(≒ gaunt, skinny; scanty, insufficient)

- means 수단, 방법(≒ manner, measure)
- meditate 명상하다; 숙고하다; 꾀하다, 계획하다 (≒ muse; deliberate, contemplate, ponder, ruminate; intend, purpose)
- m e n a c e 위협하다, 협박하다; 협박, 위협 (≒ threaten, intimidate, bully; threat, intimidation)
- merge 합병하다, 병합하다(≒ blend, combine, mix, fuse, amalgamate)
- m e s s y 어질러진; 더러운, 지저분한(≒ cluttered; untidy, dirty)
- metamorphosis 변형, 변질, 변태(≒ transformation, change)
- milestone 이정표; 획기적 사건(≒ landmark)
- misgiving 불안, 걱정; 의심(≒ anxiety, solicitude; distrust)
- mnemonic 기억의, (기억을 돕는)연상기호; 기억을 돕는 것
- modify 변경[수정]하다(≒ change, alter, vary, adapt)
- momentous 중대한, 중요한(≒ important, significant, consequential, crucial, critical, vital, decisive, grave, weighty)
- m o n e t a r y 화폐의, 금전상의, 금융의(≒ pecuniary, fiscal, financial)
- m o r b i d 병적인, 음울한; 무시무시한(≒ diseased, unwholesome, ailing; dreadful, horrible, macabre, hideous, frightful, gruesome)
- mundane 현세의, 세속의; 평범한, 일상적인(≒ worldly, earthly, secular; banal, common)
- m u t a b l e 변하기 쉬운, 변덕스러운(≒ changeable, variable, unstable, fickle)
- mutilation 절단, 절제

N

- nascent a. 발생하려고 하는, 초기의(≒ budding, incipient)
- namelessness 익명(성), 무명, 이름이 없음 a. nameless
- nasty 더러운, 불쾌한; 심술궂은, 비열한; 험악한(≒ unpleasant, distasteful, hateful, loathsome, disgusting, filthy; ill[bad]-tempered, vicious, mean, malicious)
- n e g l i g e n c e 태만, 부주의; 무관심(≒ carelessness, heedlessness; indifference)
- negligible 무시할 수 있는[무시해도 좋은], 하찮은, 사소한, 시시한 cf. negligent 게을리하는, 부주의한, 꾸밈없는, 자연스러운
- nervous 신경과민의, 초조한, 불안한; 신경(성)의(≒ unrestful, anxious; neurotic)
- nocturnal 밤의, 야간의(≒ nightly) cf. diurnal 낮의(≒ daytime)
- notorious 악명 높은(≒ infamous, flagrant, arrant, egregious)
- n o v i c e 풋내기, 초심자(≒ beginner, neophyte, tyro, rookie, greenhorn)
- nullify 무효로 하다; 파기하다, 취소하다(≒ invalidate, annul; destroy, cancel)
- nurture 양육하다(≒ bring up, foster)

O

- obligatory 의무로서 지워지는, 의무적인, 필수의(≒ incumbent, required, requisite, compulsory, mandatory)
- oblivious 염두[안중]에 없는; 잘 잊어버리는, 건망증이 있는(≒ unheeding, unaware; forgetful)

- obscure 불분명한, 분명치 않은; 알려지지 않은; 가리다, 덮다; 숨기다(≒ indistinct; hidden, unknown; block; hide, conceal)
- obsolete 쓸모없게 된, 안 쓰이는, 낡은
- obstinate 완고한, 고집 센, 완강한(≒ stubborn, obdurate, dogged, bigoted, headstrong, pertinacious)
- occupation 직업; 점유, 점령(≒ job, vocation; occupation, possession)
- odoriferous 향기로운; 냄새 나는, 구린(≒ odorous)
- ominous 불길한, 나쁜 징조의; 험악한(≒ portent-ous, inauspicious)
- omniscient 전지(全知)의, 박식한(≒ all know-ing, pansophical)
- onset 습격, 공격; 개시, 착수(≒ attack; beginning)
- opulent 부유한; 풍부한; 화려한(≒ wealthy, rich; copious, affluent; luxurious)
- ostensible 허울만의, 겉치레의; 표면상의(≒ specious, plausible, pretended; apparent)
- outstanding 현저한, 눈에 띄는; 저명한; 돌출한(≒ striking, distinguished; eminent; protruding)
- overhaul 분해 검사[수리]하다, 철저히 조사하다(≒ scrutinize, inspect, probe)
- overwhelming 저항할 수 없는, 압도적인, 굉장한(≒ monumental, towering)

P

- pandemonium 대혼란; 아수라장, 복마전(≒ craziness, mess; bedlam)
- paralyze 마비시키다; 무력[무능]하게 만들다(≒ stupefy, numb; disable)

- paramount 최고의, 주요한, 탁월한(≒ supreme, chief)
- pathetic 감상적인, 정서적인; 애처로운, 불쌍한(≒ emotional; pitiful, miserable)
- periphery 주위, 주변(≒ outskirts, boundary, border, fringe)
- permanently 영구히, (영구)불변으로 a. permanent
- perpetual 영속하는, 영구적인(≒ ceaseless, immortal)
- pertinent 적절한, 타당한; 관련된, 관계있는(≒ suitable, proper, fit; relevant, germane)
- pervasive 퍼지는; 배어드는, 스며드는, 골고루 미치는, 보급하는(≒ widespread, prevalent) n. pervation 확산, 보급, 침투
- placid 평온한, 차분한(≒ peaceful, calm, com-posed, tranquil)
- plausible 그럴듯한; 말주변이 좋은(≒ believable, probable, reasonable; glib)
- plight 곤경[궁지, 역경], 처지[상태, 입장]
- portable 휴대용의, 간편한; 휴대용 기구(≒ transportable, conveyable, movable, compact, handy, manageable)
- posthumous 사후(死後)의; 유복자인; 사후에 출판된(≒ postmortem)
- posture 자세, 마음가짐; 자세를 갖다
- pragmatic 실용적인, 실제적인, 실용주의의(≒ practical, utilitarian, useful)
- precedent 선례, 전례, 관례; 판례(≒ example, antecedent, guide) v. precede
- predicament 곤경, 궁지(≒ plight, dilemma, impasse)
- prejudice 편견, 선입관; 침해; 편견을 갖게 하다(≒ bias, partiality)
- prerogative 특권(≒ privilege)

- prescription 처방(전); 명령, 지시, 규정, 법규 v. prescribe
- presume 가정[추정]하다, 생각하다; 대담히 ~ 하다(≒ suppose, assume; dare)
- presumptuous 주제넘은, 뻔뻔스러운, 건방진 (≒ impudent, impertinent, insolent)
- pretend ~인 체하다, 가장하다(≒ affect, make believe)
- prevail 우세하다, 이기다; 보급되다, 유행 하다(≒ dominate, predominate; spread, pervade)
- prevalent 일반적으로 행해지는, 유행하는(≒ widespread, in vogue)
- proceed 나아가다; 속행하다; 시작하다(≒ progress, advance)
- proclaim 선언하다, 공포하다(≒ announce, declare, notify)
- procure 획득하다, 마련하다; 구해주다(≒ acquire, obtain, get, pick up)
- proficient 숙련된[숙달된, 능숙한, 숙달한], 숙 련자[숙달자]
- proliferation 급증; 확산; (생물) 증식(≒ rapid increase, upsurge)
- prolific 다산의, 비옥한, 풍부한(≒ bountiful, rich, fruitful, productive)
- prolong 늘이다, 길게 하다, (기간을) 연장하다 (≒ elongate, lengthen, protract, extend)
- prompt 즉석의; 신속한; 자극하다; 상기시키다 (≒ offhand; quick; stimulate; recall)
- property 재산, 소유(권)
- proscribe 금지하다, 위험하다고 비난하다, 배척 하다
- prosper 번영[번창]하다, 성공하다 a. prosperous
- punctual 시간을 잘 지키는; 기간[예정]대로의 (≒ timely, on time, accurate)

Q

- qualification 자격 (부여), 면허; 능력(≒ certification, competence, accomplishment, eligibility; proficiency, skillfulness) v. qualify
- quarrel 말다툼, 시비, 반목(≒ altercation, argu-ment)
- quell 진압하다, 평정하다, 정복하다(≒ quench, suppress)

R

- radical 근본적인; 과격한, 급진적인(≒ fundamental, basic, rudimentary; extremist, immoderate, revolutionary, rebellious, fanatic)
- rampant 유행하는; 만연하는, 무성한; 사나 운(≒ prevalent, widespread; flourishing, luxuriant, aggressive, boisterous)
- ratify 비준하다, 재가하다, 승인[인가]하다(≒ confirm, endorse, sign, sanction, warrant, approve, authenticate, certify, validate, accept, consent to, uphold)
- raw 날것의[익히지 않은], 가공하지 않은, 노골 적인 cf. raw water 생수, 원수(原水)
- realization 실현, 성취[달성], 현실화, 인식[깨달음]
- rebuke 비난하다, 꾸짖다; 비난, 힐책(≒ reprimand, scold, chide, admonish, reproach, reprehend, censure)
- recessive 후퇴하는[퇴행의, 역행의], 〈유전학〉 열성의, 잠재성의, 열성 형질
- reclaim 교정[개선]하다; 개화[교화]하다; 재 생 이용하다[재생하다], 바다를 간척하다, 개간 [간척]하다, 매립하다(≒ reform; civilize) cf. reclaimed water 재생수[재생된 물]

- reconcilable 조화시킬 수 있는, 화해[조정]할 수 있는
- reconcile 화해시키다; 조정[중재]하다; 일치[조화]시키다(≒ reunite, bring together, pacify, appease, mollify; settle, resolve, rectify)
- redeem 되사다, 되찾다; (결점을) 메우다, 벌충하다(≒ reclaim, regain, recover, retrieve, repossess; make up for, compensate for, atone for, redress)
- redundant 말이 많은, 장황한; 여분의, 과다한, 과잉의, 불필요한, 과외의; 해고된(≒ tautological; superfluous, excessive)
- refer 말하다, 문의하게 하다, 언급하다, 가리키다, 부르다
- refined 세련된, 품위 있는; 정련[정제]된(≒ graceful, delicate, urbane)
- reform 개혁, 개량[개선], 교정, 감화, 개선[개량]하다, 개혁하다, 교정하다
- reimburse 변상[배상]하다; 상환[변제]하다(≒ indemnify, atone, compensate; refund, repay)
- reiterate 되풀이하다, 반복하다(≒ repeat, recapitulate, iterate)
- reliability 신뢰도, 신뢰성, 확실성 a. reliable
- reluctant 꺼리는, 마음 내키지 않는, 마지못해 하는(≒ afraid, unwilling, hesitant, indisposed)
- remission 용서[면제](하기), 경감(하기), 사면, 완화, 면제
- remit 송금하다; (죄를) 용서하다(≒ transmit, send money; absolve)
- repeal 무효로 하다, 폐지하다; 폐지, 철회(≒ annul, nullify, revoke, abolish, cancel)
- reprimand 꾸짖다, 질책하다; 징계, 견책(≒ reprehend, reprove, rebuke, reproach, upbraid, chide, twit)

- resolve 결심[결정]하다; 분해[용해]하다; (문제를) 풀다(≒ determine, decide; decompose, dissolve; solve) n. resolution 결의, 해결
- retaliate 보복하다, 앙갚음하다(≒ revenge, pay back, get even with)
- retrieve 되찾다; 만회하다; 갱생시키다(≒ get back; recover; rehabilitate)
- revenue 세입, 수입, 수익(≒ income, return, yield, gain, profit)
- reverse 역(逆), 반대; 반대의; 거꾸로 하다(≒ opposite; transpose)
- rights 권리, 인권[공민권], 지적재산권
- roam (정처 없이) 걸어 다니다, 배회하다; 돌아다님(≒ wander around, stroll, ramble)
- robust 강건한, 튼튼한(≒ strong, sturdy, stout, stalwart, burly, hardy, vigorous)

S

- sagacious 현명한, 영리한(≒ wise, clever, insightful, sage)
- salutary 건강에 좋은; 유익한, 건전한(≒ healthful, wholesome; beneficial, useful, sound)
- salvage 구조[구출]하다; 해난[인명]구조, 구출(≒ save, rescue, extricate; salvation)
- sanction 재가(裁可), 인가; 제재, 처벌; 재가[인가]하다(≒ approval, ratification; restraint; approve)
- scornful 경멸에 찬, (~에) 냉소적인, 비웃는
- scrutinize 세밀히 조사하다, 유심히 보다(≒ examine, prove, overhaul)
- seaman 선원, 뱃사람
- segregate 분리[격리]하다; (인종) 차별대우 하다(≒ separate, isolate; discriminate)

- sentence 문장, 글, 말, 선고, 처벌 cf. prison sentence 실형, 징역형, 금고형
- sequel 속편, 후편, 후속 사건, 후일담, 결과
- shrewd 빈틈없는, 기민한, 약삭빠른; 예민한(≒ astute, sharp, clever, nimble, agile, canny)
- sibling (보통 pl.) 형제, 자매; 형제의(≒ brother and sister)
- simulated 모의실험[훈련]의, 흉내 낸, 모조의, 위장한[거짓의]
- simultaneously 동시에, 일제히(≒ concurrently, synchronously, at the same time) a. simultaneous 동시에 일어나는
- skeptical a. 회의적인, 의심 많은(≒ doubtful, doubting, disbelieving, cynic)
- slander 중상하다, 비방하다; 중상, 욕설(≒ asperse, revile, libel, calumny; aspersion, abuse, defamation, vilification)
- slate 슬레이트, 점판암, 석판 cf. slate-shaped 석판 모양의, 널빤지 모양의
- sluggish 둔한, 느린; 무기력한; 게으른(≒ slow, laggard; languid, lethargic; lazy)
- smuggle 밀수입[수출]하다, 밀항[밀입국]하다(≒ racketeer, bootleg; stow away)
- snuff 코로 들이마시다, 냄새 맡아 분간하다[찾아내다, 알아내다], 킁킁 냄새 맡다
- sober 술 취하지[마시지] 않은, 맑은 정신의; 절제하는; 진지한; 술이 깨다(≒ not drunken; abstinent; serious)
- sobriety (술에) 취하지 않음, 절주[금주], 절제, 진지함[근엄], 평정[제정신, 침착](= soberness)
- sojourn 묵다, 체재[체류]하다; 체재(≒ stay, lodge, tarry; brief stay)
- solemn 엄숙한, 진지한, 근엄한(≒ austere, grave, sober, serious, august)
- solicit 간청하다, 탄원하다(≒ entreat, ask for, beseech, beg, desire, request)
- solicitude 근심[걱정, 염려, 우려](≒ concern)
- speculate 사색하다; 추측하다; 투기 하다(≒ meditate, muse; guess; gamble)
- spell 주문(呪文); 매력; 차례; (사이의) 기간, 순번; 철자하다(≒ magic formula; attraction; turn; interval)
- spoil 망치다; 성격을 버리다, 응석받이로 키우다; 약탈품(≒ ruin, blemish, mar; indulge; looted goods, booty)
- sporadic 때때로 일어나는, 우발적인, 산발적인(≒ occasional, intermittent, infrequent)
- stale 싱싱하지 못한, 김빠진; 김빠지(게 하)다(≒ not fresh, vapid)
- stem 줄기; 생기다, 유래하다; 막다, 저지하다(≒ trunk, stalk, branch; originate, arise; check, prevent)
- stigma 오명, 치욕, 오점(≒ disgrace, dishonor, shame)
- stray 길 잃은, (일행을) 놓친, 빗나간, 미아, 길 잃은 가축, 집 없는 개[고양이], 길을 잃다, 벗어나다, 일행을 놓치다, 나쁜 길로 빠지다[탈선하다]
- striking 현저한, 두드러진, 인상적인(≒ noticeable, salient, outstanding)
- stringent 엄중한, 엄격한; 설득력이 있는; (금융 사정이) 절박한(≒ strict, rigorous, severe; convincing, forcible; urgent, compelling)
- stylus 철필, 스타일러스〈컴퓨터 화면에 표시를 할 때 쓰는 펜 모양의 기구〉
- submit 제출[제시]하다; 복종하다, 복종시키다(≒ refer, hand in, present; yield, subjugate, subdue)
- subsequent 뒤[다음]의, 뒤이어[잇따라] 일어나는(≒ following, ensuing)
- subsidize 보조금[장려금]을 주다; 매수하다(≒ finance, support, aid; bribe, buy off)

- substitute 대리(인), 대신, 대용품, 대용하다, 대신[대리]하다
- subtle 포착하기 어려운, 미묘한, 미세한; 묽은, 희박한(≒ delicate; thin, tenuous)
- superficial 표면의, 외부의; 피상적인, 천박한(≒ surface, external, exterior, outer, outside, outward; shallow, frivolous)
- supplant 대신 들어앉다, 찬탈하다; 대신하다 (≒ supersede, usurp; replace, displace, substitute)
- supplement 추가, 보충, 보완, 부록, 증보, 보충이 되다, 증보[부록]를 달다, 보완하다
- suppress 억압[진압]하다; 억누르다[억제하다]; 감추다(≒ conquer, vanquish, crush, quell, extinguish; restrain, control; conceal, hide)
- susceptible 영향받기 쉬운, ~의 여지가 있는; 민감한(≒ vulnerable, liable, exposed, easy; sensitive)

T

- tablet PC 태블릿 PC〈터치스크린을 주 입력 장치로 장착한 휴대용 PC〉
- tacit 말로 나타내지 않은, 무언의, 암묵의(≒ unspoken, unexpressed, implied, implicit)
- tangible 만져서 알 수 있는, 실체적인; 명백한, 확실한(≒ real, substantial, tactile, palpable; concrete, obvious)
- tardily 느리게, 더디게 a. tardy
- taunt 조롱하다, 비아냥거리다; 조롱해서 ~하게 하다; 조롱, 모욕(≒ mock, banter, pull one's leg; provoke; mockery, insult)
- tedious 지루한, 지겨운, 장황한(≒ wearying, tiresome, tiring, fatiguing, dull, boring, uninteresting, monotonous, routine)
- temperance 자제[절제], 절주[금주]

- temporarily 일시적으로, 임시로 a. temporary
- tenacious 고집하는, 끈기 있는, 완고한; (기억력이) 좋은(≒ stubborn, determined, persistent; retentive)
- tentative 시험적인, 시험 삼아 하는, 임시의; 시험, 시안(≒ experimental, conditional, temporary, provisional)
- tenuous 얇은, 가는; 빈약한, 중요치 않은, 보잘것없는(≒ thin, flimsy; unsubstantial, unimportant)
- testify 증명[입증]하다; 증언하다(≒ attest, verify)
- thoroughfare 도로; 통행(≒ street, avenue; passing, passage)
- threaten 위협[협박]하다, 위태롭게 하다, ~의 조짐[징조]이 있다 n. threat
- thrift 절약, 검약; 번성, 번영(≒ frugality, austerity, husbandry; prosperity)
- timid 겁 많은, 소심한, 수줍어하는(≒ cowardly, timorous, trepid)
- torture 고문, 고통, 고민[고뇌], 왜곡
- touchscreen 터치스크린, 촉감 디스플레이 스크린
- trait 특색, 특징; 얼굴 생김새, 인상, 이목구비(≒ feature, characteristic, attribute, tendency; countenance)
- traitorous 반역[배반]의; 불충한(≒ treasonable, treacherous, rebellious; disloyal)
- transcript 베낀 것, 사본, 등본; 성적증명서(≒ copy, duplicate; academic record)
- transitory 일시적인, 잠시 동안의; 덧없는, 무상한(≒ momentary, passing; transient, ephem-eral)
- treatment 치료, 대우, 처리, 관리
- trenchant 통렬한, 신랄한, 날카로운; 뚜렷한, 명확한(≒ incisive, sharp; distinct)

- trigger 일으키다, 유발하다; (총) 쏘다, 발사하다; 방아쇠(≒ generate, start, set off, touch off, cause, prompt, bring about)
- trivial 하찮은, 사소한; 평범한(≒ unimportant, insignificant, inconsequential, flimsy, trifling, petty; mediocre)
- turbulent 휘몰아치는, 거친; 동요하는, 난폭한(≒ wild, fierce, violent; agitated, tumultuous)
- turmoil 소란, 소동, 혼란(≒ tumult, confusion, commotion, disturbance, upheaval, uproar)

U

- ubiquitous 어디에나 있는, 도처에 존재하는, 편재하는(≒ omnipresent, pervasive, widespread)
- unanimous 만장일치의, 합의의(≒ with one accord, concordant, concerted, consistent)
- uncanny 초인적인, 초자연적인; 이상한, 불가사의한; 섬뜩한, 무시무시한(≒ extraordinary, supernatural; mysterious; eerie, weird)
- underestimate 과소평가하다[경시하다, 깔보다], 과소평가[경시, 저평가](↔ overestimate)
- unprecedented 전례 없는[공전의, 유례없는], 신기한, 새로운
- unrelenting 가차[용서] 없는, 무자비한, 잔인한; 꾸준한, 끊임없는(≒ merciless, relentless, unyielding; ceaseless, constant)
- unrest 불안, 걱정, 동요
- unwieldy 다루기 어려운[불편한], 통제하기 힘든, 거추장스러운, 볼품없는(↔ wieldy 다루기 쉬운, 휘두르기 쉬운, 쓰기 알맞은)
- uprising 반란(≒ revolt), 폭동, 일어서기[기립], 오르막

- utmost 최고의, 최대(한)의(≒ greatest, supreme, extreme)
- utter 전적인, 완전한, 절대적인; 입 밖에 내다, 발언하다, 누설하다(≒ outright, absolute; reveal, divulge, disclose)

V

- vacant 빈, 비어 있는, 빈자리의; 공허한(≒ empty, void; unoccupied, unfilled; blank, ex-pressionless, emotionless)
- vain 자만심[허영심]이 강한; 헛된, 무익한(≒ conceited, vainglorious; futile, useless)
- valiant 용감한, 용맹스러운(≒ brave, dauntless, undaunted, intrepid)
- venomous 독액을 분비하는, 독이 있는; 악의에 찬(≒ poisonous; spiteful)
- verdict n. (배심원의) 평결; 판정, 판단(≒ finding; judgment, decision)
- verify 증명[입증]하다, 확인하다(≒ confirm, substantiate, prove, testify to, validate, authenticate, endorse, ratify)
- versatile 다재다능한; 다용도의(≒ adaptable, flexible, all-around, multifaceted; adjustable, multipurpose, handy)
- vessel 배, 선박; 그릇, 용기; (혈)관(≒ ship; container; tube)
- viability 실행가능성, 가능성, 생존[생활]력
- vicious 나쁜, 사악한; 악의 있는; 잔인한, 광포한(≒ evil; malicious; cruel)
- villain 악한, 악인(≒ bastard, knave, rascal, ruffian, rogue, scoundrel, miscreant)
- vulnerable 상처 입기 쉬운, 공격[비난]받기 쉬운(≒ susceptible, weak, unsafe, weak, helpless, unprotected)

W

- waive 포기[철회]하다, 보류하다, 미루다(≒ give up, relinquish, renounce, abandon, concede)
- wane 작아지다, 약해지다; (달이) 이지러짐; 감소(≒ decline, weaken, diminish, wither)
- wretched 비참한, 불쌍한; 야비한(≒ miserable, sorrowful, distressed, downcast, defected, depressed, melancholy, gloomy)
- woo 구애[구혼]하다; 간청하다, 조르다(≒ propose; entreat, supplicate, solicit, beseech)

X

- xenophobic 외국 공포[혐오]증의 n. xenophobia

Y

- yearn 동경하다, 열망하다; 그리워하다(≒ long, desire, crave; pine)

Z

- zeal 열심, 열성, 열의(≒ ardor, zest, passion) a. zealous
- zenith 천정, 정상, 절정, 전성, 극치(≒ apex, summit, peak, pinnacle, top, acme, culmination)
- zestful 맛이 있는, 흥미 있는, 열심인(≒ tasty, scrumptious, flavory, enthusiastic, passionate, energetic)

제2절 단어 문제 연습

1. 비슷한 의미의 단어 찾기

예제 확인

01. 다음 밑줄 친 부분과 의미상 가장 가까운 것을 고르시오.

The great land mases are moving incessantly.

① perniciously　　② perversely
③ chronically　　❹ perpetually

어휘 mass 큰 덩어리, 집단, 다수, 크기, 부피 / incessantly 끊임없이, 쉴 새 없이 a. incessant / perniciously 유해하게, 파괴적으로 a. pernicious / perversely 괴팍하게, 심술궂게, 고집스럽게 a. perverse / chronically 만성적으로, 장기간에 걸쳐, 오래 계속해서 a. chronic / perpetually 영구히, 영속적으로, 끊임없이 a. perpetual

해석 거대한 땅덩어리들이 끊임없이 움직이고 있다.

02. 다음 밑줄 친 부분과 의미가 가장 가까운 것을 고르시오.

The election results were nullified because of voter fraud.

❶ annulled　　② ratified
③ modified　　④ negotiated

어휘 nullify (법적으로) 무효로 하다, 취소하다 / annulled (법률·규정 등을)무효로 하다, (명령·결의 등을)취소하다 / ratify 비준하다, 인가하다 / modify 변경하다, 수정하다, 조절하다 / negotiate 협상하다, 협정하다, 결정하다

해석 그 선거 결과는 유권자의 부정으로 인해 무효화되었다.

기출문제 확인

※ 다음 밑줄 부분과 의미가 가장 가까운 것을 고르시오.
　(01~25)

[국가직 9급 기출]

01

Sarah frequently hurts others when she criticizes their work because she is so outspoken.

① reserved　　② wordy
③ retrospective　　④ candid

어휘 frequently 자주, 종종, 빈번히(= often) / criticize 비평[비판, 평론]하다, 비난하다 / outspoken 거침없이[까놓고] 말하는, 노골적인, 솔직한(= candid, frank, direct, plain, forthright) v. outspeak 큰 소리로 말하다, 확실하게 의견을 말하다 / reserved 보류한, 남겨 둔, 예비의, 제한된, 삼가는, 서먹한, 내성적인, 말없는(= reticent, taciturn, withdrawn) v. n. reserve 남겨두다, 예약해 두다, 비축, 예비 / wordy 말의, 언론의, 말 많은, 장황한(= verbose, garrulous, loquacious) n. 말, 낱말, 한 마디 말, 이야기[담화], 약속, 보증, 격언 / retrospective 회고의, 회고적인, 추억에 잠기는(= contemplative, pensive, recollective, reflective), 소급하는, 소급력을 가지는 / candid 솔직한, 숨김없는, 거리낌 없는(= outspoken), 자연스러운, 있는 그대로의, 공평한

해설 outspoken은 '거침없이 말하는', '노골적인(솔직한)'의 의미이므로 의미상 가장 가까운 것은 'candid'이다.

해석 Sarah는 다른 사람들 일에 대해 비판할 때 너무 거침없이 말하므로 종종 다른 사람들에게 상처를 준다.

[국가직 9급 기출]

02

> Natural Gas World subscribers will receive accurate and reliable key facts and figures about what is going on in the industry, so they are fully able to <u>discern</u> what concerns their business.

① distinguish   ② strengthen

③ undermine   ④ abandon

[어휘] subscriber 구독자, 후원자, 가입자 / accurate 정확한, 정밀한 (=precise) (↔ inaccurate 부정확한) n. accuracy 정확(도) / reliable 믿을[신뢰할] 수 있는(= dependable) / figure 수치, 숫자, 산수, 계산 / discern 인식하다, 식별[판별]하다(= distinguish, discriminate) / undermine 약화시키다

[해설] 'discern'은 '식별[판별]하다'는 의미로 'distinguish(구별하다, 식별하다)'와 그 의미가 가장 유사하다. 제시문은 'Natural Gas World'로부터 핵심 정보를 받을 수 있어서 자기 사업과 관련된 일을 충분히 파악할 수 있다는 의미이다.

[해석] 'Natural Gas World' 구독자들은 산업계에서 일어나고 있는 일에 대해 정확하고 신뢰할 수 있는 핵심 사실과 수치를 받을 것이고, 그래서 그들은 자기 사업과 관련된 것을 충분히 식별할 수 있을 것이다.

[국가직 9급 기출]

03

> Up to now, newspaper articles have only <u>scratched the surface</u> of this tremendously complex issue.

① superficially dealt with

② hit the nail on the head of

③ seized hold of

④ positively followed up on

[어휘] article (신문 · 잡지의) 글, 기사 ; (합의서 · 계약서의) 조항 / scratch the surface (문제 따위를) 수박 겉핥기식으로 처리하다, 피상적으로 다루다(= treat superficially) / tremendously 엄청나게, 터무니없이 크게 ; 무시무시하게 / superficially 표면[피상]적으로, 천박하게 / hit the nail on the head of 정곡을 찌르다, 정확히 맞는 말을 하다 / seized hold of ~을 붙잡다 / followed up on ~을 끝까지 하다

[해설] 'scratch the surface'는 '표면을 긁다' 즉, '수박 겉핥기식으로 처리하다'는 뜻으로 '피상적으로 다루다'는 뜻의 'superficially dealt with'로 바꾸어 쓸 수 있다.

[해석] 지금까지, 신문 기사는 엄청나게 복잡한 이 문제를 단지 수박 겉핥기식으로 다뤄왔다.

[국가직 9급 기출]

04

> I absolutely <u>detested</u> the idea of staying up late at night.

① abandoned   ② confirmed

③ abhorred   ④ defended

[어휘] detest 몹시 싫어하다, 혐오하다 / stay up late 늦게까지 자지 않고 있다 / abhor 혐오하다 n. abhorrence 혐오

[해설] 'detest'는 '몹시 싫어하다, 혐오하다'라는 의미로, 'abhor(혐오하다)'와 그 의미가 가장 유사하다.

[해석] 나는 밤늦게까지 자지 않고 있는 것을 몹시 싫어했다.

[국회직 8급 기출]

05

> While the former CEO continues to plead his innocence, <u>speculation</u> is rife that he personally directed accountants to falsify documents and accounts to make the company look more financially secure than it actually was.

① conscription   ② stricture

③ conjecture   ④ permutation

⑤ mitigation

[어휘] plead 변호[변론, 항변]하다, 변명하다, 주장하다 / innocence(innocency) 순결, 무죄, 결백, 순진 a. innocent 순진한, 때 묻지 않은, 결백한 / speculation 추측, 추론, 억측, 사색, 숙고, 성찰, 견해, 투기, 투기 매매 v. speculate 추측[추론]하다, 사색하다, 투기하다 a. speculative / rife 유행하는, 유포된, 자자한, 매우 많은, 풍부한 / personally 몸소, 직접, 개인적으로 a. personal 개인의, 개인에 대한, 본인의, 인격적인, 신체의 / accountant 회계원[회계사], 경리 사무원 / falsify 위조하다(= forge), 속이다, 왜곡하다, 거짓[잘못]임을 입증하다 / secure 안전한, 튼튼한, 안정된, 확보하다, 안전하게 하다, 지키다 n. security 안전, 안심 / conscription 모병, 징병(제도), 징발, (강제) 징집 / stricture 비난[혹평], 탄핵, 제한[한정], 구속(물), 〈병리 · 의학〉 협착(狹搾) / conjecture (어림)짐작, 추측, 억측, 해독[판독], 추측[억측]하다, 어림으로 말하다, 판독하다 / permutation 바꾸어 넣음, 교환, 변경, 〈수학〉 치환, 순열 / mitigation 완화(하는 것), 경감, 진정(제) v. mitigate 완화하다, 덜어주다, 진정시키다

[해설] 'speculation'는 ③ conjecture '추측'과 유사하다.

[해석] 전(前) CEO(최고경영자)는 그의 결백을 주장하고 있지만, 그 회사가 실제보다 재정적으로 더 안정적으로 보이도록 하기 위해 그가 직접 서류와 장부를 위조하도록 회계사들에게 지시했다는 추측이 자자하다.

[국회직 8급 기출]

06

> John McCain's <u>impetuosity</u> is either thrilling or disturbing. Barak Obama's cool is either sober or detached. It's clear now how each would govern.

① improvisation　　② empathy
③ impulsiveness　　④ insincerity
⑤ standoffishness

어휘 impetuosity 격렬[맹렬], 열렬, 성급함, 충동, 성급한 언동　a. impetuous 맹렬[격렬]한, 성급한, 충동적인 / thrilling 오싹하게 하는, 소름이 끼치는, 떨리는, 스릴 만점의, 장렬한, 흥분시키는 v. thrill 스릴, 전율, 감동시키다, 오싹하다 / disturbing 불안하게 하는, 교란시키는, 불온한, 방해되는 v. disturb 방해하다, 어지럽히다 / sober 술 취하지 않은, 맑은 정신의, 진지한, 냉정한, 술이 깨다, 침착해지다, 진지[냉정]해지다 / detached 분리된, 독립된, 초연한, 공평한, 중립적인 v. detach 떼다, 분리하다 / govern 다스리다, 통치하다, 결정하다, 좌우하다, 제어[제한]하다 / improvisation 즉석에서 하기[한 것], 즉흥시[곡, 연주] v. improvise 즉석에서 하다 / empathy 감정이입, 공감 a. empathic 감정 이입의 / impulsiveness 충동성 a. impulsive 충동적인, 감정에 끌린, 추진력 있는, 자극하는, 고무적인 n. impulse 추진, 충격, 충동 / insincerity 불성실(한 언행), 무성의, 위선 a. insincere 성의 없는, 성실치 못한, 거짓의 / standoffishness 쌀쌀[냉담]함, 무뚝뚝함 a. standoffish 쌀쌀[냉담]한, 무뚝뚝한, 거만한

해설 문맥상 매케인과 오바마의 특성을 대비하는 구조이므로 'impetuosity'는 'cool(냉정, 침착)'과 의미상 대조적이라 할 수 있다. 'impetuosity'는 '격렬(열렬)', '성급함'의 의미이므로 impulsiveness(충동성)가 가장 비슷하다.

해석 존 매케인의 격렬(성급함)은 오싹하거나 불안하게 한다. 버락 오바마의 냉정(침착함)은 진지하거나 초연하다. 이제 이들 각자가 어떻게 통치할지는 명백하다.

[국회직 8급 기출]

07

> She proved to be quite <u>garrulous</u>, regaling the warden with stories of her pathetic youth and her personal relationship with the prisoner who had been like a father to her.

① cheerful　　② talkative
③ arrogant　　④ depressed
⑤ enthusiastic

어휘 garrulous 잘 지껄이는, 수다스러운, 말 많은(= loquacious, talkative, verbose, wordy) n. garrulity 수다, 말 많음 / regale 융숭하게 대접하다, 맘껏 즐기게 하다, 매우 기쁘게[즐겁게] 해주다, 맛있게 먹다 / warden 관리인, 감시자, 감독관, 교도소장 / pathetic(pathetical) 감상적인[정서적인], 불쌍한[측은, 애처로운](= pitiful, sympathetic, abject, miserable) n. pathos 비애감, 애수, 연민의 정을 자아내는 힘, 페이소스 / cheerful 쾌활한, 명랑한, 기운찬, 유쾌한 n. v. cheer 환호[갈채], 갈채하다, 기운을 북돋우다, 환성을 지르다 / talkative 수다스러운, 말 많은, 이야기하기 좋아하는(↔ taciturn 말 없는, 과묵한, 무언의) / arrogant 거만[오만]한, 건방진, 무례한(impudent, insolent, haughty, rude, surly, supercilious) n. arrogance 거만[오만], 불손 / depressed 의기소침한, 낙담한(= dejected), 불경기의, 부진한 / enthusiastic(enthusiastical) 열렬한, 열광적인, 열중한(= zealous, fervent, passionate) n. enthusiasm 열광, 열중

해설 밑줄 다음의 '~에 대한 이야기로 교도소장을 아주 즐겁게 해준다(regaling the warden with stories of ~)'는 내용을 통해 대강의 의미를 짐작할 수 있다. 'garrulous(수다스러운, 말 많은)'는 'talkative', 'loquacious' 등과 의미상 유사하다.

해석 그녀의 측은한 어린 시절과 그녀에게 아버지 같았던 죄수와의 개인적 관계에 대한 이야기로 교도소장을 즐겁게 해주어 그녀가 꽤 <u>수다스러운</u> 것이 드러났다.

[국회직 9급 기출]

08

> In China, where black hair is the norm, her blonde hair was <u>conspicuous</u>.

① beautiful　　② unfamiliar
③ noticeable　　④ awkward
⑤ different

어휘 norm 표준, 규범, 모범, 전형, 기준, 평균 a. normal 정상[보통, 통상]의, 표준적인, 전형적인, 정규의 / blonde hair 금발 머리 cf. blonde 금발의, 금발의 여성 / conspicuous 눈에 띄는, 뚜렷한, 이목을 끄는, 두드러진, 특징적인, 현저한(unfamiliar 생소한[익숙지 못한, 경험이 없는]. 낯선, 잘 모르는 n. unfamiliarity 잘 모름, 익숙지 않음 / noticeable 눈에 띄는, 현저한, 두드러진, 주목할 만한(= observable, visible, discernible, perceptible, distinct) n. v. notice 통지, 주의, 주의하다, 알아채다 / awkward 어색한, 서투른, 불편한, 힘든, 귀찮은 n. awkwardness 어색함, 다루기 힘듦, 거북함 / different 다른, 상이한, 여러 가지의, 별개의 n. difference 다름, 차이(점), 차이, 다툼

해설 검은 머리가 일반적인 곳에서 금발 머리는 이목을 끌거나 두드러져 보일 것이다. 'conspicuous'는 '눈에 띄는(이목을 끄는)', '두드러진' 등의 의미인데, 이와 가장 비슷한 것은 'noticeable(눈에 띄는, 현저한)'이다.

해석 검은 머리가 표준인 중국에서, 그녀의 금발 머리는 <u>눈에 띄었다</u>.

[국회직 9급 기출]

09

All my attempts to cheer her up proved **futile**.

① unbearable   ② unsuccessful

③ unfortunate   ④ unhappy

⑤ unthinkable

어휘 cheer ∼ up ∼의 기운을 북돋우다, 격려하다, 기분 좋게 하다 / futile 헛된, 효과 없는, 무익한(= vain, fruitless), 시시한[하찮은] n. futility 무용, 헛됨, 무익, 무익한 언동 / unbearable 참을 수 없는, 견딜 수 없는(↔ bearable) / unsuccessful 성공하지 못한, 잘되지 않은, 실패한(↔ successful) / unfortunate 불운한, 불행한(↔ fortunate) / unthinkable 생각[상상]할 수 없는, 터무니없는, 고려할 가치 없는(↔ thinkable)

해설 그녀를 격려하려는 나의 모든 시도가 '헛되이' 되었다에서 'futile(헛된)'의 뜻은 '그렇게 하지 못했다'는 의미이므로 '성공하지 못한, 잘되지 않은, 실패한'의 뜻인 'unsuccessful'로 바꾸어 쓸 수 있다.

해석 그녀를 격려하려는 나의 모든 시도가 헛되이 되었다.

[지방직 9급 기출]

10

I came to see these documents as relics of a sensibility now dead and buried, which needed to be **excavated**.

① exhumed   ② packed

③ erased   ④ celebrated

어휘 relic 유적, 유물(= remnant) / sensibility 감성, 감수성 / excavate 파다, 발굴하다(= dig up) n. excavation 파기, 발굴 / exhume 파내다, 발굴하다 n. exhumation 발굴 / pack 싸다, 꾸리다, 포장하다 / erase 지우다, 삭제하다(= delete) n. erasure 삭제, 말소

해설 'excavated'는 '파다', '발굴하다'는 뜻으로 'exhumed(파다, 발굴하다)'와 그 의미가 가장 유사하다.

해석 나는 이 문서들을 이제 죽어서 묻힌 감성의 유물로 보게 되었고, 그것은 발굴될 필요가 있었다.

[국회직 8급 기출]

11

The more noise made about a movie when it opens, the bigger the eventual return from the **ancillary** markets.

① supplementary   ② unpredictable

③ indicative   ④ raucous

⑤ harsh

어휘 make a noise 떠들다(∼about), 소문이 나다, 시끄럽게 말하다 / eventual 종국의[최후의], 결과로서[언젠가] 일어나는, 우발적인 ad. eventually 결국, 마침내 / ancillary 보조적인, 부수적인(=supplementary, auxiliary, collateral, additional), 종속적인 것, 자회사, 부속 / supplementary 보충하는, 추가의, 부록[증보]의, 추가된[사람] n. v. supplement 추가, 보충, 추가[보충]하다 / unpredictable 예언[예측]할 수 없는(= changeable, capricious, whimsical, mercurial, fickle)(↔ predictable), 예언[예측]할 수 없음(없는 것) / indicative 나타내는[표시·암시하는], 직설법의 v. indicate 가리키다, 나타내다 / raucous 쉰 목소리의, 귀에 거슬리는, 소란한(= loud) / harsh 거친(=rough, sharp), 가혹한, 혹독한, 엄(격)한(= severe), (소리가) 귀에 거슬리는

해설 어떤 영화가 개봉될 때 그에 대한 이런저런 소문이 많다면 결국 많은 사람들의 관심을 받을 것이고, 영화와 관련된 부수적인 시장(캐릭터 시장, 광고·음반·DVD 시장 등)에서 얻게 되는 수익도 클 것이라는 예상이 가능하다. ancillary는 '보조적인', '부수적인' 등의 의미이다.

해석 개봉될 때 영화에 대해 떠들썩할수록, 부수적인 시장으로부터 나오는 궁극적 수익은 더 크다.

[국회직 9급 기출]

12

Judging by their **frugal** lifestyle, you would never guess they were rich.

① thrifty   ② poor

③ small   ④ wasteful

⑤ unhappy

어휘 judge by ∼에 의해[∼으로] 판단하다 / frugal 검소[검약]한, 절약하는, 소박한, 간소한(= thrifty, saving, sparing, economical, unwasteful, stingy) n. frugality 절약, 검소 / lifestyle 생활양식[방식], 라이프스타일 / guess 짐작[추측, 추정]하다, 알아 맞히다, 추측, 짐작 / thrifty 검소한, 절약하는, 알뜰한, 무성한, 번영하는 / poor 가난한, 초라한, 부족한, 빈약한, 서투른, 불쌍한, 하찮은 n. poverty 가난, 빈곤, 결핍, 부족, 열등, 빈약 / wasteful 낭비하는, 사치스런, 헛된, 허비의 v. waste 낭비[허비]하다, 놓치다, 쇠하게하다

해설 부자라는 것을 결코 알지 못하는 것은 그들의 생활양식이 검소하기(소박하기) 때문일 것이다. 'frugal(검소한, 소박한)'과 의미상 가장 가까운 것은 'thrifty(검소한, 절약하는)'이다.

해석 그들의 검소한 생활양식으로 판단해보면, 당신은 그들이 부자라는 것을 결코 알지 못할 것이다.

[지방직 · 서울시 9급 기출]

13

After Francesca made a case for staying at home during the summer holidays, an uncomfortable silence fell on the dinner table. Robert was not sure if it was the right time for him to tell her about his grandiose plan.

① objected to

② dreamed about

③ completely excluded

④ strongly suggested

어휘 uncomfortable 불편한, (일 등이) 불쾌한[언짢은], 마음이 편치 못한, 거북한, 아픈, 고통스러운, 살기[앉기, 입기, 신기] 불편한, 곤란한, 난처한 / silence 고요, 적막, 정적, 침묵, 정숙(= stillness), 비밀 엄수, 망각(= oblivion) / fall on ~위에 떨어지다, 쓰러지다, ~에 닥쳐오다, ~을 엄습하다 / grandiose (너무) 거창한, 뽐내는, 으쓱대는, 과장한, 웅장[웅대]한, 숭고[장엄]한, 당당한, 거드름피우는, 필요 이상으로 복잡한 / make a case for ~에 옹호하는 의견을 내다, ~에 긍정적인 의견을 피력하다 / object to ~에 반대하다 / dream about ~을 꿈꾸다 / completely exclude 완전히 배제하다 / strongly suggest 강하게 주장하다

해설 'make a case for'은 '~에 대해 (긍정적인) 의견을 강력히 주장하다'는 뜻으로 ④의 의미와 일맥상통한다.

해석 Francesca가 여름휴가 동안 집에 머문다고 강력히 주장한 후, 불편한 침묵이 저녁식사 시간에 닥쳐왔다. Robert는 지금이 그녀에게 자신의 거창한 계획을 말할 적기인지 확신하지 못했다. .

[국회직 8급 기출]

14

From the moment he set up the shop on Avenue K, Stanley Kaplan was a pariah in the educational world.

① an outcast　　　　② a king

③ an expert　　　　④ a novice

⑤ a creator

어휘 set up 세우다, 똑바로 놓다, 짜맞추다, 창설[설정]하다, 출발시키다, 지급하다, 갖추다, 올리다, 높은[권세 있는] 자리에 앉히다, 일으키다, 제기[제시, 제안]하다 / avenue 큰 가로, 대로(= main street) / pariah (사회에서) 버림받은 자, 부랑자, 최하층민, 천민 / outcast 추방당한[내쫓긴] 사람, 집 없는 사람, 부랑자, 폐물, 내쫓긴, 집 없는, 폐기된 / novice 신참자, 초심자, 풋내기(= beginner, newcomer, apprentice, trainee, learner) / creator 창조자, 창작가, 창설자

해설 pariah는 '버림받은 자, 부랑자'라는 뜻이므로, 의미상 outcast와 가장 가깝다.

해석 K가(街)에 가게를 세운 순간부터, Stanley Kaplan은 교육계에서 버림받은 사람이었다.

[국회직 8급 기출]

15

I think it a less evil that some criminals should escape than that the government should play an ignoble part.

① a laudable　　　　② an admirable

③ an illegal　　　　④ an ignorant

⑤ a shameful

어휘 evil 나쁜, 사악한, 부도덕한, 흉악한(= wicked), 불길한, 운이 나쁜, 재앙의 / criminal 범인, 범죄자, 범죄의, 죄있는 / play a part 역할을 하다, 행동을 꾸미다, 가장하다, 시치미 떼다 / ignoble 불명예스러운, 수치스러운, 비열한, 야비한(↔ noble 귀족의, 고귀한, 고결한) / laudable 칭찬할 만한, 훌륭한, 건전한 / admirable 감탄[칭찬]할 만한, 감복할, 훌륭한, 장한 / illegal 불법[위법]의(=unlawful), 비합법적인(↔ legal, lawful) / ignorant 무지한, 무식한, 예의를 모르는[실례되는], 모르는 / shameful 부끄러운[치욕의, 창피스러운], 괘씸한, 추잡한(= indecent)

해설 ignoble은 '멸시할 만한, 수치스러운' 등을 가리키므로, 의미상 shameful과 가장 가깝다.

해석 나는 범죄자가 도망가는 것보다 정부가 수치스러운 역할을 하는 것이 더 나쁘다고 생각한다.

[국회직 8급 기출]

16

Many men who spend their working life in the city devote their weekends to voluntary and unremunerative toil in their gardens, and when the spring comes they experience all the joys of having created beauty.

① profitable　　　　② valuable

③ important　　　　④ useless

⑤ unpaid

어휘 devote (노력 · 시간 · 돈 등을) 바치다[전념하다, 쏟다, 기울이다], 오로지 ~하다(~to), 봉헌하다 / voluntary 자발적인, 임의의 / unremunerative 보상[보수, 이익]이 없는, 벌이가 되지 않는, 수지 안 맞는 / toil 힘든 일, 수고, 노고, 고생, 힘써 일하다, 수고하다, 고생하다 / profitable 이익이 되는, 유익한, 유리한, 이로운 / valuable 금전적 가치가 있는, 값비싼, 값진[귀중한], 〈보통 pl.〉 귀중품 / useless 쓸모[소용] 없는, 무익한, 헛된 / unpaid 지급[지불]하지 않은, 미납의, 지급받지 않은, 무급의, 무보수의

해설 unremuneratire는 '벌이가 되지 않는'이라는 뜻으로, 의미상 unpaid와 가장 가깝다.

해석 도시에서 직장생활을 하는 많은 사람들은 그들의 주말을 오로지 정원에서 자발적이고 보수 없는 일을 하며 보낸다. 그리고 봄이 오면 그들은 아름다움을 창조한 것에 대한 모든 기쁨을 경험한다.

[국가직 9급 기출]

17

Schooling is underlined{compulsory} for all children in the United States, but the age range for which school attendance is required varies from state to state.

① complementary ② systematic
③ mandatory ④ innovative

어휘 schooling 학교 교육 / compulsory 강제적인, 의무적인(= mandatory) (↔ voluntary 자발적인) v. compel 강요[강제]하다 / range 범위, 폭 cf. the age range 연령[나이]대 / complementary 보완적인, 보충적인 / mandatory 법에 정해진, 의무적인(= compulsory) / innovative 획기적인, 혁신적인

해설 'compulsory'는 '강제적인, 의무적인'의 뜻으로 'mandatory(법에 정해진, 의무적인)'와 의미상 가장 유사하다.

해석 학교 교육은 미국에서 모든 아이들에게 의무적이지만, 학교 출석이 요구되는 연령대는 주(州)마다 다르다.

[국가직 9급 기출]

18

Although the actress experienced much turmoil in her career, she never underlined{disclosed} to anyone that she was unhappy.

① let on ② let off
③ let up ④ let down

어휘 turmoil 혼란, 소란(= confusion) / disclose 밝히다, 폭로하다(= reveal) cf. disclose the truth 진상을 파헤치다 / let on 말하다, 털어놓다 / let off 봐주다, 터뜨리다 / let up 약해지다, 누그러지다 / let down 기대를 저버리다, 실망시키다

해설 'disclose'는 '밝히다, 폭로하다'는 뜻으로 'let on(말하다, 털어놓다)'과 의미상 가장 유사하다.

해석 비록 그 여배우는 경력상 많은 혼란을 겪었지만, 자기가 불행하다고 어느 누구에게도 결코 밝히지 않았다.

[지방직 9급 기출]

19

Their office work has largely been underlined{supplanted} by the use of a computer program that fulfills the same function.

① supported ② substituted
③ dismissed ④ provided

어휘 supplant 대신 들어앉다[대신하다](= substitute, replace), 밀어내다, 찬탈하다[빼앗다](= usurp, oust) / fulfill 수행[이행, 실행]하다, 완수[완료, 종료]하다, 달성[성취]하다 / substitute 대리[대신, 대용]하다, 바꾸다[대체하다] / dismiss 해산시키다[퇴거시키다], 해고하다, 해산하다

해설 사무실 일과 동일한 기능을 수행하는 컴퓨터 프로그램이 사용된다면, 사무실 일은 그러한 프로그램으로 대체될 것이라 예상할 수 있다.

해석 그들의 사무실 일은 주로 같은 기능을 수행하는 컴퓨터 프로그램의 사용으로 대체되어 왔다.

[국가직 9급 기출]

20

Air temperatures of over 130 degrees in summer are common in this underlined{desolate} island.

① sultry ② temperate
③ deserted ④ wet and humid

어휘 degree 정도, 등급, 단계, 학위, 촌수, (각도, 온도계 등의) 도 / desolate 황폐[황량]한, 사람이 살지 않은, 내버려진(= deserted, devastated, barren, forlorn, abandoned, forsaken, derelict), 외로운, 쓸쓸한(= solitary, forlorn) / sultry 무더운, 찌는 듯이 더운, 난폭한 / temperate 온화한[온대성의, 온난한], 알맞은, 삼가는, 절제하는(= moderate) / deserted 인적이 끊긴, 사람이 살지 않는, 버림받은 / humid 습기 있는, 눅눅한 cf. wet and humid 눅눅하고[젖고] 습기 찬(= damp)

해설 desolate는 '황폐한, 황량한'의 의미로, deserted가 가장 적절하다.

해석 이 황량한 섬에서는 여름에 (화씨) 130도가 넘는 기온은 흔한 일이다.

[국가직 9급 기출]

21

Extensive lists of microwave oven models and styles along with underlined{candid} customer reviews and price ranges are available at appliance comparison websites.

① frank ② logical
③ implicit ④ passionate

어휘 extensive 아주 넓은[많은](= spacious, broad, wide), (다루는 정보가) 광범위한[폭넓은](↔intensive 집약적인) / microwave oven 전자레인지 / along ~을 따라, ~을 지나, ~을 끼고, ~을 타고, ~와 함께(= in company, together) / candid 솔직한, 숨김없는, 노골적인, 거리낌 없는(= outspoken) / price range (상품 · 증권 등의) 가격대 / available 구할[이용할] 수 있는, 얻을 수 있는(= accessible), (사람들이 만날) 시간[여유]이 있는, 효력이 있는(= valid), 통용되는, 유망한 / appliance (가정용) 기기, 기구, 장치, 전기 제품, 설비(= apparatus) / comparison 비교, 대조, 대비(= with, to, between), 예시, 유사, 비유 / frank (이야기, 사람, 태도, 의견 등이) 솔직한[노골적인], 숨김없는, 공공연한, 명백한 / logical (행동·사건 등이) 타당한, 사리에 맞는, 논리적인(↔ illogical 비논리적인) / implicit 함축적인(= implied), 은연중의, 암시적인(↔ explicit 분명한, 명쾌한) / passionate 욕정[열정]을 느끼는[보이는], 격정적인, 열렬한, 강렬한(= vehement)

[해설] 문맥에서는 고객리뷰와 어울리는 단어가 필요하며 밑줄 친 'candid'는 '솔직한', '정직한'이라는 뜻이고 '솔직한 소비자 리뷰'라는 뜻이 되므로, 보기들 중 'frank(솔직한, 노골적인)'와 그 의미가 가장 유사하다.

[해석] 솔직한 고객 평가 및 가격대와 함께 전자레인지 모델과 스타일에 대한 광범위한 목록은 가전제품 비교 웹사이트에서 이용할 수 있다.

[국회직 8급 기출]

22

John was <u>incensed</u> when she told him that even though he was stupid and lazy, he would always be her best friend.

① infuriated   ② stimulated
③ enraptured   ④ intoxicated
⑤ invigorated

[어휘] incense 몹시 화나게 하다, 격노하다, 향기를 풍기다, 향을 피우다, 향(香), 향료, 향냄새 / stupid 어리석은, 바보같은(= foolish, silly) / infuriate 격분[격노]하게 하다 / stimulate 자극하다, 복돋우다, 격려하다, 흥분시키다 / enrapture 황홀하게 하다, 도취시키다 n. rapture 큰 기쁨, 황홀(경), 환희, 황홀하게 하다 / intoxicate 취하게 하다, 도취[흥분]시키다, 중독시키다 / invigorate 기운 나게[활기 띠게] 하다, 상쾌하게 하다, 고무하다

[해설] incense는 '몹시 화나게 하다'라는 뜻으로, 의미상 infuriate와 가장 가깝다.

[해석] John은 그녀가 자기에게 비록 어리석고 게으르지만 언제나 그녀의 가장 좋은 친구일 것이라 말했을 때 몹시 화가 났다.

[국회직 8급 기출]

23

They all agreed that the <u>legacy</u> of the corrupt corporation was chaos, bankruptcy and despair.

① penance   ② bequest
③ sequence   ④ outcome
⑤ punishment

[어휘] legacy 유산, 유증(재산)(= heritage, bequest) / corrupt 타락한[부도덕한], 부정한[부패한] / chaos 혼돈, 혼란, 무질서(= disorder) / bankruptcy 파산[도산, 파탄] / despair 절망, 자포자기, 절망하다, 단념하다 / penance 참회, 회개, 후회, 속죄를 위한 고행, 고백 성사, 속죄시키다, 고행을 시키다 / bequest 유증, 유산, 유품, 유물 / sequence 연달아 일어남, 연속, 순서, 차례, 결과 / outcome 결과, 과정, 성과

[해설] legacy는 '유산, 유증'의 의미로, 의미상 bequest와 가장 가깝다.

[해석] 그들 모두는 부패한 회사의 <u>유산</u>은 혼돈과 파산, 절망이라는 것에 동의했다.

[국회직 8급 기출]

24

The part of the Milky Way in the <u>vicinity</u> of the south celestial pole is either out of sight or else never rises high enough for favorable view in the United States.

① surroundings   ② reflection
③ alternative   ④ pivot
⑤ supplement

[어휘] Milky Way 은하(수)(= Galaxy) / vicinity 인접[가까움, 근접], 부근, 주변 / celestial pole 〈천문〉 천구(天球)의 극 cf. celestial 하늘의, 천체의 / out of sight 보이지 않는[않게 되어], 안 보이는 곳에(서), 터무니없는 / enough for ~에 있어서 충분한 / surrounding 주변(의 상황), 주위, 처지, 환경, 둘러싸기[포위] / reflection 반사, 반영, 숙고, 사색 / alternative 대안[다른 방도], 선택, 양자택일, 대안의[대신의], 양자택일의, 선택적인 / pivot 피벗, 추축(樞軸), 중심점, 요점, 축이 되는, 추축 위에 놓다, 추축으로 회전하다, 선회하다 / supplement 보완, 보충, 추가, 부록, 보충하다, 보태다, 추가하다

[해설] vicinity는 '근접', '부근' 등의 의미이며, 'in the vicinity of'는 '~의 부근(근처)에'라는 표현이다.

[해석] 남쪽 천구(天球)의 극 부근에 있는 은하수의 일부분은 미국에서 보이지 않거나 아니면 좋은 조망을 가질 만큼 충분히 높이 떠오르지 않는다.

[국가직 9급 기출]

25

> He took out a picture from his drawer and kissed it with deep reverence, folded it <u>meticulously</u> in a white silk kerchief, and placed it inside his shirt next to his heart.

① carefully   ② hurriedly
③ decisively   ④ delightfully

어휘 drawer 서랍, 장롱, 수표 발행인 / reverence 숭배, 존경, 경의(= adoration, awe, homage) / kerchief 손수건, (여성의) 머릿수건, 목도리

해설 'meticulously'는 '꼼꼼하게, 세심하게'라는 의미이므로 이와 가장 가까운 의미를 지닌 단어는 '주의 깊게'라는 의미의 'carefully'이다.

해석 그는 서랍에서 사진을 꺼내 깊은 존경심을 담아 키스하고는 흰 실크 손수건으로 꼼꼼하게 감싸 셔츠 안쪽, 그의 심장과 가까운 곳에 넣어두었다.

[지방직 9급 기출]

26 밑줄 친 단어와 괄호 안에 주어진 단어의 의미가 서로 다른 것은?

① Her mother was a <u>celebrated</u> actress. (famous)
② Paul Scofield gave an <u>exquisite</u> performance. (excellent)
③ Wash the fish and take off the <u>scales</u> with a knife. (measures)
④ She's on study <u>leave</u> until the end of September. (vacation)

어휘 celebrated 유명한, 저명한, 세상에 알려진 / actress 여배우 cf. actor (남자) 배우 / exquisite 매우 아름다운, 훌륭한, 절묘한, 세련된, 섬세한, (= gorgeous, excellent, admirable) / take off (모자·구두 등을) 벗다, 제거하다, 떠나다, (값 등을) 깎다, 날아가다, 이륙하다 / scale 비늘, 껍질, 저울, 체중계, 저울눈, 눈금자, 비례, 비율, 축척, 규모, 등급[요금]표, 등급, 단계, 계급 / measure 측정(기구), 계측(측량), 치수[크기, 넓이], 기준[표준, 척도], 수단[대책], 조치 / leave 휴가 (기간), 휴가의 허가, 허가(= permission), 작별[고별](= farewell) cf. on leave 휴가를 얻어[휴가로], 휴가 중(인)

해설 ③의 경우 생선을 씻고 칼로 'scales'를 벗겨낸다(take off)고 하였다. 여기서의 scale은 비늘(껍질)의 의미이다.

해석 ① 그녀의 어머니는 <u>유명한</u> 여배우였다.
② Paul Scofield는 <u>훌륭한</u> 공연을 했다.
③ 물고기를 씻고 칼로 <u>비늘</u>을 제거하라.
④ 그녀는 9월 말까지 학업 <u>휴가</u>이다.

※ 다음 밑줄 부분과 의미상 가장 가까운 것을 고르시오. (27~30)

[국가직 9급 기출]

27

> It is <u>debatable</u> whether nuclear weapons actually prevent war.

① contradictory   ② reconcilable
③ augmentative   ④ controversial

어휘 debatable 논의[논쟁, 이론]의 여지가 있는, 논쟁할 수 있는, 미해결의 / contradictory 모순된, 모순된 말, 정반대 / reconcilable 조화시킬 수 있는, 화해[조정]할 수 있는 / augmentative 확장[증가, 증대]하는 / controversial 논쟁의, 논쟁의 여지가 있는, 논란이 되는

해설 'debatable'은 '논쟁의 여지가 있는', '이론의 여지가 있는'의 의미이므로, 이와 가장 유사한 것은 'controversial(논쟁의 여지가 있는, 논란이 되는)'이다.

해석 핵무기가 실제로 전쟁을 막을 수 있는지는 <u>논쟁의 여지가 있다</u>.

[지방직 9급 기출]

28

> The <u>paramount</u> duty of the physician is to do no harm. Everything else-even healing-must take second place.

① chief   ② sworn
③ successful   ④ mysterious

어휘 paramount 다른 무엇보다[가장] 중요한, 최고의(= prime) n. paramountcy 최고권, 주권, 탁월 cf. a paramount chief 군주 / physician 의사, 내과 의사(↔ surgeon 외과 의사) / take second place 2위를 차지하다 cf. take second place to ~에 비해서 그렇게 중요하지 않다 / sworn 선서[맹세]를 하고 한, 맹세한(= pledged) cf. sworn enemy[foe] 불구대천의 원수, 결코 용서 못할 적

해설 'paramount'는 '가장 중요한, 최고의'의 뜻으로 'chief(주요한, 으뜸가는)'와 그 의미가 가장 유사하다.

해석 의사의 <u>가장 중요한</u> 의무는 해를 입히지 않는 것이다. 그 밖의 모든 것은 심지어 치료까지도 두번째 일이다.

[지방직 9급 기출]

29

> One of the most beguiling aspects of cyberspace is that it offers the ability to connect with others in foreign countries while also providing <u>anonymity</u>.

① hospitality　　　② convenience

③ disrespect　　　④ namelessness

어휘 beguiling 매력적인, ~을 끄는, 속이는 / cyberspace 사이버공간, 가상공간 / anonymity 익명(성), 작자 불명, 정체불명의 인물 / hospitality 환대, 후대, 접대 / convenience 편의, 편리함, 이익, 편리한 물건[설비] / disrespect 실례[무례, 결례], 존경하지 않다, 실례되는 짓을 하다, 경멸하다 / namelessness 익명(성), 무명, 이름이 없음

해설 anonymity는 '익명(성)'이라는 의미이므로, namelessness와 의미상 유사하다. 일반적으로 접미사 '-less'가 명사에 붙는 경우 '~이 없는'의 의미를 지니는 형용사(부사)가 되며, 동사에 붙는 경우 '~할 수 없는', '~하기 어려운'의 의미를 지니는 형용사가 된다.

해석 사이버공간의 가장 매력적인 측면 중 하나는 <u>익명성</u>도 보장하면서, 외국의 다른 사람들과 접속할 수 있는 능력을 제공한다는 것이다.

[지방직 9급 기출]

30

> The commander of this ship ought to command the ship's course and also command the justice, peace and <u>sobriety</u> both among the seamen and all the passengers.

① concern　　　② anguish

③ solicitude　　　④ temperance

어휘 commander 명령자, 지휘자[지휘관, 사령관] / sobriety 취하지 않음, 절주[금주], 절제, 진지함, 평정[침착] / seaman 선원, 뱃사람 / anguish 고통, 괴로움, 고뇌, 괴롭히다, 고통을 주다 / solicitude 근심[걱정, 염려, 우려] / temperance 자제[절제], 절주[금주]

해설 여기서의 'sobriety'는 '평정(제정신)', '절제', '질서' 등의 의미이므로, 'temperance(자제, 절제)'와 의미상 가장 가깝다. 제시된 ①~④ 중, 'justice'나 'peace'와 마찬가지로 선장에게 요구되는 행동이나 의무로 적합한 것을 찾으면 보다 쉽게 답을 고를 수 있다.

해석 이 배의 선장은 배의 항로를 지휘하고 또한 선원과 승객들 사이에서 정의와 평화 그리고 <u>평정(질서)</u>을 유지해야 한다.

기출문제 정답

01 ④ 02 ① 03 ① 04 ③ 05 ③ 06 ③ 07 ② 08 ③ 09 ② 10 ①
11 ① 12 ① 13 ④ 14 ① 15 ⑤ 16 ⑤ 17 ③ 18 ① 19 ② 20 ③
21 ① 22 ① 23 ② 24 ① 25 ① 26 ③ 27 ④ 28 ① 29 ④ 30 ④

2. 빈칸에 알맞은 단어 찾기

⊕ 예제 확인

다음 빈칸에 들어갈 말로 가장 알맞은 것을 고르시오.

> Authorities are to tighten control of _____ software applications.

① coined
② multiplied
❸ pirated
④ brewed

[어휘] authority 권위, 권한, (pl.) 당국, 공공기관 / tighten 죄다, 단단하게 하다, 강화하다 / application 적용, 이용, 지원, 신청, 응용(프로그램) / coin (화폐를) 주조하다, 만들어내다 / multiply 증가시키다, 다양화하다, 곱하다 / pirate 표절하다, 저작권(특허권)을 침해하다, 해적 행위를 하다, 약탈하다

[해석] 당국은 저작권을 침해한 소프트웨어 응용 프로그램들에 대해 강력히 통제할 예정이다.

⊕ 기출문제 확인

※ **다음 빈칸에 들어갈 말로 가장 알맞은 것을 고르시오.**
(01~23)

[국가직 9급 기출]

01

> The executives should estimate their debt-to-income ratios to see whether they run the risk of becoming _____.

① insolvent
② inverted
③ distracted
④ decoded

[어휘] executive 실행[집행]의, 행정적인, 관리의, 임원, 관리직, 경영진[중역] estimate 견적, 평가, 평가하다, 견적하다, 추정하다 n. estimation 판단, 평가, 견적, 추정 debt-to-income ratio 총부채상환(DTI) 비율 / run(take) a risk of 되든 안 되든 (모험을) 해보다. ~의 위험을 무릅쓰다, 위험을 초래하다 / insolvent 지불 불능인, 파산의(= bankrupt), 부채를 감기에 부족한, 지불 불능자, 파산자 n. insolvency 지불 불능, 채무 초과 / inverted 역의, 반대의, 반전된, 동성애의, 성도착의 v. invert 반대로[거꾸로] 하다, 뒤집다, 거꾸로 된 것 / distracted 빗나간, 마음이 산란한, 미친 듯한 v. distract 흐트러뜨리다, 딴 데로 돌리다, 전환시키다, (마음을) 괴롭히다[어지럽히다], 즐겁게 하다[기분을 풀게 하다] / decode (암호 등을) 풀다, 번역하다, 해독하다, 설명하다, 해독, 디코드

[해설] 'estimate their debt-to-income ratios'와 'run the risk of'의 의미를 고려할 때 문맥상 어울릴 수 있는 표현은 'insolvent(지급 불능의)'이다. 즉, 지급 불능의 위험에 처하게 될 것인지 알아보기 위해 DTI 비율을 추산해보아야 한다는 의미이다.

[해석] 경영진은 지급 불능의 위험을 무릅써야 하는지를 알아보기 위해 총부채상환비율을 추산해야 한다.

[지방직 9급 기출]

02

> Fast-food franchises have been very successful in the U.S. Part of the appeal is _____. At the major hamburger or chicken franchises, people know what the food is going to taste like, wherever they buy it.

① the profitability
② the predictability
③ the feasibility
④ the sustainability

[어휘] franchise 체인점 영업권, 독점 판매권, 특허, 특권, 시민권(= citizenship), 참정권, 선거권, (야구) 프랜차이즈[지역연고] / appeal 애원, 간청, 호소, 항의, 상소, 비결, 매력, 애원하다, 간청하다, 호소하다, 항소[상고]하다 / predictability 예언[예상, 예측]가능성 a. predictable 예언[예상, 예측]할 수 있는, n. prediction 예보, 예언 v. predict / what ~ like 어떠한 사람[것, 일]일지, 어떠한 기분일지 / profitability 수익성 a. profitable 이익이 되는, 유익한 v. n. profit 이익, 이득, 유익, 이익을 얻다, 득보다, 도움이 되다 / feasibility 실행할 수 있음, (실행) 가능성 a. feasible 실행할 수 있는(= possible), 그럴싸한, 있음직한(= likely), 알맞은(= suitable) / sustainability 지속가능성(지속성) a. stainable 지탱[지지]할 수 있는, 지속[유지]할 수 있는, 견딜 수 있는 v. sustain 떠받치다, 지탱하다, 받다, 입다, 견디다, 유지하다, 지속하다

[해설] '사람들은 음식(햄버거나 치킨)의 맛을 알고 있다(people know what the food is going to taste like)'는 부분을 통해 '예측가능성(predictability)'임을 알 수 있다. 즉, 대형 체인점의 경우 어디서든 같은 재료와 요리법으로 만들어져 맛이 같으므로 그 맛을 누구나 예측할 수 있다는 의미이다.

[해석] 패스트푸드 프랜차이즈는 미국에서 아주 성공적이었다. 그러한 (성공의) 비결의 일부는 예측가능성이다. 주요 햄버거 혹은 치킨 체인점의 경우, 사람들은 어디서 그것을 구입하더라도 그 음식의 맛이 어떠할 것인지를 알고 있기 때문이다.

[국가직 9급 기출]

03

> One bacterium that survives keeps replicating because it is not _____ to the drug treatment.

① curable   ② susceptible

③ prosperous   ④ reproductive

어휘 bacterium 박테리아(pl. bacteria) / replicate 사본을 뜨다, 모사하다, 복제하다 / susceptible ~의 여지가 있는, 받아들이는[허락하는], 느끼기 쉬운, 다정다감한, 민감한(= sensitive), 감수성이 강한(= impressionable), 영향 받기[감염되기] 쉬운(~ to)(= vulnerable to) / treatment 취급, 대우, 치료 v. treat 다루다[대우하다, 취급하다], 논하다, 간주하다, 치료[처치]하다, 대접하다 / curable 치료할[고칠] 수 있는 n. curability 치료 가능성 v. cure 치료하다, 치료, 치유 / prosperous 번영[번창]하는, 성공한, 부유한(= affluent, well off, wealthy) n. prosperity 번영, 호황 v. prosper 번영하다 / reproductive 생식의, 생식[번식]하는, 재생의, 복제[복사]하는 v. reproduce 재생하다, 복사하다, 생식하다

해설 박테리아가 살아남아 복제를 계속하기 위해서는 약물 치료에 영향을 받거나 이를 받아들이지(반응하지) 않아야 한다. 이러한 점에 착안하여 보기 중 빈칸에 가장 적절한 것을 찾아본다. 빈칸 다음의 전치사 'to'도 힌트가 된다.

해석 살아남는 하나의 박테리아는 약물 치료에 영향받지 않기 때문에 계속해서 (자기)복제한다.

[국회직 8급 기출]

04

> Many scientists are now warning that we are moving closer to several tipping points that could make it impossible for us to avoid _____ damage to the planet's habitability for human civilization.

① inconsequential   ② impotent

③ irascible   ④ irretrievable

⑤ intrepid

어휘 tipping point 정점, 극적 전환점, 티핑 포인트 / irretrievable 회복할 수 없는, 만회할 가망이 없는(↔ retrievable) n. irretrievability / habitability 거주할 수 있음, 살기에 적합함, 거주성 a. habitable 거주할 수 있는, 거주에 적당한 / inconsequential 하찮은, 중요하지 않은(= trivial, unimportant), 이치[논리]에 맞지 않는(= inconsequent, illogical) cf. consequential 결과로서 일어나는, 당연한[필연적인], 뽐내는, 중요한 n. consequence 결과, 중요성 / impotent 무능한, 무력한(↔ potent 강력한, 효능 있는) n. impotence 무력, 무기력, 허약 / irascible 성마른, 화를 잘 내는(= irritable), 성급한 / intrepid 두려움[무서움]을 모르는, 용맹한, 대담한(= fearless, brave, valiant, dauntless, undaunted, courageous, audacious, bold, daring, valorous, gallant) n. intrepidity 두려움을 모름, 대담(한 행위), 용맹

해설 과학자들이 경고하고 있다는 부분에서, 우리가 어떠한 심각한 피해(damage)를 막을 수 없게 되었다는 것을 짐작할 수 있다. 보기 중 이러한 의미에 가장 부합하는 것은 irretrievable(회복할 수 없는)이다.

해석 많은 과학자들은 현재 우리가 인류 문명을 위한 지구의 거주 적합(가능)성에 회복할 수 없는 피해를 막는 것이 불가능 할 수 있는 몇몇의 티핑 포인트(정점)로 더 가까이 다가가고 있다고 경고하고 있다.

[국가직 9급 기출]

05

> A group of young demonstrators attempted to _____ the police station.

① line up   ② give out

③ carry on   ④ break into

어휘 demonstrators 시위자들, 시위대 / attempt to ~하려고 시도하다 / police station (지역) 경찰서 / line up ~을 일렬[한 줄로] 세우다[배열하다] / give out 나눠 주다

해설 시위자들의 행위로 문맥상 가장 적절한 표현은 '침입하다, 난입하다'라는 뜻의 '④ break into'이다.

해석 한 무리의 젊은 시위대가 경찰서에 침입하려고 시도했다.

[국회직 9급 기출]

06

Have you moved recently? State law requires you to report address changes for your driver's license and vehicle registration _____. Please report changes at your local license branch to avoid _____, which may include license suspension.

① collectively – courtesy
② accurately – destinations
③ alternatively – punishment
④ immediately – sanctions
⑤ exclusively – enforcement

어휘 state law 주(州)의 법 / address 인사말, 연설[강연], 주소[번지], 말을 걸다, 연설하다, 주소와 성명을 쓰다 / driver's license 운전면허(증) / vehicle 수송[운송] 수단, 탈것, 차, 매개물[전달 수단, 매체] / registration 기재[등기, 등록], 등기, 등록자 수, 등록증(명서) v. register 기재하다, 등기하다, 기명하다, 등록부 cf. vehicle registration 차량등록(증) / immediately 곧, 바로, 즉시(= at once), 바로 가까이에 / branch 가지, 분파, 지류, 분관, 지점, 지부, 지국, 출장소, 부문, 분과 / sanction 재가, 인가, 시인, 찬성, (보통 pl.) 제재[처벌], 법의 강제력 / license suspension 면허정지 cf. suspension 매달(리)기, 부유(浮遊), 미결(정), 중지[정지, 보류], 파산, (자동차) 완충장치 v. suspend 매달다, 중지하다 / collectively 집합적으로, 공동으로 a. collective 집합적인, 공동의, 집단적인 / courtesy 예의 (바름), 공손, 친절, 정중한 행위[말], 호의(= favor) a. courteous 예의 바른, 정중한, 친절한 / accurately 정확히(= exactly), 정밀하게 a. accurate 정확한, 정밀한 / destination 목적지, 행선지, 도착지[항], 목적, 의도 v. destine (운명으로) 정해지다, 예정해 두다, 운명 지어지다, ~행이다 / alternatively 양자택일로, 대신으로 n. a. alternative 양자택일, 다른 방도, 대안, 양자택일의, 대신의 v. alternate 번갈아 일어나다[하다], 교차하다, 교대시키다 / punishment 벌, 형벌, 처벌, 응징, 징계 v. punish / exclusively 배타적으로, 독점적으로, 오로지 ~만(= solely, only) a. exclusive / enforcement 시행, 집행, 강제 v. enforce 실시[시행, 집행]하다, 강요[강제]하다

해설 첫 번째 빈칸은 운전면허와 차량등록을 위해 주소 변경을 어떻게 통보하라는 내용이므로, 보기 중 어울릴 만한 것은 'accurately(정확히)'와 'immediately(즉시, 바로)'이다. 다음으로 두 번째 빈칸은 면허정지를 포함한 어떤 것을 피하기 위해서 주소 변경을 통해 달라는 것이므로, 보기 중 'punishment(처벌, 형벌)'와 'sanctions(제재, 처벌)'가 어울린다.

해석 여러분은 최근 이사를 한 적이 있는가? 주(州)법은 여러분에게 운전면허와 차량등록을 위해 주소 변경을 즉시 통보할 것을 요구하고 있다. 면허정지를 포함한 처벌(제재)를 피하기 위해 여러분 지역 면허 지국에 통보해주기를 바란다.

[지방직 · 서울시 9급 기출]

07

The issue with plastic bottles is that they're not _____, so when the temperatures begin to rise, your water will also heat up.

① sanitary
② insulated
③ recyclable
④ waterproof

어휘 issue 문제, 주제, 쟁점, 사안, 안건(= question) / bottle 물병, 한 병의 양 / rise 증가, 상승, 발흥, 진보 / sanitary 위생의, 위생적인, 깨끗한(= hygienic) / insulate 절연[단열/방음] 처리를 하다. (불쾌한 경험 · 영향으로부터) ~을 보호[격리]하다(= shield) / recyclable 재활용 할 수 있는, 재생할 수 있는 / waterproof 방수의, 방수복

해설 빈칸 이하에서 등장하는 'temperatures(온도)'와 'heat up(뜨거워지다)' 등을 보면 플라스틱 소재로 만들어진 병이 물 내부와 외부를 별도로 격리시켜서 물의 온도를 유지할 수 없다는 내용이 필요하므로 'insulated(열이 차단되다)'가 정답이다.

해석 플라스틱 병의 문제는 열이 차단되지 않는다는 것이다. 그래서 온도가 올라가기 시작하면, 당신의 물 또한 뜨거워질 것이다.

[국회직 8급 기출]

08

When the team stopped for lunch, our coach _____ the need for the waiter to bring separate checks when she offered to pay for all of us as a gesture of congratulations for our victory.

① evoked
② alleviated
③ consolidated
④ aggrandized
⑤ premeditated

어휘 alleviate (고통 · 수고 등을) 덜다[완화하다, 경감시키다](= relieve, lessen, appease)(↔ aggravate) n. alleviation 경감(하는 것), 완화 / congratulation 축하, 경하 v. congratulate 축하하다 / evoke 일깨우다, 환기하다, 되살려 내다, 불러내다(= call forth, draw forth, elicit) n. evocation 불러냄[불러일으킴], 환기 / consolidate 합병[통합]하다(= combine, merge), 강화하다[굳건히 하다](= strengthen) n. consolidation 합동, 합병, 강화 / aggrandize 크게 하다[확대하다, 과장하다], 강화[증대]하다 n. aggrandizement 증대, 강화 / premeditate 미리 숙고[계획]하다, 꾀하다 n. premeditation 미리 생각[꾀]함, 고의

해설 코치가 모두의 식비 비용을 자신이 지불하겠다고 했으므로 웨이터가 개인별로 계산서를 가져올 필요가 없어질 것이다. 즉, 하나의 계산서만 가져오면 되므로 그만큼 웨이터의 수고를 덜어주었다는 것이다. alleviate는 '(수고로움이나 고통 등을) 덜다(경감시키다)'는 의미이다.

해석 팀이 점심식사 하러 들렀을 때, 우리의 코치는 승리에 대한 축하의 표시로 우리 모두의 점심값을 자신이 지불하겠다고 제의하여 웨이터가 따로따로 계산서를 가져 올 필요성을 덜어 주었다.

[서울시 9급 기출]

09

> In the 1840s, the island of Ireland suffered famine. Because Ireland could not produce enough food to feed its population, about a million people died of ___(A)___ ; they simply didn't have enough to eat to stay alive. The famine caused another 1.25 million people to ___(B)___ ; many left their island home for the United States; the rest went to Canada, Australia, Chile, and other countries. Before the famine, the population of Ireland was approximately 6 million. After the great food shortage, it was about 4 million.

	(A)	(B)
①	dehydration	be deported
②	trauma	immigrate
③	starvation	emigrate
④	fatigue	be detained

어휘 famine 기근, 기아, 굶주림(= starvation) / population 인구, 주민(= inhabitant) / approximately 약, 대략, 거의(= nearly) / shortage 부족, 결핍 / dehydration 탈수, 건조 / deport 강제 추방하다(= expel) / trauma 정신적 외상, 트라우마 / immigrate 이민을 오다, 이주해 오다 ↔ emigrate 이민을 가다, 이주하다 / starvation 기아, 굶주림, 아사 / fatigue 피로, 피곤(= triedness) / detain 구금하다, 억류하다

해설 (A) 아일랜드 섬은 충분한 식량을 생산할 수 없었기 때문에 약 백만 명의 사람들이 사망하였으므로, 빈칸 (A)에는 사망의 원인에 해당하는 'starvation(기아)'이 들어갈 말로 적절하다.
(B) 기근으로 인해 대다수는 미국을 향해 고향 섬을 떠났고, 나머지는 캐나다, 호주, 칠레 및 다른 국가로 갔다고 하였으므로, 빈칸 (B)에는 '이민을 가다'는 의미인 'emigrate'가 적절하다.

해석 1840년대에 아일랜드 섬은 기근을 겪었다. 아일랜드는 인구를 먹여 살릴 충분한 식량을 생산할 수 없었기 때문에, 약 백만 명의 사람들이 (A) 기아로 사망했다. 즉, 그들은 그저 살아 있을 만큼 충분히 먹지 못했다. 기근으로 인해 125만 명이 (B) 이민을 갔는데, 대다수가 미국을 향해 고향섬을 떠났고, 나머지는 캐나다, 호주, 칠레 및 다른 국가로 갔다. 기근이 발생하기 전에, 아일랜드의 인구는 약 6백만 명이었다. 대규모 식량 부족 이후로 그 인구는 약 4백만 명이었다.

[국가직 9급 기출]

10

> There are two excellent television programs scheduled tonight, but I can see only one of them because they are _____.

① indisputable   ② concurrent

③ matchless   ④ indispensable

어휘 excellent 우수한, 아주 훌륭한, 뛰어난 / concurrent 동시 발생의, 동시에 일어나는(= simultaneous), 수반하는, 공동으로 작용하는, 협력의, 겸직[겸무]의, 일치하는, 의견이 같은 v. concur 동시에[일시에] 일어나다, 진술이 같다[일치하다], 동의하다, 협력하다 / indisputable 논란[의문]의 여지가 없는, 명백한(= incontrovertible, unquestionable, indubitable)(↔ disputable 논쟁의 여지가 있는) / matchless 무적의, 비길 데 없는 / indispensable 없어서는 안 되는, 필수불가결한, 긴요한(= absolutely necessary, essential)

해설 의미상 TV 프로그램이 동시에 방송된다는 이야기이므로 빈칸에는 '동시의(동시에 발생하는)'라는 의미의 단어가 적합하다.

해석 오늘 밤 예정된 두 가지의 훌륭한 TV 프로그램이 있지만, 그것들이 동시에 방송되기 때문에 나는 그 중 하나만 볼 수 있다.

[국회직 8급 기출]

11

> The tradition-directed person takes his signals from others, but they come in a cultural monotone; he needs no _____ receiving equipment to pick them up.

① erudite   ② insignificant

③ complicated   ④ exorbitant

⑤ irradiant

어휘 directed 유도된, 지시받은, 규제된 / monotone 단조로움, 〈음악〉단조(單調), 단조로운, 일정한, 단조의, 단색의 / complicated 복잡한, 뒤얽힌, 풀기[이해하기] 어려운 / pick up 줍다, 집어 올리다[들다], 되찾다[회복하다], 기운을 북돋우다, (속력을) 내다, 더하다, 벌다, 얻다, 포착하다, 발견하다, 손에 넣다, 알게 되다[익히다], 도중에 태우다, (차로 사람을) 마중 나가다, 구출하다, 붙잡다 / erudite 박식한, 학식이 있는 / insignificant 무의미한, 대수롭지 않은, 사소한, 하찮은, 무가치한, 천한 / exorbitant 터무니없는, 엄청난, 과대한, 부당한 / irradiant 찬란히 빛나는, 눈부신

해설 'monotone(단조로움)'은 'needs no ___ receiving equipment'과 연결된다. 즉, 문화적으로 단조롭다는 것은 받아들이는데 있어 복잡한 장비가 필요하지 않다는 것을 의미한다.

해석 전통 지향적인 사람은 다른 사람들로부터 신호를 받지만, 그것(신호)들은 문화적인 단조로움으로 온다. 이는 그런 사람이 그것들을 얻는데 있어 복잡한 수신 장비가 필요하지 않다는 것이다.

[국가직 9급 기출]

12

> The young knight was so _____ at being called a coward that he charged forward with his sword in hand.

① aloof ② incensed

③ unbiased ④ unpretentious

어휘 coward 겁쟁이, 비겁자 / charge 청구하다, 기소하다, 비난하다, 돌격하다, 충전하다

해설 젊은 기사가 겁쟁이로 불렸다는 것과, 그가 검을 들고 돌격했다는 두 사건을 이을 수 있는 단어가 빈칸에 들어가야 하므로 '몹시 화가 난, 격분한'이라는 의미의 incensed가 적절하다.

해석 그 젊은 기사는 겁쟁이라고 불린 것에 무척 격분하여 검을 쥐고 앞으로 돌격했다.

[국가직 9급 기출]

13

> Listening to music is _____ being a rock star. Anyone can listen to music, but it takes talent to become a musician.

① on a par with ② a far cry from

③ contingent upon ④ a prelude to

어휘 on a par with ~와 동등한[같은] / a far cry from ~와는 거리가 먼[전혀 다른] / contingent upon ~여부에 달린 / a prelude to ~의 서막인[전초전인]

해설 음악을 감상하는 것과 록스타가 되는 것은 별개의 문제라는 의미이므로, 빈칸에는 'a far cry from(~와는 거리가 먼)'이 들어갈 말로 가장 적절하다.

해석 음악을 감상하는 것과 록스타가 되는 것은 전혀 다른 것이다. 누구나 음악을 들을 수는 있지만, 음악가가 되려면 재능이 있어야 한다.

[서울시 9급 기출]

14

> In all press conferences the speakers _____ their words carefully to avoid being misquoted.

① snub ② eradicate

③ lilt ④ enunciate

어휘 press conference 기자회견(=news conference) / enunciate 똑똑히[명확히]발음하다, 명확히 진술하다, 선언하다, 발표하다 n. enunciation 발음, 똑똑한 말투, 명확한 진술, 언명, 선언/ misquote 잘못 인용하다, 잘못된 인용 cf. quote 인용하다, 예시하다, 인용구[문],따옴표 / snub 억박지르다, 타박하다, 무시하다, 갑자기 중지시키다, 억박지름, 타박, 냉대, 급정지/ eradicate 뿌리 뽑다, 박멸[근절] 하다(=extirpate) n. eradication 근절, 박멸

해설 연설자가 자신의 말이 잘못 인용되는 것을 막기 위해서는 정확하게 발음하고 의미를 분명하게 전달해야 한다. 보기 중에서 이러한 의미에 부합하는 것은 'enunciate(명확히 발음하다)' 뿐이다.

해석 모든 기자 회견에서 연설자는 잘못 인용되는 것을 피하기 위해 그들의 말을 주의하여 똑똑히 발음한다.

[지방직 9급 기출]

15

> The two cultures were so utterly _____ that she found it hard to adapt from one to the other.

① overlapped ② equivalent

③ associative ④ disparate

어휘 utterly 완전히, 순전히, 아주 a. utter 완전한[순전한] / overlapped 겹쳐진, 포개진, 중첩된 / equivalent 동등한, 맞먹는 / associative 연합의, 결합의 v. associate 결부[연관]짓다, 어울리다 disparate 이질적인, 서로 전혀 다른

해설 한 문화에서 다른 문화로 적응하기가 힘든 이유는 두 문화가 완전히 다르기 때문이므로, ④의 'disparate(이질적인)'이 빈칸에 들어갈 말로 가장 적절하다.

해석 두 문화가 완전히 이질적이기 때문에 그녀는 한 문화에서 다른 문화로 적응하기가 힘들다는 것을 알았다.

[지방직 9급 기출]

16

I don't know how it is for women or for other guys, but when I was young, I had a fear of _____. I thought it was a giant step toward death. So I did all I could to resist it because the idea was frightening to me. Then, one day I met Jane while I was shooting my first film. This changed everything. Jane, who was from Kentucky, was waitressing at that time, and I noticed her right away. She was really beautiful, and it took me all day to get up the nerve to ask her out. Just then a makeup man on the film snapped a photo of the two of us. About two years ago he sent it to me, saying, "Here you are asking a local girl for a date." He didn't know that that "local girl" became my wife. I still remember that day vividly.

① death
② marriage
③ making films
④ taking photos

어휘 frighten 겁먹게[놀라게] 만들다 / shoot a film 영화를 촬영하다 / nerve 신경, 긴장, 용기, 대담성 a. nervous 신경의, 불안한, 초조한 / get up the nerve 용기를 내다 / snap a photo 사진을 찍다 / vividly 생생하게, 선명하게

해설 윗글에서 글쓴이는 켄터키 출신의 식당 여종업원을 만나기 전까지는 그것에 대해 굉장히 두려움을 가지고 있었으나, 아름다운 그녀를 만난 후 그것에 관한 모든 생각이 바뀌었다고 했으므로, 빈칸에 들어갈 말은 ②의 '결혼(marriage)'이다. 'a giant step toward death(죽음으로 향하는 큰 발걸음)'이라는 표현 때문에 자칫 ①의 '죽음(death)'으로 선택하지 않도록 주의해야 한다.

해석 결혼이 여성이나 혹은 다른 남성들에게는 어떨지 모르겠지만, 어렸을 때 나는 결혼에 대한 두려움이 있었다. 나는 결혼이 죽음으로 향하는 큰 발걸음이라고 생각했다. 생각만 해도 두려워서 나는 온 힘을 다해 저항했다. 그러던 어느 날 첫 영화를 촬영할 때 Jane을 만났다. 이것은 모든 것을 변화시켰다. 켄터키 출신의 Jane은 그 당시 식당 여 종업원으로 일하고 있었고, 나는 그녀에게 즉시 관심을 보였다. 그녀는 정말 아름다웠고 나는 데이트 신청할 용기를 내는데 하루가 걸렸다. 바로 그 때 영화의 메이크업 담당자가 우리 둘의 사진을 찍었다. 2년 전 쯤에 그는 "네가 데이트를 신청한 시골 여자 사진이야."라고 말하며 그 사진을 나에게 보냈다. 그는 그 '시골여자'가 내 아내가 된 사실을 몰랐다. 나는 여전히 그 날을 생생하게 기억한다.

[서울시 9급 기출]

17

Usually several skunks live together; however, adult male striped skunks are _____ during the summer.

① nocturnal
② solitary
③ predatory
④ dormant

어휘 skunk 스컹크 / male 남자[남성/수컷]의 (↔ female 여자[여성/암컷]의) / striped 줄무늬가 있는 / nocturnal 야행성의, 밤에 일어나는 / solitary 홀로 있는, 외딴 n. solitude 고독 / predatory 포식성의 / dormant 휴면기의, 동면의, 활동[성장]을 중단한 cf. a dormant volcano 휴화산

해설 접속사 'however'를 사용하고 있으므로 앞뒤의 문장이 서로 역접의 관계에 있음을 알 수 있다. 앞 문장에서 '일반적으로 스컹크는 몇 마리가 무리지어 산다.'고 했으므로 뒤의 문장에서는 '혼자 산다.'는 반대되는 내용이 와야 하므로, 빈칸에 들어갈 말로는 ②의 'solitary(홀로 있는)'이 가장 적절하다.

해석 일반적으로 스컹크는 몇 마리가 무리지어 산다. 그러나 다자란 수컷 줄무늬 스컹크들은 여름동안 혼자 지낸다.

[국가직 9급 기출]

18

In general terms, tablet PC refers to a slate-shaped mobile computer device, equipped with a touchscreen or stylus to operate the computer. Tablet PCs are often used where normal notebooks are impractical or _____, or do not provide the needed functionality.

① unwieldy
② inconclusive
③ exclusive
④ unprecedented

어휘 tablet PC 태블릿 PC / refer 말하다, 언급하다, 가리키다, 부르다 / slate-shaped 석판 모양의, 널빤지 모양의 / touchscreen 터치스크린, 촉감 디스플레이 스크린 / stylus 철필, 스타일러스 / impractical 실행 불가능한, 쓸모없게 된, 비실용적인 / unwieldy 다루기 어려운[불편한], 통제하기 힘든, 거추장스러운, 볼품없는 / functionality 기능(성), 상관관계, 컴퓨터의 모든 기능 / inconclusive 결정적이 아닌, 결론이 나지 않는, 설득적이 아닌 / unprecedented 전례[유례] 없는[공전의], 신기한, 새로운

해설 빈칸 앞뒤의 연결어 'or'를 통해 볼 때, 빈칸에는 'notebooks are impractical(노트북을 실행할 수 없다)', '(notebooks) do not provide the needed functionality(필요한 기능을 제공하지 않는다)'와 상통하는 의미의 표현이 온다는 것을 알 수 있다. 이러한 의미에 가장 부합하는 것은 'unwieldy(다루기 어려운)'이다. 즉, 노트북을 실행할 수 없거나 다루기 어려운 장소나 상황에서 태블릿 PC를 사용한다는 의미가 된다.

해석 일반적인 표현으로, 태블릿 PC는 컴퓨터를 구동하기 위한 터치스크린 또는 스타일러스(철필)를 장착한 석판 모양의 이동식 컴퓨터 장치를 말한다. 태블릿 PC는 일반적인 노트북을 실행할 수 없거나 다루기 어려운 곳 또는 필요한 기능이 제공되지 않는 곳에서 흔히 사용된다.

[지방직 9급 기출]

19

> Since the air-conditioners are being repaired now, the office workers have to _____ electric fans for the day.

① get rid of　　　② let go of
③ make do with　　④ break up with

어휘 electric fan 선풍기 / get rid of ~을 제거하다, 없애다(= eliminate) / let go of (손에 쥔 것을) 놓다, ~에서 손을 놓다 / make do with ~으로 임시변통하다, 때우다, 견디다 / break up with ~와 결별하다

해설 에어컨이 수리 중이어서 사무실 직원들이 선풍기를 임시변통으로 사용했다는 의미이므로, 빈칸에는 'make do with(~으로 임시변통하다, 때우다, 견디다)'가 들어갈 말로 가장 적절하다.

해석 에어컨이 지금 수리 중이어서, 사무실 직원들은 그 날 하루를 선풍기로 견뎌야 했다.

[서울시 9급 기출]

20

> Our main dish did not have much flavor, but I made it more _____ by adding condiments.

① palatable　　　② dissolvable
③ potable　　　　④ susceptible

어휘 flavor 풍미, 맛(= savor) / condiment 조미료, 양념 / palatable 맛있는, 맛좋은, 입맛에 맞는 / dissolvable 분해할 수 있는, 해산[해제]할 수 있는 / potable 음료로 적합한, 마셔도 되는 / susceptible 민감한, 예민한(= responsive, sensitive, receptive)

해설 맛이 썩 좋지 않은 메인 요리에 조미료를 첨가하여 입맛에 맞게 만든다는 의미이므로, 'palatable(맛있는, 입맛에 맞는)'이 빈칸에 들어갈 말로 적절하다.

해석 메인 요리가 썩 맛있지 않았지만, 난 조미료를 첨가하여 입맛에 맞게 만들었다.

[서울시 9급 기출]

21

> As incredible as it sounds, there are some species of insects that will _____ themselves to protect their nests. When faced with an intruder, the Camponotus cylindricus ant of Borneo will grab onto the invader and squeeze itself until it explodes. The ant's abdomen ruptures, releasing a sticky yellow substance that will be lethal for both the defender and the attacker, permanently sticking them together and preventing the attacker from reaching the nest.

① commit　　　② replace
③ expose　　　④ sacrifice

어휘 incredible 믿을 수 없는, 믿기 힘든 / species 종(種 : 생물 분류의 기초 단위) / intruder 불법 침입자, 불청객(= trespasser, invader, prowler) / grab 붙잡다[움켜잡다] / squeeze 짜다[쥐다], 조르다 / explode 터지다[터뜨리다], 폭발하다[폭파시키다] n. explosion 폭발; 폭파 / abdomen 배, 복부 / rupture 터지다, 파열되다 / release 발산하다[표출시키다] / sticky 끈적거리는, 끈적끈적한 / lethal 치명적인 cf. a lethal dose (약의) 치사량 n. lethality 치명적임 / permanently 영구히, 불변으로 / sacrifice 희생하다, 제물을 바치다

해설 빈칸에는 자신의 둥지를 보호하기 위한 곤충들의 행동 특성을 나타내는 말이 들어가야 한다. 보르네오 섬의 Camponotus cylindricus 개미는 스스로 복부를 파열시키고 끈적끈적한 노란 물질을 방출시켜 공격자가 둥지에 접근하지 못하도록 한다고 하였으므로, 빈칸에 들어갈 말은 ④의 'sacrifice(희생하다)'가 적합하다.

해석 믿을 수 없는 소리처럼 들리지만, 자신의 둥지를 보호하기 위해 스스로를 희생하는 몇몇 종류의 벌레들이 있다. 침입자와 마주했을 때, 보르네오 섬의 Camponotus cylindricus 개미는 그 공격자에 달라붙어 폭발할 때까지 스스로를 쥐어짠다. 개미의 복부가 파열하고, 방어자와 공격자 모두에 치명적인 끈적끈적한 노란 물질이 방출되며, 서로 영구히 달라붙어 공격자가 둥지에 접근하지 못하도록 한다.

[지방직 9급 기출]

22

A _____ gene is one that produces a particular characteristic regardless of whether a person has only one of these genes from one parent, or two of them.

① recessive   ② dominant
③ proficient   ④ turbulent

어휘 dominant 지배적인, 주요한, 우세한, 우성의 / dominant gene 우성 유전자 / recessive gene 열성 유전자 / characteristic 특질[특색, 특징, 특성], 특유한[특징적인, 전형적인] / regardless of ~와는 상관없이[관계없이], ~에 개의치 않고 / recessive 후퇴하는[퇴행의], 열성의, 잠재성의, 열성 형질 / proficient 숙련된[숙달된, 능숙한], 숙련자[숙달자] / turbulent (날씨 등이) 몹시 거친[사나운], 폭풍우의, 소란한[불안한]

해설 부모의 한쪽으로부터 물려받았건 양쪽에서 물려받았건 관계없이 특정 형질을 만들어 내는 유전자는 'dominant gene(우성 유전자)'이다. 우성 유전자는 개체가 동형 접합 혹은 이형 접합에 무관하게 생물이 어떤 효과를 일으키는 유전자(우세하게 나타나는 유전자)를 말한다.

해석 우성 유전자는 어떤 사람이 부모 중 한쪽 또는 양쪽 부모로부터 이러한 유전자의 하나를 물려받았는지에 관계없이, 특정 형질을 만들어 내는 유전자이다.

[국가직 9급 기출]

23

The usual way of coping with taboo words and notions is to develop euphemisms and circumlocutions. Hundreds of words and phrases have emerged to express basic biological functions, and talk about _____ has its own linguistics world. English examples include "to pass on," "to snuff the candle," and "to go aloft."

① death   ② defeat
③ anxiety   ④ frustration

어휘 cope with 잘 대처하다[대응하다], 잘 처리하다 / euphemism 완곡어법, 완곡한 말, 완곡 표현 / circumlocution 에둘러 말함[에두르기], 에두른 표현, 핑계 / linguistics 언어학, 어학 / snuff 코로 들이마시다, 냄새 맡다, 냄새 맡아 분간하다[찾아내다] / aloft 높은 곳에[으로], 위로, 공중에, 하늘 높이, 돛대 위에 / anxiety 걱정, 불안, 갈망 / frustration 좌절, 욕구 불만, 실패

해설 앞에서 금기어나 금기 개념(taboo words and notions)을 표현하기 위해 완곡한 표현이나 우회적 표현(euphemisms and circumlocutions)을 사용한다고 했는데, 이러한 관계에서 빈칸의 단어나 개념이 "to pass on(돌아가다)," "to snuff the candle(명을 다

하다)," "to go aloft(하늘나라로 가다)"로 완곡하게 표현된다는 것을 알 수 있다. 따라서 빈칸에 가장 적합한 것은 'death'이다.

해석 금기어와 금기시되는 개념들을 잘 다루는 일반적인 방법은 완곡어법과 에둘러 말하기를 개발하는 것이다. 수백 개의 단어들과 문구들이 나타나 기본적인 생물학적 기능을 표현하게 되었고, 죽음에 관한 말은 고유의 언어학적 세계를 갖게 되었다. 영어에 있어서 예(例)로는 "to pass on," "to snuff the candle,", "to go aloft," 등이 있다.

[국가직 9급 기출]

24 다음 글의 빈칸에 들어갈 단어로 가장 적절한 것은?

Many sports help to (A) one's reactions and dexterity. Sports can also improve one's process of thought. Be sure to judge whether or not the level of exercise activity is appropriate as you are participating in the sport. Being wise about the health benefits of sports will ensure a healthy lifestyle. Regular exercise will help one's personality to be positive. If you (B) what has been suggested, you will have favorable results.

	(A)	(B)
①	control	complement
②	enhance	complement
③	control	implement
④	enhance	implement

어휘 dexterity 민첩함[기민성], 손재주 있음[솜씨 좋음] / appropriate 적절한, 적합한, 어울리는 / favorable 긍정적인, 좋은, 유리한 / enhance 향상시키다, 강화하다, 늘리다, (가치·가격을) 올리다 / implement 이행[실행]하다, 시행하다, 도구[수단]를 제공하다 / favorable 좋은, 유리한, 알맞은, 양호한, 호의적인 / complement 완전하게[나무랄 데 없게] 하다, 보충[보완]하다

해설 (A) 주어인 '스포츠(sports)'와 목적어인 '반응과 민첩성(reactions and dexterity)'의 관계를 통해 볼 때, 'control(통제하다, 조절하다)'보다 'enhance(강화하다, 향상시키다)'가 적합하다.
(B) 주어(you)와 목적어(what has been suggested)의 관계를 통해 볼 때, 'complement(보충하다, 보완하다)'보다 'implement(이행하다, 실행하다)'가 더 적합하다.

해석 많은 스포츠는 인간의 반응과 민첩성을 (A) 강화하는 데 도움을 준다. 스포츠는 또한 인간의 사고(思考) 과정을 개선할 수 있다. 당신은 스포츠에 참여하고 있을 때, 운동 활동의 수준이 적합한지 여부를 판단하는 것을 확실히 해라. 스포츠가 가져다주는 건강상의 이점에 대해 잘 아는 것은 건강한 생활양식을 보장해 줄 것이다. 규칙적인 운동은 사람의 성격이 긍정적인 것이 되도록 도와줄 것이다. 만약 제안된 것들을 (B) 실행한다면, 당신은 좋은 결과를 얻게 될 것이다.

[지방직 9급 기출]

25 밑줄 친 부분에 들어갈 단어로 가장 적절한 것은?

> Vegans(strict vegetarians) do not eat meat, fish, poultry, eggs, or animals' milk. They think it is cruel to make a cow produce milk all the time. Therefore, they avoid any _____(ㄱ)_____ from milk such as yogurt, cheese, and butter. Most vegans avoid eating honey because bees are killed when they produce honey. As for eggs, chickens suffer as they are put in cages all their lives to lay eggs continuously. Vegans eat _____(ㄴ)_____ for these foods, which they can get in vegan stores. These may be vitamins from seaweed or soy.

	(ㄱ)	(ㄴ)
①	derivatives	derivatives
②	substitutes	derivatives
③	derivatives	substitutes
④	substitutes	substitutes

어휘 vegan 절대 채식주의자, 엄격한 채식주의자 cf. vegetarian 채식(주의)자, 채식의 / poultry (식용의) 가금(家禽), 사육 조류 / yogurt 요구르트(유산균 발효유의 일종) / derivative 파생물, 파생 상품, 파생어, 파생적인[이차적인], 원본이 아닌, 유도된 / as for ~에 관해서는, ~은 어떤가 하면, ~로 말하자면, ~의 경우 / substitute 대리(인), 대용품[대용식], 대체물 / seaweed 해초, 바닷말, 미역 / soy 간장, 콩

해설 제시된 보기가 'derivatives(파생물, 파생상품)'와 'substitutes(대체물, 대용품)'이므로, 이를 토대로 빈칸에 적절한 것을 고른다.
- (ㄱ) : 앞 문장(They think … all the time)에서 엄격한 채식주의자들은 젖소가 우유를 계속 생산하게 하는 것을 잔인하다고 생각한다고 했으므로, 그들은 우유로부터 만들어진 파생물(파생상품)은 먹지 않는다는 것을 알 수 있다. 따라서 (ㄱ)에는 'derivatives'가 들어가야 한다.
- (ㄴ) : 엄격한 채식주의자들이 먹는 것에 해당하는 표현이 와야 하는데, 'Vegans eat ___(ㄴ)___ for these foods'에서 'these foods'는 채식주의자들이 먹지 않는 음식을 말하므로, 이러한 음식을 대체할 수 있는 식품(대용품)을 먹을 것이라 짐작할 수 있다. 이는 바로 다음에 제시된 'vegan stores(채식주의자 상점)'에서 판매하며, 여기에는 'vitamins from seaweed or soy(해초나 콩에서 나온 비타민)' 등이 있다는 것을 알 수 있다.

해설 Vegans(엄격한 채식주의자)는 고기, 생선, 가금, 계란 또는 동물의 젖을 먹지 않는다. 그들의 젖소가 항상 우유를 생산하게 하는 것은 잔인하다고 생각한다. 따라서 그들의 요구르트와 치즈, 버터 같이 우유에서 나온 어떤 파생상품(파생물)도 거부한다. 대부분의 엄격한 채식주의자들은 벌이 꿀을 만들 때 죽임을 당하기 때문에 꿀을 먹지 않는다. 계란의 경우, 닭들이 계속하여 알을 낳기 위해서 평생 동안 우리에 갇힌 채로 고통을 겪는다고 생각한다. 엄격한 채식주의자들은 이런 식품을 대신할 수 있는 대용식품(대체물)을 먹는데, 그것은 채식주의자 상점에서 구할 수 있다. 이런 것들은 해초나 콩에서 나오는 비타민이 될 수도 있다.

3. 단어의 뜻풀이

 예제 확인

01. 다음 밑줄 친 부분과 의미상 가장 가까운 것을 고르시오.

> Recently the ubiquitous telephone has become indispensable to the Korean way of life.

❶ capable of appearing everywhere
② seeming to be in the market
③ getting more and more expensive
④ getting more popular

[어휘] ubiquitous 어디에나 있는, 편재하는, 도처에 있는 / indispensable 필요 불가결한, 피할 수 없는 / way of life 삶의 방식, 생활 방식 / more and more 점점 더, 더욱 더

[해설] 최근 어디에나 있는 전화기가 한국인의 생활 방식에 필요 불가결한 것이 되어 버렸다.
① 어디에서든 볼 수 있는
② 시장에 있을 것 같은
③ 점점 더 비싸지는
④ 더 인기 있는

02. 다음 중 단어의 뜻풀이가 옳지 않은 것을 고르시오.

❶ rehabilitate : to continue with an effort or plan despite difficulties
② antagonist : one who opposes or competes
③ exploit : to use selfishly or unethically
④ banal : lacking originality

[해설] 'rehabilitate'는 'to help somebody to have a normal(useful) life again'의 의미이다. 즉, '회복시키다', '복원하다'는 의미이다.
① rehabilitate(복원하다, 복귀[복권], 복위시키다, 회복시키다) : 어려움에도 불구하고 노력이나 계획을 가지고 계속하는 것(×)
② antagonist(적대재[반대자], 적수[경쟁자]) : 반대하거나 경쟁하는 사람
③ exploit(착취하다, 이용하다, 개발하다) : 이기적으로 또는 비윤리적으로 이용하는 것
④ banal(평범한, 진부한) : 독창성의 부족

03. 다음 중 외래어에 대한 영어 표현으로 바르지 못한 것을 고르시오.

① 호치키스 : stapler
② 애프터서비스 : after-sales service
❸ 노트북 컴퓨터 : desktop computer
④ 리모컨 : remote controller

[해설] desktop computer'는 이동성이 떨어지는 대신 책상 위에 설치해 놓고 쓸 수 있는 탁상용의 컴퓨터를 말한다. 이에 비해 노트북 컴퓨터(notebook computer)는 노트 크기 정도로 작고 가벼워 휴대하고 다닐 수 있는 초소형 컴퓨터를 말한다.

 기출문제 확인

※ 다음 중 단어의 뜻풀이가 옳지 않은 것을 고르시오. (01~02)

[국가직 9급 기출]

01 ① dentist – a person professional trained to treat the teeth
② convict – a person who has been found guilty of a crime and sent to prison
③ bumper – a bar fixed on the front or back of a car to protect the car when it knocks against anything
④ principle – the head of some universities, colleges, and schools

[해설] ④ principle(원리, 원칙) : 대학이나 전문대학 그리고 학교의 장 [→principal(교장)]
① dentist : 전문적으로 치아를 다루도록 교육 받은 사람
② convict : 어떤 범죄로 유죄 판결을 받고 감옥에 보내진 사람
③ bumper : 어떤 것에 부딪힐 때 자동차를 보호하기 위해 차의 앞이나 뒤에 장착한 막대

[국가직 9급 기출]

02 ① cadre : nucleus of trained personnel
② fetus : unborn animal or human in the womb
③ impeach : accuse or charge with a crime before a tribunal
④ putrid : period when sexual maturity is being reached

[해설] ④ putrid(부패한, 타락한, 악취가 나는) : 성적으로 성숙해진 시기
① cadre(기간 인원, 핵심 그룹) : 훈련받은 인원들 중 핵심인물들
② fetus(태아) : 아직 태어나지 않고 자궁 안에 있는 동물이나 사람
③ impeach(탄핵하다, 고소 · 고발하다) : 법정에서 범죄를 고소하거나 고발하다

[국가직 9급 기출]

03 밑줄 친 부분과 의미가 가장 가까운 것을 고르시오.

> It was personal. Why did you have to stick your nose in?

① hurry
② interfere
③ sniff
④ resign

어휘 interfere 간섭하다, 참견하다 cf. interfere in ~에 개입하다. interfere with ~을 방해하다 / sniff 코를 킁킁거리다, 코를 훌쩍이다 cf. sniff at ~에 콧방귀 뀌다 / resign 사직[사임]하다, 물러나다 n. resignation 사직, 사임, 사직서

해설 'stick one's nose in'은 '~에 참견하다'는 뜻으로, 'interfere(간섭하다, 참견하다)'와 그 의미가 가장 유사하다.

해석 그것은 사적인 일입니다. 왜 참견을 하세요?(참견하지 마세요.)
① 서두르다
② 간섭하다
③ 킁킁거리다
④ 사직하다

[국회직 8급 기출]

04 Choose the answer that is closest in meaning to the underlined word.

> As soon as the board of elections promulgate the list of candidates, a ballot is prepared.

① critically review
② quickly contact
③ informally discuss
④ legally accredit
⑤ officially declares

어휘 the board of election 선거위원회 / promulgate 선포하다, 공표하다, 세상에 퍼뜨리다, 보급하다 / candidate 후보자, 지원자 / ballot 투표(용지), 비밀[무기명] 투표, 투표 총수, 제비뽑기 / critically 비평[비판]적으로, 혹평하여 / accredit ~의 공적으로 치다, ~으로 돌리다(=attribute), ~로 인정[간주]하다, 믿다, 신임하다[신임장을 주다]

해설 'promulgate는 공표하다, 선포하다'라는 의미이므로, 이와 가장 유사하게 표현한 답안을 찾아본다.

해석 선거위원회가 후보자들의 명단을 공표하자마자 투표가 준비된다.
① 비판적으로 재검토하다
② 신속히 접촉하다
③ 비공식적으로 논의하다
④ 합법적으로 인정하다
⑤ 공식적으로 선언하다

[국가직 9급 기출]

05 밑줄 친 부분의 의미와 가장 가까운 것을 고르시오.

> All along the route were thousands of homespun attempts to pay tribute to the team, including messages etched in cardboard, snow and construction paper.

① honor
② compose
③ publicize
④ join

어휘 homespun 수직(手織)으로 만든, 소박한, 투박한, 평범한 / attempt to ~하려고 시도하다 / etched in ~에 아로새겨진 / cardboard 판지, 마분지, 두꺼운 종이 / construction paper 공작용지, 색도화지 / honor 존경하다, 공경하다(= respect), 예우하다, 존중하다 / compose 조립하다, 구성하다(= make up, constitute) / publicize (일반 사람들에게) 알리다, ~을 공표[광고 · 홍보]하다(= advertise)

해설 밑줄 친 'pay tribute to'는 '~에게 찬사[경의]를 표하다'라는 뜻이므로 이와 가장 가까운 의미를 가진 유의어는 'honor(예우하다, 공경하다)'이다.

해석 판지, 눈 위, 그리고 공작용 종이에 아로새겨진 메시지를 포함하여 그 팀에게 찬사를 표하기 위한 수천 개의 소박한 노력들이 길목을 따라 이어졌다.
① 예우하다
② 구성하다
③ 알리다
④ 참여하다

[지방직 9급 기출]

06 밑줄 친 부분의 의미와 가장 가까운 것은?

> The student who finds the state-of-the-art approach intimidating learns less than he or she might have learned by the old methods.

① humorous
② friendly
③ convenient
④ frightening

어휘 state-of-the-art 최첨단의, 최신식의(↔ out of date 시대에 뒤떨어진, 구식의) / approach 접근법, 처리 방법 / intimidating 위협적인, 겁을 주는 / method 방법, 방식, 절차 cf. old method 구식 / convenient 편리한, 간편한 n. convenience 편의, 편리 / frightening 무서운, 겁나는

해설 'intimidating'은 '위협적인, 겁을 주는'의 뜻으로, 'frightening(무서운, 겁나는)'과 그 의미가 가장 유사하다.

해석 최첨단 방식에 겁을 내는 학생은 예전 방식으로 배웠을 때보다 더 배우지 못한다.
① 재미있는
② 친근한
③ 편리한
④ 무서운

[국가직 9급 기출]

07 밑줄 친 부분의 의미와 가장 가까운 것을 고르시오.

> The police spent seven months working on the crime case but were never able to determine the identity of the malefactor.

① culprit
② dilettante
③ pariah
④ demagogue

어휘 determine 알아내다, 밝히다 / identity 신원, 신분, 정체 v. identify 확인하다[알아보다], 찾다, 발견하다 / malefactor 범인, 악인, 악한(= evildoer) / culprit 범인, 범죄자, 장본인 / dilettante 예술 애호가, 아마추어 평론가, 호사가 / pariah 버림받은[따돌림 받는] 사람, 부랑자 (= outcast, vagabond) / demagogue 선동 정치가, 민중[군중] 지도자

해설 'malefactor'는 '범인, 악인, 악한'의 뜻으로, ①의 'culprit(범인, 범죄자, 장본인)'와 그 의미가 가장 유사하다.

해석 경찰은 그 범죄 사건을 조사하느라 7개월을 보냈지만 범인의 신원을 결코 밝힐 수 없었다.
① 범인, 범죄자, 장본인
② 애호가
③ 버림받은 사람
④ 선동가

[서울시 9급 기출]

08 다음 밑줄 친 표현과 가장 가까운 것을 고르시오.

> He was born to a wealthy family in New York in 1800's. This circumstance allowed him to lead a prodigal existence for much of his life.

① perjury
② unstable
③ pernicious
④ lavish

어휘 prodigal 낭비하는, 방탕한; 풍요로운, 호화로운 n. prodigality 방탕, 낭비 / perjury 위증죄 / unstable 불안정한(= changeable, volatile, unpredictable) / pernicious 치명적인 cf. a pernicious lie 악의에 찬 거짓말 / lavish 풍성한; 호화로운 cf. lavish expenditure 낭비

해설 밑줄 친 'prodigal'은 '낭비하는; 호화로운'의 뜻으로, 가장 유사한 단어는 'lavish(풍성한; 호화로운)'이다.

해석 그는 1800년대 뉴욕의 부유한 가정에서 태어났다. 이러한 환경 덕에 그는 인생의 대부분을 호화로운 생활을 하며 보냈다.
① 위증 죄
② 불안정한
③ 치명적인
④ 호화로운

기출문제 정답

01 ④ 02 ④ 03 ② 04 ⑤ 05 ① 06 ④ 07 ① 08 ④

4. 단어의 여러 가지 뜻 구별하기

⊕ 예제 확인

밑줄 친 부분에 들어갈 말로 가장 적절한 것은?

> Tests ruled out dirt and poor sanitation as causes of yellow fever, and a mosquito was the _____ carrier.

❶ suspected   ② uncivilized

③ cheerful   ④ volunteered

[어휘] rule out 제외시키다, 배제하다(= exclude) / sanitation 위생 시설[관리], 공중위생 cf. sanitation worker 환경 미화원 / yellow fever 황열병 / mosquito 모기 / carrier 운반하는 사람[것], 매개체 / suspected 미심쩍은, 의심되는 / uncivilized 미개한, 야만적인(= barbarous) / volunteered 자원봉사의, 자발적인

[해설] 먼지와 열악한 위생 상태를 감안하면 황열병을 발생시킨 매개체로 모기가 의심된다는 내용이므로, 'suspected(미심쩍은, 의심되는)'가 빈칸에 들어갈 말로 가장 적절하다.

[해석] 검사 결과 먼지와 열악한 위생 상태를 황열병의 원인에서 배제하여, 모기가 의심되는 매개체였다.

⊕ 기출문제 확인

[서울시 9급 기출]

01 밑줄 친 부분과 의미가 가장 가까운 것은?

> Man has continued to be disobedient to authorities who tried to muzzle new thoughts and to the authority of long-established opinions which declared a change to be nonsense.

① express   ② assert

③ suppress   ④ spread

[어휘] disobedient 반항하는, 거역하는(↔ obedient 복종하는, 순종적인) v. disobey 반항하다, 거역하다 / authority 권한, 권위 pl) 정부당국 cf. the health authorities 보건 당국 / muzzle 재갈을 물리다, 함구령을 내리다, 억압하다 / long-established 구래의, 오래된 cf. break a long-established usage 인습을 타파하다 / declare 선언하다, 단언하다, 언명하다(= affirm) / assert 단언하다, 주장하다 n. assertion 단언, 주장 / suppress 참다, 진압하다, 억누르다(= repress, smother) / spread 펴다, 펼치다, 바르다

[해설] 'muzzle'은 '재갈을 물리다, 억압하다'는 뜻으로, ③의 'suppress(참다, 진압하다, 억누르다)'와 그 의미가 가장 유사하다.

[해석] 인류는 새로운 사고를 억압하려고 했던 정부당국과 변화는 무의미하다고 단정한 기존 견해에 대한 권위에 계속해서 저항했다.

    ① 표현하다

    ② 주장하다

    ③ 참다

    ④ 펼치다

[서울시 9급 기출]

02 밑줄 친 부분과 의미가 가장 먼 것은?

> As a prerequisite for fertilization, pollination is essential to the production of fruit and seed crops and plays an important part in programs designed to improve plants by breeding.

① crucial   ② indispensable

③ requisite   ④ omnipresent

[어휘] prerequisite 전제[필요, 선행]조건 / fertilization 비옥화, 시비(施肥), 수정, 수태 cf. fertilization and implantation 수정과 착상 / pollination 수분(작용) / essential 필수적인, 없어서는 안 될(= indispensable) cf. be essential to ~에 필요하다 / seed crop 씨앗용 식물, 종자식물 / play an important part in ~에 중요한 역할을 하다 / improve 개선[개량]하다, 향상시키다(= ameliorate) / breeding 사육, 번식, 육종(育種), 품종개량 / crucial 중대한, 결정적인(= vital) / indispensable 없어서는 안 될, 필수적인(↔ dispensable 없어도 되는, 불필요한) / requisite 필요한, 필수의(= necessary, indispensable) / omnipresent 편재하는, 어디에나 있는(= ubiquitous)

[해설] 'essential'은 '필수적인, 없어서는 안 될'의 의미로 'crucial, indispensable, requisite' 등의 어휘와 그 의미가 유사하며, ④의 'omnipresent(편재하는, 어디에나 있는)'와 그 의미가 가장 동떨어진다.

[해석] 수정의 전제조건으로 수분작용은 과일과 종자식물의 생산에 필수적이고, 육종을 통한 식물개량 프로그램에서 중요한 역할을 한다.

[국가직 9급 기출]

03 밑줄 친 부분의 의미와 가장 가까운 것은?

> Robert J. Flaherty, a legendary documentary filmmaker, tried to show how <u>indigenous</u> people gathered food.

① native　　　　　　② ravenous

③ impoverished　　　④ itinerant

어휘 legendary 전설적인, 아주 유명한 / documentary filmmaker 다큐멘터리 영화감독[제작자] / indigenous 원산의, 토착의, 토종의 cf. indigenous people 원주민, 토착민 / ravenous 몹시 굶주린, 게걸스러운 cf. be ravenous for food 먹을 것에 굶주리다 / impoverished 빈곤한, 가난해진 / itinerant 떠돌아다니는, 순회하는

해설 'indigenous'는 '원산의, 토착의'의 뜻으로, 'indigenous people'은 '원주민'을 뜻한다. 그러므로 ①의 'native'와 그 의미가 가장 유사하다.

해석 전설적인 다큐멘터리 감독인 Robert J. Flaherty는 원주민들이 어떻게 식량을 채집했는지를 보여주려고 했다.

　① 원주민

　② 몹시 굶주린

　③ 빈곤한

　④ 떠돌아다니는

[지방직 9급 기출]

04 밑줄 친 곳에 공통으로 들어갈 단어로 가장 적절한 것을 고르시오.

> • She thought she just had a _____ of flu.
>
> • At university he wrote a bit, did a _____ of acting, and indulged in internal college politics.
>
> • The dishes he produces all have a personal _____.

① touch　　　　　　② pain

③ symptom　　　　④ case

어휘 a touch of flu 독감의 증상[기운, 기미] / a touch of acting 연기[연극, 연출]에 살짝 손을 댐 / indulge 빠지다, 탐닉하다, 마음대로 하다 (~ in), 종사하다(~ ing), 버릇없이 기르다, 만족시키다 / politics 정치, 정치학(단수 취급), 정치 운동[활동], 정책, 정략, 흥정, 이해, 동기, 목적 / a personal touch 개인의 방식[수법, 특성] / symptom 징후[징조, 전조, 조짐], 〈의학〉 증후(症候), 증상 / case 경우, 실정[사실, 진상], 사건, 사례(= example), 문제, 상태[상황, 입장], (구호의) 대상, (법) 판례, 소송 사건(= suit), (소송 가능한) 문제, 주장, 〈의학〉 용태, 사례, 환자

※ a touch of ~

　• a touch of cold 감기 기운[증상](→ 'a touch of + 병명'은 '병의 (가벼운) 증상[기운, 기미]'의 의미)

　• a touch of the sun 가벼운 일사병

　• a touch of winter <u>으스스한 추위[기운]</u>

　• a touch of uneasiness 일말의 불안

　• a touch of bitterness[pain] 약간[일말]의 고통

해설 빈칸에 공통적으로 어울릴 수 있는 단어를 찾아야 하는데, 'touch of flu'는 '독감의 증상[기운]'이라는 의미이며, 'touch of acting'은 '연기나 연극 등에 살짝 손을 댐', 'personal touch'는 '개인의 방식[수법]'이라는 의미이므로 ①이 빈칸에 가장 적합하다.

해석 • 그녀는 그냥 독감 기운이 있다고만 생각했다.

　• 그는 대학에서 글을 좀 썼고, <u>연기(연극)도 조금 했으며</u>, 대학의 정치활동에 빠지기도 했다.

　• 그가 생산하는 접시들은 모두 <u>개인적인 기법(특성)</u>을 지니고 있다.

[지방직 9급 기출]

05 밑줄 친 부분의 의미와 가장 가까운 것을 고르시오.

> These daily updates were designed to help readers <u>keep abreast of</u> the markets as the government attempted to keep them under control.

① be acquainted with

② get inspired by

③ have faith in

④ keep away from

어휘 keep abreast of 소식을[정보를] 계속 접하다 / be acquainted with ~를 알다, ~와 친숙하다 / get inspired by ~에 영감을 받다 / have faith in ~에 신념을 갖다 / keep away from ~를 가까이 하지 않다, 멀리하다

해설 'keep abreast of'는 '소식을[정보를] 계속 접하다'는 뜻으로 'be acquainted with(~를 알다, ~와 친숙하다)'와 의미상 가장 유사하다

해석 이러한 일일 업데이트는 정부가 시장을 통제하려고 시도함에 따라 독자들이 시장에 대한 소식을 계속 접하는 데 도움이 되도록 고안되었다.

[서울시 9급 기출]

06 밑줄 친 부분의 의미와 가장 가까운 것은?

> At least in high school she made one decision where she finally <u>saw eye to eye with</u> her parents.

① quarreled

② disputed

③ parted

④ agreed

어휘 at least 적어도, 최소한, 그나마 / see eye to eye with ~와 견해가 일치하다(= agree with) / quarrel 다투다, 싸우다 / dispute 반박하다, 논쟁하다 n. disputation 반박, 논쟁 / part 갈라놓다, 떼어놓다(= divide)

해설 'see eye to eye'는 '의견을 같이하다'는 뜻으로 'agree(동의하다)'와 그 의미가 가장 유사하다.

해석 그나마 고등학교 때 그녀는 마침내 부모와 일치하는 한 가지 결정을 내렸다.

기출문제 정답

01 ③ 02 ④ 03 ① 04 ① 05 ① 06 ④

제3절 중요 숙어 및 관용어구 정리

A

- a bit(= a little) 조금, 다소, 약간
- a bone in the throat 골칫거리
- a castle in the sky 백일몽(= a castle in the air)
- a close call 위기일발(= a close shave)
- a coffee break 짧은 휴식 시간
- a couple of(= two) 두 개[사람]의
- a few 몇몇의, 약간의
- a great many 매우 많은
- a lot of(= lots of, plenty of, many/much) 많은
- a pair of 한 쌍의
- a small number of 소수의
- a storm in a teacup[teapot] 헛소동 (= a tempest in a teacup[teapot])
- a white elephant 귀찮은 물건
- abide by (규칙 등을) 따르다[지키다, 준수하다], 고수하다
- above all 우선 (= first of all)
- according to~ ~에 따라, ~에 의하여, ~나름 으로
- account for ~을 설명하다
- across-the-board(= overall) 전면적인, 전체 에 미치는, 복합식의, 월요일부터 금요일 주 5일 에 걸친
- act on ~에 따라 행동하다
- act one's age 나이에 걸맞게 행동하다(= behave maturely)
- add insult to injury (누구와 이미 관계가 안 좋 은 판에) 일이 더 꼬이게 만들다[한술 더 뜨다]
- add up to ~가 되다, ~임을 보여주다 결국 ~이 되다.

- against all odds 곤란을 무릅쓰고
- agree with~ ~(의 의견)에 동의하다
- all at once 갑자기
- all of a sudden 갑자기
- all one's life 평생 동안
- all the way 줄곧, 도중 내내
- all thumbs(= clumsy, awkward) 서툰, 손재주 가 없는
- along with(= together with)~ ~와 함께
- and so on 기타 등등
- anything but 결코 ~이 아니다(= never)
- apart from ~은 별도로 하고(= aside from)
- apply for ~에 신청하다
- apply oneself to ~에 전념하다, 몰두하다
- as ~ as one can(= as ~ as possible) 할 수 있 는 한 ~하게
- as a matter of fact 사실
- as a result of ~의 결과로서(= in consequence of)
- as a rule 대체로, 일반적으로, 보통(= by and large, in general, on the whole)
- as far as it goes 어느 정도(까지)는
- as follows 다음과 같이
- as hard as nails 동정심이 없는
- as if 마치 ~인 듯이[~인 것처럼](= as though)
- as is (often) the case (with) 흔히 있는 일이지 만, 흔히 있듯이
- as much as to say ~라고나 말하려는 듯이, 마 치 ~이라고 말하려는 것처럼
- as soon as ~하자마자, ~하자 곧
- as yet 아직[그때](까지)
- ask a favor of ~에게 부탁하다
- at a loose ends 일정한 직업 없이, 빈둥빈둥, 계

획 없이[닥치는 대로], 혼란[당황]하여, 확정되지 않아

- at a loss(= at one's wit's end) 당황하여, 어쩔 줄 몰라서
- at a[one] time 한 번에
- at any rate 어쨌든(= in any case, in any event)
- at first hand 직접적으로
- at issue 계쟁[논쟁] 중인, 문제가 되고 있는
- at least 적어도, 최소한
- at odds with~ ~와 불화하여[사이가 나빠], 일치하지 않는(= in disagreement with)
- at once 동시에, 즉시
- at one's disposal ~의 마음대로 이용[사용]할 수 있게
- at stake(= at risk) 위태로워, 내기에 걸려서, 관련이 되어
- at the cost of ~을 희생해서[희생을 치르고], 대가로
- at the discretion of ~의 재량대로, 좋을 대로 cf. discretion 결정권, 분별, 자유재량
- at the end of ~의 끝에
- at the end of one's rope 절망적인, 진퇴양난에 빠져, 속수무책으로, 한계에 이르러, 한계에 부닥쳐
- at the expense of(= at the cost of)~ ~의 비용으로[대가를 치르고], ~을 희생하여
- at the mercy of(= under the control of)~ ~의 처분[마음]대로, ~에 좌우되는

B

- bark up the wrong tree 잘못 짚다, 헛수고하다, 허탕치다, 엉뚱한 사람을 비난하다
- be acquainted with [사실 따위]를 알다[알게 되다], 친분이 있다
- be afraid of~ ~을 두려워하다

- be afraid(+that절) ~일까봐 걱정하다
- be anxious about ~ ~에 근심[걱정]하다
- be anxious for 갈망하다[간절히 바라다], 기원하다
- be anxious to부정사(= be eager to~) ~하기를 갈망하다
- be based on~ ~에 토대를 두다
- be behind bars 감옥에 수감되다
- be bent on 여념이 없다, ~에 열중하다
- be concerned about ~을 걱정하다
- be concerned with ~에 관계되다
- be covered with~ ~으로 덮이다
- be curious about~ ~을 알고 싶어 하다
- be everything to~ ~에게 가장 소중하다
- be famous for~ ~로 유명하다
- be fond of~ ~을 좋아하다
- be free from ~이 없다
- be full of(= be filled with)~ ~가 많다[가득 차다, ~투성이다], ~에 몰두하다
- be good at~ ~에 능숙하다 cf. be poor at ~에 서투르다[못하다]
- be held(= take place) 개최되다
- be impressed by~ ~에 감명을 받다
- be in force 시행되고 있다, 유효하다
- be in line with ~와 일치하다
- be interested in ~에 흥미를 갖다
- be like~ ~와 같다, ~와 비슷하다
- be lost in ~에 관심이 빠져있다, 몰두하다
- be over 끝나다
- be packed like sardines 꽉 차다, (승객이) 빡빡하게 들어차다
- be proud of~ ~을 자랑으로 여기다
- be ready to~ ~할 준비가 되다
- be sure to~ 꼭 ~하다
- be surrounded by~ ~에 둘러싸이다
- be up to~ ~에 달려 있다(= depend on, rest

with); ~에 합당하다(= equal to); ~을 할 수 있는 ~할 능력이 있는(= be able to)
- be well off (경제적으로) 잘 살다, 부유하다
- bear[keep] ~ in mind 명심[기억]하다
- because of ~ 때문에
- before long 조만간
- believe in~ ~가 존재한다고 믿다, ~의 됨됨이를 믿다, ~이 좋은 것이라고 믿다
- beside oneself (격정·흥분으로) 이성을 잃고, 어찌할 바를 모르고, 제정신이 아닌
- between A and B A와 B 사이에
- between one's teeth 목소리를 죽여
- beyond description 형용할 수 없을 만큼, 말로 다 할 수 없는
- beyond question 의심할 여지 없이, 물론, 분명히
- bit by bit 하나씩, 서서히, 조금씩 점점
- black out 캄캄하게 하다[해지다], 잠시 시각[의식, 기억]을 잃게 하다[잃다]
- blow a fuse 분통이 터지다, 화내다
- blow one's own horn 자화자찬(自畵自讚)하다, 자기 자랑을 늘어놓다, 허풍을 떨다
- break down(= be out of order) 부서지다, 고장나다; 건강이 쇠약해지다, (협상 등이) 깨지다, 결렬되다, 파괴하다, 진압하다, 분류[분해]하다
- break loose 도주하다, 속박에서 벗어나다
- break off (나쁜 버릇이나 관계 등을) 끊다, 절교하다, (갑자기) 중지하다, 꺾어 버리다
- break the ice 어색한 분위기를 깨다, (딱딱한 분위기를 깨기 위해) 처음으로 입을 떼다, 긴장을 풀게 하다
- bring home to ~에게 뼈저리게 느끼게 하다.
- bury the hatchet 화해하다, 강화(講和)하다
- by accident 우연히(= by chance)
- by and large(= on the whole, in general, generally) 전반적으로, 대체로
- by birth 태생은, 출생은

- by contrast 대조적으로
- by design 고의로, 계획적으로
- by leaps and bounds 급속히, 대폭
- by oneself(= alone) 홀로
- by the way 그건 그렇고
- by turns 차례로, 교대로, 번갈아

C

- call it a day[night] 하루 일을 끝마치다(= stop working); 단념하다
- call off(= cancel) 취소하다
- call somebody names(= insult, abuse) 비난하다, 욕하다
- cannot help ~ing ~하지 않을 수 없다
- cannot hold a candle to ~만 못하다[~와 비교가 안 되다]
- care for(= take care of, look after) 돌보다, 좋아하다
- carry on 계속하다, 계속 가다
- carry out 수행[이행]하다
- carry the day 이기다, 승리를 얻다, 성공하다
- catch on 인기를 얻다, 유행하다(= become popular, in vogue); ~을 이해하다, 깨닫다(= understand); 적응하다(= adapt)
- catch one's eye 눈길을 끌다[모으다]
- catch up with 따라잡다, 따라가다
- check in 투숙하다(↔ check out)
- come a long way 크게 발전[진보]하다, 기운을 차리다, 회복하다, 출세하다
- come about 생기다, 발생하다, 일어나다
- come by 구하다, 획득하다(= obtain, get); 잠깐 들르다; ~을 타다
- come down with 병에 걸리다, 앓아눕다(= contract a disease, catch an infectious illness), (돈을) 내다, 지불하다

- come from~ ~출신이다
- come in handy 쓸모가 있다[도움이 되다]
- come into contact with ~와 접촉하다, 만나다
- come up with 제안하다(= present, suggest, propose), 안출하다, 생각해 내다; ~에 따라잡다(= overtake, catch up with, keep up with); 공급하다(= supply); 산출하다, 내놓다(= produce)
- come upon 우연히 만나다, 우연히 떠오르다
- come what may 어떤 어려움이 있어도[무슨 일이 있어도]
- compare A to B A를 B에 비유하다
- compare A with B A를 B와 비교하다
- consist in ~에 있다(= lie in)
- consist of ~로 구성되다(= be composed of)
- cope with (문제·일 등에) 잘 대처[대응]하다, 잘 처리하다
- count on(= depend on) 의지하다, 믿다
- cut back on ~을 줄이다
- cut off~ ~을 잘라내다
- cut out for(cut out to be) (필요한) 자질을 갖추다, 적임이다, 일이 체질에 맞다

D

- day in day out 허구한 날, 매일
- depend on~ ~에 의존하다, ~에 달려있다
- die of~ ~으로 죽다
- do away with 없애다, 폐지하다(= abolish); 버리다(= throw away, discard); 죽이다, 제거하다(= kill, get rid of, eliminate)
- do one's best 최선을 다하다
- do well to do ~하는 게 낫다, ~하는 것이 온당[현명]하다
- do without ~없이 지내다
- don't have to(= need not) ~할 필요가 없다

- down to earth 현실적인, 실제적인
- drop by (잠깐) 들르다

E

- each other 서로
- eat like a horse 아주 많이 먹다(↔ eat like a bird 적게 먹다)
- egg on one's face 망신, 수치, 창피, 체면을 구김
- every inch 전부 다, 속속들이, 완전히
- everyone else(= all the other people) 다른 모든 사람

F

- fall back on(= rely on, depend on, count on) 의지하다, 의존하다
- fall in love (with~) (~와) 사랑하게 되다
- fall off 떨어지다
- fall on~ (생일·축제일 따위가) ~날에 해당되다
- fall out (with) ~와 싸우다(= quarrel with), 사이가 틀어지다; ~이라고 판명되다, ~한 결과가 되다(= turn out)
- far and away 훨씬, 단연코
- feed on ~을 먹고 살다
- feel one's oats 힘이 넘치다, 들뜨다
- figure out(= solve) 풀다, 해결하다, 이해하다(= understand), 생각해 내다; 계산하다
- fill in for ~을 대신[대리]하다
- fill up (가득) 채우다, 차지하다, 가득 차다, 만수가[만원이] 되다
- find fault with ~을 비난하다
- find out 알아내다, 찾아내다
- for a while 얼마 동안, 잠시
- for all intents and purposes 모든 점에서, 사실상(= practically)

- for all the world 결코, 무슨 일이 있어도, 꼭, 아주
- for example 예를 들면(= for instance)
- for fun(for the fun of it) 장난으로, 재미로
- for good (and all) 영원히, 영구히(= forever, permanently), 이것을 마지막으로[최후로]
- for good measure 한 술 더 떠서, 덤으로
- for nothing 공짜로, 거저
- for the benefit of ~을 위하여(= for the sake of)
- for the first time 처음으로
- for the time being 당분간
- from now[then] on 지금[그때]부터 cf. till[up to] now 지금까지
- from scratch 맨 처음부터

G

- get along with ~와 잘 지내다
- get away from~ ~에서 도망치다[벗어나다]
- get even (with)~ ~에게 보복[대갚음]하다(= take revenge on, repay, retaliate, get back at)
- get in touch with ~와 연락을 취하다
- get rid of ~을 제거하다
- get through with ~을 끝내다, 완료하다
- get to~(= come to, reach, arrive at(in)) ~에 도달[도착]하다
- get together(= gather together) 모이다
- get[stand] in the way of ~의 길을 가로막다, ~의 방해가 되다(= be in one's way, prevent)
- give ~ a break ~에게 기회를 주다, ~를 너그럽게 봐주다
- give a hand 돕다(= help, aid, assist), 박수갈채하다
- give in (to) 굴복하다(= surrender), 양보하다(= yield to); 제출하다
- give off (냄새 · 열 · 빛 등을) 내다[발하다]

- give out 배부[배포]하다, 할당하다, 나누다(= distribute, hand out); 발표[공표]하다; 다 쓰다 (= use up)
- give up 포기하다, 버리다, 양도하다(= stop, abandon, relinquish, yield); ~에 헌신[전념]하다
- give way to 굴복하다, 물러가다[후퇴하다], (감정에) 못 이기다[무너지다], ~로 바뀌다
- go aloft 천당에 가다, 죽다
- go for a walk 산보하다
- go in one ear and out the other 한쪽 귀로 들어갔다 다른 쪽 귀로 나가다(금방 잊혀지다)
- go off 나가다[발사되다], (폭탄이) 터지다; (말이나 행동으로) 나타나다, 폭발하다; (일 등이) 진행되다, 되어가다; 도망가다; 흥미를 잃다, 싫어지다; (자명종이) 울리다
- go on~ ~이 진행되다, ~을 계속하다
- go over 검토[검사]하다(= examine carefully), 복습하다(= review), 면밀히 조사하다, 시찰하다 (= inspect); (비용이) 초과하다; 건너다[넘다]
- go through (특히 무엇을 찾기 위해) ~을 살펴보다[조사하다]
- go without~(= do without) ~없이 지내다
- grease one's palm 뇌물을 주다
- grow up 어른이 되다

H

- had better(+동사원형) ~하는 편이 낫다
- hang out with ~와 시간을 보내다, 어울리다
- happen to~ ~에게 (어떤) 일이 일어나다
- have a (nice) scene 활극을 벌이다, 법석을 떨다, 심하게 싸우다
- have a big mouth 수다를 잘 떤다
- have a crush on ~에게 홀딱 반하다
- have a discussion about~(= discuss, talk

about) ~에 관해서 토의하다
- have a good idea 좋은 생각이 떠오르다
- have an effect on ~에 영향을 미치다
- have fun (with~) (~와) 즐겁게 놀다
- have no idea(= don't know) 모르다
- have nothing to do with ~와 관계없다
- have words (with) ~와 말다툼하다(= quarrel, fall out with)
- head off 가로막다[저지하다](= forestall, block off); ~을 피해 진로[방향 · 방침 등]를 돌리다, 바꾸다; 떠나다(= leave)
- help ~with −ing ~가 …하는 것을 도와주다
- help oneself to 마음껏 먹다
- hit the ceiling[roof] 길길이 뛰다, 몹시 화나다 (= become angry); (주가 등이) 폭등하다, 최고에 달하다
- hit the road 여행을 떠나다
- hold on 계속하다, 지속하다; 매달리다; 버티다, 견디다, 사수하다; (전화 등을) 끊지 않고 기다리다 (= hold the line)
- hold up 올리다, 쳐들다; 강도질을 하다(= mug, rob); (길을) 막다, 세우다, 진행을 늦추다 (= delay); 지탱하다, 견디다, 유효하다
- hold[keep] back 억제[자제]하다(= abstain, suppress); 비밀로 하다, 말하지 않다; 걷어들이다, 취소하다, 제지하다

I

- if possible 가능하다면
- in a big way 대규모로[대대적으로], 거창하게, 열광적으로(= in a great[large] way)(↔ in a small way 소규모로)
- in addition to ~에 덧붙여서, 게다가
- in advance 미리, 사전에
- in favor of ~을 선호하여

- in front of~(= before) ~의 앞에
- in no way 결코[조금도, 어떤 점에서도] ~ 아니다[않다](= never, not ~ at all, not ~ in the least, not ~ by any means, by no means, not ~ in any way, in no way, on no account, not ~ on[under] any terms, on[under] no terms, under no circumstances, far from, anything but)
- in one's place ~의 입장에서
- in place of ~ 대신에
- in return for ~의 답으로서, 답례로서, 대가로, ~와 맞바꾸어
- in stitches 배꼽을 쥐고 웃는
- in terms of~ ~에 관하여, ~의 점에서 (보면)(= in view of, in the light of); ~에 의하여, ~으로 환산하여; ~의 말로, 특유의 표현으로
- in the center of~ ~의 중앙에
- in the middle of~ 한창 ~하는 중에, ~의 중앙에
- in the same boat 운명을 같이 해서, 처지가 같아, 같은 문제를 안고 있는
- in time 시간에 맞게, 때 맞추어, 조만간
  cf. on time(= punctually) 정각에
- instead of~ ~대신에

K

- keep ~ from[out of](= prevent~ from…) ~을 …하는[오는] 것을 막다[방해하다]
- keep ~ out of … ~이(가) ~에 관련되지 않게 하다, 가담시키지 않다, 못 들어오게 하다, 떼어 놓다
- keep ~ing 계속 ~하다
- keep a straight face 정색을 하다, 웃지 않다, 태연하다
- keep an eye on ~을 감시하다

- keep away (from) 피하다, 멀리하다[거리를 두다](= avoid, shun, eschew); 내쫓다, 물리치다 (= ward off)
- keep close tabs on 주의 깊게 지켜보다[감시하다]
- keep hands off 간섭하지 않다
- keep one's company ~와 동행하다 (= accompany), ~와 함께하다
- keep one's shirt on 침착성을 유지하다, 참다
- keep one's cool 이성[침착]을 유지하다
- keep up with 뒤떨어지지 않다[유지하다, 따라가다](= keep abreast of), 교제를 지속[계속]하다
- know ~ by heart ~을 외우다, 암기하다

- look out (for) 밖을 내다보다, 경계하다, 주의하다(= watch over); 관심을 가져주다, ~을 걱정하다(= be concerned about)
- look over 일일이 조사[음미]하다(= examine, look into); ~을 대강 훑어보다
- look the other way 못 본[모르는] 척하다
- look up to ~을 쳐다보다; 존경하다(= respect, admire, esteem, venerate, revere)
- look upon A as B A를 B로 여기다[간주하다]
- lose one's shirt 큰 손해를 보다, 알거지가 되다
- lose one's temper[cool] 화내다(= become angry), 이성을 잃다

L

- listen to~ (어떤 소리에) 귀를 기울이다
- laugh at 비웃다[조소하다], 웃음거리로 만들다
- lay off 끊다, 그만두다, 해고하다(= fire, dismiss temporarily, discharge)
- lay out 배열하다, 설계하다
- let up (폭풍우 등이) 자다, 가라앉다, 잠잠해지다 (= stop), 약해지다(= lessen); (일을) 그만두다
- lie on one's stomach[face] 엎드리다, 엎드려 눕다
- listen for~ ~이 들리나 하고 귀를 기울이다
- live on~ ~을 먹고 살다
- look after ~을 보살피다[돌보다](= take care of), ~의 뒤를 지켜보다, ~에 주의하다
- look back on ~을 뒤돌아보다, 회상하다
- look down on ~을 낮춰 보다[얕보다], ~을 경시하다
- look forward to+(동)명사 ~을 기대하다(= expect), 고대하다, 손꼽아 기다리다
- look into ~을 들여다보다, 조사[연구]하다 (= probe into, delve into, inquire into, investigate, examine)

M

- major in ~을 전공하다, 전문적으로 ~하다
- make ~ out of… …으로 ~을 만들다
- make a bet 내기하다
- make a difference 차이가 생기다, 변화가 있다; 효과가[영향이] 있다, 중요하다(↔ make no difference)
- make a fool of~(= trick, play a trick on) ~을 속이다, ~을 바보로 취급하다
- make a point of 으레 ~하다, 꼭 ~하기로 되어 있다
- make a scene 소란을 일으키다
- make believe ~인체하다(= pretend, feign, put on)
- make both[two] ends meet 수입과 지출의 균형을 맞추다, 수지를 맞추다, 수입에 알맞은 생활을 하다(= live within one's earnings), 빚지지 않고 살다
- make do[shift] (with) 그런대로 때우다, 임시변통하다, 꾸려 나가다(= manage with)
- make heads or tails of 이해하다
- make one's living 생활비를 벌다, 생계를 유지

하다

- make out 알아보다[듣다], 이해하다(= understand), 분간하다, 파악하다(= grasp the idea); ~처럼 말하다, ~인 체하다(= pretend); 작성하다, 쓰다; 성취[달성]하다; (결과가) ~으로 되다(= turn out)
- make over 양도하다, ~을 고치다, 고쳐 만들다
- make plans for(= plan for) ~을 위한 계획을 세우다
- make sure 확인하다, 다짐하다, 확실히 하다
- make the best of ~을 최대한 이용하다, [역경·불리한 조건 따위]를 어떻게든 극복하다
- make the fur fly 큰 싸움을 벌이다, 큰 소동을 일으키다
- make up 수선하다; 메우다, 벌충[보완, 만회]하다; (여러 요소로) 구성하다(= constitute, consist, compose); 작성하다(= draw up), 창작하다, 만들다; 날조하다, 꾸며내다(= invent); (약을) 조제하다; 화장[분장]하다; 화해하다(= become reconcile, settle)
- make up for 보상[벌충, 보충]하다 (= compensate for), 만회하다
- make up one's mind 결심하다
- make use of~ ~을 이용하다
- mind one's P's and Q's 언행을 삼가다, 예절 바르게 행동하다.

N

- next to none 아무에게도 뒤지지 않는 , 최고의
- no strings attached 아무런 조건 없이, 무조건 으로, 전혀 의무가 없는
- none the less 그래도 아직, 그럼에도 불구하고
- not ~ any more(= not ~ any longer, no more) 더 이상 ~ 않다
- not ~ at all 조금도[전혀] ~ 아니다

- not to speak of ~은 말할 것도 없고
- nothing but~(= only) ~에 지나지 않다
- nothing less than 다름 아닌 바로[그야말로]

O

- off the record 비공식적으로
- off the wall 엉뚱한, 별난, 미친
- on behalf of~ ~대신하여, 대표하여, ~을 위하여
- on duty 근무 중인(↔ off duty 비번인)
- on edge 초조하여, 불안하여(= nervously)
- on one's way (to)~ ~에 가는 길에
  cf. on the way home 집에 가는 중에
- on pins and needles 마음을 졸이는, 안절부절 못하는(= nervous)
- on the other hand 반면에 (= on the contrary)
- on the record 공식적인
- on the tip of one's tongue 말이(기억은 안나고) 혀끝에서 뱅뱅 도는
- on the tip of one's tongue 입에서 맴도는
- on time 정각에
- once and for all 단호하게, 한 번만, 이번만 (= finally and definitely, for the last time)
- once in a while(= sometimes, now and then, from time to time) 때때로
- out of control 통제할 수 없는
- out of the blue 불시에, 뜻밖에, 돌연, 불쑥, 느닷없이, 갑자기(= all of a sudden, unexpectedly, without any advance notice)
- out of the question 문제가 안 되는, 불가능한(= impossible), 상상할 수 없는(= unthinkable), 터무니없는
- out-of-stock 재고가 떨어진, 품절[매진]된(= all sold out)
- over the moon 하늘을 둥둥 떠다니는 듯한[너무나도 황홀한]

P

- paddle one's own canoe 자립하다, 남에게 의지하지 않고 혼자 해 나가다
- pass on 사망하다[돌아가시다](= pass away)
- pay lip service to ~에게 입에 발린 말을 하다.
- pick up (차에) 태우다
- pick up the bill[tab] (~에 대한 돈을) 지불하다
- play with each other in~ ~에서 함께 경기를 하다
- put down 착륙하다, 신청[등록]하다, 내려놓다, (전화를) 끊다, 적어 두다[기록하다], 강등하다, 깎아내리다, 창피를 주다, 진압하다[저지하다]
- put off 연기하다[미루다](= postpone, delay); 제거하다[벗다]; 내려 주다; 피하다[모면하다]
- put on 쓰다, 입다, 신다
- put through 성취하다(= complete); (전화 등을) 연결해 주다(= connect); 꿰뚫다; (법안 등을) 통과시키다
- put together 조립하다
- put up with(= bear, endure, tolerate)~ ~을 참다, 견디다, 받아들이다

Q

- quarrel with[about]~ ~와[에 대해] 다투다
- quite a long time 아주[꽤] 오랫동안

R

- rain cats and dogs 비가 억수로 내리다
- read between the lines 행간의 뜻을 읽다
- red tape 관료적 형식주의
- regardless of ~와는 상관없이[관계없이], ~에 개의치 않고
- result from ~에서 기인하다

- result in ~을 야기하다
- round up 모으다, 끌어모으다(= gather, assemble); 체포하다(= arrest, apprehend)
- round[around]-the-clock 24시간 내내(= day and night, twenty-four hours a day), 계속 무휴(無休)의
- rule out 제외하다, 배제하다(= exclude), 제거하다(= remove, eliminate); 불가능하게 하다, 가능성을 없애 버리다(= prevent, preclude)
- run into ~와 우연히 만나다(= meet unexpectedly); 뛰어들다; ~한 상태에 빠지다; ~충돌하다
- run out of 다 써 버리다, 고갈되다, 바닥나다(= become used up, be exhausted)

Q

- say to oneself 중얼거리다
- second[next] to none 최고의(= the best), 누구에게도 뒤지지 않는(= better than all others)
- see ~ off ~를 배웅[전송]하다
- sell like hot cakes 불티나게 팔리다, 날개 돋친 듯이 팔리다
- set ~ on fire ~에 불을 지르다
- set off 시작하다, 출발하다(= start, depart); 유발하다, 시작하게 하다; 폭발시키다(= trigger)
- set out 착수하다, 시작하다, 출발하다, 길을 떠나다(= start one's journey); 자세하게 설명하다
- set store by 중시하다, 소중히 여기다
- set the table(= prepare the table) 상을 차리다
- snuff the candle (초의) 심지를 끊다, 죽다
- so far(= until now) 지금까지
- south of(= to the south of)~ ~의 남쪽으로
- spend … on~ …에 돈[시간]을 쓰다
- stack up against ~에 견줄 만하다, 필적하다
- stand a chance of ~의 가능성이 있다

- stand by ~의 곁을 지키다, 가만히 있다.
- stand for 상징하다(= symbolize), 의미하다 (= mean), 나타내다(= represent); 대리[대표] 하다; 지지하다(= support); 입후보하다(= run for)
- stand in a white sheet 참회[회개]하다
- stand out 돌출하다, 튀어나오다, 눈에 띄다, 두 드러지다(= be outstanding, be prominent); 개입[가담]하지 않다
- stand up for ~을 옹호하다(= defend), 편들다, 지지하다(= support)
- step in(= walk in, come in) 안으로 걸어 들어 오다
- stop over (~에서) 잠시 머무르다, 중간에 잠시 멈추다, 비행 도중 잠시 체류하다
- stuffed shirt 젠체하는 사람, 유력자, 명사, 부자
- such as it is 대단한[변변한] 것은 못되지만
- such as~(= like) ~와 같은
- suit oneself 마음대로 하다

T

- take ~ for … ~을 …라고 생각하다[…으로 잘 못 생각하다]
- take a break 쉬다
- take a pew 앉다
- take a trip 여행을 하다
- take account of ~을 고려하다
- take advantage of ~을 이용하다(= make use of, capitalize on, utilize, put to use, avail oneself of), 속이다, 약점을 이용하다(= exploit, impose on)
- take after 닮다, 본받다, 흉내 내다, ~의 뒤를 쫓다
- take against ~에 반대하다[반감을 가지다], 반 항하다

- take apart 분해[해체]하다, 혹독히 비판하다
- take away 식탁을 치우다, 떠나다, 손상하다[흠 내다]
- take care 조심하다, 주의하다
- take care of ~을 돌보다[보살피다], (책임지고) 맡다, 조심[유의]하다, 처리하다[해결하다]
- take down 내리다, 헐어버리다, 적다[적어두다]
- take in 섭취[흡수]하다, 마시다; 숙박시키다; 이 해하다(= comprehend); (충고를) 받아들이다; 속이다(= deceive); (옷 등을) 줄이다; 포괄하다
- take it 견디다, 받아들이다, 믿다
- take it easy 여유롭다, 한가하다, 서두르지 않다
- take off 벗다(↔ put on), 급히 떠나다, 추적하다
- take on 흥분하다[이성을 잃다], 인기를 얻다, 고 용하다, 맡다, 떠맡다(= undertake), 흉내 내다, ~인 체하다(= assume)
- take out 데리고 나가다, 출발하다, 나서다
- take over 떠맡다, 인수하다, 이어받다[물려받 다], 운반해 가다, 우세해지다
- take place 발생하다[일어나다], 열리다[개최되다]
- take the lion's share 가장 큰[좋은] 몫을 차지 하다
- take to ~에 가다, ~에 전념하다, ~이 습관이 되다
- take up with ~와 친해지다, ~에 흥미를 가지 다[열중하다]
- take[have] a walk/rest 산책을 하다/휴식을 하다
- take[have] pity on 불쌍하게 여기다[가엾게 생 각하다]
- tamper with ~을 만지작거리다, 함부로 고치 다, 변조하다(= alter), 간섭하다(= meddle in, interfere with)
- tear down ~을 파괴하다, 해체하다
- tell apart 구별[분간]하다
- think aloud 생각을 입 밖에 내어 말하다

- throw in the towel[sponge] 패배를 인정하다
- throw the book at ~을 엄벌[중형]에 처하다
- tie the knot 결혼하다
- to a man 마지막 한 사람까지
- to advantage 유리하게, 돋보이게
- to each his own 각자 알아서
- to no effect 아무 효과가 없는, 쓸데없이
- to the best of one's knowledge ~이 알고 있는 바로는, 확실히, 틀림없이
- to the bone 뼛속까지, 철저히
- to the detriment of ~을 손상시키며[해치며], ~에게 손해를 주어, ~을 대가로 cf. detriment 손상, 손해, 손실
- to the point[purpose] 적절한, 딱 들어맞는(= pertinent, proper, relevant); 적절히, 요령 있게
- toot one's own horn 허풍을 떨다, 제 자랑을 하다
- try on (옷 등을) 입어 보다
- turn back(= return) 되돌아가다
- turn down 거절[각하]하다(= reject, refuse); (소리나 불꽃 등을) 줄이다(↔ turn up); 경기가 쇠퇴하다, 내려가다
- turn in 제출하다(= submit, hand in); (물건 등을) 되돌려 주다; 신고하다; 그만두다; 잠자리에 들다
- turn into ~으로 변하다
- turn off(= switch off) 끄다
- turn on(= switch on) 켜다
- turn out (가스·불) 끄다; 내쫓다, 해고하다; 결국 ~임이 드러나다(= prove), (결과) ~이 되다; 참석하다(= take part in); 모이다(= assemble); 생산하다, 제조하다(= manufacture)
- turn up 모습을 나타내다(= appear, show up), 도착하다(= arrive, reach); (분실물이) 우연히 발견되다, 일이 (뜻밖에) 생기다, 일어나다(= happen); (소리나 불꽃 등을) 높이다

U

- under the weather 기후 탓으로; 몸이 아픈(= ill, sick); 불쾌하여, 기분이 좋지 않은
- up front 선불의, 선행 투자의, 솔직[정직]한, 중요한, 눈에 띄는
- use up 다 써 버리다, 고갈되다(= deplete), 소모하다(= consume); 지치게 하다

W

- walk of life 직업, 신분, 계급, 사회적 계급
- walk out 작업을 중단하다, 파업하다(= go on strike)
- watch out(= be careful) 조심하다
- wave at(= wave to)~ ~에게 손을 흔들다
- wear and tear (일상적인 사용에 의한) 마모[마손]
- wear out 닳아 없어지게 하다, 써서 해지게[낡게] 하다, 지치게 하다(= exhaust)
- weed out (from) 제거하다(= eliminate, get rid of, root out)
- well off 부유한, 유복한, 잘 되어 가고 있는, 순조로운
- when it comes to ~에 관한 한
- with a pinch[grain] of a salt 에누리하여
- with all one's heart 진심으로
- with regard to ~에 관하여[대해서], ~와 관련하여
- within a stone's throw of ~에서 돌을 던져 닿는 곳에, 매우 가까운 곳에
- within one's reach 손이 미치는 곳에는 (↔ out of one's reach 손이 닿지 않는)
- without fail 틀림없이, 반드시
- worry about~(= be anxious about~) ~에 관해서 걱정하다
- would like to+동사원형(= want to~) ~을 하고 싶다

제4절 숙어 및 관용구 문제 연습

⊕ 예제 확인

01. 다음 밑줄 친 부분과 의미가 가장 가까운 것을 고르시오.

> Before taking such a test, one had better brush up on his or her vocabulary.

① revise   ❷ review
③ outline   ④ translate

어휘 had better(+ 동사원형) ～하는 편이 낫다 / revise 교정하다, 수정하다 / review 다시 조사하다, 정밀하게 살피다, 관찰하다, 복습하다 / outline 윤곽을 잡다, 개요를 정리하다 / translate 번역하다, 해석하다, 고치다, 바꾸다

해설 'brush up on'은 '복습하다'라는 의미이므로 'review'와 의미상 유사하다.

해석 그런 시험을 보기 전에는 단어들을 복습해두는 것이 좋다.

02. 다음 밑줄 친 부분에 공통으로 들어갈 가장 알맞은 것을 고르시오.

> • She was willing to _____ me through to the man in charge.
> • The boy took the radio apart but he was not able to _____ it together again.
> • I can't _____ up with his rude actions any longer.
> • They tried to _____ up several new buildings in that block.

① take   ❷ put
③ make   ④ get

어휘 be willing to 기꺼이 ～하다 / man in charge 담당자, 책임자 / take apart 분해하다

해설 • put (someone) through : 전화를 바꿔주다
• put (something) together : 조립하다
• put up with ～ : ～를 참다
• put up : (건물 등을) 짓다, 세우다

해석 • 그녀는 기꺼이 나에게 담당자를 바꾸어 주려 했다.
• 그 소년은 라디오를 분해했지만 다시 조립하지는 못했다.
• 나는 그의 무례한 행동을 더 이상 참을 수 없다.
• 그들은 그 블록에 몇 채의 새 건물을 세우려 하였다.

⊕ 기출문제 확인

※ 다음 밑줄 부분과 의미가 가장 가까운 것을 고르시오. (01～02)

[국가직 9급 기출]

01

> Mary and I have been friends over 10 years but I sometimes have a strange feeling to her. She is as deep as a well.

① easy to persuade
② simple to satisfy
③ impatient to deal with
④ difficult to understand

어휘 have[get] a feeling ～ 예감[느낌]이 들다 / as deep as a well 우물만큼 깊은, 속내를 드러내지 않는, 이해하기 어려운 / persuade 설득하다, 확인시키다 n. persuasion 설득, 납득 / impatient to do ～안달하는[하고 싶어 하는], ～하고 싶어 근질거리는 / deal with 다루다[취급하다], 상대하다, ～ 해결하다

해설 'as deep as a well'은 '우물만큼 깊은'이라는 의미가 되는데, 이는 문맥상 '속내를 드러내지 않는', '알기(이해하기) 어려운'이라는 의미로 볼 수 있다.

해석 Mary와 나는 10년 이상을 친구로 지내 왔지만 때때로 그녀에게 낯선 느낌이 든다. 그녀는 속내를 드러내지 않는다(이해하기 어렵다).
① 설득하기 쉬운
② 만족시키기 쉬운
③ 다루고 싶어 안달하는
④ 이해하기 어려운

[국가직 9급 기출]

02

> Quite often, the simple life feels out of reach because of all the problems and challenges that crop up.

① dominate
② finish
③ happen
④ increase

어휘 out of reach 손이 닿지 않는, 힘이 미치지 않는(= beyond reach) challenge 도전, 도전하다, 진실[정당성] 등을 의심하다, 당연히 요구하다 / crop up 갑자기 나타나다[생기다], (문제 등이) 일어나다, 제기되다 cf. crop 농작물[수확물], 수확고[생산고], 무리[떼], 자르

다, 깎다, 잘라 먹다, 수확하다, 베다, (작물 등을) 심다, 잘라내다 / dominate 지배하다, 우세하다, 좌우하다, 억누르다 n. domination 지배, 통치, 우세 / increase 늘다, 증가[증대]하다, 번식하다, 늘리다[불리다, 증가시키다], 확장하다, 증개증대, 증진], 증가액[량], 증가 요인, 이재[이익]

해설 'crop up'은 '갑자기 나타나다(생기다)'는 의미이므로 'happen'과 의미상 가장 유사하다. 'all the problems and challenges'가 'crop up'의 주어라는 점에 착안해서 문맥상 어울리는 것을 찾는다면 보다 쉽게 답을 고를 수 있다.

해석 꽤 자주, 간소한 삶은 <u>갑자기 생기는</u> 모든 문제와 도전들로 인해 손이 닿지 않는 것이라는 느낌이 든다.

※ 밑줄 친 부분에 들어갈 표현으로 가장 적절한 것을 고르시오. (03~05)

[국가직 9급 기출]

03

> The campaign to eliminate pollution will prove _____ unless it has the understanding and full cooperation of the public.

① enticing
② enhanced
③ fertile
④ futile

어휘 eliminate 없애다, 제거[삭제]하다(= get rid of) n. elimination 제거, 삭제 / cooperation 협력, 협동, 협조 / enticing 유혹적인, 매력 있는 / enhanced 강화한, 중대한, 높인 / fertile 비옥한, 기름진, 풍부한 / futile 헛된, 소용없는(= useless) cf. make a futile attempt 헛된 시도를 하다

해설 'unless'로 시작하는 부정의 조건절이므로, 부정적 의미의 단어를 사용하여 '대중들의 이해와 완전한 협력이 없다면 소용이 없을 것이다.'라고 이중부정의 구문으로 표현하는 것이 문맥상 적절하다. 그러므로 빈칸에는 'futile(헛된, 소용없는)'이 들어가는 것이 적합하다.

해석 오염을 제거하기 위한 캠페인은 대중들의 이해와 완전한 협력이 없다면 <u>소용이 없을</u> 것이다.

[지방직 9급 기출]

04

> Do you think this team _____ winning the championship?

① stands a chance of
② stands by
③ stands for
④ stands up for

어휘 stand a chance of ~할 가능성이 있다. (성공·생존의) 조짐이 보이다 / win a championship 선수권을 따다[획득하다], 우승하다 cf. championship 선수권, 우승, 패권, 우승자의 지위 / stand by 지지하다[편들다], 돕다, 곁에 있다, 방관하다, 대기[준비]하다, (약속 등) 지키다 / stand for 상징하다, 의미하다, 나타내다, 표상(表象)하다, 대리[대표]하다, 편들다, ~의 후보로 나서다, ~이 되다, ~로 향해하다 / stand up for 옹호[변호]하다, 두둔하다, 지지하다, 편들다

해설 'winning the championship' 앞에서 사용되어 가장 적절히 연결될 수 있는 표현을 찾아본다. 제시문은 의미상, 우승할 가능성이 있다고 생각하는지를 묻는 의미가 되는 것이 가장 자연스럽다. 여기서 'stand a chance of winning the championship'은 '우승할 가능성(선수권을 획득할 가능성)이 있다'라는 의미이므로 가장 적절하다.

해석 이 팀이 챔피언 결정전에서 우승할 <u>가능성이 있다</u>고 생각하십니까?

[서울시 9급 기출]

05

> E-waste is being produced on a scale never seen before. Computers and other electronic equipment become _____ in just a few years, leaving customers with little choice but to buy newer ones to keep up. Thus, tens of millions of computers, TVs and cell phones are _____ each year.

① efficient – documented
② obsolete – discarded
③ fascinating – reused
④ identical – thrown

어휘 e-waste (신조어) 전자폐기물(버려진 컴퓨터, 모니터, 전자제품 등) / on a scale 보다 널리 / keep up (진도·속도 등을) 따라가다 / efficient 능률적인, 유능한 n. efficiency 효율(성), 능률 / documented 문서로 기록된 / obsolete 더 이상 쓸모가 없는, 구식의 / discarded 버려진, 쓸모없는 cf. discarded paper 폐지 / fascinating 매력적인, 매혹적인 / identical 동일한, 똑같은

해설 전자폐기물이 전에 없이 넘쳐나는 이유는 고객들이 뒤처지지 않으려고 신제품을 구입하는 탓에 기존에 사용하던 전자 제품들이 '쓸모없어지고(obsolete)', '버려지기(discarded)' 때문이다.

해석 전자폐기물이 전에 없이 넘쳐나는 이유는 고객들이 뒤처지지 않으려고 신제품을 구입하는 탓에 기존에 사용하던 전자 제품들이 '쓸모없어지고(obsolete)', ' 버려지기(discarded)' 때문이다. 해석 전자폐기물이 전에 본 적이 없을 만큼 넘쳐나고 있다. 컴퓨터와 다른 전자 제품들은 단지 몇 년 내로 쓸모없어지고, 고객들은 뒤처지지 않으려고 신제품을 구매할 수밖에 없다. 그래서 수천만 대의 컴퓨터, TV 그리고 핸드폰이 매년 <u>버려진다</u>.

[서울시 9급 기출]

06 다음 빈칸에 들어갈 가장 적절한 것을 고르면?

> In the last twenty years the amount of time Americans have spent at their jobs has risen steadily. Each year the change is small, amounting to about nine hours, or slightly more than one additional day of work. In any given year such a small increment has probably been _____. But the accumulated increase over two decades is substantial.

① dazzling　　　　② vulnerable
③ imperceptible　　④ compulsory

어휘 amount to ~에 이르다 cf. amount to much[little] 상당하다[무가치하다] / slightly 약간, 조금 / increment (정기적인) 임금 인상, (수 · 양의) 증가 cf. an increment in salary 급여 인상 / accumulate 모으다, 축적하다 n. accumulation 축적, 누적 / decade 10년 / substantial 상당한, 엄청난 / dazzling 눈부신, 휘황찬란한 / vulnerable 취약한, 연약한(= susceptible, helpless, unprotected) / imperceptible 감지할 수 없는(↔ perceptible 감지[인지, 지각]할 수 있는), 미미한, 미세한 / compulsory 강제적인, 의무적인, 필수의 cf. compulsory execution 강제 집행

해설 빈칸 다음에 역접의 접속사 'But'이 왔으므로 앞뒤의 문장이 서로 상반되는 내용이 되어야 한다. 뒤의 문장에서 20년에 걸쳐 누적된 임금 인상은 'substantial(상당한, 엄청난)'하다고 했으므로, 앞 문장에서 특정 해의 임금 인상은 'imperceptible(감지할 수 없는, 미미한)'하다고해야 문맥상 어울린다.

해석 지난 20년 동안 미국인들이 직장에서 보낸 시간은 꾸준히 증가하고 있다. 매년 그 변화는 작지만 대략 9시간 혹은 하루 추가 근무보다 조금 더한 시간에 이른다. 어떤 특정 해에 그런 적은 임금 인상은 아마 미미할 것이다. 그러나 20년에 걸쳐 누적된 임금 인상은 상당하다.

[국회직 8급 기출]

07 Choose the answer that is closest in meaning to the underlined part.

> In every modern country, women are the beautiful sex—to the detriment of the notion of beauty as well as of women.

① encouraging　　② damaging
③ spreading　　　④ cherishing
⑤ comparing

어휘 to the detriment of ~에 손해를 주어, ~을 손상시켜, ~을 해치도록 cf. detriment 상해, 손해(= damage injury, harm), 유해물 a. detrimental 해로운, 불리한(= damaging) / notion 관념, 개념, 생각, 의견 a. notional / encouraging 격려[장려 · 고무]하는, 힘을 북돋아주는(= hortatory, hortative, inspiring) / damaging 손해를 끼치는, 해로운, 불리한 n. v. damage 손해, 손해를 입히다 / cherish 소중히 하다. (소망 · 원한 등을) 품다[간직하다]

해설 'to the detriment of' '~에 손해(손실)를 주어', '~을 손상시켜(해쳐)'라는 표현이다. 제시문은 오늘날 '여성은 아름다운 성(性)이다'라는 것(관점 또는 사실)은 여성들에게 있어서도 미(美)에 대한 개념에 있어서도 (그 자체로서 인간이라는 측면과 순수한 본연의 미(美)라는 개념에 있어서 바람직하지 않고) 해롭다는 의미이다.

해석 모든 현대 국가에서, 여성들은 아름다운 성(性)이다 – 여성에 대해서뿐만 아니라 미(美)의 개념에도 손해를 입히는 (아름다운 성이다).

※ 밑줄 친 부분과 의미상 가장 가까운 것을 고르시오. (08~10)

[지방직 9급 기출]

08

> The latest move to stave off a recession saw another reduction in the interest rates last night – the second cut in only eight days. The Central Bank also indicated that further cuts could be enforced.

① improve　　　　② prevent
③ treat　　　　　④ recover from

어휘 move 움직임[운동, 이동], 조처[수단], 움직이다, 감동시키다, 이동하다 / stave off (위험 등을) 피하다[모면하다], 막다[저지하다], 연기하다[미루다] cf. stave 통널, (사다리)단(段), 디딤대, 빗장, 통널을 붙이다, 구멍을 뚫다, 단[디딤대]을 대다 / recession 퇴거, 후퇴, 들어간 곳[부분], 경기 후퇴, 불경기 / reduction 감소, 절감, 삭감, 축소, 진압 v. reduce 줄이다, 감소[축소 · 삭감]하다, 진압하다 / interest rate 금리, 이율 / cut 베기, 일격, 벤 상처[자리], 절단, 삭제, 지름길, 삭감, 에누리, 할인, 인하 / central bank 중앙은행 / indicate 가리키다[지적하다], 보이다, 표시하다, 지시하다, 암시하다, 말[진술]하다 n. indication 지시, 징조 / enforce 실시[시행]하다, 집행하다, 강행하다 n. enforcement 시행, 집행 / prevent 막다, 방해하다, 예방하다, 지키다[보호하다] n. prevention 저지, 방해, 막음, 예방, 방지, 예방법 / recover from ~에서 회복하다[되찾다]

해설 금리 인하가 단시간 내에 여러 차례 실시된다는 것은 경기 후퇴를 막기(피하기) 위한 급박한 조치라는 추측이 가능하다. 'stave off'는 '막다', '피하다'라는 의미이다.

해석 경기 후퇴를 막기 위한 최근의 움직임은 지난밤 또 한 번의 금리 인하로 이어졌는데, 이는 겨우 8일 만에 두 번째 인하였다. 중앙은행은 또한 그 이상의 인하가 실시될 수 있다고 지적했다.

[지방직 9급 기출]

09

> The Acme Construction Company is having problems. They have been working on a new office building for the last seven months, and everything seems to be going wrong. Earlier, they stopped work on a smaller structure that they had been building so they could <u>take on</u> this job. Now both projects are in jeopardy.

① finish   ② share
③ evaluate   ④ undertake

어휘 work on 일을 계속하다, ~에 효험이 있다, 작용하다, 움직이다, 흥분시키다 / office building 사무실용 빌딩 / go wrong 잘못되다[하다], 길을 잘못 들다, 고장 나다, 타락하다, (음식물이) 썩다, 실패하다 / structure 구조, 기구, 조직, 구성, 건물, 건조물 a. structural 구조의 / be building 건축 중이다 / take on 떠맡다, 고용하다, 말다툼하다, 대결하다, 흉내 내다, ~인 체하다, 인기를 얻다, 뽐내다, 흥분하다, 떠들어대다 / project 계획, 기획, 설계, 사업, 연구 과제 / be in jeopardy 위험에 처하다[빠지다] / evaluate 평가하다, 추정하다 n. evaluation 평가, 사정 / undertake 떠맡다, 착수하다, 책임[의무]을 지다, 약속[보증]하다, 단언하다

해설 그 건설사가 더 작은 건물 작업을 중단함으로써 이 일(사무실 빌딩 작업)을 '떠맡게' 되었다는 의미이다. 여기서의 'take on'은 '~을 떠맡다'라는 뜻으로 ④와 의미상 유사하다.

해석 Acme 건설회사는 문제들을 겪고 있다. 그들은 지난 7개월 동안 새 사무실용 빌딩 작업을 해오고 있는데, 모든 것이 잘못된 것 같다. 예전에, 그들은 건축하고 있었던 더 작은 건물 작업을 중지하였고 그래서 그들이 이 작업을 떠맡을 수 있었다. 이제 두 가지 사업이 모두 위험에 처해 있다.

[지방직 9급 기출]

10

> Officials at the National Institute of Health say that Severe Acute Respiratory Syndrome(SARS) is spreading and all children under five are <u>at stake</u>.

① safe   ② at risk
③ free   ④ immune

어휘 the National Institute of Health 국립보건연구원(NIH) / Severe Acute Respiratory Syndrome(SARS) 중증급성호흡기증후군(SARS, 사스) / acute 격렬한, 심한, 예리한, 날카로운, 심각한, (병이) 급성의 n. acuity 날카로움, 뾰족함, 격심함, 예민함 / respiratory 호흡의, 호흡을 하기 위한 n. respiration 호흡 / spread 펴다, 덮다, 펼쳐지다, 퍼지다 / at stake 위태로워(= at risk, risked), 내기에 걸려서, 관련이 되어 / at risk 위험한 상태에 / immune 면역성의, 면제한, 당할 염려가 없는, 면역자, 면제자 n. immunity 면제, 면역

해설 사스(SARS)가 퍼졌다는 내용에서 아이들이 위험에 처해 있다는 것을 짐작할 수 있다.

해석 국립보건연구원의 공무원들은 중증급성호흡기증후군(SARS · 사스)이 퍼지고 있으며 5세 이하의 모든 아이들이 <u>위험에 처해 있다</u>고 말하고 있다.

[서울시 9급 기출]

11 다음 빈칸에 들어갈 단어를 순서대로 고르면?

> The country with the highest rate of crime in the world is Vatican City, with 1.5 crimes per resident. However, this high ratio is due to the country's tiny population of only around 840 people. It is likely that the vast majority of the crimes, which consist mainly of pick-pocketing and shop-lifting, _____ are by outsiders. The Vatican has a special police force with 130 members responsible for criminal investigation, border control and protection of the pope. There is no prison in Vatican City, with the exception of a few detention cells to hold criminals before trial. The majority of criminals are _____ by Italian courts.

① manipulated - sealed
② dominated - overruled
③ committed - tried
④ conducted - enforced

어휘 crime 범죄, 범행 cf. commit a crime 죄를 짓다 / resident 거주재[주민], (호텔) 투숙객 / ratio 비율, 비(比) cf. the ratio of 5 to 2 5 대 2의 비율 / tiny 아주 작은[적은] / vast 방대한, 막대한(= huge, massive, enormous) / pick-pocketing 소매치기 / shop-lifting 들치기(상점에서 물건을 훔치는 것) / outsider 국외자, 외부인, 이방인 / criminal investigation 범죄 수사 / border control 출입국 관리 / pope 교황 / with the exception of ~을 제외하고 / detention cell 유치장 / trial 재판[공판], 시험[시도] / court 법정, 법원 / manipulate 조종하다, 조작[처리]하다 / seal 밀봉[밀폐]하다, 봉쇄하다 / dominate 지배[군림]하다, 압도적으로 우세하다 / overrule 기각[각하]하다 / enforce 집행[시행]하다, 강요하다 n. enforcement 시행, 집행, 강제

해설 바티칸 시국이 범죄율이 높은 이유는 단지 840명 밖에 안 되는 그 나라의 적은 인구 때문이며, 범죄의 대부분이 외부인들에 의해 저질러질 가능성이 있다. 이때 '범죄를 저지르다'에 적합한 동사는 'commit'이다. 또한 바티칸 시국에는 재판 전에 죄수들을 가두기 위한 몇몇 유치장을 제외하고는 교도소가 없고, 죄수들의 대다수는 이탈리아 법정에서 재판을 받는다. 이때 '재판을 받다'에 적합한 동사는 'try'이다.

해석 세계에서 범죄율이 가장 높은 나라는 바티칸 시국이며, 주민 1인당 1.5건의 범죄가 발생한다. 그러나 범죄율이 높은 이유는 단지 840명밖에 안 되는 그 나라의 적은 인구 때문이다. 주로 소매치기와 상점털이로 구성된 범죄의 대부분이 외부인들에 의해 저질러질 가능성이 있다. 바티칸은 범죄 수사, 출입국 관리 그리고 교황 경호를 위한 130명의 특수 경찰 병력이 있다. 바티칸 시국에는 재판 전에 죄수들을 가두기 위한 몇몇 유치장을 제외하고는 교도소가 없다. 죄수들의 대다수는 이탈리아 법정에서 재판을 받는다.

※ 다음 글의 밑줄 친 부분의 의미로 가장 적절한 것을 고르시오. (12~13)

[국가직 9급 기출]

12

> In retrospect, I was taken in by the real estate agent who had a fancy manner of talking.

① inspected ② deceived
③ revered ④ amused

어휘 in retrospect 되돌아보면, 회고하면 cf. retrospect 회상, 회고, 선례의 참고, 소급력, 회고하다, 회상에 잠기다 / take in 속이다 (= deceive, cheat, play a trick on), (맞아) 들이다(= admit, receive), 받아들이다(= accept), 흡수하다(= absorb), 숙박시키다, 맡다, 구독하다(= subscribe), 이해[납득]하다(= understand), 포괄[포함]하다(= include, comprise) / (real) estate agent 부동산 매매 중개인, 부동산 중개업자 / fancy 장식적인, 화려한, 고급의, (가격 등이) 터무니없는, 엄청난(= extravagant), 상상의, 공상적인, 엉뚱한, 변덕스러운 / inspect 세밀히 살피다[조사하다](= look at carefully, scrutinize), 시찰[감사]하다(= examine or review officially, investigate, look over) / revere 숭배하다, 외경(畏敬)하다, 존경하다(= venerate, respect, look up to, admire, esteem) / amuse 재미있게[즐겁게] 하다, 웃기다, 기분 전환하다

해설 여기서의 'take in'은 '속이다(= deceive)'의 뜻으로 사용되었다. 화려한 말솜씨를 지닌 부동산 중개업자에게 어떻게 되었다는 것인지를 생각해보면 답을 고를 수 있다.

해석 되돌아보면, 나는 화려한 말솜씨를 가지고 있던 부동산 중개업자에게 속았다.

[국가직 9급 기출]

13

> The substantial rise in the number of working mothers, whose costs for childcare were not factored into the administration's policy-making, was one of the main reasons that led to the unexpected result at the polls.

① considered in ② diminished in
③ substituted for ④ excluded by

어휘 substantial 실질적인, 실제상의, 내용이 풍부한, 실속 있는, 상당한, 많은 / childcare 육아 / factor into[in] ~을 하나의 요인(요소)으로 넣다[포함하다], ~을 계산에 넣다 cf. factor 요인, 요소, 원인, 인수, ~의 요인을 고려하다, 인수분해하다, 대리상으로 일하다 / policymaking (정부 등의) 정책 입안 / poll (선거 등의) 투표, 여론 조사, 투표하다 / diminish in ~이 줄다 cf. diminish 줄이다, 감소시키다, 줄다, 가늘어지다, 감소하다 / substitute 대리를 시키다, 대용하다(~ for), 대신[대리]하다 / exclude 못 들어오게 하다, 제외하다, 배제하다

해설 'were not factored into the administration's policymaking'은 '정부 정책 입안으로 포함되지 않았다'는 의미이다. 보기 중 여기서의 'factored into'와 가장 비슷한 것은 ①이다. 즉, '정부 정책 입안으로 고려되지 않았다'는 의미와 가장 가깝다.

해석 정부의 정책 입안 요인으로 포함되지 않았던 육아 비용을 들이는 일하는 엄마들 수의 상당한 증가는 투표에서 예상하지 못한 결과를 초래한 요인 중의 하나였다.

[국회직 8급 기출]

14 Choose the answer that is closest in meaning to the underlined part.

> For the last two years, we have had to get along on a shoestring.

① by ourselves
② in time of need
③ with very limited funds
④ without help from anyone
⑤ with the cooperation of others

어휘 on a shoestring 쥐꼬리만 한 돈으로, 적은 자본으로(= with very little money) cf. shoestring 구두끈, 소액의 돈, 가느다란, 적은 자본의, 위태위태한 / (all) by ourselves 혼자서, 외톨이로 / in time of need 어려운 때, 필요한 때 / fund 자금, 기금, 기본금, (pl.) 재원, 국채, 공채 / cooperation 협력, 협동, 제휴, 협조(성)

해설 'shoestring'은 '소액의 돈(자본)'을 의미한다.

해석 지난 2년 동안, 우리는 적은 자본으로 지내야만 했다.
① 외톨이로
② 어려운 때(필요한 때)
③ 아주 한정된(적은) 자본으로
④ 다른 사람의 도움 없이
⑤ 다른 사람의 협조로

[국회직 8급 기출]

15 Choose the answer that best completes the sentence(s).

> A good way of ridding yourself of certain kinds of dogmatism is _____ opinions held in social circles different from your own.

① to be opposed to

② to be distanced from

③ to stand clear of

④ to become aware of

⑤ to become suspicious of

어휘 rid ~ of (~에게서) 없애다[제거하다], (~으로부터) 자유롭게[면하게] 하다, ~에서 벗어나다[면하다] / dogmatism 독단(론), 독단주의, 독단적 태도, 교조(敎條)주의 / become aware of ~을 알아채다. ~을 알게 되다 / social circle 사회적 집단, 사교계 / different from ~와 다른 / be opposed to ~에 반대이다. 반대편에 서다 / stand clear of ~에서 떨어져서 서다. ~에 접근하지 않다 / suspicious of[about] ~을 의심하는

해설 독단주의(독단론)는 자신만의 편견으로 어떤 판단을 주장하거나 긍정하는 것이므로, 여기에서 벗어나기 위해서는 자신의 견해를 무조건 고수하기보다 사회 전체의 관점이나 견해를 인식하고 이를 긍정적으로 볼 수 있어야 한다. 이를 토대로 할 때 빈칸에 어울리는 것은 ④뿐이다. 즉, 독단주의에서 벗어나기 위한 좋은 방법은 자신의 견해가 아닌 사회 집단의 견해를 '알게(인식하게) 되는 것'이라 할 수 있다.

해석 당신 자신에게서 어떤 유형의 독단주의를 제거하는 좋은 방법은 당신 자신의 견해와는 다른, 사회 집단이 가지고 있는 견해를 알아채는 것이다.
① 반대하는 것
② 멀어지는 것
③ 떨어져 서는 것(접근하지 않는 것)
④ 알아채는 것(알게 되는 것)
⑤ 의심하게 되는 것

[국가직 9급 기출]

16 다음 글의 밑줄 친 부분의 뜻으로 가장 적절한 것은?

> When Jesse and Rachel got married, they knew they wanted to live in a traditional nuclear family – mother, father, and biological children. Each of them had come from other family arrangements, and they had decided that a more traditional arrangement was what they wanted. Rachel had been born out of wedlock. Because her parents had never married, she had never met her biological father. Jesse's mother had been widowed. His father's early death made Jesse want to have a large family.

① rich   ② illegitimate

③ divorced   ④ handicapped

어휘 nuclear family 핵가족(↔ extended family) / biological child 친자(親子), 실자(實子) / arrangement 정돈[정리], 배열[정렬, 배치], 구성, 배합, 조정, 협정, 합의(= agreement), 화해, 준비(= preparation), 예정 / out of wedlock 서출(庶出)의, 사생아의(= illegitimate) cf. wedlock 결혼 생활, 혼인 / biological father 생부(生父), 낳아준 아버지 / widow 미망인, 홀어미, 과부 / illegitimate 서출의, 사생의, 위법의, 불법의 / divorced 이혼한, 분리된 n. divorce 이혼(하다) / handicapped 장애가 있는, 불구의

해설 'out of wedlock'은 '서출(庶出)의', '사생아의'라는 뜻이므로, illegitimate(서출의, 사생의)와 의미상 유사하다. 여기서 'wedlock'은 '결혼 생활'을 의미하므로, 'out of wedlock'은 '결혼하지 않고'라는 뜻이라는 것을 알 수 있다.

해석 Jesse와 Rachel이 결혼을 했을 때, 그들은 전통적인 핵가족 – 어머니, 아버지, 친자식 – 으로 살고 싶다는 것을 알고 있었다. 그들은 각각 다른 가족 구성에서 왔고, 보다 전통적인 가족 구성이 자신들이 원하는 것이라는 결론을 내렸다. Rachel은 사생아로 태어났다. 그녀의 부모님은 결혼한 적이 없었기 때문에 그녀는 자신의 생부를 만난 적이 없었다. Jesse의 어머니는 과부로 살아왔다. 그의 아버지께서 일찍 돌아가신 것이 Jesse가 대가족을 가지길 원하게 된 계기가 되었다.

[지방직 9급 기출]

17 밑줄 친 부분과 의미가 가장 가까운 것을 고르시오.

> John had just started working for the company, and he <u>was not dry behind the ears</u> yet. We should have given him a break.

① did not listen to his boss

② knew his way around

③ was not experienced

④ was not careful

어휘 not dry behind the ears 풋내기의, 경험 없는, 세상모르는(= inexperienced, unworldly) / give somebody a break ~에게 기회를 주다; ~를 너그럽게 봐주다 / know one's way around ~의 지리에 밝다, ~에 정통하다

해설 'not dry behind the ears'는 가축들이 태어나면 귀 뒤쪽이 다른 부분에 비해 늦게 마르는 데에서 비롯된 숙어로, 경험이 많지 않음을 의미한다. 이와 의미가 가장 가까운 것은 'was not experienced (경험이 없었다)'이다.

해석 John은 회사 일을 이제 막 시작했고, 아직 경험이 적었다. 우리는 그를 너그럽게 봐줘야 했다.

※ 다음 글의 밑줄 친 부분의 의미로 가장 알맞은 것을 고르시오.

[지방직 9급 기출]

18

> I can get you <u>off the hook</u> once you are done with this process.

① clean

② free

③ involved

④ exposed

어휘 off the hook 궁지[곤란, 책임, 의무]를 벗어나[해방되어], 자유롭게(= free), (전화) 수화기가 벗어나[제대로 안 놓인] cf. hook 갈고리, 훅, 고리, 낚싯바늘, 코바늘, 올가미 / be done with ~을 끝내다, 끝장내다, ~와 손[인연]을 끊다, 절교하다, ~을 그만두다 / involve 포함하다, 수반하다, 필요로 하다, 종사[참가]시키다, 관계[관련]시키다, ~에 영향을 미치다, 말려들게 하다, 연루시키다, 복잡하게 하다 / expose 드러내다[폭로하다], 내놓다[진열하다], 쐬다

해설 hook은 갈고리나 올가미 등을 의미하는데, 여기에서 벗어난다(off)는 것은 어떤 대상을 옭아매고 있던 것에서 벗어나 자유롭게 된다는 의미임을 짐작할 수 있다. 여기서 'off the hook'은 '궁지(책임)에서 벗어나', '자유롭게' 등의 의미를 지닌 숙어이다.

해석 나는 네가 일단 이 과정을 끝내면 너를 자유롭게 할 수 있어.

[지방직 9급 기출]

19

> You'd better not say anything to the owner of the building about painting your apartment. If I were you, I'd <u>let sleeping dogs lie</u>. The last time you asked him to do some repairs, he raised your rent.

① be fortunate

② try very hard

③ not make troubles

④ take it or leave it

어휘 had better not V ~하지 않는 편이 낫다(↔ had better V ~하는 편이 낫다) / let sleeping dogs lie 〈속담〉 잠자는 개는 그대로 두어라, 긁어 부스럼 만들지 마라, 쓸데없는 문제를 일으키지 마라 / rent 집세, 임차료, 임대료, 사용료, 지대(地代), 소작료, 임대[임차]하다 / fortunate 운이 좋은, 행운의, 상서로운 / make troubles 문제[소란, 소동, 사고, 말썽]을 일으키다, 세상을 소란케 하다 / take it or leave it (무조건) 승낙하거나 거부하거나 하다, (제시된 가격 등을 그대로) 받아들이든 말든 마음대로 하다, 마음대로 취사선택하다

해설 직역을 하면 '잠자는 개들을 자도록 내버려 두다'라는 의미가 된다. 여기에다 지난번 수리 요청 시 주인이 집세를 올렸다는 내용(The last time you asked him to do some repairs, he raised your rent)을 고려해 밑줄 친 부분의 의미를 추론해 본다면, '긁어 부스럼 만들지 마라'라는 정도의 의미가 될 것이다.

해석 아파트에 페인트를 칠하는 것에 대해 건물 주인에게 아무 말도 하지 않는 게 나을 것입니다. 제가 당신이라면, 전 긁어 부스럼 만들지는 않을 것입니다(쓸데없는 문제를 일으키지 않을 것입니다). 지난번 당신이 주인에게 수리를 좀 해달라고 부탁했을 때, 그는 집세를 올렸습니다(올렸지 않습니까).

① 운이 좋다

② 아주 열심히 노력하다

③ 문제를 일으키지 않다

④ 승낙하거나 거부하거나 하다

[국가직 9급 기출]

20

> Newton made <u>unprecedented</u> contributions to mathematics, optics, and mechanical physics.

① mediocre

② suggestive

③ unsurpassed

④ provocative

어휘 unprecedented 전례 없는, 사상 초유의, 전인미답의, 공전의 / optics 광학 / mediocre 보통 밖에 안 되는, 평범한, 보통의 cf. a mediocre life 평범한 생활 / suggestive 연상시키는, 외설적인, 도발적인 v. suggest 제안[제의]하다, 시사[암시]하다 / unsurpassed 그 누구[무엇]에게도 뒤지지 않는, 타의 추종을 불허하는 / provocative 도발적인, 화를 돋우는 v. provoke 유발[도발]하다, 화나게[짜증나게] 하다

해설 'unprecedented'는 '전례 없는' 또는 '사상 초유의'란 뜻으로 'unsurpassed(타의 추종을 불허하는)'과 그 의미가 가장 유사하다.

해석 뉴턴은 수학, 광학, 그리고 기계 물리학에 전례 없는 기여를 했다.

[국가직 9급 기출]

21

He collaborated with his son on the English translation of a text on food production

① put together　　② went together
③ started together　④ worked together

어휘 collaborate 공동으로 일하다[연구하다], 합작[협력, 협동]하다(= cooperate, work together) / translation 번역, 통역, 번역문[번역서] v. translate / ut together 모으다, 조립하다(= assemble), 짜맞추다, 합계하다, 구성하다(= compose), 편집하다(= compile, edit)

해설 collabrate with는 '~와 협동하다'라는 의미로, work together가 가장 적절하다.

해석 그는 식량 생산에 관한 원문 번역을 그의 아들과 공동으로 했다.

[국가직 9급 기출]

22

At my last school, they called me names because I was so slow.

① abused me　　② deceived me
③ called the roll　④ finished with me

어휘 names ⟨pl.⟩ 욕설, 험담, 악담 / call someone names 욕(설)하다, 헐뜯다(= abuse, slander, malign, revile, speak ill of) / abuse 악용[남용]하다(= misuse), 학대하다, 욕하다 / deceive 속이다, 기만하다 / roll 두루마리, 기록, 공문서, 명부, 목록(표), 출석부, 한 통, 말아 만든 물건, 회전 / call the roll 출석을 부르다

해설 call someone names는 '욕하다, 험담하다'의 의미로, abuse가 가장 적절하다.

해석 마지막 수업에서, 그들은 내가 너무 느리다고 나를 욕했다.

[국가직 9급 기출]

23 다음 중 문장의 뜻풀이가 잘못된 것은?

① John is as hard as nails.
　→ John has no sympathy for others.
② Her ideas are off the wall.
　→ Her ideas are informal or eccentric.
③ She has a heart of gold.
　→ She is very mean and greedy.
④ He's a really top-notch administrator.
　→ He is the very best administrator.

어휘 as hard as nails 근골이[신체가] 튼튼한, 내구력 있는, 냉혹한[무자비한] (사람)(= showing no sympathy [kindness]), sympathy 공감, 동감, 일치, 동정(심), 연민, 조문[위문] v. sympathize off the wall 흔하지 않은, 엉뚱한[별난], 즉흥적인, 미친 / eccentric 별난, 괴벽스러운 / a heart of gold 상냥한[선량한, 고귀한, 순수한] 마음(을 가진 사람), 용맹심이 있는[냉혹한] 마음(을 가진 사람) / mean 비열한, 짓궂은, 인색한, 천한, 보통의[평범한] / greedy 욕심 많은[탐욕스러운], 갈망하는 / top-notch 일류의, 최고(점)의, 최고도의

해설 'a heart of gold'는 '상냥한 마음', '고귀한 마음'이라는 표현이며, 'mean and greedy'는 '비열하고 탐욕스러운'이라는 의미이다.
① John은 냉혹하다.
　→ John은 다른 사람들에 대한 동정심이 전혀 없다.
② 그녀의 생각은 엉뚱하다.
　→ 그녀의 사상은 격이 없거나 별나다.
③ 그녀는 상냥한 마음씨를 가지고 있다.
　→ 그녀는 아주 비열하고 탐욕스럽다.
④ 그는 정말 최고의 행정가이다.
　→ 그는 가장 뛰어난 행정가이다.

※ **Choose the answer that is closest in meaning to the underlined part. (24~25)**

[국회직 8급 기출]

24

The police are tightening up rules on illegal parking in this area.

① consolidating　　② suppressing
③ stirring up　　　④ exerting
⑤ vanishing

어휘 tighten up (통제·정책 등을) 엄하게 하다[강화하다], 죄다[죄이다], 단단하게[탱탱하게] 하다, 팽팽해지다 / illegal 불법적인, 불법[위법]의(= unlawful) / consolidate 결합[통합, 합병]하다, 굳게 하다, 공고[견고]히 하다, 강화하다 / suppress 억압하다, 가라앉히다, 진압하다, 삭제하다 / stir up 뒤섞다, 뒤흔들다, 휘젓다, 일으키다, 선동하다, 흥분시키다 / exert (힘·능력 등을) 쓰다, 행사하다, 노력하다, 발휘하다 / vanish 사라지다, 자취를 감추다(= disappear), 소멸하다, 보이지 않게 하다

[해설] 여기서의 'tighten up'은 '(정책이나 통제 등을) 강화하다[엄하게 하다)'는 의미인데, 이와 가장 가까운 것은 consolidate(강화하다, 공고히 하다)이다. tighten의 의미를 모른다더라도 불법주차에 대해(on illegal parking) 규칙이나 규정(rules)을 어떻게 하는 것이 가장 적합할지 생각해보면 답을 찾을 수 있다.

[해석] 경찰은 이 지역에서의 불법 주차에 대한 규정을 강화하고 있다.

[국가직 9급 기출]

25

> The success of a marriage has almost nothing to do with how excellent each partner is and has everything to do with how well each partner puts up with the other's faults.

① tolerates ② castigates
③ analyzes ④ overwhelms

[어휘] have nothing to do with ~와는 아무런 관계가[관련이] 없다, ~와 교제를 안 하다 / have something[everything] to do with ~와 관계가[관련이] 있다[많다] / put up with 참다, 견디다, 인내하다 (= tolerate, endure, bear, withstand) / tolerate 관대하게 다루다, 묵인[허용]하다, 너그럽게 봐주다, 참다, 견디다 / castigate 매질[징계]하다(= punish), 혹평하다, 수정[첨삭, 퇴고]하다 n. castigation 견책, 징계, 혹평, 첨삭 / analyze 분석하다, 분해하다, 검토하다 / overwhelm 압도하다, 눌러서 찌그러뜨리다

[해설] 상대방의 결점에 대해 어떻게 하는 것이 결혼 생활의 성공과 관련될지 생각해본다. 'put up with'는 '참다[인내하다, 견디다]'는 의미이다.

[해석] 결혼의 성공은 각각의 파트너가 얼마나 우수한가와는 아무런 관련이 없고, 각각의 파트너가 다른 사람의 결점에 대해 얼마나 잘 참는가와 밀접한 관련이 있다.

[국가직 9급 기출]

26 다음 빈칸 (A)와 (B)에 들어갈 가장 적절한 것은?

> • Could you please keep __(A)__ on my baby while I'm gone to the restroom?
> • After the scandal, his neighbors gave him the cold __(B)__ .

① a pace – face
② a look – feet
③ attention – greetings
④ an eye – shoulder

[어휘] keep an(one's) eye on ~을 감시하다[지켜보다], ~에 유의하다 / scandal 추문, 스캔들, 불명예[수치], 악평, 험담 / give[show, turn] the cold shoulder to a person ~에게 쌀쌀[냉담]하게 대하다

[해설] (A)에서 '~을 지켜보다'의 뜻을 표현할 때 필요한 단어, (B)에서 '~를 냉대하다'의 뜻을 표현할 때 필요한 단어를 찾아본다.

[해석] • 내가 화장실에 가있는 동안 내 아기를 좀 봐주시겠어요?
• 스캔들 이후 그의 이웃들은 그를 냉대했다.

[지방직 · 서울시 9급 기출]

27 밑줄 친 부분의 의미와 가장 가까운 것을 고르시오.

> Strategies that a writer adopts during the writing process may alleviate the difficulty of attentional overload.

① complement ② accelerate
③ calculate ④ relieve

[어휘] strategies (특정 목표를 위한) 계획, 방책, 방법, 전략(= tactic) / adopt 입양하다(= foster), 쓰다[취하다], (정책 등을) 채택[채용]하다, 고르다(= choose) / writing process 글쓰기 과정 / overload 과적하다, 너무 많이 주다[부과하다]

[해설] 'alleviate'는 '구제하다, 완화하다, 달래다'라는 뜻이므로 동의어인 'relieve'가 정답이다.

[해석] 글쓰기 과정에서 작가가 채택하는 전략은 주의력 과부하의 어려움을 완화시킬 수 있다.

[지방직 · 서울시 9급 기출]

28 밑줄 친 부분의 의미와 가장 가까운 것을 고르시오.

> The cruel sights touched off thoughts that otherwise wouldn't have entered her mind.

① looked after ② gave rise to
③ made up for ④ kept in contact with

[어휘] cruel 잔혹한, 잔인한(↔ kind 친절한, 다정한), 고통스러운, 괴로운, 무정한(= merciless), (규칙따위가) 가혹한, 엄한 / sight 시력(= eyesight), 시야, 광경[모습](= view), (찾던 것을) 갑자기 보다[찾다]

[해설] 'thoughts'와 'wouldn't have entered her mind' 부분을 통해서 문맥을 살펴보면 'touch off(~을 유발하다)'와 유사한 'give rise to(~이 생기게 하다)'가 정답이 된다.

[해석] 그 잔인한 광경은 그렇지 않았다면 그녀의 마음속에 들어오지 않았을 생각을 불러일으켰다.

[지방직 9급 기출]

29 밑줄 친 부분에 들어갈 말로 가장 적절한 것을 고르시오.

> Last year, I had a great opportunity to do this performance with the staff responsible for _____ art events at the theater.

① turning into   ② doing without
③ putting on   ④ giving up

어휘 opportunity 기회 cf. a golden opportunity 절호의 기회 / turn into ~로 바뀌다[변하다] /do without ~없이 지내다 / put on 상연하다 / give up 포기하다(= abandon)

해설 극장에서 예술 공연을 상연(上演)하는 것이므로, 빈칸에 들어갈 말로는 'put on (연극 등을) 상연하다'가 가장 적합하다.

해석 작년에 나는 극장에서 예술 공연을 상연(上演)하는 책임자들과 이 공연을 실행할 좋은 기회가 있었다.

[국가직 9급 기출]

30 밑줄 친 부분에 가장 적절한 것을 고르시오.

> Back in the mid-1970s, an American computer scientist called John Holland _____ the idea of using the theory of evolution to solve notoriously difficult problems in science.

① took on   ② got on
③ put upon   ④ hit upon

어휘 evolution 진화 / solve (문제, 곤경을) 해결하다. 타결하다 / notoriously 악명 높은. 주지의 사실로서

해설 과학에서의 난제 해결과 진화론은 서로 거리가 먼 것인데 John Holland의 발상으로 연결되었다. 그러므로 '우연히 생각해내다, 불현듯 떠올리다'라는 의미의 hit upon이 빈칸에 들어가기에 가장 적절하다.

해석 지난 1970년대 중반. John Holland라고 불리는 미국의 컴퓨터 과학자는 과학에서의 악명 높은 난제를 해결하기 위해 진화론을 활용하자는 발상을 우연히 생각해냈다.

※ 밑줄 친 부분에 들어갈 표현으로 가장 적절한 것을 고르시오. (31~32)

[국가직 9급 기출]

31
> The viability of reclaimed water for indirect potable reuse should be assessed _____ quantity and reliability of raw water supplies, the quality of reclaimed water, and cost effectiveness.

① regardless of
② with regard to
③ to the detriment of
④ on behalf of

어휘 viability 실행가능성. 가능성. 생존[생활]력 / reclaimed water 재생수[재생된 물] / potable water 음료수, 음용수 / assess 평가[판단]하다. 사정하다. 부과하다. 과세하다 / with regard to ~에 관하여[대해서], ~와 관련하여 / raw water 생수, 원수(原水) / cost effectiveness 비용 효율성 / regardless of ~에 관계없이, 개의치 않고 / to the detriment of ~을 손상시키며[해치며], ~에게 손해를 주어, ~을 대가로 / on behalf of ~을 대신하여, ~을 위하여, 대표하여

해설 제시된 문장은 '재생수를 음용수로 사용할 수 있는가 하는 것은 평가 · 판단되어야 한다'는 구조가 되며, 빈칸 다음에 나열된 내용은 음용수로 사용하기 위한 평가 · 판단요소에 해당한다. 따라서 ①~④ 중 빈칸에 가장 부합하는 것은 'with regard to(~와 관련하여)'이다.

해석 재생된 물을 부차적인 음용수로 사용할 수 있는가는 생수 공급의 양과 신뢰성, 재생수의 품질. 비용 효율성과 관련하여 판단되어야 한다.

[국가직 9급 기출]

32
> Before she traveled to Mexico last winter, she needed to _____ her Spanish because she had not practiced it since college.

① make up to   ② brush up on
③ shun away from   ④ come down with

어휘 Spanish 스페인의. 스페인어, 에스파냐어 / college (미국에서 학위과정으로서) 대학(교) / make up to ~에게 아첨하다(= gain favor with) / brush up on ~을 복습하다. ~의 기억을 새로이 하다 / shun 피하다

해설 멕시코 여행을 위하여 그동안 연습하지 않던 스페인어를 다시 공부해야 했다는 것으로, 밑줄 친 부분에는 '~을 복습하다'라는 의미의 'brush up on'이 들어가는 것이 적절하다.

해석 년 겨울에 그녀가 멕시코로 여행을 가기 전에, 그녀는 스페인어를 복습해야 했는데 왜냐하면 그녀는 대학 이후로 그것을 연습하지 않았기 때문이다.

[서울시 9급 기출]

33 다음 빈칸에 공통으로 들어갈 수 있는 것은?

> My son always _____ pity on stray cats and dogs.
>
> Jane _____ over my duties these days.

① makes ② gets

③ has ④ takes

어휘 take[have] pity on 불쌍하게 여기다[가엽게 생각하다] / stray 길 잃은, 놓친, 빗나간, 길 잃은 가축, 미아, 길을 잃다, 일행을 놓치다, 탈선하다 / take over 떠맡다, 인수하다, 이어받다[물려받다]

해설 'take pity on ~'은 '~을 불쌍하게 여기다'라는 의미이며, 'take over ~'는 '~을 떠맡다', '이어받다'라는 의미이다.

해석 내 아들은 항상 길 잃은 고양이와 개들을 불쌍히 여긴다.
Jane은 요즘 나의 임무를 떠맡고 있다.

[지방직 9급 기출]

34 밑줄 친 부분과 의미가 가장 가까운 것을 고르시오.

> The injury may keep him out of football for good.

① permanently ② temporarily

③ for getting well ④ for treatment

어휘 keep ~ out of ··· ~이 ···에 관련되지 않게 하다, 못 들어오게 하다, 떼어 놓다 / for good 영구히[영원히](= for ever), 이것을 최후로 / permanently 영구히, (영구)불변으로 / temporarily 일시적으로, 임시로 / treatment 치료, 대우, 처리, 관리

해설 'for good(= for ever, permanently)'은 '영원히(영구히)'라는 의미이다.

해석 그 부상은 그가 영구적으로 축구를 하지 못하게 할지도 모른다.
① 영구히
② 일시적으로
③ 회복을 위해
④ 치료를 위해

[지방직 9급 기출]

35 밑줄 친 부분에 공통으로 들어갈 표현으로 가장 적절한 것은?

> • At the funeral, family members gave _____ to their emotions and cried openly.
> • The result should in no _____ be seen as a defeat for the government.
> • European companies are putting their money into Asia in a big _____.

① way ② hand

③ sense ④ view

어휘 funeral 장례(식), 고별식 / give way to 굴복하다, 물러가다[후퇴하다], ~로 바뀌다 / in no way 결코[조금도] ~아니다[않다](= on no account) / in a big way 대규모로[대대적으로], 거창하게, 열광적으로(= in a great[large] way)

해설 'give way'는 '(감정에) 못 이기다[무너지다]'라는 의미이며, 'in no way'는 '결코 ~않다[아니다]', 'in a big way'는 '대개[대규모로]'라는 의미이다. 따라서 공통적으로 들어갈 표현은 'way'이다.

해석 • 장례식에서 가족들은 그들의 감정을 이기지 못하고 드러내 놓고 울었다.
• 그 결과는 결코 정부에게 패배처럼 보일 것 같지는 않다.
• 유럽 회사들은 그들의 자금을 대거 아시아에 투자하고 있다.

[지방직 9급 기출]

36 밑줄 친 부분에 들어갈 가장 알맞은 것은?

> The government is now trying to _____ the uprising with the help of some outside forces.

① put down ② drop by

③ fill up ④ abide by

어휘 uprising 반란(= revolt), 폭동, 일어서기[기립], 오르막 / put down 착륙하다, 신청[등록]하다, (전화를) 끊다, 적어두다[기록하다], 깎아내리다, 진압하다 / drop by (잠깐) 들르다 / fill up 채우다, 차지하다, 가득 차다 / abide by (규칙 등을) 따르다[지키다, 준수하다], 고수하다

해설 'uprising(반란, 폭동)'의 의미를 통해 답을 추론할 수 있다. 정부가 외부세력의 도움을 받아 폭동을 진압하려 한다는 내용이므로, 빈칸에는 'put down(진압하다, 저지하다)'이 가장 적절하다.

해석 정부는 지금 외부 세력의 도움으로 폭동을 진압하려 하고 있다.

[지방직 9급 기출]

37 밑줄 친 부분에 들어갈 표현으로 가장 적절한 것은?

> The newly appointed minister said, "No development can __(ㄱ)__ at the cost of people's rights because it is basic and fundamental. So any development will have to first __(ㄴ)__ the people's rights."

	(ㄱ)	(ㄴ)
①	take place	take after
②	take place	take care of
③	take down	take care of
④	take down	take after

어휘 appointed 임명된[지명된], 정해진, 지정된 / take place 발생하다[일어나다], 열리다[개최되다] / at the cost of ~을 희생해서[희생을 치르고], 대가로 / rights 인권[공민권], 지적 재산권 / fundamental 기본[기초]이 되는, 필수적인, 중요한, 근본적인 / take care of ~을 돌보다[보살피다], (책임지고) 맡다, 조심하다, 처리하다 / take down 내리다, 헐어 버리다, 적다[적어두다] / take after 닮다, 본받다, 흉내 내다, 뒤를 쫓다

해설 (ㄱ) 'development'와 호응할 수 있는 것은 'take place'이다. 즉, 사람들의 권리를 희생시키면서 어떠한 '발전'도 '일어날' 수 없다는 내용이므로, 'take place(일어나다)'가 적절하다. 'take down(내리다, 적어두다)'은 의미상 어울리지 않는다.

(ㄴ) 발전을 위해서는 먼저 사람들의 권리를 살펴야 한다는 내용이므로 'take care of'가 적절하다. 앞에서 '발전(development)'을 위해서는 '사람들의 권리·인권(people's rights)'을 희생해서는 안 된다고 했으므로, 발전을 위해서는 권리를 살펴야 한다는 내용이 자연스럽게 이어질 수 있다. 'take after'는 '닮다', '본받다'라는 의미이므로 적합하지 않다.

해석 새로 임명된 장관은 "어떤 발전도 사람들의 권리를 희생시키면서 이루어질(일어날) 수는 없다. 왜냐하면 그것은 기본적이며 근본적인 것이기 때문이다. 따라서 어떤 발전도 사람들의 권리를 먼저 돌보아야(살펴야) 할 것이다."라고 말했다.

[국가직 9급 기출]

38 'ㄱ, ㄴ'에 들어갈 표현으로 가장 적절한 것은?

> A : Have you written your term paper yet?
> B : No, but I'll have plenty of time to do it next week.
> A : That's what you said last week and the week before. You can't put it off forever. You should use your free time and do some work.
> B : The truth is, I've (ㄱ) in all my classes and I don't know if I can ever (ㄴ)
> A : I'm sorry. But talking about it won't help at this point.
> B : You're right. I'll start on it tomorrow.
> A : Not tomorrow! Today!

① ㄱ : gone ahead ㄴ : make up
② ㄱ : kept leading ㄴ : cover up
③ ㄱ : lagged behind ㄴ : catch up
④ ㄱ : been enthusiastic ㄴ : follow up

어휘 term paper 학기말 논문[리포트] / lag behind 처지다, 뒤떨어지다, 진행이 느리다 / catch up 따라잡다, 따라가다, 만회하다, 따라잡기 / go ahead 앞으로 나아가다[전진하다], 앞서 가다, 전진하는, 진취적인 / make up 준비하다, 만들어지다, 화장하다, 화해하다 / cover up 몸을 싸다, 감추다[은폐하다], 가리다, 온통 덮다, 둘러싸다 / enthusiastic 열심인, 열중해 있는, 열렬한, 열광적인 / follow up 더욱 철저하게 하다, 잇따라 ~하다, 덧붙이다, 철저히 추구하다

해설 ㄱ, ㄴ의 앞의 대화에서는 B가 학기말 논문을 쓰지 않고 미루고 있음을 알 수 있으며, 다음 대화에서는 A가 B를 위로하면서도 논문은 당장 시작해야 한다고 말하고 있다. 따라서 ㄱ, ㄴ이 포함된 대화에는 B가 논문을 아직 쓰지 못한 이유와 이에 대해 걱정하는 내용이 오는 것이 자연스럽다. 이러한 내용에 부합하는 것은 '뒤처지다(lag behind)'와 '따라잡다(catch up)'이다.

해설 A : 학기말 논문 벌써 다했니?
B : 아니, 하지만 다음 주에 그것을 할 시간이 많아.
A : 그건 지난 주 그리고 지지난주에 네가 했던 말이잖아. 영원히 미룰 수는 없어. 자유 시간을 이용해 좀 해 두어야 해.
B : 사실 내가 모든 수업에서 뒤처져 있고 따라잡을(만회할) 수 있을지도 모르겠어.
A : 안됐구나. 하지만 그것에 대해 말하는 것이 이 시점에서는 무슨 도움이 되겠니.
B : 네 말이 맞아. 내일부터 시작할게.
A : 내일이 아니야. 오늘이야(오늘 시작해)

[국가직 9급 기출]

39 밑줄 친 부분에 들어갈 표현으로 가장 적절한 것을 고르시오.

> The enjoyment of life, pleasure, is the natural object of all human efforts. Nature, however, also wants us to help one another to enjoy life. She's equally anxious for the welfare of every member of the species. So she tells us to make quite sure that we don't pursue our own interests _____ other people's.

① at the discretion of
② at the mercy of
③ at loose ends of
④ at the expense of

어휘 be anxious for 갈망하다[간절히 바라다], 기원하다 / make sure 확인하다, 다짐하다, 확실히 하다 / at the expense of ~대가로, 희생으로 하여, ~의 비용으로 / at the discretion of ~의 재량대로, 좋을 대로 / at the mercy of ~의 처분대로[마음대로] / at a loose ends 일정한 직업 없이, 빈둥빈둥, 계획 없이, 혼란[당황]하여

해설 빈칸이 포함된 문장이 접속사 'so'로 시작된다는 점에서 볼 때, 앞의 내용의 인과관계(결과)가 성립한다는 것을 짐작할 수 있다. 앞에서 자연은 인류의 모든 구성원들이 행복하기를 갈망한다(She's equally anxious for the welfare of every member of the species)고 했으므로, 자연은 우리가 다른 사람들의 이익을 '희생하여(그 대가로)' 자신의 이익을 추구하는 것을 바라지 않을 것이다. 따라서 빈칸에는 'at the expense of(~대가로, 희생하여)'가 가장 적합하다.

해석 인생의 즐거움, 즉 기쁨은 모든 인간이 추구하는 자연스러운 목표이다. 하지만 자연은 또한, 우리가 인생을 즐길 수 있도록 서로서로 돕기를 원한다. 마찬가지로 자연은 인류의 모든 구성원들의 행복을 갈망한다. 그래서 자연은 우리가 다른 사람들의 이익을 희생하여 우리 자신의 이익을 추구하지 않을 것을 확실히 하도록 요구한다.

[서울시 9급 기출]

40 다음 빈칸에 들어갈 단어를 순서대로 고르면?

> Albert Einstein's general theory of relativity is about to celebrate its 100th anniversary, and his revolutionary hypothesis has _____ the test of time, despite numerous expert attempts to find _____. Einstein changed the way we think about the most basic things, which are space and time. And that opened our eyes to the universe, and how the most interesting things in it work, like black holes.

① withstood – flaws
② resisted – proofs
③ wasted – examples
④ squandered – pitfalls

어휘 general theory of relativity 일반 상대성 이론 / be about to부정사 막 ~하려고 하다 / celebrate 기념하다, 축하하다, 거행하다 n. celebration 기념[축하] 행사 / anniversary 기념일 / revolutionary 혁명의, 혁명[획기]적인 / hypothesis 가설, 이론, 추정 / withstand 견뎌내다, 저항하다 / flaw 결함, 흠, 결점 cf. a flaw in a jewel 옥에 티 / squander 낭비[허비]하다 / pitfall 함정, 위험[곤란](= danger, difficulty, peril)

해설 Einstein의 일반 상대성 이론이 이제 곧 100주년을 맞이하게 되었다고 하였으므로, 오랜 세월을 잘 '견디다(withstand)'는 표현이 적합하다. 또한 'despite(~에도 불구하고)'라는 양보의 전치사를 사용하고 있으므로, 수많은 전문가들이 '결함(flaw)'을 찾아내려는 시도에도 불구하고 그의 가설은 결함을 찾을 수 없을 만큼 획기적이었다고 서술해야 문맥에 알맞다.

해석 Albert Einstein의 일반 상대성 이론은 이제 곧 100주년을 맞이하게 되며, 그의 획기적인 가설은 결함을 찾아내려는 수많은 전문가들의 시도에도 불구하고 오랜 세월을 잘 견뎌왔다. Einstein은 공간과 시간이라는 가장 기본적인 것들에 대한 우리의 사고방식을 변화시켰다. 그리고 그것은 우리의 눈을 우주로 돌려 블랙홀과 같이 흥미로운 것들이 우주 속에서 어떻게 작용하는지 눈 뜨게 했다.

기출문제 정답

01 ④ 02 ③ 03 ④ 04 ① 05 ② 06 ③ 07 ② 08 ② 09 ④ 10 ②
11 ③ 12 ② 13 ① 14 ③ 15 ④ 16 ② 17 ③ 18 ② 19 ③ 20 ③
21 ④ 22 ② 23 ③ 24 ① 25 ① 26 ④ 27 ④ 28 ② 29 ③ 30 ④
31 ② 32 ② 33 ④ 34 ① 35 ① 36 ① 37 ② 38 ③ 39 ④ 40 ①

제 2장

독해 (Reading)

제1절 글의 전체적 내용 이해

1. 글의 주제 · 제목 · 요지 파악

(1) 글의 주제 파악

주제(topic, theme, subject)는 글쓴이가 말하고자 하는 핵심 내용이다. 글의 주제가 주어와 술어의 문장 형태로 드러난 것을 주제문(topic sentence)이라 한다. 우선 글의 전반에 걸쳐 반복되는 핵심어(keyword)를 파악한 후, 이를 일반적인 형태로 종합하고 있는 주제문을 찾는다. 주제문과 주제문을 부연 설명하고 있는 뒷받침 문장들을 구별하도록 한다. 주제문은 대개 글의 첫 부분에 위치하지만 글의 중간이나 끝 부분에 위치하기도 한다. 주제문이 명시적으로 제시되지 않았을 때는 글의 전체 내용을 토대로 주제를 추론하도록 한다.

🔍 예제 확인

01. 다음 글의 주제로 가장 알맞은 것은?

> Children are a growing consumer market in their own right. But they are for more important to business as an influence on their parents' purchases. School-age children make incessant demands for toys and food. Toddlers quickly learn that they can affect their parents' behavior in stores. Even the smallest infant can cause a frazzled parent to abandon a shopping trip by throwing a tantrum in the middle of a supermarket.

① children's demands for toys
② the problem of generation gap
③ the importance of education at home
❹ children's influence on parents' purchases

어휘 in one's (own) right 자신의 본래 권리로서, 당연히 / incessant 끊임없는, 쉴 새 없는 / toddler 아장아장 걷는 아이, 유아 / frazzled 지친, 기진맥진한 / abandon 그만두다, 포기하다 / tantrum 짜증, 화 / gener-ation gap 세대 차이, 세대 간의 단절

해설 글의 주제를 염두에 두고 전체적 내용을 순서대로 파악하면 다음과 같다.
　㉠「어린아이들(children)은 태어났을 때부터 당연히 성장하는 소비자 시장(consumer market)이다.」
　→ 주제문으로 볼 수 있는 일반적 문장이다. 그러나 계속 글을 읽어나가야 한다.
　㉡「그러나 그들(children)은 부모들의 구매(parents' purchases)에 대한 영향력(influence)이라는 면에서 사업상 더 중요하다.」
　→ 문장 ㉠에 대해 부모의 구매와 관련된 어린아이들의 사업상의 중요성을 말하고 있다.
　㉢「취학 연령기의 아이들(children)은 장난감과 음식을 끊임없이 요구(demands)한다.」
　㉣「이제 막 걷기 시작한 아이들(children)은 자신들이 상점에서의 (in stores) 부모의 행동에 영향을 미칠 수 있다는(affect their parents' behavior) 사실을 재빨리 알게 된다.」
　㉤「심지어 갓 태어난 유아(the smallest infant)조차도 슈퍼마켓 (supermarket) 안에서 짜증을 냄으로써 지친 부모로 하여금 쇼핑을 그만두도록 할 수 있다(cause ~ to). 」
　→ 이어지는 ㉢, ㉣, ㉤은 ㉡에 대한 뒷받침 문장 역할을 하고 있다.
여기서, 첫 번째와 두 번째 문장은 모두 일반적 진술로 되어 있어 주제문이 될 가능성이 있다. 그런데 전체 글의 내용에서 반복적으로 발견되는 핵심어들은 '아이들'(children, the smallest infant)과 '부모의 구매에 미치는 아이들의 요구나 영향'(demands, affect their parents' behavior in stores, supermarket, cause ~ to)에 대한 것이 주를 이루고 있으며, 첫 번째 문장보다 두 번째 문장이 이러한 흐름에 더 부합한다. 따라서 두 번째 문장의 내용을 압축한 ④가 주제문으로 가장 적합하다.

해설 ① 어린아이들의 장난감에 대한 요구
② 세대 간 격차의 문제
③ 가정교육의 중요성
④ 부모들의 구매에 대한 아이들의 영향

02. 다음 글의 주제로 가장 적절한 것은?

Imagine that two people are starting work at a law firm on the same day. One person has a very simple name. The other person has a very complex name. We've got pretty good evidence that over the course of their next 16 plus years of their career, the person with the simpler name will rise up the legal hierarchy more quickly. They will attain partnership more quickly in the middle parts of their career. And by about the eighth or ninth year after graduating from law school the people with simpler names are about seven to ten percent more likely to be partners – which is a striking effect. We try to eliminate all sorts of other alternative explanations. For example, we try to show that it's not about foreignness because foreign names tend to be harder to pronounce. But even if you look at just white males with Anglo-American names – so really the true in-group, you find that among those white males with Anglo names they are more likely to rise up if their names happen to be simpler. So simplicity is one key feature in names that determines various outcomes.

① the development of legal names
② the concept of attractive names
❸ the benefit of simple names
④ the roots of foreign names

어휘 evidence 증거, 증인 / legal 법률상의, 합법적인(↔ illegal 불법적인) v. legalize 합법화하다 / hierarchy 계급, 계층 / attain 도달하다, 성취하다, 달성하다(= accomplish) n. attainment 성취, 달성 / eliminate 제거하다, 없애다(= get rid of) / alternative 양자택일의, 선택적인, 대안적인 / foreignness 외래성, 이질성, 외국풍 / pronounce 발음하다(= articulate) n. pronunciation 발음 / white male 백인 남성 / Anglo-American 영미의, 영국계 미국 사람의 / simplicity 간단함, 평이함, 단순함 / feature 특색, 특징 / outcome 결과, 성과

해설 제시문은 단순한 이름을 소유한 사람이 복잡한 이름을 소유한 사람보다 출세할 가능성이 더 높다고 설명하고 있다. 또한 마지막 문장에서 단순함은 이름에서 다양한 결과를 결정하는 하나의 핵심적인 특징이라고 서술되어 있으므로, ③의 'the benefit of simple names(단순한 이름들의 장점)'가 윗글의 주제로 가장 적절하다.

해설 두 사람이 같은 날 한 법률회사에서 일을 시작한다고 상상해 보라. 한 사람은 이름이 아주 간단하다. 다른 사람은 이름이 아주 복잡하다. 우리는 이후 16년 이상의 직장 생활 동안 더 단순한 이름을 가진 사람이 더 빨리 법적 지위에 오를 것이라는 아주 좋은 증거를 갖고 있다. 그들은 직장 생활 도중에 더 빨리 협력관계를 획득할 것이다. 그리고 법과대학을 졸업한 지 8년 내지 9년쯤 되었을 때, 더 단순한 이름을 가진 사람들이 약 7~10% 파트너가 될 가능성이 더 높은데, 이것은 놀라운 효과이다. 우리는 다른 모든 종류의 구차한 설명들을 없애려고 노력한다. 예를 들어, 우리는 외국 이름이 발음하기가 더 어렵기 때문에 이질감에 관한 것이 아니라는 것을 보여주려고 노력한다. 하지만 영미인 이름을 가진 백인 남성을 – 그러니까 정말 실제 내집단에서 본다면 – 여러분은 영미인 이름을 가진 백인 남성들 중에서, 만약 그들의 이름이 더 단순해진다면 출세할 가능성이 더 높다는 것을 알게 될 것이다. 따라서 단순함은 이름에서 다양한 결과를 결정하는 하나의 핵심적인 특징이다.
① 법적 이름들의 발전
② 매력적인 이름들의 개념
③ 단순한 이름들의 장점
④ 외국 이름들의 뿌리

기출문제 확인

[지방직 9급 기출]

01 다음 글의 주제로 가장 적합한 것은?

Tobacco kills more people than all other drugs combined. The effects of smoking cause heart attacks, lung cancer, oral cancer, memory loss, and countless other diseases. The reason for these health problems is that each cigarette is filled with more than 200 different toxins including nicotine, a drug so powerful that it's more addictive than heroin. Furthermore, second-hand smoke affects countless innocent people who end up suffering for someone else's bad addiction. For this reason, smoking is more dangerous and less excusable than other drugs.

① The baneful influence of tobacco
② Relationship between tobacco and cancer
③ Hazard of second-hand smoking
④ The toxic effects of nicotine

어휘 tobacco 담배, 흡연 / drug 약, 약제, 약품, 마약, 마취제 / combine 결합시키다, 합병[합동]시키다. 연합시키다. 겸하다[겸비하다] n. combination / effect 결과, 효과, 영향, 효능, 초래하다, 달성하다. / heart attack 심장 발작, 심근 경색 / lung cancer 폐암 / oral cancer 구강암 / memory loss 기억 상실[손상] / countless 셀 수 없는, 무수한(= innumerable) / disease 병, 질병, 질환, 병폐, 퇴폐, 타락 a. diseased 병든, 병에 걸린, 병적인 / cigarette 담배, 궐련 / toxin 독소 / nicotine 니코틴 / addictive 중독성의, 습관성의 v. addict n. addiction / heroin 헤로인(모르핀으로 만든 마약·진정제) / furthermore 더욱이, 게다가, 더군다나(= moreover, besides, as well, also) / second-hand 간접의, 전해 들은, 중고의[고물의], 중고[고물]로, 간접으로 / affect ～에 영향을 미치다. 작용하다, 침범하다, 감동시키다, 감정[정서] / innocent 순진한, 때 묻지 않은, 결백한, 무해한, 결백한 사람 n. innocence / end up 끝나다, 마침내 ～으로 되다 / excusable 용서할 수 있는, 변명이 서는 / baneful 파멸시키는[파멸을 초래하는], 유해한, 유독한, 치사의 n. bane 파멸의 원인, 맹독, 죽음, 멸망, 재난 / hazard 위험(요소), 우연, 해악, 장애물, 우연, 운, 위험을 무릅쓰고 하다, 운에 맡기고 해보다 a. hazardous

해설 ① 제시문은 흡연의 폐해와 중독성, 간접흡연으로 인한 피해 등에 대한 내용이므로 ①이 주제로 가장 적합하다.
② 담배가 암을 유발하는 것은 사실이나, 암은 담배가 유발하는 여러 폐해 중 하나로 언급되어 있으므로 담배와 암과의 상관관계를 전체 글의 주제로 보기는 어렵다.
③·④ 간접흡연의 위험성과 니코틴의 유독성에 대한 내용도 언급되어 있으나, 이것을 주제로 보기에는 지나치게 지엽적이다. 제시문의 주제는 직접·간접흡연의 폐해나 니코틴의 중독성 등을 포괄하는 내용이 되어야 한다.

해석 담배는 다른 모든 약물을 합친 것보다도 더 많은 사람을 죽게 한다. 흡연의 폐해는 심장마비, 폐암, 구강암, 기억력 손상, 그리고 무수한 다른 질병들을 유발한다는 것이다. 이러한 건강상의 문제를 일으키는 이유는 모든 담배가 헤로인보다 더 중독성이 강한 마약인 니코틴을 포함한 200가지 이상의 독소로 가득 차 있기 때문이다. 게다가 간접흡연은 무수한 죄 없는 사람들에게 영향을 미쳐, 타인의 나쁜 중독으로 인해 고통을 받게 된다. 이러한 이유로 해서 흡연은 다른 약물보다 더 위험하고 용서받기 어렵게 된다.
① 담배의 유해한 영향
② 담배와 암과의 관계
③ 간접흡연의 위험
④ 니코틴의 유독성

[국회직 8급 기출]

02 What is the topic of the passage?

Professor Min estimates that 40 to 50 percent of adult Koreans in the United States are self-employed. That contrasts with about 9 percent of white Americans. Yet, in many cases, Koreans strike out on their own because they have hit, or are afraid they will hit, a "glass ceiling" in American corporations. Min's estimates suggest that 60 percent of the greengrocers have college degrees. Many would be working in the professions if they thought they had a fair shot at promotion. As one Asian graduate student put it, Americans tend to see Asians as "high-tech coolies."

① What kinds of professional jobs Koreans in U.S. prefer
② How many Koreans in U.S. are self-employed
③ Why so many Koreans in U.S. have college degrees
④ Why so many Koreans in U.S. are self-employed
⑤ How so many Koreans in U.S. survived in American corporations

어휘 estimate 견적[평가]하다, 추정[추산]하다, 판단하다, 견적, 추산, 추산(치), 평가 / self-employed 자가 경영의, 자영(업)의, 자유업의 / strike out (장사 등을) 시작하다, 삼진 아웃시키다, 계획 등을 안출하다 / on one's own 혼자서[단독으로](= alone), 자력으로, 자기 책임 아래, 독립해서 / glass ceiling (여성·소수파의) 승진의 최상한선[승진을 막는 보이지 않는 장벽] / greengrocer 청과상(인), 채소 장수 / profession 직업, 전문직, 공언[선언, 언명] a. professional / have a shot at[for] 한번 해보다[시도해보다] / see A as B A를 B로 보다[간주하다] / coolie 쿨리(옛 인도와 중국의 하급 노동자), (아시아 출신의) 저임금 미숙련 노동자

해설 제시된 글의 중심 내용은 '미국에 있는 많은 한국인이 자영업에 종사하는 이유'이다. 이는 세 번째 문장(~ Koreans strike out on their own because they have hit, or are afraid they will hit, a "glass ceiling" in American corporations)에서 직접적으로 제시되어 있으며, 글 후반부의 'Many would be working in the professions if they thought they had a fair shot at promotion', '~ Americans tend to see Asians as "high-tech coolies"' 등에서도 짐작할 수 있다.

해석 민 교수는 미국 내의 성인 한국인들 중 40~50%가 자영업에 종사하는 것으로 추산하고 있다. 그것은 백인 미국인들의 약 9%와 대비되고 있다. 하지만 많은 경우에 있어, 한국인들은 미국 기업에서 승진의 최상한선에 다다랐거나 다다를 것이라 우려하기 때문에 자력으로 장사를 시작한다. 민 교수의 추산치는 채소 장수의 60%가 학사학위를 가지고 있다는 것을 시사한다. 그들이 승진에서 공정한 시도를 한다고 생각한다면 많은 사람들이 전문직에서 일하고 있을 것이다. 한 아시아인 대학졸업자가 표현했던 것처럼, 미국인들은 아시아인을 "하이테크 저임금 노동자"로 보는 경향이 있다.

① 미국에 있는 한국인은 어떤 유형의 전문 직업을 선호하는가
② 미국에 있는 한국인 중 얼마나 많은 사람이 자영업을 하는가
③ 미국에서 왜 그렇게 많은 한국인이 학사학위를 가지고 있는가
④ 미국에서 왜 그렇게 많은 한국인이 자영업을 하는가
⑤ 미국에 있는 많은 한국인이 어떻게 미국 회사에서 살아남는가

[지방직 9급 기출]

03 다음 글의 주제로 가장 적합한 것은?

> Many women have prolonged difficulties achieving good sleep. As mothers, students, caretakers, and professionals, many of us lead hectic lives, filled with both obvious and subtle stressors that are on our minds as we attempt to settle into sleep. The sheer numbers of over-the-counter and prescription sleep aids give you an idea of how widespread insomnia is today. But the problem with these sleep aids is that even though they induce drowsiness, they do not promote real sleep — deep, lasting, and refreshing. And some of these agents, if taken over the course of months, may lead to dependency or stop working altogether. Don't be surprised if your physician is not inclined to prescribe them.

① Women, as opposed to men, suffer from insomnia.

② There are many different kinds of pills for insomnia, but their safety isn't guaranteed.

③ Many women suffer from insomnia, but they need prescription to purchase sleep aids that help alleviate their symptom.

④ Many women suffer from insomnia, but doctors will never prescribe sleep aids for them.

어휘 prolong 늘이다, 길게 하다, 연장[연기]하다 n. prolongment 연장, 연기 / prolongation 연장, 연기, 연장 부분, 연장선 / good sleep 충분한 수면, 숙면 / caretaker 돌보는 사람, 관리인, 대행인, 간호인, 보호자, 직무를 일시 대행하는 / lead 살아가다, 지내다, 보내다, 인도하다, 안내하다, (~에) 이르다, (결과 · 원인) 되다 / hectic 소모열(消耗熱)의, 몹시 흥분[동요]한, 열광적인, 몹시 바쁜 / subtle 미묘한, 이해[포착]하기 어려운, 민감한, 섬세한 / stressor 스트레스 요인 / sheer 얇은, 섞인 것이 없는, 순전한, 완전한, 엄청난 / over-the-counter (약을 살 때) 처방전 없이, 소매상을 통해, 처방전 없이 살 수 있는 약 / prescription 처방, 처방약, 규정[지시] v. prescribe 규정[지시]하다, 처방하다 / sleep aid 도움, 조력, 조력자, 보조자, 보조 기구 / give ~ an idea of … ~에게 …이라고 생각하게 하다, ~에게 …을 깨닫게[알게] 하다 / insomnia 불면(증) a. insomniac 불면증의, 불면증에 걸린[잘 수 없는], 불면증 환자 / induce 권유하다, 야기하다, 일으키다 n. induction 유도, 유발, 도입, 안내, 전수 / drowsiness 졸림 a. drowsy 졸린, 활기 없는 / agent 대리인, 행위자, 작인, 작용제, 약품 / dependency 의존 (상태), 의존증, 중독(증), 종속물, 부속 건물, 별관 cf. dependence 의뢰, 의존, 신뢰 / work (약 등이) 듣다, 효과가 있다 / altogether 전적으로, 완전히, 다 합하여, 전체로서, 전체적으로 보아 / physician 내과 의사, 의사, incline to ~하고 싶어 하다, ~의 성향[경향]이 있다 / as opposed to ~에 대립되는 것으로서(의), ~와 대조적으로 / suffer from ~을 앓다, 병들다 / guarantee 보증하다, 다짐[약속]하다, 보증(서), 담보(물), 개런티 / alleviate 덜다, 완화하다, 경감하다 n. alleviation 경감, 완화, 경감하는 것

해설 ② 글 중반부의 'But the problem with these sleep aids is that ~'을 기준으로 볼 때, 그 앞의 내용은 '많은 여성들이 불면증에 시달리고 있으며 엄청나게 많은 수면 보조제가 팔리고 있는데, 이는 불면증이 그만큼 만연해 있음을 보여준다'는 것이다. 그리고 그 뒤의 내용은 모두 '이러한 수면 보조제들은 문제점과 부작용을 지니고 있다'는 것이다. 이상을 전반적으로 검토해볼 때, 주제로 가장 적합한 것은 ②이다. 나머지는 이 글의 내용과 다소 차이가 있다.

① 남성들의 불면증에 관한 내용은 위의 글에서 언급되지 않았다.

③ 세 번째 문장의 'The sheer numbers of over-the-counter ~'을 통해, 처방전 없이 구입할 수 있는 수면 보조제가 있음을 알 수 있다.

④ 마지막 문장의 '수면 보조제를 처방하지 않으려 한다(~ your physician is not inclined to prescribe them)'고 하였는데, 이는 수면 보조제를 결코 처방하지 않는다(doctors will never prescribe sleep aids ~)는 내용과는 다르다.

해석 많은 여성들은 숙면을 취하는 데 있어 지속적인 곤란을 느끼고 있다. 어머니, 학생, 보호자, 그리고 전문가로서, 우리들 중 많은 사람들은 몹시 바쁜 삶을 살고 있으며, 그 삶은 우리가 잠에 들려고 시도할 때 우리 마음에 있는 명백하고도 미묘한 스트레스 요인들로 가득 차 있다. 처방 없이 또는 처방받아 살 수 있는 엄청난 수의 수면 보조제는 오늘날 불면증이 얼마나 널리 퍼져 있는지를 알게 해준다. 그러나 이런 수면 보조제들이 가진 문제는 그것들이 졸림을 유발하기는 하지만, 진정한 수면, 즉 깊고 지속적이며, 원기를 회복시키는 수면을 증진하지는 않는다는 것이다. 그리고 이런 약품들 중 일부는, 만약 여러 달에 걸쳐 지속적으로 복용하면, 의존증으로 이어지거나 약효가 완전히 듣지 않을 수도 있다. 만약 당신의 의사가 그것들을 처방하지 않으려 하더라도 놀라지 마라.
① 남성들과는 대조적으로, 여성들은 불면증을 앓고 있다.
② 다양한 종류의 불면증 약이 많이 있지만, 그것들의 안전성은 보증되지 않는다.
③ 많은 여성들이 불면증을 앓고 있지만, 그들은 그들의 증상을 완화하는 데 도움이 되는 수면 보조제를 구입하기 위해서는 처방전을 필요로 한다.
④ 많은 여성들이 불면증을 앓고 있지만, 의사들은 그들을 위해 수면 보조제를 결코 처방하지 않을 것이다.

[국가직 9급 기출]
04 다음 글의 주제로 가장 알맞은 것을 고르시오.

"They say best men are molded out of faults," wrote Shakespeare in Measure for Measure, "and, for the most, become much more the better for being a little bad." Thus, each goof-up can be seen as a prime opportunity for self-improvement. Indeed, the bigger the blooper, the better its chance of helping you become a better person. — if you know how to make amends.

① Everyone makes mistakes.
② Try not to commit a fault.
③ Knowing how to make amends is not a big deal.
④ People may learn through what they've done wrong.

어휘 mold 틀에 넣어 만들다, 본뜨다, 주조[성형]하다, (성격 등을) 형성하다, (인격을) 도야하다 / measure for measure 되갚음, 보복(셰익스피어의 희곡) / for the most part 대부분, 대체로 / goof 멍청이, 바보, 실수 cf. goof-up 실수(를 저지르는 사람) / blooper 큰 실수(= blunder) / amends 보충, 벌충, 배상, 보상 cf. make amends 보충[배상, 보상]하다 / make a mistake 실수하다, 착각하다 / big deal 큰 거래, 대단한 것, 큰 일

해설 실수나 잘못한 경험을 통해 더 나은 사람, 더 좋은 사람이 될 수 있다는 내용이다. 일반적으로 부사 thus(이렇게, 이리하여, 그러므로, 따라서, 요컨대) 다음에 글쓴이가 하고 싶은 말이나 결론이 나온다는 점에서 'each goof-up can be seen as a prime opportunity for self-improvement'를 주제문으로 볼 수 있다.

해석 셰익스피어는 "가장 훌륭한 인물들은 실수로부터 만들어지며, 또 대체로 조금 나쁜 것 때문에 훨씬 더 좋아지게 된다."라고 「Measure for Measure」에 썼다. 그러므로 각자의 실수는 자기 개선을 위한 주요한 기회로 간주될 수 있다. 정말로, 실수가 크면 클수록, 만일 당신이 어떻게 보상하는지를 안다면, 당신이 더 좋은 사람이 되게 해줄 가능성은 더 커진다.
① 모든 사람은 실수를 한다.
② 잘못을 저지르기 않도록 노력하라.
③ 어떻게 보상하는지를 아는 것은 대단한 일이 아니다.
④ 사람들은 자신들이 잘못한 것을 통해 배울 수 있다.

[지방직 9급 기출]

05 다음 글의 주제로 가장 적절한 것은?

Beginning at breakfast with flying globs of oatmeal, spilled juice, and toast that always lands jelly-side down, a day with small children grows into a nightmare of frantic activity, punctuated with shrieks, cries, and hyena-style laughs. The very act of playing turns the house into a disaster area: blankets and sheets that are thrown over tables and chairs to form caves, miniature cars and trucks that race endlessly up and down hallways, and a cat that becomes a caged tiger, imprisoned under the laundry basket. After supper, with more spilled milk, uneaten vegetables and tidbits fed to the cat under the table, it's finally time for bed. But before they fall blissfully asleep, the children still have time to knock over one more bedtime glass of water, jump on the beds until the springs threaten to break, and demand a last ride to the bathroom on mother's back.

① the crazy daily life of parents with small children
② difficulties of choosing what to eat for each meal
③ the importance of children's learning good table manners
④ necessities for the early treatment of hyperactive children

어휘 glob (액체의) 작은 방울, 한 방울, 덩어리, 반고체의 구슬 / oatmeal 오트밀, 빻은 귀리 / grow into (성장하여) ~이 되다 / frantic 광란의, 미친 사람 같은 / punctuate ~에 구두점을 찍다. (말 등을) 강조하다, 잠시 멈추게 하다, 중단시키다 / shriek 비명, 새된 목소리. 부르짖음, 날카로운 소리/ miniature 축소 모형, 세밀화, 소형의 / hallway 현관, 복도 / imprison 교도소[감옥]에 넣다, 수감하다, 가두다, 구속하다 / tidbit 맛있는 가벼운 음식, (맛있는 것의) 한 입 / fall asleep 잠들다 / blissfully 더없이 행복하여, 즐겁게 a. blissful 지복(至福)의, 더없이 행복한, 즐거운 / knock over 뒤집어엎다, 때려눕히다, 지다 / threaten 위협[협박]하다, ~할 우려가 있다, ~할 것 같다, ~의 징후를 보이다 / hyperactive 지나치게[비정상적으로] 활동적인[과민한], 운동과잉의

해설 첫 번째 문장의 '어린 아이들과의 하루는 악몽 같은 광란의 활동이 된다(a day with small children grows into a nightmare of frantic activity)'는 내용에서 이 글의 주제를 짐작할 수 있다.

해석 공중으로 날아다니는 오트밀 죽의 덩어리, 엎질러진 주스, 그리고 늘 젤리 쪽이 아래로 놓여 있는 토스터로 아침 식사를 시작하면서, 어린 아이들과의 하루는 비명소리, 울음소리, 하이에나 같은 웃음소리로 여러 번 중단되는 악몽 같은 광란의 활동이 된다. 아이들이 바로 그렇게 노는 것만으로도 집안은 재해 지역으로 바뀐다. 탁자와 의자 위로 내던져져 동굴 모양이 된 담요와 시트, 복도 위 아래로 끊임없이 질주하는 장난감 차와 트럭들, 빨래 바구니 아래 갇혀 우리 속 호랑이가 되어버린 고양이. 저녁 식사 후에는, 더 많은 우유가 엎질러져 있고, 먹지 않은 야채와 고양이에게 먹이로 주어진 음식물이 테이블 아래에 있는 가운데, 마침내 잠자리에 들 시간이 된다. 하지만 더없이 행복하게 잠이 들기 전에, 아이들은 아직도 한 번 더 침실에 둔 물 잔을 엎어버리고, 침대 위에서 스프링이 깨질 지경이 될 때까지 뛰고, 어머니 등에 업혀 마지막으로 한 번 더 화장실에 가고 졸라댈 시간이 있다.
① 어린 아이들과 함께 하는 부모들의 광란의 일상생활
② 매 식사로 무엇을 먹을지 선택하는 것의 어려움
③ 아이들이 좋은 식사 예절을 배우는 것의 중요성
④ 지나치게 활동적인 아이들의 조기 치료의 필요성

[국가직 9급 기출]

06 다음 글의 주제로 가장 적절한 것은?

For many people, work has become an obsession. It has caused burnout, unhappiness and gender inequity, as people struggle to find time for children or passions or pets or any sort of life besides what they do for a paycheck. But increasingly, younger workers are pushing back. More of them expect and demand flexibility—paid leave for a new baby, say, and generous vacation time, along with daily things, like the ability to work remotely, come in late or leave early, or make time for exercise or meditation. The rest of their lives happens on their phones, not tied to a certain place or time—why should work be any different?

① ways to increase your paycheck
② obsession for reducing inequity
③ increasing call for flexibility at work
④ advantages of a life with long vacations

어휘 obsession 강박관념, 집착, 망상 / burnout (신체 또는 정신의) 극도의 피로, 쇠진, 소모, 허탈감, 연료 소진, (전기 기기의 합선에 의한) 단선, 과열로 인한 파손 / inequity 불공정, 불공평(= injustice, unfairness) / struggle 투쟁[고투]하다, 전력을 다하다, 애쓰다, 고심하다(= strive) / paycheck 급료, 봉급 / flexibility 구부리기[휘기] 쉬움, 굴곡성, 유연성(= flexibleness, pliancy) / meditation 명상, 묵상, 고찰, 심사숙고(= pondering)

해설 제시된 글은 많은 사람들에게 있어, 강박관념이 되어버린 직장에 대해서 점점 유연성을 기대하고 요구한다고 말하고 있으며 이러한 구체적인 예로 출산에 대한 유급 휴가, 원격 근무, 늦게 출근하고 일찍 퇴근하는 것, 운동이나 명상을 위한 시간 마련 등에 대해 말하고 있다. 따라서 글의 주제로 가장 적절한 것은 ③의 'increasing call for flexibility at work(일의 유연성에 대한 증가하는 요구)'이다.

해석 많은 사람들에게 일은 강박관념이 되었다. 사람들이 아이들, 열정, 애완동물, 또는 어떠한 종류의 봉급을 위해 하는 일 외에 삶을 위한 시간을 찾기 위해 애쓰면서 이는 극도의 피로, 불행, 성불평등을 야기했다. 그러나 점점 더 젊은 근로자들이 이에 반발하고 있다. 더 많은 사람들은 예를 들어 태어난 아기를 위한 유급휴가, 긴 휴가기간과 함께 원격으로 일할 수 있는 능력, 늦게 들어오거나 일찍 퇴근할 수 있는 능력, 또는 운동이나 명상을 위한 시간을 만들 수 있는 능력과 같은 일상적인 것들을 기대하고 요구한다. 그들의 나머지 삶은 특정한 장소나 시간에 얽매이지 않고 전화기에서 일어난다. 왜 일은 달라야 하는가?
① 당신의 월급을 인상시키는 방법
② 불평등을 감소시키기 위한 강박관념
③ 일의 유연성에 대한 증가하는 요구
④ 긴 휴가가 있는 삶의 장점

[국가직 9급 기출]
07 글의 주제로 가장 적절한 것은?

Children who under-achieve at school may just have poor working memory rather than low intelligence. Researchers from a university surveyed more than 3,000 primary school children of all ages and found that 10% of them suffer from poor working memory, which seriously impedes their learning. Nationally, this equates to almost 500,000 children in primary education being affected. The researchers also found that teachers rarely identify poor working memory and often describe children with this problem as inattentive or less intelligent.

① children's identification with teachers at school
② low intelligence of primary school children
③ influence of poor working memory on primary school children
④ teachers' efforts to solve children's working-memory problem

어휘 under-achieve 자기 능력 이하의 성적을 내다 / impede 지연시키다, 방해하다 n. impediment 장애(물) / nationally 전국적으로, 국내에서, 국가적으로 / equate to ~와 같다[~에 해당하다] / identify (신원 등을) 확인하다[알아보다], 찾다, 발견하다 n. identification 신원 확인; 식별 / inattentive 주의를 기울이지 않는, 주의가 산만한

해설 윗글의 서두에서 학교에서 성적이 떨어지는 아이들은 지능이 낮다기보다는 기억력이 나쁜 것일 수도 있다고 서술하고 있고, 조사 결과에서도 3,000명의 초등학생 중 10%가 기억력이 나빠 고생하고 있고 이것이 심각하게 학습을 방해한다고 나타났다. 그러므로 ③의 'influence of poor working memory on primary school children(나쁜 기억력이 초등학생들에게 미치는 영향)'이 윗글의 주제로 가장 적절하다.
① 학교에서 교사와 아이들의 동일성
② 초등학생들의 낮은 지능
③ 나쁜 기억력이 초등학생들에게 미치는 영향
④ 아이들의 기억력 문제를 해결하기 위한 선생님들의 노력

해석 학교에서 성적이 떨어지는 아이들은 지능이 낮다기보다는 기억력이 나쁜 것일 수도 있다. 한 대학의 연구원들이 모든 연령의 초등학생 3,000명을 조사했는데, 그들 중 10%가 기억력이 나빠 고생하고 있고 이것이 심각하게 학습을 방해한다는 사실을 발견했다. 전국적으로 보면, 이것은 초등교육을 받고 있는 거의 50만 명의 아이들에게 동일하게 나타난다. 연구원들은 또한 교사들이 나쁜 기억력을 확인하지 않고 이런 문제가 있는 아이들을 산만하거나 지능이 떨어지는 것으로 본다는 사실을 발견했다.

기출문제 정답

01 ① 02 ④ 03 ② 04 ④ 05 ① 06 ③ 07 ③

(2) 글의 제목 파악

제목은 글의 내용과 성격을 반영하여 글 전체를 대표하는 역할을 한다. 주제를 핵심적으로 드러낼 수 있는 것을 선택한다. 제목이 주제문에 나타날 수도 있으나 그렇지 않은 경우 내용을 종합하여 추론하도록 한다.

예제 확인

다음 글의 제목으로 가장 적절한 것은?

Among the first animals to land on our planet were the insects. They seemed poorly adapted to their world. Small and fragile, they were ideal victims for any predator. To stay alive, some of them, such as crickets, chose the path of reproduction. They laid so many young that some necessarily survived. Others, such as the bees, chose venom, providing themselves, as time went by, with poisonous stings that made them formidable adversaries. Others, such as the cockroaches, chose to become inedible. A special gland gave their flesh such an unpleasant taste that no one wanted to eat it. Others, such as moths, chose camouflage. Resembling grass or bark, they went unnoticed by an inhospitable nature.

① Natural Enemies of Insects
❷ Insects' Strategies for Survival
③ Importance of Insects in Food Chain
④ Difficulties in Killing Harmful Insects

어휘 adapt (환경 등에) 적응하다, 순응하다(~ to), 익숙해지다 / fragile 부서지기(깨지기) 쉬운(brittle), 허약한(weak), 연약한(trail), (근거가) 빈약한 / predator 약탈자, 포식 동물, 육식 동물 / cricket 귀뚜라미, 크리켓 / reproduction 재생, 재생산, 번식 / venom 독액(毒液), 독(poison), 원한, 앙심 / sting 침, 가시, 찌름, 비꼼, 찔린 상처 cf. poisonous sting 독침 / adversary 적, 대항자, 경쟁 상대 / cockroach 바퀴벌레 / inedible 먹을 수 없는, 식용에 적합지 않은(↔ edible) / gland (생리·식물) 선(腺), 분비기관 / moth 나방 / camouflage 위장, 변장, 기만 / bark 나무껍질, 짖는 소리, 기침 소리 / inhospitable 손님을 냉대하는, 야박한, 불친절한, 머무를 곳이 없는, 황폐한

해설 두 번째와 세 번째 문장(They seemed poorly adapted … they were ideal victims for any predator.)에서 지구 최초의 동물 중 하나인 곤충은 포식자의 먹이가 됨으로써 세상에서 생존하기 어려웠다는 내용을 진술하였고, 네 번째 문장(To stay alive ~)부터 이러한 곤충들이 살아남기 위해 취한 다양한 생존방법에 대해 차례로 서술하고 있다(귀뚜라미와 벌, 바퀴벌레, 나방의 예 → such as crickets, such as the cockroaches, such as moths). 따라서 곤충들이 생존을 위해 취한 다양한 생존방법에 관한 내용이 글 전체의 제목으로 가장 적합하다.

해석 지구상에 안착한 최초의 동물들 중의 하나가 곤충이었다. 그것들은 그들의 세계에 불완전하게 적응한 것처럼 보였다. 그것들은 작고 연약해서 어떤 포식 동물에게나 이상적인 먹잇감이 되었다. 생존하기 위해 귀뚜라미와 같은 몇몇 곤충들은 번식의 길을 선택했다. 그것들은 아주 많은 새끼들을 낳아서 일부가 반드시 살아남도록 하였다. 벌과 같은 다른 곤충들은 독을 선택해 스스로 독액을 갖게 되었고, 시간이 갈수록 차츰 그들을 무서운 적으로 만드는 독침을 가지게 되었다. 바퀴벌레와 같은 다른 곤충들은 먹을 수 없게 되는 길을 선택했다. 특별한 분비기관에서 그들의 살에 불쾌한 맛을 분비하여 아무도 먹고 싶지 않도록 했다. 나방 같은 곤충들은 위장이라는 방법을 선택했다. 그것들은 잔디나 나무껍질과 닮아 호의적이지 않은 자연(포식자들이 많은 자연환경)에서 눈에 잘 띄지 않게 되었다.
① 곤충의 천적들
② 곤충의 생존전략
③ 먹이연쇄에 있어서의 곤충의 중요성
④ 유해 곤충 제거의 어려움

기출문제 확인

[국가직 9급 기출]

01 다음 글의 제목으로 가장 적절한 것을 고르시오.

The sales talk of the old-fashioned businessman was essentially rational. He knew his merchandise, he knew the needs of the customer, and on the basic of this knowledge he tried to sell. To be sure his sales talk was not entirely objective and he used persuasion as much as he could; yet, in order to be efficient, it had to be a rather rational and sensible kind of talk. A vast sector of modern advertising is different; it does not appeal to reason but to emotion; like any other kind of hypnoid suggestion, it tries to impress its customers emotionally and then make them submit intellectually. This type of advertising impresses the customers by all sorts of means such as the repetition of the same formula again and again. All these methods are essentially irrational; they have nothing to do with the qualities of the merchandise, and they suppress and kill the critical capacities of the customers.

① Significance of the Sales Talk
② Change in Advertising Methods
③ Critical Capacities of the Customers
④ Importance of Emotional Advertising Slogans

어휘 sales talk 구매 권유, 판매를 위해 늘어놓는 말 / old-fashioned 구식의, 보수적인, 고풍의, 유행에 뒤떨어진 / rational 이성이 있는[이성적인], 제정신인, 합리적인, 논리적인,(↔ irrational) / merchandise 상품, 제품, 재고품 / entirely 완전히, 아주(= completely), 전적으로, 전혀, 오로지, 한결같이 / objective 목적의, 목표의, 객관적인, 객관의, 편견이 없는, 목표, 목적(물) / persuasion 설득, 납득, 설득력, 확신, 신념, 의견, 신앙, 신조 v. persuade / sensible 분별[양식, 지각] 있는, 알아챈, 깨달은, 느낄 수 있는, 감각의 n. v. sense / advertising 광고(= advertisement) v. advertise 광고[선전]하다, 알리다 / appeal to reason 이성에 호소 / hypnoid(hypnoidal) 수면[최면] 상태의 / impress ~에게 (깊은) 인상을 주다, 감동시키다[감명을 주다], 관심을 끌다 n. impression / intellectually 지적[지성적, 이지적]으로, 지력이 발달하여 a. intellectual / repetition 반복[되풀이], 재현, 복사, 모사, 모방 v. repeat / formula 판에 박은 말, 상투적 문구, (일정한) 방식, 법칙, 공식, 처방세[법] / again and again 몇 번이고, 되풀이하여, 자꾸 / have nothing to do with ~와는 아무런 관계가 없다, ~와 교제를 안 하다 / suppress 억압[진압]하다, 억제하다, 참다, 감추다, 막다 n. suppression / capacity 수용력[량], 정원(定員), 용적, 용량, 재능, 자격, 이해력

해설 ② 제시된 글의 전반부는 이전의 구매 권유 방식이 합리적이고 사리에 맞는 것이었다는 내용이며, 중반부의 'A vast sector of modern advertising is different ~' 이후부터는 현대의 광고는 이와는 달리 이성보다는 감정(정서)에 의존하는 비이성적 방법이 이용된다는 내용이다. 따라서 제시문의 제목으로는 ②(광고 방법들의 변화)가 가장 적절하다. 첫 번째 문장(The sales talk of the old-fashioned businessman was essentially rational)과 글 중반부의 'A vast sector of modern advertising is different; it does not appeal to reason but to emotion ~'을 대비해서 이해한다면 보다 명확하게 답을 고를 수 있다.
① · ③ 구매 권유의 중요성이나 고객들의 비판적인 능력에 대한 구체적인 내용은 언급되지 않았으므로, 글의 제목으로 보기는 어렵다.
④ 감성적 광고는 현대의 광고 방법으로 제시한 것이므로 이를 글 전체의 제목으로 보기는 어렵다. 특히 마지막 문장의 'they have nothing to do with the qualities of the merchandise, and they suppress and kill the critical capacities of the customers' 부분은 현대의 감성적 광고가 지니는 문제점을 지적한 것이라 볼 수 있으므로, 이러한 측면에서도 ④를 제목으로 보기는 어렵다.

해석 예전 사업가의 구매 권유는 본질적으로 합리적이었다. 그는 자신의 상품에 대해서 알고 있었고 고객의 필요에 대해서 알고 있으며, 그리고 이러한 지식에 기초해서 사업가는 판매하려고 노력했다. 분명히 그의 구매 권유는 완전히 객관적이지도 않았고 할 수 있는 한 많이 설득을 이용하였으나, 능률을 기하기 위해 꽤 합리적이고 사리에 맞는 권유이어야 했다. 현대 광고의 광대한 영역은 다르다. 그것은 이성에 호소하는 것이 아니라 감정에 호소한다. 다른 종류의 최면 상태의 암시처럼 고객들에게 정서적으로 깊은 인상을 주려고 하며, 그런 다음 고객이 지적으로 굴복하도록 만들려고 한다. 이러한 유형의 광고는 동일한 상투적 문구를 계속해서 반복하는 것과 같은 모든 종류의 수단을 통해 고객들을 감동시킨다. 이러한 모든 방법들은 본질적으로 비합리적이다. 그런 것들은 상품의 품질과는 무관하며, 고객의

비판적 능력을 억압하고 소멸시키는 것이다.
① 구매 권유의 중요성
② 광고 방법들의 변화
③ 고객들의 비판적인 능력들
④ 감성적(정서적) 광고 슬로건의 중요성

[국가직 9급 기출]

02 다음 글의 제목으로 가장 적절한 것을 고르시오.

Many of the greatest economic evils of our time are the fruits of risk, uncertainty, and ignorance. It is because particular individuals, fortunate in situation or in abilities, are able to take advantage of uncertainty and ignorance, and also because for the same reason big business is often a lottery, that great inequalities of wealth come about. And these same factors are also the cause of the unemployment of labor, or the disappointment of reasonable business expectations, and of the impairment of efficiency and production. Yet the cure lies outside of the operations of individuals. I believe that the cure for these things is partly to be sought in the deliberate control of the currency and of credit by a central institution, and partly in the collection and dissemination of data relating to the business situation including the full publicity, by law if necessary, of all business facts which it is useful to know. Even if these measures prove insufficient, they will furnish us with better knowledge than we have now for taking the next step.

① Economic Evils and Money-oriented Society
② Economic Evils and Solutions to Them
③ Role of the Central Institution
④ Origins of Economic Evils

어휘 uncertainty 불확실(성), 불안정, 불확정, 불안 a. uncertain 불확실한, 확신이 없는 / ignorance 무지, 무식, (어떤 일을) 모름 a. ignorant 무지한 / fortunate in ~에 운이 좋은 / take advantage of ~을 이용하다, 기회로 삼다, ~을 속이다, 약점을 이용하다 / big business 큰 거래, 재벌, 대기업, 대규모 공공시설 / lottery 제비뽑기, 복권 뽑기, 추첨 분배, 운, 재수 / inequality 같지 않음, 고르지 못함, 불평등, 불균등, 불균형, 불균등, 불공평, 편파 / factor (어떤 현상의) 요인, 요소, 원인 / unemployment 실직, 실업 상태, 실업률, 실업자 수

/ reasonable (사고 · 감정 · 의견 등이) 도리에 맞는, 논리적인, 온당한, 적당한(= moderate) / impairment 손상, 감손 v. impair (가치 · 힘 · 건강 등을) 감하다, 덜다, 손상시키다, 해치다 / efficiency 능력, 능률, 효율 a. efficient 능률적인, 효과가 있는 / cure 치료(법), 치료제[법], 구제책, 해결책, 치유, 회복, 치료하다, 고치다, 치유되다 / operation 작용, 움직임, 작업, 운전, 작동, 실시, 시행, (약 등의) 효력, 효능, 수술 / currency 통화, 통화 유통액, 지폐, 유통, 통용, (사상 등의) 용인, 수용, 보급, 유포 / credit 신뢰, 신용(trust), 명성, 외상(판매), 대출금, 융자, 예금(잔고), 명예 / dissemination 파종, 보급 v. disseminate / publicity 널리 알려짐, 주지(周知), 공표, 명성, 평판, 광고, 선전, 홍보 / insufficient 불충분한, 부족한, 부적당한, 능력이 없는 / money-oriented 금전 지향적인, 금전본위의

[해설] 제시된 글은 전반부에서 경제적 폐해에 대해 언급하였고, 글 중반부 (Yet the cure lies outside of the operations of individuals ~)에서는 그에 대한 해결책에 대해 언급하고 있다. 따라서 ②가 글의 제목으로 가장 적합하다.

[해석] 우리 시대의 가장 큰 경제적 폐해의 대부분은 위험성, 불확실성, 그리고 무지의 결과다. 부(富)의 엄청난 불평등이 생겨나는 것은, 상황 면에서 혹은 능력 면에서, 특정한 개인들이 불확실성과 무지를 이용할 수 있고, 또한 동일한 이유로 대기업이 종종 복권 같은 것이 되었기 때문이다. 그리고 이러한 똑같은 요인들이 또한 실업, 혹은 합당한 사업의 기대치에 대한 실망스러운 결과, 그리고 효율성과 생산 저하의 원인이 된다. 그럼에도 해결책은 개인의 운용능력 바깥에 있다. 나는 이러한 상황의 해결책은, 일부분은 중앙 기관에 의한 화폐의 신중한 통제와 신용의 통제에서 찾을 수 있고, 또한 일부분은 아는 것이 유용한 모든 사업 사실의 완전 공개 — 필요하다면 법에 의해 — 를 포함하여 사업 상황과 관련된 정보의 수집과 보급에서 찾아야 한다고 생각한다. 비록 이러한 조치가 충분치 않다고 밝혀진다 하더라도, 그것들은 다음 조치를 취하기 위해서 우리가 현재 갖고 있는 것보다는 더 나은 지식을 우리에게 제공해줄 것이다.
① 경제적 폐해와 금전 지향적인 사회
② 경제적 폐해와 그에 대한 해결책
③ 중앙 기관의 역할
④ 경제적 폐해의 발단

03 다음 글의 제목으로 가장 적절한 것은?

Myths try to answer several questions. Where did the world come from? What are the gods like, and where did they come from? How did humanity originate? Why is there evil in the world? What happens to people after they die? Myths also try to account for a society's customs and rituals. Beyond giving such explanations, myths are used to justify the way a society lives. Ruling families in several ancient civilizations found justification for their power in myths that described their origin in the world of the gods or in heaven. In India the breakdown of society into castes is based on ancient mythology that emerged in the Indus Valley after 1550 B.C.

① Type of Myths
② Functions of myths
③ Myths of Customs
④ Myths of the Gods

[어휘] myth 신화, 신화적[가공의] 인물, (근거 없는) 이야기[미신] / what ~ like? 어떠한 사람[것, 일]일까, 어떠한 기분일까 / humanity 인류[인간], 인(간)성, 인간다움, 인간애, 자비 / originate 기원하다, 비롯하다[생기다, 유래하다], 시작하다, 일으키다, 창작[창조]하다 / account for 설명하다, ~라 생각하다, 비율을 차지하다 / ritual 의식의[의식에 관한], 종교적인 의식, 제례, 풍습 n. rite 의식, 의례, 관습, 관례 / explanation 설명, 해석, 해명, 의미[뜻] v. explain 설명[해석, 해명]하다 / justify 옳다고 하다, 정당화하다 n. justification / describe 묘사하다, 기술하다, 설명하다, 칭하다, 평하다 n. description / breakdown 고장, 파손, 붕괴, 몰락, 결렬, 좌절, 분석, 분류 / caste 카스트 (제도)(인도의 계급제도), 배타적 계급, 폐쇄적 사회제도 / be based on ~에 기초를 두다, ~에 기반하다 / mythology 신화, 신화집, 그릇된 신앙 / emerge 나오다, 나타나다, 드러나다[알려지다], 벗어나다 n. emergence

[해설] 제시문은 신화가 인간 세상의 여러 가지 물음에 대해 답하려 하고 사회의 관습과 의식을 설명하려 하며, 지배 권력의 정당성의 근거가 되기도 한다는 내용인데, 이는 모두 신화의 기능(역할 또는 용도)에 대한 내용이라 할 수 있다. 따라서 ②가 제시문의 제목으로 가장 적합하다.

해석 신화는 몇 가지 물음에 답을 제시하려 한다. 세상은 어디에서 생겨났는가? 신들의 모습은 어떠하며, 그 신들은 어디서 왔는가? 인류는 어떻게 생겨났는가? 세상에 악이 존재하는 이유는 무엇인가? 사람이 죽은 후에는 무슨 일이 일어나는가? 신화는 또한 사회의 관습과 의식에 대해서도 설명하려 한다. 그런 설명을 하는 것을 넘어, 신화는 한 사회의 존재방식을 정당화하는 데 이용되고 있다. 몇몇 고대 문명에서의 지배층은 자신들의 권력의 정당성을 그들의 기원이 신의 세계나 하늘에 있다고 묘사하는 신화에서 찾았다. 인도에서 사회를(사회계층을) 카스트로 분류하는 것은 기원전 1500년 이후에 인더스 강 유역에서 발생한 고대의 신화에서 근거한 것이다.

① 신화 유형
② 신화의 기능
③ 관세의 신화
④ 신들의 신화

[국가직 9급 기출]

04 다음 글의 제목으로 가장 적절한 것은?

America gets 97% of its limes from Mexico, and a combination of bad weather and disease has sent that supply plummeting and prices skyrocketing. A 40-lb. (18kg) box of limes that cost the local restaurateurs about $20 late last year now goes for $120. In April, the average retail price for a lime hit 56cents, more than double the price last year. Across the U.S., bars and restaurants are rationing their supply or, like Alaska Airlines, eliminating limes altogether. In Mexico, the value spike is attracting criminals, forcing growers to guard their limited supply of "green gold" from drug cartels. Business owners who depend on citrus are hoping that spring growth will soon bring costs back to normal.

① An Irreversible Change in Wholesale Price of Lime
② Mexican Lime Cartel Spreading to the U.S.
③ Americans Eat More Limes than Ever
④ A Costly Lime Shortage

어휘 disease 질병 · 병 · 질환, (정신 따위의) 불건전 · 퇴폐 / plummet 곤두박질치다, 급락하다 / skyrocket 물가 등이 급등하다 / restaurateur 식당 경영자 / retail 소매 / ration 배급량 v. 배급하다, 제한하다 / supply 비축, 공급, 공급량 / eliminate 없애다, 제거하다 / attract 마음을 끌다 / irreversible (이전 상태로) 되돌릴 수 없는, 철회 불가능한 / wholesale 도매의 / shortage 부족, 품귀(= dearth, scarcity, lack) ↔ overbundance

해설 ④ 제시문에서는 악천후와 질병으로 멕시코산 라임의 가격이 급등하였으며, 이로 인해 소비하는 라임의 대부분을 멕시코에서 수입하는 미국에서 라임의 가격 급등과 품귀 현상이 일어났다는 내용을 다루고 있다.

① 마지막 문장에서 'Business owners who depend on citrus are hoping that spring growth will soon bring costs back to normal'라고 하였으므로 'An Irreversible Change in Wholesale Price of Lime(라임 도매가의 돌이킬 수 없는 변화)'는 제목이 될 수 없다.

② 제시문에서 등장하는 멕시코의 카르텔은 범죄 조직으로, 이들은 라임의 가격 급등에 꾀여 멕시코의 라임 생산자들이 재배하는 라임에 관심을 가졌다. 그러므로 미국 내 멕시코 라임 카르텔의 확산은 제시문과 관계가 없다.

③ 라임 가격이 급등하자 미국 내 술집, 식당 등에서 라임 소비를 줄이거나 없앴다고 하였다.

해석 미국은 멕시코로부터 97%의 라임을 수입하는데, 악천후와 질병이 겹치면서 공급은 뚝 떨어지고 가격은 치솟았다. 지난해 현지 식당 경영자가 20달러를 지불하였던 40파운드(18kg)짜리 한 상자가 지금은 120달러로 상승하였다. 4월이 되자 라임 개당 평균 소매가는 지난해보다 2배 이상 상승한 56센트가 되었다. 미국 전역의 술집과 식당, 그리고 알래스카 항공 등은 라임 배급량을 낮추거나 공급량을 전부 없앴다. 멕시코에서의 가격 급등은 범죄자들을 유혹하였으며, 생산자는 그들의 공급이 제한된 "녹색 금"을 마약 범죄조직들에게서 지켜내기 위해 대항하였다. 감귤류 과일에 의존하는 경영자들은 봄 생산량으로 인해 정상 가격을 되찾기를 바라고 있다.

① 라임 도매가의 돌이킬 수 없는 변화
② 멕시코 라임 기업 연합의 미국 내 확장
③ 전보다 더 많은 라임을 먹는 미국인들
④ 값비싼 라임 품귀 현상

[국가직 9급 기출]

05 글의 제목으로 가장 적절한 것은?

> Dogs have long had special standing in the medical world. Trained to see for the blind, hear for the deaf and move for the immobilized, dogs have become indispensable companions for people with disabilities. However, dogs appear to be far more than four-legged health care workers.
> One Japanese study found pet owners made 30 percent fewer visits to doctors. A Melbourne study of 6,000 people showed that owners of dogs and other pets had lower cholesterol, blood pressure and heart attack risk compared with people who didn't have pets. Obviously, the better health of pet owners could be explained by a variety of factors, but many experts believe companion animals improve health at least in part by lowering stress.

① The friendliness of dogs
② The healing power of dogs
③ Dogs as health care workers
④ Japanese dogs for the disabled

어휘 standing 신분, 지위, 서 있음, 서 있는, 선 채로의, 움직이지 않는, 불변의, 정해진 / medical world 의료계 / immobilize 움직이지 않게[못하게] 하다, 고정시키다, 이동[유통]을 막다 / indispensable 없어서는 안 되는, 필요 불가결한 n. indispensability / disability 무능, (신체 등의) 불리한 조건, 장애 v. disable 무능[무력]하게 하다 / blood pressure 혈압 / heart attack 심장 발작[마비], 심근 경색 / obviously 명백하게, 분명히 a. obvious / companion animal 반려동물 cf. companion 동료, 반려, 친구, 벗, 동무 / healthcare 건강관리, 의료, 건강관리의, 의료의

해설 이 글은 개가 의료와 관련되어 많은 역할(기여)을 해왔다는 내용이다. 글 중반부의 일본(~ pet owners made 30 percent fewer visits to doctors)과 멜버른 대학의 연구 사례(lower cholesterol, blood pressure and heart attack risk)에서 개는 인간의 건강과 관련하여 긍정적 역할을 한다는 것을 알 수 있다. 따라서 제목으로 가장 알맞은 것은 ②이다. 한편, 세 번째 문장(However, dogs appear to be far more than four-legged health care workers)의 경우는 개의 치유능력을 효과적으로 표현하기 위해 네 발 달린 의료요원으로 비유한 것이다. 따라서 ③보다는 ②가 제목으로 더 적절하다.

해석 개는 오랫동안 의료계에서는 특별한 지위를 가져왔었다. 맹인을 위해 보고, 귀먹은 사람을 위해 듣고, 움직이지 못하는 사람을 위해 움직이도록 훈련을 받아, 개는 장애가 있는 사람들에게 없어서는 안 될 동료가 되었다. 하지만 개들은 네 발 달린 의료(건강관리)요원 훨씬 이상인 것 같다. 일본의 한 연구는 애완동물의 주인들이 30% 더 적게 의사를 방문했다는 사실을 확인했다. 6,000명을 대상으로 한 멜버른 대학의 연구는 개와 다른 애완동물의 주인은 애완동물을 갖고 있지 않은 사람들에 비해 콜레스테롤 수치, 혈압 및 심장 발작의 위험성이 더 낮다는 것을 보여 주었다. 분명히 애완동물 주인들의 건강이 더 좋은 것은 여러 가지 요인으로 설명될 수 있겠지만, 많은 전문가들은 반려동물이 스트레스를 낮춤으로써 적어도 부분적으로 건강을 증진시킨다고 믿고 있다.

① 개의 우정
② 개의 치유력
③ 의료요원으로서의 개
④ 장애인을 위한 일본의 개

[지방직 9급 기출]

06 글의 제목으로 가장 적절한 것을 고르시오.

> At one moment the word 'diplomacy' is employed as a synonym for 'foreign policy', as when we say 'British diplomacy in the Near East has been lacking in vigour.' At another moment it signifies 'negotiation', as when we say 'the problem is one which might well be solved by diplomacy.' More specifically, the word denotes the processes and machinery by which such negotiation is carried out. A fourth meaning is that of a branch of the Foreign Service, as when one says 'my nephew is working for diplomacy.'

① The importance of diplomacy
② Branches of politics
③ Diplomatic methods
④ Different interpretations of the word 'diplomacy'

어휘 diplomacy 외교(술), 외교적 수완, 절충의 재능, 권모술수 a. diplomatic / employ 쓰다[고용하다], 종사하다, 헌신하다, 사용하다[쓰다], 소비하다 / synonym 동의어, 비슷한 말[유의어] / the Near East 근동(지역) / lack in 결핍하다, 모자라다 / vigour(vigor) 정력, 힘, 활력, 활기, 기력, 원기 / signify 의미하다[뜻하다], 나타내다[알리다, 발표하다], 전조가 되다, 문제가 되다 / specifically 명확하게, 특히, 명확히[엄밀히] 말하면 / denote 표시하다, 나타내다, ~의 표시[상징]이다, 의미하다 n. denotation / machinery 기계류, 장치, 조직, 기관, 기관 / carry out 수행하다, 실행하다, 집행하다 / branch 가지, 파생물, 지류, 분관, 지점, 지부, 지국, 출장소, 부문, 분과 / the Foreign Service 외교부 / interpretation 해석, 통역 v. interpret 해석하다, 통역하다

[해설] 이 글은 'diplomacy'라는 단어에 대한 다양한 의미를 설명한 글이다. 첫 문장의 'At one moment the word 'diplomacy' is ~'와 두 번째 문장의 'At another moment it signifies ~' 등에서 바로 글의 제목을 알 수 있다.

[해석] 어떤 때에 'diplomacy'라는 단어는, 우리가 "극동 지역에서의 영국 외교는 힘을 잃어왔다."라고 말할 때처럼 '외교 정책'에 대한 동의어로 사용된다. 또 다른 때에 그것은, 우리가 "그 문제는 외교에 의해 잘 해결될 것입니다."라고 말할 때처럼 '협상'을 의미한다. 보다 명확히 말하면, 그 단어는 그런 협상이 수행되는 과정과 기구를 의미한다. 네 번째 의미는, 어떤 사람이 "내 조카는 외교부에서 일하고 있어."라고 말할 때처럼 외교부의 한 부서에 대한 것이다.
① 외교의 중요성
② 정치의 분야(부문)
③ 외교의 방법들
④ '외교'라는 단어에 대한 다른 해석들

[국회직 8급 기출]

07 What is the best title of the passage?

Miami is moving to designate the famed, mural-adorned Bacardi headquarters on Biscayne Boulevard as historic, an action that would bar demolition or alteration of the landmark blue-and-white tiled tower and its square-annex companion.
The surprise action, initiated by Mayor Manny Diaz, comes as Bacardi USA gets ready to vacate the buildings — its corporate home since 1963 — for new headquarters in Coral Gables later this year. The impending move has prompted broad concern over the fate of the distinctive buildings, which some preservationists and architects regard as the most architecturally distinguished and historically significant of the 1960s in Mami. The city has legal authority to protect buildings without regard to owners' wishes, and it routinely does so.

① Preservation of Historic Site
② Renovation of Old Building
③ New Headquarters of Bacardi
④ Artistic Building in Miami
⑤ Protection of Corporate Capital

[어휘] designate 명시하다, 가리키다, 지명하다, 임명하다(= appoint) n. designation 지정, 임명 / famed 유명한, 이름이 난(= famous) / mural-adorned 벽화로 장식된 cf. mural 벽의, 벽에 붙인[그린], 벽화 / historic 역사(상)의, 역사적인(= historical), 역사적으로 유명한[중요한] / bar 막대기, 빗장, 막대기 모양의 것, 빗장을 지르다, 방해하다, 막다, 금하다 / demolition 파괴, 폭파, (특권 등의) 타파 v. demolish / alteration 변경[개조], 수정(= modification), 변화, 변질 v. alter / landmark 주요 지형지물, 랜드마크, 획기적인 사건[발견], 역사적 건물[장소] / square 정사각형(의) / annex 별관, 별채, 부가물, 부속물 / initiate 시작하다, 일으키다, 창시하다 a. n. initial 처음의, 최초[시초]의, 머리글자 / vacate 그만두고 물러나다, 집을 비우다, 사직하다, 공석으로 하다 a. vacant / impending 임박한, 절박한, 금방이라도 일어날 것 같은 v. impend / prompt 즉석의, 신속한, 자극하다, 격려하다, 촉구하다, 부추기다 / preservationist (야생 동식물·역사적 문화재 등의) 보호(보존)주의자 / architect 건축가, 건축기사, 설계[기획]자 cf. architecture 건축(학) a. architectural / distinguished 두드러진, 저명한, 뛰어난 v. distinguish 구별하다, 두드러지게 하다 / without regard to ~을 고려하지 않고, ~에 상관없이, ~에 구애받지 않고, ~을 무시하고 / routinely 일상적으로, 정기적으로, 기계적으로, 틀에 박혀 / historic site 유적지, 사적(史蹟) cf. site 대지[부지], 유적, 현장, 장소, (컴퓨터) 사이트 / renovation 수리, 수선, 혁신, 쇄신 v. renovate

[해설] 첫 번째 문장의 '~ an action that would bar demolition or alteration of the landmark ~'와 마지막 문장의 'The city has legal authority to protect buildings ~' 등에서, 이 글이 기념비적인 건물에 대한 보존에 관한 내용임을 알 수 있다.

[해석] 마이애미 시(市)는 Biscayne로(路)에 있는 유명한, 벽화로 장식된 Bacardi 본사를 역사적으로 중요한 건물로 지정하기 위해 움직이고 있는데, 이것은 기념비적인 청백색 타일로 된 탑과 정사각형 별관 한 동(棟)에 대한 철거라든지 개조를 막게 될 조치인 것이다.
이 뜻밖의 조치는, 시장(市長) Manny Diaz에 의해 시작되었으며, Bacardi USA사(社)가 올해 말 Coral Gables에 있는 새 본사로 들어가기 위하여 1963년 이후로 본사였던 그 건물을 비울 준비가 됨에 따라 나온 것이다. 이런 임박한 움직임이 이 특색 있는 건물의 운명에 대한 광범위한 우려를 촉발하게 되었는데, 일부 보존주의자들과 건축가들은 이 건물을 1960년대 마이애미 시(市)의 가장 건축학적으로 뛰어나고 역사적으로 중요한 것으로 간주하고 있다. 마이애미 시(市)는 소유주들의 소망과는 관계없이 건물을 보호할 수 있는 법적 권한을 가지고 있으며, 통상적으로 그렇게 하고 있다.
① 사적(史蹟)의 보존
② 오래된 건물의 수선
③ Bacardi 사(社)의 새 본사
④ 마이애미 시(市)의 예술적인 건물
⑤ 기업 자본의 보호

[지방직 9급 기출]

08 글의 제목으로 가장 적절한 것을 고르시오.

The planet is warming, from North Pole to South Pole, and everywhere in between. Globally, the mercury is already up more than 1 degree Fahrenheit, and even more in sensitive polar regions. And the effects of rising temperatures aren't waiting for some far-flung future.

They're happening right now. Signs are appearing all over, and some of them are surprising. The heat is not only melting glaciers and sea ice; it's also shifting precipitation patterns and setting animals on the move.

① Preventive Measures Against Climate Change
② Melting Down of North Pole's Ice Cap
③ Growing Signs of Global Warming
④ Positive Effects of Temperature Rise

어휘 mercury 수은 / Fahrenheit 화씨 cf. Celsius[centigrade] 섭씨 / polar region 극지방 / far-flung 먼, 멀리 떨어진 / glacier 빙하 / precipitation 강수; 강수량 / preventive 예방[방지]를 위한 n. prevention 예방, 방지 cf. preventive measures 예방책 / ice cap 빙원[만년설]

해설 윗글의 마지막 문장에서 빙하와 해빙을 녹이고, 강수량 패턴을 바꾸며, 동물들을 이동시키는 등 지구 온난화의 징후가 곳곳에 나타나고 있다고 설명하고 있다. 그러므로 ③의 'Growing Signs of Global Warming(지구 온난화의 상승 징후)'가 윗글의 제목으로 가장 적절하다.

해석 지구가 북극과 남극에 걸쳐 전 지역에서 따뜻해지고 있다. 전 세계적으로 이미 화씨 1도 이상 상승했고 변화에 민감한 극지방에서는 그 이상 상승했다. 기온 상승의 효과는 먼 미래를 기다리지 않는다. 그 효과는 지금 즉시 발생하고 있다. 징후들이 곳곳에 나타나고 있고, 일부 징후는 놀라울 정도다. 더위는 빙하와 해빙을 녹일 뿐만 아니라 강수량 패턴을 바꾸고 동물들을 이동시킨다.

[국가직 9급 기출]

09 다음 글의 제목으로 가장 적절한 것을 고르시오.

The term home schooling or home tuition, as it is called in England, means educating children at home or in places other than a mainstream setting such as a public or private school. There are many reasons why parents choose home schooling for their children. Some parents are dissatisfied with the quality of education in the public schools. Others do not want their children to have to worry about "peer pressure," or social pressure from friends. They say it may interfere with the child's studies. These parents fear this type of pressure will lead to negative behavior such as smoking, drinking alcohol, and taking drugs.

① Types of Pressure in Schools
② Pros and Cons of Home Schooling
③ Side Effects of Home Schooling
④ Reasons for Home Schooling

어휘 term 용어, 말, 기간, 학기, 회기, 조건, 관계, 사이 / home schooling 홈 스쿨 교육, 자택 학습 / tuition 교수, 수업, 지도 / mainstream 주류, 대세, 주류의 / setting 환경, 배경, 주위 / dissatisfied with ~에 불만스러워하는[불만족하는] / peer pressure 동료 집단으로부터 받는 사회적 압력 cf. peer 동료, ~ / 필적[대등]하다 / interfere with 방해하다, 간섭하다 / lead to ~으로 이어지다[연결되다] / take a drug 마약을 복용하다 / pros and cons 찬반양론 / side effect 부작용 / reasons for ~의 이유

해설 첫 문장에서 자택학습의 의미를 설명하고, 두 번째 문장(There are many reasons why parents choose home schooling ~)부터 일부 부모들이 자식의 자택학습을 선택하는 이유에 대해 계속하여 설명하고 있다.

해석 영국의 이른바, 자택학습 또는 자택수업이라는 용어는, 가정에서 또는 공립학교나 사립학교와 같은 주류의 (학습) 환경이 아닌 다른 장소에서 아이들을 교육하는 것을 의미한다. 부모들이 그들의 자녀들을 위해 자택 학습을 선택하는 데는 많은 이유들이 있다. 일부 부모들은 공립학교에서의 교육의 질에 대해 불만스러워하고 있다. 다른 일부 부모들은 그들의 자녀들이 '동료의 압력' 또는 친구들로부터 받는 사회적 압력에 대해 걱정하는 것을 원하지 않는다. 그들은 그것이 아이의 학업을 방해할 수 있다고 주장한다. 이런 부모들은 이런 유형의 압력이 흡연, 음주, 그리고 마약 복용과 같은 부정적인 행동으로 이어질 것이라고 우려한다.
① 학교에서의 압력의 유형들
② 자택학습의 찬반양론
③ 자택학습의 부작용
④ 자택학습의 이유들

[지방직 · 서울시 9급 기출]

10 다음 글의 주제로 가장 적절한 것은?

The e-book applications available on tablet computers employ touchscreen technology. Some touchscreens feature a glass panel covering two electronically-charged metallic surfaces lying face-to-face. When the screen is touched, the two metallic surfaces feel the pressure and make contact. This pressure sends an electrical signal to the computer, which translates the touch into a command. This version of the touchscreen is known as a resistive screen because the screen reacts to pressure from the finger. Other tablet computers feature a single electrified metallic layer under the glass panel. When the user touches the screen, some of the current passes through the glass into the user's finger. When the charge is transferred, the computer interprets the loss in power as a command and carries out the function the user desires. This type of screen is known as a capacitive screen.

① how users learn new technology
② how e-books work on tablet computers
③ how touchscreen technology works
④ how touchscreens have evolved

어휘 react 반응하다, 반응을 보이다, 서로 영향을 주다, 반대[반발]하다, 반항하다(= against), 역행하다, 되돌아가다 / carry out 수행하다, 실시하다 / function (사람 · 사물의) 기능, 행사, 의식, 직능, 직분, 역할, 상관관계, (제대로) 기능하다[작용하다], 활동하다

해설 제시문은 'touchscreen technology'의 작동원리를 열거하는 글이므로, 핵심어는 가장 많이 반복되고 있는 'touchscreen'이 된다. 그리고 제시문은 모두 현재 시제로 구성되어 있기 때문에 전화로는 말할 수는 없으므로 ③의 'how touchscreen technology works(터치스크린 기술의 작동 방식)'이 정답이다.

해석 태블릿 컴퓨터에서 이용 가능한 e-book 앱은 터치스크린 기술을 사용한다. 몇몇 터치스크린은 마주 보고 놓여있는 전자가 채워진 두 개의 금속 표면을 덮고 있는 유리판을 포함한다. 스크린이 터치되면, 두 금속 표면이 압력을 감지하고 접촉한다. 이 압력이 컴퓨터에 전기 신호를 보내고, 이것이 터치를 명령으로 해석한다. 스크린이 손가락의 압력에 반응하기 때문에 이 버전의 터치스크린은 저항식 화면이라고 알려져 있다. 다른 태블릿 컴퓨터는 단일한 유리판 아래에 한개의 전기가 통하는 금속 막을 포함한다. 사용자가 스크린을 터치하면, 일부 전류가 유리를 통해 사용자의 손가락으로 흐른다. 전하가 이동되면, 컴퓨터는 전력 손실을 명령으로 해석하고 사용자가 원하는 기능을 수행한다. 이 유형의 스크린은 정전 용량식 스크린이라고 알려져 있다.

[지방직 9급 기출]

11 다음 글의 제목으로 가장 적절한 것을 고르시오.

The definition of success for many people is one of acquiring wealth and a high material standard of living. It is not surprising, therefore, that people often value education for its monetary value. The belief is widespread that the more schooling people have, the more money they will earn when they leave school. This belief is strongest regarding the desirability of an undergraduate university degree, or a professional degree such as medicine or law. The money value of graduate degrees in 'nonprofessional' fields such as art, history, or philosophy is not as great.

In the past, it was possible for workers with skills learned in vocational schools to get a high-paying job without a college education. Increasingly, however, the advent of new technologies has meant that more and more education is required to do the work.

① The monetary value of education
② Belief and success
③ College degree and job market
④ Higher education in the age of technology

어휘 standard of living 생활수준 / monetary 화폐의[통화의], 금전[재정]상의 / schooling 학교 교육, 수업, 교수[가르치기], 수업료, 교육비 / desirability 바람직함, 바람직한 상황 / undergraduate 대학[학부] 재학생, 대학생 / nonprofessional 전문직[본업]이 아닌, 직업과 관계없는, 비전문적인 / in the past 이제까지는, 종래는, 옛날, 이전에 / vocational school 직업[훈련] 학교 / advent 출현, 도래 / higher education 고등 교육[대학 교육]

해설 사람들이 종종 교육을 금전적 가치로 평가한다는 두 번째 문장(~ people often value education for its monetary value)의 내용과, 교육을 많이 받을수록 더 많은 돈을 벌 수 있다는 믿음과 관련된 세 번째와 네 번째 문장 등을 토대로 할 때, 이 글은 '교육의 금전적 가치'에 대해 서술한 것임을 알 수 있다. 따라서 ①이 제목으로 가장 적합하다.

해석 많은 사람들에게 있어 성공의 정의는 부(富)와 높은 물질적 생활수준을 얻는 것 중의 하나이다. 그러므로 사람들이 종종 교육을 금전적 가치로 평가하는 것은 놀랄 일이 아니다. 사람들이 많은 학교교육을 받으면 받을수록, 졸업한 후에 더 많은 돈을 벌게 될 것이라는 믿음이 널리 퍼져있다. 이러한 믿음은 대학(학사) 학위 또는 의학이나 법률 같은 전문 학위의 바람직함과 관련하여 가장 강력하다. 미술과 역사, 철학과 같은 비전문적(전문직업과 관계없는) 분야에서의 학위의

금전적 가치는 그리 높지 않다.

과거에는 직업학교에서 습득한 기술을 가진 근로자들이 대학 교육 없이도 고수입의 직업을 얻는 것이 가능했다. 그러나 점차적으로 신기술의 도래는 그러한 일을 하기 위해서 더 많은 교육이 요구된다는 것을 의미하게 되었다.

① 교육의 금전적 가치
② 믿음과 성공
③ 대학 학위와 직업 시장
④ 기술 시대에서의 고등 교육

[지방직 9급 기출]

12 다음 글의 제목으로 가장 알맞은 것은?

> Astronomers today are convinced that people living thousands of years ago were studying the movement of the sky. Astronomers in those ancient cultures had no telescopes or binoculars, but they had great power in that they could predict the changing seasons, track time, and predict events like eclipses and the risings of certain celestial objects. They knew about and were able to predict these and other cycles only by observing carefully over periods of days, and months, and years.

① Wonder of the universe in which we live
② Ancient astronomers and their celestial predictions
③ The value of observational instruments in astronomy
④ The celestial movement in ancient periods

어휘 astronomer 천문학자 / binocular 쌍안경[쌍안 망원경], 두 눈의, 쌍안용의 / track 자취를 쫓다, 추적하다, 지나가다, 가로지르다 / celestial 하늘의, 천체[천상]의, 신성한, 거룩한 / observe 관찰[관측]하다, 지키다[준수하다], 보다, 알다[알아채다]

해설 주제문에 해당하는 두 번째 문장(Astronomers in those ancient ~ certain celestial objects)에서 고대의 천문학자들은 천체 운동과 천체의 출현 등을 예측할 수 있었다고 하였고, 세 번째 문장에서도 관측을 통해 이를 알고 예측할 수 있었다고 했으므로, 글의 제목으로는 ②(고대 천문학자들과 그들의 천체 예측)가 가장 적절하다.

해석 오늘날 천문학자들은 수천 년 전에 살았던 사람들이 하늘의 움직임을 연구했다는 것을 확신한다. 그러한 고대문화에 살았던 천문학자들은 망원경도 쌍안경도 가지고 있지 않았다. 그러나 그들은 변화하는 계절을 예측하고, 시간을 추적하고, 일식과 어떠한 천체들의 출현과 같은 사건을 예측할 수 있다는 점에서 강력한 힘을 가지고 있었다. 그들은 일, 월, 년의 주기를 주의 깊게 관측함으로써 이러한 것들과 다른 주기들에 대해 알고 있었고 또한 예측할 수 있었다.

① 우리가 살고 있는 우주의 경이로움
② 고대 천문학자들과 그들의 천체 예측
③ 천문학에서의 관측기구의 가치
④ 고대 시대 천체의 움직임

[국가직 9급 기출]

13 다음 글의 제목으로 가장 적합한 것은?

> As the weather changes, joggers, like some exotic species of bird, begin to molt. On frigid winter days, when the wind and snow sweep down from Canada, the joggers wear heavy layers of clothes. Ski masks cover their faces, woolen caps hide their hair, and heavy scarves are wrapped snugly around their necks. Gradually, however, the weather warms, and the bulky layers of clothes are peeled away. First, lightweight jogging suits in terry cloth, velour, and even plastic dot the paths in parks and along streets. As spring changes to summer, winter-pale legs and arms begin to appear, covered only partially by shorts and T-shirts.

① Fashionable clothes in Canada
② The latest fashion in jogging suits
③ How to choose a proper jogging suit
④ The effect of weather on joggers' fashion

어휘 jogger 조깅하는 사람 / exotic 이국적인, 이국풍의[색다른], 외래(종)의, 외래종, 외래물 / molt 털갈이하다, 탈피하다, 벗다, 털갈이[허물벗기], 탈피 / frigid 몹시 추운[찬], 쌀쌀한[인정 없는, 냉담한] / sweep 휩쓸리다[세차게 불어 가다], 청소하다, 쓸다 / layer 층, 지층, 계층 / woolen 양모의, 모직(물)의, 방모제의 / wrap (감)싸다, 포장하다, 두르다, 보호하다 / snugly 아늑하게, 포근하게, 편안하게 / bulky 부피가 큰, 커서 다루기 곤란한 / peel (껍질을) 벗기다, 벗다, 벗겨지다, 가시다, 탈피하다 / terry cloth 테리 직물 / velour 빌루어, (레이온·양모 등의) 벨벳 모양의 천 / dot 점재해있다, 여기저기 흩어져 있다, 점으로 그리다[덮다] / fashionable 유행의, 최신식인, 사교계의, 상류의

해설 첫 번째 문장의 'As the weather changes, joggers ~ begin to molt(날씨가 변함에 다라 조깅하는 사람들은 털갈이를 시작한다(옷차림이 달라진다)'는 부분에서 날씨와 조깅복(조깅 패션)에 대한 내용임을 알 수 있다. 제시된 글은 날씨가 겨울에서 따뜻한 봄으로, 다시 여름으로 바뀜에 따라 조깅 패션도 달라진다는 내용이다. 따라서 제목으로 가장 적합한 것은 ④(날씨가 조깅 패션에 미치는 영향)이다.

해석 날씨가 변화함에 따라, 조깅하는 사람들은 몇몇 이국적인 조류처럼 털갈이를 하기 시작한다. 캐나다로부터 바람과 눈이 휘몰아치는 몹시 추운 겨울날, 조깅하는 사람들은 두꺼운 옷을 잔뜩 껴입는다. 스키 마스크로 그들의 얼굴을 가리고 양모 모자를 머리에 쓰며, 두꺼운 스카프로 그들의 목을 포근하게 두른다. 그러나 점차 날씨가 따뜻해짐에 따라, 부피가 큰 겹겹의 옷은 벗겨진다. 먼저 테리 직물이나 벨루어, 심지어 비닐 재질의 가벼운 조깅복들이 공원길이나 거리를 따라 군데군데 나타난다. 봄이 여름으로 바뀌면서, 겨울동안 창백해진 팔다리가 일부만이 반바지와 티셔츠로 가려진채 나타나기 시작한다.
① 캐나다에서 유행하는 옷
② 조깅복의 최신 패션
③ 알맞은 조깅복을 고르는 방법
④ 날씨가 조깅 패션에 미치는 영향

[지방직 9급 기출]

14 다음 글의 제목으로 가장 적절한 것은?

In 2003, Amos Tversky, my younger colleague, and I met over lunch and shared our recurrent errors of judgement. From there were born our studies of human intuition. We could spend hours of solid work in continuous delight. As we were writing our first paper, I was conscious of how much better it was than the more hesitant piece I would have written by myself. We did almost all the work on our joint projects together, including the drafting of questionnaires. Our principle was to discuss every disagreement until it had been resolved to our mutual satisfaction. If I expressed a half-formed idea, I knew that Amos would understand it, probably more clearly than I did. We shared the wonder of owning a goose that could lay golden eggs.

① Human Intuition and Its Role in Decision Making
② A Recipe for Success: Stick to Your Own Beliefs
③ How Pleasant and Productive Collaborative Work Is
④ Place Yourself in Other's Shoes to Mediate Conflicts

어휘 colleague 동료(= associate), 동업자 / recurrent 재발[재현]하는, 빈발하는, 되풀이되는 / intuition 직관(력), 직관적 지식, 통찰(력) / continuous 연속[계속]적인, 끊임없는 / be conscious of 자각[의식, 인식]하다 / hesitant 망설이는[주저하는], 우유부단한, 싫은[마음 내키지 않는] / drafting 초안, 밑그림, 기초(방법), 선발 / questionnaire 질문서, 앙케트, 질문 사항 / resolve 결정[결심]하다, 의결[결의]하다, 해결하다, 설명[해명]하다 / to one's satisfaction ~가 만족할 정도로, ~가 만족할 때까지 / decision making 의사 결정(의) / recipe 요리법[조리법], 처방 / stick to 고수하다, 버리지 않다, 벗어나지 않다, 끝까지 해내다 / collaborative 협력적인[협력하는], 합작의, 공동연구[제작]의 / place[put] oneself in another's shoes[place] 남의 처지가[입장이] 되어 보다 / mediate 조정[중재]하다, 성립[실현, 달성]시키다

[해설] 제시된 글은 인간 직관에 관한 공동 작업(연구)에서 느낀 즐거움과 그 효과에 관한 내용이다. 구체적으로 보면, 세 번째 문장(We could spend hours of solid work in continuous delight)에서 공동 작업이 가져오는 즐거움을 언급하였고, 네 번째 문장(As we were writing our first paper … by myself)에서 공동 작업의 효과에 대해 언급하고 있다. 따라서 이러한 내용을 모두 포괄하는 제목으로는 ③(공동 작업의 즐거움과 생산성)이 가장 적절하다.

[해석] 2003년에, 나보다 어린 동료인 Amos Tversky와 나는 만나 식사를 하면서 반복되는 우리의 판단 착오에 대해 이야기했다. 거기에서 인간 직관에 관한 우리의 연구가 시작되었다. 우리는 계속적으로 즐거움을 느끼며 여러 시간 동안 건실한 작업을 할 수 있었다. 우리가 첫 논문을 써 나갈 때, 나는 내가 혼자서 썼더라면 더 망설였을 논문보다 이것이 얼마나 좋은 논문인지를 자각하게 되었다. 우리는 질문서 초안 작성을 포함해서, 공동 프로젝트의 거의 모든 작업을 함께 했다. 우리의 원칙은 우리가 서로 만족할 정도로 해결될 때까지 모든 이견에 대해 토론하는 것이었다. 만일 내가 아직 덜 성숙된 아이디어를 말하면, Amos는 아마도 나보다 더 명확히 그것을 이해할 것이라는 사실을 나는 알고 있었다. 우리는 황금알을 낳을 수 있는 거위를 소유하는 놀라움을 공유한 것이었다.
① 인간의 직관과 의사 결정에 있어서의 그것의 역할
② 성공을 위한 처방 : 당신 자신의 믿음을 고수하라
③ 공동 작업이 얼마나 즐겁고 생산적인가(공동 작업의 즐거움과 생산성)
④ 갈등을 중재하기 위해 다른 사람의 입장이 되어 보라

[국가직 9급 기출]

15 다음 글의 제목으로 가장 적절한 것을 고르시오.

> Taking time to clear your mind through meditation can boost your spirits and your immunity. Psychologist, Richard Davidson, gave 40 people a flu vaccine. Half of them followed a regular meditation schedule for an hour a day, six days a week. The others just got the vaccine. After eight weeks, the meditators had higher levels of flu-fighting antibodies than those who didn't meditate. They were also better able to deal with stress and had increased activity in the area of the brain linked to good moods. "Meditation produces measurable biological changes in the brain and body," says Davidson. "It is safe and can be of great benefit."

① Relationship between Flu Vaccine and Antibody
② Process of Forming Immune System
③ Length of Meditation and Stress
④ Positive Effects of Meditation

[어휘] meditation 명상[묵상], 숙고, 묵상록 / boost 밀어 올리다, 밀어주다, 응원[후원]하다, 끌어올리다, 늘리다 / immunity 면역(성), 항체, 면제, 면책 / psychologist 심리학자, 정신과 의사, 정신 분석 의사 / flu vaccine 독감 백신 / antibody 항체, 항독소 / deal with 다루다, 대처하다 / measurable 측정할 수 있는, 예측할 수 있는, 중요한, 적당한[알맞은] / immune system 면역 체계[조직], 면역을 형성하는 계통적 조직

[해설] 첫 번째 문장(Taking time to clear your mind through meditation can boost your spirits and your immunity)에서 이 글의 주제에 해당하는 명상의 장점(이점, 유용함)에 대해 언급하고 있다. 이러한 내용은 글 중반부의 'the meditators had higher levels of flu-fighting antibodies', 'They were also better able to deal with stress and had increased activity in the area of the brain linked to good moods.' 등에서도 알 수 있다. 두 번째 문장부터 제시된 Richard Davidson의 실험은 주제문을 뒷받침하는 구체적 사례라 할 수 있다. 따라서 글의 제목으로 가장 적합한 것은 ④(명상의 긍정적 효과)이다.

[해석] 명상을 통해 마음을 맑게 하는 시간을 갖는 것은 원기와 면역력을 높일 수 있다. 심리학자 Richard Davidson은 40명의 사람들에게 독감 백신을 접종했다. 그들 중 절반은 일주일에 6일, 하루 1시간씩 규칙적인 명상 스케줄을 따랐다. 나머지 사람들은 단지 백신만을 처방받았다. 8주 후, 명상을 한 사람들은 명상을 하지 않은 사람들보다 독감과 싸우는 더 높은 수준의 항체를 갖게 되었다. 그들은 또한 스트레스에 더 잘 대처할 수 있었고 좋은 기분과 연관된 뇌의 영역이 활성화되었다. "명상은 뇌와 신체에 있어 눈에 띄는 생물학적 변화를 야기합니다. 그것은 안전하고 굉장히 유익할 수 있습니다." 라고 Davidson은 말한다.
① 독감 백신과 항체 간의 관계
② 면역 체계를 형성하는 과정
③ 명상의 길이와 스트레스
④ 명상의 긍정적인 효과들

[국가직 9급 기출]

16 다음 글의 제목으로 가장 적절한 것은?

Active listeners listen with their ears, their eyes, and their mind. They take in the objective information by listening to the literal words that are spoken. But every spoken message contains more than words. Speakers also communicate subjective information – their feelings and emotions – through other vocal sounds and nonverbal signals. These include verbal intonations such as loudness, emphasis, hesitations, voice movements, facial expressions, body posture, and hand gestures. By listening for feelings and emotions as well as for literal words, you can grasp the total meaning behind the speaker's message. Yet, no matter how good you become at listening for total meaning, there still remains the potential for misunderstanding. That's why the active listener verifies completeness by asking questions. The use of questions can uncover distortions and clarify misunderstandings.

① Methods of Good Listening
② Verbal Skills for Effective Listening
③ Importance of Asking Questions in Listening
④ Relationship between Listening and Emotions

어휘 literal 문자 그대로인, 문자의, 융통성 없는 / subjective 주관의, 주관적인, 개인의 / nonverbal 비언어적인, 말을 사용하지 않는, 말이 서투른 / verbal 말의, 언어의, 구두의 / intonation 억양[인토네이션], 음조, 어조 / loudness 소리의 강도, 큰소리, 시끄러움 / emphasis 강조[강조점, 중점], 강세, 강한 어조 / hesitation 망설임[주저], 우유부단, 싫은 마음 / posture 자세, 자태, 상황, 마음가짐, 사고방식 / grasp 이해하다[파악하다], 붙잡다[쥐다, 잡다], 매달리다 / misunderstanding 오해, 틀린 / 해석, 잘못된 생각, 불일치, 불화 / verify 증명하다[입증하다], 진실임[정확함]을 확인하다 / completeness 완전, 완벽 / uncover 덮개[두껑]를 열다, 폭로하다, 털어놓다, 노출시키다 / distortion 왜곡, 곡해, 비틀림, 찌그러짐

해설 글의 첫 문장에서 적극적인 경청자(active listeners)의 특성을 제시하고, 이어지는 내용에서 그 방법을 차례로 제시하고 있다. 즉, 두 번째 문장(They take in the objective information by listening to the literal words ~)에서 제시된 문자 그대로를 경청, 네 번째 문장부터 제시된 주관적인 정보(느낌과 정서)에 대한 경청, 글 후반부의 'That's why the active listener verifies completeness by asking questions ~'에서 제시된 듣기와 관련된 질문 등의 3가지가 적극적인 경청의 구체적 방법에 해당한다. 따라서 이 글의 제목으로 가장 적합한 것은 'Methods of Good Listening(좋은 경청 방법들)'이다.

해석 적극적인 경청자는 그들의 귀와 눈, 그리고 마음으로 듣는다. 그들은 말해지는 문자 그대로의 단어를 경청함으로써 객관적인 정보를 받아들인다. 그러나 모든 구두(口頭)의 메시지는 단어 이상의 의미를 담고 있다. 화자 또한 다른 목소리와 비언어적 신호들을 통해 주관적인 정보, 즉 느낌과 정서 등을 전달한다. 이러한 것들은 소리의 강도, 강세, 말 더듬기, 목소리의 움직임, 얼굴 표정, 몸의 자세, 손동작 등과 같은 언어적 억양(음조)들을 포함한다. 문자 그대로의 단어뿐만 아니라 느낌과 정서를 경청함으로써 화자의 메시지 이면에 있는 전체적인 의미를 파악할 수 있다. 하지만, 전체적인 의미를 듣는 데 아무리 능숙해진다 할지라도 여전히 오해의 소지는 남아 있다. 그것이 적극적인 경청자가 질문을 함으로써 완벽함을 확인하는 이유가 된다. 질문을 하는 것은 왜곡된 내용들을 드러내고 오해한 것을 명확히 할 수 있다.
① 좋은 경청법(좋은 듣기의 방법들)
② 효과적인 듣기를 위한 언어적 기술들
③ 듣기에 있어서의 질문의 중요성
④ 듣기와 정서(감정)와의 관계

기출문제 정답

01 ② 02 ② 03 ② 04 ④ 05 ② 06 ④ 07 ① 08 ③ 09 ④ 10 ③
11 ① 12 ② 13 ④ 14 ③ 15 ④ 16 ①

(3) 글의 요지 파악

요지(main idea)는 글쓴이가 글에서 나타내려는 견해 또는 주장이다. 글의 내용과 관련 있는 속담이나 격언을 찾는 형태로 출제될 수 있으므로 평소에 영어 속담, 격언 등을 정리해 두도록 한다.

예제 확인

다음 글의 요지로 가장 알맞은 것을 고르시오.

> Increasingly, nursery schools are introducing schoolwork once thought appropriate for first and second grades. This is one of the practices that prove American educators are more interested in being trendy than in following sound educational principles. Preschool youngsters should not be forced to do academic work. High-pressure instruction of children who just need time to play is downright crazy. Attempting reading, writing, and arithmetic at too young an age can make small children feel like failures and lead to dislike of school. Activities that build independence and self-esteem are far more appropriate to nursery schools than stressful academics.

① 취학 전 아동들의 조기 교육이 필요하다.
② 미국 교육자들은 시대경향에 관심을 가져야 한다.
❸ 취학 전 아동들에게 공부를 강요해서는 안 된다.
④ 취학 전 아동들에게 독립심과 자아실현의 꿈을 갖게 해야 한다.

어휘 increasingly 점점 / nursery schools 보육원, 유아원(5살 이하의 유아를 교육) / schoolwork 학교 공부, 학업 / appropriate for ~에 적합한[적당한] / practice 습관, 실행, 실제, 연습하다, 실행하다 / trendy 최신 유행의, 유행의, 유행을 따르는 사람 / sound 건전한, 온전한, 정상적인, 정통의 / preschool 취학 전의, 학령 미달의, 유치원, 보육원 / academic work 학업 / high-pressure 고압의, 급박한, 강요하는, 강압적인 / instruction 교수, 교육, 교훈, 훈령 / downright 곧은, 철저한, 순전한 / arithmetic 셈, 산수, 산수의 / self-esteem 자신감, 자아존중, 자존심, 자긍심 / academics 학원의, 대학의, 학구적인, 이론적인, 대학생, 대학교수, (pl.) 학과, 학문

해설 이 글은 취학 전 보육원에서 학교 공부를 하는 것이 적절한가에 대한 글이다. 글쓴이는 이에 반대하고 있는데, 글쓴이의 이러한 주장이 명확히 드러난 부분은 중반부에 제시된 'Preschool youngsters should not be forced to do academic work(주제문)'와 'High-pressure instruction of children who just need time to play is downright crazy(주제문에 대한 부연설명)'의 두 문장이다. 그리고 그 다음 내용은 이러한 주장의 근거(이유)와 대안(바람직한 방안)에 대한 내용이다. 따라서 글의 요지로 가장 적절한 것은 ③이다. 한편, 글쓴이는 취학 전 조기 교육에 대해 명확히 반대하고 있다는 점에서 ①은 적절하지 않으며, ②와 같은 미국의 교육자들의 태도에 대해서도 비판적이다. 또한 ④의 경우도 마지막 문장의 내용과 배치되므로 요지로 적합하지 않다

해석 보육원들은 점점, 한때 1~2학년에 적합하다고 여겨지던 학교 공부를 도입하고 있다. 이것은 미국의 교육자들이 건전한 교육 원칙을 따르는 것보다 유행을 따르는 것에 더 많은 관심을 가지고 있다는 것을 증명하는 사례 중 하나이다. 취학 전 아이들은 학업을 하도록 강요받아서는 안 된다. 그저 놀 시간이 필요한 아이들에 대한 강압적 교육은 순전히 미친 짓이다. 너무 어린 나이에 읽기, 쓰기, 산수를 시도하는 것은 어린 아이들이 실패한 듯한 느낌이 들게 하고, 학교에 대한 혐오로 연결될 수 있다. 자립심과 자존심을 형성하는 활동들이 스트레스를 주는 공부보다 보육원에 훨씬 더 적절하다.

기출문제 확인

[국가직 9급 기출]

01 글의 요지로 가장 적절한 것은?

> More and more people are turning away from their doctors and, instead, going to individuals who have no medical training and who sell unproven treatments. They go to quacks to get everything from treatments for colds to cures for cancer. And they are putting themselves in dangerous situations. Many people don't realize how unsafe it is to use unproven treatments. First of all, the treatments usually don't work. They may be harmless, but, if someone uses these products instead of proven treatments, he or she may be harmed. Why? Because during the time the person is using the product, his or her illness may be getting worse. This can even cause the person to die.

① Better train should be given to medical students.
② Alternative medical treatments can be a great help.
③ Don't let yourself become a victim of health fraud.
④ In any case, it is alright to hold off going to a doctor for several days.

어휘 turn away from ~을 외면하다, 돌보지 않다 / treatment 취급, 대우, 치료(법), 치료제[약], 처리 v. treat 다루다, 간주하다, 치료하다 / quack 돌팔이 의사, 사기꾼 / cancer 암, 악성 종양 / unsafe 위험한, 안전하지 못한 / first of all 우선 첫째로, 무엇보다도 / work 효과가 나다, 작동하다, 노동하다, 일하다 / harmless 해롭지 않은, 무해한, 손해 없는 / fraud 사기, 기만, 사기죄, 사기 행위 / in any case 하여튼, 어쨌든 / hold off 미루다[연기하다], 피하다, 가까이 오지 못하게 하다, 막다, 멀어지다

해설 이 글의 요지는 검증되지 않은 치료제를 사용하는 경우 피해를 입을 수 있다는 내용이다. 이는 글 중반부의 'putting themselves in dangerous situations'와 'how unsafe it is to use unproven treatments', 후반부의 'he or she may be harmed', 'illness may be getting worse', 그리고 마지막 문장의 'even cause the person to die' 등에서 구체적으로 드러나 있다. 보기 중 이러한 요지와 가장 부합되는 것은 ③이다.

해석 점점 더 많은 사람들이 그들의 의사들을 외면하고 있으며, 그 대신에 의료 교육을 받지 않고 검증되지 않은 치료제를 판매하는 개인들에게 가고 있다. 그들은 감기 치료제부터 암 치료제까지 모든 것을 구하려고 돌팔이 의사들에게 간다. 그리고 그들은 자신들을 위험한 상황에 빠뜨리고 있다. 많은 사람들은 검증되지 않은 치료제를 사용하는 것이 얼마나 위험한지 깨닫지 못하고 있다. 무엇보다도 치료제들은 대개 효과가 나지 않는다. 그것들은 무해할 수도 있으나, 만약 누군가 검증된 치료제 대신 이 제품을 사용하면, 그 사람은 해를 입을 수 있다. 왜 그럴까? 왜냐하면 그 사람이 그 제품을 사용하고 있는 기간 동안, 그 사람의 병이 악화되고 있을 수도 있기 때문이다. 이것은 심지어 그 사람을 죽게 할 수도 있다.
① 의대생에게 더 나은 교육이 제공되어야 한다.
② 대체 의료 치료는 큰 도움이 될 수 있다.
③ 당신 자신을 건강 관련 사기의 피해자가 되지 않도록 하라.
④ 어떤 경우든, 며칠 동안 의사에게 가는 것을 피하는 것이 좋다.

[국가직 9급 기출]

02 다음 글의 요지로 가장 적절한 것은?

A cause always has an effect, and an effect has a cause. Often, however, in searching for the cause or effect of an act, we jump to conclusions. If John Wilkins, who is big and strong, doesn't go out for the football team, some pupils say, 'Wilkins has no courage.' Perhaps the real reason is that his parents object, he is behind in his school work and can't afford the time, or he believes that football is not worth playing.

① Easy come, easy go.
② Don't be dejected, take courage.
③ Everybody has his own talent.
④ Don't make a hasty judgment.

어휘 cause and effect 원인과 결과 / search 찾다, 뒤지다, 탐색하다, 수색하다, 수색, 추구, 조사 / jump to conclusions 속단하다, 섣부른 결론을 내리다(= jump the gun) / go out for 얻으려[들어가려] 애쓰다, ~로서 경기에 나가다, ~하러 외출하다 / pupil 학생, 제자, 미성년자 / be behind in one's work (일 등이) 처져 있다 / dejected 낙심[낙담]한, 풀 죽은 / hasty judgment 성급한[경솔한] 판단

해설 이 글의 내용은 우리가 종종 성급하게 결론을 내리지만 그것은 사실과 다른 경우가 많다는 것이다. 따라서 ④가 글의 요지로 가장 적절하다.

해석 원인은 항상 결과를 가지고 있고 결과는 원인을 가지고 있다. 하지만 종종 어떤 행동의 원인이나 결과를 찾는 데 있어, 우리는 성급하게 결론을 내리게 된다. 만약 덩치도 크고 튼튼한 John Wilkins가 풋볼 팀에 들어가려고 애쓰지 않는다면, 어떤 학생들은 "Wilkins는 용기가 없어."라고 말한다. 아마도 진짜 이유는 그의 부모님이 반대하시거나 그가 학업이 뒤처져 시간을 낼 여유가 없거나, 아니면 그 자신이 풋볼을 할 만한 가치가 없다고 믿는 것일 수 있다.
① 얻기 쉬운 것은 잃기도 쉽다(쉽게 번 돈은 쉽게 나간다).
② 낙담하지 말고 용기를 가져라.
③ 누구나 자기 나름의 재능을 가지고 있다.
④ 성급한 판단을 하지 마라.

03 다음 글에서 필자가 주장하는 것으로 가장 적절한 것은?

Far too often, kids hear about what they've done wrong. Constant faultfinding can and will shoot down a child's sense of self-worth and initiative. If you're criticizing, you're not praising. You must start praising your children for their positive behavior. Not only do you want to praise, you also want to encourage the positive behavior you observe. Tell your children things like "You're doing a great job of getting your homework done." and "Thank you for helping your mother with the dishes." Acknowledgements like these go a long way toward building character and self-esteem in your children.

① Praising and encouraging your children to build self-confidence.
② Criticizing children's wrong-doings to lead to positive behavior.
③ Helping your children learn how to acknowledge good things.
④ Looking for the best intentions in your children.

어휘 faultfinding 흠잡기, 흠잡기를 일삼는 / shoot[bring] down 격추시키다 / self-worth 자존심 / initiative 발의[발기], 솔선, 주도, 의안 제출권, 발의권, 창의, 진취적 기상, 독창력 / encourage 용기를 돋우다, 격려하다 / acknowledgement 승인, 인정, 자백, 감사, 감사의 말[표시], 사례, 답례품 / go a long way ~하는 데 이바지하다 [일조하다](~ to, toward) / self-esteem 자존(심), 자부심 / self-confidence 자신감 / intention 의향, 의도, 목적, 계획 / look for 찾다, 기다리다, 기대하다, 예기하다

해설 ① 본문의 가운데 부분 중 'You must start praising your children ~'과 'Not only do you want to praise, you also want to encourage ~'에서 필자의 주장을 파악할 수 있다. 또한 필자는 마지막 문장의 '~ building character and self-esteem in your children' 부분에 제시되어 있듯이, 칭찬과 격려를 통해 아이들의 인격과 자존심을 고양할 수 있다고 하였다.
② 필자는 이 글에서 아이들이 잘못한 것에 대한 흠잡기보다는 아이들의 긍정적인 행동에 대한 칭찬과 격려를 강조하고 있다.
③ 필자는 잘한 일에 대해 아이들에게 고맙다는 표현을 하라고 했다. 아이들이 감사의 방법을 배울 수 있도록 해야 한다는 내용은 제시되지 않았다.

해석 아이들은 그들이 잘못한 것에 관한 이야기를 너무 자주 듣는다. 끊임없는 흠잡기는 아이의 자존심과 창의성을 떨어뜨릴 수 있고 또 그렇게 할 것이다. 만일 당신이 비판하고 있다면 칭찬하고 있는 것은 아니다. 당신은 당신 아이들의 긍정적인 행동에 대하여 칭찬하는 것부터 시작해야 한다. 당신은 칭찬하기를 원할 뿐만 아니라 당신이 관찰하는 긍정적 행동을 격려하기를 원한다. 당신의 아이들에게 "네 숙제를 다 하다니 정말 잘했구나.", "엄마가 설거지하는 것을 도와줘서 고맙구나."와 같이 말해주도록 하라. 이러한 감사의 표시는 당신 아이들의 인격과 자존심을 형성하는 데 이바지한다.
① 당신 아이들의 자신감을 형성하기 위한 칭찬과 격려
② 긍정적 행동을 이끌어 내기 위한 아이들의 잘못된 행동에 대한 비판
③ 당신 아이들이 좋은 일에 어떻게 감사해야 하는지 배우도록 돕는 것
④ 당신 아이들의 가장 좋은 의도를 찾는 것

04 다음 글을 읽고 물음에 답하시오.

Shadow is one of the easiest to perceive of all nature's beauties. As one may see the charm of a profile for the first time when looking at a silhouette, so one becomes aware of the perfection of a natural outline more quickly by seeing it drawn in one color. It is much simpler to trace the outline of an ash tree when it lies on the grass in shadow than when the eyes are dazzled by the vivid green and clustering scarlet of berry and leaf against the sky. It has become a blue tree on the green canvas of a field. Without shadow things would seem unreal, unbreathing as figures in a dream. With it come reality and rounded loveliness. It is only the bare winter tree, the barren heart, that is shadowless.

The title that best expresses the ideas of the above passage is _____.

① Beauties of Nature
② Shadows of Winter Trees
③ The Unreality of Shadows
④ The Perfection of Shadows
⑤ Values of Shadows

어휘 perceive 지각하다, 감지하다, 이해하다 n. perception / charm 매력, 마력, 매혹하다, ~의 마음을 빼앗다 a. charming 매력 있는 / profile 옆얼굴, 반면상(半面像), 윤곽, 인물 소개[개요] / silhouette 실루엣, 반면 영상(半面影像), 그림자, 윤곽 / be aware of ~을 알아채다[인식하다], ~을 알다 / outline 윤곽, 약도, ~의 윤곽을 그리다, 약도를 그리다 / trace 자취, 발자국, ~의 자국을 밟아가다, (유래·원인 등) 더듬다, 긋다[그리다] / ash 서양물푸레나무, (타고 남은) 재 / dazzle 눈부시게 하다, 감탄시키다 a. dazzling 눈부신 / vivid 생생한, 선명한, 발랄한 / cluster 송이, 떼[무리, 집단], 송이를 이루다, 주렁주렁 달리다, 밀집하다, 떼를 짓게 하다 / against the sky 하늘을 배경으로 / unbreathing 숨쉬지 않는, 죽어 있는 듯한 (↔ breathing) / figure 숫자, 계산, 꼴, 형태, 그림, 도형, 숫자로 나타내다, 계산하다, 생각하다 / loveliness 사랑스러움, 아름다움 a. lovely 사랑스러운, 귀여운, 즐거운, 멋진, 미인 / bare 발가벗은, 헐벗은, 있는 그대로의, 빈, 가까스로의 / barren 불모의, 메마른(= infertile, unproductive, uncultivable, unfruitful, arid, desert, waste, desolate), 임신 못하는(= infertile, sterile), 메마른 땅, 불모지

해설 그림자는 자연의 아름다움을 인지하게 하는 쉬운 방법이라는 첫 번째 문장(Shadow is one of the easiest to perceive of all nature's beauties)과 그림자에서 현실성과 아름다움이 생긴다는 글 후반부의 내용(Without shadow things would seem unreal … reality and rounded loveliness) 등을 통해 볼 때, 이 글의 중심 내용은 '그림자의 가치(진가) 또는 중요성' 등임을 알 수 있다.

해석 그림자는 그 많은 자연의 아름다움을 인지하는 가장 쉬운 방법 중의 하나이다. 실루엣을 볼 때 처음으로 옆모습의 매력을 알게 될지도 모르는 것과 마찬가지로, 한 가지 색깔로 그려진 것을 봄으로써 더 빨리 자연의 윤곽의 완벽함을 알게 된다. 선명한 녹색(잔디)과 주렁주렁 열린 진홍색 딸기와 잎이 하늘을 배경으로 하고 있어 눈이 부실 때 보다 물푸레나무가 그늘진 잔디 위에 놓여 있을 때 그것의 윤곽을 알아보기가 훨씬 더 간단하다. 그것은 들판이라는 녹색의 캔버스에 있는 푸른 나무가 된다. 그림자가 없으면 사물은 꿈속의 형체처럼 실재하지 않고 숨 쉬지 않는 것처럼 보일 것이다. 그림자에서 현실성과 세련된 아름다움이 생겨난다. 그림자가 없는 것은 헐벗은 겨울나무, 메마른 가슴에 불과하다.
위 지문의 내용을 가장 잘 표현한 제목은?
① 자연의 아름다움
② 겨울나무의 그림자
③ 그림자의 비현실성
④ 그림자의 완벽함
⑤ 그림자의 가치

[지방직 9급 기출]

05 다음 글의 요지로 가장 적절한 것은?

As soon as we are born, the world gets to work on us and transforms us from merely biological into social units. Every human being at every stage of history or pre-history is born into a society and from his earliest years is molded by that society. The language which he speaks is not an individual inheritance, but a social acquisition from the group in which he grows up. Both language and environment help to determine the character of his thought; his earliest ideas come to him from others. As has been well said, the individual apart from society would be both speechless and mindless. The lasting fascination of the Robinson Crusoe myth is due to its attempt to imagine an individual independent of society. The attempt fails. Robinson is not an abstract individual, but an Englishman from York.

① Every act determines our membership of the society.
② Society and the individual are complementary to each other.
③ Language and environment determine our way of thinking.
④ Human beings cannot live independently of society.

어휘 get to (~에) 도달하다[닿다], 시작하다 / work on ~에 작용하다, ~을 설득하다, 일을 계속하다 / transform 변형시키다[개조하다], 모양[구조]을 바꾸다 / pre-history 선사시대 / mold 틀로 만들다[주조하다], (성격·인격 등) 만들다 / inheritance 상속(권), 상속재산, 유전, 유전적 성질 / acquisition 취득[획득, 입수], 습득물[획득물] / mindless 생각이 없는, 무심한, 분별없는, 어리석은 / fascination 매혹, 매료(된 상태), 매력, 매혹하는 힘 / be due to ~ 때문이다, ~에 기인하다 / abstract 추상적인, 이론적인 / complementary 보충[보완]하는, 보충적인, 보충의, 상보의

해설 인간은 사회에서 태어나 사회의 영향을 받으며 사는 존재로서, 사회와 분리될 수 없다는 것이 제시된 글의 요지이다. 따라서 ④가 글의 요지로 가장 적합하다.

해석 우리가 태어나자마자, 세상은 우리에게 작동을 해서 우리를 단순한 생물학적인 개체에서 사회적인 개체로 바꾸기 시작한다. 역사시대 또는 선사시대의 각 단계에서의 모든 인간은 사회에서 태어나 어린 시절부터 그 사회에 의해 형성된다. 인간이 사용하는 언어는 개인적인 유산이 아니라 인간이 자라나는 집단으로부터 나온 사회적 습득물인 것이다. 언어와 환경 둘 다 인간의 사고의 특징을 결정하는 데 기여하는데, 인간의 초기의 생각은 다른 사람들로부터 얻어진 것이다. 잘 알려진 것처럼, 사회로부터 격리된 개인은 말을 못하고 생각이 없다. 로빈슨 크루소 이야기의 끊임없는 매력은 사회로부터 독립된 개인을 상상하려는 시도에서 기인한다. 그 시도는 실패한다. 로빈슨은 추상적인 인간이 아니라 요크에서 온 영국 사람인 것이다.
① 각각의 행동이 사회 구성원으로서의 우리의 지위를 결정한다.
② 사회와 개인은 상보적(相補的)이다
③ 언어와 환경은 우리의 사고방식을 결정한다.
④ 인간은 사회와 독립해서 살 수 없다.

[국가직 9급 기출]

06 다음 글의 요지로 가장 적절한 것은?

> No Matter how satisfying our work is, it is a mistake to rely on work as our only source of satisfaction. Just as humans need a varied diet to supply a variety of needed vitamins and minerals to maintain health, so we need a varied diet of activities that can supply a sense of enjoyment and satisfaction. Some experts suggest that one can start by making an inventory — a list of the things you enjoy doing, your talents and interests, and even new things that you think you might enjoy if you tried them. It may be gardening, cooking, a sport, learning a new language, or volunteer work. If you shift your interest and attention to other activities for a while, eventually the cycle will swing again, and you can return to your work with renewed interest and enthusiasm.

① 다양한 비타민 섭취를 통해 건강한 삶을 유지할 수 있다.
② 성공적인 직장 생활은 일 자체를 즐김으로써 이루어진다.
③ 만족스러운 삶을 위해서는 일 외의 다양한 활동이 필요하다.
④ 직장과 가정 생활의 조화가 업무 효율성을 높이는 지름길이다.

어휘 rely on 의지하다, 기대를 걸다, 믿다 / varied 다양한, 변화가 많은, 다양화된, 바뀐 / diet 일상 음식(물), 식품, 규정[특별]식, 다이어트, 식이 요법 / inventory 재고(품), 품목 일람[상품 목록], 재고 자산, 재산 목록 / volunteer 자원 봉사자, 지원자, 자발적인, 지원의 / eventually 결국(은), 드디어, 마침내, 머지않아 / swing 흔들어 움직이다, 흔들다, 휘두르다, 문을 휙 열대[닫다], 방향을 바꾸다, 돌리다, 매달다, 잘 처리하다 / enthusiasm 열심, 열광, 열의, 열중

해설 첫 문장에서 만족을 일에서만 찾는 것은 잘못이라고 했고(~ it is a mistake to rely on work as our only source of satisfaction), 바로 다음 문장에서는 즐거움과 만족감을 제공하는 다양한 활동이 필요하다고 하였다(~ we need a varied diet of activities that can supply a sense of enjoyment and satisfaction). 이를 통해 볼 때, 글의 요지로 가장 알맞은 것은 ③이다.

해석 우리의 일이 아무리 만족스럽다 해도 우리의 유일한 만족의 원천으로서 일에만 의존하는 것은 잘못이다. 인간은 건강 유지에 필요한 다양한 필수 비타민과 미네랄을 공급하기 위해 다양한 음식물을 필요로 하는 것처럼, 우리는 즐거움과 만족감을 제공할 수 있는 다양한 활동들을 필요로 한다. 몇몇 전문가들은 목록을 만듦으로써 그러한 일을 시작할 수 있다고 제안하는데, 이러한 목록에는 당신이 즐겁게 할 수 있는 것들, 당신의 재능과 흥미가 있는 것들, 그리고 심지어 당신이 만약 시도해 본다면 재미있을 것 같다고 생각하는 새로운 것들까지 포함된다. 그것은 정원가꾸기, 요리하기, 스포츠, 새로운 언어 배우기 또는 자원봉사 활동 등이 될 수 있다. 만약 당신이 당신의 관심과 주의를 한동안 다른 활동으로 돌린다면 결국 그러한 사이클은 다시 돌 것이며, 당신은 새로워진 관심과 열정을 가지고 당신의 일에 복귀할 수 있을 것이다.

기출문제 정답

01 ③ 02 ④ 03 ① 04 ⑤ 05 ④ 06 ③

2. 글의 종류·목적 파악

이는 글쓴이가 어떤 목적(purpose)으로 쓴 글인지를 파악하는 문제 유형이다. 글의 요지를 중심으로 하여 그것이 누구를 대상으로 하고 있는지, 무엇을 의도하거나 기대하고 있는지 등을 파악함으로써 문제를 해결할 수 있다.

〈글의 목적과 관련된 어휘〉

어휘	목적	어휘	목적
to request	요청	to advertise	광고
to argue	논의	to appreciate	감사
to give a lesson	교훈	to inform	통보, 정보제공
to criticize	비평, 비판	to praise	칭찬
to complain	불평, 불만	to persuade	설득
to suggest	제안, 제의	to advise	충고
to inspire	격려, 고취	to recommend	추천

 예제 확인

다음 글의 목적으로 가장 적절한 것은?

Casa Heiwa is an apartment building where people can learn some important life skills and how to cope with living in a new environment. The building managers run a service that offers many programs to children and adults living in the building. For the children, there is a day-care center that operates from 7 a.m. until 6 p.m. There are also educational programs available for adults including computer processing and English conversation courses.

① to argue for a need for educational programs
② to recruit employees for an apartment building
❸ to attract apartment residents toward programs
④ to recommend ways to improve the living standard

어휘 cope with 에 대처[대응]하다 cf. cope with difficulties 곤란을 극복하다 / day-care center 탁아소, 어린이집, 놀이방 / available 구할[이용할] 수 있는, 시간[여유]이 있는 / recruit 모집하다[뽑다] / employee 직원, 종업원, 피고용인(↔ employer 고용주, 고용인) / resident 거주자[주민], (호텔) 투숙객 / recommend 추천[천거]하다, 권고[권장]하다 / living standard 생활수준

해설 윗글은 Casa Heiwa라는 아파트에서 운영하는 어린이집, 컴퓨터 과정, 영어회화 과정 등의 프로그램들을 소개하고 있다. 그 프로그램들을 소개하는 이유가 윗글의 목적으로, 아파트 주민들의 프로그램 참여를 유도하기 위해서(to attract apartment residents toward programs)이다.

해석 Casa Heiwa는 사람들이 몇 가지 중요한 생활 기술과 새로운 환경 속에서 생활하는데 어떻게 대처해야 하는지 배울 수 있는 아파트이다. 건물 관리자는 그 건물에 살고 있는 아이들과 어른들에게 많은 프로그램을 제공하는 서비스를 운영한다. 아이들을 위해, 아침 7시부터 오후 6시까지 운영되는 어린이 집이 있다. 또한 컴퓨터 과정과 영어 회화 과정들을 비롯하여 어른들이 이용할 수 있는 교육 프로그램도 있다.
① 교육 프로그램의 필요성을 주장하기 위해
② 아파트 건물 직원을 모집하기 위해
③ 아파트 주민들의 프로그램 참여를 유도하기 위해서
④ 생활수준을 향상시킬 방법을 추천하기 위해

기출문제 확인

※ 다음 중 글의 목적으로 가장 적절한 것을 고르시오.
(01~02)

[국가직 9급 기출]

01
Various fogs are essentially clouds that form at the earth's surface, produced by temperature differences and moisture in the air. As warm, moisture-laden air cools, the amount of moisture that air can contain decreases. Warm air can hold more water vapor than cold air. So if the air is cooled sufficiently it will reach the dew point, at which the moisture begins to gather together out of the air and form water drops, creating fog.

① To explain how fog is formed
② To describe various types of fog
③ To show when warm air affects the fog
④ To point out why moisture works in the air

어휘 fog 안개, 안개같이 뿌연 것, 연무 / essentially 본질적으로, 본질상, 본래 a. essential 본질적인 / surface 표면, 수면, 겉, 외면, 외부, 지(표)면 / temperature 온도, 기온 / moisture 습기, 수분, 수증기 / laden 짐을 실은, 적재한, 지고 있는, ~을 많이[충분히] 지닌 / water vapor 수증기 cf. vapor (수)증기, 김, 증발 기체 / dew point (온도의) 이슬점 / gather together 모이다, 모으다 / affect ~에 영향을 미치다, 작용하다, 침범하다, 감동시키다 / point out ~을 지적하다

[해설] 이 글은 안개가 형성되는 방법이나 과정을 설명한 것이다. 마지막 문장(So if the air is cooled … form water drops, creating fog)만 보아도 이에 대한 내용임을 알 수 있는데, 특히 'creating fog'는 문제 해결의 키워드가 된다.

[해석] 다양한 안개들은 본질적으로 지표면에서 형성되는 구름이며, 이것은 온도 차이와 공기 중의 수분에 의해 만들어진다. 따뜻하고 수분을 많이 포함하고 있는 공기가 차가워지게 되면, 공기가 함유할 수 있는 수분의 양은 감소하게 된다. 따뜻한 공기는 차가운 공기보다 더 많은 수증기를 함유할 수 있다. 그래서 만일 공기가 충분히 차가워지게 되면 그것은 이슬점(點)에 도달하게 되고, 이 이슬점에서 수분은 공기로부터 모이기 시작해서 물방울을 형성하여 안개가 생겨나게 한다.
① 안개가 어떻게 형성되는지 설명하는 것
② 다양한 안개의 유형을 기술하는 것
③ 언제 따뜻한 공기가 안개에 영향을 미치는지 보여주는 것
④ 왜 수분이 공기 속에서 작용하는지 지적하는 것

[국가직 9급 기출]

02

Job-related stress can lead to symptoms of poor physical health such as weight gain, fatigue and illness. Both diet and exercise can contribute to the alleviation of these negative effects of stress. The first step is to eliminate junk food from the diet. Instead of soda or a candy bar, try a piece of fresh fruit. The next step is to make a habit of exercising every day. And you should aim for twenty to thirty minutes of exercise a day. The key is to find a form of exercise that you enjoy. That way, you are more likely to do it every day and will receive the maximum benefit. Both diet and exercise can help you maintain a healthy weight, keep you feeling energized, and protect you from sickness. Then you will be better equipped to deal with the sources of stress at your job.

① To prevent weight gain
② To explain the causes of stress
③ To announce why junk food is bad for the health
④ To explain how to ease the negative effects of stress

[어휘] symptom 징후, 증후 / fatigue 피로, 피곤, 피곤하게 하다 / diet 일상의 음식물[식사], 규정식, 식이 요법, 식습관 / contribute to ~에 기부[기증]하다, ~의 원인[도움]이 된다, 기여[공헌]하다 / alleviation 경감, 완화, 경감[완화]하는 것 v. alleviate / eliminate 제거하다, 삭제하다, 탈락시키다, 배출하다 n. elimination / junk food 정크 푸드(고 칼로리의 인스턴트식품 등) / soda 소다, 소다수, 탄산음료 / make a habit of ~하는 버릇[습관]을 들이다 / aim for ~을 목표로 나아가다 v. aim 겨누다[노리다], 향하다, 뜻하다, ~할 작정이다 / maximum 최대한, 최대[극대]의, 최대량[값], 최고점, 최고액, 극한, 극대(점) / energize 정력적으로 활동하다, 격려하다, ~에 전류를 통하다 / equip 갖추어주다, 장비하다, 차림[채비]하다, 갖게 하다 n. equipment / deal with ~을 다루다, 상대하다 / ease 진정[완화]시키다, 덜다, 가벼워지다, 편함, 용이함

[해설] 이 글은 스트레스가 미치는 부정적 영향을 완화하는 방법(식이요법과 운동)에 대해 설명한 것이다. 구체적으로 보면, 우선 첫 번째 문장에서 스트레스가 건강에 나쁜 증상으로 이어질 수 있음을 전제하고, 두 번째 문장에서 이러한 스트레스로 인한 부정적 영향을 완화하는 방법으로 식이요법과 운동을 제시하였다(Both diet and exercise can contribute to the alleviation of these negative effects of stress). 그리고 그 다음에는 식이요법과 운동을 실천하는 구체적 방법을 설명하였고, 글 후반부에서는 식이요법과 운동의 효과에 대해 언급하였다.

[해석] 직장 관련 스트레스는 과체중, 피로 및 질병과 같은 신체 건강에 나쁜 증상으로 이어질 수 있다. 식이요법과 운동은 둘 다 스트레스의 이러한 부정적인 영향을 완화하는 데 기여할 수 있다. 첫 번째 단계는 일상의 음식에서 정크 푸드를 제거하는 것이다. 탄산음료나 막대 사탕 대신에, 신선한 과일 한 조각을 먹어보라. 그 다음 단계는 매일 운동하는 습관을 들이는 것이다. 그리고 하루 20~30분 동안 운동하는 것을 목표로 해야 한다. 비결은 당신이 즐기는 운동의 형태를 찾는 것이다. 그런 식으로 해서, 당신은 매일 그것을 더 하기 쉽게 될 것이고 최대의 이익을 얻게 될 것이다. 식이요법과 운동 모두는 당신이 건강에 적합한 체중을 유지하도록 돕고, 계속해서 당신이 활력 있게 느낄 수 있도록 해주며, 당신을 질병으로부터 보호할 수 있다. 그러면 당신은 직장에서의 스트레스의 근원을 다루기 위한 준비가 더 잘 갖추어질 것이다.
① 체중 증가를 막는 것
② 스트레스의 원인을 설명하는 것
③ 왜 정크 푸드가 건강에 나쁜지를 알리는 것
④ 스트레스의 부정적인 영향을 어떻게 완화하는지를 설명하는 것

[지방직 9급 기출]

03 다음 글의 종류로 가장 적절한 것은?

In one of the most widespread man-made disasters the region has known, smoke from the fires has blanketed a broad swath of Southeast Asia this month.

Flights have been canceled around the region, the busy shipping lanes of the Strait of Malacca have been disrupted by low visibility, and millions of people are coughing and wheezing. It is impossible to say how many people have been made sick by the smoke.

The fires are mostly intentionally set. Hundreds of Indonesian and Malaysian companies — mostly large agricultural concerns, and some with high-placed Government connections — are using fire as a cheap and illegal means of land-clearing.

① 신문기사　　　　② 문학비평
③ 기행문　　　　　④ 관광안내

어휘 blanket 담요로 덮다. 온통 뒤덮다. 담요. 모포 / swath 한 번 낫질한 넓이[자취], 베어낸 한 구획[베어낸 자리], 넓은 길, 긴 행렬 / cancel 취소하다. 중지하다. 취소, 해제 n. cancelation / shipping 선박, 적하, 선적, 해운(업) / lane 좁은 길, 통로, 규정 항로, 차선 cf. shipping lane 대양 항로 / Strait of Malacca 말라카 해협(말레이 반도와 수마트라 섬 사이) / disrupt 방해하다. 붕괴[분열]시키다. 혼란시키다. 중단[두절]시키다 n. disruption / low visibility 저(底) 가시도 cf. visibility 눈에 보임, 눈에 보이는 상태 / wheeze (천식 등으로) 쌕쌕거리다. 쌕쌕거리며[숨을 헐떡이며] 말하다. 쌕쌕거리는 소리 / intentionally 고의적으로 a. intentional 고의적인, 계획된 n. intention 의향, 의도 / set a fire 불을 지르다. 화재를 일으키다 / agricultural 농업의, 농사의 n. agriculture 농업, 농학 / high-placed (정부 등의) 높은 자리의 cf. high place 고위층, 고위직 / connection 연결, 접속, 관계, 연고, 연줄 v. connect / land-clearing 개간 cf. clear land 토지를 개간하다

해설 동남아시아의 한 지역에서 발생한 화재와 그로 인한 피해 및 발생 원인을 전달하는 내용이므로, 기사문(뉴스나 신문기사)으로 보는 것이 가장 적절하다.

해석 그 지역이 겪은 인간이 초래한 가장 광범위한 재난들 중 하나인 그 화재에서 발생된 연기가 이번 달 동남아시아의 한 넓은 지역을 온통 뒤덮어버렸다.

그 지역의 비행이 취소되었고, 말라카 해협의 분주한 대양 항로들은 낮은 가시성으로 인해 방해를 받고 있으며, 수백만의 사람들이 기침을 하고 숨을 헐떡이고 있다. 얼마나 많은 사람들이 연기 때문에 아프게 되었는지 말하기란 불가능하다.

화재는 대부분 의도적으로 발생한다. 수많은 인도네시아와 말레이시아 기업들은 — 대부분이 큰 농업 기업들이고, 일부는 정부 고위층과 연줄이 닿아있다 — 토지를 개간하는 값싸고 불법적인 방법으로써 불을 이용하고 있다.

[지방직 9급 기출]

04 다음 글을 쓴 목적으로 가장 적절한 것은?

I was extremely sorry to hear of your disappointment. It was a very hard luck, and you were so near to getting the job. You had worked hard and deserved success, and no one can do more. However, I know you have too much grit to let a thing like this unduly depress you. Wipe out all thought of it and have another try — that's the only sensible thing to do. I know your luck will turn soon, so don't be depressed about it. Are you doing anything Wednesday night? If not, give me a ring, and we might fix up a night out together.

① to report　　　　② to relieve
③ to complain　　　④ to forgive

어휘 hard luck 불행. 불운(= hard lines) / deserve ~할 만하다. ~할[받을] 가치가 있다 / grit 용기, 기개, 담력, 잔모래, 왕모래, 자갈, 거친 가루 / unduly 과도하게[심하게], 부당하게, 마땅찮게, 부정으로 / depress 풀이 죽게 하다. 낙담시키다. 우울하게 하다. 경기를 나쁘게[부진하게] 하다 / wipe out (기억에서) 지우다. 씻다. 청산하다. 닦다. 무찌르다. 일소하다 / sensible 양식 있는, 분별이 있는, 현명한 / give ~ a ring[buzz] ~에게 전화를 걸다 / fix up 고정시키다. 정하다[결정하다], 정리하다[청소하다], 해결하다, (식사를) 마련하다 / a night out 외출이 허용되는 밤, 축제의 밤, 밖에서 놀이로 새우는 밤

해설 위의 글은 일자리를 얻지 못한 사람을 위로하고 격려하기 위해서 쓴 글이다. 이는 글 전반부의 'sorry to hear of your disappointment', 'you were so near to getting the job' 등과, 글 중반부의 'Wipe out all thought of it and have another try' 등에서 알 수 있다.

해석 당신이 실망했다는 것을 듣고 저는 너무나 안타까웠습니다. 그것은 몹시 불운한 일이었으며, 당신은 그 일을 얻는데 아주 가까이 갔습니다. 당신은 열심히 일했고 성공할만한 자격이 있으며, 어떤 사람도 그 이상은 할 수 없을 것입니다. 하지만 전 당신이 큰 용기를 가지고 있으니 이와 같은 일에 지나치게 낙담하지는 않을 것을 알고 있습니다. 그것에 대한 모든 생각을 지워버리고 또 한 번 시도해 보십시오. — 그렇게 하는 것만이 현명한 행동입니다. 저는 당신의 행운이 곧 돌아올 것으로 알고 있습니다. 그러니 그 일에 대해 낙담하지 마십시오. 수요일 밤에 다른 할 일이 있습니까? 그렇지 않으면, 제게 전화해 주십시오. 그러면 우리가 함께 밖에서 놀 수 있는 밤 약속(날짜)을 정할 수 있을 것입니다.

① 보고하기 위해서
② 고통을 덜어주기 위해서(위로하기 위해서)
③ 불평하기 위해서(불만을 털어놓기 위해서)
④ 용서하기 위해서

[국회직 8급 기출]

05 Read the following passage and answer the question.

> To keep clear of concealment, to keep clear of the need of concealment, to do nothing which one might not do out on the middle of Boston Common at noonday — I cannot say how more and more it seems to me the glory of a young person's life. It is an awful hour when the first necessity of hiding anything comes. The whole life is different thenceforth. When there are questions to be feared and eyes to be avoided and subjects which must not be touched, then the bloom of life is gone. Put off that day as long as possible. Put it off forever if you can.

Q Which of the following does the author recommend to his audience?

① To deny the necessity of aging
② To rationalize one's misconduct
③ To act in an aboveboard manner
④ The necessity of a placid life of postponement
⑤ To conduct themselves to feel the need to hide their deeds

어휘 keep clear of ~을 피하고 있다, 가까이 가지 않다 / concealment 은폐, 은닉, 잠복, 은신처 v. conceal 숨기다 / Boston Common 보스턴 커먼 공원 / noonday 정오, 한낮 / awful 지독한, 대단한, 몹시 / thenceforth 그때부터[그 이후], 거기서부터 / bloom 꽃, 한창(때), 전성기 / rationalize 합리화하다, 이론적으로 설명하다, 자기 행위를 합리화하다 / misconduct 비행(非行), 불량 행위, 간통, 위법 행위, 직권 남용 / aboveboard 공명정대하게, 훤히 보이는, 정정당당한, 떳떳한 / placid 평온한, 조용한 / postponement 연기, 유예 v. postpone 연기하다 / conduct oneself 행동하다, 처신하다 / deed 행위, 실행

해설 글 중반부에서 저자는 자신의 어떤 것을 숨길 필요가 있다는 것은 끔찍하다고 하였고(It is an awful hour when the first necessity of hiding anything comes), 마지막 두 문장(Put off that day as long as possible. Put it off forever if you can)에 이러한 것들을 가능한 한 없도록 하라고 권고하였다. 이는 곧 남에게 부끄럽지 않고 떳떳하게 행동하라는 것으로 볼 수 있다.

해석 은폐를 피하는 것, 은폐의 필요를 피하는 것, 정오에 보스턴 커먼 공원의 한복판에 나가서 하지 않을 것 같은 일을 아무것도 하지 않는 것 – 나는 그것이 내게 점점 더 얼마나 젊은이의 삶의 영광처럼 보이는지 이루 말할 수 없다. 어떤 것을 숨길 첫 번째 필요성이 나오게 되는 때는 끔찍한 시간이다. 전 생애가 그때부터 달라진다. 두려워할 만한 질문과 피할 눈, 다루어선 안 될 주제가 있게 되면, 삶의 전성기는 사라져 버린 것이다. 그런 날을 가능한 한 오래 미루어 두라. 당신이 할 수만 있다면 영원히 미루어 두라.

Q. 다음 중 저자가 그의 독자에게 권고하는 것은?
① 노화의 불가피성을 부인하는 것
② 자신의 비행을 합리화하는 것
③ 떳떳한 태도로 행동하는 것
④ 연기하는 평온한 삶의 필요성
⑤ 자신의 행위를 숨길 필요를 느낄 수 있도록 처신하는 것

기출문제 정답

01 ① 02 ④ 03 ① 04 ② 05 ③

3. 글의 분위기·어조·태도의 파악

글 전체의 의미 이해를 통해 글이 주는 분위기나 어조(tone), 상황, 글쓴이의 태도 등을 파악하는 문제 유형이다. 글의 전체적 분위기나 흐름, 전개방향 등에 주의하되, 본문에 어떤 형용사, 부사 등이 사용되고 있는지도 살펴보아야 한다.

〈글의 분위기 · 어조와 관련된 어휘〉

어휘	목적	어휘	목적
descriptive	묘사적인	serious	진지한
peaceful	평화로운	cheerful	기운을 북돋는
amusing	즐거운	cold	차가운
sarcastic	빈정대는	concerned	걱정스러운
ironic	반어적인	cynical	냉소적인
desperate	절망적인	fantastic	환상적인
critical	비판적인	gloomy	우울한
persuasive	설득력 있는	suspicious	의심스러운
warning	경고하는	hopeful	희망찬
pessimistic	비관적인	impatient	참을성 없는
optimistic	낙관적인	inspiring	고무적인
satirical	풍자적인	instructive	교훈적인
approving	찬성하는	objective	객관적인
indifferent	무관심한	outraged	분개한
humorous	재미있는	realistic	사실적인
admiring	감탄하는	regretful	후회하는
miserable	비극적인	respectful	존경심을 보이는
boring	지루한	ridiculous	우스꽝스러운
calm	고요한, 평온한	skeptical	회의적인
sentimental	감상적인	solemn	엄숙한
sympathetic	동정심 있는	tragic	비극적인

예제 확인

다음 글의 성격으로 가장 적당한 것을 고르시오.

Minnie, a longtime client at my beauty salon, was about to celebrate her 100th birthday and I had promised her complimentary hair services when she reached the century mark. I was delighted when she came in to collect her gift. As I prepared her permanent wave, we discussed the fact that she was exactly twice my age. Minnie was silent for a moment and then said, "There's only one thing that concerns me. Whatever will I do when you get too old to do my hair?"

① tragic　　　　② scientific
③ instructive　　❹ humorous

어휘 beauty salon 미용실 / be about to 막 ~하려고 하다 / complimentary 칭찬하는, 인사 잘하는, 경의를 표하는, 무료의(≒free), 우대의 / prepare 준비하다[마련하다, 채비를 갖추다], 준비시키다[채비를 하게 하다] / permanent wave (머리의) 파마 v. perm 파마(하다) / concern 관계하다[관계가 있다], 관여하다, 걱정[염려]하다, 관계, 관심(사) / tragic 비극의, 비극적인, 비참한 / instructive 교훈[교육]적인, 도움이 되는, 계발적인 / humorous 유머러스한, 우스운, 익살스러운, 유머를 이해하는, 유머가 풍부한

해설 마지막 두 문장(Minnie was silent … too old to do my hair?)의 내용은 '100세의 노인이 50세인 미용사가 더 늙어서 자기 머리를 손질해주지 못하면 어떻게 할지 걱정한다'는 것인데, 여기서 이 글의 성격이 유머러스하다는 것을 알 수 있다.

해석 내 미용실의 오랜 고객인 Minnie씨는 곧 그녀의 100번째 생일을 경축하게 되었는데, 나는 그녀가 100주년이 되었을 때 그녀에게 무료로 머리 손질을 해주기로 약속했었다. 나는 그녀가 자신의 선물을 받으러 왔을 때 기뻤다. 그녀의 파마를 준비하면서, 우리는 그녀가 정확히 내 나이의 두 배라는 사실에 대해 이야기했다. Minnie씨는 잠시 동안 조용히 있은 뒤 '내가 걱정되는 것이 단 한 가지 있어요. 당신이 너무 늙어서 내 머리를 손질해주지 못할 때는 난 도대체 어떻게 하죠?'라고 말했다.

기출문제 확인

[국회직 9급 기출]

01 다음 글을 읽고 물음에 답하시오.

We must realize the futility of trying to impose our will upon our children. No amount of punishment will bring about lasting submission. Today's children are willing to take any amount of punishment in order to assert their "rights." Confused and bewildered parents mistakenly hope that punishment will eventually bring results, without realizing that they are actually getting nowhere with their methods. At best, they gain only temporary results from punishment. When the same punishment has to be repeated again and again, it should be obvious that it does not work.

Q Which of the following best describes the author's attitude toward punishment in the passage?

① Approving ② Critical
③ Sympathetic ④ Indifferent
⑤ Enthusiastic

어휘 futility 헛됨, 무가치, 무익, 공허, 무익한[헛된] 것 a. futile 헛된, 효과 없는 / impose (의무, 벌, 세금 등을) 지우다, 과하다, (의견 등을) 강요[강제]하다 / punishment 형벌, 처벌, 징계 v. punish / bring about 야기하다, 초래하다 / submission 복종, 항복, 순종, 굴복 v. submit 복종[종속]시키다, 제출[제시]하다 / assert 단언하다, 역설하다, (권리 등을) 주장[옹호]하다 n. assertion / confuse 혼동하다, 어리둥절하게 하다 / bewilder 당황하게 하다(= perplex), 어리둥절하게 하다(= confuse) a. bewildering / mistakenly 실수로, (판단을) 잘못하여, 오해하여 a. mistaken 틀린, 오해한, 잘못된 / eventually 결국, 드디어, 마침내 / get nowhere 효과[성과, 진보, 진전]가 없다, 잘 안되다, 성공 못하다 / temporary 일시적인[잠사의], 임시의, 임시변통의 ad. temporarily 일시적으로 / sympathetic 동정적인, 인정 있는, 공감을 나타내는 v. sympathize 동정하다, 동감[동의, 찬성]하다, 공감[교감]하다 n. sympathy 동정, 동감, 공감 / indifferent 무관심한, 마음에 두지 않는, 냉담한 n. indifference 무관심 / enthusias-tic(enthusiastical) 열렬한, 열광적인, 열중한 n. enthusiasm 열광, 열중, 의욕

해설 어떠한 처벌도 지속적 순종을 가져오지 못한다는 두 번째 문장(No amount of punishment will bring about lasting submission)과, 처벌은 기껏해야 일시적 결과만을 얻는다는 다섯 번째 문장(At best, they gain only temporary results from punishment), 처벌이 계속 반복되는 것은 효과가 없다는 마지막 문장(When the same punishment … obvious that it does not work) 등에서 저자의 태도를 엿볼 수 있다.

해석 Q. 다음 중 이 글에 나타난 처벌에 대한 글쓴이의 태도를 가장 잘 설명한 것은?
우리는 우리의 소망을 아이들에게 강요하려고 하는 것이 무익함을 깨달아야 한다. 어떠한 처벌로도 지속적인 순종을 가져오지는 못할 것이다. 오늘날의 아이들은 그들의 '권리'를 주장하기 위하여 아무리 많은 처벌이라도 감수하려고 한다. 혼란스럽고 당황한 부모들은 그들의 방법으로는 사실상 효과가 없다는 것을 깨닫지 못한 채, 오해하여 처벌이 결국에는 결과를 가져올 것이라는 희망을 가지고 있다. 기껏해야, 그들은 처벌로부터 일시적인 결과만을 얻을 뿐이다. 같은 처벌이 계속해서 반복되어야만 할 때, 그것이 효과가 없을 것이라는 사실은 명백해 질 것이다.

[지방직 9급 기출]

02 다음 글의 분위기로 가장 적절한 것은?

Mary is six years old. She loves her grand-mother a lot. Whenever she comes to visit her, she meet her at the port. One day she was taken to the port to see her grandmother off. When she got on the ship, Mary began to cry. She said to her mother, "Why does Grand-mother live in the ocean and not the ground like everybody else?"

① sad ② disappointed
③ anxious ④ humorous

어휘 port 항구, 항만 / see ~ off ~를 배웅하다 / disappointed 실망한, 기대가 어긋난, 좌절된 / anxious 걱정[근심]하는, 불안한, 열망하여 몹시 ~하고 싶어 하는, 열심인 n. anxiety / humorous 재미있는, 익살스러운, 유머가 풍부한 n. humor

해설 위의 글은, 매번 항구에서 할머니를 만나던 6살 아이가 할머니께서 바다에 산다고 오해하게 되면서 일어난 재미있는 에피소드이다.

해석 Mary는 6살이다. 그녀는 자기 할머니를 무척 좋아한다. 할머니께서 그녀를 찾아올 때마다, 그녀는 항구에서 할머니를 만난다. 어느 날 할머니를 배웅해 드리려고 그녀를 항구에 데려 갔는데, 할머니가 배에 탔을 때 Mary가 울기 시작했다. 그녀는 엄마에게 말했다. "왜 할머니는 다른 사람들처럼 땅 위에 살지 않고 바다에 사시죠?"

[서울시 9급 기출]

03 다음 글의 분위기로 가장 어울리는 것은?

As Ryan Cox was waiting to pay for his coffee order at an Indiana, US fast food drive-through, he decided to try something he'd seen on a TV news show — he paid for the coffee order of the driver in the car behind. The small gesture made the young Indianapolis entrepreneur feel great, so he shared his experience on Facebook. An old friend suggested that rather than paying for people's coffee, Ryan put that money towards helping school students pay off their delinquent school lunch accounts. So the following week Ryan visited his nephew's school cafeteria and asked if he could pay off some accounts, and handed over $100.

① gloomy   ② serene

③ touching   ④ boring

어휘 drive-through 드라이브스루(차에 탄 채로 이용할 수 있는 식당, 은행 등), 승차 전용 / entrepreneur 사업가[기업가] / pay off ~을 다 갚다[청산하다] / delinquent 비행의, 채무를 이행하지 않은, 연체[체납]된 cf. juvenile delinquents 비행 청소년 / account 계좌, 장부, 신용 거래, 외상 / nephew 조카 (↔ niece 조카딸, 질녀) / gloomy 우울한, 침울한(= dark, dull, dim) / serene 고요한, 평화로운 / touching 감동인 / boring 재미없는, 지루한(= uninteresting, dull, tedious)

해설 윗글은 Ryan Cox가 뒤차의 운전자가 주문한 커피 값을 대신 내주거나 학생들의 밀린 급식비를 대신 내주는 등 선행을 베푸는 것이므로, 'touching(감동인)'분위기이다.

해석 Ryan Cox가 미국 Indiana주에 있는 승차 전용 패스트 푸드점에서 주문한 커피 값을 내기 위해 기다리고 있을 때, 그는 TV 뉴스쇼에서 그가 봤던 것 – 뒤차의 운전자가 주문한 커피 값을 지불하는 것 –을 하기로 결심했다. 그 작은 행동으로 젊은 Indianapolis 사업가는 대단히 기분이 좋았고, 그래서 그 일을 페이스북에 공유했다. 오랜 친구가 사람들의 커피 값을 내는 것보다, Ryan이 그 돈으로 학생들의 밀린 급식비를 내는 걸 돕는데 쓰라고 말했다. 그래서 다음주에 Ryan은 조카의 학교 식당을 방문하여 그가 일부 급식비를 지불할 수 있는지 묻고 100달러를 건넸다.

[지방직 9급 기출]

04 다음 글에 나타난 화자의 심경으로 가장 적절한 것은?

My face turned white as a sheet. I looked at my watch. The tests would be almost over by now. I arrived at the testing center in an absolute panic. I tried to tell my story, but my sentences and descriptive gestures got so confused that I communicated nothing more than a very convincing version of a human tornado. In an effort to curb my distracting explanation, the proctor led me to an empty seat and put a test booklet in front of me. He looked doubtfully from me to the clock, and then he walked away. I tried desperately to make up for lost time, scrambling madly through analogies and sentence completions. "Fifteen minutes remain," the voice of doom declared from the front of the classroom. Algebraic equations, arithmetic calculations, geometric diagrams swam before my eyes. "Time! Pencils down, please."

① nervous and worried

② excited and cheerful

③ calm and determined

④ safe and relaxed

어휘 (as) white as a sheet 백지장처럼 하얀, 창백한, 핏기가 없는 / absolute 완전한, 절대적인(↔ relative, comparative 상대적인) / panic 극심한 공포, 공황 / descriptive 서술[묘사]하는 v. describe 서술[묘사]하다

해설 윗글은 화자가 시험장에 늦게 도착해서 허둥지둥 시험을 치는 상황을 묘사하고 있다. 본문에 따르면 화자는 완전히 패닉 상태에서 시험장에 도착해 인간 토네이도와 같은 혼란스러운 마음으로 시험에 임하고 있으므로, 윗글에 나타난 화자의 심정은 '불안하고 걱정되는(nervous and worried)' 마음이다.

해석 내 얼굴은 백지장처럼 하얘졌다. 나는 시계를 보았다. 지금쯤이면 시험은 거의 끝났을 것이다. 나는 완전히 패닉 상태에서 시험장에 도착했다. 자초지종을 설명하려 했지만, 내 말과 설명하는 몸짓은 너무 혼란스러워 인간 토네이도의 흡사판에 지나지 않았다. 나의 산만한 설명을 그만두게 하려는 시도로, 시험 감독관은 빈자리로 데려가 내 앞에 시험지를 놓았다. 그는 의심스러운듯 나와 시계를 쳐다보다 가버렸다. 나는 잃어버린 시간을 보충하려고 필사적으로 노력했고, 비유와 문장 완성 시험을 미친 듯이 해치웠다. "15분 남았습니다."라는 운명의 목소리가 교실 앞에서 퍼졌다. 대수 방정식, 산술 계산, 기하학 도형들이 내 눈 앞에서 떠다녔다. "그만! 연필을 내려놓으세요."

기출문제 정답

01 ② 02 ④ 03 ③ 04 ①

제2절 글의 흐름 이해

1. 흐름상 무관한 문장 고르기

주어진 문단의 주제와 연관이 없는 문장을 찾는 문제 유형이다. 먼저 주제문을 파악한 후 주제문의 뒷받침 문장들을 검토해 글의 통일성(unity)을 떨어뜨리는 문장이 무엇인지 찾는다. 이 유형의 경우에는 첫문장이 주제문일 가능성이 매우 높다.

 예제 확인

글의 흐름상 가장 어색한 문장은?

Philosophers have not been as concerned with anthropology as anthropologists have with philosophy. ① Few influential contemporary philosophers take anthropological studies into account in their work. ② Those who specialize in philosophy of social science may consider or analyze examples from anthropological research, but do this mostly to illustrate conceptual points or epistemological distinctions or to criticize epistemological or ethical implications. ❸ In fact, the great philosophers of our time often drew inspiration from other fields such as anthropology and psychology. ④ Philosophy students seldom study or show serious interest in anthropology. They may learn about experimental methods in science, but rarely about anthropological fieldwork.

어휘 anthropology 인류학 / concerned with ~에 관련 있는[관심 있는] / philosophy 철학, 형이상학, 인생관, 세계관 / influential 영향을 미치는, 영향력이 큰, 유력한(= powerful) / contemporary 동시대의, 현대의, 당대의(= modern), 동시에 발생한(= simultaneous) / take into account ~을 고려하다, 참작하다, 계산에 넣다 / specialize in ~을 전문으로 하다 / analyze ~을 분석하다, ~으로 분해하다(↔ synthesize 합성하다), ~을 검토하다, 꼼꼼히 살펴보다, 해석하다 / illustrate (책 등에) 삽화[도해]를 쓰다[넣다], (실례·도해 등을 이용하여) 분명히 보여주다, 실증하다(= demonstrate) / conceptual 개념의, 구상의 / epistemological 인식론의 / distinction 차이[대조](= difference), 뛰어남, 탁월함, 특별함, 구분, 차별, 식별, 특징, 특질, 특이성, 우대, 예우, 우수성

/ criticize 비판[비난]하다(↔ praise 칭찬하다), 비평[평론]하다, ~의 흠을 찾다 / ethical 윤리적인(= moral), 도덕적인, 선악에 관한, 처방전 없이 판매할[살] 수 없는 약 / implication (행동·결정이 초래할 수 있는) 영향[결과], 함축, 암시, 연루(= involvement) / draw inspiration from ~에서 영감을 끌어내다 / psychology 심리학 cf. pop psychology 대중 심리학 / seldom 좀처럼[거의] ~않는(= rarely), 드문, 간혹 / experimental (아이디어·방법 등이) 실험적인, 실험의, 실험용의, 실험에 입각한, 경험적인, 경험을 통해 얻은 / fieldwork 현장 연구, 야외 작업

해설 철학자는 인류학을 연구에 크게 고려하지 않는다는 것이 제시문의 중심 생각으로 ③은 훌륭한 철학들이 인류학과 같은 분야에서 영감을 얻는다는 내용이기 때문에 글의 주제와 반대되는 흐름상 어색한 문장이다.

해석 인류학자가 철학에 관심을 가지는 것만큼 철학자는 인류학에 관심을 가지지 않았다. ① 영향력 있는 현대의 철학자들 중 그들의 연구에 인류학적 연구를 고려한 사람은 거의 없었다. ② 사회과학에 대한 철학을 전공으로 하는 사람들은 인류학적 연구로부터의 사례를 고려하거나 분석할 수도 있지만, 이는 주로 개념적인 요점이나 인식론적 차이를 보여주거나 혹은 인식론적 혹은 윤리적 의미를 비판하기 위해서였다. ③ 사실, 우리 시대의 훌륭한 철학자들은 종종 인류학이나 심리학 같은 다른 분야에서 영감을 얻는다. ④ 철학을 공부하는 학생들은 인류학을 공부하거나 또는 진지한 관심을 잘 보이지는 않는다. 그들은 과학에서 실험적인 방법을 배울 수는 있지만, 인류학의 현장 연구에 대해서는 좀처럼 배우지 않는다.

기출문제 확인

[국가직 9급 기출]

01 다음 글에서 전체적인 흐름과 관계없는 문장을 고르시오.

Some students make the mistake of thinking that mathematics consists solely of solving problems by means of formulas and rules. ① To become successful problem solvers, however, they have to appreciate the theory, recognizing the logical structure and reasoning behind the mathematical methods. ② To do so requires a precision of understanding the exact meaning of a mathematical statement and of expressing thoughts with accuracy and clarity. ③ However, this precision cannot be achieved without real appreciation of the subtleties of language. ④ In fact, anyone can advance much beyond mere problem solving tasks without manipulating mathematical formulas and rules. That is, superior ability in the use of language is a prerequisite to become successful problem solvers.

어휘 make a mistake 실수하다, 오해하다 / by means of ∼에 의하여, ∼으로 / appreciate 진개[좋은 점]를 알다, 가치를 인정하다, 올바르게 인식하다, 식별하다, 감상하다, 고맙게 생각하다, 감사하다 n. appreciation / reasoning 추리(력), 추론, 이론, 논법, 논거, 증명, 추리의, 이성이 있는 / precision 정확, 정밀, 정도, 정밀함 a. precise 정확한, 정밀한 / statement 말함, 표현[진술]법, 진술, 성명서, 진술문, 계산서, 대차표 / accuracy 정확(성), 정밀도, 정확성 a. accurate 정확한, 정밀한 / clarity 명쾌함, 명석함, 깨끗하고 맑음, 투명함 a. clear / subtlety 희박, 미묘, 신비, 난해, 민감 (pl.) 세밀한 구분, 미묘한 점 a. subtle / manipulate 교묘하게[솜씨 있게] 다루다[처리하다], 조종하다, 조작하다 / superior 뛰어난(= excellent), 우수한, 고급의, 우세한, 다수의, 상위의, 상급의, 상관의 / prerequisite 미리 필요한, 필수의, 전제가 되는, 불가결한, 필요조건, 필수 과목

해설 첫 번째 문장에서 수학이 공식과 규칙만으로 문제를 푼다고 생각하는 것은 실수임을 지적하고, 두 번째 문장부터 성공적인 문제 해결을 위해 필요한 조건들을 제시하고 있다. 이러한 조건으로 제시된 것으로는, 수학 이론의 이해(①), 수학적 진술의 정확한 이해와 표현을 위한 정밀함(②), 정밀함의 바탕이 되는 언어의 미묘함에 대한 이해(③)가 있다. 그런데, ④의 경우 수학적 공식과 규칙과 관련된 내용을 언급하고 있으므로 이러한 본문의 흐름과 구분된다. 특히, 마지막 문장(That is, superior ability in the use of language is a prerequisite to become successful problem solvers)이 ③에 대한 부연 설명에 해당된다는 점을 파악한다면 ④가 전체 흐름과 어울리지 않는다는 것을 보다 쉽게 알 수 있다.

해석 일부 학생들은 수학이 오로지 공식과 규칙으로 문제를 푸는 것으로만 구성되어 있다고 생각하는 실수를 범한다. ① 그러나 성공적으로 문제를 푸는 사람이 되기 위해서, 학생들은 수학적 방법 이면의 논리적 구조와 추론을 인지하면서 이론을 올바르게 이해해야 한다. ② 그러기 위해서는, 수학적 진술의 정확한 의미를 이해하고 사고를 정확하고 명쾌하게 표현하는 정밀함을 요한다. ③ 그러나 이러한 정밀함은 언어의 미묘함에 대한 진정한 이해가 없이는 달성될 수 없다. ④ 사실, 누구라도 수학 공식과 규칙을 솜씨 있게 다루지 않고도 단순히 문제를 해결하는 과제를 넘어 더 많이 나아갈 수 있다. 다시 말하면, 언어 사용에 있어 뛰어난 능력이 성공적으로 문제를 해결하는 사람이 되기 위한 필요조건이 된다는 것이다.

[지방직 9급 기출]

02 다음 밑줄 친 부분 중 글의 전체적 흐름에 맞지 않는 문장은?

Given the general knowledge of the health risks of smoking, it is no wonder that the majority of smokers have tried at some time in their lives to quit. ① But in most cases their attempts have been unsuccessful. People begin smoking, often when they are adolescents, for a variety of reasons, including the example of parents and pressure from peers. ② The installation of smoke detectors in buildings is required by law. ③ If others in one's group of friends are starting to smoke, it can be hard to resist going along with the crowd. ④ Once people start smoking, they are likely to indulge in it.

어휘 given ∼이라고 가정하면, ∼이 주어지면 / it is no wonder that ∼ ∼은 조금도 이상하지 않다, ∼하는 것은 당연하다 / at some time 언젠가 / unsuccessful 성공하지 못한, 실패한, 불운한 / adolescent 사춘기[청춘기]의, 한창 젊은, 미숙한, 사춘기의 사람, 젊은이 / peer 동료, 동등한 사람, 귀족 / smoke detector 연기탐지기[화재경보기] / resist ∼에 저항[반항, 적대]하다, 방해[저지]하다, 반대하다, 무시하다, 거스르다 / go along with ∼와 동행하다, ∼에 부수하다, 따르다 / indulge in ∼에 빠지다[탐닉하다], 즐기다

해설 ②의 앞에서는 흡연을 시작하게 되는 이유에 대해 언급하였고, ③은 흡연을 시작하게 되는 과정을 설명하였다. 그리고 ④는 일단 흡연을 시작하면 깊이 빠지기 십상이라는 내용이다. 그런데, ②는 연기탐지기의 설치에 관한 내용이므로 문맥의 흐름과 관련이 없다.

해석 흡연으로 인한 건강상의 위험이 널리 알려진 것이라 가정하면, 대부분의 흡연자들이 살아가면서 언젠가 금연을 하려고 노력해 보았다는 것은 조금도 이상하지 않다. ① 그러나 대부분의 경우에 그들의 시도는 성공적이지 못하였다. 사람들은 흔히 그들이 청소년일 때, 부모의 흡연이 본보기가 되거나 아니면 동료들의 압력 등을 포함한 다양한 이유로 흡연을 시작한다. ② 건물에 연기탐지기의 설치가 법적으로 의무화되어 있다. ③ 만일 어떤 한 무리의 친구들 중에서 다른 사람들이 담배를 피기 시작하면, 다수의 행동에 따르는 것을 반대하기는 힘들다. ④ 일단 사람들이 담배를 피기 시작하면, 그들은 그 일에 탐닉하기 십상이다.

[국가직 9급 기출]

03 다음 글에서 전체적인 흐름과 관계없는 문장은?

According to government figures, the preponderance of jobs in the next century will be in service-related fields, such as health and business. ① Jobs will also be plentiful in technical fields and in retail establishments, such as stores and restaurants. ② The expansion in these fields is due to several factors: an aging population, numerous technical breakthroughs, and our changing lifestyles. ③ However, people still prefer the traditional types of jobs which will be highly-paid in the future. ④ So the highest-paying jobs will go to people with degrees in science, computers, engineering, and health care.

어휘 preponderance 우세, 우월, 능가하기, 다수 / retail 소매, 소매의, 소매로 / breakthrough 큰 발명[발전], 돌파, 타개, 극복 / health care 보건 의료[진료], 건강관리

해설 첫 번째 문장에서 다음 세기(미래)에 우위를 차지할 직업 분야에 관해 언급하였고, 전체적으로 이러한 미래의 유망 직업 분야와 관련된 내용이 전개되고 있다. 그런데 ③의 경우 전통적 유형의 직업에 대한 사람들의 선호에 관한 내용이므로 전체적 흐름과 거리가 멀다.

해석 정부가 발표한 자료에 따르면 다음 세기에 우위를 차지할 직업은 건강과 비즈니스와 같은 서비스 관련 분야가 될 것이다. ① 직업 또한 기술 분야와 상점과 식당과 같은 소매점 분야에서 많아질 것이다. ② 이러한 분야의 확대는 몇 가지 요인들에 기인하는데, 인구의 노령화(고령화), 수많은 기술의 비약적 발전, 변화하는 생활방식 등이 그것(요인)이다. ③ 그러나 사람들은 여전히 미래에 고수입을 보장할 전통적인 유형의 직업을 선호한다. ④ 그러므로 가장 높은 수입의 직업은 과학, 컴퓨터, 엔지니어링, 보건의료에 학위를 가진 사람들에게 돌아갈 것이다.

[지방직 9급 기출]

04 글의 흐름상 가장 어색한 문장은?

Progress is gradually being made in the fight against cancer. ① In the early 1900s, few cancer patients had any hope of long-term survival. ② But because of advances in medical technology, progress has been made so that currently four in ten cancer patients survive. ③ It has been proven that smoking is a direct cause of lung cancer. ④ However, the battle has not yet been won. Although cures for some forms of cancer have been discovered, other forms of cancer are still increasing.

어휘 progress 진전, 진보 a. progressive 진보[혁신]적인 / cancer 암 cf. lung cancer 폐암 / long-term 장기적인 / cure 치료하다, 낫게 하다

해설 암과의 투쟁에서 점진적인 진보가 있었고, 현재 10명의 암 환자 중 4명은 생존한다고 의학기술의 발달에 대해 설명하고 있다. 그런데 "It has been proven that smoking is a direct cause of lung cancer.(흡연이 폐암의 직접적인 원인임이 입증되었다.)"는 ③의 내용은 의학기술의 발달이 아니라 폐암의 원인에 대해 설명하고 있으므로, 전체적인 글의 흐름과 어울리지 않는다.

해석 암과의 투쟁에서 점진적인 진전이 이루어지고 있다. ① 1900년대 초기만 해도, 암 환자는 장기간 생존할 가능성이 거의 없었다. ② 그러나 의학 기술의 발달 덕에 진전이 이루어졌고 현재 10명의 암 환자 중 4명은 생존한다. ③ 흡연이 폐암의 직접적인 원인임이 입증되었다. ④ 그러나 싸움은 아직 끝나지 않았다. 어떤 종류의 암들은 치료법이 발견되었지만, 다른 종류의 암들은 계속해서 증가하고 있다.

기출문제 정답

01 ④ 02 ② 03 ③ 04 ③

2. 글의 순서 이해하기

(1) 주어진 문장 넣기

주어진 문장이 문단 속 어디에 들어가야 하는지를 묻는 문제 유형이다. 이는 글의 통일성(unity) 뿐만 아니라 글의 일관성(coherence), 즉 문장이 자연스럽게 연결되도록 글 전체를 이해하는 능력을 요구한다. 문장의 지엽적 해석에 치중하기보다는, 각 문장을 의미 덩어리로 만든 후 문장의 전후 위치를 결정짓는 연결사, 대명사나 지시어를 단서로 활용하여 글의 논리적 흐름이 매끄럽게 되도록 한다. 특히 this, these 등의 지시형용사가 결정적인 단서가 된다.

예제 확인

다음의 주어진 문장이 들어갈 가장 적절한 곳을 고르시오.

> This is not true.

Many people think the Canary Islands were named for the canary birds that live there. (❶) The word canary comes from the Latin word canis, meaning dog. (②) Early explorers of the island found many wild dogs there. (③) They named the islands "Canario", meaning "Isle of Dogs." (④) So the Canary Islands were not named for the canary birds, but the birds were named for the islands!

어휘 canary 카나리아 / come from ~에서 유래하다, ~의 출신이다 / explorer 탐험가, 조사자 v. explore

해설 주어진 문장에서 'This'에 해당하는 내용을 알면 적합한 위치를 찾을 수 있다. 제시문의 요지는 마지막 문장('카나리아 섬이라는 이름이 카나리아 새를 따라 지어진 것이 아니고, 카나리아 새라는 이름이 섬의 이름을 따라 지어진 것이다')인데, 첫 번째 문장은 이와 상반된 내용이므로 이것이 사실이 아니라는 것을 알 수 있다. 따라서 주어진 문장은 ①의 위치에 들어가는 것이 가장 적절하다.

해석 [이것은 사실이 아니다.]
많은 사람들은 카나리아 섬이 거기에 사는 카나리아 새들의 이름을 본 따 지은 이름이라고 생각한다. ① 카나리아라는 단어는 개를 의미하는 라틴어 canis에서 유래하였다. ② 카나리아 섬의 초기 탐험가들은 그곳에서 많은 야생견을 발견했다. ③ 그들은 이 섬을 "개의 섬"이라는 의미로 "Canario"라 명명했다. ④ 따라서 카나리아 섬이라는 이름이 카나리아 새를 따라 지어진 것이 아니고, 카나리아 새라는 이름이 섬의 이름을 따라 지어진 것이다!

기출문제 확인

[지방직 9급 기출]

01 다음 문장이 들어갈 위치로 가장 적절한 것을 고르시오.

> It is now clear, from the results of the first research studies of this subject, dating from the 1960s, that all of these opinions are wrong.

(A) The first step in considering the nature of sign language is to eradicate traditional misconceptions about its structure and function. (B) Popular opinions about the matter are quite plain: sign language is not a real language but little more than a system of sophisticated gesturing; signs are simply pictorial representations of external reality; and because of this, there is just one sign language, which can be understood all over the world. (C) A clear distinction must be drawn, first of all, between sign language and gesture. To sign is to use the hands in a conscious, "verbal" manner to express the same range of meaning as would be achieved by speech. (D)

① A   ② B
③ C   ④ D

어휘 date from ~부터 시작되다 / sign language 손짓[몸짓] 언어, 수화 / eradicate 뿌리째 뽑다, 박멸하다(= extirpate), 근절하다 n. eradication 근절, 박멸, 소거 / traditional 전통의, 전통적인, 고풍의, 전설의, 인습적인 n. tradition / misconception 오해, 잘못된 생각 cf. conception 개념, 생각, 고안(된 것), 발명, 구상 / little more than ~와 거의 마찬가지로 적은[짧은], ~정도, ~가량 / sophisticated 순진[소박]하지 않은, 세련된, 교양 있는, 고상한, 정교한, 복잡한 v. sophisticate n. sophistication / gesture 몸[손]짓, 몸[손]놀림, 제스처, 눈치, 몸짓[손짓]을 하다, 몸짓[손짓]으로 신호하다 / pictorial 그림의, 그림으로 나타낸, 그림 같은, 생생한, 화보, 그림 잡지 / representation 표시, 표현, 묘사, 대표[대리], 연출, 설명, 진술, 주장 v. represent / external 외부의[밖의], 외면의, 외면적인, 외국의, 대외적인, 외부, 외면, 외관 / all over the world 세계 도처에 / distinction 구별, 차별, 식별, 차이, 특징, 특질, 우수성, 탁월 a. distinct / first of all 우선 첫째로, 무엇보다도 / conscious 의식[자각]하고 있는, 깨닫고 있는, 지각[정신, 의식]이 있는, 의도적인 n. consciousness / verbal 말의, 말로 나타낸, 구두(口頭)의, 문자 그대로의

해설 제시된 문장의 'these opinions'에 해당하는 내용은 (B) 다음의 'Popular opinions'이다. 따라서 제시된 문장은 (C)의 위치에 오는 것이 가장 적절하다. 즉, (B)에 언급된 대중들의 견해가 제시문의 연구조사의 결과로 볼 때 잘못되었다는 의미가 된다.

해석 [1960년대로 거슬러 올라가서 이러한 주제에 대한 최초의 연구조사의 결과로 볼 때, 이러한 모든 의견들이 잘못 되었다는 것이 이제는 명확해졌다.]
(A) 수화의 특성에 대해서 고려하는 데 있어 첫 번째 단계는 수화의 구조와 기능에 대한 전통적인 오해를 없애는 것이다. (B) 그 문제에 대한 대중의 의견은 아주 분명하다. 즉, 수화는 진정한 언어가 아니라 정교한 몸동작의 체계에 지나지 않고, 신호는 단순히 외부의 실체를 그림으로 나타낸 표현에 불과하며, 그리고 이 때문에 세계 도처에서 이해할 수 있는 단 하나의 수화가 있는 것이다. (C) 무엇보다도, 수화와 제스처 사이의 명확한 구별이 있어야 한다. 수화를 한다는 것은 말로 이루어지는 것과 같은 범위의 의미를 표현하기 위해 의식적인 구두(口頭)의 방식으로 손을 사용하는 것을 말한다. (D)

[서울시 9급 기출]

02 다음 문장이 들어가기에 적절한 곳은?

> But the bigness complexes of today require that we sacrifice one or the other.

① The principles of representative democracy and the principles of free-market economics were able to coexist in the small-scale schematic of eighteenth-century America. ② We can refuse to bail out the big companies while letting the economy falter — dragging into penury no small number of Americans — and fail in our oath to caretake the interests of the people. ③ Or we can sacrifice free-market principles and found the bailouts and let corporate obesity run riot till it crashes power-drunk into another wall — and it will, it always does. ④ "The irony", says James Brock, "is that we have established a reverse economic Darwinism, where we ensure the survival of the fattest, not the fittest, the biggest, not the best."

어휘 representative democracy 대의[대표]제 민주주의 / coexist 공존하다[동시에 존재하다] / schematic 개요의, 윤곽의, 도식의, 도식적인, 개략도, 배선 약도 / complex 합성물[복합체], 집합체, 공장 단지, 복합, 〈정신분석〉 콤플렉스, 고정관념 / sacrifice 산 제물을 바침, 희생, 희생으로 바치다, 희생하다 / bail out 낙하산으로 탈출하다[위험을 벗어나다], 책임을 회피하다, 구제금융을 지원하다, 손을 떼

다, 단념하다 cf. bailout / falter 비틀거리다, 걸려 넘어지다, 말을 더듬다 / dragging 질질 끄는, 오래 걸리는, 감아올리기 위한, 드래깅 v. drag / penury 가난, 결핍, 궁핍 / oath 맹세, 서약, 서약에 의한 증언, 진술, 단언, 모독적인 표현[욕설] / obesity 비만, 비대(함) a. obese 비만의, 뚱뚱한 / run riot 제멋대로 자라다[행동하다], 방탕하다, 만발하다, 무성하게 자라다 / crash 와르르 무너지다[부서지다], 충돌하다, 울려 퍼지다, 쿵[광] (소리), 충돌(사고) / power-drunk 권력에 취한 / Darwinism 다원설, 진화론 / the survival of the fittest 적자생존(適者生存)

해설 제시문은 큰 것에 대한 콤플렉스는 대의 민주주의 원칙과 자유 시장 경제 원칙 중 하나를 희생할 것을 요구한다는 내용인데, 제시문의 'one or the other'는 본문의 첫 번째 문장에서 제시한 두 가지 원칙(The principles of representative democracy and the principles of free-market economics)을 지칭하는 것이므로, 제시문은 ②의 위치에 들어가는 것이 가장 알맞다. ② 이하의 내용은 대의 민주주의 원칙과 자유 시장 경제 원칙 중 하나를 희생하게 되는 상황에 대한 부연 설명 또는 구체화에 해당한다.

해석 [그러나 오늘날의 큰 것에 대한 콤플렉스는 우리가 그 두 개 중 하나를 희생할 것을 요구하고 있다.]
① 대의 민주주의 원칙과 자유 시장 경제의 원칙은 18세기 미국의 작은 규모의 도식에서는 공존할 수 있었다. ② 우리는 경제가 비틀거리게 내버려두어 적지 않은 수의 미국인들을 빈곤의 늪으로 끌고 가고, 국민들의 이익을 돌보겠다는 서약을 저버리면서 대기업에 대한 구제금융을 거절할 수 있다. ③ 혹은 자유 시장 원칙을 희생하고 구제금융을 지원하여 기업들이 권력에 취해 다른 벽에 부딪칠 때까지 기업의 비대함이 제멋대로 자라도록 할 수도 수도 있다. 그렇게 될 것이고, 항상 그렇다. ④ "아이러니는 우리가 적자생존이 아닌 가장 비대한 자(대기업)의 생존, 최고(최상)가 아닌 가장 거대한 자(대기업)의 생존을 보장해 주는 전도된 경제 다원설을 확립해 왔다는 것이다"라고 제임스 브루크는 말한다.

[국가직 9급 기출]

03 다음 주어진 문장이 들어갈 곳으로 가장 적절한 것은?

> Such variation, however, was common then with the spelling of many words, not just names.

William Shakespeare is rightly regarded as one of the world's great writers; yet it would seem that he couldn't spell his own name! (㉠) Samples of his signature that have survived show his name spelled in several different ways. (㉡) Not until the eighteenth century when dictionaries came into use was a single spelling for each word accepted as correct. (㉢) A few words, however, escaped being standardized in this way; 'instill' (which can also be spelled 'instil') is one of them. (㉣) When a dictionary gives two different spellings of a word, the one given first is preferred.

① ㉠   ② ㉡
③ ㉢   ④ ㉣

어휘 rightly 정확히, 바르게, 마땅히, 당연히 / spell 철자하다, 맞춤법에 따라 쓰다, 철자를 말하다 / variation 변화, 변동 / spelling 철자법, 철자, 스펠링 / come into use 쓰이게 되다 / standardize 표준에 맞추다, 표준[규격]화하다, 획일화하다 / instill, instil 스며들게 하다, 서서히 주입시키다, 한 방울씩 떨어뜨리다 / preferred 선취권 있는, 우선의

해설 제시문의 내용은 이름(names)뿐만 아니라 단어(words)에서도 변화(변형)가 일반적이었다(철자가 여러 가지였다)는 내용인데, ㉡의 앞의 내용은 이름에서의 몇 가지 다른 방식의 철자(his name spelled in several different ways)에 대한 내용이며, ㉡ 다음의 내용은 사전의 사용으로 단어에 대한 철자가 하나가 되었다는 내용(~ dictionaries came into use was a single spelling for each word accepted as correct)이다. 따라서 제시문은 ㉡의 위치에 들어가는 것이 적절하다. 즉, '이름의 철자 사례 → 단어의 철자 사례(제시문) → 단어 철자의 단일화'의 순서가 적절하다.

해석 [그러나, 그러한 변화는 단지 이름만이 아니라, 많은 단어들의 철자에 있어서도 일반적인 일이었다.]
윌리엄 셰익스피어(William Shakespeare)는 당연히 세계의 문호(文豪) 중 한 사람으로 여겨진다. 하지만 그는 자신의 이름조차 철자에 맞게 쓸 수 없었던 것 같다! (㉠) 지금까지 남아있는 그의 서명의 샘플들을 보면 그의 이름이 몇 가지 다른 방식으로 철자되었다는 것을 알 수 있다. (㉡) 사전이 쓰이게 된 18세기가 되어서야 비로소 각각의 단어에 대하여 단 하나의 철자법만 옳은 것으로 인정되었다. (㉢) 그렇지만, 몇몇 단어들은 이런 식으로 표준화되지 못했다. 'instill'('instil'이라고도 철자될 수 있는)이 그런 것들 중 하나이다. (㉣) 사전이 한 단어의 서로 다른 두 개의 철자를 제시하면, 먼저 제시된 것이 우선된다.

[국회직 8급 기출]

04 Where is the most appropriate spot for the following sentence?

> It depends on such things as whether you are older or younger, a close friend or a relative stranger to the previous speaker, in a senior or junior position, and so on.

(A) A Japanese-style conversation is not at all like tennis or volleyball. It's like bowling. You wait for your turn. And you always know your place in line. (B) When your turn comes, you step up to the starting line with your bowling ball and carefully bowl it. Everyone else stands back and watches politely, murmuring encouragement. (C) Everyone waits until the ball has reached the end of the alley and watches to see if it knocks down all the pins, or only some of them, or none of them. There is a pause, while everyone registers your score. (D) Then, after everyone is sure that you have completely finished your turn, the next person in line steps up to the same starting line, with a different ball. (E) He doesn't return your ball, and he does not begin from where your ball stopped. And there is always a suitable pause between turns. There is no rush, no scramble for the ball.

① (A)   ② (B)
③ (C)   ④ (D)
⑤ (E)

어휘 in line 한 줄로, 줄을 서서, 정렬하여, ~와 조화[일치]하여 / step up to ~에 다가가다, ~에 들어서다 / bowl 공을 굴리다, 볼링공, 나무공 / murmur 속삭이다, 낮은 목소리로 말하다, 투덜거리다 / encouragement 격려, 장려, 장려[격려]가 되는 것, 격려하여 주는 것, 자극 / alley (볼링의) 레인, 경기장, 골목, 오솔길, 좁은 길 / knock down ~을 때려눕히다, ~을 치어 넘어뜨리다 / pause 잠깐 멈춤, 중지, 중단하다, 잠시 멈추다 / register 기재하다, 등기하다, 등록하다, 기록하다 / rush 돌진, 분주한 활동, 돌진하다, 서두르다 / scramble 쟁탈[서로 다투기], 기어오르기, 서로 다투다[빼앗다], 기어오르다, 긁어모으다

해설 문맥상 제시문의 'It'은 (B) 바로 앞의 '줄에서 자신이 있어야 할 자리(your place in line)'를 지칭한다. 즉, 제시문의 내용은 일본식 대화에서 그 사람이 있어야 할 자리(말할 순서)를 결정하는 기준이 되는 것이다. 따라서 가장 적합한 위치는 (B)이다.

해석 [그것(있어야 할 자리)은 당신이 손위인지 손아래인지, 앞서 말한 사람에게 가까운 친구인지 아니면 비교적 낯선 사람인지, 고위직인지 하위직인지 등등과 같은 것들에 달려 있다.]
(A) 일본인 스타일의 대화는 전혀 테니스나 배구 같지 않다. 그것은 마치 볼링과 같다. 당신은 당신의 차례를 기다린다. 그리고 당신은 줄에서 자신이 있어야 할 자리를 항상 알고 있다. (B) 당신 차례가 오면, 당신은 당신의 볼링공을 가지고 출발선으로 다가가서 주의 깊게 공을 굴린다. 다른 모든 사람은 뒤에 서서 공손하게 지켜보며 낮은 목소리로 격려를 한다. (C) 모든 사람은 볼링공이 레인 끝에 다다를

때까지 기다리며 공이 모든 핀을 넘어뜨리는지, 아니면 그 중 일부를 넘어뜨리는지, 아니면 하나도 넘어뜨리지 못하는지를 지켜본다. 모든 사람이 당신의 점수를 기록하는 동안은 잠시 중단한다. (D) 그 다음, 모든 사람이 당신의 차례가 완전히 끝났다는 것을 확실히 한 다음, 줄의 다음 사람이 다른 공을 가지고 같은 출발선에 다가가는 것이다. (E) 그는 당신의 공을 되돌려 주지 않으며, 당신의 공이 멈춘 지점에서 시작하지 않는다. 그리고 차례가 바뀔 때면 항상 적절한 중지 시간이 있다. 서두르는 법이 없고 공을 가져려고 서로 다투는 법이 없다.

[국가직 9급 기출]

05 다음 글의 흐름으로 보아 주어진 문장이 들어갈 가장 적절한 곳은?

> For example, over a twenty-five year period in the Punjab regions of India and Pakistan, farmers doubled their wheat and rice harvests.

The Green Revolution is actually an agricultural regimen (a system of procedures, a plan) developed as part of the effort to transfer agricultural technology to less technologically advanced areas. It includes using the special grain seeds that Borlaug and other scientists had developed, as well as a number of recommended agricultural practices. (A) Two important parts of the regimen are irrigation and the application of chemical fertilizers and pesticides at specified times during the growth cycle. (B) The detailed plan that Borlaug and others recommended produced great results. (C) Nonetheless, even though yields in many cases have been spectacular, the Green Revolution has had its critics. (D) In other words, for some people the results of the Green Revolution have not been as successful as its beginning years seemed to promise.

① A   ② B
③ C   ④ D

어휘 green revolution 녹색 혁명(품종 개량에 의한 식량 증산) / agricultural 농업의 / regimen (식사·운동 등에 의한) 섭생, 양생법, 식이 요법, 처방[투약] 계획 / procedure 순서, 절차, 처리 절차 / grain 곡물, 낱알, 미량 / irrigation 관개, 물을 끌어들임 / application 적용, 응용, 이용, 신청, 지원, 원서 / chemical 화학의, 화학제품 / fertilizer 비료 / pesticide 구제제, 살충제 / specify 일일이 열거하다. 명기하다. 조건으로서 지정하다 / harvest 수확, 수확기, 수확하다 / nonetheless 그럼에도 불구하고 / yield 산출하다. 낳다. 산출(액), 생산량, 수확 / spectacular 구경거리의, 장관의, 눈부신, 호화스러운, 극적인 / in other words 바꾸어 말하면

해설 제시문은 농부들이 밀과 쌀의 수확량이 두 배로 늘렸다는 예(例)인데, 이는 (C) 앞의 'great results'의 예에 해당한다. 따라서 (C)의 위치에 들어가는 것이 적절하다. (C) 다음의 산출량이 눈부실 정도로 많다는 부분(yields … have been spectacular)도 제시문의 사례를 지칭하는 것으로 파악할 수 있다.
일반적으로 위와 같이 제시문의 적절한 위치를 찾는 문제에서, 예시문이 제시된 경우는 그것이 어떤 내용의 예에 해당하는지 파악하여 그 다음에 자연스럽게 연결시키면 문제를 보다 쉽게 해결할 수 있다.

해석 [예를 들어, 25년간에 걸쳐 인도와 파키스탄의 펀자브 지역에서, 농부들은 밀과 쌀의 수확량을 두 배로 늘렸다.]
녹색혁명이란 농업기술을 기술적으로 덜 발달된 지역으로 이전시키려는 노력의 일환으로 개발된 농업 요법(절차의 체제, 계획)이다. 그것은 Borlaug와 다른 과학자들이 개발한 특수 곡물 씨앗을 사용하는 것과, 얼마간의 권장된 농업 풍습도 또한 포함한다. (A) 이 요법의 두 가지 중요한 부분은 관개와 성장주기 중 지정된 시기에 화학 비료 및 살충제를 이용하는 것이다. (B) Borlaug와 다른 과학자들이 권했던 세부적인 계획은 엄청난 결과를 낳았다. (C) 많은 경우에 산출량이 눈부실 정도임에도 불구하고, 녹색혁명은 나름대로의 비판들도 가지고 있었다. (D) 바꾸어 말하면, 일부 사람들에게 있어서는 그것의 초창기에 가망성이 있어 보였던 만큼 녹색혁명의 결과가 성공적이지는 못했다.

[국가직 9급 기출]

06 다음 문장이 들어갈 위치로 가장 적절한 것은?

> All you have to do is this: When you feel yourself getting angry, take a long, deep breath, and as you do, say the number one to yourself.

When I was growing up, my father used to count out loud to ten when he was angry with my sisters and me. (A) It was a strategy he used to cool down before deciding what to do next. (B) I've improved this strategy by incorporating the use of the breath. (C) Then, relax your entire body as you breathe out. (D) What you are doing here is clearing your mind with a mini version of a meditation exercise. The combination of counting and breathing is so relaxing that it's almost impossible to remain angry once you are finished.

① A   ② B
③ C   ④ D

어휘 cool down 식다[진정되다, 냉정해지다], 서늘해지다[차가워지다] / incorporating 결합[합체]하는, 일체가 되게 하는 / say[talk] ~ to oneself 혼잣말을 하다, 자신에게 말하다 / meditation 명상, 묵상, 숙고 / combination 결합, 조합, 합동, 연합체[결합체], 맞춘 것 / relaxing 느슨해지게 하는, 마음을 부드러워지게[누그러지게] 하는

해설 제시된 문장은 호흡과 숫자 세기가 결합된 방법에 관한 내용인데, 이는 글쓴이가 아버지의 전략(숫자 세기)에 호흡법을 결합하여 발전시킨 것이다. 따라서 세 번째 문장(I've improved this strategy by incorporating the use of the breath) 다음의 위치, 즉 (C)에 들어가는 것이 가장 적절하다.

해석 [당신이 해야 할 것은 이것뿐이다: 당신이 화났다고 느낄 때, 길고 깊은 숨을 쉬어라. 그리고 이렇게 하면서 혼자말로 하나를 세어 보아라.]
내가 자랄 때, 나의 아버지는 나의 누이와 나에게 화가 나셨을 때 큰 소리로 열까지 세곤 하셨다. (A) 그것은 그가 다음에 무엇을 할지를 결정하기 전에 (마음을) 진정시키기 위해 사용한 전략이었다. (B) 나는 호흡법을 결합하여 이 전략을 발전시켰다. (C) 그 다음에 숨을 내쉬면서 전신을 이완하라. (D) 지금 당신이 여기에서 하고 있는 것은 명상 수행의 축소판으로 마음을 가다듬는 것이다. 숫자를 세는 것과 호흡의 결합은 마음을 충분히 누그러지게 하여, 일단 하고 나면 화가 남아 있는 것이 거의 불가능하게 된다.

[국가직 9급 기출]
07 다음 문장이 들어갈 위치로 가장 적절한 것은?

> Not even the bedrooms were private.

The growing individualism showed itself in a desire for privacy. (A) In the seventeenth century middle-class and wealthier families were served by servants, who listened to their conversation as they ate. (B) They lived in rooms that led one to another, usually through wide double doors. (C) But in the eighteenth century families began to eat alone, preferring to serve themselves than to have servants listening to everything they had to say. (D) They also rebuilt the insides of their homes, putting in corridors, so that every person in the family had their own private bedroom.

① A   ② B
③ C   ④ D

어휘 individualism 개인주의, 개체주의, 개성 / privacy 사생활, 프라이버시, 사적 자유, 비밀 / servant 하인, 종, 부하 / rebuild 개축하다, 대체하다, 보강하다, 회복하다, 수정하다 / corridor 복도, 회랑

해설 제시된 내용은 '침실조차도 사적인 공간이 아니었다'는 내용인데, 이는 (A) 다음에 언급된 17세기의 상황에 해당한다. (B) 다음에는 방이 문을 통해 이어져 있다는 내용이 제시되었지만, (C) 다음에는 앞의 상황과 달리 프라이버시가 보장되기 시작한 18세기의 상황이 제시되었다. 따라서 제시문은 (C)의 위치에 들어가는 것이 가장 적절하다. 내용상 방에 대한 설명 다음에 침실에 관한 내용이 이어지는 것이 자연스럽다.

해석 [심지어 침실조차도 사적인 공간은 아니었다.]
개인주의의 증가는 프라이버시에 대한 갈망에서 나타난다. (A) 17세기에 중산층과 부유한 가정에서는 하인들에 의해 시중을 받았는데, 하인들은 가족들이 식사하면서 나누는 대화를 들었다. (B) 그들은 대개 널찍한 이중의 문들을 통해서 한 방에서 다른 방으로 이어지는 방에 살았다. (C) 그러나 18세기의 가족들은 그들이 해야 하는 모든 말을 하인들이 듣도록 하기보다는 스스로 식사 시중드는 것을 선호하게 되면서, 혼자서 식사를 하기 시작했다. (D) 그들은 또한 집 내부를 개축하고 복도를 두어 가족 모두가 그들 자신의 사적인 침실을 가지게 되었다.

기출문제 정답
01 ③ 02 ② 03 ② 04 ② 05 ③ 06 ③ 07 ③

(2) 문장의 순서 및 전후 내용 파악하기

이 유형에는 제시된 문장을 순서대로 배열하거나 앞뒤에 연결될 내용을 찾는 유형이 있다. 주로 출제되는 유형은 문단의 첫 문장만 제시한 후 나머지 문장들을 어떻게 배열해야 하는지를 묻는 형태이다. 이러한 유형의 경우 역시 각 문장을 의미 덩어리로 만든 후 문장의 전후 위치를 결정짓는 연결사, 대명사나 지시어를 단서로 활용하여 글의 논리적 흐름이 매끄럽게 되도록 한다. 그리고 다른 유형으로, 제시된 문단의 앞뒤에 어떤 내용이 와야 하는지를 묻는 것이 있는데, 이는 제시문의 전체적 흐름을 바탕으로 단락의 첫 부분과 마지막 부분에 사용된 연결사, 대명사, 지시어, 상관어구 등을 살펴봄으로써 보다 쉽게 해결할 수 있다.

 예제 확인

주어진 글 다음에 이어질 글의 순서로 가장 적절한 것은?

I remember the day Lewis discovered the falls. They left their camp at sunrise and a few hours later they came upon a beautiful plain and on the plain were more buffalo than they had ever seen before in one place.

(A) A nice thing happened that afternoon, they went fishing below the falls and caught half a dozen trout, good ones, too, from sixteen to twenty three inches long.
(B) After a while the sound was tremendous and they were at the great falls of the Missouri River. It was about noon when they got there.
(C) They kept on going until they heard the faraway sound of a waterfall and saw a distant column of spray rising and disappearing. They followed the sound as it got louder and louder.

① (A) – (B) – (C) ② (B) – (C) – (A)
③ (C) – (A) – (B) ❹ (C) – (B) – (A)

어휘 half a dozen 12의 반, 6 / trout 송어 / tremendous 거대한, 엄청난(= huge, enormous) / faraway 멀리 떨어진, 먼 / spray 물보라, 물줄기 / disappear 사라지다, 없어지다(= vanish, recede, evanesce)

해설 윗글은 Missouri 강의 거대한 폭포를 발견했던 날의 이야기를 시간적 순서에 따라 (C) – (B) – (A) 순으로 서술하고 있다. 점점 커져가는 폭포 소리를 따라갔고 (C), 정오쯤에 Missouri 강의 거대한 폭포에 이르렀으며(B), 폭포 아래에서 낚시를 하며 멋진 오후를 보냈다(A).

해석 나는 Lewis가 폭포를 발견했던 날을 기억한다. 그들은 일출 때 캠프를 떠나 몇 시간 후에 아름다운 평원과 마주했고 그 평원에는 여태껏 본 것보다 더 많은 들소가 한 자리에 모여 있었다.
(C) 그들은 멀리서 폭포소리가 들릴 때까지 계속 걸었고 물줄기가 솟구쳤다가 사라지는 것을 보았다. 그들은 점점 더 커져가는 소리를 따라갔다.
(B) 잠시 후 그 소리는 엄청났고 그들은 Missouri 강의 거대한 폭포에 이르렀다. 그들이 그곳에 도착한 것은 대략 정오쯤이었다.
(A) 그날 오후 멋진 일이 일어났고, 그들은 폭포 아래에서 낚시를 하다가 6마리의 송어를 잡았는데, 16에서 23인치에 이르는 멋진 놈이었다.

⊕ **기출문제 확인**

[국가직 9급 기출]

01 주어진 글 다음에 이어질 글의 순서로 가장 적절한 것은?

To be sure, human language stands out from the decidedly restricted vocalizations of monkeys and apes. Moreover, it exhibits a degree of sophistication that far exceeds any other form of animal communication.

(A) That said, many species, while falling far short of human language, do nevertheless exhibit impressively complex communication systems in natural settings.
(B) And they can be taught far more complex systems in artificial contexts, as when raised alongside humans.
(C) Even our closest primate cousins seem incapable of acquiring anything more than a rudimentary communicative system, even after intensive training over several years. The complexity that is language is surely a species-specific trait.

① (A) – (B) – (C)
② (B) – (C) – (A)
③ (C) – (A) – (B)
④ (C) – (B) – (A)

어휘 decidedly 확실히, 분명히 / restricted (할 수 있는 일의 범위 등이) 제한된[제약을 받는] / vocalizations 발성(된 단어·소리) / exhibit (감정·특질 등을) 보이다[드러내다] (=display)

해설 이어질 내용으로 가장 적절한 것은, 'Even(심지어)'을 이용하여 인간과 더욱 가까운 영장류의 언어를 인간의 언어와 비교하고 있는 (C)이다. 이어서 'That said(그렇긴 하지만)'과 'nevertheless(그럼에도 불구하고)'를 이용해, 인간 외에 다른 많은 종들도 자연 환경에서 복잡한 의사소통을 한다고 양보의 내용을 제시하고 있는 (A)가 오는 것이 자연스럽다. 마지막으로 (A)의 many species를 they로 받아 많은 종이 인위적인 상황에서는 훨씬 더 복잡한 체계를 배울 수 있다고 마무리하는 (B)가 와야 한다. 따라서 글의 순서로 가장 적절한 것은 ③ '(C) – (A) – (B)'이다.

해석 확실히, 인간의 언어는 원숭이와 유인원의 명백히 제한된 발성보다 뛰어나다. 게다가, 그것은 다른 어떤 형태의 동물 의사소통을 훨씬 능가하는 어느 정도의 정교함을 보여준다.
(C) 심지어 우리의 가장 가까운 영장류의 유사한 종들도 몇 년 동안 집중적인 훈련을 받은 후에도 기초 의사소통 체계 그 이상은 습득할 수 없는 것처럼 보인다. 언어라는 복잡성은 확실히 종별 특성이다.
(A) 인간의 언어에는 크게 못 미치지만, 그럼에도 불구하고 많은 종들이 자연환경에서 인상적으로 복잡한 의사소통 시스템을 보이고 있다.
(B) 그리고 그것들은 인간과 함께 길러지는 경우와 같이, 인위적인 상황에서 훨씬 더 복잡한 체계들을 배울 수 있다.

[국가직 9급 기출]

02 주어진 문장으로 시작하여, 다음 글들을 문맥에 맞게 올바른 순서로 연결한 것은?

The saying for which I had to find the meaning was: "People who live in glass houses shouldn't throw stones."

(A) My first guess was that it was about a situation in which those who want to fight should first think about defending themselves from attack. Obviously, a person whose house is made of glass, which is easily broken, should be careful. If you throw a stone, the person at whom you threw the stone could throw it back and smash your house.

(B) I think this is good advice for anyone who is critical of other people.
(C) However, this saying, whose meaning I looked up in a dictionary of English idioms is not really about fighting. It means that you should not criticize others for faults similar to those you have.

① (A) – (C) – (B)
② (A) – (B) – (C)
③ (B) – (C) – (A)
④ (C) – (A) – (B)

어휘 saying 속담 / guess 추측, 짐작, 추측[짐작]하다 / obviously 명백하게, 분명히 / throw back 되던지다 / smash 때려 부수다, 깨뜨리다, 부서지다 / critical of ~에 대해 비판적인 / look up (사전 등으로) 찾아보다

해설 (A)의 첫 문장(My first guess was that it was about … those who want to fight ~)에서, 내용상 'it'이 의미하는 것은 제시문의 속담이다. 따라서 (A)가 제시문 다음에 바로 이어진다. 또한 'first guess'도 이에 대한 힌트가 된다. 다음으로 (A)의 첫 번째 추측과 다른 의미(However, this saying … It means that you should not criticize others for faults ~)를 제시한 (C)가 (A) 다음에 이어질 수 있다. 즉, 사전을 통해 찾아보니 그 속담에 첫 번째 추측한 의미와 다른 의미가 있었다는 것이다. 그리고 (B)는 (C)에 대한 필자의 견해에 해당하므로 그 다음에 자연스럽게 연결된다.

해석 내가 의미를 찾아내야만 했던 속담은 "유리로 만든 집에 사는 사람은 돌을 던져선 안 된다."라는 것이었다.
(A) 처음 내가 짐작한 바는 이 속담이 싸우고자 하는 사람들이 공격으로부터 자신들을 방어하는 것에 대하여 먼저 생각해야 하는 상황에 관한 것이었다. 분명히, 유리로 만든 집에 사는 사람은, 유리는 쉽게 깨지므로 주의를 해야 한다. 만일 당신이 돌을 던지면, 당신이 돌을 던진 그 사람이 당신에게 돌을 되던져 당신의 집을 부수어 버릴 수 있다.
(C) 하지만 이 속담은, 내가 영어 숙어 사전에서 그 의미를 찾아본 바, 실제로는 싸움에 관한 것이 아니다. 그것은 당신이 가지고 있는 결점과 비슷한 결점이 있다고 해서 다른 사람들을 비난해서는 안 된다는 것을 의미한다.
(B) 나는 이것이 다른 사람들에 대해 비판적인 사람이면 누구에게라도 좋은 충고라고 생각한다.

[지방직 9급 기출]

03 다음 주어진 글에 이어질 순서로 가장 적절한 것은?

> Dogs are considered by many to be "man's best friend." They are considered loyal, loving, and courageous members of the family. But at what cost?

> (A) Added to this caring cost is the social cost of canine aggression. In one year, insurance companies in the United States paid 250 million dollars to victims of dog attacks.
>
> (B) Every year, people in the United States spend more than five billion dollars on dog food and seven billion dollars on veterinary care for their canine pets.
>
> (C) When other costs are included, experts estimate that aggressive dogs cost society one billion dollars a year.

① (A) – (C) – (B)   ② (A) – (B) – (C)
③ (B) – (A) – (C)   ④ (C) – (A) – (B)

어휘 courageous 용기 있는, 용감한 n. courage 용기, 담력 / aggression 침략, 공격, 호전성, 공격성 a. aggressive 침략적인, 공격적인, 적극적인 / veterinary 수의(학)의, 수의사 / canine 개과 (科)의, 개 같은, [동물·해부] 송곳니의, 송곳니, 개과 동물 / pet 애 완동물, 귀여운 사람, 애완의 / estimate 평가하다, 견적하다, 어림하다, 추정하다, 판단하다

해설 앞에 제시된 마지막 문장(But at what cost?)에서 개와 관련하여 들 어가는 비용에 대한 질문을 던지고 있으므로, 다음에 이러한 비용에 대한 내용이 온다는 것을 알 수 있다.
우선 (A)의 경우 '이렇게 돌봐주는 비용에 더해(Added to this caring cost~)'라는 내용으로 시작하는데, 여기서 (A)는 'caring cost'에 대한 내용 다음에 바로 이어진다는 것을 알 수 있다. 그런데 (B)의 경우 개 먹이(dog food)와 수의진료(veterinary care) 비용에 대한 내용이며, 이것이 바로 'caring cost'에 해당되므로 '(B) → (A)' 의 순서가 된다는 것을 알 수 있다. 마지막으로 (C)는 '공격적인 개로 발생하는 추가 비용에 대한 내용(When other costs are included ~ aggressive dogs cost ~)'인데, 이는 (A)의 '개의 공격에 의한 사회적 비용(social cost of canine aggression)'에 추가적으로 발 생하는 비용이므로 그 다음에 이어질 수 있다. '제시문 → (B) → (A) → (C)'의 순서가 가장 적절하다.

해석 개는 많은 사람들에 의하여 "인간의 가장 좋은 친구"로 간주된다. 그 것들은 충성스럽고 사랑스러우며 용기 있는 가족의 일원으로 간주 된다. 하지만 얼마만큼의 비용으로?(희생의 대가로?)
(B) 매년 미국 사람들은 개 먹이에 50억 달러 이상을 지출하고, 애완 견을 위한 수의 진료에 70억 달러를 쓴다.

(A) 이렇게 돌봐주는 비용에 더해지는 것이 개의 공격에 의한 사회 적 비용이다. 한 해에, 미국의 보험회사들은 개의 공격으로 인한 피해자에게 2억 5천만 달러를 지불했다.
(C) 다른 비용도 포함될 경우, 전문가들은 공격성이 있는 개들이 (미 국) 사회에 연간 10억 달러를 치르게 하는 것으로 추산하고 있다.

[국가직 9급 기출]

04 주어진 글 다음에 이어질 글의 순서로 가장 적절한 것은?

> All animals have the same kind of brain activation during sleep as humans. Whether or not they dream is another question, which can be answered only by posing another one : Do animals have consciousness?

> (A) These are three of the key aspects of consciousness, and they could be experienced whether or not an animal had verbal language as we do. When the animal's brain is activated during sleep, why not assume that the animal has some sort of perceptual, emotional, and memory experience?
>
> (B) Many scientists today feel that animals probably do have a limited form of consciousness, quite different from ours in that it lacks language and the capacity for propositional or symbolic thought.
>
> (C) Animals certainly can't report dreams even if they do have them. But which pet owner would doubt that his or her favourite animal friend has perception, memory, and emotion?

① (A) – (B) – (C)   ② (A) – (C) – (B)
③ (B) – (C) – (A)   ④ (C) – (B) – (A)

어휘 activation 활성화 / consciousness 의식, 자각, 생각 a. conscious 의식[자각]하는 / verbal 언어[말]의, 구두의 / perceptual 지각(력)의 n. perception 지각, 자각 / propositional 제의[제안]의; 명제의 n. proposition 제안[제의]; 문제[과제]

해설 주어진 제시문이 "동물들이 의식이 있는가?"라는 질문을 던지고 있 고, 글 (B)에서 동물들은 인간과는 꽤 다른 제한적 형태의 의식을 가지고 있다고 과학자의 입을 통해 답변하고 있다. 다음으로 (A)의 'these are three'가 (C)의 'perception, memory, and emotion'을 가리키므로 (C) 다음에 (A)가 옴을 알 수 있다. 그러므로 주어진 제시 문 다음에 올 글의 순서는 (B) → (C) → (A)가 적당하다.

해석 모든 동물들은 인간처럼 수면 중에 일종의 두뇌 활동을 한다. 동물들이 꿈을 꾸는지 그렇지 않은지는 별개의 문제로 하더라도, "동물들이 의식이 있는가?"라는 또 다른 질문만으로도 답변될 수 있는 문제이다. (B) 오늘날 많은 과학자들은 동물들이 언어가 없고 명제적, 상징적 사고에 대한 능력이 없다는 점에서 인간과는 꽤 다른 제한적 형태의 의식을 가지고 있다고 생각한다. (C) 동물들은 꿈을 꾼다고 해도 물론 꿈을 말할 수 없다. 하지만 어떤 애완동물 주인이 자신의 반려동물이 지각능력, 기억력, 감정을 가지고 있다는 것을 의심하겠는가? (A) 이것들은 의식의 세 가지 중요한 요소이며, 우리와 마찬가지로 동물들이 언어를 사용하든 그렇지 않든 경험할 수 있다. 수면 중 동물의 뇌가 활동하고 있을 때, 동물이 인지 경험, 감성 경험, 그리고 지식 경험이 있다고 당연히 추정된다.

[국가직 9급 기출]

05 다음 주어진 문장에 이어질 글의 순서로 가장 적절한 것은?

Although industrial countries have made great advances in health care, today their health care systems are experiencing some serious problems.

가. In the United States, for example, nearly $2 billion is spent every day for health care, and this amount is increasing at an annual rate of 12 percent.

나. As a result of these increased costs, access to good health care is being reduced rather than expanded.

다. By far the most urgent of these problems is financial : medical costs are rising faster than prices in most other areas of the country.

① 가 – 나 – 다   ② 가 – 다 – 나
③ 다 – 가 – 나   ④ 다 – 나 – 가

어휘 health care 건강관리, 의료, 건강관리의, 의료의 / urgent 긴급한, 절실한, 절박한 / billion 10억 / annual 1년 당, 1년(마다)의 / as a result of ~의 결과로서 / access to ~에의 접근 / reduce 줄이다, 삭감[축소, 단축]하다

해설 문장의 순서는 내용적 맥락 외에도 연결어나 지시어를 통해서도 더 빠르고 쉽게 해결할 수 있다. 위의 제시문의 'serious problems'에 연결될 수 있는 것은 '다'의 'these problems'이다. 그리고 '다'에서 언급된 재정적 문제의 구체적 예(for example)에 해당하는 것이 '가'의 미국의 사례이다. 마지막으로 '나'는 '가'의 결과(as a result of)에 해당하는 내용이므로 그 다음에 이어진다.

해석 [비록 선진 산업 국가들이 의료 면에서 큰 진전을 이루었지만, 오늘날 그들의 의료 체계는 몇 가지의 심각한 문제를 겪고 있다.]

다. 이들 문제들 중 단연코 가장 긴급한 문제는 재정적인 것이다. 즉, 의료비용이 다른 대부분의 분야에 있어서의 가격보다 더 빨리 증가하고 있다.

가. 예를 들자면, 미국에서 의료를 위하여 매일 거의 20억 달러가 지출되고 있고, 해마다 그 총액이 12% 비율로 증가하고 있다.

나. 이러한 증가된 비용의 결과, 양질의 의료에 대한 접근이 확대되기보다는 줄어들고 있다.

[국가직 9급 기출]

06 주어진 글 다음에 이어질 글의 순서로 가장 적절한 것은?

Past research has shown that experiencing frequent psychological stress can be a significant risk factor for cardiovascular disease, a condition that affects almost half of those aged 20 years and older in the United States.

(A) Does this mean, though, that people who drive on a daily basis are set to develop heart problems, or is there a simple way of easing the stress of driving?

(B) According to a new study, there is. The researchers noted that listening to music while driving helps relieve the stress that affects heart health.

(C) One source of frequent stress is driving, either due to the stressors associated with heavy traffic or the anxiety that often accompanies inexperienced drivers.

① (A) – (C) – (B)   ② (B) – (A) – (C)
③ (C) – (A) – (B)   ④ (C) – (B) – (A)

어휘 cardiovascular 심혈관의 / basis 근거, 논거, 원리, 원칙, 기초, 기저, 토대, 근본 원리(= foundation) / relieve (불쾌감 · 고통 등을) 없애[덜어] 주다, 경감하다, (문제의 심각성을) 완화하다[줄이다](=alleviate) / associated with ~와 관련된 / anxiety 불안(감)(= misgiving, uneasiness, concern, worry), 열망(= eagerness)

해설 주어진 문장에서 스트레스와 심혈관계 질환의 관계에 대해 언급하고 있으므로, 스트레스의 흔한 요인중 하나의 예시인 'driving(운전)'을 최초로 언급하는 (C)가 바로 이어지는 것이 적절하다. 이후, 운전과 심장질환과의 관계와 스트레스 완화 방법 존재 유무에 대해 질문을 제시하는 (A)가 이어지고, 마지막으로 (A)의 질문에 대한 대답을 제시하는 (B)가 이어지는 것이 적절하다. 그러므로 주어진 문장 다음에 이어질 글의 순서는(C)-(A)-(B)순이다.

해석 과거의 연구는 빈번한 심리적 스트레스를 경험하는 것이 미국의 20세 이상 중 거의 절반에게 영향을 미치고 있는 질환인 심혈관계 질병의 주요 위험 요소가 될 수 있다는 것을 보여주었다. (C) 교통 체증과 관련된 스트레스 요인 때문에 또는 미숙한 운전자에게 종종 동반되는 불안 때문에 빈번한 스트레스의 한 가지 근원은 운전이다. (A) 그렇지만, 이것이 매일 운전하는 사람이 심장 문제를 겪을 수밖에 없다는 것을 의미하는가, 아니면 운전의 스트레스를 완화하는 간단한 방법이 있는가? (B) 새로운 연구에 따르면, 있다. 연구원들은 운전 중 음악을 듣는 것이 심장 건강에 영향을 미치는 스트레스를 완화하는 데 도움이 된다고 언급했다.

[국가직 9급 기출]

07 다음 주어진 문장에 이어질 글의 순서로 가장 적절한 것은?

> While cordless drills are ideal portable devices, they are not well suited to masonry work.

> ㉠ This is because cordless drills are not as powerful (the drill bit does not revolve as fast) and the battery will quickly drain if used to drill into brick.
> ㉡ If you intend to use the drill for a lot of non-wood drilling (particularly masonry) then you should purchase a corded drill.
> ㉢ However, for the occasional masonry hole, cordless drills are still adequate.

① ㉡ − ㉠ − ㉢   ② ㉡ − ㉢ − ㉠
③ ㉢ − ㉠ − ㉡   ④ ㉢ − ㉡ − ㉠

어휘 cordless 코드가 없는, 줄(끈)이 없는 / drill 드릴, 착암기, 천공기, 송곳, 엄격한 훈련(연습) / portable 들고 다닐 수 있는, 휴대용의, 간편한 / device 장치, 기구, 고안, 방책 / be suited to(for) ∼에 알맞다, 적합하다 / masonry 석공직, 석공 기술 / bit 송곳의 끝, 끝날, 작은 조각, 조금 / revolve 회전하다, 선회하다(= rotate), …을 축으로 돌다(∼ on) / drain 마르다, 배수되다, 고갈되다 / adequate 충분한, 알맞은, 적당한

해설 우선 ㉠은 주어진 문장과 ㉡에 대한 근거나 이유가 되므로 '㉡-㉠'의 순서가 되어야 한다. 즉, 주어진 문장에서 코드 없는 드릴이 석공의 일에 적합하지 않다고 했는데, ㉡은 이 내용을 구체화하고 이에 대한 대안 또는 해결 방안(코드 있는 드릴)을 제시하고 있으며, ㉠은 앞의 주어진 문장과 ㉡(대안 제시)의 이유가 된다. 그리고 ㉢은 ㉠의 이유에도 불구하고 코드 없는 드릴이 사용될 수 있는 경우가 있다는 내용이다. 따라서 ㉠ 다음에 연결되면 가장 자연스럽다.

해석 코드가 없는 드릴은 이상적인 휴대용 기구이지만 석공 일에는 적합하지 않다.
> ㉡ 만약 당신이 이 드릴을 목재가 아닌 구멍 뚫기(특히 석공일)에 많이 사용하고자 한다면 당신은 코드가 있는 드릴을 구입해야 한다.
> ㉠ 이것은 코드 없는 드릴이 그만큼 강력하지 못하고(드릴 날이 그만큼 빨리 회전하지 않는다.) 벽돌의 구멍을 뚫을 때 사용되면 전지가 빠르게 소모되기 때문이다.
> ㉢ 그러나 가끔 석공 구멍을 뚫기 위한 경우에는 코드 없는 드릴이 여전히 충분하다.

[서울시 9급 기출]

08 글을 문맥에 가장 어울리는 순서대로 배열한 것은?

> ㉠ To navigate in the dark, a microbat flies with its mouth open, emitting high-pitched squeaks that humans cannot hear. Some of these sounds echo off flying insects as well as tree branches and other obstacles that lie ahead. The bat listens to the echo and gets an instantaneous picture in its brain of the objects in front of it.
> ㉡ Microbats, the small, insect-eating bats found in North America, have tiny eyes that don't look like they'd be good for navigating in the dark and spotting prey.
> ㉢ From the use of echolocation, or sonar, as it is also called, a microbat can tell a great deal about a mosquito or any other potential meal. With extreme exactness, echolocation allows microbats to perceive motion, distance, speed, movement, and shape. Bats can also detect and avoid obstacles no thicker than a human hair.
> ㉣ But, actually, microbats can see as well as mice and other small mammals. The nocturnal habits of bats are aided by their powers of echolocation, a special ability that makes feeding and flying at night much easier than one might think.

① ㉠ − ㉢ − ㉡ − ㉣   ② ㉡ − ㉣ − ㉠ − ㉢
③ ㉡ − ㉢ − ㉣ − ㉠   ④ ㉠ − ㉣ − ㉢ − ㉡

어휘 navigate 항해하다, 날다 / microbat 작은 박쥐류 / emit 내다, 방출하다(= give off) n. emission 배출, 방출 / high-pitched 아주 높은, 고음의 / squeak 끼익[짹/찍]하는 소리 / obstacle 장애, 방해(= hindrance)/ instantaneous 순간의, 즉각적인 / tiny 아주 작은, 조그마한 / spot 찾다, 발견하다(= detect) / prey 먹이, 밥, 사냥감 /

echolocation (돌고래 · 박쥐) 반향 위치 측정 / sonar 음파 탐지(기) / mosquito 모기 / potential 가능성이 있는, 잠재적인 / extreme 극도의, 극심한(= utmost) / exactness 정확, 엄밀 / perceive 감지[인지]하다, 깨닫다 n. perception 지각, 통찰력 cf. perceive A as B A를 B로 여기다 / detect 발견하다, 탐지하다 n. detection 발견, 탐지 / nocturnal 밤에 일어나는, 야행성의(↔ diurnal 주행성의)

[해설] 제시문은 마이크로뱃이란 박쥐가 어둠 속에서 사물을 인식하고 먹이를 찾는 방식에 대해 서술하고 있다. 마이크로뱃이 어떤 박쥐인지 그 특징에 대해 정의한 ⓒ이 가장 먼저 와야 하고, 역접의 접속사 'But'을 사용하여 마이크로뱃이 작은 눈을 가졌음에도 불구하고 쥐와 다른 작은 포유류들만큼 잘 볼 수 있다고 설명한 ⓔ이 다음에 이어져야 한다. ⓔ에서 언급한 마이크로뱃의 특별한 능력인 'echolocation(반향 위치 측정)'에 대해 상세 설명한 ㉠이 다음에 와야 하고, 마지막으로 마이크로뱃이 반향 위치 측정 능력을 활용하는 법을 서술한 ⓒ이 와야 한다.

[해석] ⓒ 북아메리카에서 발견된 작고 곤충을 잡아먹는 박쥐인 마이크로뱃은 어둠 속에서 날아다니며 먹이를 찾는 데 좋을 것 같지 않은 작은 눈을 갖고 있다.

ⓔ 그러나 사실, 마이크로뱃은 쥐와 다른 작은 포유류들만큼 잘 볼 수 있다. 박쥐의 야행성 습관은 생각보다 훨씬 쉽게 밤에 먹이를 잡고 날도록 반향 위치 측정이라는 특별한 능력에 의해 도움을 받는다.

㉠ 어둠 속에서 비행하기 위해, 마이크로뱃은 입을 벌린 채 날아다니며 인간이 들을 수 없는 고음의 찍 소리를 낸다. 이 소리 중 일부는 나뭇가지와 앞에 있는 다른 장애물뿐만 아니라 날아다니는 곤충에도 메아리친다. 박쥐는 그 메아리를 듣고 그 앞에 있는 물체에 대한 순간적인 이미지를 뇌 속에 포착한다.

ⓒ 반향 위치 측정 또는 음파 탐지기를 사용하여 마이크로뱃은 모기 또는 다른 가능한 먹잇감에 대해 많은 것을 알 수 있다. 극도의 정확성으로 반향 위치 측정은 마이크로뱃이 동작, 거리, 속도, 움직임 및 형태를 감지할 수 있게 한다. 박쥐는 또한 사람의 머리카락보다도 가느다란 장애물을 탐지하고 피할 수 있다.

[서울시 9급 기출]

09 다음 글을 문맥에 맞게 순서대로 배열한 것은?

㉠ Rosa Parks was arrested, jailed, convicted and fined. She refused to pay. Her experience set off a 382-day boycott of Montgomery city buses.

ⓛ According to the segregation laws of the day, Rosa Parks, an African American, was required to sit in the back of the bus. She was accused of encroaching on the whites-only section, and the bus driver tried to convince her to obey the law.

ⓒ Instead, Rosa Parks kept both her mien and her seat. At last, the driver warned her that he would send for the police. "Go ahead and call them." Parks answered.

ⓔ On December 1, 1955, Rosa Parks took a city bus home from her job at a store in downtown Montgomery, Alabama.

① ⓛ - ㉠ - ⓔ - ⓒ   ② ⓔ - ⓒ - ㉠ - ⓛ
③ ⓛ - ⓒ - ⓔ - ㉠   ④ ⓔ - ⓛ - ⓒ - ㉠

[어휘] jail 투옥[수감]하다(= imprison, confine, detain) / convict 유죄를 선고하다, 유죄 판결을 내리다 n. conviction 유죄 선고[판결], 확신, 신념 / fine 벌금을 물리다[부과하다] / set off 출발하다, 터뜨리다 / boycott 불매운동, 거부운동 / segregation 인종차별, 구분, 분리(= separation, discrimination, apartheid) / be accused of ~로 비난을 받다, ~로 고소[기소]되다 / encroach (남의 시간 · 권리 · 생활 등을) 침해하다, 잠식하다 / whites-only 백인 전용 / section 부분, 구획, 구역 / convince 납득[확신]시키다, 설득하다 / obey 따르다[지키다], 순종[복종]하다(= submit, surrender, give way to) n. obedience 순종, 복종 / mien 표정[태도] cf. a proud mien 거만한 태도

[해설] 윗글은 시간의 흐름과 사건의 순서에 따라 다음 요약처럼 ⓔ → ⓛ → ⓒ → ㉠으로 나열할 수 있다. 1995년 12월 1일 Rosa Parks는 일을 끝마치고 시내버스를 타고 집으로 가는 도중, 당시 인종차별 법에 따라 백인 전용 좌석을 침범했다는 이유로 경찰에 체포되어 벌금형을 선고받았으나 이를 거부하였고, 그 일로 인해 382일간의 Montgomery 시내버스 불매운동이 촉발되었다.

[해석] ⓔ 1955년 12월 1일 Rosa Parks는 Alabama주의 Montgomery 도심에 있는 가게에서 일을 끝마치고 집으로 가는 시내버스를 탔다.

ⓛ 그 시대 인종차별 법에 따라 아프리카계 미국인인 Rosa Parks는 버스 뒷좌석에 앉아야 했다. 그녀는 백인 전용 구역을 침범했다고 비난을 받았고, 그 버스 운전기사는 법을 준수하도록 그녀를 설득시키려 애썼다.

ⓒ 그렇지만 Rosa Parks는 계속해서 자신의 태도와 좌석을 고수했다. 마침내 그 운전기사는 경찰을 부르겠다고 경고했다. "그러세요. 경찰을 부르세요."라고 Parks가 대답했다.

㉠ Rosa Parks는 체포되어 수감되고 유죄를 선고받고 벌금형을 받았다. 그녀는 벌금을 내길 거부했다. 그 일로 인해 382일간의 Montgomery 시내버스 불매운동이 촉발되었다.

[지방직 9급 기출]

10 다음 글을 문맥에 맞게 순서대로 연결한 것은?

> (A) Many people don't realize that soap can strip the good oils from your skin, as well as the bad oils.
> (B) Oil of Lavender has been rated the most popular product for toning and firming skin on the face, neck and around the eyes.
> (C) Why? Because you can actually see a difference in just one week you use it daily.
> (D) Oil of Lavender facial products were created to add natural oils back to your skin, thereby reducing signs of aging.

① (B) – (A) – (C) – (D)
② (C) – (D) – (B) – (A)
③ (D) – (A) – (C) – (B)
④ (A) – (D) – (B) – (C)

어휘 strip 제거하다, 빼앗다, 없애다, 벗기다 / lavender 라벤더(꿀풀과의 관목), 라벤더 색[연보라], 라벤더 향수[화장수] / aging 노화[나이를 먹음], 숙성, 늙어 가는 / tone 색조를 조정하다[더하다], 조율하다, 어떤 어조[가락]로 하다

해설
· (A)는 비누가 좋은 기름도 제거할 수 있다(~ soap can strip the good oils from your skin)고 했는데, (D)는 이 화장품이 좋은 기름(천연 오일)을 피부에 되돌려 준다고 했으므로 (A) 다음에 이어진다고 할 수 있다.
· (B)는 라벤더 오일이 인기 제품으로 평가받아 왔다고 했고 (C)에서는 그 이유에 대해 언급하고 있으므로, (B) 다음에 (C)가 이어진다는 것을 알 수 있다.
· (D)에서 라벤더 오일이 노화의 흔적을 줄여준다(reducing signs of aging)고 했는데, (B)에서는 이와 관련된 구체적 내용(~ toning and firming skin on the face, neck and around the eyes)에 대해 언급하고 있으므로 (D) 다음에 (B)가 이어진다고 할 수 있다. 따라서 문맥상 가장 알맞은 순서는 'A – D – B – C'이다.

해석 (A) 많은 사람들이 비누가 피부에서 나쁜 기름뿐만 아니라 좋은 기름도 제거할 수 있다는 것을 알지 못합니다.
(D) 라벤더 오일 화장품은 천연 오일을 당신의 피부에 되돌려 주어 노화의 흔적을 줄여주도록 만들어졌습니다.
(B) 라벤더 오일은 얼굴과 목, 눈 주변의 피부 색조를 밝게 하고 탄탄하게 하기 위한 가장 인기 있는 제품으로 평가받아 왔습니다.
(C) 왜 그렇냐고요? 여러분이 이것을 매일 사용하면 단 일주일 내에 그 차이를 실제로 볼 수 있습니다.

[국가직 9급 기출]

11 주어진 문장 다음에 이어질 글의 순서로 가장 적절한 것은?

> A technique that enables an individual to gain some voluntary control over autonomic, or involuntary, body functions by observing electronic measurements of those functions is known as biofeedback.

> (A) When such a variable moves in the desired direction (for example, blood pressure down), it triggers visual or audible displays – feedback on equipment such as television sets, gauges, or lights.
> (B) Electronic sensors are attached to various parts of the body to measure such variables as heart rate, blood pressure, and skin temperature.
> (C) Biofeedback training teaches one to produce a desired response by reproducing thought patterns or actions that triggered the displays.

① (A) – (B) – (C)   ② (B) – (C) – (A)
③ (B) – (A) – (C)   ④ (C) – (A) – (B)

어휘 voluntary 자진의, 자발적인(= intentional, deliberate), (↔ involuntary 비자발적인, 무의식적인) cf. a voluntary worker 자원 봉사자 / autonomic 자율적인, 자율 신경계의, 자동적인 cf. the autonomic nervous system 자율[말초] 신경계 / biofeedback 생체 자기 제어 / variable 변수 cf. a dependent variable 종속 변수 / direction 방향, 쪽, 위치 / blood pressure 혈압 / trigger 촉발시키다, 일으키다(= bring about, set off, initiate) / gauge 게이지, 측정기 / attach 붙이다, 첨부하다(= affix, stick) cf. attach to ~에 붙이다

해설 윗글은 생체 자기 제어 기술에 대해 설명한 글이다. 주어진 문장에서 생체 자기 제어는 자율 또는 무의식적인 신체 기능에 관한 전자 측정을 관찰함으로써 이루어진다고 하였으므로, 이를 측정하는 방법을 설명한 (B)가 다음에 와야 한다. (B)에서 측정한 변수에 대해 (A)에서 'such a variable(그러한 변수)'라고 언급하고 있으므로 다음으로 (A)가 와야 한다. 마지막으로 생체 자기 제어 교육의 결론에 해당하는 (C)가 와야 하므로, 주어진 글 다음에 (B) – (A) – (C)의 순서로 이어지는 것이 가장 적절하다.

해석 개인의 자율 또는 무의식적인 신체 기능에 관한 전자 측정을 관찰함으로써 자발적으로 제어 할 수 있게 해주는 기술을 생체 자기 제어라고 한다.

(B) 전자 센서는 신체의 여러 부위에 부착되어 심박수, 혈압 및 피부 온도와 같은 변수를 측정한다.

(A) 그러한 변수가 원하는 방향(예 : 혈압 낮추기)으로 움직이면 텔레비전, 측정기 또는 전등과 같은 장비를 통해 영상 또는 청각 피드백 신호를 발생시킨다.

(C) 생체 자기 제어 교육은 신호를 발생시킨 사고 패턴이나 행동을 재생하여 원하는 반응을 일으키도록 가르친다.

3. 적합한 연결어 넣기

문단 안에서 문장과 문장 사이의 흐름을 매끄럽게 하는 연결어를 찾는 문제 유형이다. 채워 넣어야 할 빈 칸의 앞뒤 부분의 논리적 관계를 파악한 후 해당 논리 관계에 적합한 연결어를 고른다. 논리 관계에 따른 주요 연결어들을 미리 숙지해 둘 필요가 있다.

〈주요 연결어〉

관계	연결어
결과	hence, thus, so, therefore, as a result, consequently, finally, after all, in the end, in the long run
요약	in conclusion, in short, in brief, to sum up, in a word
예시	for instance, for example, for one thing, to illustrate this
대조	however, but, in contrast, on the contrary, contrarily, on the other hand, while, whereas, rather than, yet, instead
양보	though, although, nevertheless, with all, for all, despite, in spite of, still
부연	in other words, furthermore, moreover, in addition, in addition to, besides, apart from, aside from, also, that is, that is to say, namely, to put it differently
열거	at first, in the first place, above all, first of all, to begin with
비교	as, similarly, likewise, in the same way, equally

기출문제 정답

01 ③ 02 ① 03 ③ 04 ③ 05 ③ 06 ③ 07 ① 08 ② 09 ④ 10 ④
11 ③

예제 확인

다음 빈칸에 들어갈 알맞은 말을 고르시오.

In the next decade, we will see translating telephones that provide real-time speech translation from one human language to another, intelligent computerized personal assistants that can converse and rapidly search and understand the world's knowledge bases, and a profusion of other machines with increasingly broad and flexible intelligence. In the second decade of the next century, it will become increasingly difficult to draw any clear distinction between the capabilities of human and machine intelligence. The advantages of computer intelligence in terms of speed, accuracy, and capacity will be clear. The advantages of human intelligence, _____, will become increasingly difficult to distinguish.

❶ on the other hand
② in other words
③ therefore
④ in tandem with

어휘 decade 10년간, 10개가 한 벌이 된 것 / translate 번역하다, 옮기다 n. translation / real-time 실시간(의) / computerize 컴퓨터화하다, 전산화하다, 컴퓨터로 처리하다, 컴퓨터를 도입하다 / converse 이야기하다, 담화하다, 대화하다 / knowledge base 지식 베이스〈필요한 모든 지식을 일정한 format으로 정리·축적한 것〉 / a profusion of 많은, 풍부한, 다량의, 다수의 cf. profusion 풍부 / increasingly 점점, 더욱 더 / distinction 구별, 차이, (구별되는) 특징 v. distinguish / in terms of ~의 말로, ~특유의 표현으로, ~에 의하여, ~에 관하여, ~의 점에서 (보면) / capacity 수용력[량], 용적, 재능, 역량, 자격, 이해력, 학습 능력, (컴퓨터의) 기억 용량 / on the other hand 그 반면, 이에 반하여 / in other words 바꾸어 말하면(= that is to say) / therefore 그러므로, 그 결과 / in tandem with 나란히 (서서), 협력하여 cf. tandem 앞뒤로 나란히 서서[나란히 있는]

해설 빈칸의 앞 문장(The advantages of computer intelligence in terms of speed, accuracy, and capacity will be clear)에서는 컴퓨터 지능의 강점이 분명해 질 것이라 했는데 반해, 빈칸이 포함된 문장(The advantages of human intelligence, _____, will become increasingly difficult to distinguish)의 경우 인간 지능의 강점은 점점 구분해내기가 어려워질 것이라 했으므로, 빈칸에는 역접관계를 이루면서 서로 대조되는 표현이 가장 어울린다. 이러한 표현으로 가장 적합한 것은 'on the other hand(그 반면)'이다.

해석 다가오는 10년 안에, 우리는 하나의 인간 언어에서 다른 언어로의 실시간 통역을 제공하는 통역 전화기, 기기와 대화하고 세상의 지식 기반을 빠르게 검색하고 이해하는 지적인 전산화된 개인 비서, 그리고 점점 더 폭넓고 유연한 지능을 갖춘 다른 수많은 기계장치를 접하게 될 것이다. 다음 세기의 20년 안에는, 인간 지능의 능력과 기계 지능의 능력 사이에서 분명한 차이점을 끌어내기란 점점 더 어려워 질 것이다. 속도, 정확성 및 용량의 관점에서 보면 컴퓨터 지능의 강점은 분명해 질 것이다. 그 반면에, 인간의 지능의 강점은 점점 더 구분해내기가 어려워질 것이다.

기출문제 확인

※ 다음 빈칸에 들어갈 알맞은 말을 고르시오. (01~04)

[국회직 8급 기출]

01

The lesson from the Asian financial crisis is that when corrective decisions are made fast and the policy prescriptions are potent, a severe or prolonged crisis can be prevented. What happened in South Korea shows that economies can pick up again very fast. Their severe adjustments lasted just one year. _____ the Indonesian economy remained sluggish for five to seven years because corrective policies were too long in the making and too weak.

① Nevertheless
② What's more
③ Yet
④ And
⑤ As

어휘 financial crisis 금융 위기[공황] / corrective 교정하는, 조정하는, 교정물[책], 조정책, 구제 수단 / prescription 규정, 지시, 법규, 처방(약), 처방전 v. prescribe / potent 힘센, 강력한, 세력 있는, 유력한(= strong, powerful, formidable, mighty) / severe 엄한, 엄격한, (격)심한, 가혹한(= harsh, strict, rigorous, merciless, ruthless, sharp, biting, brutal, cruel) n. severity 엄격, 격렬(함) / prolonged 오래 끄는, 장기의 v. prolong 늘이다, 길게 하다 (= extend), 연장[연기]하다 / pick up 회복하다, 되찾다, 향상하다, 차에 태우다, (차로) 마중 나가다, 집다[집어 올리다], 고르다[선택하다], 입수하다 / adjustment 조정[조절, 수정], 조절 장치, 적응[순응] v. adjust 조절하다, 조정하다 / sluggish 둔한[부진한], 활기 없는, 느린, 게으른[나태한] / resile 되튀대[탄력이 있다], 곧 기운을 회복하다, 복귀[회복]하다 / nevertheless 그럼에도 불구하고, 그렇지마는, 역시 / what is more 게다가 또, 그 위에(= moreover) / recede 물러가다[후퇴·퇴각하다](= retreat, recoil, go back), 손 떼다[그만두다], 줄다, 가라앉다 n. recession / decouple 분리[분단]하다, 결합을 없애다

해설 빈칸 다음의 내용은 인도네시아의 경제 침체가 5~7년 간 지속되었다(the Indonesian economy … and too weak)는 것인데 비해, 앞에서 언급된 한국의 경우(again very fast, adjustments lasted just one year)는 이와 대조적이다. 따라서 역접(대조)의 접속사에 해당되는 'Yet(하지만)'이 가장 적합하다.

해석 아시아 금융위기에서 얻는 교훈은 교정하는 결정이 신속히 이루어지고 정책 처방이 강력할 때 격심하거나 장기적인 위기는 예방될 수 있다는 것이다. 한국에서 일어난 일은 경제가 매우 빨리 회복할 수 있다는 것을 보여주고 있다. 그들의 혹독한 조정은 단 1년간 지속되었다. 하지만 인도네시아는 교정 정책의 수립 과정이 너무 길었고 또 너무 약했기 때문에 5~7년 동안 경제 침체가 지속되었다.

[지방직 9급 기출]

02

In Africa, people are sadder about the death of an old man than about that of a newborn baby. The old man represented a wealth of experience that might have benefited the tribe, whereas the newborn baby had not lived and could not even be aware of dying. _____, people in Europe are sad about the death of the newborn baby because they think he might well have done wonderful things if he had lived. They, however, pay little attention to the death of the old man, who had already lived his life anyway.

① After all
② As a result
③ By any means
④ On the other hand

어휘 newborn baby 갓난아기[신생아] / represent 표현[묘사]하다 (= describe), 나타내다[상징하다], 대표[대리]하다 / tribe 부족, 종족 / whereas ~에 반하여, 그런데, 그러나 / on the other hand 다른 한편(으로는)[한편으로는], 그 반면에, 이에 반하여 / pay little attention to 거의 주의를 기울이지[유의하지] 않다, 그다지 주의하지 않다 / after all 〈문두에서〉 아무튼, 하지만, 어쨌든, 결국 / as a result 그 결과(로서) / by any means 아무리 해도, 도무지

해설 빈칸 앞의 내용은 아프리카의 경우 신생아의 죽음보다 노인의 죽음을 더 슬퍼한다는 내용이며, 뒤의 내용은 유럽의 경우 노인의 죽음보다 신생아의 죽음을 더 슬퍼한다는 내용이다. 두 내용이 서로 대조 · 상반되므로 빈칸에는 대조나 역접의 표현인 'on the other hand(그 반면에)'가 가장 적합하다.

해석 아프리카에선, 사람들은 신생아의 죽음보다 노인의 죽음에 대해 더 슬퍼한다. 노인은 부족을 이롭게 했을지도 모르는 풍부한 경험을 나타내는 반면, 신생아는 오래 살지도 않았고 죽는다는 것조차 인식하지 못한다. 그 반면에, 유럽 사람들은 신생아가 만일 살았었다면 당연히 훌륭한 일을 했을 것이라고 생각하기 때문에 신생아의 죽음에 대해 슬퍼한다. 하지만 그들은, 어쨌든 이미 인생을 (충분히) 살았던 노인의 죽음에 대해서는 거의 주의를 기울이지 않는다.

[국가직 9급 기출]

03

Some people give up the moment an obstacle is placed in front of them. Some people doggedly continue to pursue a goal even after years of frustration and failure. What is the difference between these two people? Those who feel they are not responsible for choosing their goals and pursing them tend to believe that results are arbitrary. To them, it does not matter how hard you try or how talented you are. Being successful is all a matter of luck. Those who persevere, _____, recognize that they are ultimately responsible not just for pursuing their goals, but for setting them. To them, what you do matters, and giving up for no reasons does not seem very attractive.

① however
② moreover
③ likewise
④ therefore

어휘 doggedly 완강하게, 집요하게, 끈덕지게(= tenaciously) / pursue 추구하다, 빠져들다, 따라다니다[괴롭히다], 뒤쫓다[추적하다] / arbitrary 임의의, 제멋대로의, 변덕스러운, 자유재량에 의한 / talented 재능이 있는, 유능한(= gifted) / persevere 목적을 이루다, 버티어 (해)내다, 견디다, 꾸준히 ~에 힘쓰다 / ultimately 최후로, 마침내, 결국 / attractive 마음을 끌어당기는, 매력 있는, 흥미 있는 / moreover 게다가[더욱이, 더구나], 그리고 또한 / likewise 게다가[더욱이], 또한, 똑같이[마찬가지로], 비슷하게 / therefore 그러므로, 그 결과, 따라서

해설 세 번째 문장(What is the difference between these two people?)에서 두 부류의 사람에 대한 차이를 설명하는 것임을 알 수 있는데, 네 번째 문장(Those who feel they are not responsible for ~)부터는 장애물을 만나 쉽게 포기하는 부류의 사람에 대해 설명하고 있으며, 빈칸이 포함된 문장(Those who persevere ~)부터는 포기하지 않고 노력하는 사람에 대해 설명을 하고 있다. 따라서 빈칸에는 역접의 의미를 나타내는 접속부사 'however(그러나)'가 가장 적절하다.

해석 어떤 사람들은 자신들 앞에 장애물이 놓인 순간 포기를 한다. 어떤 사람들은 심지어 수년간의 좌절과 실패를 겪은 후에도 목표를 끈질기게 계속 추구해 간다. 이러한 두 부류의 사람들 간의 차이는 무엇인가? 그들의 목표를 선택하고 그것을 추구하는 데 있어 책임이 없다고 느끼는 사람들은 결과(성과)가 임의적인 것이라 믿는 경향이 있다. 그들에게는, 당신이 얼마나 열심히 노력하는지 또는 얼마나 재능이 있는지는 중요하지 않다. 성공한다는 것은 전적으로 운의 문제이다. 그러나 버티어 내는 사람들은 자신들이 목표를 추구하는 것뿐만 아니라 목표를 설정하는 것에도 궁극적으로 책임이 있다는 것을 인지한다. 그들에게는, 당신이 (무엇인가를) 한다는 것이 중요하며, 아무 이유 없이 포기하는 것은 그다지 매력적으로 보이지 않는다.

[지방직 9급 기출]

04

> Americans have ambivalent feelings about neighbors. This ambivalence reflects the tension we feel over our loyalties to group and to self and which of the two takes precedence. In other cultures, the group clearly takes precedence. _____, in the United States, we draw boundaries around individuals and circumscribe their "space". We conceptualize this space as privacy which protects the individual from the outside and from others. It is a concept that many foreigners find odd, even offensive. But again, it is the individual that is valued over the group, whether that group is a family, corporation, or community.

① For example   ② Therefore
③ However   ④ Consequently

어휘 ambivalent 양면 가치의, 상반되는 감정[태도]을 지닌, 불안정한 / tension 긴장[불안, 긴박], 긴장 관계, 팽팽함 / precedence 앞서기, 앞섬[선행], 우선(권), 상위[우위] / circumscribe 제한[억제]하다, 구획하다, 경계[범위]를 정하다 / boundary 경계, 경계선 / conceptualize 개념화하다 / odd 이상한, 별다른, 기묘한, 외딴[떨어진], 홀수의

해설 빈칸의 바로 앞 문장에서 '다른 문화에서는 집단이 (개인보다) 우선한다(In other cultures, the group clearly takes precedence)'고 하였는데, 빈칸 다음의 내용은 미국의 경우 개인 주위에 경계선을 그어 공간을 나누고 이를 프라이버시로 개념화한다고 했으므로(in the United States, we draw boundaries … outside and from others), 빈칸을 전후한 내용이 상반된다고 할 수 있다. 따라서 빈칸에 가장 적절한 것은 'However(그러나, 하지만)'이다.

해석 미국인들은 이웃에 대한 양면적인 감정을 지니고 있다. 이러한 양면 감정은 집단과 자신에 대한 충성도 그리고 그 둘 중 어느 것이 우선하는가에 대해 우리가 느끼는 긴장을 반영한다. 다른 문화에서는 집단이 분명 우선한다. 그러나 미국에서는 개인들의 주위에 경계선을 그리고 그들의 "공간"을 구획한다. 우리는 이 공간을 외부와 다른 사람으로부터 개인을 보호하는 프라이버시로 개념화한다. 그것이 많은 외국인들이 이상하다고, 심지어는 불쾌하다고 생각하는 개념인 것이다. 그러나 그 집단이 가족이든 회사든, 아니면 공동체이든 간에 집단보다 중시되는 것은 바로 개인이다.

기출문제 정답

01 ③ 02 ④ 03 ① 04 ③

제3절 글의 세부적 내용 이해

1. 글의 구체적 내용 파악

제시문에서 구체적·세부적 내용이나 특정한 정보를 찾아내도록 요구하는 문제 유형이다. 이러한 문제들은 우선 문제와 선택지를 먼저 보고 자신이 찾아내야 하는 정보가 어떤 것인지를 먼저 이해하는 것이 중요하다. 이를 통해 글의 어떤 부분에 중점을 두고 확인해야 하는지 알 수 있다. 특히, 글의 일부나 특정 내용에 한정된 문제인 경우 지문 전체를 파악하기보다 관련된 부분을 선택적으로 파악하는 것이 더 효율적이다.

이러한 유형의 문제는 선택지가 상식적으로 맞는 내용이더라도 본문과 대조해 보아 본문 내용에 근거한 것인지를 확인해 보는 것이 필요하다.

예제 확인

다음 문장의 Death Valley에 대한 설명으로 옳지 <u>않은</u> 것을 고르시오.

> Death Valley doesn't sound like a very inviting place. It is one of the hottest places in the world. The highest temperature ever recorded there was 134 degrees Fahrenheit. That is the highest ever recorded in the Western Hemisphere. And that was in the shade! Death Valley in California covers nearly 3,000 square miles. Approximately 555 square miles are below the surface of the sea. One point is 282 feet below sea level — the lowest point in the Western Hemisphere. In Death Valley, pioneers and explores faced death from thirst and the searing heat. Yet despite its name and bad reputation, Death Valley is not just an empty wilderness of sand and rock. It is a place of spectacular scenic beauty and home to plants, animals and even humans.

① 경치가 매우 아름다운 곳이다.
② 그늘 아래서의 온도가 최고 화씨 134도인 적이 있다.
③ 많은 개척자들은 갈증과 더위로 죽음에 직면했다.
❹ 면적의 절반 이상이 바다 수면보다 낮다.

어휘 inviting 초대하는, 유혹적인 / the Western Hemisphere 서반구 cf. the Eastern Hemisphere 동반구 / approximately 대략, 대체로, 거의 / pioneer 개척자, 선구자 / searing 타는 듯한 / wilderness 황무지, 황야, 광막한 곳 / spectacular 구경거리의, 장관의, 눈부신, 극적인(dramatic) / scenic 경치의, 풍경의, 경치가 아름다운

해설 ④ 제시문 중반부의 'Death Valley in California covers nearly 3,000 square miles. Approximately 555 square miles are below the surface of the sea.'에서 알 수 있듯이, Death Valley의 전체 면적은 3,000제곱마일이고 해수면보다 낮은 곳은 555제곱마일이므로 ④의 내용은 옳지 않다.
① 마지막 문장의 'spectacular scenic beauty'라는 표현에서 알 수 있는 내용이다.
② 세 번째 문장(The highest temperature ever recorded there was 134 degrees Fahrenheit.)에서 알 수 있다.
③ 글 후반부의 'In Death Valley, pioneers and explores faced death from thirst and the searing heat.'에서 언급된 내용이다.

해석 Death Valley(죽음의 계곡)는 아주 매혹적인 장소로 들리지는 않는다. 그곳은 세계에서 가장 더운 곳 중의 하나이다. 거기서 기록된 가장 높은 온도는 화씨 134도였다. 그것은 서반구에서 기록된 최고 온도이다. 그것도 그늘에서 측정한 것이었다. 캘리포니아의 Death Valley는 거의 3,000제곱마일이다. 대략 555제곱마일이 해수면 아래에 있다. 한 지점은 해수면보다 282피트 아래에 있는데 이는 서반구에서 가장 낮은 곳이다. Death Valley에서 개척자들과 탐험가들은 갈증과 타는 듯한 열기로 죽음에 직면하기도 했다. 그러나 그 이름과 나쁜 평판에도 불구하고 Death Valley는 단지 모래와 바위만 있는 텅 빈 황무지는 아니다. 그곳은 눈부신 풍경의 아름다움이 있으며 식물, 동물 그리고 심지어는 사람들의 안식처이기도 하다.

기출문제 확인

[국가직 9급 기출]

01 다음 글의 내용과 일치하는 것은?

The umbrella is so old that no one knows where it came from−it was invented before man learned how to write. But for thousands of years, the umbrella was used only for protection from the sun, rather than from the rain.
The word 'umbrella', in fact, comes from the Latin word 'umbra', which means 'shade', and ancient slaves held umbrellas over their masters to give them shade. At the beginning, umbrellas were carried only by women, for they weren't considered 'manly' enough to be used by men. It wasn't until about 300 years ago that people began to use waterproof umbrellas in the rain.

① The umbrella was invented after man learned how to write.
② The umbrella was used mainly for protection from the rain.
③ At the beginning, umbrellas were carried only by men.
④ People began to use waterproof umbrellas about 300 years age.

[어휘] umbrella 우산, 양산, 우산의 / protection 보호, 옹호, 방호, 보호하는 사람[것], 후원, 두둔, 보호금, 상납금 v. protect / Latin 라틴어의, 라틴의, 라틴 사람의[라틴계의], 라틴(계) 사람, 고대 로마 사람 / shade 그늘, 응달, 음지, 극소한 양[정도], 기미, 약간, 그늘지게[어둡게] 하다 / slave 노예, (~에) 사로잡힌[빠진] 사람, 노예의, 노예제의 v. enslave / at the beginning 최초에, 처음에 / manly 남자다운, 씩씩한, 고결한, 단호한, 힘센, 남성적인, 남성용의, (여자가) 남자 같은 / waterproof 방수의, 물이 새어 들지 않는, 방수복, 레인코트

[해설] ④ 마지막 문장(It wasn't until about 300 years … in the rain)에서, 약 300년 전에 방수 우산을 사용하기 시작했다고 언급하였으므로, ④가 제시된 글의 내용과 일치한다.
① 두 번째 문장(it was invented before man learned how to write)에서 우산은 인간이 글을 쓰는 법을 배우기 전에 발명되었다고 하였으므로, 본문의 내용과 일치되지 않는다.
② 세 번째 문장(But for thousands of years … rather than from the rain)에서, 우산은 오랫동안 비를 피하기 위해서라기보다는 태양으로부터 보호하기 위해 사용되었다고 하였다.
③ 두 번째 단락의 두 번째 문장(At the beginning, umbrellas were carried only by women ~)에서, 처음에 우산은 여성들만이 들고 다녔다고 하였다.

[해석] 우산은 너무 오래된 것이라 아무도 그것이 어디에서 왔는지 모른다 – 그것은 인간이 글을 쓰는 법을 배우기 전에 발명되었다. 하지만 수천 년 동안, 우산은 비를 피하기 위해서라기보다는 태양으로부터 보호하기 위해 사용되었을 뿐이다.
사실, '우산(umbrella)'이라는 단어는 '그늘(shade)'를 의미하는 라틴어 'umbra'에서 온 것인데, 고대의 노예들은 그늘을 만들어 주기 위해 우산(양산)을 그들의 주인들 머리 위로 들어 주었던 것이다. 처음에 우산은 여성들만이 들고 다녔는데, 이는 남성들이 사용하기에는 충분히 '남자답게' 여겨지지 않았기 때문이었다. 약 300여 년 전에서야 비로소 사람들은 비가 올 때 물이 새지 않는 우산을 사용하기 시작했다.
① 우산은 인간이 글을 쓰는 법을 배운 후에 발명되었다.
② 우산은 주로 비를 막기 위해 사용되었다.
③ 처음에 우산은 남성들만이 들고 다녔다.
④ 사람들은 약 300년 전에 방수 우산을 사용하기 시작하였다.

[지방직 9급 기출]

02 다음 글을 읽고 수도 정책에 대하여 나머지 셋과 다른 입장을 취하고 있는 것을 고르면?

Conserving water is typically a good thing — except when you're penalized for your frugality. Elected officials are urging people to speak out against the Water Board's potential double−digit water rate hike at a public hearing in St. Albans on Feb. 16. The rate hike is needed, the city officials have said, because people are using less water, which means less revenue.
"The only way to stop the soaking of taxpayers is by showing up and making our voices heard," City Councilman Peter Koo said. "We must remain ever watchful, informed and ready to fight."
He attended a Queens Borough Board meeting Monday where a representative from the City Department of Environmental Protection spoke in favor of the proposed rate hike.

① The Water Board
② The city officials
③ City Councilman Peter Koo
④ The city Department Environmental Protection

어휘 conserve 보존[유지, 보호]하다, 절약하다 n. conservation a. conservative / typically 전형적으로[예에 따라, 으레], 일반적으로[대체로] a. typical / penalize 벌주다, 유죄를 선고하다, 곤란하게 하다, 벌칙을 적용하다[과하다](~ for) / frugality 절약, 검소 a. frugal 검소한, 절약하는, 간소한 / elected official 선출(된) 공무원[관리] / speak out 큰 소리로[거리낌 없이, 터놓고] 말하다, 용기를 내어 말해버리다 / double-digit 두 자리 수의 / water rate 수도 요금 cf. rate 요금, 비율 / hike (값 등을) 올리다[인상하다], 밀다, 하이킹하다, 도보여행하다, 밀려 올라가다 / public hearing 공청회 / revenue 세입, 수익, 총수입 / soak 적시다, 담그다, 젖게 하다, 빨아들이다, (지식 등을) 흡수하다, 젖다, 스며들다 / taxpayer 납세자 / show up 나타나다, 나오다, 눈에 띄게 하다, 폭로하다, 돋보이게 하다, 돋보이다 / councilman 시의회 의원 / watchful 주의 깊은, 경계하는, 방심하지 않는 / borough 자치 도시, 자치구 / board meeting 이사회 / representative 대표자, 대리인, 국회의원, 대표하는, 표시하는 v. represent / environmental protection 환경 보호 / in favor of ~에 찬성하여, ~에 편들어 / propose 제의[제안]하다, 제출하다, 작성하다, 꾸미다, 청혼하다

해설 ③ 두 번째 단락(The only way to stop the soaking of taxpayers … ready to fight.)에서 시의회 의원인 Peter Koo가 수도 요금 인상정책에 대해 반대한다는 내용이 언급되어 있으며, 두 번째 문장에서 선출직 공무원이 요금 인상에 반대한다는 내용(Elected officials are urging people to speak out against ~)을 통해서도 이를 알 수 있다. 나머지는 모두 수도 요금 인상정책에 대해 찬성하고 있다.
① 두 번째 문장(Elected officials are urging … water rate hike at a public hearing in St. Albans on Feb)에서 수도국은 수도 요금 인상을 계획하고 있다는 것을 알 수 있다.
② 세 번째 문장의 'The rate hike is needed, the city officials have said, because ~' 부분에서 시 공무원(관리)들은 수도 요금 인상에 찬성하고 있다는 것을 알 수 있다.
④ 마지막 문장의 '~ representative from the City Department of Environmental Protection spoke in favor of the proposed rate hike'에서 시 환경보호국은 수도 요금 인상을 지지하고 있음을 알 수 있다.

해석 물을 절약하는 것은 당신이 아껴 쓴다고 벌을 받는 때를 제외하고는 일반적으로 좋은 일이다. 선출직 공무원들은 사람들에게 2월 16일 St. Albans에서 열리는 공청회에서 수도국의 두 자리 수의 수도 요금 인상 계획에 대해 반대할 것을 독려하고 있다. 시 공무원들은 사람들이 물을 덜 사용하고 있는데, 그것은 세입 감소를 의미하므로 요금 인상이 필요하다고 말했다.
시 의회 의원인 Peter Koo는 "납세자에게 바가지 씌우는 것을 막는 유일한 방법은 (공청회에) 나와서 우리의 목소리를 들려주는 것입니다. 우리는 언제나 주의 깊게 지켜보고, 정보를 취득하며, 싸울 준비를 해야 합니다."라고 말했다.
그는 월요일에 요금 인상 제안에 찬성하는 시 환경보호국의 대표자가 참석한 Queens 자치시 위원회 회의에 참석했다.
① 수도국
② 시 공무원(관리)
③ 시의회 의원 Peter Koo
④ 시 환경보호국

[지방직 9급 기출]

03 다음 글의 내용과 일치하지 않는 것을 고르시오.

The biggest hurdle to cross is realizing that credit is not an extension of income. Living within your means can require a major lifestyle change. Credit, when used wisely, is a useful money-management tool, but learning when and how to use it requires dedication and diligence.
However, most consumers who have successfully made the change to debt-free living say that living with one credit card and using a spending plan has created a sense of freedom that they have never known before. All the stress and negativity of living from paycheck to paycheck has vanished.

① It is not wise to regard credit as a part of income.
② For debt-free living, it is helpful to live with one credit card.
③ If you work with dedication and diligence, you will be able to live free from debt.
④ To spend money with a plan will relieve you of the stress of barely making both ends meet.

어휘 hurdle 장애물, 난관, 곤란 / lifestyle 생활양식, 라이프스타일 / dedication 바침, 헌신, 봉헌[봉납, 헌납, 기부] v. dedicate / consumer 소비자 v. consume 소비하다, 다 써 버리다 n. consumption / debt-free 빚이 없는 / spending plan 지출계획 negativity 부정성, 소극성, 음성, 부정적인 것 a. negative / live from paycheck to paycheck 그날 벌어 그날 먹고 살다 cf. paycheck 급료[급여, 지불수표] / vanish 사라지다[없어지다], 소멸하다, 희미해지다, 보이지 않게 하다[감추다, 없애다] / relieve A of B A에게서 B를 경감하다[덜어주다, 완화하다] / barely 간신히[겨우, 가까스로], 거의 ~않다(= scarcely), 빈약하게, 불충분하게 / make both ends meet 수지타산을 맞추다, 수입과 지출의 균형을 맞추다, 수입에 알맞은 생활을 하다

해설 ③ 세 번째 문장(Credit, when used wisely, … requires dedication and diligence)에서 신용거래를 언제 어떻게 하는지를 배우는 데 헌신과 근면이 필요하다고 했으며, ③과 같이 헌신적이고 근면하게 일하면 빚 없이 살 수 있다는 내용은 언급되지 않았다.
① 첫 번째 문장에 나와 있는 바와 같이, 신용거래가 수입이 되는 것은 아니다.
② 글 중반부의 네 번째 문장(However, most consumers … they have never known before)에서 알 수 있다.
④ 네 번째 문장의 '~ using a spending plan has created a sense of freedom ~' 부분과 마지막 문장을 통해 알 수 있는 내용이다.

해설 넘어야 할 가장 큰 난관은 신용거래가 수입을 확장하는 것이 아니라는 것을 깨닫는 것이다. 분수에 맞게 사는 것은 주요한 생활양식의 변화를 요구할 수 있다. 신용거래는 현명하게 이용하면 유용한 금전관리 방편이 되지만, 언제 그리고 어떻게 그것을 이용하는가 하는 것을 배우는 데에는 헌신과 근면을 필요로 한다. 그러나 빚 없는 삶으로의 변화를 성공적으로 이끌어낸 대부분의 소비자들은 신용카드 한 개로 생활하고 지출 계획을 이용하는 것이 그들이 전에 알지 못했던 해방감을 창조해 냈다고 말했다. 그날 벌어 그날 먹고 사는 모든 스트레스와 부정적인 것들이 사라졌다는 것이다.
① 신용거래를 수입의 일부로 여기는 것은 현명하지 못하다.
② 빚 없는 삶을 위해서는 한 장의 신용카드로 생활하는 것이 도움이 된다.
③ 만약 당신이 헌신적이고 근면하게 일한다면, 당신은 빚지지 않고 살 수 있을 것이다.
④ 계획적으로 돈을 지출하는 것은 당신이 가까스로 수지를 맞추는 데서 오는 스트레스를 덜어 줄 것이다.

해설 윗글의 마지막 문장에서 사립기관들은 국내와 국제 입양을 취급한다고 서술되어 있으므로, 사립기관들은 국제 입양을 위해 연락이 가능하다는 ④의 설명은 윗글의 내용과 일치한다.

해석 아이를 입양하고자 하는 가정은 먼저 입양기관을 선택해야 한다. 미국에는 입양을 돕는 두 종류의 기관이 있다. 공공기관들은 일반적으로 나이가 더 많은 아이들, 정신적 혹은 신체적으로 장애를 가진 아이들, 학대받거나 방치되었을지 모를 아이들을 취급한다. 장래의 부모들은 공공기관으로부터 아이를 입양할 때, 대개 비용을 지불하지는 않는다. 일시적인 입양의 한 형태인 위탁 또한 공공기관들을 통해 가능하다. 사립기관들은 인터넷에서 찾아볼 수 있다. 사립기관들은 국내와 국제 입양을 취급한다.
① 공공 입양기관들이 사립 입양기관들보다 더 낫다.
② 부모들은 위탁가정으로부터 아이를 입양하기 위해 막대한 비용을 지불한다.
③ 곤경에 처한 아이들은 공공기관들을 통해 입양될 수 없다.
④ 사립기관들은 국제 입양을 위해 연락이 가능하다.

[서울시 9급 기출]

04 글의 내용과 일치하는 것은?

> A family hoping to adopt a child must first select an adoption agency. In the United States, there are two kinds of agencies that assist with adoption. Public agencies generally handle older children, children with mental or physical disabilities, or children who may have been abused or neglected. Prospective parents are not usually expected to pay fees when adopting a child from a public agency. Fostering, or a form of temporary adoption, is also possible through public agencies. Private agencies can be found on the Internet. They handle domestic and international adoption.

① Public adoption agencies are better than private ones.
② Parents pay huge fees to adopt a child from a foster home.
③ Children in need cannot be adopted through public agencies.
④ Private agencies can be contacted for international adoption.

어휘 adopt 입양하다, 양재[양녀]로 삼다(= foster) n. adoption 입양 cf. adoption agency 입양기관 / disability 장애 / abuse 남용[오용]하다, 학대하다 / neglect 소홀히 하다, 돌보지 않다, 방치하다 / prospective 장래의, 유망한(↔ retrospective 회고[회상]하는)

[국가직 9급 기출]

05 다음 글의 내용과 일치하지 <u>않는</u> 것을 고르시오.

> In the late 20th century, the northern hemisphere experienced its most widespread warmth for 1200 years, according to the journal Science. The findings support evidence pointing to unprecedented recent warming of the climate linked to greenhouse emissions. University of East Anglia(UEA) researchers measured changes in fossil shells, tree rings, ice cores and other past temperature records. They also looked at people's diaries from the last 750 years. Timothy Osborn and Keith Briffa of UEA analysed instrument measurements of temperatures from 1856 onwards to establish the geographic extent of recent warming. Then, they compared this data with evidence dating back as far as AD 800. The analysis confirmed periods of significant warmth in the northern hemisphere from AD 890 to 1170 (the so-called "Medieval Warm Period") and for much colder periods from AD 1580 to 1850 (the "Little Ice Age").

① Researchers at UEA examined a variety of materials to check temperature changes.
② The Medieval Warm Period was shorter than the Little Ice Age.

③ The late 20th century is not the first in history that witnessed a temperature change.

④ Greenhouse emissions are considered to be the cause of the recent warming.

[어휘] the northern hemisphere 북반구 cf. hemisphere 반구, 반구의 주민, 반구체 / warmth 따뜻함[온기, 온난], 열심[열렬], 온정[동정], 격렬함[흥분] a. v. warm / journal Science 사이언스지 / finding 〈종종 pl.〉 발견(물), 습득물, 조사[연구] 결과 / point to ~을 지적하다, ~의 증거가 되다, 암시하다 / unprecedented 전례가 없는, 전에 없던, 공전의, 비할 바 없는, 새로운, 신기한 / linked 연쇄된, 연계된 n. v. link 고리, 결합시키는 것[사람], 연결, 유대, 관련, 연결하다 / greenhouse 온실, 건조실, 온실 효과의 / emission 방사, 발산, 방출, 방사물, 발행(고), 배기[배출], 배출물[질] v. emit / fossil 화석, 구제도, 낡은 방식, 화석의, 화석이 된, 발굴된 / shell 조가비, 껍질[껍데기], 외피, 외관, 외형, 포탄[유탄] / tree ring 나이테 / ice core 빙핵, 빙하 심층(부) / onward 전방으로의, 전진[항상]하는, 전방으로[앞으로], 나아가서 / geographic 지리(학)의, 지형의 n. geography 지리(학), 지형, 지세 / significant 중요한, 의미 있는, 뜻 깊은, 상당한 v. signify n. significance / so-called 소위, 이른바 (=what is called, what we[you, they] call) / medieval 중세의, 중세풍의, 구식의 / ice age 빙하 시대, 홍적세 / witness 목격하다, 입증하다, 목격자, 증거

[해설] ② 중세 온난기는 기원 후 890년부터 1170년 사이라 했으므로 2800여년이 되는 데 비해, 소빙하기는 1580년부터 1850년까지 270여년이다. 따라서 중세 온난기가 소빙하기보다 길었다.
① UEA의 연구자들이 기온 변화를 측정하기 위해 다양한 자료를 검토했다는 것은, 제시문의 세 번째 문장에서부터 다섯 번째 문장에 언급되어 있다.
③ 마지막 문장의 'The analysis confirmed periods of significant warmth in the northern hemisphere from AD 890 to 1170 ~'에서 보듯이, 이미 기원 후 890년에서 1170년 사이에 온난화가 있었다고 했으므로 옳은 내용이 된다.
④ 두 번째 문장(The findings support evidence … greenhouse emissions)에서 온실가스 배출과 온난화가 관련이 있음을 언급하였다.

[해석] 사이언스지에 따르면, 20세기 후반에 북반구는 1,200년 동안 가장 광범위한 온난화를 겪었다고 한다. 연구결과는 온실가스 배출과 연계된 전례 없는 최근의 기후 온난화를 보여주는 증거를 확인해주고 있다. East Anglia 대학(UEA)의 연구진들은 화석, 나이테, 빙핵, 그 밖의 과거의 기온 기록 등에 드러난 변화를 조사했다. 그리고 또한 지난 750년부터의 인간의 일기들도 살펴보았다. UEA의 Timothy Osborn과 Keith Briffa는 최근의 온난화의 지리적 범위를 확정하기 위해 1856년 이후의 온도에 대한 계기측정치를 분석했다. 그런 다음, 그들은 이 자료를 기원 후 800년까지 거슬러 올라가는 증거와 비교했다. 이러한 분석은 기원 후 890년에서 1170년 사이(소위 중세 온난기)에 북반구에서 상당한 온난화의 시기가 있었다는 것과, 기원 후 1580년에서 1850년 사이(소빙하기)에 훨씬 더 추웠던 시기가 있었다는 것을 확인해 주었다.

① UEA의 연구자들은 기온 변화를 측정하기 위해 다양한 자료들을 검토했다.
② 중세 온난기는 소빙하기보다 짧았다.
③ 20세기 후반은 역사상 기온 변화를 목격한 최초의 시기가 아니다.
④ 온실가스의 배출은 최근 온난화의 원인으로 간주되고 있다.

[국가직 9급 기출]

06 글의 내용과 일치하지 <u>않는</u> 것을 고르시오.

Fortunately, psychologists believe that books can serve as therapeutic tools — or at least as effective adjuncts to professional therapy — to help children come to terms with their parents' divorce. According to educator-counselor Joanne Bernstein, stories that confront life's problems with candor and credibility may provide insights, promote self-examination, and lead to changes in attitude and behavior. One way stories accomplish this is through identification. Reading about the grief and anxiety of others, she explains, can arouse sudden awareness as problems that have not been consciously or completely recognized are allowed to surface. Introduced to characters who share their difficulties, children may feel less alienated and thus freer to discuss and resolve their own plight.

① Children come to terms with their plight by reading.

② Stories are likely to alienate children from their parents.

③ Books are helpful for children whose parents are divorced.

④ Children identify themselves with characters while reading.

[어휘] therapeutic 치료상의, 치료법의, 건강 유지에 도움이 되는 / adjunct 부가물, 부속물(~ to), 조수, 보좌역 / professional 직업의, 프로의, 전문적인 n. profession / therapy 요법, 치료(법) cf. therapist 치료학자, 치료 전문가, 요법사, 임상의 / come to terms with ~와 타협이 이루어지다, 타협하다, 감내하다, 익숙해지다 / confront 직면하다, 맞서다, 대면[대결]시키다 n. confrontation / candor 공평무사, 허심 탄회, 솔직, 정직 / credibility 믿을 수 있음, 진실성, 신용, 신빙성 a. credible 신용할 수 있는, 확실한 / insight 통찰, 통찰력 a. insightful / self-examination 자성(自省)[자기 반성, 자기 성찰] / identification 동일함, 동일시, 신분 증명 v. identify /

419

grief 큰 슬픔, 비탄, 통탄할 일 v. grieve 몹시 슬프게 하다, 몹시 슬퍼하다 / arouse (느낌·태도를) 불러일으키다[자아내다], 깨우다, 자극하다, 각성하다 n. arousal / awareness 알아채고[깨닫고] 있음, 자각, 인식, 의식 a. aware 알아차리고, 깨닫고 / alienate (사람을) 소원하게[멀어지게] 만들다, 소외감을 느끼게 하다 a. alien 외국의 / resolve 풀다, 해결하다, 결심[결의, 결정]하다, 분해[분석]하다 n. resolution 결의, 해결 / plight 곤경, 궁지, (어려운) 상태

[해설] ② 마지막 문장의 '곤경을 공유하는 (이야기 속의) 등장인물을 통해 아이들은 소외감을 덜 느끼게 된다(Introduced to characters who share their difficulties, children may feel less alienated)'는 부분과 배치된다.

①·③ 첫 번째 문장의 'books can … help children come to terms with their parents 'divorce' 부분에서 알 수 있는 내용이다.

④ 글 중반부의 'One way stories accomplish this is through identification'을 통해 알 수 있으며, 마지막 문장(Introduced to characters … freer to discuss and resolve their own plight)을 통해서도 아이들이 독서를 통해 책 속 등장인물과의 동일시 현상을 경험한다는 것을 짐작할 수 있다.

[해석] 다행히도, 심리학자들은 책이 아이들로 하여금 부모의 이혼을 감내하도록 돕기 위한 치료상의 도구로서, 또는 적어도 전문적 치료의 효과적인 부속물로서 기능할 수 있다고 생각한다. 교육 상담가인 Joanne Bernstein에 따르면, 솔직하고 진실성 있게 삶의 문제들을 대면하는 이야기(글)들은 통찰력을 제공하고 자기 성찰을 촉구하며 태도와 행동에 있어서의 변화로 이어질 수 있다. 이야기가 이런 결과를 성취하는 하나의 방법은 동일시 과정을 통하는 것이다. 다른 사람들의 큰 슬픔과 걱정에 대해 글을 읽는 것은, 의식적으로 또는 완전히 인식되지 못했던 문제들이 드러날 수 있게 함으로써 (문제에 대한) 갑작스러운 자각을 불러일으킬 수 있다고 그녀는 설명한다. 그들의 곤경을 공유하는 등장인물들이 등장하면서, 아이들은 소외감을 덜 느끼고, 그리하여 자신의 어려운 상태를 논의하고 해결하는 데에 더 자유롭게 느낄 수 있을 것이다.
① 아이들은 독서를 함으로써 그들의 곤경을 감내한다.
② 이야기(글)는 아이들을 부모로부터 소외시키기 쉽다.
③ 책은 부모가 이혼한 아이들에게 도움이 된다.
④ 아이들은 독서하는 동안 등장인물과 자신을 동일시한다.

[국가직 9급 기출]

07 글의 내용과 일치하지 않는 것은?

Most writers lead double lives. They earn good money at legitimate professions, and carve out time for their writing as best they can : early in the morning, late at night, weekends, vacations. William Carlos Williams and Louis-Ferdinand Celine were doctors. Wallace Stevens worked for an insurance company. T.S. Elliot was a banker, then a publisher. Don DeLilo, Peter Carey, Salman Rushdie, and Elmore Leonard all worked for long stretches in advertising. Other writers teach. That is probably the most common solution today, and with every major university and college offering so-called creative writing courses, novelists and poets are continually scratching and scrambling to land themselves a spot. Who can blame them? The salaries might not be big, but the work is steady and the hours are good.

① Some writers struggle for teaching positions to teach creative writing courses.
② As a doctor, William Carlos Williams tried to find the time to write.
③ Teaching is a common way for writers to make a living today.
④ Salman Rushdie worked briefly in advertising with great triumph.

[어휘] legitimate 합법적인, 정당한, 적당한 cf. legitimate self-defense 정당방위 / carve out 잘라내다, 노력하여 얻다, 개척하다 / insurance 보험, 보험금 / for a long stretch 오랫동안 / creative writing 창작(작품) / scramble 서로 밀치다[앞다투다], 허둥지둥[간신히] 해내다 / land 차지[획득]하다 / spot 위치[자리] / briefly 잠시, 간단히

[해설] 본문에서 Salman Rushdie는 오랫동안(for long stretches) 광고업에 근무했다고 했으므로, "Salman Rushdie는 광고업에 잠시(briefly) 근무하고 크게 성공했다."는 ④의 설명은 윗글의 내용과 일치하지 않는다.

[해석] 대부분의 작가들은 이중적인 삶을 살아간다. 그들은 정당한 직업으로 상당한 돈을 벌며, 최선을 다해 이른 아침, 늦은 밤, 주말, 휴가 등 글을 쓸 시간을 만들어낸다. William Carlos Williams와 Louis-Ferdinand Ce'line는 의사였다. Wallace Stevens는 보험 회사에서 근무했다. T.S. Elliot은 은행가이자 출판업자였다. Don DeLilo, Peter Carey, Salman Rushdie, 그리고 Elmore Leonard는 모두 오랫동안 광고업에 근무했다. 다른 작가들은 학생들을 가르쳤다. 그

것은 오늘날 가장 일반적인 해결책이며, 주요 대학과 단과대학들은 소위 문예창작 과목이 있어서, 소설가와 시인들은 한 자리를 차지하기 위해 서로 할퀴고 밀친다. 누가 그들을 비난할 수 있는가? 월급은 많지 않을 수도 있지만, 일은 안정적이고 시간은 적당하다.

① 일부 작가들은 문예창작 과목을 가르치는 교직을 얻으려고 애쓴다.
② 의사로서 William Carlos Williams는 글을 쓸 시간을 찾으려고 애썼다.
③ 교직은 오늘날 작가들이 생계유지를 위한 일반적인 방법이다.
④ 광고업에 잠시 근무하고 크게 성공했다.

[지방직 9급 기출]

08 다음 글의 내용과 일치하지 <u>않는</u> 것은?

> Trade exists for many reasons. No doubt it started from a desire to have something different. People also realized that different people could make different products. Trade encouraged specialization, which led to improvement in quality.
> Trade started from person to person, but grew to involve different towns and different lands. Some found work in transporting goods or selling them. Merchants grew rich as the demand for products increased. Craftsmen were also able to sell more products at home and abroad. People in general had a greater variety of things to choose.

① Trade started from a desire for something different.
② Trade grew from interpersonal to international scales.
③ Merchants prospered in business as trade expanded.
④ Trade helped develop new transportation systems.

어휘 no doubt 의심할 바 없이, 확실히, 아마, 다분히 / specialization 전문화, 특수화, 전문[전공], 분화 / merchant 상인, 무역상, 소매상, 가게 주인 / craftsman 장인, 숙련공, 기술자 / interpersonal 사람과 사람 사이의, 사람 간에 생기는, 대인 관계의 / prosper 번영[번창]하다, 성공하다 / transportation 수송, 운송, 운수, 수송기관

해설 교역이 새로운 운송 체계(new transportation systems)의 발달에 기여했다는 것과 관련된 내용은 언급되지 않았다. 다만, 글 중반부의 'Some found work in transporting goods ∼'를 통해, 교역이 운송 산업의 발달을 초래할 수 있다는 것 정도의 추론은 가능하다.

해석 교역은 많은 이유로 존재한다. 의심할 바 없이 그것은 다른 어떤 것을 가지고자 하는 욕망에서 시작했다. 사람들은 또한 다른 사람들이 다른 상품을 만들 수 있다는 것을 알게 되었다. 교역은 전문화를 촉진하였고, 이는 질적 향상을 일으켰다.
교역은 사람에서 사람으로 시작했지만, 점차 다른 지역과 다른 나라로 확대되었다. 어떤 사람들은 상품의 운송이나 판매에서 일자리를 찾았다. 제품에 대한 수요가 증가하면서 상인들은 부유해졌다. 장인들도 또한 국내외에서 더 많은 제품들을 팔 수 있었다. 일반적으로 사람들은 선택할 수 있는 엄청나게 다양한 물건을 얻게 되었다.

① 교역은 다른 어떤 것을 갖기 위한 욕망으로부터 시작되었다.
② 교역은 개인 간으로부터 국가 간 규모로 성장했다.
③ 교역이 확대되면서 상인들의 사업이 번창했다.
④ 교역은 새로운 운송 체계의 발달에 기여했다.

[국가직 9급 기출]

09 다음 글의 빈칸에 들어갈 가장 적절한 것은?

> Character is a respect for human beings and the right to interpret experience differently. Character admits self-interest as a natural trait, but pins its faith on man's hesitant but heartening instinct to understand and support others. Character is allergic to tyranny, irritable with ignorance and always open to improvement. Character implies the ability to laugh wholeheartedly and weep unashamedly. Character is, above all, a tremendous humility before the facts — an automatic alliance with truth even when that truth is bitter medicine.
> A quality of character not mentioned by the author is _____.

① freedom
② patience
③ sympathy
④ humbleness

어휘 interpret 설명[해명]하다, 뜻을 밝히다, 해석[이해]하다, 번역[통역]하다 / pin A on B (신뢰·희망 등)을 B에 걸고 있다, (책임 등을) 지우다 / heartening 용기[희망]를 복돋워 주는, 활기찬 / allergic to 알레르기(성)의, ∼에 과민한, 아주 싫어하는, 성미에 맞지 않는 / tyranny 폭정, 학정, 가혹, 전제 (정치) / irritable 성마른, 성급한, 화를 곧잘 내는[흥분하기 쉬운], 참을 수 없는 / wholeheartedly 진심[충심]으로 / unashamedly 부끄럽지 않게, 창피할 줄 모르게[뻔뻔스럽게] / humility 겸손[겸허], 비하, 굴욕(감), 겸손한 행위[행동] / alliance 결합, 연합, 동맹 / humbleness 겸손함, 변변치 않음

해설 제시된 글은 인격에 대한 내용인데, 여기에서 인격의 특성으로 언급하지 않은 것은 인내(patience)이다. 자유(freedom)와 공감(sympathy), 겸손함(humbleness)은 모두 인격의 특징으로 언급되었다.

해석 인격이란 인간에 대한 일종의 존경이며, 경험을 다르게 해석할 수 있는 권리이다. 인격은 선천적 특성으로서 이기심을 인정하지만, 다른 사람을 이해하고 지지하기 위해 인간의 주저하지만 고무적인 본능에 전적으로 신뢰를 두고 있다. 인격은 폭정을 아주 싫어하고 무지에 과민하며, 항상 진보에 열려 있다. 인격은 진심으로 웃고 부끄럽지 않게 울 수 있는 능력을 내포한다. 무엇보다도, 인격은 진실 앞에서의 엄청난 겸손이다. 즉, 그 진실이 쓴 약일 때조차도 진실과 자동적으로 결합한다. 저자에 의해 언급되지 않은 인격의 특성은 인내(patience)이다.

[국가직 9급 기출]

10 글의 내용과 일치하지 않는 것은?

> Stanislavski was fortunate in many ways. He was the son of a wealthy man who could give him the advantages of a broad education, the opportunity to see the greatest exponents of theatre art at home and abroad. He acquired a great reputation because he had set high goals and never faltered along the hard road leading to them. His personal integrity and inexhaustible capacity for work contributed to making him a professional artist of the first rank. Stanislavski was also richly endowed by nature with a handsome exterior, fine voice and genuine talent. As an actor, director and teacher, he was destined to influence and inspire the many who worked with him and under him or who had the privilege of seeing him on the stage.

① Stanislavski was born with attractive features.

② Stanislavski remained uninfluential on his colleagues throughout his life.

③ Stanislavski's father was affluent enough to support his education.

④ Stanislavski became a top-ranked artist by the aid of his upright character and untiring competence.

어휘 fortunate 운 좋은. 다행한 n. fortune 운[행운], 재산, 부 / exponent 주창자, 예능인 / at home and abroad 국내외에서 / reputation 평판, 명성 / falter 흔들리다[더듬거리다], 머뭇거리다 / integrity 진실성, 청렴함 cf. a person of integrity 청렴한 사람 / inexhaustible 고갈될 줄 모르는, 무진장한 / endow with ~을 부여하다 / genuine 진짜의, 진품의 / uninfluential 영향력[세력]이 없는 /

colleague 동료, 친구 / affluent 부유한 n. affluence 풍족함; 부, 부유 / competence 능숙함, 능력, 권한 a. competent 능숙한

해설 윗글의 마지막 문장에서 "그는 자신과 일하거나 자신의 밑에서 일을 하는 사람들, 혹은 그를 무대 위에서 보는 특권을 누렸던 많은 사람들에게 영향을 미치고(to influence) 자극을 주었다."고 설명하고 있으므로, "Stanislavski는 평생 동안 동료들에게 영향을 끼치지 못했다(uninfluential)."라는 ②의 설명은 윗글의 내용과 일치하지 않는다.

해석 Stanislavski는 다방면에서 운이 좋았다. 그는 자신에게 폭 넓은 교육과 국내외 위대한 배우들을 만날 기회를 준 부자의 아들이었다. 그는 높은 목표를 세우고 그 목표에 이르는 험난한 길에서 결코 흔들리지 않고 큰 명성을 얻었다. 그의 진실함과 일에 대한 지치지 않는 능력은 그가 전문적인 일류 예술가가 되는데 도움을 주었다. Stanislavski는 선천적으로 잘 생긴 외모, 멋진 목소리 그리고 진정한 재능을 많이 부여 받았다. 배우, 감독, 그리고 교사로서 그는 자신과 일하거나 자신의 밑에서 일을 하는 사람들, 혹은 그를 무대 위에서 보는 특권을 누렸던 많은 사람들에게 영향을 미치고 자극을 주었다.

① Stanislavski는 매력적인 외모로 태어났다.
② Stanislavski는 평생 동안 그의 동료들에게 영향을 미치지 않았다.
③ Stanislavski's 의 아버지는 그의 교육을 지원할 만큼 충분히 부유했다.
④ Stanislavski는 그의 꼿꼿한 성격과 지치지 않는 능력의 도움으로 최고의 예술가가 되었다.

[국가직 9급 기출]

11 다음 글에서 언급되고 있지 않은 것은?

> Professor Taylor, who wrote "What are Children for?," believes that the status of fatherhood has been affected by modern life. "Fathers have moved farther away from their children than ever before," he says. "In the past, soon looked to their father, emulating his job and wisdom. Now, however, fathers have nothing for their children to inherit. The world is changing too quickly, and instead of sitting at their father's feet listening to stories about the world, children are closed up in their own rooms on the Internet, finding out about it first. It is difficult to redefine the role of father. There is nothing obvious for him to do or be."

① Modern life has influenced the role and the position of fathers.

② In the past, sons imitated their fathers' job, depending on their fathers.

③ Now fathers serve as a sole source of providing information for their sons.

④ These days fathers are not certain of what role to assume for their sons.

어휘 status 지위, 신분, 상태 / emulate 모방하다, 지지 않으려 애쓰다, 겨루다, 맞먹다, 필적하다 / inherit 물려받다, 상속하다, 이어받다, 인계받다, 뒤를 잇다 / redefine 다시 정의하다, 재평가하다, 재조사하다 / imitate 모방하다[흉내 내다], 본받다[모범으로 삼다]

해설 글 후반부의 '~ and instead of sitting at their father's feet listening to stories about the world, children are closed up in their own rooms on the Internet, finding out about it first'에서, 자식들은 아버지에게서 세상에 대한 이야기를 듣는 대신 방에 틀어박혀 인터넷을 통해 그러한 것을 찾는다고 했는데, ③의 경우 아버지가 자식들에게 정보를 제공하는 유일한 원천이라고 했으므로 이 글의 내용에 부합하지 않는다.

해석 "아이들은 무엇 때문에 존재하는가?"라는 책을 쓴 Taylor 교수는, 아버지로서의 지위가 현대 생활에 의해 영향을 받았다고 믿고 있다. "아버지들은 이전 어느 때보다 아이들로부터 더 멀어졌습니다."라고 그는 말한다. "과거에는, 그들의 아버지에게 의지하고 그의 직업과 지혜를 모방했습니다. 그러나 지금은, 아버지들은 아이들이 상속받을 만한 것을 아무것도 가지고 있지 않습니다. 세상은 너무도 빨리 변하고 있고, 아이들은 아버지의 발치에 앉아 세상 이야기에 대해 듣는 대신 그들 자신의 방에 틀어박혀 인터넷 상에서 세상에 대한 것들을 먼저 찾고 있습니다. 아버지의 역할을 다시 정의하기는 어렵습니다. 아버지가 해야 하거나 존재해야 할 분명한 어떤 것도 없습니다.

① 현대 생활은 아버지들의 역할과 지위에 영향을 미쳤다.

② 과거에 자식들은 그들의 아버지에 의지하면서 아버지의 일을 모방하였다.

③ 오늘날의 아버지들은 그들 자신들에게 정보를 제공하는 유일한 원천으로서의 역할을 한다.

④ 요즘의 아버지들은 그들의 자식들을 위해 어떤 역할을 떠맡아야 하는지 확신할 수 없다.

[지방직 9급 기출]

12 다음 글의 내용과 일치하지 않는 것은?

> Language alone is not enough to explain the rise of modern nationalism. Even language is a shorthand for the sense of belonging together, of sharing the same memories, the same historical experience, the same cultural and imaginative heritage. When in the eighteenth century, nationalism began to form as a modern movement, its forerunners in many parts of Europe were not soldiers

and statesmen but scholars and poets who sought to find in ancient legends and half forgotten folksongs in the "soul" of the nation. But it was language that enshrined the memories, the common experience and the historical record.

① Language contributed to the rise of modern nationalism.

② The movement of modern nationalism was led by government officials.

③ It was not until the 18th century that nationalism became a modern movement.

④ Intellectuals played a role in the formation of modern nationalism.

어휘 shorthand 속기(법), 약기[약칭], 속기(법)의, 속기로 쓴 / heritage 유산, 상속[세습] 재산, 전승, 전통 / forerunner 선조[선인], 선구자, 전조[징조] / enshrine 소중히 하다, 간직하다, (신성한 것으로) 모시다 / contribute to ~에 기여하다, 기부[제공]하다, 기고하다 / intellectual 지식인[인텔리], 두뇌 노동자 / play a role[part] in ~에서 역할을 하다

해설 세 번째 문장의 '~ its forerunners in many parts of Europe were not soldiers and statesmen but scholars and poets ~'에서 근대 민족주의 운동은 군인이나 정치인이 아니라 학자와 시인들이 이끌었다고 하였다. 따라서 ②(정부 관료가 근대 민족주의 운동을 주도했다.)는 글의 내용과 배치된다.

해석 언어 하나만으로 근대 민족주의의 출현을 설명하기는 충분치 않다. 언어조차도 함께 있다는 소속감과 같은 기억, 같은 역사적 경험, 같은 문화적 창의적 유산을 공유한다는 느낌 등을 간략히 전할 수 있을 뿐이다. 18세기에 민족주의는 근대적 운동으로 형성되기 시작했고, 유럽 여러 지역에서의 민족주의를 이끈 선구자는 군인이나 정치가가 아니라, 고대 전설과 반쯤 잊힌 민요에서 민족의 '혼'을 찾으려고 노력한 학자와 시인들이었다. 그러나 그러한 기억과 공통의 경험, 역사적 기록을 소중히 간직하고 있는 것은 바로 언어였다.

① 언어는 근대 민족주의의 발생에 기여했다.

② 근대 민족주의 운동은 정부 관료들이 주도하였다.

③ 18세기가 되어서야 민족주의가 비로소 근대적 운동이 되었다.

④ 지식인들이 근대 민족주의의 형성에 일조했다(일정 역할을 했다).

[지방직 9급 기출]

13 다음 글에서 나타난 내용과 가장 일치하는 것은?

Zoologists at SUNY have observed how sea turtles develop into males or females. Turtle eggs that lie in the sand at cool temperatures produce male turtles. And eggs that incubate at about 5 degrees higher produce females. If dinosaurs were like modern turtles, a sudden drop in temperature for even a short time may have simply eliminated all females from the species. Under stress, some female lizards that are alive today, reproduce hermaphroditically, that is, all by themselves. But male lizards cannot manage on their own. The world of the dinosaurs may have ended initially with a bang, as volcanoes erupted or an asteroid crashed. But then, as lonely males sought fruitlessly for mates, it may have simply faded away, with a whimper.

① Turtles may help us understand the extinction of dinosaurs.
② Temperatures have no effect on the extinction of dinosaurs.
③ Lizards usually reproduce hermaphroditically.
④ Dinosaurs became extinct due to a particular calamity

어휘 zoologist 동물학자 / sea turtle 바다거북 / incubate 부화하다, 배양하다, 알을 품다 / lizard 도마뱀 / reproduce 번식[증식]하다, 복사[복제]하다, 생식[번식]시키다 / hermaphroditically 자웅동체로, 암수한몸으로 / that is 즉, 다시 말하면, 정확히 말하면 / volcano 화산, 분화구 / erupt 분출[분화]하다, 복받쳐 나오다 / asteroid 소행성, 불가사리(= starfish) / fruitlessly 결실 없이, 무익하게, 성과 없이 / fade away 사라지다, 보이지 않게 되다 / whimper 흐느낌, 흐느껴 우는 소리, 코를 킁킁거리는 소리 / have no effect on ~에 영향을 미치지 못하다 / calamity 재난[참사, 참화], 불행[불운]

해설 제시된 글은 바다거북의 암컷과 수컷에 대한 내용을 토대로 공룡의 멸종에 대해 설명하고 있다. 따라서 ①(바다거북은 공룡 멸종을 이해하는 데 도움을 줄 수 있다.)은 글의 내용에 부합된다. 이는 특히 세 번째 문장(If dinosaurs were like … females from the species)과 다섯 번째 문장(But male lizards cannot manage on their own), 마지막 문장(But then, as lonely males … with a whimper)의 내용을 연결해 보면 구체적으로 드러난다.

해석 SUNY의 동물학자들은 바다거북이 어떻게 수컷과 암컷으로 발달해 가는지를 관찰해 왔다. 서늘한 온도의 모래 속에 있는 바다거북의 알은 부화하여 수컷이 된다. 그리고 5도 정도 높은 온도에서 부화한 알은 암컷이 된다. 만일 공룡이 오늘날의 바다거북과 비슷하다면 짧은 시간 동안의 갑작스런 기온 하락도 간단히 모든 공룡 암컷들을 없애버렸을지 모른다. 오늘날 생존하고 있는 일부 암컷 도마뱀은 스트레스를 받게 되면 자웅동체로, 즉 혼자서 번식을 한다. 그러나 수컷 도마뱀은 스스로 번식할 수 없다. 공룡의 세계는 처음에는 화산이 폭발하고 행성이 충돌하면서 일어난 대폭발과 함께 끝났을 수도 있다. 하지만 그러고 나서, 외로운 수컷이 짝을 찾지 못해 흐느껴 울며 완전히 사라졌을지도 모른다.
① 바다거북은 우리가 공룡의 멸종을 이해하는 데 도움을 줄 수 있다.
② 온도는 공룡의 멸종에 아무런 영향을 미치지 못한다.
③ 도마뱀은 대개 자웅동체로(암수한몸으로) 번식한다.
④ 공룡은 특정 재앙으로 인해 멸종되었다.

[지방직 9급 기출]

14 다음 글에서 나타난 내용에 가장 부합하는 것은?

The fighting escalates to a place where you no longer feel like you're understood by your partner. Physical intimacy stops, communication stops, and you are living like roommates. Resentment builds, and you get in your head too much. You are no longer about feelings, and you start punishing each other. The next step is you fight less. When you get to the breakup point, you actually fight less with your partner. You fight less because in your mind and heart you start detaching yourself from the other person, and you don't care as much anymore. You have already made a determination that he doesn't understand you, that he will never understand you, and that the relationship just won't work out. The minute you get into a fight, you just walk away from it. That is a sure sign that you are at the breakup point.

① Breakups are immediately followed by big fights.
② You fight less when you get to the breakup point.
③ Resentment increases because physical intimacy increases.
④ Fighting at the final stage is more violent than ever.

어휘 escalate 확대[증대]하다[시키다], 오르다, 점증하다, 올리다 / intimacy 친밀(함), 친함, 친교 / resentment 분개, 분노, 노함, 적의, 원한 / breakup 붕괴, 해산, 별거, 불화, 이별 / make a determination 결정하다, 결심하다 / work out (문제가) 풀리다, 해결되다 / walk away from 낙승하다, ∼보다 훨씬 빨리 나아가다, 손떼다, 도망치다

해설 글 중반부의 'When you get to the breakup point, you actually fight less with your partner'에서 결별 순간에 도달하면 덜 싸우게 된다고 하였으므로, ②는 제시된 글의 내용에 부합한다.

해석 싸움은 당신이 더 이상 상대방에 의해서 이해받지 못한다고 느끼는 지점까지 상승한다. 신체적 친밀함이 멈추고 대화도 끊기며, 룸메이트처럼 살게 된다. 분노가 고조되고 지나치게 당신 생각으로만 빠져들게 된다. 더 이상 느낌이란 없고, 서로를 혼내기 시작한다.
그 다음 단계에서는 덜 싸우게 된다. 결별의 순간에 도달하게 되면, 당신은 실제로 파트너와 덜 싸운다. 당신의 정신과 마음속에서 당신 자신을 다른 사람으로부터 떼어 내기 시작하기 때문에 덜 싸우게 되고, 더 이상 그렇게 신경 쓰지도 않는다. 당신은 이미 상대가 당신을 이해하지 못하고 앞으로 결코 이해하지도 않을 것이며, 그 관계는 절대 해결되지 않을 것이라는 결론을 내렸다. 당신은 싸움이 시작되자마자 거기에서 도망치게 된다. 그것은 당신이 결별의 순간에 있다는 확실한 신호가 된다.
① 결별은 바로 다음에 큰 싸움이 일어난다.
② 결별 순간(시점)에 이르면 당신은 덜 싸우게 된다.
③ 신체적 친밀함이 증가하기 때문에 분노가 커진다.
④ 마지막 단계의 싸움이 이전보다 더 격렬하다.

기출문제 정답

01 ④ 02 ③ 03 ③ 04 ④ 05 ② 06 ② 07 ④ 08 ④ 09 ② 10 ②
11 ③ 12 ② 13 ① 14 ②

---

2. 지시 내용의 파악

글에 사용된 지시어의 지시 대상을 파악하는 문제 유형이다. 지시어는 반복 표현을 피하면서 글의 연결 관계를 유지하기 위해 사용된다. 우선 지시어와 가까운 문장들부터 살펴 지시어가 본문 중 어떤 부분을 지칭하고 있는지를 찾아서, 그 부분을 대입해 보아 의미 파악에 이상이 없는지 확인한다. 지시어가 나타내는 것이 본문에 직접 나오지 않았을 경우에는 글 전체의 의미를 파악하여 무엇을 나타내고 있는지를 유추해 본다.

 예제 확인

다음의 밑줄 친 it이 가리키는 것으로 가장 적절한 것을 고르시오.

> It varies widely in size, appearance, and power. But it also serves a variety of purposes. But it also has common features and capabilities. It is a system made up of individual items called components that work together. These components are used to process the information put into it. It also needs a set of instructions that tells it how to process the information and perform tasks.

① TV　　　　　　　　② Refrigerator
③ Microwave oven　　❹ Computer

어휘 appearance 출현[출석, 출연], 외관[외양, 겉모습], 생김새[용모] / feature 얼굴의 생김새[용모], 특징, 특색 / capability 할 수 있음, 가능성, 능력, 역량, 재능(= ability) / item 항목, 조목, 조항, 종목, 품목 / component 성분, 구성 요소[부분], 부품, 구성하고 있는, 성분을 이루는 / work together 함께 일하다, 협력해서 일하다 / process 처리하다, 조사 분류하다 / instruction 교수[교육], 가르침, [컴퓨터] 명령(어), (pl.)훈련, 명령, 지시, 사용 설명서

해설 이 글에서 말하는 것은 컴퓨터이다. 특히 마지막 두 문장, 입력된 정보를 처리한다(∼ to process the information put into it)는 부분과 정보를 처리하고 작업을 수행하는 방법을 설명하는 명령어가 필요하다(∼ needs a set of instructions that tells it how to process the information and perform tasks)는 부분에서 명확히 알 수 있다.

해석 그것은 크기와 모습, 힘에 있어 아주 다양하다. 그것은 또한 다양한 목적을 수행한다. 그러나 그것은 또한 공통적인 특징과 능력을 가지고 있다. 그것은 함께 동작하는 구성 요소들이라고 불리는 개별적 품목들로 구성된 하나의 체계이다. 이러한 구성 요소들은 그것 속으로 입력된 정보를 처리하기 위해 사용된다. 그것은 또한 정보를 처리하고 작업을 수행하는 방법을 알려주는 일련의 명령어를 필요로 한다.

[국가직 9급 기출]

01 다음 글의 밑줄 친 부분의 의미로 가장 적절한 것은?

An old woman came into her doctor's office and confessed to an embarrassing problem. "I fart all the time, Doctor Johnson, but they're soundless, and they have no odor. In fact, since I've been here, I've farted no less than twenty times. What can I do?" "Here's a prescription, Mrs. Harris. Take these pills three times a day for seven days and come back and see me in a week." Next week in upset Mrs. Harris marched into Dr. Johnson's office. "Doctor, I don't know what was in those pills, but the problem is worse! I'm farting just as much, but now they smell terrible! What do you have to say for yourself?" "Calm down, Mrs. Harris," said the doctor soothingly. "Now that we've fixed your sinuses, we'll work on your other sense!"

① oral   ② sixth

③ visual   ④ auditory

어휘 confess 자백[고백]하다, 인정[자인]하다 n. confession / embarrassing 쩔쩔매게 하는, 당황케 하는, 난처한, 곤란한 v. embarrass / fart 방귀, 바보(같은 녀석), 방귀 뀌다 / odor 냄새, 악취, 향기, 기미, 낌새 / no less than ~에 못지않게, ~와 마찬가지로, ~이나 / prescription 처방, 처방약, 규정, 법규, 명령, 시효 v. prescribe / pill 알약, 환약, 싫은 것[사람], 괴로운 일, 환약으로 만들다[먹이다] / soothing 달래는, 위로하는, 누그러뜨리는, 진정하는 / sinus 공동(空洞)[구멍], 부비강(= nasal sinus)[두개골에서 코로 이어지는 공기구멍] / auditory 귀의, 청각의

해설 의사의 마지막 말 중 'Now that we've fixed your sinuses'는 할머니의 부비강(코와 관련된 기관)을 치료했다는 의미이다. 이를 통해 볼 때, 할머니의 방귀 냄새와 소리가 없는 것이 아니라 할머니의 코와 귀에 문제가 있어 냄새와 소리를 인식하지 못했다는 것을 알 수 있다. 따라서 부비강 다음에는 소리와 관련된 감각을 치료할 것이므로, 밑줄 친 'other'의 의미로 적절한 것은 'auditory(청각의)'이다. 제시된 ①~④ 중 방귀와 연관 지을 수 있는 것은 ④뿐이라는 점을 파악한다면 쉽게 답을 찾을 수 있다.

해석 한 노파가 병원에 와서 난처한 문제에 대해 고백했다. "저는 항상 방귀를 뀌어요, Johnson 선생님. 그렇지만 소리도 없고 냄새도 안나요. 사실, 여기 온 후에도 20번 정도나 방귀를 뀌었어요. 어떻게 해야 되나요?" "여기 처방전이 있습니다, Harris 할머니. 이 약을 7일 동안 하루에 3번 드시고 일주일 후에 다시 오세요." 일주일 후에 화가 난 할머니는 Johnson 선생님의 사무실에 당당하게 걸어 들어왔다. "선생님, 저는 이 약이 무슨 약인지 모르겠지만, 문제가 더 심각해졌어요!

전에 만큼 방귀를 뀌는데, 이제는 그 냄새가 너무 지독해요! 뭐라고 말씀 좀 해보세요." "진정하세요, Harris할머니, 이제 부비강을 치료했으니 할머니의 다른 감각을 치료할 겁니다."라고 의사가 달래듯이 말했다.

[지방직 9급 기출]

02 밑줄 친 'your dad's character'를 가장 잘 표현하는 것은?

I began to get a pretty good sense of your father the first time I came to visit you at your house. Before my visit, he asked me some detailed questions about my physical needs. As soon as he learned about my heavy wheelchair, he began planning how he would build a ramp to the front door. The first day I came to the house, the ramp was ready, built with his own hands. Later on, when your dad found out about your younger brother's autism, he said one thing I will never forget. "If Sam can't learn in school," he told me, "I will take a couple of years off work and we will sail around the world. I will teach him everything he needs to know in those two years." That says everything about your dad's character.

* autism : 자폐증

① strict and stern

② funny and humorous

③ lazy and easygoing

④ considerate and thoughtful

어휘 ramp 램프, 경사로 cf. a freeway exit ramp 고속도로 나들목 / autism 자폐증 / off work 일을 쉬고 있는, 결근하여 / stern 엄중한, 근엄한(= strict, harsh, hard) / easygoing 태평한, 마음편한, 느긋한 / considerate 사려 깊은, 배려하는 n. consideration 사려, 숙고, 배려

해설 윗글에서 집을 방문하기 전에 휠체어가 무겁다고 경사로를 미리 만들어 준 것이나 자폐아 Sam을 위해 휴직을 하고 세계 여행을 계획하는 것 등으로 보아 친구의 아빠는 'considerate and thoughtful(사려 깊고 신중한)'성격의 소유자임을 알 수 있다.

해석 너를 만나러 네 집에 처음 방문했을 때, 네 아버지를 잘 이해할 수 있었다. 방문하기 전에, 그는 내 장애에 관해 몇 가지를 자세히 물으셨다. 내 휠체어가 무겁다는 것을 아시고는, 현관에 경사로를 만들 계획을 세우기 시작했다. 내가 너의 집에 간 첫 날, 손수 만드신 경사로가 준비되어 있었다. 나중에 네 아빠가 너의 남동생의 자폐증에 대

해 알게 되었을 때, 그는 내게 절대 잊지 못할 말씀을 해주셨다. "만약 Sam이 학교를 다닐 수 없다면, 나는 2년간 일을 쉬고 전 세계를 항해할 거야. 2년 동안 Sam이 알아야 할 모든 것을 가르쳐 줄 거야." 라고 말씀하셨다. 그것으로 네 아빠의 성격을 모두 알 수 있었다.

정통 유대인 가정에서 성장했다. Emile Durkheim이 그의 삼촌이었다. 18세가 되기까지 Mauss는 유대인의 신념과 다르게 행동했고, 결코 경건한 사람이 아니었다. 그는 Bordeaux에서 Durkheim의 감독 하에 철학을 공부했다. Durkheim은 조카의 공부를 지도하는 데 끊임없는 노고를 아끼지 않았고, 심지어 Mauss에게 가장 유용할 만한 강의를 위해 과목들을 선택했다. 그래서 Mauss는 처음에는 철학자(대부분의 초기 Durkheim 학파처럼)였고, 그의 철학적 관념은 무엇보다도 Durkheim 본인에게 영향을 받았으며, 항상 Durkheim에게 최고의 존경심을 보이고 있었다.

[서울시 9급 기출]

03 밑줄 친 인물(Marcel Mauss)에 대한 설명으로 가장 옳지 <u>않은</u> 것은?

> Marcel Mauss(1872–1950), French sociologist, was born in Épinal (Vosges) in Lorraine, where he grew up within a close-knit, pious, and orthodox Jewish family. Emile Durkheim was his uncle. By the age of 18 Mauss had reacted against the Jewish faith; he was never a religious man. He studied philosophy under Durkheim's supervision at Bordeaux; Durkheim took endless trouble in guiding his nephew's studies and even chose subjects for his own lectures that would be most useful to Mauss. Thus Mauss was initially a philosopher (like most of the early Durkheimians), and his conception of philosophy was influenced above all by Durkheim himself, for whom he always retained the utmost admiration.

① He had a Jewish background.
② He was supervised by his uncle.
③ He had a doctrinaire faith.
④ He was a sociologist with a philosophical background.

어휘 sociologist 사회학자 / close-knit 긴밀히 맺어진, 굳게 뭉친 / pious 경건한, 독실한(= devout) / orthodox 정통의, 정통파의 / religious 경건한, 신앙심이 깊은, 종교적인(↔ secular 세속적인) / supervision 관리, 감독, 지휘, 통제 / take trouble 수고하다, 애쓰다 / nephew 조카(↔ niece 질녀) / initially 처음에, 초기에, 당초에(= at first) / retain 유지[보유]하다, 보류하다 cf. retain life 명맥을 이어가다 / admiration 감탄, 칭찬, 존경 / doctrinaire 교조적인, 교조주의적

해설 윗글에 따르면 프랑스 사회학자인 Marcel Mauss(1872~1950)는 친밀하고 독실한 정통 유대인 가정에서 성장한 것과 달리 유대인의 신념과 다르게 행동했고 결코 경건한 사람이 아니었다. 그러므로 그가 교조주의적인 신념(a doctrinaire faith)이 있었다는 ③의 설명은 옳지 못하다.

해석 프랑스 사회학자인 Marcel Mauss(1872~1950)는 Lorraine의 Épinal(Vosges)에서 태어났는데, 그곳에서 그는 친밀하고 독실한

[지방직 9급 기출]

04 다음 밑줄 친 부분의 설명으로 가장 적절한 문장은?

> You'll never get a fair distribution of goods, or a satisfactory organization of human life, until you abolish private property altogether. So long as it exists, the vast majority of the human race, or <u>the morally superior part of it</u>, will inevitably go on laboring under the burden of poverty, hardship, and worry.

> (A) Private property assumes that there's nothing wrong with your being rich, when your neighbors all around you are poor. (B) When everyone's entitled to get as much for himself as he can, all available property is bound to fall into the hands of a small minority. (C) This means that everyone else is poor. (D) And wealth will tend to vary in inverse proportion to merit, since the rich will be totally useless greedy characters, while the poor will be simple, honest people whose daily work is profitable to the community.

① (A)
② (B)
③ (C)
④ (D)

어휘 distribution 분배 (방식); 분포, 유통, 배부, 배급 / satisfactory 만족스러운, 충분한 / abolish (법률·제도·조직을) 폐지하다 / so long as ~이기 때문에; ~하는 한은, ~이기면[하기만] 하면 / the human race 인류 / superior (…보다 더) 우수한[우세한], 상관의, 상급의, 윗사람, 선배, 상급자, 상관 / inevitably 필연적이다시피, 아니나 다를까 / burden 부담, 짐, 부담[짐]을 지우다, (무거운) 짐을 나르다 / hardship (돈·식품 등의 부족에서 오는) 어려움[곤란] / entitled to …할 권리[자격]가 있는 / small minority 소수파 / greedy 탐욕스러운, 욕심 많은 / profitable 수익성이 있는[있을 것 같은], 이득이 되는, 유익한

해설 밑줄 친 부분에서 'it'은 인류를 가리키므로 밑줄 친 부분은 '인류 중에서도 도덕적으로 우월한 부분'을 의미하며, 이어서 이들이 빈곤과 고난, 걱정의 부담 아래에서 필연적으로 끊임없이 노동을 하게 된다(will inevitably go on laboring under the burden of poverty, hardship, and worry)고 서술하고 있다. 따라서 이에 대한 설명으로 가장 적절한 것은 빈자들의 특성에 대해 언급하고 있는 (D)이다.

해석 사유 재산을 완전히 없애기 전까지 당신은 재화의 공정한 분배나 인간 삶의 만족스러운 체계를 결코 얻을 수 없을 것이다. 그것이 존재하는 한 수많은 인류, 혹은 그중에서도 도덕적으로 우월한 자들은 빈곤, 고난, 그리고 걱정의 부담 아래에서 필연적으로 끊임없이 노동을 하게 될 것이다. (A) 사유 재산은 당신 주변의 모든 이웃이 가난하다고 해도 당신이 부자인 것에는 아무런 문제가 없다고 추정하는 것이다. (B) 누구에게나 가능한 한 스스로 많은 것을 얻을 자격이 주어졌을 때, 모든 이용 가능한 재산은 반드시 소수의 손으로 들어갈 것이다. (C) 이것은 다른 사람들이 다 가난하다는 것을 의미한다. (D) 그리고 부는 가치에 반비례하는 경향이 있을 것이다. 왜냐하면 부자들은 대부분 쓸모없는 탐욕스런 인물인 반면 빈자들은 소박하고 정직한 사람들로 이들의 일상적인 노동은 지역 사회에 이롭기 때문이다.

[국회직 8급 기출]

05 Choose the answer that is closest in meaning to 'Rick Rolled'.

> At least 467,000 people around the world were Rick Rolled this April Fools' Day, meaning at least that many people are still gullible two years after the bait-and-switch prank first hit the Internet in 2007. It involves one person coaxing an unsuspecting target to click on a YouTube video of singer Rick Astley performing his 1987 song "Never Gonna Give You Up," usually by promising some other—any other—amazing event captured on video. Instead an '80s-techno drum fill counts down into Astley's happy pop ditty. By the time the English singer-songwriter croons the words "We're no strangers to love," the targets are shaking their head, somewhere on the spectrum between mild amusement and radiant aggravation. Interest in the practice reached a height in April, 2007, according to Google Trends, which tracks Google web searches. Within a few weeks in 2008, some 13 million people had been Rick Rolled, as the practice became known online. The singer performed a live Rick Roll during the Macy's Thanksgiving Day Parade last year. And obviously, it remains a popular prank.

① People enjoyed the music.
② People admired Rick Roll.
③ The singer performed a Rick Roll.
④ Rick Roll created a funny website.
⑤ People were tricked by a web link.

어휘 rick roll 〈인터넷 속어, 신조어〉 인터넷에서 원래 찾으려 했던 것과 다른 것으로 이어지는 링크를 클릭하는 것. 또는 잘못 이어진 링크로 귀찮게 하는 것 / April Fools' Day 만우절(4월 1일) / gullible 잘 속는(= easily deceived, unsuspecting, credulous) n. gullibility / bait-and-switch (싼 광고로 유인해 비싼 것을 팔는) 유인 상술의 cf. bait 미끼 / prank 농담, 희롱, (짓궂은) 장난(mischief), 속임수, 간계(奸計), (기계의) 부정확한 작동 / coax 구슬려 ~시키다, 감언으로 얻어[우려]내다 / unsuspecting 의심하지 않는, 수상히 여기지 않는 / click 딸깍 소리가 나다, 마우스의 버튼을 누르다[눌러 선택하다] / ditty (소박한) 소곡(小曲), 단가(短歌), 단시(短詩) / singer-songwriter 가수 겸 작곡가 / croon (감상적으로) 낮은 소리로 노래하다, 입속 노래를 부르다, 중얼거리다 / spectrum 스펙트럼, 분광, (변동하는 것의) 연속체, 범위 / radiant 빛[열]을 내는, 빛나는, 밝은, 찬란한, 눈부신 v. radiate 발하다, 빛나다 / aggravation 악화(시키는 것), 심각화, 도발, 화남, 약 오르게 하는 것 v. aggravate / reach a height 정점에 도달하다 / Google Trends 구글 트렌드(웹사이트나 키워드의 트래픽 성향을 비교해 볼 수 있게 해주는 구글 웹서비스 중의 하나) / track 추적하다, ~의 뒤를 쫓다, (흔적 등을 더듬어) 찾아내다, 탐지하다 / Macy's Thanksgiving Day Parade (11월 넷째 주 목요일인 추수감사절 이브 날 맨해튼에서 열리는) Macy 백화점의 추수감사절 퍼레이드

해설 첫 번째 문장의 '~ were Rick Rolled this April Fools' Day, meaning at least that many people are still gullible ~'에서 바로 'Rick Rolled'의 의미를 짐작할 수 있다. 그리고 두 번째 문장(It involves one person coaxing an unsuspecting target … amazing event captured on video)에서 그 의미를 자세히 설명하였다. 이는 사람들을 속여 자신의 의도와 다른 인터넷 링크로 들어가게 되는 것을 말한다.

해석 전 세계적으로 적어도 467,000명의 사람들이 금년 만우절에 Rick Rolled되었는데, 이는 적어도 그 유인상술의 장난(Rick Roll)이 2007년에 인터넷을 처음으로 강타한 뒤 2년이 지난 지금까지도 여전히 많은 사람들이 쉽게 속고 있다는 것을 의미하는 것이다. 그것은 어떤 사람이 의심하지 않는 표적이 되는 사람을 속여, 가수 Rick Astley가 자신의 1987년 노래인 'Never Gonna Give You Up'을 부르는 유튜브 비디오(동영상)를 클릭하게 하는 것을 수반하는데, 이는 대개 동영상으로 캡처된 다른 놀라운 사건을 보여주는 것처럼 해서 행해지는 것이다. 그 대신(놀라운 사건의 동영상을 보여주는 대신), 80년대의 테크노 드럼 필이 카운트다운 되면서 Astley의 멋진 팝 단가(短歌)로 들어가게 된다. 이 영국인 가수 겸 작곡가가 'We're no strangers to love'라고 가사를 낮은 목소리로 노래할 때쯤 가서는, (장난의) 표적이 된 사람들은 가벼운 재미와 빛나는 약 오름 사이 범위의 어딘가 고개를 가로젓고 있다. 구글 웹 검색을 추적하는 Google Trends에 따르면, 이러한 관행에 대한 관심은 2007년 4월에 절정에 달했다고 한다. 2008년 들어 불과 몇 주 안에, 이런 관행이 온라인에서 알려지게 되자, 약 1천3백만 명의 사람들이 Rick

Rolled되었다. 이 가수는 지난해 Macy 백화점 추수감사절 퍼레이드 중에 생방송으로 Rick Roll을 공연했다. 그리고 명백하게도, 이것은 여전히 대중적인 장난으로 남아 있다.

[지방직 9급 기출]

06 다음 글에서 밑줄 친 표현이 가리키는 사람은?

In 1910 Branch Ricky was a coach for Ohio Wesleyan. The team went to South Bend, Indiana, for a game. The hotel management registered the coach and the team but refused to assign a room to a black player named Charley Thomas. In those days college ball has a few black players. Mr. Rickey took the manager aside and said he would move the entire team to another hotel unless the black athlete was accepted. The threat was a bluff because he knew the other hotels also would have refused accommodations to a black man. While the hotel manager was thinking about the threat, Mr. Rickey came up with a compromise. He suggested a cot be put in his own room, which he would share with the unwanted guest. The hotel manager wasn't happy about the idea, but he gave in.

① Mr. Rickey   ② Charley Thomas
③ The hotel manager   ④ Mr. Wesleyan

어휘 register 기록[등록, 등기, 기재]하다, 신고하다, 표명하다 / assign 할당하다, 배정하다, 부여하다, 선임[선정]하다 / bluff 허세, 엄포, 속임수, 허세를 부려서 속이다, 엄포를 놓아 시키다 / accommodation 적응[순응], 조정, 화해, 편의[숙박(시설), 수용시설 / compromise 타협, 양보, 타협안, 절충안 / cot 휴대용 간이침대, 어린이용 침대, 작은 집, 오두막, 우리 /

해설 세 번째 문장의 '~ refused to assign a room to a black player named Charley Thomas'에서, 호텔이 원하지 않는 손님이 'Charley Thomas'라는 흑인 선수임을 알 수 있다.

해석 1910년에 Branch Ricky는 Ohio Wesleyan의 코치였다. 그 팀은 경기를 위해 인디아나의 South Bend로 가게 되었다. 호텔 경영진은 코치와 팀을 호텔에 등록했지만 Charley Thomas라 불리는 흑인 선수에게 방을 배정하는 것을 거부했다. 그 당시에 대학 야구에서는 소수의 흑인 선수들이 있었다. Rickey 씨는 관리자를 옆에 데리고 가서, 만약 흑인 선수를 받아주지 않는다면 그가 팀 전체를 다른 호텔로 옮길 것이라고 말했다. 그 협박은 엄포였다. 왜냐하면 그는 다른 호텔도 역시 흑인에게 숙박을 거절하리라는 것을 알고 있었기 때문이다. 호텔 매니저가 그 협박에 대해서 생각하고 있는 동안에 Rickey 씨는 타협안을 생각해냈다. 그는 간이침대를 자신의 방안에 들여, 그 원치 않는 손님과 함께 쓰겠다고 제안했다. 호텔 매니저는 그 제안이 맘에 들지는 않았지만 받아들이기로 했다.

기출문제 정답

01 ④ 02 ④ 03 ③ 04 ④ 05 ⑤ 06 ②

3. 빈칸의 내용 추론

빈칸에 논리적으로 어떤 표현이 와야 하는지를 묻는 문제 유형이다. 우선 글의 내용을 이해한 후 논리 관계에 따라 빈칸에 들어갈 내용을 추론한다. 선택지를 대입해보아 글의 흐름이 매끄러운지를 필히 검토한다.

⊕ 예제 확인

다음 빈칸에 가장 알맞은 것을 고르시오.

> Newspaper news articles differ greatly from regular nightly television newscast. While both types of news reporting are forms of journalism that deal with current events, each has to take a different form because of space and time. Television news items are usually brief. Newspaper news reports, on the other hand, go into a story in more detail and _____. As much as possible, television news stories try to include a firm clip or at least still photograph. Another major difference between television and newspaper news reporting is that with a newspaper the reader can scan and select, but the television viewer is locked into the sequence as given. Thus while both newspapers and television deal with the news, the result is two vastly different products.

❶ depth   ② width
③ accuracy   ④ sincerity

어휘 newscast 뉴스방송 / item (신문 등의) 기사 / go into ~을 (상세히) 논하다 / film clip 방송용 필름 / scan 꼼꼼히 조사하다, 자세히 쳐다보다, (신문 등을) 대충 훑어보다 / sequence 일련의 연속, 연달아 일어남, 순서 / depth 깊이, 깊은 곳 a. deep / width 폭, 너비, 가로 a. wide / accuracy 정확(성), 정밀도 a. accurate / sincerity 성실, 정직(성)

해설 빈칸 앞의 문장(Television news items are usually brief.)에서 텔레비전 뉴스 보도가 간략하다고 했다. 그런데 빈칸이 포함된 문장의 경우 'on the other hand(그 반면)'로 미루어 보아, 신문(Newspaper) 뉴스는 텔레비전(Television) 뉴스보다 상세하고 깊이 있다는 내용(more detail and depth)이 되는 것이 가장 자연스럽다.

해석 신문의 뉴스 기사들은 정규 야간 텔레비전 뉴스 방송과 현저히 다르다. 두 가지 형태의 뉴스 보도는 현재의 사건들을 다루는 저널리즘이라는 형태이지만, 각각 공간과 시간 때문에 다른 형식을 취해야 한다. 텔레비전 뉴스 기사들은 항상 간략하다. 그 반면, 신문 뉴스 보도는 더 상세하고 깊이 있게 기사를 논한다. 텔레비전 뉴스 기사는 가능한 한 방송용 필름이나 최소한 정지되어 있는 사진을 많이 넣으려 한다. 텔레비전과 신문의 뉴스 보도의 또 다른 주요 차이점은 신문을 읽는 독자들은 대충 훑어보고 발췌할 수 있지만 텔레비전 시청자는 방송에서 주어진 일련의 순서에 고착된다는 점이다. 그러므로 신문과 텔레비전 모두 뉴스를 다루고 있지만, 결과는 크게 다른 두 개의 제작물인 것이다.

⊕ 기출문제 확인

[국가직 9급 기출]

01 다음 글의 빈칸에 들어갈 가장 적절한 것을 고르시오.

> One custom that is common at weddings in the United States is throwing rice at the bride and groom as they leave the place where the wedding ceremony has just been held. No one knows exactly why people throw rice. One explanation is that the rice assures that the couple will have many children. If this is true, then the custom is not always a good one now because _____ _____.

① a lot of couples do not want many children
② many people are pleased about it
③ many couples go on honeymoon the next day
④ it is unreasonable to clear away rice after the ceremony

어휘 throw 던지다[투척하다], 발사하다, 내던짐, 투구(投球) / bride and groom 신랑 신부 cf. bride 신부, groom 신랑(= bridegroom) / explanation 설명, 해석, 해명, 뜻 v. explain / assure 보증[보장]하다, 납득[확신시키다], 확실하게 하다 n. assurance / go on (one's) honeymoon 신혼여행을 가다 / unreasonable 비이성적인, 철없는, 조리가 맞지 않는, 불합리한, 부당한 / clear away 제거하다, 치워 없애다[치우다], 일소하다, 걷히다

430

[해설] ① 빈칸 앞의 'If this is true, then the custom is not always a good one'은 '이것(쌀은 부부가 많은 자식을 가지게 되는 것을 보증하는 것)이 사실이라면 그 풍습(쌀을 던지는 풍습)이 항상 좋은 것만은 아니다'라는 내용이므로 빈칸에는 이 풍습이 좋은 것이 아닌 이유에 대한 내용이 와야 한다. 이러한 내용으로 가장 적절한 것은 ① (많은 부부들은 많은 아이를 원하지 않는다)이다.
② 많은 사람들이 그것(쌀은 부부가 아이를 많이 가지는 것을 보증하는 것)에 대해 기뻐한다면 그러한 풍습을 좋게 생각할 것이므로, 내용상 배치된다.
③ · ④ 제시된 내용을 토대로 할 때, 신혼여행이나 쌀을 치우는 것은 쌀을 뿌리는 풍습과 관련이 없다.

[해석] 미국의 결혼식에서 흔한 한 가지 풍습은 신랑 신부가 결혼식이 막 치러진 곳을 떠날 때 신랑 신부에게 쌀을 던지는 것이다. 아무도 사람들이 쌀을 던지는 이유를 정확하게 모른다. 한 가지 설명은 쌀이 부부가 많은 자녀를 가지게 될 것이라는 것을 보증한다는 것이다. 만약 이것이 사실이라면, 이러한 풍습은 오늘날 <u>많은 부부들이 많은 자녀를 원하지 않기</u> 때문에 항상 좋은 것만은 아니다.
① 많은 부부들이 많은 아이들을 원하지 않기 (때문에)
② 많은 사람들이 그것에 대해 기뻐하기 (때문에)
③ 많은 부부들이 그 다음날 신혼여행을 가기 (때문에)
④ 결혼식 후 쌀을 치우는 것은 불합리하기 (때문에)

※ 다음 밑줄 친 부분에 들어갈 표현으로 가장 적절한 것을 고르시오. (02~03)

[지방직 9급 기출]

02

Chances are that you have regular access to a computer. Online dictionaries can do just about anything regular dictionaries do. Using your Web browser, type in "online dictionaries," and you'll be presented with a wide range of choices. Some of the hardcover dictionaries that you may be familiar with maintain their own online dictionaries, too. Some companies have developed online dictionaries, which are just as good. Once you find one you like using, just add it to your list of "favorites," and you will have easy access to it. These Web sites offer multiple resources (thesauruses, encyclopedias, and quotation guides, to name a few), and you will need to determine which are _____ and which require some membership fee.

① resourceful
② free from faults
③ discharged
④ free of charge

[어휘] access 접근, 출입(~ to), 입수, 이용, 접근방법, 이용할 권리, 입구[진입로], 통로 / Web browser 웹 브라우저〈자료 검색을 위해 웹서버에서 제공하는 프로그램〉 type ~ in (어구 등을) 타이프하여 삽입하다 / hardcover 딱딱한 표지로 제본한 책[양장본], 딱딱한 표지로 제본된[양장본의] / be familiar with ~을 잘 알고 있다 / maintain 지속[계속]하다, 보존하다, 주장[단언]하다, 부양하다, 지지[후원]하다 / Web site 웹사이트(web page의 모음[집합체]) / multiple 복합적인, 복합의, 다수의, 다양한, 배수, 집합 / resource 자원, 자산, 수단[방편], 오락[심심풀이], (보통 pl.)정신적 재능, 소질[자질] a. resourceful / thesaurus 지식의 보고(寶庫), (백과)사전, (동의어 · 반의어 등을 모은) 사전, 사서 / encyclopedia 백과사전, 전문사전 / quotation 인용문[인용구], 인용 v. quote 인용하다, 예로 들다 / free of charge 공짜의, 무료의, 요금이 안 드는 / membership fee 회비 cf. fee 보수, 사례금, 수수료, 요금, 수업료 / free from fault 흠[결점]이 없는 cf. free from ~이 없는, ~을 면한 / discharge 짐을 부리다, 내리다, 발사하다, 배출[방출, 배설]하다, 해방[면제, 방면]하다

[해설] 빈칸을 포함한 문장의 경우 and로 연결된 병치문인데, 'determine A and B(A인지 B인지를 결정)'에서 A와 B의 의미상 연결 관계를 고려해야 한다. 내용의 흐름만 본다면 온라인 사전의 다양한 자료(resources)와 관련된 ①이 자연스러울 수 있으나, 빈칸 다음의 내용(~ and which require some membership fee)까지를 고려할 때 'free of charge(무료의)'가 가장 적합하다.

[해석] 여러분들은 컴퓨터에 정기적으로 접속할 수 있을 것이다. 온라인 사전은 일반 사전이 할 수 있는 거의 모든 것을 할 수 있다. 웹 브라우저를 이용해서 '온라인 사전'을 타이프해서 입력하면 너무나 다양한 사전을 접하게 될 것이다. 여러분에게 친숙한 양장으로 된 일부 사전은 자체의 온라인 사전도 가지고 있다. 일부 회사들은 그만큼 좋은 온라인 사전을 개발해 왔다. 여러분이 사용하고 싶은 사전을 찾았다면, 그것을 '즐겨찾기' 목록에 추가해 두라. 그러면 여러분은 쉽게 그것에 접속할 수 있을 것이다. 이러한 웹 사이트들은 다양한 자료(동의어 반의어 사전, 백과사전, 인용문 찾기 등과 같은)를 제공하므로, 여러분은 어떤 사이트가 <u>무료</u>인지 어떤 사이트가 일정액의 회비를 요구하는지를 알아낼 필요가 있다.

[지방직 9급 기출]

03

> A very small number of news organizations, including The Wall Street Journal, The Financial Times and Newsday, already charge online readers, each with a system developed largely in-house, and The New York Times announced recently that it planned to do the same. But with advertis-ing plummeting, many other publishers eager for a new source of _____ are considering making the switch, despite the risk of losing audience and advertis-ing.

① revenue
② information
③ renewal
④ interest

어휘 a small number of 소수의, 얼마 안 되는(↔ a great[large] number of 다수의, 많은) / charge 부담시키다. 청구하다, 지우다[과하다], 습격하다. 청구금액, 외상, 비난[고발], 책임 / largely 주로, 대부분(은), 대량으로, 풍부하게, 대규모로 / in-house 조직 내의, 사내(社內)의, 조직 내에서[사내에서] / advertising 광고(= advertisements), 광고업, 광고의, 광고에 관한 v. advertise / plummet 폭락하다, 수직으로 떨어지다, 뛰어들다. 다림추, 가늠추, 다림줄, 급락하락[폭락] / publisher 출판업자[출판사], 신문업자, 신문사 사주, 발행자, 발표자 v. publish / eager 열망[갈망]하는, 간절히 ∼하고 싶어 하는, 열성적인 n. eagerness / revenue 세입[수입](= income), 수익, 재원 / make a switch 변경하다, 바꿔치기하다 / renewal 새롭게 하기, 일신. 리뉴얼, 부흥[부활], 재생[소생] v. renew / interest 관심, 흥미, 이해관계, (pl.) 이익[이득]

해설 ① 빈칸의 바로 앞에서 광고가 급격히 줄어들고 있다(with advertising plummeting)고 했으므로, 이러한 광고 격감에 따라 그동안 온라인 독자에게 요금을 부과하지 않았던 다른 신문사들은 광고 수입을 대체할 새로운 수입원 확보에 열을 올리고 있으리라고 짐작할 수 있다. 빈칸 다음의 'are considering making the switch'는 첫 번째 문장의 소수의 신문사와 같이 유료화로 변경할 것을 고려한다는 의미이다.

④ 빈칸에는 '수입', '수익'이라는 의미가 적합한데, interest가 '이익'이라는 의미로 사용되는 경우는 대부분 복수형으로 쓰이므로 적합하지 않다.

해석 월스트리트 저널, 파이낸셜 타임스, 뉴스데이 등 소수의 신문사들은 이미 회사 내에서 개발된 시스템으로 온라인 독자들에게 요금을 부과하고 있으며, 뉴욕 타임스도 최근에 똑같은 계획을 하고 있다고 발표하였다. 그러나 광고가 급격히 떨어지면서, 새로운 수입원에 열을 올리고 있는 다른 신문사들은 독자와 광고를 잃을 수 있는 위험성에도 불구하고 (요금 부과로) 변경할 것을 고려하고 있다.

[국가직 9급 기출]

04 밑줄 친 부분에 들어갈 말로 가장 적절한 것을 고르시오.

> Why might people hovering near the poverty line be more likely to help their fellow humans? Part of it, Keltner thinks, is that poor people must often band together to make it through tough times — a process that probably makes them more socially astute. He says, "When you face uncertainty, it makes you orient to other people. You build up these strong social networks." When a poor young mother has a new baby, for instance, she may need help securing food, supplies, and childcare, and if she has healthy social times, members of her community will pitch in. But limited income is hardly a prerequisite for developing this kind of empathy and social responsiveness. Regardless of the size of our bank accounts, suffering becomes a conduit to altruism or heroism when our own pain compels us to be _____ other people's needs and to intervene when we see someone in the clutches of the kind of suffering we know so well.

① more indifferent to
② more attentive to
③ less preoccupied with
④ less involved in

어휘 hover 맴돌다, 서성이다 cf. hover around 주위를 맴돌다 / poverty line 빈곤선(최저한도의 생활을 유지하는데 필요한 수입 수준) / band together 함께 뭉치다, 무리를 이루다 / make it through a rough time 힘든 시간을 헤쳐 나가다 / astute 기민한, 약삭빠른, 영민한(= sharp, clever) cf. astute at ∼에 빈틈없는 / orient to ∼로 향하다, ∼에 적응시키다 / uncertainty 불확실성, 반신반의(= unpredictability, ambiguity) / secure 얻어 내다, 획득[확보]하다 n. security 보안, 경비, 보장 / childcare 보육, 탁아 cf. childcare allowances 육아수당 / pitch in 본격적으로 착수하다[시작하다], 협력하다 / a prerequisite for ∼의 선행조건 / empathy 감정이입, 공감 / responsiveness 민감, 반응성 / conduit 도관, 전선관, 전달자[전달 기관] cf. a tile conduit 도관, a sewer conduit 하수구, 도랑 / altruism 이타주의, 이타심(↔ selfishness 이기심) / heroism 영웅적 행위 / intervene 개입하다, 끼어들다 n. intervention 개입, 조정, 중재 cf. intervene in ∼에 개입하다 / in the clutches 참을 수 없는[괴로운] 상황에, 위기에 처해서 / attentive 주의[귀]를 기울이는, 배려하는 n. attention 주의, 주목, 관심 / preoccupied with ∼에 집착하는

[해설] 윗글은 가난이란 고통을 경험해 본 사람이 가난한 사람들을 더 잘 도와줄 가능성이 높다는 내용으로, 스스로 가난의 고통을 경험해 본 사람이 다른 사람의 요구에 더 주의를 기울이게 되고 그런 고통에 처해 있는 사람을 볼 때 개입하게 된다는 것이다. 즉, 동병상련(同病相憐)을 의미한다. 그러므로 빈칸에 들어갈 말로는 'more attentive to(더 주의를 기울이는)'이다.

[해석] 왜 빈곤의 경계선 근처에 맴도는 사람들이 그들의 이웃을 도와줄 가능성이 더 높은가? Keltner의 생각으로는 그런 가능성의 일부는 가난한 사람들이 힘든 시기를 헤쳐 나가기 위해서는 종종 함께 뭉쳐야만 하기 때문이다. 아마도 그들을 좀 더 사회적으로 영민하게 만드는 과정이라 할 수 있다. 그는 "여러분이 불확실성과 마주할 때, 좀 더 다른 사람에게 의지하게 된다. 여러분은 이러한 확고한 사회적 관계망을 형성하게 된다."라고 말한다. 예를 들어 가난한 젊은 엄마에게 갓 태어난 아이가 있을 때, 음식과 필수품, 그리고 육아에 필요한 물품을 확보하는데 도움이 필요할 수도 있을 것이고, 그녀가 건전한 사교 시간을 보내고 있다면 공동체 사람들은 도와줄 것이다. 그러나 한정된 소득이 이러한 공감과 사회적 반응을 진전시키기 위한 선행조건은 되지 못한다. 은행 계좌의 금액 크기와 상관없이, 고통이 이타주의 혹은 영웅주의로 이끄는 전달자가 되어 우리 자신의 고통으로 인해 다른 사람의 요구에 더 주의를 기울이게 되고 우리가 아주 잘 알고 있는 종류의 고통에 누군가가 처해 있는 것을 볼 때 개입하게 된다.

※ 다음 빈칸에 알맞은 것을 바르게 짝지은 것을 고르시오. (05~06)

[국가직 9급 기출]

05

We should behave towards our country as women behave towards the men they love. A loving wife will do anything for her husband except to stop criticizing and trying to improve him. That is the right attitude for a citizen. We should cast the same affectionate but sharp glance at our country. We should love it, but also insist upon telling it all its faults. The dangerous man is not the (A) _____, but the noisy empty (B) _____ who encourages us to indulge in orgies of self-congratulation.

	(A)	(B)
①	critic	patriot
②	citizen	leader
③	extrovert	introvert
④	Democrat	Republican

[어휘] behave towards ~에 대해 (어떤) 태도를 취하다 / criticize(criticise) 비평[비판, 평론]하다, 비난[혹평]하다 n. critic 비판하는 사람, 비평가, 평론가, 혹평가 / affectionate 애정이 깊은, 자

애로운, 애정 어린, 친애하는 / glance at ~을 흘끗 보다 / patriot 애국자, 우국지사 / indulge in ~에 탐닉하다[빠지다, 즐기다](= give way to one's own desires) / orgy 열광, 탐닉, 흥청거리기, 법석대기, 마구 마시고 법석대는 주연(酒宴) / self-congratulation 자축, 자기만족 / extrovert 외향적인 (사람) / introvert 내향적[내성적]인 (사람) / Democrat 미(美) 민주당원 / Republican 미(美) 공화당원

[해설] 여기서는 우리의 나라(our country)를 사랑하는 남편(husband)에 비유하여 설명하고 있다. 즉, 두 번째 문장(A loving wife will do … to improve him)과 다섯 번째 문장(We should love … all its faults)에서 알 수 있듯이, 사랑하는 아내가 남편의 개선을 위해 비판하는 것처럼 우리도 똑같이 나라의 모든 잘못된 점을 비판해야 한다는 것이다. 결국은 나라의 개선을 위해 비판이 꼭 필요하다는 것이므로, 위험스러운 사람은 나라를 '비판하는 사람'이 아니라 우리가 자기만족에 탐닉하도록 조장하는 떠들썩하고 공허한 '애국자'라는 내용이 빈칸에 가장 어울릴 것이다.

[해석] 우리는 여성들이 사랑하는 남성들에게 하는 태도처럼 우리 국가에 대해서도 그런 태도를 취해야 한다. 사랑하는 여성은 남편을 개선하기 위해 비판하고 노력하는 것을 그만두는 것을 제외하고는 그녀의 남편을 위해 무엇이든 하려고 할 것이다. 그런 것이 시민에게 있어 올바른 자세이다. 우리도 똑같이 애정어리지만 날카로운 눈으로 우리나라를 봐야한다. 우리는 나라를 사랑해야 하지만 또한 나라에 대해 모든 잘못들을 주장해야 한다. 위험스러운 사람은 비판하는 사람이 아니라 우리로 하여금 자기만족의 탐닉에 빠져들도록 조장하는 떠들썩하고 공허한 애국자이다.

[국회직 8급 기출]

06

"Experience is the best teacher" is an old saying that reflects the usual reverence for long years of training at a job. A new trend, however, indicates that longevity as a member of Congress may be a (A) _____ job qualification. Many people favor imposing limits on the number of terms Congress members may serve. They say that too many years on the job has distanced Congress members from the public they serve. Term limit supporters are proposing state laws to (B) _____ repeat reelections.

	(A)	(B)
①	negative	prevent
②	practical	propose
③	dubious	publicize
④	settled	preclude
⑤	worthwhile	procrastinate

어휘 reverence 외경, 존경, 숭상, 경의(= admiration, awe, respect, homage) v. revere / indicate 가리키다[지시·지적하다], 나타내다, ~의 표시(징조)이다 n. indication / longevity 장수, 장기근속, 수명, 생명 / member of Congress 국회[의회]의원 / qualification 자격 (증명서), 자격 부여, 적성, 면허 / favor 호의를[친절을] 보이다, 찬성[지지]하다, 촉진하다, 베풀다, 호의, 친절(한 행위) / reelection 재선[재당선] v. reelect 재선하다 / dubious 수상쩍은, 의심스러운(= doubtful), 반신반의하는, 모호한, 애매한 / publicize 공표하다, 선전[광고·홍보]하다(= advertise) / settled 고정된[정해진], 확립된, 사람이 사는[거주민이 있는], 안정된, 착실한 v. settle / preclude 막다[방해·방지하다], 일어나지 않게 하다, 미리 배제하다(= impede, prevent) / worthwhile 할 보람이 있는, 훌륭한 / procrastinate 늑장부리다[꾸물거리다], 미루다[연기하다] n. procrastination 미루는 버릇, 꾸물거림, 지연, 연기

해설 (A) 첫 번째 문장에서는 한 직업에 오래 근무하는 것을 '존경(reverence)'하는 속담을 소개했는데, 두 번째 문장은 역접의 접속사 'however'로 시작하였으므로 앞의 내용과 대조적인 표현이 온다는 것을 알 수 있다. 보기 중 국회의원의 장기근속에 대해 '존경'과 가장 대조적인 표현은 'negative(부정적인) (job qualification)'이다. 이는 네 번째 문장(They say that too many years … from the public they serve)에서 국회의원을 오래 하는 것은 국회의원이 봉사해야 할 국민으로부터 멀어지게 한다는 부분에서 명확히 확인할 수 있다.
(B) (국회의원) 임기 제한 지지자들(Term limit supporters)은 되풀이되는 재당선을 금하는(막는) 법을 제안했으리라는 추측이 가능하다. 이러한 의미에 부합하는 것은 'prevent', 'preclude'이다. 따라서 (A)와 (B)가 모두 적절한 것은 ①이다.

해석 "경험은 가장 훌륭한 스승이다"라는 것은 한 직업에서 오랫동안 훈련한 것에 대한 통상적인 존경심을 반영하는 오랜 속담이다. 그러나 새로운 추세는 국회의원으로서의 장기근속은 <u>부정적인</u> 직무 자격요건일 수 있다는 점을 나타내고 있다. 많은 사람들은 국회위원으로 근무할 수 있는 임기의 횟수에 제한을 가하는 것을 지지한다. 그들은 국회의원직을 너무 오래 하는 것이 (오히려) 국회위원들을 그들이 봉사하는 국민들로부터 멀리 떨어지게 했다고 말한다. 임기 제한 지지자들은 반복되는 재당선을 <u>막는</u> 법(제정)을 제안하고 있다.

[국가직 9급 기출]

07 다음 빈칸에 들어갈 말로 가장 적절한 것을 고르시오.

> For the Greeks, beauty was a virtue: a kind of excellence. If it occurred to the Greeks to distinguish between a person's "inside" and "outside," they still expected that inner beauty would be matched by beauty of the other kind. The well-born young Athenians who gathered around Socrates found it quite _____ that their hero was so intelligent, so brave, so honorable, so seductive- and so ugly.

① natural
② essential
③ paradoxical
④ self-evident

어휘 virtue 덕, 덕행, 덕목, 미덕(↔ vice), 장점, 미점(= advantage, excellence) / excellence 우수, 탁월(성), 장점, 미덕 / occur to someone (생각·마음이) ~에게 일어나다[떠오르다] / well-born 양가 태생의, 가문이 좋은, 명문 출신의, 가문이 좋은 사람 / Athenian 아테네의, 아테네 사람 / gather around ~의 주위에 모이다 / paradoxical 역설의, 자기모순의, 기묘한 n. paradox 역설, 패러독스 / seductive 유혹(매혹)적인, 매력있는 / self-evident 자명한

해설 두 번째 문장의 '~ they still expected that inner beauty would be matched by beauty of the other kind' 부분에서 알 수 있듯이 그리스 사람들은 내면의 미가 외면의 미와 조화하게 된다고 생각했는데, 그들이 너무나 지적이고 용감하며, 존경할 만하고 매혹적인 소크라테스가 동시에 너무 못생겼다는 것을 알게 되었을 때 어떻게 느꼈을지 생각해 본다. 그들에게 소크라테스의 내적인 미(intelligent, brave, honorable, seductive)와 외적인 미(ugly)는 아주 '조화되지 않는다'거나 '모순된다(역설적이다)'고 느껴졌을 것이다.

해석 그리스인들에게 있어, 미(美)는 하나의 덕목, 즉 미덕이 일종이었다. 그리스인들에게 "내면"과 "외면"간을 구별하는 일이 생기게 된다면, 그들은 그럼에도 불구하고 내적인 미가 다른 종류(외면)의 미와 조화하게 될 것이라 기대했다. 소크라테스 주위에 모여든 명문가의 젊은 아테네인들은 그들의 영웅(소크라테스)이 너무나 지적이고, 너무나 용감하고, 너무나 존경할 만하며 너무 매혹적인데도 너무 못생겼다는 것은 아주 <u>역설적</u>이라는 것을 알게 되었다.

[국가직 9급 기출]

08 밑줄 친 부분에 들어갈 말로 가장 적절한 것을 고르시오.

> The Soleil department store outlet in Shanghai would seem to have all the amenities necessary to succeed in modern Chinese retail : luxury brands and an exclusive location. Despite these advantages, however, the store's management thought it was still missing something to attract customers. So next week they're unveiling a gigantic, twisting, dragon-shaped slide that shoppers can use to drop from fifth-floor luxury boutiques to firstfloor luxury boutiques in death-defying seconds. Social media users are wondering, half-jokingly, whether the slide will kill anyone. But Soleil has a different concern that Chinese shopping malls will go away completely. Chinese shoppers, once seemingly in endless supply, are no longer turning up at brick-and-mortar outlets because of the growing online shopping, and they still go abroad to buy luxury goods. So, repurposing these massive spaces for consumers who have other ways to spend their time and money is likely to require a lot of creativity. _____.

① Luxury brands are thriving at Soleil

② Soleil has decided against making bold moves

③ Increasing the online customer base may be the last hope

④ A five-story dragon slide may not be a bad place to start

어휘 outlet 할인점, 아울렛 / amenity 생활 편의 시설(= facility) / retail 소매(↔ wholesale 도매) / exclusive 독점적인, 배타적인(↔ inclusive 포함한, 총괄적인) v. exclude 배제[제외]하다 / unveil 덮개를 벗기다[제막식을 하다], 공개[발표]하다 cf. unveil a truth 진상을 밝히다 / gigantic 거대한, 거인 같은(= huge, enormous) cf. a gigantic tree 거목 / dragon-shaped 용 모양의 / slide 미끄럼틀 / luxury boutique 명품 매장 / death-defying 죽음에 도전하는, 아슬아슬한 cf. in death-defying seconds 순식간에 / half-jokingly 농담 반 진담 반으로 / seemingly 외견상으로, 겉보기에 / turn up 나타나다, 생기다 / brick-and-mortar (재래식) 소매의, 오프라인 거래의 / repurpose 다른 목적[용도]에 맞게 만들다[고치다] / thrive 번창[번성]하다(= prosper, flourish)

해설 상하이에 있는 Soleil 백화점은 온라인 쇼핑과 해외 쇼핑의 성장에 위기감을 느끼고 유출되는 중국 손님들을 끌어 모으기 위한 생존 방안을 모색하고 있다. 용 모양의 5층짜리 미끄럼틀을 설치한 것은 손님을 끌기 위한 오프라인 매장의 좋은 활용 방안이 될 수 있으므로, ④의 "A five-story dragon slide may not be a bad place to start(5층짜리 용 미끄럼틀이 나쁜 시작은 아닐 것이다)"가 빈칸에 들어갈 말로 가장 적절하다.

해석 상하이에 있는 Soleil 백화점 매장은 현대식 중국 소매업체로 성공하기 위해 고급 브랜드와 독점적 위치 확보와 같은 필요한 편의 시설을 모두 갖추고 있다. 그러나 이러한 장점에도 불구하고, 매장 관리인들은 손님을 끌어들이기 위한 무언가가 여전히 빠진 것 같다고 생각했다. 그래서 다음 주 그들은 쇼핑객들이 5층 명품 매장에서 1층 명품 매장까지 순식간에 내려올 수 있는 거대하고, 꾸불꾸불한 용 모양의 미끄럼틀을 공개할 예정이다. 소셜미디어 이용자들은 농담 반 진담 반으로 그 미끄럼틀이 누군가를 죽이지나 않을까 염려한다. 그러나 Soleil 백화점은 중국 쇼핑몰이 완전히 사라질 거라는 또 다른 걱정을 하고 있다. 온라인 쇼핑이 증가함에 따라, 한때 겉으로 보기에 끝없이 밀려드는 중국 쇼핑객들이 더 이상 오프라인 매장에 나타나지 않으며, 여전히 명품을 사러 해외로 나가고 있다. 그래서 다른 식으로 시간과 돈을 쓰는 소비자들을 위해 이 거대한 공간을 다른 용도로 이용하려면 상당한 창의력을 필요로 할 것이다. 5층짜리 용 미끄럼틀이 나쁜 시작은 아닐 것이다.

[지방직 9급 기출]

09 다음 글의 흐름으로 보아 빈칸에 들어갈 가장 적절한 단어는?

> A helicopter piloted by a woman lifted a _____ from a rooftop of La Sante Prisoner in Paris on Monday and flew him out. The escaped one was identified as Michel Vaujour, 34, who was found guilty of armed robbery last year. He was serving an 18-year sentence and this was his fourth escape from prison. According to police, the helicopter flew into the prison at about 10:45 A.M. and hovered over a prison building. Two people were aboard the aircraft. They dropped a line to Vaujour and then flew away.

① janitor   ② policeman
③ prisoner   ④ flight

어휘 pilot 안내하다, 조종하다, 안내[조정]하여 가다, 조종사, 파일럿, 도선사, 지도자, 안내인 / rooftop 지붕, 옥상, 옥상의, 옥상에 있는 / be found guilty 유죄로 판결되다 cf. guilty 유죄의, ~의 죄를 범한, 떳떳치 못한 / armed robbery 무장 강도 cf. armed 무장한, 무기를 가진, 무기[군사력]에 의한 / sentence 문장[글], 판결[선고], 처벌, 판결[선고]하다, 형에 처하다 cf. serve a sentence 징역살이하다[복

435

역하다, 형을 살다] / hover 하늘을 떠다니다, 비상하다, 공중을 맴돌다[공중정지하다], 망설이다 / aircraft 항공기(비행기 · 헬리콥터 등의 총칭) / janitor 문지기, 수위, 관리인 / flight 날기, 비행, 항공편

[해설] 첫 번째 문장과 두 번째 문장의 'Prison', 'The escaped one', 'who was found guilty of armed robbery' 등을 통해 빈칸에 'prison(수감자, 죄수)'이 들어간다는 것을 알 수 있다.

[해석] 한 여성에 의해 조종되던 헬리콥터가 월요일에 파리의 La Sante 교도소 지붕에서 한 수감자를 들어 올려 태우고 날아가 버렸다. 탈주한 사람은 작년에 무장 강도로 유죄판결을 받은 34세의 Michel Vaujour로 밝혀졌다. 그는 18년 형으로 복역 중이었으며, 이것이 그의 네 번째 탈옥이었다. 경찰에 따르면, 헬리콥터는 오전 10시 45분경 교도소로 들어와서 교도소 건물 위를 맴돌았다고 한다. 두 사람이 그 헬기에 타고 있었다. 그들은 Vaujour에게 밧줄을 내린 다음 (태우고) 날아갔다.

[국가직 9급 기출]

10 밑줄 친 부분에 들어갈 말로 가장 적절한 것을 고르시오.

> It is easy to devise numerous possible scenarios of future developments, each one, on the face of it, equally likely. The difficult task is to know which will actually take place. In hindsight, it usually seems obvious. When we look back in time, each event seems clearly and logically to follow from previous events. Before the event occurs, however, the number of possibilities seems endless. There are no methods for successful prediction, especially in areas involving complex social and technological changes, where many of the determining factors are not known and, in any event, are certainly not under any single group's control. Nonetheless, it is essential to _____. We do know that new technologies will bring both dividends and problems, especially human, social problems. The more we try to anticipate these problems, the better we can control them.

① work out reasonable scenarios for the future

② legitimize possible dividends from future changes

③ leave out various aspects of technological problems

④ consider what it would be like to focus on the present

[어휘] devise 창안[고안]하다(= work out, design) / numerous 많은 n. numeral 숫자, 수사 cf. a numerous army 대군 / scenario 시나리오, 각본 / on the face of it 겉으로 보기에는, 표면적으로 / hindsight 뒤늦은 깨달음, 뒷궁리 cf. in hindsight 지나고 나서 보니까 / prediction 예측, 예견(= prophecy, forecast, prognosis) / dividend 배당금[액], 이익 배당 cf. no dividend 무배당 / anticipate 예상하다, 기대하다(= look forward to ~ing) n. anticipation 예상, 예측, 기대 / legitimize 정당화하다, 합법화하다 n. legitimization 정당화, 합법화 / leave out 생략하다, 빼다, 무시하다(= omit, exclude, neglect)

[해설] 미래를 성공적으로 정확하게 예측하는 방법은 없지만, 더 많이 예측하려고 노력할수록 해당 문제들을 더 잘 통제할 수 있으므로, 미래를 위한 합리적인 시나리오를 만들어내는 것(work out reasonable scenarios for the future)은 반드시 필요하다.

[해석] 미래의 발전에 대한 수많은 가능한 시나리오를 만드는 일은 쉬우며, 각각의 시나리오는 표면상으로는 똑같이 가능성이 있다. 어려운 것은 실제 어떤 일이 발생할지 아는 것이다. 지나고 나서보면, 그것은 대개 당연한 것처럼 보인다. 되돌아보면 각각의 사건은 명확하고 논리적으로 이전 사건으로부터 뒤이어 나온 것으로 보인다. 그러나 해당 사건이 일어나기 전에 가능성은 끝이 없는 것처럼 보인다. 특히 복잡한 사회 · 기술적 변화와 관련된 영역에서 성공적으로 예측하는 방법은 없는데, 그 영역에서 결정적인 요인들 중 상당수가 알려지지 않았으며 어떤 사건에서든지 확실히 어느 한 집단의 통제 하에 있지는 않다. 그럼에도 불구하고 미래를 위한 합리적인 시나리오를 만들어내는 것은 반드시 필요하다. 우리는 새로운 기술들이 배당금과 문제들, 특히 인간적이고 사회적인 문제를 초래할 것을 잘 알고 있다. 우리가 이러한 문제를 더 많이 예측하려고 노력할수록, 그 문제들을 더 잘 통제할 수 있다.

※ 다음 글의 빈칸에 들어갈 적절한 것을 고르시오.
(11~12)

[국가직 9급 기출]

11

If you are at the seaside, and you take an old, dull, brown penny and rub it hard for a minute or two with handfuls of wet sand, the penny will come out a bright gold colour, looking as clean and new as the day it was made. Now poetry has the same effect on words as wet sand on pennies. In what seems almost a miraculous way, it brightens up words that looked dull and ordinary. Thus, poetry is perpetually _____.

① cultivating your mind
② recreating language
③ beautifying the nature
④ discovering the unknown universe

어휘 dull 흐릿한, 흐린, 우둔한, 둔한 / rub 문지르다, 윤내다, 쓰다듬다, 닦기, 마찰, 어려움 / handful 한줌, 한 움큼(의)(~ of) / miraculous 초자연적인, 기적의, 놀랄 만한 / brighten 반짝이게[빛나게] 하다, 닦다, 밝게 하다, 영광스럽게 하다 / thus 그러므로, 앞서 말한 바와 같이, 이와 같이 / perpetually 영구[영원]히, 부단히, 끊임없이, 언제나 / recreate 개조하다, 다시 만들다, 재생[재현]하다 / beautify 아름답게 하다, 미화하다

해설 빈칸 바로 앞의 내용, 즉 '시는 우둔하고 일상적인 말에 생기를 불어넣는다(it brightens up words that looked dull and ordinary)'는 내용을 통해 빈칸에는 ②가 가장 적절하다는 것을 알 수 있다. ②의 'language'를 본문의 'words'와 연결하면 보다 쉽게 알 수 있다. 본문은 젖은 모래가 동전을 변화시키고 새롭게 하는 것처럼, 시도 말(언어)을 재창조한다는 내용이다.

해석 만약 당신이 해안가에서 오래되고 흐릿한 갈색 동전하나를 가지고, 한 움큼의 젖은 모래로 그것을 1~2분 정도 세게 문지른다면, 그 동전은 밝은 황금색을 드러내어 주조된 그 날처럼 깨끗하고 새것처럼 보이게 될 것이다. 젖은 모래가 동전에 그런 것처럼 이제 시(詩)가 말(단어)에 같은 영향을 미친다. 거의 기적같이 보이는 방식으로, 시는 우둔하고 일상적인 말에 생기를 불어넣는다. 그러므로 시는 부단히 <u>언어를 재창조(재생)하고</u> 있다.

[국가직 9급 기출]

12

One way to accelerate the flow of new ideas is to be put in difficult situations where you're likely to fail. When we fail to do something, we feel frustrated and we begin trying out other behaviors. Many ideas compete vigorously, greatly enhancing the creative process. Say you start to turn a doorknob that has always turned easily. It won't move. You turn the knob harder. Then you pull it up or push it down. Maybe you wiggle it. Eventually, you may shove or kick the door. These efforts from established behaviors will probably lead to new solutions. Creativity is an extension of _____.

① how long you think
② how you operate tools
③ what you already know
④ what your personality is

어휘 accelerate 가속하다, 촉진하다, 시기[시간]를 단축하다 / compete 경쟁하다, 겨루다 / vigorously 활발하게[힘차게, 정력적으로], 필사적으로 / doorknob 문손잡이, 문고리 / wiggle 움직거리다, 움직여 도망치다, 흔들리다, 흔들기, 흔들리기 / shove 밀다[밀어 움직이다], 떼밀다[난폭하게 밀다], 밀어 넣다 / extension 확대, 연장, 뻗음, 확장, 신장

해설 바로 앞 문장, 즉 기존의 행동에서 도출된 노력들이 새로운 해결책을 이끌어 낼 수 있다는 내용(These efforts from established behaviors ~ new solutions)을 통해 ③이 빈칸에 가장 적합하다는 것을 쉽게 알 수 있다. 마지막 두 문장의 연결 관계는 다음과 같다.
• established behaviors(기존의 행동들) – what you already know(당신이 이미 알고 있는 것)
• new solutions(새로운 해결책) – creativity(창의성)

해석 새로운 아이디어들의 흐름을 촉진하는 한 가지 방법은 당신이 실패할 수 있는 어려운 상황 속에 놓이는 것이다. 우리가 무엇인가에 실패할 때 우리는 좌절감을 느끼고 다른 행동들을 시도하기 시작한다. 많은 아이디어들은 창조적 과정을 크게 향상하면서 활발하게 경쟁한다. 가령 당신이 항상 쉽게 열렸던 문의 손잡이를 돌리려 한다고 해보자. 그것이 움직이지 않을 것이다. 당신은 그 손잡이를 더욱 세게 돌린다. 그리고 나서 당신은 그것을 잡아당기거나 끌어내린다. 아마도 당신은 그것을 흔들어 볼 것이다. 당신은 결국 문을 밀치거나 발로 찰지도 모른다. 기존의 행동들로부터 나온 이러한 노력들은 아마도 새로운 해결책을 이끌어 낼 것이다. 창의성은 <u>당신이 이미 알고 있는 것</u>의 연장(확장)인 것이다.

13 다음 밑줄 친 부분에 들어갈 표현으로 가장 적절한 것은?

The white-tailed deer was one of the first animals to be protected by federal legislation. But as it turns out, unlike the passenger pigeon, white-tailed deer were not in much need of _____. They have proven to be highly adaptable creatures, and their population has not diminished despite the loss of wooded areas. Like squirrels and robins, white-tailed deer have adapted quite nicely to life on the edge of suburbia. In fact, they are happy to supplement their regular diets with fruits and vegetables from gardens. In addition, many homeowners are fond of these gentle creatures and put out blocks of deer food that help the animals make it through harsh winters.

① evolution   ② extinction
③ protection   ④ habitat

어휘 deer 사슴, 동물 / legislation 법률[제정법], 법률의 제정, 입법행위 / passenger pigeon 여행비둘기 / adaptable 순응[적응]할 수 있는, 융통성 있는, 적합한[합치하는], 개작[번안]할 수 있는 / robin 개똥지빠귀(지빠귓과 울새속의 총칭), 유럽울새 / suburbia 교외, 교외 거주자(의 생활양식) / supplement 보충[보완]하다, 채우다(~ with) / harsh 혹독한, 거친, 가혹한 / habitat 서식지, 서식 환경, 원산지, 거주 장소, 주소

해설 빈칸이 포함된 문장은 역접의 접속사 'but'으로 시작하므로, 앞 문장의 내용과 상반된 내용이 온다는 것을 알 수 있다. 앞 문장은 흰꼬리사슴이 연방법에 의해 보호되는 동물 중 하나라는 것이므로, 다음의 문장은 '보호가 필요하지 않다'는 내용이 자연스럽게 이어질 것이라 짐작할 수 있다. 빈칸 다음의 내용도 흰꼬리사슴이 환경 적응력이 아주 강해 산림의 감소에도 불구하고 개체수가 줄지 않았다는 것이므로, 빈칸에는 ③(~ were not in much need of protection)이 가장 적합하다.

해석 흰꼬리사슴은 연방법에 의해서 보호되는 최초의 동물들 중 하나였다. 그러나 밝혀진 바와 같이, 흰꼬리사슴은 여행비둘기와는 달리 그렇게 많은 보호가 필요하지 않았다. 그들은 아주 적응력이 강한 동물임이 입증되었으며, 그들의 개체수는 산림 지역의 감소에도 불구하고 줄어들지 않았다. 다람쥐나 개똥지빠귀새와 같이 흰꼬리사슴은 교외 변두리 생활에 아주 잘 적응해 왔다. 사실 그것들은 일상의 식단을 정원의 과일이나 야채로 보충하는 것에 만족해 한다. 게다가 많은 집주인들은 이 온화한 동물들을 좋아하며, 그 동물들이 혹독한 겨울을 헤쳐 나가는 것을 돕기 위해 사슴용 음식 덩어리를 내다 놓기도 한다.

14 밑줄 친 부분에 들어갈 말로 가장 적절한 것을 고르시오.

One of the tricks our mind plays is to highlight evidence which confirms what we already believe. If we hear gossip about a rival, we tend to think "I knew he was a nasty piece of work"; if we hear the same about our best friend, we're more likely to say "that's just a rumour." Once you learn about this mental habit — called confirmation bias — you start seeing it everywhere. This matters when we want to make better decisions. Confirmation bias is OK as long as we're right, but all too often we're wrong, and we only pay attention to the deciding evidence when it's too late. How _____ depends on our awareness of why, psychologically, confirmation bias happens. There are two possible reasons. One is that we have a blind spot in our imagination and the other is we fail to ask questions about new information.

① we make our rivals believe us
② our blind spot helps us make better decisions
③ we can protect our decisions from confirmation bias
④ we develop exactly the same bias

어휘 evidence 증거, 증언 / confirm 확인하다, 확증하다(= verify) n. confirmation 확인, 확증 / a nasty piece of work 성질 더러운[질 나쁜] 사람, 형편없는 사람 / confirmation bias 확증 편향 / blind spot 맹점, 약점

해설 확증 편향이란 우리가 이미 믿고 있는 생각이나 신념을 확인하려는 경향을 말하는데, 이로 인해 바른 결정을 내리고자 할 때는 편견으로 인한 문제가 발생한다. 따라서 심리적으로 확증 편향이 왜 발생하는지 파악한다면, 확증 편향으로부터 우리의 의사결정을 보호할 수 있을 것이다(we can protect our decisions from confirmation bias). 그러므로 ③의 내용이 빈칸에 들어갈 말로 가장 적절하다.

해석 우리의 머리가 부리는 속임수 중의 하나는 우리가 이미 믿고 있는 것을 확인해주는 증거만을 강조한다는 것이다. 만일 경쟁자에 관한 험담을 듣게 되면, "난 그 사람이 형편없는 사람이라는 것을 알았어."라고 생각하는 경향이 있다. 반면에 절친한 친구에 관한 똑같은 소문을 듣게 되면, "그것은 소문에 불과해"라고 말할 가능성이 더 높다. 일단 소위 확증 편향이라 부르는 이러한 정신적 습관에 대해 알

게 되면, 그것을 어디서든지 보기 시작한다. 이것은 우리가 더 나은 결정을 내리고 싶을 때는 문제가 된다. 우리가 옳을 경우에는 이러한 확증 편향은 괜찮지만, 우리는 너무 자주 오류를 범하며, 너무 늦은 시점에 결정적 증거에 주목한다. 확증 편향으로부터 우리의 의사결정을 보호할 수 있는 방법은 심리적으로 확증 편향이 왜 발생하는지 파악하는 것에 달려있다. 가능한 이유는 두 가지이다. 하나는 우리의 상상력에 맹점을 가지고 있는 것이고, 다른 하나는 새로운 정보에 대해 의문을 갖지 않는 것에 있다.

[지방직 9급 기출]

15 밑줄 친 부분에 들어갈 말로 가장 적절한 것을 고르시오.

> For many big names in consumer product brands, exporting and producing overseas with local labor and for local tastes have been the right thing to do. In doing so, the companies found a way to improve their cost structure, to grow in the rapidly expanding consumer markets in emerging countries. But, Sweets Co. remains stuck in the domestic market. Even though its products are loaded with preservatives, which means they can endure long travel to distant markets, Sweets Co. _____ _____, let alone produce overseas. The unwillingness or inability to update its business strategy and products for a changing world is clearly damaging to the company.

① is intent on importing
② does very little exporting
③ has decided to streamline operations
④ is expanding into emerging markets

어휘 big names 유명 회사[인사] / export 수출하다(↔ import 수입하다) / expand 확장[확대/팽창]시키다 n. expansion 확장, 연장, 팽창 / emerge 나타나다, 출현하다(= come out, appear) n. emergence 출현, 발생 cf. emerging / country 신흥국가 / be stuck in ~에 처박혀 있다 / domestic market 국내 시장 / preservative 방부제 / let alone ~은 말할 것도 없이 / unwillingness 본의 아님, 자발적이 아님 / inability 무능, 불능 / strategy 계획, 전략(= policy, procedure) / be intent on ~에 열중[전념]하다 / streamline 간소화[능률화]하다

해설 유명 소비재 브랜드들이 현지 인력과 현지 기호에 맞추어 수출과 해외 생산을 하는 것은 적합한 전략인데, Sweets사는 국내시장에만

매달려 해외 생산을 말할 것도 없이 수출도 하지 않는다. 그러므로 빈칸에 들어갈 말은 ②의 "does very little exporting(수출도 거의 하지 않는다)"가 가장 적절하다.

해석 많은 유명 소비재 브랜드들에게, 현지 인력과 현지 기호에 맞춘 수출과 해외 생산은 적합한 전략이다. 그런 가운데 회사들은 빠르게 확장하는 신흥국가들의 소비재 시장에서 성장하기 위해 원가구조를 개선시킬 방법을 찾아냈다. 그러나 Sweets사는 국내시장에만 매달려 있다. 그 회사의 상품들이 방부제가 첨가 되어 있어 장거리 운송도 견딜 수 있지만, Sweets사는 해외 생산은 말할 것도 없이 수출도 거의 하지 않는다. 변화하는 세상에 사업 전략과 상품의 최신화를 주저하거나 하지 않는 것은 그 회사에 분명히 손해가 된다.

※ 밑줄 친 부분에 들어갈 표현으로 가장 적절한 것을 고르시오. (16~17)

[지방직 9급 기출]

16
> Human babies born with tails? That may sound like a headline from the Weekly World News, but it was the respected New Scientist magazine that recently published a cover story about the phenomenon of evolution "_____". The author of "The Ancestor Within," Michael Le Page, cited the babies with tails as a likely example of atavism, a phenomenon in which ancestral traits suddenly reappear after thousands or even millions of years.

① going through
② moving forth
③ running backward
④ passing by

어휘 cover story 커버스토리, 표지 그림[사진] 관련 기사, 꾸민 이야기 / respected 훌륭한, 평판 있는, 높이 평가되는 / phenomenon 현상, 사상(事象), 사건 / atavism (생물) 격세유전, 귀선유전, 조상을 닮기, 원시적 상태로 되돌아가기 / ancestral 조상(선조)의, 조상 전래의, 대대로 내려오는 / reappear 다시 나타나다, 재현[재발]하다 / go through 통과하다, 뚫고 지나가다, 승인[가결]되다 / pass by (옆을) 지나가다, 영향을 미치지 않다

해설 빈칸에는 진화 현상(phenomenon of evolution)이 어떠한 것인지에 대한 내용이 들어가야 하는데, 이는 바로 다음에 제시된 격세유전에 관한 설명(~atavism, a phenomenon in which ancestral traits suddenly reappear after thousands or even millions of years)을 통해 판단할 수 있다. 격세유전은 조상의 특성이 오랜 시간이 지난 후에 다시 나타나는 현상을 말하므로, 빈칸에는 ①~④ 중 'running backward(퇴행하는)'가 가장 어울린다.

해석 인간의 아기가 꼬리를 달고 태어났다? 주간 세계 뉴스(Weekly World News)의 헤드라인처럼 들리겠지만, '퇴행하는' 진화 현상에 대한 커버스토리를 최근에 출판한 것은 저명한 New Scientist 잡지였다. "The Ancestor Within"의 저자인 Michael Le Page 씨는 꼬리가 달린 아이를 조상의 특징이 갑자기 수천 년 혹은 심지어 수백만 년 뒤에 갑자기 다시 나타나는 격세유전의 그럴 듯한 예로 인용했다.

[지방직 9급 기출]

17

> The African slaves who provided most of the labor that built the White House never imagined that a black man would ever own embossed stationery that read "1600 Pennsylvania Avenue." Even the dreamer himself, Dr. Martin Luther King Jr., might not have imagined that 40 short years after his murder, we would be planning an Inauguration of the first man of African descent to _____ to the presidency. No minority of any ethnicity had ever looked beyond the _____ representation of a few Senators and seen anything that suggested that the doorknob of the Oval Office could be opened by anything other than the hand of a middle-aged white male.

① become – chosen
② ascend – scarce
③ nominate – nominal
④ upgrade – illicit

어휘 embossed 양각으로 새긴, 양각으로 무늬를 넣은, 돋을새김의 / stationery 편지지, 문구류, 문방구 / inauguration 취임(식), 공식 개시, 개회, 개통 / descent 강하[하강], 저하, 전락, 혈통, 가계 / presidency 지위[직무, 임기], 대통령직[지위](the ~) / minority 소수[소수파, 소수집단, 소수민족] / ethnicity 민족성, 민족 집단 / Senators (미국) 상원의원 / doorknob (문의) 손잡이 / Oval Office 백악관의 대통령 집무실 / nominate 후보로 추천[지명]하다, 임명하다 / nominal 이름만의, 명목상의 / illicit 무면허의, 불법[위법]의, 사회 통념에 어긋나는

해설 문맥상 '_____ to the presidency'는 '대통령의 직에 오르다'는 의미가 되므로, 빈칸에는 ②의 ascend(오르다)가 가장 적합하다. 그리고 두 번째 빈칸이 포함된 문장의 경우, 순접의 접속사 and 앞뒤의 내용이 같은 맥락에 있다는 것에 착안해 적합한 표현을 고를 수 있다. 즉, and 다음의 내용은 중년의 백인 남성이 아닌 사람이 대통령이 되는 것이 상상하기 어려웠다는 의미이므로, 앞의 내용도 몇 안되는 드문 상원의원직 이상을 기대하지 못했다는 의미가 된다.

해석 백악관을 짓는 데 대부분의 노동력을 제공했던 아프리카 노예들은 흑인이 "1600 Pennsylvania Avenue(백악관의 주소)"라고 쓰인 돋을새김이 된 편지지를 소유하게 될 것이라고는 결코 상상하지 못했다. 심지어 꿈꾸는 사람인 Martin Luther King Jr. 그 자신조차 그가 살해되고 40년 밖에 지나지 않아, 우리가 대통령 직위에 오르는 최초의 아프리카 혈통인 사람의 취임식을 준비하게 되리라고는 상상해 보지 못했을 것이다. 어떤 소수민족도 몇 안 되는 드문 상원의원직 이상을 기대한 적이 없었으며, 중년의 백인 남성의 손이 아닌 다른 어떤 것으로 대통령 집무실의 문손잡이가 열려질 수 있다는 것을 암시하는 어떤 것도 결코 본 적 없었다.

[지방직 9급 기출]

18 다음 글을 읽고 질문에 답하시오.

> It is common knowledge that ability to do a particular job and performance on the job do not always go hand in hand. Persons with great potential abilities sometimes fall down on the job because of laziness or lack of interest in the job, while persons with mediocre talents have often achieved excellent results through their industry and their loyalty to the interests of their employers. It is clear, therefore, that the final test of any employee is the person's performance on the job.

Q According to the above paragraph, an employee's efficiency is best determined by his/her _____.

① interest in the job
② work performance
③ loyalty to the employer
④ potential work skills

어휘 common knowledge 주지의 사실, 상식 / performance 실행[수행], 성취[성과], 상연[공연], 흥행, 행동, 솜씨[수완] / go hand in hand 밀접한 관계가 있다, 협력하다 / fall down on the job 일에 실패하다 / mediocre 보통의, 평범한 / industry 산업[공업], 근면[노력]

해설 제시된 ①~④ 모두 피고용자에 대한 평가 기준이 될 수 있겠지만, 마지막 문장에서 '직장에서의 성과(performance on the job)'를 최종 평가 기준으로 명확히 언급하였으므로, 'work performance(업무 성과)'가 빈칸에 가장 적합하다.

해석 특정한 일을 할 수 있는 능력과 그 일에 대한 성과(실적)가 항상 일치하지는 않는다는 것은 주지의 사실이다. 엄청난 잠재력을 가진 사람이 게으름이나 일에 대한 관심의 부족으로 일에 실패할 수도 있는 반면, 평범한 재능을 가진 사람이 그들의 근면성과 고용주의 이익에

대한 충성심으로 종종 뛰어난 결과를 달성하기도 한다. 그러므로 어떤 피고용자에 대한 최종 테스트는 직장에서의 성과(실적)라는 것이 분명하다.

Q. 위의 글에 따르면, 피고용자의 능률성(능력)은 그의/그녀의 _____에 의해 가장 잘 결정된다.

※ 밑줄 친 부분에 들어갈 표현으로 가장 적절한 것을 고르시오. (19~20)

[국가직 9급 기출]

19

> Oscar Wilde once wrote, "In this world there are only two tragedies. One is not getting what one wants, and the other is getting it." He was trying to warn us that no matter how hard we work at being successful, success won't satisfy us. By the time we get there, having sacrificed so much on the altar of being successful, we will realize that success was not what we wanted. People who have money and power know something that you and I do not know and might not believe even when we are told. Money and power do not satisfy that unnameable hunger in the soul. Even the rich and powerful find themselves yearning for something more. We read about the family problems of the rich and famous, we see fictionalized conflicts on television, but we never get the message. Instead, we keep thinking that _____ _____.

① if we had what they have, we would be happy

② the lives of the rich and powerful entirely depend on luck

③ though we have worked hard, we are not successful in life

④ money and power cannot replace valuable things in our life

어휘 sacrifice (제물로) 바치다, 희생[제물]으로 하다, 버리다, 단념하다 / altar 제단(祭壇), (교회의) 성찬대[제단] / unnameable 이름 붙일 수 없는, 형언할 수 없는 / fictionalize (사실과 허구를 섞어) 소설[영화]화하다, 각색하다 / conflict 투쟁[싸움], 논쟁, 말다툼, 불일치[부조화], 대립 / replace 대신하다, 대체하다, 바꾸다, 후임이 되다

해설 빈칸 앞의 세 문장의 내용을 보면, 돈이나 권력은 인간의 갈망을 충족하지 못하므로 그들도 무엇인가를 갈망하고 있다고 하였고 (Money and power do not satisfy … find themselves yearning for something more), 그러한 사람들의 가정 문제를 기사나 TV를 통해 접하지만 우리는 그 참뜻(교훈)을 납득하지 못한다고 하였다 (We read about the family problems … but we never get the message). 빈칸에는 그러한 참뜻을 깨닫지 못하는 사람들이 그 대신에 계속 생각하게 되는 내용이 와야 가장 자연스럽다. 이러한 내용에 가장 부합하는 것은 ①(즉, 계속해서 돈과 권력에 대한 생각(집착)을 하게 된다는 것)이다. 빈칸 앞의 'but we never get the message'와 'Instead, we keep thinking'의 대조적 관계를 파악하면 보다 빨리 답을 찾을 수 있다.

해석 Oscar Wilde는 한번은 "이 세상에는 단지 두 가지의 비극이 있다. 하나는 원하는 것을 얻지 못한 것이고, 다른 하나는 원하는 것을 얻는 것이다."라고 썼다. 그는 우리가 성공하기 위해 아무리 열심히 노력한다 해도, 성공은 우리를 만족시킬 수 없다는 것을 우리에게 경고하고자 했던 것이다. 성공이라는 제단에 너무나 많은 것을 희생하고 거기에(성공에) 도달할 때쯤에, 우리는 성공이 우리가 원했던 것이 아니라는 것을 깨닫게 될 것이다. 돈과 권력이 있는 사람들은 여러분과 내가 알지 못하거나 우리가 들어도 믿지 못할 무엇인가를 알고 있다. 돈과 권력은 형언할 수 없는 영혼의 갈망을 충족하지 못한다. 심지어 돈이 있고 권력을 가진 자들조차도 그들 자신이 다른 무언가를 갈망하고 있다는 것을 발견한다. 우리는 부유하고 유명한 사람들의 가정 문제들에 대해서 기사로 읽고 각색된 갈등들을 TV에서 보지만, 우리는 결코 그러한 참뜻을 납득하지 못한다. 대신, 우리는 계속해서 만약 우리가 그들이 가진 것을 가지게 되면 우리는 행복해질 것이라고 생각한다.

[서울시 9급 기출]

20

> The reputation of Genghis Khan as _____
> _____ may be worse than
> the reality. Much of our information comes
> from chroniclers of the time who often
> exaggerated the facts. It is possible that they
> were encouraged by their Mongol employers
> to exaggerate the tales of cruelty so that the
> Mongols appeared more frightening to their
> enemies.

① an exaggerating storyteller

② a courageous emperor

③ an influential figure

④ an utterly ruthless warrior

어휘 reputation 평판, 명성 / chroniclers 연대기 작자; (사건의) 기록자 / exaggerate 과장하다(= overstate, enlarge, embroider) n. exaggeration 과장 / employer 고용주, 고용인(↔ employee 종업원, 피고용인) / cruelty 잔인함; 학대 a. cruel 잔인한, 잔혹한 / frighten 무섭게 하다, 겁먹게[놀라게] 만들다 / storyteller 이야기꾼, 작가 / courageous 용감한(= brave, daring, bold) / influential 영향력 있는 n. influence 영향(력) / figure 인물, 사람[모습] / utterly 완전히, 아주, 매우 / ruthless 무자비한, 인정사정없는(= merciless, harsh, cruel) / warrior 전사

해설 윗글에 따르면 우리가 Genghis Khan에 대해 알고 있는 상당 부분이 당대의 기록자들이 과장해서 표현한 것이며, 몽골족이 적들에게 더 두려운 존재로 보이도록 이야기들을 잔인하게 과장하여 꾸몄을 가능성이 높다고 했으므로, Genghis Khan도 실제보다 더 'an utterly ruthless warrior(무자비한 전사)'로 묘사되었을 것이라고 추측할 수 있다.

해석 매우 무자비한 전사로서 Genghis Khan에 대한 평판은 실제보다 더 나쁘게 평가되었을 수도 있다. 우리가 알고 있는 상당 부분이 그런 사실을 과장해서 표현한 당대의 기록자들로부터 비롯되었다. 그들이 몽골 황제의 권고로 몽골족이 적들에게 더 두렵게 보이도록 이야기들을 잔인하게 과장하여 꾸몄을 가능성이 있다.

기출문제 정답

01 ① 02 ④ 03 ① 04 ② 05 ① 06 ① 07 ③ 08 ④ 09 ③ 10 ①
11 ② 12 ③ 13 ① 14 ① 15 ② 16 ③ 17 ① 18 ② 19 ① 20 ④

제 3장

작문 (Composition)

제1절 중요 이론 정리

1. 최상급의 여러 가지 표현

- 최상급 + in + 장소 · 집합명사
  예 Tom is the kindest boy in our class.
- 최상급 + of all + 복수명사
  예 Tom is the kindest of all boys in our class.
- 비교급 + than any other + 단수명사
  예 Tom is kinder than any other boy in our class.
- 비교급 + than all the other + 복수명사
  예 Tom is kinder than all the other boys in our class.
- 비교급 + than anyone(anything) else
  예 Tom is kinder than anyone else in our class.
- as + 원급 + as any + 단수명사
  예 Tom is as kind as any boy in our class.
- 부정주어 + 동사 + so(as) + 원급 + as + 주어
  예 No boy is so(as) kind as he in our class.
- 부정주어 + 동사 + 비교급 + than + 주어
  예 No boy is kinder than he in our class.

기출문제 확인

[국가직 9급 기출]

다음 우리말을 영어로 옮긴 것으로 옳지 않은 것은?

① 영어를 배우는 것은 결코 쉬운 일이 아니다.
→ It is by no means easy to learn English.
② 비록 가난하지만 그녀는 정직하고 부지런하다.
→ Poor as she is, she is honest and diligent.
③ 사업에서 신용만큼 중요한 것은 없다.
→ Everything in business is so important as credit.
④ 그 남자뿐만 아니라 너도 그 실패에 책임이 있다.
→ You as well as he are responsible for the failure.

어휘 by no means 결코(전혀) ~이 아닌(= never, not ~ at all, not ~ in the least, on no account, anything but, far from, not a bit) / be responsible for ~에 대한 책임이 있다 / failure 실패, 실수, 실패자, 정지[고장] v. fail

해설 ③ '부정주어 + 동사 + so(as) + 원급 + as(~만큼 ~한 것은 없다[아니다])'는 최상급의 의미를 갖는다. 따라서 ③의 Everything을 부정주어 Nothing으로 고쳐야 한다.
① 'by no means'는 '결코(전혀) ~이 아닌'의 의미이다.
② '형용사(명사, 동사) + as + S + V'는 양보의 표현으로, 형용사 poor를 강조하기 위해 도치한 것이다. 여기서 'Poor as she is'는 '(Even) Though she is poor'와 바꾸어 쓸 수 있다.
④ 'A as well as B'는 'B뿐만 아니라 A도'라는 의미이다. 일반적으로 이 구문에서의 동사의 수는 A(You)에 일치시키므로 여기서는 'are'가 되었다.

정답 ③

2. 기억·회상·회고 동사의 목적어

remember, recall, forget, regret 등의 기억·회상·회고 동사는, 해당 동사와 동일 시점이나 미래의 일을 목적어로 하는 경우는 to부정사, 이전(과거)의 일을 목적어로 하는 경우는 동명사를 목적어로 가진다(→ 시차에 따른 의미 차이가 있는 동사).

기출문제 확인

[지방직 9급 기출]

다음 중 우리말을 영어로 바르게 옮긴 것은?

① 나는 그에게 충고 한 마디를 했다.
→ I gave him an advice.
② 많은 아버지의 친구들이 그 모임에 왔다.
→ Many father's friends came to the meeting.
③ 나는 나 혼자서 사업을 운용하겠다고 주장하였다.
→ I insisted to run my business alone.
④ 밥은 쓸데없는 일에 돈을 낭비한 것을 후회한다.
→ Bob regrets wasting his money on useless things.

어휘 run a business 사업을 경영하다[장사하다] / useless 쓸모[소용] 없는, 무익한, 헛된

해설 ④ regret은 과거의 일에 대한 후회나 유감을 표현할 때는 다음에 동명사(-ing)를 목적어로 하며, 앞으로 하게 될 일에 대한 유감을 표현할 때는 to부정사를 목적어로 한다. 여기서는 과거에 돈을 낭비한 것을 후회하는 것이므로 다음에 동명사(wasting)가 왔다. 그리고 'waste ~ on …'는 '…에 ~(돈·시간·재능 등)을 낭비[허비]하다'라는 표현이다. 따라서 ④는 우리말을 바르게 옮긴 것이다.
① advice는 불가산명사이므로 부정관사를 붙여 쓸 수 없고, 복수형으로 표시할 수 없다(참고로 'advices'는 '안내서', '요약설명서' 등의 의미이다). 따라서 수(數)를 표시하는 경우는 수량표시를 위한 보조 수사(piece)를 붙여야 한다. an advice → a piece of advice
② 다음의 명사(friends)를 수식하는 한정사(many)와 소유격 (father's)은 함께 쓰지 않고 이중소유격('한정사 + 명사 + of + 소유대명사' 또는 '한정사 + of + 소유격 + 명사') 형태로 표현한다. Many father's friends → Many friends of father's
③ insist(주장·고집하다)는 'insist + on + -ing(또는 명사)'의 형태나 'insist + (that) + S + V'의 형태로 쓴다. insisted to run → insisted on running

정답 ④

3. 부정어 + without + (동)명사 / 부정어 + but + 주어 + 동사

부정어(no, never, cannot 등) 다음에 'without + 명사(동명사)'나 'but + 주어 + 동사'가 오는 구문은 이중부정의 표현으로 '~하지 않고는[없이는] ~하지 않는다[도 없다]', '~하면 ~하기 마련이다', '~할 때마다 ~(반드시) 하다'의 의미가 된다.

부정어 ~ without …
= 부정어 ~ but + S + V …
= when ~, S + always + V …
= whenever ~, S + V …

기출문제 확인

[지방직 9급 기출]

다음 우리말을 영어로 가장 잘 옮긴 것은?

> 이삼십 년 동안 매일 아침 면도를 하다 보면, 누구나 무언가를 배우기 마련이다.

① All men can shave every morning for twenty or thirty years without learning something.
② All men can shave every morning for twenty or thirty years in order to learn something.
③ No man can shave every morning for twenty or thirty years in order to learn something.
④ No man can shave every morning for twenty or thirty years without learning something.

어휘 shave (수염 등을) 깎다, 면도하다 / in order to ~할 목적으로, ~ 하기 위하여

해설 부정어(no) 다음에 'without + 명사·동명사'가 오면 이중부정의 표현으로 '~하면 ~(반드시)하기 마련이다'라는 의미가 된다. 따라서 제시된 우리말에 부합하는 영문은 ④이다.

해석 ① 모든 사람들은 무언가를 배우지 않고서 이삼십 년 동안 매일 아침 면도를 할 수 있다.
② 모든 사람들은 무언가를 배우기 위하여 이삼십 년 동안 매일 아침 면도를 할 수 있다.
③ 어느 누구도 무언가를 배우기 위해서 이삼십 년 동안 매일 아침 면도를 할 수 없다.
④ 어느 누구도 무언가를 배우지 않고서는 이삼십 년 동안 매일 아침 면도를 할 수 없다(누구나 이삼십 년 동안 매일 아침 면도를 하다 보면, 무언가를 배우기 마련이다).

정답 ④

4. 'either + of the + 복수명사'와 'both + of the + 복수명사'

'either/neither + of the + 복수명사'는 주로 단수동사로 받지만 간혹 복수동사로 받기도 한다. 그러나 'both/all + of the + 복수명사'는 항상 복수동사로 받는다.

⊕ 기출문제 확인

다음 우리말을 영어로 잘못 옮긴 것은?

① 어떠한 경우에도 낯선 사람들을 들어오게 해서는 안 된다.
  → On no account must strangers be let in.
② 상처에 염증이 나면 즉시 나에게 전화해.
  → Should the wound be inflamed, call me at once.
③ 나는 학생들이 수업시간에 지각하도록 내버려두지 않겠다.
  → I won't have my students arriving late for class.
④ 두 명의 가수 모두 넓은 음역의 풍부한 목소리를 가지고 있다.
  → Either of the singers has a rich voice with great range.

[어휘] on no account 결코 ~아닌[하지 않는], 어떠한 경우도[아무리 해도] ~않는 / let in (사람을) 들이다[들여보내다], 속이다, (손실·곤경 등에) 빠뜨리다 / wound 부상, 상처, 상처를 입히다 / inflame 불붙이다[불태우다], 붉게 물들이다, 선동[자극]하다, 흥분시키다, 염증을 일으키다

[해설] ④ 'either of the singers'는 '(두 명의 가수 중) 어떤 (한) 가수라도'라는 의미이므로, 둘 중 한 사람을 의미한다. 따라서 두 명을 모두 지칭할 때는 both를 써야 한다. Either of the singers has → Both of the singers have
① 부정의 부사(구)가 문두에 오는 경우 도치가 되어, '부정어 + 조동사 + 주어 + 동사'의 어순이 된다.
② 'If the wound should be inflamed ~'에서 If를 생략하고 조동사 Should가 문두에 나온 구조이다.
③ 사역동사(have, make, let) 다음의 목적보어 자리에는 주로 원형부정사가 오지만, 계속(지속)의 의미를 강조하는 경우는 현재분사가, 목적어와 목적보어의 관계가 수동관계이면 과거분사가 올 수 있다. 여기서는 현재분사(arriving)가 왔다.

[정답] ④

5. 'A is no more ~ than B is', 'A is no more B than C is D'

'A is no more ~ than B is(= A is not ~ any more than B is)'는 'A가 ~이 아님은 B가 ~이 아님과 마찬가지다'라는 의미를 지닌다. 이와 마찬가지로, 'A is no more B than C is D(A is not ~ any more than C is D)'는 'A가 B가 아닌 것은 C가 D가 아닌 것과 같다'는 의미이다.

⊕ 기출문제 확인

다음 우리말을 가장 잘 영작한 것은?

> 그는 너와 마찬가지로 아프지 않다.

① He is not sick more than you are.
② He is no more sick than you are.
③ He is not any more sick than you are.
④ He is no more sick any more than you are.

[해설] 'A is no more ~ than B is'는 'A가 ~이 아님은 B가 ~이 아님과 마찬가지다'라는 의미를 지니므로, ②가 옳다.

[정답] ②

6. 'A라기보다는 B'의 표현

'A라기보다는 (오히려) B'라는 표현으로는 'more B than A(= less A than B = B rather than A = not A so much as B = not so much A as B)'가 있다.

[국가직 9급 기출]

다음 우리말의 영작 중 옳지 않은 것은?

① 인생이 깊고 강해지기 위해 슬픔과 접촉하고 또 슬픔이 섞여야 한다.
→ Life, to be deep and strong, must be touched and tempered by sadness.

② 나의 자식들이 그들의 피부색에 의해서가 아니라 그들의 인격에 따라 평가되는 나라에서 살게 될 날이 올 것이라는 꿈이 나에게는 있습니다.
→ I have a dream that my children will one day live in a nation where they will not be judged by the color of their skin but by the content of their character.

③ 자본주의는 사람들로 하여금 남들의 욕구를 창조적으로 충족시키도록 유도함으로써 가능하다.
→ The way capitalism does work is by inducing people to satisfy the appetites of others in imaginative ways.

④ 나는 문명이 인간의 마음을 누그러지게 하기보다는 무감각하게 했다고 말하겠다.
→ I would say that civilization has not hardened men's hearts any more than it has softened them.

[어휘] temper 알맞게 뒤섞다, 조합하다, 부드럽게 하다, 진정시키다, 조절하다 / induce 권유하다, 설득하여 ~시키다 / appetite 식욕, 욕구

[해설] ④ 'not A any more than B'는 'A라기보다는 B'라는 의미이므로, ④의 영문 중 'hardened'와 'softened'가 바뀌어야 한다.
① 여기서 to부정사는 부사구의 역할을 하고 있으며, 의미상 '목적'을 나타낸다.
② 'not A but B'는 'A가 아니라 B'라는 의미이며, 'not by A but by B'는 'A에 의해서가 아니라 B에 의해서'라는 의미이다.
③ 'the way'다음에 관계부사 'how'가 생략되어 있는데, 선행사 the way와 관계부사 how는 함께 쓸 수 없으며 둘 중 하나는 생략해야 한다. 또한 관계부사 'how'를 '전치사 + 관계대명사'로 바꾸어 'the way in which'와 같이 표현할 수 있다. 'much A as B(= not A so much as B)'가 사용된다.

[정답] ④

7. 'cannot ~ too(아무리 ~해도 지나치지 않다)'

[국가직 9급 기출]

다음 우리말을 영어로 가장 잘 옮긴 것은?

그 정직한 소년은 아무리 칭찬해도 지나치지 않다.

① We cannot praise the honest boy too much.
② We can praise the honest boy not too much.
③ We overpraise the honest boy not too much.
④ It is impossible for us to praise the honest boy.

[해설] '아무리 ~해도 지나치지 않다'는 표현은 'cannot ~ too'이다. 따라서 ①이 가장 알맞다.

[정답] ①

8. 'cannot but + R(~하지 않을 수 없다)'

cannot (choose) but + do
= can do nothing but + do
= cannot help[avoid] + doing
= cannot keep[abstain, refrain] from + doing
= have no choice but + to do
= have no other way but + to do
= have no alternative[option] but + to do

다음 문장을 영어로 옮긴 것 중 옳지 않은 것은?

나는 그 우스운 광경을 보고 웃지 않을 수 없었다.

① I cannot but laugh at the funny sight.
② I cannot help laughing at the funny sight.
③ I can do nothing but laugh at the funny sight.
④ I have no choice but laugh at the funny sight.

[해설] ④의 경우 'have no choice but' 다음에 'to 부정사'가 와야 한다. 따라서 'laugh'를 'to laugh'로 고쳐야 한다.

[정답] ④

9. 'too ~ to' 구문

- too ~ to + R (너무 ~해서 …할 수 없다, …하기에는 너무 ~하다)

  = so ~ that + S + can't + R
- not too ~ to … (…할 수 없을 정도로 ~하지는 않다)

  = not so ~ that … not
- too ~ not to … (대단히 ~하므로 …할 수 있다)

  = so ~ that can[cannot but]
- only too(매우, 대단히)(= very, exceedingly)

기출문제 확인

[국가직 9급 기출]

다음 중 우리말을 영어로 잘못 옮긴 것은?

① 시간이 부족해서 시험을 끝낼 수 없었다.
  → I couldn't finish the exam because I ran out of time.
② 습관을 깨기란 예상보다 훨씬 어렵다.
  → It is much more difficult than you'd expect to break a habit.
③ 대부분의 사람들은 TV에서 지나친 폭력을 매우 싫어한다.
  → Most people have a strong dislike to excessive violence on TV.
④ 낮에는 너무 바빠 걱정할 틈도 없고, 밤에는 너무 피곤해서 깨어 있을 수 없는 사람이 복 받은 사람이다.
  → Blessed is the man who is too busy to worry in the day and too tired of lying awake at night.

어휘 run out of ~을 다 써 버리다[동나다], 다 하다 / much more 훨씬 더 많은[많이], (긍정문 뒤에서) 하물며, 더군다나 / have a dislike to 싫어하다(= dislike) / excessive 과도한, 지나친, 극단적인

해설 '너무 ~해서 ~할 수 없다'는 의미의 관용표현은 'too ~ to + R'이다. 따라서 'too tired of lying'을 'too tired to lie'로 고쳐야 한다. 이는 등위접속사 앞뒤의 병렬구조상 'too busy to worry in the day' + and + 'too tired to lie awake at night' 형태가 된다는 점에서도 알 수 있다. 한편, 이 문장의 정치어순은 'The man who is too busy to worry in the day and too tired to lie awake at night is blessed.'인데, 여기서 주어부(The man who … at night)가 지나치게 길어 어색하므로 보어(blessed)가 앞으로 도치된 형태로 사용되었다. 보어가 문두로 도치되는 경우 주어와 동사(is)가 도치되는 것이 일반적이다.

정답 ④

10. 'not ~ until[till] …(…하고서야 비로소 ~ 하다, …할 때까지는 ~않다)'

이 구문을 강조하기 위해 부정어구를 문두로 도치('Not until ~')하거나 'It ~ that'의 형태로 전환할 수 있다. 부정어구가 문두로 나가는 경우 주어와 동사가 도치되어, '부정어구 + 조동사 + 주어 + 본동사' 또는 '부정어구 + be동사 + 주어'의 어순이 된다.

예 I had not realized she was not in her office until she called me.
  = Not until she called me had I realized she was not in her office.
  = It was not until she called me that I had realized she was not in her office.

기출문제 확인

[지방직 9급 기출]

다음 우리말을 영어로 옮긴 것으로 가장 적절한 것은?

> 그녀가 나한테 전화했을 때 비로소 그녀가 사무실에 없다는 것을 나는 알았다.

① I did not realize that she was in her office even when she called me.
② She called and told me that she was not in her office.
③ I had not realized she was not in her office until she called me.
④ She did call me in order to let me know that she was not in her office.

어휘 '…하고 나서야 비로소 ~하다(…할 때까지 ~하지 못했다)'는 구문은 'not ~ until …'이다. 따라서 제시된 우리말을 영어로 가장 적절하게 옮긴 것은 ③이다. ③에서 종속절의 시제(과거)보다 주절의 시제(과거완료)가 더 앞선다는 점에 주의한다.
한편, 부정어구를 앞으로 도치하여 'Not until she called me had I realized she was not in her office.'로 표현할 수 있다.

해석 ① 나는 그녀가 나에게 전화할 때조차 그녀가 사무실에 있다는 것을 알지 못했다.
② 그녀는 나에게 전화해서 그녀가 사무실에 있지 않다고 말했다.
③ 나는 그녀가 나에게 전화할 때까지 그녀가 사무실에 없다는 것을 알지 못했다.(나는 그녀가 나에게 전화했을 때 비로소 그녀가 사무실에 없다는 것을 알았다.)
④ 그녀는 그녀가 사무실에 없다는 것을 알려 주기 위해 나에게 전화했다.

정답 ③

제2절 작문 문제 연습

[국회직 8급 기출]

01 Choose the best translation of the following sentence.

> 그는 시간관념이 정확해서, 어떤 모임에도 10분 일찍 참석한다.

① As he has an exact concept of time, he takes part in all meeting ten minutes early than schedule.

② As he is very punctual, he arrives at every meeting ten minutes earlier than schedule.

③ Because he is a punctual man, he participates in every meetings ten minutes before usual.

④ Because he has a punctual idea of time, he attends to any meetings ten minutes behind schedule.

어휘 concept 개념, 구상 / take part in ~에 관계[공헌]하다, 참가하다(= participate in) / punctual 시간을 잘 지키는, 꼭 지키는[늦지 않는], 기간[예정]대로의

해설 ② '시간관념이 정확하다(시간을 잘 지킨다)'라는 표현은 'be punctual'이다(②·③·④). 또한 '10분 일찍'이라는 표현으로는 'ten minutes earlier than schedule'이 적합하다.
③ 형용사 usual(보통의, 평소의)이 의미상 부적합하며 그 용도도 불명확하다. 또한 동사 participate는 '(적극적으로) 참여[참석]하다' 또는 '관여하다'라는 의미이므로 역시 어색하다.
④ 'behind schedule'은 '정각[예정]보다 늦게'라는 의미이다. 또한, 'attend to'는 '~을 돌보다', '시중들다'라는 의미이다. attend가 '참석[출석]하다'라는 의미일 때는 주로 타동사로 쓰이므로 전치사를 쓰지 않는다.

[국가직 9급 기출]

02 우리말을 영어로 잘못 옮긴 것은?

① 그녀는 등산은 말할 것도 없고, 야외에 나가는 것을 좋아하지 않는다.
→ She does not like going outdoor, not to mention mountain climbing.

② 그녀는 학급에서 가장 예쁜 소녀이다.
→ She is more beautiful than any other girl in the class.

③ 그 나라는 국토의 3/4이 바다로 둘러싸여 있는 소국이다.
→ The country is a small one with the three quarters of the land surrounding by the sea.

④ 많은 학생들이 졸업 후 취직을 위해 열심히 공부한다.
→ A number of students are studying very hard to get a job after their graduation.

어휘 not to mention ~은 말할 것도 없고[물론이고] / quarter 4분의 1, (매 정시 앞·뒤의) 15분, 사분기(1년의 4분의 1) / surround 둘러싸다, 에워싸다, 포위하다 a. surrounding 인근의, 주위의 / a number of 얼마간의, 다수의 / get a job 일자리를 얻다

해설 ① outdoor는 '야외의'라는 뜻의 형용사이므로 이를 부사 'outdoors'로 고쳐야 한다. 'go outdoors'는 '바깥에 나가다'라는 의미이다.
③ 국토가 바다로 '둘러싸여진' 것이므로 능동분사 'surrounding'을 수동분사 'surrounded'로 고쳐야 한다.

[국가직 9급 기출]

03 다음 우리말을 영어로 가장 잘 옮긴 것을 고르시오.

> 우리 비행기는 예정보다 10분 늦게 도착했다.

① Our plane would land in about ten minutes.

② Our plane arrived ten minutes behind schedule.

③ Our plane was scheduled to arrive in ten minutes.

④ Our plane was delayed to land in ten minutes.

어휘 behind schedule 정각[예정]보다 늦게 / be scheduled to ~할 예정이다 / delay 미루다[연기하다], 늦추다[지연하다]

③ 환자들과 부상자들을 돌보기 위해 더 많은 의사가 필요했다.
→ More doctors were required to tend sick and wounded.

④ 설상가상으로, 또 다른 태풍이 곧 올 것이라는 보도가 있다.
→ To make matters worse, there is a report that another typhoon will arrive soon.

[어휘] refusal 거절, 거부(= rejection, denial, rebuff) v. refuse 거절[거부]하다 cf. meet with refusal 퇴짜 맞다 / rudeness 버릇없음, 무례함 / perplex 당황하게[곤란하게] 하다, 어리둥절하게 하다(= embarrass) / tend 돌보다, 보살피다 n. tendance 시중, 돌보기, 간호 cf. tendency 경향, 성향 / to make matters worse 설상가상으로, 엎친 데 덮친 격으로

[해설] 'the + 형용사'는 '복수 보통명사'이므로, 정관사 'the'를 사용하여 'the sick(환자들)'과 'the wounded(부상자들)'로 고쳐 써야 옳다.

[국가직 9급 기출]
06 다음 우리말을 영어로 가장 잘 옮긴 것을 고르시오.

나는 오전 일정은 바쁜데, 오후에는 아무런 일정이 없다.

① I'm scheduled busily in the morning, but I will be behind schedule in the afternoon.
② I have busy schedules in the morning, but I have no hectic schedules in the afternoon.
③ I have a busy schedule in the morning, but I have nothing scheduled in the afternoon.
④ I have many schedules in the morning, but I don't have schedules in the afternoon.

[어휘] behind schedule 정각[예정]보다 늦게 / hectic 소모성의, 소모열의, 열광한, 열띤, 흥분한(= heated, frantic, feverish), 몹시 바쁜

[해설] ③ 일반적으로 '일정이 바쁘다'라는 표현은 'have a busy schedule'이며, '아무 일정이 없다'는 표현은 'have no schedule'이다. 또한 'have no schedule'은 'have nothing (that is) scheduled'로 바꾸어 쓸 수 있다.
① 'behind schedule'은 '예정보다 늦게'라는 의미이다.
② 오늘 하루에 계획되어 있는 (집합적 의미로서) 하나의 일정이 바쁜 것이므로 단수형이 적합하다(busy schedules → a busy schedule). 또한 'have no hectic schedules'는 '몹시 바쁜 일정이 없다'는 의미이므로 '아무런 일정이 없다'는 것과는 의미상 구별된다.
④ have many schedules → have a busy schedule

[해설] '예정보다 늦게'라는 표현은 'behind schedule'이므로, '예정보다 10분 늦게'는 'ten minutes behind schedule'로 표현할 수 있다. 따라서 ②가 가장 적절하다. 한편, 'in ten minutes'는 '십분 후에', '십분 안에'라는 의미이다.

[국가직 9급 기출]
04 우리말을 영어로 잘못 옮긴 것을 고르시오.

① 가능한 모든 일자리를 알아보았음에도 불구하고, 그는 적당한 일자리를 찾지 못했다.
→ Despite searching for every job opening possible, he could not find a suitable job.
② 당신이 누군가를 믿을 수 있는지 알아보는 최선책은 그 사람을 믿는 것이다.
→ The best way to find out if you can trust somebody is to trust that person.
③ 미각의 민감성은 개인의 음식 섭취와 체중에 크게 영향을 미친다.
→ Taste sensitivity is largely influenced by food intake and body weight of individuals.
④ 부모는 그들의 자녀가 성장하고 학습하는 데 알맞은 환경을 제공할 책임이 있다.
→ Parents are responsible for providing the right environment for their children to grow and learn in.

[어휘] sensitivity 세심함, 민감함 / intake 섭취량, 입구 / responsible 책임지고 있는

[해설] '영향을 미친다'는 '영향을 준다'는 의미인데, is largely influenced by는 수동태이므로 '미각의 민감성은 개인의 음식 섭취와 체중에 크게 영향을 받는다'라는 의미가 되어 주어진 우리말과 다른 영작이 된다.

[지방직 9급 기출]
05 우리말을 영어로 잘못 옮긴 것을 고르시오.

① 그를 당황하게 한 것은 그녀의 거절이 아니라 그녀의 무례함이었다.
→ It was not her refusal but her rudeness that perplexed him.
② 부모는 아이들 앞에서 그들의 말과 행동에 대해 아무리 신중해도 지나치지 않다.
→ Parents cannot be too careful about their words and actions before their children.

[국가직 9급 기출]

07 다음 우리말을 영어로 가장 잘 옮긴 것을 고르시오.

> 2017년부터는 정부가 봉급에서 세금으로 거두어들이는 것보다 더 많은 액수를 사회보장혜택에 지출하게 될 것이다.

① In 2017, the government will begin to pay out more in Social Security benefits than it collects in payroll taxes.

② In 2017, the government begins paying out Social Security benefits more than the taxes collecting in payroll.

③ In 2017, more in Social Security benefits than in payroll taxes they pay out will begin to be collected by the government.

④ In 2017, paying out more in Social Security benefits than in payroll the government will begin to collect taxes.

어휘 pay out 지불하다, 갚다, 화풀이하다, 단단히 혼내주다 / social security 사회 보장, 생활 보호 / benefit 이익, 이득, 혜택, 자선 공연, 구제 / payroll tax (급료 등에 과세되는) 지불 급여세, 급여 원천세

해설 ① 'the government'가 주어이며 시제는 미래이므로 'will begin'이 된다. 그리고 더 많이 지출한다는 것이므로 'pay out more ~'로 표현할 수 있고, 사회보장혜택에 돈을 지출하는 것이므로 전치사 'in'을 사용하여 'in Social Security benefits'로 써야 한다. than 이하의 경우도 비교대상이 '정부가 세금으로 거두어들이는 것'이므로 'the government(it) collects in payroll taxes'가 된다. 여기서의 전치사 in은 방법 또는 목적(이유)을 의미한다고 볼 수 있다. 한편, 여기서 begin은 부정사(to pay out)나 동명사(paying out)를 모두 목적어로 가질 수 있는 동사이다.
② 시제를 미래로 고쳐야 하고(begin → will begin), 'Social Security benefits' 앞에 전치사 'in'을 붙여야 한다. than 이하의 collecting을 collected로 고쳐야 한다.
③ · ④ 의미상 제시문과 차이가 있으며, 문장구조도 어색하다.

[국가직 9급 기출]

08 다음 우리말을 영어로 가장 잘 옮긴 것은?

① 그 모임에 대해 알았더라면 나도 거기에 갔었을 텐데.
→ If I would have known about the meeting, I had gone there too.

② 빛에서 멀어지면 멀어질수록 빛이 덜 밝게 보일 것이다.
→ As far it is from a light, it will look darker.

③ 너의 주장을 뒷받침해주는 서너 개의 증거를 댈 수 있느냐?
→ Will you give us three or four evidences for support of your arguing?

④ 복지 재원의 증가는 전반적인 빈곤을 완화시키는 데 거의 공헌을 하지 못했다.
→ The increase in welfare finance has contributed little to mitigating overall poverty.

어휘 evidence 증거, 흔적 / support (떠)받침[유지], 지지[후원], 찬성, 지지[후원자], 확증[증언, 증거, 받치다, 유지하다, 부양하다, 지지하다 / contribute 기부[기증]하다, 공헌하다 / mitigate 완화하다, 누그러뜨리다, 덜어주다, 진정시키다(= ease, lessen, extenuate, relieve, alleviate) / overall 전부의, 총체적인, 전체로(서)

해설 ④ contribute는 '~공헌하다', '기부(기증)하다'라는 의미이며, 'contribute + 목적어 + to + (동)명사'의 구조를 취한다. 여기서 to는 전치사이므로 다음에 명사나 동명사 등이 온다.
① 과거 사실의 반대를 나타내는 가정법 과거완료구문의 구조는 'If + S + had + p.p., S + 조동사의 과거형 + have + p.p.'이므로, ①의 문장은 'If I had known about the meeting, I would have gone there too'가 되어야 한다.
② '~하면 할수록, 더 ~하다'는 표현은 'the 비교급, the 비교급'으로 표현한다. 따라서 ②는 'The farther it is from a light, the darker it will look'이 되어야 한다.
③ evidence는 불가산명사이므로 그 자체에 복수형의 '-s'를 붙일 수 없으며, 그 수를 표시할 때에는 단위를 나타내는 명사 piece를 써서 'three or four pieces of evidence'로 표현한다.

[지방직 9급 기출]

09 다음 중 우리말을 영어로 잘못 옮긴 것은?

① 우리는 통금시간을 청소년을 괴롭히는 또 다른 방식으로 보지 않는다.

→ We don't look at the curfew as another way to hassle juveniles.

② 불법 이민자 수가 이백만 명에서 천만 명에 이를 것이라고 추산되고 있다.

→ Estimates of illegal immigrants range from two million to ten million.

③ 우리는 더 많은 지식을 얻음으로써 의심을 없앨 수 있다.

→ We can rid ourselves of our suspiciousness only by procuring more knowledge.

④ 여기에 서명하세요, 그렇지 않으면 법적 효과가 없대요.

→ Please sign here, in case it is not valid.

어휘 curfew 만종, 저녁종, 소등(消燈), 소등령, 외출 금지, 야간 통행[외출] 금지 / hassle(hassel) 괴롭히다[들볶다], 말다툼하다[싸우다], 혼란, 싸움[말다툼], 격론 / juvenile 소년(소녀)의, 어린이다운, 젊은, 유치한, 소년 소녀[어린이], 청소년 / estimate 견적, 개산(概算), 추정, 평가, 판단, 평가[견적, 어림, 추정]하다 n. estimation / immigrant 이주자, 이민, 외국인, 이주하는, 내주하는, 이민자의 / suspiciousness 의심[의혹], 혐의 a. suspicious 의심[의혹]의, 의심하는, 의심 많은, 의심스러운 / procure 획득하다(= get, obtain), 마련[조달]하다, 구해[입수해]주다 / valid 근거가 확실한, 정당[타당]한, 유효한, 효과적인 n. validity 정당함[타당성], 확실(성), 효력[유효성], 합법성

해설 ④ 'in case (that)'는 '~한 경우에', '~한 경우를 생각하여[대비하여]'라는 뜻이므로 제시된 우리말의 의미와 맞지 않는다. 따라서 ④의 경우는 'in case'를 'otherwise'나 'or'로 바꾸어야 한다. otherwise는 '(만일) 그렇지 않다면'의 의미이며, 명령문 다음에 오는 or는 '그렇지 않으면'의 의미이다.

① 'look at A as B'는 'A를 B로(B라고) 보다'라는 의미이다. 이는 'A를 B로 보다(생각·간주·치부하다)'는 표현인 'look upon[on] A as B', 'regard[think of, count] A as B', 'consider A (as) B' 등과 유사한 표현이라 할 수 있다.

② 'range from A to B'라는 '범위가 A에서 B까지이다', 'A에서 B까지 걸치다[이르다]'라는 표현이다.

③ 'rid A of B'는 'A에게서 B를 없애대[제거하다]'라는 표현이다.

[국가직 9급 기출]

10 다음 우리말을 영어로 옮긴 것 중 옳지 않은 것을 고르시오.

① 그 일을 한다면 어떤 아이라도 비웃음을 받을 것이다.

→ Any child, who should do that, would be laughed.

② 그는 곧 집에 돌아올 것이다.

→ It will not be long before he comes back home.

③ 어떤 사람들은 별들이 하늘에 붙어 있는 불빛이라고 생각했다.

→ Some thought that the stars were lights attached to the sky.

④ 그가 유죄임에는 의심의 여지가 없다.

→ There is no doubt that he is guilty.

어휘 it will not be long before 머지않아 ~이 될 것이다. 곧 ~할 것이다 / attach 붙이다, 달다, 첨부하다(~ to, on)

해설 ① '~을(를) 비웃다(냉소하다)'라는 표현은 'laugh at'이다. 따라서 '…would be laughed at'이 바른 표현이다.

② it will not be long before ~(곧 ~할 것이다)는 미래의 의미를 나타내는 관용표현이나 다음에 이어지는 (시간) 부사절에서는 미래시제 대신 현재시제가 사용된다. 여기서도 현재시제(comes)를 사용하였다.

③ 현재분사와 과거분사, 형용사(구) 앞의 '주격 관계대명사 + be동사'는 생략될 수 있다. 여기서는 'attached to' 앞에 'which were'가 생략되었다.

④ 'there is no doubt that ~'은 '~은 의심의 여지가 없다[틀림없다]'는 의미이다. 한편, 추상명사(doubt, idea, fact, effect 등) 다음에 나오는 접속사 that은 동격접속사이다.

[지방직 9급 기출]

11 우리말을 영어로 잘못 옮긴 것을 고르시오.

① 그가 전화를 하고 나서야 나는 지갑을 잃어버린 것을 알았다.
→ I did realize I had lost my wallet until he called me.

② 그를 보는 순간, 그가 범인이라는 감이 왔다.
→ The moment I saw him, I had a feeling that he was the criminal.

③ 그는 대통령 선거에서 누가 이기든 상관하지 않을 것이다.
→ He won't care who wins the presidential election.

④ 초록 단추를 눌러야 한다. 그렇지 않으면 작동하지 않을 것이다.
→ You have to press the green button; otherwise it won't work.

어휘 presidential election 대통령 선거 / otherwise 그렇지 않으면

해설 '~하고 나서야 비로소 ~했다'를 나타내는 대표적인 방법은 not A until B이다. I didn't realize I had lost my wallet until he called me가 옳은 표현이다.

[국가직 9급 기출]

12 우리말을 영어로 잘못 옮긴 것을 고르시오.

① 어제 눈이 많이 와서 많은 사람들이 길에서 미끄러졌다.
→ We had much snow yesterday, which caused lots of people slip on the road.

② 그 협정들은 작년 회의에서 합의된 것이다.
→ The arrangements were agreed on at the meeting last year.

③ 나는 트럭이 가까이 다가오는 것을 보고 겁에 질렸다.
→ I got scared when I saw the truck closing up on me.

④ 나는 뒤돌아보지 않고 앞문으로 걸어나갔다.
→ I walked out of the front door without looking back.

어휘 agree on(upon) 합의하다, 의견의 일치를 보다 / scare 두려워하다, 겁먹다, 겁주다, 질겁하게 하다, 위협하여 쫓아버리다 / front door 정면 현관의 문, 앞문, 합법적 수단, 정규의 절차

해설 ① cause 등의 동사는 5형식에서 사용될 때 목적보어로 'to부정사'가 온다(cause + 목적어 + to do). 따라서 ①의 경우 '~ caused lots of people to slip on the road'가 되어야 한다. 이와 같이 to부정사를 목적보어로 취하는 동사로는 allow, ask, expect, cause, enable, encourage, order, force, forbid, believe 등이 있다.
② 협정이 작년에 합의된 것이므로 수동태 과거시제(were agreed on)가 된다. 여기서 'agree on'은 '합의하다(의견 일치를 보다)'는 의미이다.
③ 지각동사 see는 목적보어로 동사원형이나 분사가 올 수 있다. 여기서는 현재분사(closing)가 왔다.
④ 전치사 without 다음에 동명사(looking)가 와서 '~없이', '~하지 않고서' 등의 의미가 된다.

[지방직 9급 기출]

13 밑줄 친 우리말 문장을 영어로 가장 적절하게 옮긴 것은?

> Goods for which the marginal costs are close to zero are inherently public goods and should be made publicly available. Bridges and roads are good examples. Once society has incurred the capital costs of constructing a bridge or road, maximum benefit from the initial investment is gained only if use is not restricted by charging. 따라서 사람들은 무료로 그러한 시설들을 이용할 수 있어야 한다.

① Therefore, people freely such facilities must be able to use.
② Hence, people should be allowed free access to such facilities.
③ Therefore, people must make access to such facilities without charging.
④ Hence, people should be given freedom to such facilities' accession.

어휘 marginal cost 한계 비용[생산가] / inherently 타고나서; 본질적으로, 선천적으로 a. inherent 내재하는 / public goods 공공재, 공공시설(물) / publicly 공공연하게, 공개적으로; 공적으로, 여론에 의해; 정부에 의해 / available 구할[이용할] 수 있는, (사람들을 만날) 시간[여유]이 있는 v. avail 도움이 되다, 소용에 닿다 / initial investment 원시투자, 원초투자[투자를 위한 최초의 지출액] / restricted 제한된, 제한을 받는, 대외비의 v. restrict 제한하다, 한정하다, 방해하다, 통제하다 / allow (무엇을 하도록) 허락하다; 용납하다, (무엇을 가지도록) 허락[허용]하다

해설 'Therefore'와 'Hence' 모두 인과를 나타내는 접속어이다. ②에서 'allow'는 '허락하다'라는 의미로 'should be allowed(허용되어야 한다)'의 수동 형태로 사용되었다. 'access'는 뒤에 전치사구 'to such facilities'가 왔으므로 명사로 사용되었다고 볼 수 있다. 따라서 의미 및 구조상 가장 적절한 것은 ②(Hence, people should be allowed free access to such facilities)이다.

해석 한계비용이 제로에 가까운 재화는 기본적으로 공공재이며 공적으로 이용할 수 있도록 만들어져야 한다. 다리와 도로가 좋은 예이다. 일단 사회에서 다리나 도로를 건설하는 데 드는 자본비용이 발생하면, 초기 투자에서 오는 최대 이익은 요금에 의해 이용이 제한되지 않는 경우에만 얻어진다. 따라서 사람들은 무료로 그러한 시설들을 이용할 수 있어야 한다.

[지방직 9급 기출]

14 우리말을 영어로 잘못 옮긴 것을 고르시오.

① 나는 매달 두세 번 그에게 전화하기로 규칙을 세웠다.
→ I made it a rule to call him two or three times a month.
② 그는 나의 팔을 붙잡고 도움을 요청했다.
→ He grabbed me by the arm and asked for help.
③ 폭우로 인해 그 강은 120cm 상승했다.
→ Owing to the heavy rain, the river has risen by 120cm.
④ 나는 눈 오는 날 밖에 나가는 것보다 집에 있는 것을 더 좋아한다.
→ I prefer to staying home than to going out on a snowy day.

어휘 make it a rule to ~하는 것을 규칙으로 하다, 늘 ~하기로 하고 있다 / grab 붙잡다, 움켜쥐다(= snatch, seize, catch) / owing to ~ 때문에, ~덕택에

해설 ④ 'prefer to 동사원형 [rather than to 동사원형](~하는 것보다 ~하는 것을 더 좋아한다)' 구문이므로, 'to staying'을 'to stay'로 'to going out'을 '(to) go out'으로 고쳐 써야 옳다.
① 'make it a rule to 동사원형(~하는 것을 규칙으로 하다, 늘 ~하기로 하고 있다)' 구문이 옳게 사용된 문장이다.
② 'grab me by the arm(나의 팔을 붙잡다)'라고 신체의 일부를 표시하는 경우, 소유격을 사용하지 않고 정관사 'the'를 사용하여 표현한 것은 올바른 문장이다.
③ 'owing to(~때문에, ~덕택에)'는 원인을 나타내며, 'rise'는 자동사로써 바르게 사용되었다.

[국가직 9급 기출]

15 다음 중 우리말을 영어로 잘못 옮긴 것은?

① 그는 결코 당신을 속일 사람이 아니다.
  → He is the last person to deceive you.
② 그는 주먹다짐을 할 바에야 타협하는 것이 낫다고 생각한다.
  → He would much rather make a compromise than fight with his fists.
③ 프레스코는 이태리 교회의 익숙한 요소이기 때문에 이것을 당연하게 생각하기 쉽다.
  → Frescoes are so familiar a feature of Italian churches that they are easy to take it for granted.
④ 그는 대학에 다니지 않았지만 아는 것이 아주 많은 사람이다.
  → Even though he didn't go to college, he is a very knowledgeable man.

어휘 deceive 속이다, 기만하다 / make[arrange] a compromise 타협하다 / fist 주먹, 쥐다, ~을 때리다 / knowledgeable 박식한, 정통해 있는, 지성이 있는

해설 ③ easy, difficult 등의 형용사는 원칙적으로 사람을 주어로 할 수 없는 형용사인데, 이러한 형용사가 사용되는 경우 보통 'it be+형용사+for 목적어+to do'의 구조로 사용된다. 여기서 it은 가주어이고 to부정사는 진주어이며, 'for 목적어'는 의미상 주어인데, 의미상 주어가 일반인을 나타내거나 주절의 주어와 같은 경우 종종 생략된다. 또한 '~을 당연하게 여긴다'는 표현은 'take ~ for granted'이다. 따라서 ③의 'they are easy to take it for granted'는 'it is easy to take them(= frescoes) for granted' 또는 'they(= frescoes) are easy to take for granted'로 고쳐야 한다. 한편, '너무 ~해서 (그 결과) …하다'라는 뜻의 관용어구는 'so ~ that …'이며, 'so[as, too, how]' 등은 다음에 '형용사+a(n)+명사'의 어순이 된다.
① the last person[man] to ~ 절대[결코] ~하지 않을 사람
② would rather A than B B하느니 차라리 A하다
④ even though[if] 〈양보의 접속사〉비록 ~할지라도, 비록 ~라(고) 하더라도

[지방직 9급 기출]

16 우리말을 영어로 잘못 옮긴 것은?

① 모든 정보는 거짓이었다.
  → All of the information was false.
② 토마스는 더 일찍 사과했어야 했다.
  → Thomas should have apologized earlier.
③ 우리가 도착했을 때 영화는 이미 시작했었다.
  → The movie had already started when we arrived.
④ 바깥 날씨가 추웠기 때문에 나는 차를 마시려 물을 끓였다.
  → Being cold outside, I boiled some water to have tea.

어휘 apologize 사과하다, 사죄하다 n. apology 사과, 사죄

해설 해당 문장을 절로 바꾸면 "Because it was cold outside, I boiled some water to have tea."인데, 주절의 주어는 'I'이고 종속절의 주어는 날씨를 나타내는 비인칭 주어 'it'이다. 따라서 해당 문장은 주절의 주어와 종속절의 주어가 서로 다른 독립분사구문의 형태가 되어 'it'을 생략하면 안 되므로, "It being cold outside, ~"가 되어야 옳다.

[지방직 9급 기출]

17 우리말을 영어로 잘못 옮긴 것은?

① 비가 그치면 나는 외출할 것이다.
→ I will go out if the rain stops.

② 네가 집에 오면 나는 그것을 이미 끝냈을 것이다.
→ I will be finished it if you come home.

③ 내가 기다린 지 한 시간 만에 그가 나타났다.
→ I had waited for an hour before he appeared.

④ 그는 3년 후에 대학을 졸업할 것이다.
→ He will graduate from college in three years.

어휘 appear 나오다, 나타나다, 출현하다 / graduate from ~ (~를) 졸업하다

해설 ② '이미 끝냈을 것이다'라는 의미는 미래의 일정 시점에 그것이 완료된다는 것을 의미하므로, 미래시제가 아니라 미래완료시제(will+have+p.p.)가 되어야 한다. 또한, 수동태 뒤에 목적어(it)가 위치한 것도 어법상 틀렸다. 수동태로 전환할 때, 3형식 문장에서의 목적어는 수동태 문장의 주어가 된다. 따라서 ②를 영어로 바르게 옮기면 'I will have finished it if you come home.'가 된다.
① 시간이나 조건의 부사절에서는 현재(완료)시제가 미래(완료)시제를 대신하므로, 'will stop'이 아닌 'stops'가 되었다.
③ 과거보다 한 시제 앞설 때는 과거완료시제(had+p.p)를 사용한다. 여기서는 그가 나타난 시점(과거) 이전부터 기다린 것이므로 과거완료(had waited)가 사용되었다.
④ 'graduate from'은 '(~를) 졸업하다'는 표현이다. 여기에서 전치사 in은 시간의 경과(~후에, ~만에)를 나타낸다.

[국가직 9급 기출]

18 우리 말을 영어로 잘못 옮긴 것을 고르시오.

① 예산이 빡빡해서 나는 15달러밖에 쓸 수가 없다.
→ I am on a tight budget so that I have only fifteen dollars to spend.

② 그의 최근 영화는 이전 작품들보다 훨씬 더 지루하다.
→ His latest film is far more boring than his previous ones.

③ 우리 회사 모든 구성원의 이름을 기억하다니 그는 생각이 깊군요.
→ It's thoughtful of him to remember the names of every member in our firm.

④ 현관 열쇠를 잃어버려서 안으로 들어가기 위해 나는 벽돌로 유리창을 깼다.
→ I'd lost my front door key, and I had to smash a window by a brick to get in.

어휘 latest 최신의, 최근의, 가장 늦은 / smash 분쇄하다, 부수다, 완패시키다[격파하다], 타파하다, 없애다, 강타하다

해설 ④ 벽돌로 창문을 깼다(smash a window by a brick)고 할 때, 벽돌은 도구 또는 수단에 해당하므로 전치사 'by'를 'with'로 고쳐야 한다. 전치사 by는 행위자, 경유·운수·전달의 수단, 방법, 원인 등을 나타내어 '~에 의하여'라는 의미가 되며, 전치사 with는 도구, 수단, 재료 등을 나타내어 '~으로', '~을 사용하여'라는 의미가 된다.
① 'so that' 구문의 경우 주로 '목적(~하기 위해)'을 나타내며(이 경우 보통 that절에 조동사가 사용됨), '~, so that …', 'so ~ that …'의 구조로 사용되어 '결과(너무 ~해서 …하다)'를 나타내기도 한다. '결과'를 표현하는 경우 'so that' 앞에 주로 comma(,)를 사용하지만 ①과 같이 생략하는 경우도 있다.
② latest는 '최근의'라는 의미이며, far는 비교급을 강조하는 말로 적절하다(비교급 강조하는 것으로는 far, by far, much, still, even, a lot 등이 있음). 또한 'His latest film'이 지루하다는 능동의 의미이므로 주격보어는 현재분사(boring)가 된다. 여기서 비교 대상이 되는 'ones'는 'films'를 대신하는 대명사이다.
③ thoughtful과 같이 사람의 성품·성향 등을 표현하는 형용사가 있는 경우 부정사의 의미상 주어는 'of+목적어'의 형태로 사용되므로 'of him to remember ~'가 되었다. every 다음에는 단수명사(member)가 오는 것도 적절하다.

[지방직 9급 기출]

19 우리말을 영어로 잘못 옮긴 것은?

① 그는 마치 자신이 미국 사람인 것처럼 유창하게 영어로 말한다.
→ He speaks English fluently as if he were an American.

② 우리 실패하면 어떻게 하지?
→ What if we should fail?

③ 만일 내일 비가 온다면, 나는 그냥 집에 있겠다.
→ If it rains tomorrow, I'll just stay at home.

④ 뉴턴이 없었다면 중력법칙은 발견되지 않았을 것이다.
→ If it was not for Newton, the law of gravitation would not be discovered.

어휘 fluently 유창하게, 우아하게 / law of gravitation 만유인력의 법칙

해설 ④ 과거사실에 대한 반대 가정이므로 가정법 과거완료가 되어야 한다. 따라서 'If it had not been for Newton, the law of gravitation would not have been discovered.'로 고쳐야 한다. 가정법 과거완료의 구조는 'If+주어+had+과거분사, 주어+과거형 조동사+have+과거분사'가 된다.

① 'as if[as though] 가정법'의 경우, 주절의 동사와 같은 때의 내용을 나타내는 경우(종속절의 시점이 주절의 시점과 동일한 경우) 가정법 과거로 표현하며, 이때 be 동사도 'were'로 쓴다. 여기서는 그가 유창하게 영어를 말하는 시점과 미국 사람인 것처럼 가정한 것이 동일 시점이므로 가정법 과거가 된다.

② 'what if + 주어 + should + 동사원형?'의 형태는 '만일 ~하면 어떻게 하지?'의 의미가 된다. 이 경우 'should+동사원형' 대신에 동사의 현재형을 쓰기도 한다.

③ 시간이나 조건의 부사절에서는 미래 대신 현재시제를 사용하므로, 조건절(If it rains tomorrow) 내의 동사도 현재시제(rains)로 써야 한다.

[지방직 9급 기출]

20 다음 우리말을 영어로 가장 잘 옮긴 것은?

> 그 회사의 마케팅 전략은 대금을 신용카드로 지불하는 것에 익숙한 소비자들을 겨냥하고 있다.

① The company's marketing strategy appeals to the consumers who are accustomed to pay bills by credit cards.

② Company's marketing strategy points toward the consumers who accustom to paying bills by credit cards.

③ The company's marketing strategy appeals to the consumers who are accustomed to paying bills by credit cards.

④ Company's marketing strategy point toward the consumers who accustom to pay bills by credit cards.

어휘 company 교제[사귐], 사교(계), 동석[동행], 친구, 모임, 손님, 회사[상사] / marketing strategy 마케팅 전략 / appeals to 간청[호소]하다, 상소하다, 마음에 들다, 인기[흥미]를 끌다 / bill 계산서[청구서], 청구 대금, 어음, 증권[증서], 지폐, 법안 / point toward ~를 향해 있다[가리키다, 지향하다]

해설 ③ '~에 익숙하다'는 표현은 'be accustomed to ~'이며, 'to'는 전치사이므로 다음에 명사나 동명사가 온다. 따라서 ③이 가장 옳다. 여기서 'company'는 특정된 회사를 의미하므로 정관사(the)를 동반한다.

① to pay → to paying

② Company → The company, accustom to → are accustomed to

④ Company → The company, accustom to pay → are accustomed to paying

기출문제 정답

01 ② 02 ①,③ 03 ② 04 ③ 05 ③ 06 ③ 07 ① 08 ④ 09 ④
10 ① 11 ① 12 ① 13 ② 14 ④ 15 ③ 16 ④ 17 ② 18 ④
19 ④ 20 ③

제 4장

생활영어
(Daily Conversation)

제1절 기본표현 익히기

1. 인사·소개의 기본 표현

▶ James 씨(氏), 이 분이 박 씨(氏)입니다.

Mr. James, this is Mr. Park.

Mr. James, let me introduce Mr. Park.

Mr. James. May I introduce Mr. Park to you?

Mr. James, allow me to introduce Mr. Park.

▶ 처음 뵙겠습니다. 만나서 반갑습니다.

Hello? Glad to meet you.

I'm pleased to know you.

It's a pleasure to know you.

I'm delighted to meet you.

▶ 제 소개를 하겠습니다.

May I introduce myself to you?

Let me introduce myself.

▶ 어떻게 지내십니까?

How have you been?

How are you getting along?

How are you doing?

How are things going?

▶ 무슨 일 있어요? / 어떻게 지내요? (인사말)

What's new?

What's up?

▶ 그럭저럭 지냅니다.

Nothing much.

The same as ever.

Nothing in particular.

Just surviving.

▶ 오래간만입니다.

Long time no see.

It's a long time since I saw you last time.

I haven't seen you for a long time.

▶ Gale 씨(氏)에게 안부 전해주세요.

Remember me to Mr. Gale.

Give my best regards to Mr. Gale.

Give Mr. Gale my regards.

Say hello to Mr. Gale.

▶ 몸조심하세요.

Take care of yourself.

Take it easy.

▶ 성함이 어떻게 되십니까?

May I have your name, please?

How should I address you?

▶ 이름의 철자가 어떻게 되십니까?

How do you spell your name?

▶ 고향이 어디입니까?

Where are you from?

Where do you come from?

▶ 직업이 무엇입니까?

What's your job?

What do you do for your living?

What line are you in?

What business are you in?

What's your line?

How do you make your living?

▶ 계속 연락하고 지냅시다.

Let's get[keep] in touch.

▶ 연락처가 어떻게 되시죠?

How can I get in touch with you?

How can I reach you?

▶ 가족이 몇 분이나 되세요?

How many are there in your family?

How big is your family?

▶ 우리 가족은 모두 5명입니다.

There are five people in my family.

We are a family of five in all.

2. 전화 기본 표현

▶ 누구시죠?

Who's calling?

Who is this speaking?

Who's this?

Who am I speaking to?

▶ 누구와 통화하시겠습니까?

Who do you want to speak to?

Who are you calling?

▶ Mr. Choi를 바꿔주세요.

May I speak to Mr. Choi?

Is Mr. Choi available now?

Give me Mr. Choi (on the line).

Is Mr. Choi in?

I'd like to speak[talk] to Mr. Choi.

How can I reach Mr. Choi?

▶ 자리에 있는지 알아보겠습니다.

I'll see if he(she) is in now.

▶ Mr. Choi를 연결해드리겠습니다.

I'll put you through to Mr. Choi.

I'll connect you to Mr. Choi.

I'll transfer you to Mr. Choi.

▶ 잠깐 기다리세요.

Hold on, please.

Stay[Hold] on the line, please.

▶ 통화 중이십니다.

The line is busy.

He[She]'s on another line.

He[She]'s still on the line.

He[She]'s taking another call.

▶ 곧 돌아오실 겁니다.

He[She] will be back[here] in a minute.

▶ 메시지를 남기시겠습니까?

Can I have your message, please?

Would you like to leave a message?

May I take your message?

▶ 전화 바꿨습니다.

Speaking.

This is he[she].

This is he[she] speaking.

▶ 휴대전화 좀 쓸 수 있을까요?

May I use your cellphone?

Let me use your cellphone, please.

▶ 용건만 간단히 말해주세요.(전화를 혼자서만 쓰지 마세요)

Please don't hog the phone.

▶ 당신에게 전화 왔습니다.

There's a call for you.

I have a call for you now.

You are wanted on the phone.

▶ 지금 자리에 안 계십니다.

I'm afraid he[she] is not here right now.

He[She] has just stepped out.

He[She] is not in at the moment.

He[She] is out now.

▶ 그런 분 안 계십니다.

There's no one here by that name.

There's no such a person.

▶ 전화 잘못 거셨습니다.

You have the wrong number.

▶ 전화가 혼선입니다.

The lines are crossed.

The line is crossed.

▶ 다시 전화 드리죠.

I'll call you back later.

3. 시간·날짜·날씨의 기본 표현

▶ 지금 몇 시입니까?

Do you have the time?

What's the time?

Can you tell me the time?

What time do you have?

▶ 시간 있으세요?

Do you have time?

Can you spare a moment?

May I have a moment of your time?

▶ 저는 지금 바쁜데요.

I'm busy now.

I'm tied up now.

I have no time to spare.

▶ 그 분은 퇴근했습니다.

He's left for the day.

He's gone for the day.

He's out for the day.

▶ 잠깐 자리를 비우셨습니다.

He's just stepped out.

He's just popped out.

You've just missed him.

▶ 몇 시까지 출근합니까?

What time do you report for work?

▶ 몇 시에 퇴근합니까?

When do you get off?

▶ 오늘은 그만 합시다.

Let's call it a day.

It is so much for today.

▶ 아슬아슬했습니다.

That was close.

That was a close shave[call].

▶ 천천히 하세요. 급하지 않습니다.

Take your time. I'm in no hurry.

▶ 오늘이 무슨 날이죠?

What's the occasion?

▶ 오늘이 며칠이죠?

What's the date today?

What day of the month is it today?

▶ 오늘은 11월 1일입니다.

It's November (the) first.

It's the first of November.

▶ 오늘이 무슨 요일이죠?

What day is (it) today?

What day of the week is (it) today?

▶ 당신 시계가 정확한가요?

Is your watch correct?

▶ 제 시계는 5분 빠릅니다.

My watch gains five minutes.

My watch is five minutes fast.

▶ 제 시계는 5분 느립니다.

My watch loses five minutes.

My watch is five minutes slow.

▶ 제 시계는 시간이 정확합니다.

My watch keeps good time.

▶ 오늘은 날씨가 어떻습니까?

How's the weather today?

What's the weather like today?

What's the weather forecast for today?

▶ 비가 많이 내립니다.

It's raining cats and dogs.

It's raining in torrents.

▶ 비가 오다 말다 합니다.

It's raining off and on.

▶ 오늘은 쌀쌀합니다.

It's chilly.

▶ 오늘은 매우 춥습니다.

It's biting[cutting] cold.

▶ 오늘은 덥고 습합니다.

It's hot and humid.

▶ 오늘은 매우 덥습니다.

It's muggy.

It's sizzling.

It's boiling hot.

▶ 지금 기온이 어떻게 되죠?

What is the temperature now?

▶ 아마 (화씨) 55도가량 될 거예요.

I'd say it's about 55 degree.

▶ 정말 날씨 좋죠?

It's a beautiful day, isn't it?

Nice day, isn't it?

▶ 7, 8월은 대단히 덥습니다.

July and August are sizzlers.

▶ 바깥 날씨가 어떻습니까?

How is the weather out there?

▶ 비가 올 것 같나요?

Do you think it might rain?

▶ 바깥 기온이 영하로 떨어졌겠는데요.

It must be below zero out there.

▶ 당신 고향의 기후는 어떻습니까?

What is the weather like in your hometown?

4. 길 안내의 기본 표현

▶ 시청 가는 길을 가르쳐 주세요.

Could you tell me the way to the city hall?

Where is the city hall?

Will you direct me to the city hall?

How can I get to the city hall?

▶ 여기서 시청까지 거리가 어떻게 됩니까?

How far is it from here to the city hall?

▶ 지하철로 10분 정도 걸립니다.

It takes about 10 minutes to go there by subway.

▶ 앞으로 쭉 가세요.

Go straight ahead.

Keep going straight.

▶ 길 맞은편에 있습니다.

It's across the street.

▶ 교차로에서 오른쪽으로 가세요.

Turn to the right at the intersection.

▶ 틀림없이 찾으실 겁니다.

You can't miss it.

You'll never miss it.

▶ 미안하지만 길을 모릅니다.

I'm sorry, but I am a stranger here.

I'm sorry, but I don't know this area.

I'm sorry, but I'm not familiar with this area.

▶ 청계천 가는 버스는 어디서 타면 됩니까?

Where can I take the bus to Cheonggye Stream?

▶ 제가 아는 한에는 아닙니다.

Not that I know of.

▶ 이 버스는 어디로 갑니까?

Where is this bus bound for?

▶ 어디서 갈아타야 하죠?

Where do I have to transfer?

▶ 길을 잃었습니다.

I'm lost.

I got lost.

▶ 어디 가는 길이십니까?

Where are you heading (for)?

Where are you headed (for)?

5. 교통 기본 표현

▶ 여기까지 어떻게 오셨습니까?

How did you come here?

▶ 지하철로요. / 걸어서요.

By subway. / On foot.

▶ 타세요.

Get in.

Hop in.

▶ 어디로 모실까요?

Where to, sir?

▶ 인천국제공항까지 갑시다.

Take me to the Incheon International Airport.

▶ 안전벨트를 매세요.

Fasten your seat belt, please.

▶ 여기서 우회전 하세요.

Take a right turn here.

▶ 여기 세워 주세요.

Please pull over right here.

Let me off here, please.

▶ 다 왔습니다.

Here you[we] are.

▶ 요금이 얼마입니까?

How much do I owe you?

What's the fare?

▶ 나는 버스로 통근합니다.

I commute by bus.

▶ 시청까지 몇 정거장 더 갑니까?

How many more stops to the city hall?

▶ 교통이 막혔다.

The traffic is jammed.

The street is jammed with traffic.

The traffic is backed-up.

The traffic is heavy.

The traffic is bumper to bumper.

The traffic is congested.

▶ 교통체증에 갇혔다.

I got stuck in traffic.

I was caught in a traffic jam.

I was tied up in traffic.

6. 부탁·제안·약속의 기본 표현

▶ 제가 창문을 열어도 됩니까?

Would you mind my opening the window?

▶ 물론이죠. (mind로 묻는 질문에 대한 대답)

Of course not.

No, I don't mind.

No, not at all.

Not in the least.

No, certainly not.

▶ 담배를 피워도 될까요?

Would[Do] you mind if I smoke?

Mind if I smoke?

Do you mind my smoking?

▶ 싫은데요. (mind로 묻는 질문에 대한 대답)

Yes, I mind.

▶ 부탁 좀 들어주시겠습니까?

May I ask a favor of you?

Will you do me a favor?

▶ 도와주시겠습니까?

Can[Would] you give[lend] me a hand?

▶ 자리 좀 맡아주시겠습니까?

Can[Would] you save my place?

▶ 차 좀 태워주시겠습니까?

Can[Would] you give me a lift[ride]?

▶ 기꺼이 해드리죠.

Sure thing.

No problem.

No sweat.

Why not?

Be my guest.

With great pleasure.

▶ 어떻게든 해보죠.

By all means.

▶ 들어보고 결정하죠.

It depends.

▶ 영화관에 가는 게 어때요?

How about going to the movies?

What do you say to going to the movies?

▶ 좋습니다.

That's a good idea.

Why not.

That would be nice.

▶ 지금 어떤 영화를 하고 있는데요?

What's on?

▶ (약속시간을) 언제로 할까요?

When can you make it?

▶ 편하게 계세요.

Please make yourself at home.

Please make yourself comfortable.

▶ 좋으실 대로 하십시오.

Suit yourself.

Do as you please.

Have it your own way.

It's up to you.

▶ 남의 일에 상관 마세요.

Mind your own business.

It's none of your business.

7. 감사·사과의 기본 표현

▶ 대단히 감사합니다.

Many thanks.

I'm so grateful.

I'm much obliged to you.

I appreciate it.

▶ 천만에요.

You're welcome.

Not at all.

It's a pleasure.

Don't mention it.

It's my pleasure.

The pleasure is mine.

▶ 죄송합니다.

I'm sorry.

Excuse me.

Forgive me.

I beg your pardon.(문장 끝의 억양을 내리면 '죄송합니다', 억양을 올리면 '다시 한 번 말씀해 주세요.')

▶ 괜찮습니다.

That's all right.

Never mind.

Forget it.

Don't bother.

Don't worry about it.

It doesn't matter.

▶ 어쩔 수 없었습니다.

I had no choice.

I couldn't help it.

8. 공항·호텔 기본 표현

▶ 여권을 보여주십시오.

Please show me your passport.

Your passport, please.

▶ 탑승권을 보여주십시오.

Please show me your boarding pass.

Would you show me your boarding pass, please?

▶ 국적이 어떻게 됩니까?

What is your nationality?

Where are you from?

▶ 방문 목적이 무엇입니까?

What's the purpose of your visit?

▶ 관광하러 왔습니다.

I am travelling for sightseeing.

I am here on a tour.

I am here to see the sights.

▶ 사업 차 왔습니다.

I am here on business.

▶ 얼마나 체류하실 예정입니까?

How long are you staying?

How long are you going to stay?

▶ 신고하실 것이 있습니까?

Anything to declare?

▶ 8시 30분 항공편에 예약해주세요.

I want to make a reservation for 8:30 flight.

Book me for the 8:30 flight, please.

▶ 편도입니까, 왕복입니까?

One way ticket or return?

▶ 예약을 재확인하고 싶습니다.

I want to reconfirm my reservation.

▶ 금연석을 원하세요, 아니면 흡연석을 원하세요?

Would you like to sit in the non-smoking or the smoking section?

▶ 창문가를 원하세요, 아니면 통로 쪽을 원하세요?

Window seat or aisle?

▶ 빈방 있습니까?

I want a room, please.

Do you have a vacancy?

▶ 예약하셨습니까?

Do you have a reservation?

▶ 방을 예약하고 싶습니다.

I'd like to make a reservation.

I'd like to book a room.

▶ 독방의 숙박비는 얼마입니까?

What's the rate[charge] for a single room?

How much do you charge for a single room?

▶ 체크아웃 하겠습니다. 계산서 부탁합니다.

I'm checking out. Will you make out my bill?

9. 은행·우체국 기본 표현

▶ 예금 계좌를 개설하고 싶습니다.

I'd like to open an account.

▶ 50달러를 인출(예금)하려고 합니다.

I'd like to withdraw(deposit) 50 dollars.

▶ 예금 잔고를 알고 싶습니다.

I want to know my balance.

▶ 수표를 현금으로 바꿔주십시오.

I'd like to cash this check.

▶ 수표 뒷면에 배서해주십시오.

Could you endorse the reverse side of this check, please?

▶ 잔돈으로 바꿔주시겠습니까?

Could you break this?

▶ 어떻게 바꿔드릴까요?

How do you want this?

▶ 오늘 환율이 어떻게 됩니까?

What's the exchange rate today?

▶ 이 편지를 등기우편으로 보내주십시오.

I'd like to send this letter by registered mail.

I want to register this letter.

▶ 이 편지를 속달로 부쳐주세요.

I'd like to send this letter by express delivery.

▶ 이 소포를 항공우편으로 보내주십시오.

I'd like this package sent by airmail.

▶ 50달러를 우편환으로 바꿔주십시오.

I'd like to buy a money order for 50 dollars.

10. 식당·술집 기본 표현

▶ 스테이크를 어떻게 해드릴까요?

How do you like your steak?

How would you like your steak?

▶ 덜 익힌 것 / 중간 정도 익힌 것 / 바짝 익힌 것으로 주세요.

Rare / Medium / Well-done, please.

▶ 무엇을 주문하시겠습니까?

May I take your order?

▶ 저도 같은 걸로 주세요.
Same here, please.
The same for me.

▶ 주문하셨습니까?
Are you being served?

▶ 네, 이미 주문했습니다.
Yes, we're already being served.

▶ 커피를 어떻게 드시겠습니까?
How do you like your coffee?

▶ 소금 좀 건네주세요.
Would you please pass me the salt?
Would you mind passing me the salt?

▶ ~을 마음껏 드세요.
Help yourself to ~

▶ 많이 먹었습니다.
I've had enough.
I'm full.
That's enough.

▶ 계산서 주세요.
Check, please.

▶ 서비스입니다.
This is on the house.

▶ 제가 사겠습니다.
This is on me.
I'll pick up the tab.
Let me treat you.
Let me have the bill.

▶ 반반씩 냅시다.
Let's go Dutch.
Let's split the bill.
Let's go halves.
Let's go fifty-fifty.
Let's go half and half.

▶ 건배!
Cheers!
Let's make a toast!
Bottom up!
No heeltaps!

11. 상점·쇼핑 기본 표현

▶ 그냥 구경 중입니다.
I'm just browsing.
I'm just looking around.

▶ 이것이 당신에게 잘 어울립니다.
This looks good on you.
This goes well with you.

▶ 입어보시겠습니까?
Why don't you try it on?

▶ 입어봐도 될까요?
Can I try it on?
May I try it on?

▶ 권하시는 상품이 있습니까?
Do you have any suggestions?

▶ 이건 어떻습니까?
How about this one?
How do you like this one?

▶ 얼마입니까?

How much is it?

What's the price?

How much do I owe you?

How much does it cost?

▶ 가격이 싸군요 / 적당하군요 / 비싸군요.

The price is low / reasonable / high.

▶ 할부로 구입할 수 있습니까?

Can I pay for this in installments?

▶ 조금 깎아주세요.

Can I get a discount on this?

Can't you cut down just a bit more?

Can you make it cheaper?

▶ 정말 싸게 드리는 겁니다. / 정말 싸군요.

It's a real bargain.

▶ 얼마 정도 원하십니까?

What's your price range?

▶ (당신은) 바가지를 썼다.

That's a rip-off.

▶ 이것을 환불받고 싶습니다.

I'd like to get a refund on this.

▶ 영수증 있으세요?

Do you have the receipt?

12. 기타 기본 표현

▶ 그는 전혀 손재주가 없다.

His fingers are all thumbs.

▶ 까먹었습니다.

It slipped my mind.

▶ 살다 보면 그럴 수 있죠.

Well, these things happen.

▶ 별일 아니에요.

It's no big deal.

▶ 지난 일은 잊읍시다.

Let bygones be bygones.

▶ 누구시죠?

Do I know you?

▶ 몰라보게 변했군요.

You've changed beyond recognition.

▶ 아직 결정되지 않았습니다.

It's up in the air.

▶ 땡전 한 푼도 없다.

I'm (flat / dead) broke.

▶ 설마, 농담이죠?

Are you kidding?

Are you pulling my leg?

You must be kidding.

▶ 그럴 줄 알았다니까.

That figures.

▶ 먼저 하세요.(상대에게 양보하면서)

After you, please.

Go ahead.

▶ 그건 누워서 떡 먹기죠.

It's a piece of cake.

It's a cinch.

Nothing is easier.

▶ 꼴좋다.

It serves you right.

▶ 천만에 말씀.(싫다.)

No way.

▶ 오늘 몸이 좀 안 좋다.

I'm out of sorts today.

I'm feeling off today.

I'm not feeling myself today.

I'm under the weather today.

▶ 감기 기운이 있어.

I'm coming down with a cold.

▶ 잉크가 떨어졌어요.

I've run out of ink.

▶ 내 입장에서 생각해봐.

Put yourself in my shoes.

▶ 너하고는 끝이야.(헤어지겠어.)

I'm through with you.

▶ 이 자리 비었습니까?

Is this seat occupied[taken]?

▶ 두고 보자.

You'll pay for this.

▶ 미치겠군.

It drives me mad.

It drives me nuts.

It drives me bananas.

It drives me up the wall.

It drives me crazy.

▶ 과연, 아니나 다를까.

Sure enough.

▶ 말 돌리지 말고 요점만 말해.

Don't beat around the bush.

Let's get to the point.

Let's get down to business.

Get to the bottom of this.

▶ 우연히 좋은 생각이 떠올랐다.

I have hit upon a good idea.

제2절 생활영어 문제 연습

※ 다음 대화의 흐름으로 보아 빈칸에 들어갈 가장 적절한 것을 고르시오. (01~02)

[국가직 9급 기출]

01

> A : You know, I'm getting transferred to Seoul.
> B : Seoul? Is that good or bad?
> A : Oh, I was hoping for it.
> B : _____.

① I really wanted to go to Seoul
② Oh, it's not easy for me
③ In that case, I'm happy for you
④ I appreciate your patience

어휘 transfer 옮기다, 전임[전학]시키다, 이동하다, 갈아타다, 이전, 이동, 전임, 이송, 환승 / hope for ~을 바라다, 희망하다 / in that case (만약) 그러한 경우에는, 그런[이런] 경우에는, 그러면 / patience 인내(심), 참을성, 끈기 a. patient

해설 B의 첫 번째 대화에서 그것이(전근 가게 된 일이) 좋은 일인지 안 좋은 일인지 물었는데, 이에 대해 A는 바라던 일(I was hoping for it)이라 했으므로 그에 대한 B의 대답으로는 그 사실을 함께 기뻐해 주거나 축하해주는 대답이 자연스럽게 이어질 수 있다. 따라서 'I'm happy for you(네가 잘돼서 기뻐)'가 가장 적절하다.

해석 A : 있잖아, 나 서울로 전근 가게 될 거야.
　　　 B : 서울? 그게 좋은 거야 나쁜 거야?
　　　 A : 난 그러길 바라고 있었어.
　　　 B : 그렇다면, 난 네가 잘돼서 기뻐.
　　　 ① 나는 정말 서울에 가고 싶었어.
　　　 ② 그것은 나한테 쉽지 않아.
　　　 ③ 그런 경우라면, 나는 네가 잘돼서 기뻐(너 때문에 기뻐).
　　　 ④ 인내해줘서(기다려줘서) 고마워.

[국가직 9급 기출]

02

> A : It doesn't make sense. Why should the power go off all of a sudden and the phone line?
> B : Maybe some kind of an electrical storm or something.
> A : _____ Sky's just as blue as anything. Not a cloud. No lightening. No thunder. Nothing. How could it be a storm?

① That doesn't seem likely.
② You got the point.
③ Guess what?
④ I think so.

어휘 make sense 이치에 닿다[도리에 맞다], 뜻이 통하다, (행동 등이) 이해할 수 있다 / go off (전등 등이) 꺼지다, 나가다[발사되다], 터지다[폭발하다], 잠들다[의식을 잃다], 가라앉다, 떠나버리다, 도망가다, 벗어나다, (일이) 되어가다, 죽다, 떨어지다 / all of a sudden 갑자기, 뜻밖에, 돌연히 / electrical(electric) storm 심한 뇌우(雷雨) cf. electrical 전기에 관한, 전기의 / or something ~인지 무엇인지, 뭐라더라 / as ~ as anything (비할 수 없을 만큼) 아주, 굉장히 / thunder 우레, 천둥, 천둥치다, 큰 소리를 내다, 극구 비난하다 / get the point 이야기의 요점[논지]을 이해하다 / guess what (새로운 소식을 전할 때) 자, 들어 봐(= You know what)

해설 앞에서 B가 뇌우 같은 것 때문에 전기와 전화가 나간 것 같다고 말했는데, 빈칸 다음의 A는 날씨가 맑고 천둥이나 번개도 없다고 했으므로, 빈칸에는 B의 말에 동의하지 않는 반대나 부정의 표현이 와야 한다. 제시된 내용 중에서 이에 가장 부합하는 것은 'That doesn't seem likely(그런 것 같지 않다)'이다.

해석 A : 이해할 수 없어요. 왜 갑자기 전원이 나가고 전화가 안 되죠?
　　　 B : 아마도 뇌우 같은 것 때문에 그런 것 같은데요.
　　　 A : 그런 것 같지 않아요. 하늘은 아주 푸르고 구름 한 점 없고, 번개도 천둥도 아무 것도 없어요. 어떻게 폭풍일 수 있겠어요?
　　　 ① 그런 것 같지 않아요.
　　　 ② 당신은 논점을 이해했어요.
　　　 ③ 자, 들어보세요.
　　　 ④ 나도 그렇게 생각해요.

[국가직 9급 기출]

03 밑줄 친 부분에 가장 적절한 것은?

> A : I saw the announcement for your parents'
> 25th anniversary in yesterday's newspaper.
> It was really neat. Do you know how your
> parents met?
> B : Yes. It was really incredible, actually, very
> romantic. They met in college, found they
> were compatible, and began to date. Their
> courtship lasted all through school.
> A : No kidding! That's really beautiful. I haven't
> noticed anyone in class that I could fall in
> love with!
> B : _____. Oh, well, maybe
> next semester!

① Me neither
② You shouldn't blame me
③ It is up to your parents
④ You'd better hang about with her

어휘 announcement 발표 (내용), 소식 / neat 뛰어난, 훌륭한, 정돈된, 단정한, 말쑥한 / incredible 믿을 수 없는, 믿기 힘든 / compatible (두 사람이 생각·흥미 등이 비슷하여) 화합할 수 있는[사이좋게 지낼], (특히 컴퓨터가) 호환이 되는 / courtship (결혼 전의) 교제[연애] (기간) / no kidding 정말이야[진짜 그래], 진심이야[농담이 아냐] / semester (미국에서) 학기 / blame …을 탓하다, … 책임[때문]으로 보다, 책임; 탓 / hang about with ~와 많이 어울리다[많은 시간을 보내다]

해설 사랑에 빠질 만한 사람을 찾지 못했다는 A의 말에 B가 아마 다음 학기에는 있을 거라고 대답하고 있으므로, 밑줄 친 부분에는 A의 말에 동의하는 'Me neither'가 들어가는 것이 적절하다.

해석 A : 어제 신문에서 너희 부모님의 결혼 25주년 기념일 발표를 보았어. 진짜 멋지더라. 너는 너희 부모님께서 어떻게 만났는지 알고 있니?
B : 응. 정말 믿을 수 없지만, 사실, 아주 낭만적이야. 그들은 대학에서 만났는데 서로 잘 맞는다는 걸 알게 되었고 데이트를 하기 시작했어. 그들의 교제는 학창시절 내내 지속되었지.
A : 진짜? 정말 아름답다. 나는 반에서 사랑에 빠질 만한 사람을 아무도 찾지 못했는데.
B : 나도 마찬가지야. 아마 다음 학기에는 있겠지!
① 나도 마찬가지야.
② 너는 나를 비난해서는 안 돼.
③ 그것은 너의 부모님께 달려 있어.
④ 너는 그녀와 함께 시간을 보내는 것이 좋을 거야.

※ 다음 대화의 흐름으로 보아 밑줄 친 부분에 들어갈 가장 적절한 표현을 고르시오. (04~05)

[지방직 9급 기출]

04

> A : As beginners, we just have to take it on
> the chins and move on.
> B : _____.

① Don't talk around.
② You make no sense.
③ Oh, it's on the tip of my tongue.
④ You are telling me.

어휘 move on 계속 앞으로 나아가다, 발전[향상]하다, (좋은 곳으로) 옮기다 / take it on the chin (실패·역경·고통·비난 등을) 견디다[참아내다], 호되게 당하다, 패배하다 / You are telling me 맞았어, (내 말이) 바로 그거야, 두 말하면 잔소리지(= You can say that again, I agree with you completely) / talk around (핵심을 피하고) 쓸데없는 말을 하다, 돌려 말하다, 진지하게 이야기하지 않다 / You make no sense 말이 안 돼, 이해가 안 돼 / on the tip of one's tongue 말이 (기억은 안 나고) 허끝에서 뱅뱅 도는, 하마터면 말이 나올 뻔하여

해설 ④ A는 참고 견디며 계속 나아가야 한다고 했는데, 이에 대해서는 호응이나 맞장구 치는 말이 가장 자연스럽게 어울릴 수 있다. 이러한 표현으로는 'You are telling me', 'You can say that again'(맞았어, 바로 그거야)이 가장 적합하다.
① 'Don't talk around(빙빙 돌려 말하지 마세요)'는 상대가 핵심을 피하며 말을 빙빙 돌릴 때 하는 표현이다.
② 'make no sense'는 '말이 안 되다', '이해가 안 되다'라는 의미이다.
③ 'on the tip of my tongue'은 말이 입에서만 맴돌고 생각이 안날 때 주로 쓰는 표현이다.

해석 A : 초보자로서, 우리는 참고 견디며 계속 앞으로 나아가야만 합니다.
B : 당신 말이 맞아요.
① 빙빙 돌려 말하지 말세요.
② 말도 안 돼요.
③ 그것이 입가에만 뱅뱅 맴돌아요(입가에만 맴돌고 생각이 안 나요).
④ 당신 말이 맞아요(바로 그거예요).

[지방직 9급 기출]

05

> A : I am afraid I will fail in the exam tomorrow.
>
> B : Cheer up. ＿＿＿＿＿＿＿＿＿＿.

① I hope so.

② Things will work out for the best.

③ You should regret about the result.

④ You should be in a flap about the result.

어휘 fail in the exam 시험에 떨어지다[실패하다], 낙제하다 / cheer up 격려하다, 기운이 나게 하다, 〈명령문으로〉 기운을 내래[힘내라], 이겨라 / work out 잘되어 가대[결국 ~이 되다], 애써서 성취하다, 산출하다, 풀리다, 풀다, 산정되대(= amount), 연습[훈련, 운동]하다, 빠져나가다, 제거하대[쫓아내다] / (all) for the best 결국은 좋은 방향으로, 결국엔 잘되어 / in a flap 안절부절못하여[동요하여, 갈팡질팡하여], 흥분하여 cf. flap 펄럭이다, 날개를 치다, 안절부절못하다, 찰싹 치기, 날개 침

해설 ② A가 시험에 대해 걱정하는 상황이므로 이를 격려하는 말이 자연스럽게 이어질 수 있다. 'Things will work out for the best'는 '일이 다 잘될 것이다'라는 의미이므로 빈칸에 가장 적합하다.

① 'I hope so(나도 그러길 바란다)'는 시험에 실패하기를 바란다는 의미가 되므로 어울리지 않는다.

③ · ④ 모두 격려의 표현과는 거리가 멀다.

해석 A : 내일 시험에 떨어질까 봐 걱정입니다.

B : 기운 내세요. 일이 다 잘될 겁니다.

① 나도 그러길 바랍니다.

② 일이 다 잘될 겁니다.

③ 당신은 그 결과에 대해 후회할 것입니다.

④ 당신은 그 결과에 안절부절못하게 될 것입니다.

※ 대화의 빈칸에 들어갈 말로 가장 적절한 것을 고르시오. (06~08)

[국가직 9급 기출]

06

> A : Would you like to get some coffee?
>
> B : That's a good idea.
>
> A : Should we buy Americano or Cafe-Latte?
>
> B : It doesn't matter to me. ＿＿＿＿＿＿.
>
> A : I think I'll get Americano.
>
> B : Sounds great to me.

① Not really.

② Suit yourself.

③ Come see for yourself.

④ Maybe just a handful or so.

어휘 Suit yourself 당신 원하는 대로[마음대로, 좋을 대로] 하세요(= It's up to you) / Come see for yourself 직접 와서 보세요[구경하세요] / Maybe just a handful or so 아마 한 줌[조금] 정도일 겁니다

해설 B는 빈칸 앞에서 상관없다(It doesn't matter to me)고 했고, 빈칸 다음의 A는 자신이 좋다고 생각하는 것을 골랐다. 따라서 빈칸에는 당신(B)이 좋을 대로 하라는 표현이 적합하다. 'Suit yourself'는 '당신 원하는 대로[좋을 대로] 하세요'라는 의미의 표현이다.

It doesn't matter 상관없다[아무래도 좋다], 중요하지[문제되지] 않다(= It is not important, It doesn't make any difference)

해석 A : 커피 좀 드시겠어요?

B : 좋은 생각이에요.

A : Americano 아니면 Cafe-Latte를 사야 하나요?

B : 저는 상관없어요. 당신 좋을 대로요.

A : 저는 Americano가 좋겠어요.

B : 저도 좋아요.

07

A : _____
B : Today is Monday, so you can have it until next Monday.
A : Can I have the book for a few more days?
B : No. Books borrowed should be re-turned within one week.
A : Is there any way to keep this book for around 10 days?
B : Well, I'm afraid there isn't. You'll just have to renew the book for another week.

① What date is it?
② When is this book due?
③ I'd like to return this book.
④ This book can be checked out in due form, right?

어휘 due 지불 기일이 된, 당연히 치러야 할, 정당한[당연한], 도착할 예정인, (언제) ~하기로 되어 있는, 당연히 지불되어야[주어져야] 할 것, 당연한 권리, 부과금 / renew 새롭게 하다, 재개하다, 갱신하다, ~의 기한을 연장하다, 보충[보완]하다 / in due form 정식으로[정식 형식대로], 예식[방식]에 따라서, 서식대로

해설 빈칸 바로 다음에서 B가 다음 주 월요일까지 가지고 있을 수(빌릴 수) 있다(you can have it until next Monday)고 했으며, 다음에 이어지는 대화에서 책을 빌릴 수 있는 기한에 대한 대화임을 알 수 있다. 따라서 빈칸에서 A는 대출 기한이 언제까지인지 물어보았다는 추론이 가능하다. 보기 중 이러한 의미가 될 수 있는 것은 ②이다. 'When is ~ due?'는 '~은 예정일[예정시간, 기일, 기한 등]이 언제입니까?'라는 표현이다.

해석 A : 이 책은 (반납) 예정일이 언제죠?(언제가 기한이죠?)
B : 오늘이 월요일이니까 다음 주 월요일까지 가지고 있을 수 있습니다.
A : 제가 며칠 더 책을 가지고 있을 수(빌릴 수) 있나요?
B : 아니요, 빌린 책은 일주일 내에 반납이 되어야 합니다.
A : 이 책을 10일 정도 가지고 있을(빌릴 수 있는) 방법이 있나요?
B : 글쎄요, 방법이 없을 것 같네요. 또 다시 일주일 보시려면 갱신해야 (기한을 연장해야) 합니다.
① (오늘) 며칠입니까?
② 이 책은 (반납) 예정일이 언제죠?
③ 이 책 반납하고 싶어요.
④ 이 책은 정식으로 대출될 수 있지요?

08

A : Are you ready to go to the party, Amy?
B : I don't know whether I can go. I'm feeling a little sick, and my dress is really not that nice. Maybe you should just go without me.
A : Come on, Amy. Stop _____.
I know you too well. You're not sick. What is the real root of the problem?

① shaking a leg
② hitting the ceiling
③ holding your horses
④ beating around the bush

어휘 beat around[about] the bush (빙빙) 돌려 말하다[변죽 울리다, 핵심을 말하지 않다, 요점을 피하다](= speak indirectly, talk around the point, avoid the main point) / root of the problem 문제의 핵심[근원, 뿌리] / shake a leg 춤추다, 서두르다 / hit the ceiling 몹시 화내다[길길이 뛰다, 노발대발하다](= be very angry, lose one's temper, fly off the handle), (가격 · 주가 등이) 폭등하다, 최고에 달하다 / hold one's horses 진정하다, 조급해지는 마음을 억제하다, 참다

해설 앞에서 B는 이런 저런 변명들을 늘어놓았는데, 빈칸에는 A가 이에 대해 할 수 있는 표현이 들어간다. 빈칸 다음의 '넌 아프지 않아(You're not sick)', '문제의 진짜 핵심(근원)이 뭐야?(What is the real root of the problem?)'라는 표현을 통해 빈칸에 어울리는 표현을 짐작할 수 있다. 'beat around the bush'는 '돌려 말하다(변죽 울리다)'라는 표현이므로, 'stop beating around the bush'는 '돌려 말하지 마라(변죽만 울리지 마라)'는 의미가 된다.

해석 A : 파티에 갈 준비가 됐니, Amy?
B : 난 갈 수 있을지 모르겠어. 몸이 조금 아프기도 하고 내 옷이 정말 그다지 좋지가 않아. 아마 넌 그냥 나 없이 가야 할 것 같아.
A : 자 제발, Amy. 돌려 말하지(변죽 울리지) 마. 난 널 너무 잘 알아. 넌 아픈 게 아니야. 문제의 진짜 핵심은 뭐니?
① 춤추다
② 몹시 화내다
③ 진정하다
④ 돌려 말하다

[지방직 9급 기출]

09 다음 대화의 흐름상 밑줄 친 부분에 들어갈 가장 적절한 표현은?

> A : I got my paycheck today, and I didn't get the raise I expected to get.
> B : There is probably a good reason.
> C : You should _____ right away and talk to the boss about it.
> A : I don't know. He might still be mad about the finance report last week.

① take the bull by the horns
② let sleeping dogs lie
③ give him the cold shoulder
④ throw in the towel

어휘 paycheck 봉급 지불 수표, 급료[봉급, 임금] / take the bull by the horns 황소의 뿔을 잡다, 과감하게 맞서다, 용감히 난국에 대처하다 / right away 곧, 지체하지 않고(= at once, immediately, without any delay) / let sleeping dog lie 잠자는 개는 그대로 두어라, 긁어 부스럼 만들지 마라[쓸데없는 문제를 일으키지 마라] / give ~ the cold shoulder ~를 냉대하다[쌀쌀하게 대하다], ~를 피하다 / throw in the towel 타월을 던지다, 항복하다, 포기하다

해설 빈칸 다음에 바로 이어지는 'right away', 'talk to the boss about it'의 내용으로 보아, C는 즉시 그 일에 대해 대처[행동]하라고 말하고 있음을 알 수 있다. 보기 중 이러한 의미에 부합할 수 있는 표현은 'take the bull by the horns(과감하게[용감하게] 대처하다)'이다.

해석 A : 오늘 봉급을 받았는데, 내가 기대했던 봉급 인상을 받지 못했어.
B : 아마도 그럴 만한 이유가 있을 거야.
C : 넌 즉시 과감하게 대처해야 해. 사장에게 그것에 대해 말해.
A : 모르겠어. 그는 지난주의 재정(회계) 보고서에 대해 아직 화가 나 있을 거야.
① 과감하게 맞서다
② 긁어 부스럼 만들지 마라
③ 쌀쌀하게 대하다
④ 포기하다

[국가직 9급 기출]

10 두 사람의 대화 중 가장 어색한 것은?

① A : When is the payment due?
  B : You have to pay by next week.
② A : Should I check this baggage in?
  B : No, it's small enough to take on the plane.
③ A : When and where shall we meet?
  B : I'll pick you up at your office at 8 : 30.
④ A : I won the prize in a cooking contest.
  B : I couldn't have done it without you.

어휘 due 지불기일 / baggage 수하물(= trunk, valise, satchel, luggage)

해설 ④에서 A가 "I won the prize in a cooking contest.(요리 대회에서 상을 받았다.)"라는 말을 하고 있는데 B가 "네가 없었다면 나는 할 수 없었을 것이다."라고 감사를 표하는 답을 하는 것은 어색하다.

해석 ① A : 언제가 지불기일입니까?
  B : 다음 주까지 지불해야 합니다.
② A : 이 짐을 부쳐야 하나요?
  B : 아뇨, 그것은 비행기에 가지고 탈 수 있을 만큼 작습니다.
③ A : 언제 어디에서 만날까요?
  B : 8시 반에 당신 사무실로 데리러 갈게요.
④ A : 제가 요리 대회에서 상을 탔습니다.
  B : 당신이 없었다면 저는 그것을 할 수 없었을 겁니다.

[지방직 9급 기출]

11 밑줄 친 부분에 들어갈 말로 가장 적절한 것은?

> A : Hello. I need to exchange some money.
> B : Okay. What currency do you need?
> A : I need to convert dollars into pounds. What's the exchange rate?
> B : The exchange rate is 0.73 pounds for every dollar.
> A : Fine. Do you take a commission?
> B : Yes, we take a small commission of 4 dollars.
> A : _____?
> B : We convert your currency back for free. Just bring your receipt with you.

① How much does this cost
② How should I pay for that
③ What's your buy-back policy
④ Do you take credit cards

어휘 currency 통화, 화폐 cf. foreign currency 외화 / convert A into B A를 B로 바꾸다[전환하다] / exchange rate 환율 / commission 수술 / for free 공짜로, 무료로 / buy-back 역구매, 되팔기, 환매 / policy 정책, 방침, 규정

해설 제시문은 환전소에서 돈을 환전하면서 나누는 대화 내용이다. 빈칸 다음의 문장에서 B가 화폐를 무료로 바꿔드리니 영수증만 가지고 오면 된다고 하였으므로, 재환전 규정에 대한 내용이 와야 함을 알 수 있다. 그러므로 ③의 "What's your buy-back policy? (환매 규정은 어떻게 되나요?)"가 빈칸에 들어갈 말로 가정 적절하다.

해석 A : 안녕하세요. 제가 돈을 좀 환전해야 해서요.
B : 그러세요. 어떤 화폐가 필요하세요?
A : 달러를 파운드로 바꿔야 해요. 환율이 어떻게 되죠?
B : 환율은 달러 당 0.73 파운드예요.
A : 좋습니다. 수수료가 있나요?
B : 네, 4달러의 소액 수수료가 있습니다.
A : <u>환매 규정은 어떻게 되나요?</u>
B : 화폐를 무료로 바꿔드려요. 그냥 영수증만 가져오세요.
① 비용이 얼마나 듭니까?
② 어떻게 지불해야 합니까?
③ 환매 규정은 어떻게 되나요?
④ 신용 카드를 받으시나요?

[국회직 9급 기출]

12 다음 대화의 밑줄 친 부분에 가장 적절한 표현을 고르시오.

> A : Let me help you with that luggage.
> B : _____. I have a cart to put my suitcases on.

① Thanks a lot
② I hope so
③ Be my guest
④ By all means
⑤ Don't bother

어휘 luggage 수화물(= baggage), 여행용 휴대품, 소형 여행가방 / Don't bother. 걱정하지 마, 신경 쓰지 마. (하려고) 애쓰지 마, 일부러 그러지 마 cf. bother 괴롭히다, 귀찮게[성가시게] 하다, 폐 끼치다, 걱정[근심, 고민]하다 / cart 손수레[짐수레], 2륜 짐마차[경마차] / suitcase 여행 가방, 슈트케이스 / Be my guest. (상대의 부탁에) (예) 그러세요, 좋으실 대로 하세요 / by all means 반드시, 〈승낙의 대답〉 좋고 말고요, 그러시죠

해설 앞에서 A가 도와주겠다고 했는데 B는 자기 짐을 담을 카트가 있다고 했다는 점에 착안해 적합한 표현을 찾아본다. 일반적으로 'bother'가 자동사로 사용되는 경우 '걱정하다(고민하다)', '일부러 ~하다', '~하도록 애쓰다'라는 의미를 지니므로, 'Don't bother'는 '걱정하지 마', '신경 쓰지[애쓰지] 마', '일부러 그러지 마'라는 의미가 된다.

해석 A : 제가 당신의 짐을 들어 드릴게요.
B : <u>신경 쓰지(애쓰지) 마세요.</u> 전 제 짐을 담을 카트가 있어요.
① 정말 고맙습니다
② 저도 그러길 바랍니다
③ 그러세요(좋을 대로 하세요)
④ 좋고 말고요

[국가직 9급 기출]

13 밑줄 친 부분에 들어갈 말로 가장 적절한 것은?

> A : Thank you for calling the Royal Point Hotel Reservations Department. My name is Sam. How may I help you?
>
> B : Hello, I'd like to book a room.
>
> A : We offer two room types : the deluxe room and the luxury suite.
>
> B : _____?
>
> A : For one, the suite is very large. In addition to a bedroom, it has a kitchen, living room and dining room.
>
> B : It sounds expensive.
>
> A : Well, it's $ 200 more per night.
>
> B : In that case, I'll go with the deluxe room.

① Do you need anything else

② May I have the room number

③ What's the difference between them

④ Are pets allowed in the rooms

어휘 department (조직의) 부서[부처] cf. the State Department 국무부 / deluxe 고급의(= luxury), 호화로운, 사치스런(= sumptuous) / suite (호텔의) 스위트룸

해설 빈칸 앞에서 A가 "We offer two room types.(저희는 두 가지 객실 타입을 제공하고 있습니다.)"라고 두 가지 선택사항을 제시한 후, 빈칸 이후에서 객실의 특징을 설명하고 있으므로, B의 질문으로 가장 적절한 것은 두 객실의 차이를 묻는 ③의 "What's the difference between them?(그것들의 차이가 무엇인가요?)"이다.

해석 A : Royal Point Hotel 예약 부서에 전화해주셔서 감사합니다. 제 이름은 Sam입니다. 무엇을 도와드릴까요?

B : 안녕하세요. 방 예약을 하고 싶은데요.

A : 우리는 두 가지 타입의 방을 제공합니다. 디럭스룸 그리고 럭셔리 스위트룸이 있습니다.

B : 그것들의 차이가 무엇인가요?

A : 첫째로, 스위트룸은 매우 큽니다. 추가적인 침실이 있고, 스위트룸은 주방, 거실, 식사할 공간이 있습니다.

B : 매우 비싸 보이네요.

A : 글쎄요, 하룻밤에 200$ 더 비쌉니다.

B : 그렇다면, 저는 디럭스룸으로 가겠습니다.

① 더 필요한 것이 있으신가요?

② 방 번호를 알 수 있을까요?

③ 그것들의 차이가 무엇인가요?

④ 애완동물이 객실에 들어올 수 있을까요?

[국가직 9급 기출]

14 다음 대화의 빈칸에 들어갈 말로 가장 적절한 것은?

> A : Have you been served?
>
> B : _____

① Yes, I'm on my way.

② It was a close call.

③ Yes, I'm being waited on.

④ Please let go of my hand.

어휘 serve 〈보통 수동형으로〉 (점원이 손님을) 시중들다, 접대하다, 주문을 받다 / wait on ∼의 시중을 들다(= attend on), ∼을 받들다[섬기다] / on one's way 가는 중[도중]인 / close call 위기일발, 구사일생(= close shave) let go of (쥐었던 것을) 놓다, 풀어놓다(= release), 해방하다

해설 serve는 '시중을 들다', '주문을 받다'라는 의미이다. ③의 'wait on'은 '시중을 들다'라는 의미이다.

해석 A : 접대를(시중을) 받고 있나요?(누군가 주문을 받았나요?)

B : 예, 접대(시중) 받고 있어요.

① 예, 가는 중입니다.

② 위기일발이었어요.(구사일생했어요.)

③ 예, 접대 받고 있어요.

④ 제 손을 놓아 주세요.

[지방직 9급 기출]

15 다음 대화의 빈칸에 들어갈 말로 가장 적절한 것은?

A : Tim, we have a staff meeting around four, don't we?
B : You're right. I'm glad you reminded me. I almost forgot.
A : Do you have any idea what's on the agenda today?
B : I think that we're dealing with new strategies for raising sales figures.
A : _____
B : Me too. I thought last week's meeting was never going to end.

① Did you see all those data at the last meeting?
② I guess we are out of time. Don't you think so?
③ I hope the meeting doesn't drag on like last time.
④ I feel like most decisions at the last meeting were too hasty.

어휘 staff meeting 직원회의, 임원[간부]회의 / agenda (회의 등의) 협의 사항, 의제(議題), 의사일정, 비망록 / deal with 다루다. 취급하다(= handle, treat, cope with) / sales figures 매출액[판매 수치] / out of time 너무 늦어서, 철 아닌, 시기를 놓친, 박자가 틀리게, 엉뚱하게 / drag on 지루하게 계속되다. 질질 오래 끌다

해설 빈칸 다음의 B의 말을 통해 볼 때, 빈칸에는 지난번 회의가 너무 길 었다는 내용이 포함된다는 것을 알 수 있다. 따라서 가장 적절한 것 은 ③이다.

해석 A : Tim, 네 시경에 직원회의가 있죠, 그렇지 않나요?
B : 맞아요. 상기시켜 주셔서 기쁘네요. 전 거의 잊고 있었어요.
A : 뭐가 오늘의 의제(議題)인지 아세요?
B : 전 매출액 신장을 위한 새로운 전략을 다룰 것이라 생각합니다.
A : 전 회의가 지난번처럼 지루하게 계속되지 않았으면 해요.
B : 저도 마찬가지입니다. 저도 지난 주 회의는 끝나지 않으리라 생 각했어요.
① 지난번 회의의 모든 자료를 보셨나요?
② 우리가 너무 늦은 것 같은데요. 그렇게 생각하지 않으세요?
③ 전 회의가 지난번처럼 오래 질질 끌지 않았으면 해요.
④ 저는 지난 회의의 대부분의 결정이 너무 성급했다고 생각해요.

[국가직 9급 기출]

16 밑줄 친 부분에 들어갈 말로 가장 적절한 것은?

A : Do you know how to drive?
B : Of course. I'm a great driver.
A : Could you teach me how to drive?
B : Do you have a learner's permit?
A : Yes, I got it just last week.
B : Have you been behind the steering wheel yet?
A : No, but I can't wait to _____ _____.

① take a rain check
② get my feet wet
③ get an oil change
④ change a flat tire

어휘 learner's permit 임시 운전면허증 / be[sit] behind the steering wheel 운전하다. 조종하다 / take a rain check 다음을 기약하다. 연기하다 / get one's feet wet 시작하다 / flat tire 펑크 난 타이어

해설 운전하는 법을 가르쳐 달라는 A의 부탁에 B가 운전해(be behind the steering wheel) 본 적이 있는지 물어보고 있다. 이에 A가 그렇 지 않다고 답하지만, 다음 문장에서 '~하는 걸 기다릴 수 없다'고 하 였으므로 빈칸에는 '운전을 시작하는 걸 기다릴 수 없다'는 내용이 와야 한다. 그러므로 빈칸에는 ②의 get my feet wet(시작하다)라 는 관용적 표현이 적당하다.

해석 A : 운전할 줄 아세요?
B : 물론이죠. 운전을 잘 합니다.
A : 내게 운전하는 법 좀 가르쳐줄 수 있나요?
B : 임시 운전면허증은 있나요?
A : 예, 지난주에 막 땄어요.
B : 운전해 본 적은 있나요?
A : 아니요, 그런데, (운전을) 시작하는 걸 기다릴 수가 없어요.
① 다음을 기약하다.
② 시작하다.
③ 오일을 교환하다
④ 펑크 난 타이어를 갈다

17 밑줄 친 부분에 들어갈 표현으로 가장 적절한 것은?

> A : What are you doing?
> B : I'm looking at my calendar. I have a dental appointment tomorrow.
> A : Tomorrow? But we're going to Jim's wedding tomorrow.
> B : Yes, I know. _____.
> A : Is it for a regular checkup?
> B : No. It's just for the cleaning.

① You must cancel the appointment
② You have to mark it on the calendar
③ I don't want to see my doctor
④ I need to reschedule it

어휘 dental 이의, 치과 의술의 / reschedule 예정을 다시 세우다, 연기하다[유예하다] / checkup 점검, 검사, (정기적) 건강진단 / cleaning 청소, 세탁, 클리닝, (치과에서의) 스케일링 / cancel an appointment 예약을 취소하다 / mark 표[표시]를 하다, 상처를 남기다, 오점을 남기다 / see a doctor 의사의 진찰을 받다

해설 ④ 앞의 내용은 친구 결혼식에 가기로 한 날과 치과 예약이 겹친다는 것인데, 이러한 상황에서 당사자인 A가 할 수 있는 가능한 표현을 찾아본다. ④와 같이 일정을 다시 정할 필요가 있다는 내용이 가장 적절하다.
① 일정을 조정해야 하는 사람은 A 자신이므로, 주어가 'You'가 되어서는 안된다.
② · ③ 대화의 흐름상 모두 어울리지 않는 내용이다.

해석 A : 너 뭐하고 있니?
B : 내 일정표를 살펴보고 있어. 내일 치과 진료 예약이 되어 있거든.
A : 내일이라고? 우리 내일 Jim의 결혼식에 가야하잖아.
B : 응, 알고 있어. 일정을 다시 잡아야 돼.
A : 정기 건강검진이야?
B : 아니, 그냥 스케일링 하는 거야.
① 너는 그 예약을 취소해야 한다.
② 너는 그것을 달력에 그걸 표시해 두어야 한다.
③ 나는 진찰을 받고 싶지 않아.
④ 나는 일정을 다시 잡아야 돼.

18 밑줄 친 부분에 들어갈 말로 가장 적절한 것은?

> John : Excuse me. Can you tell me where Namdaemun Market is?
> Mira : Sure. Go straight ahead and turn right at the taxi stop over there.
> John : Oh, I see. Is that where the market is?
> Mira : _____

① That's right. You have to take a bus over there to the market.
② You can usually get good deals at traditional markets.
③ I don't really know. Please ask a taxi driver.
④ Not exactly. You need to go down two more blocks.

어휘 not exactly (남의 말을 정정하며) 꼭 그런 것은 아니고

해설 위의 대화는 John이 Mira에게 남대문 시장의 위치를 묻는 내용으로, 앞으로 쭉 간 다음 택시 승강장에서 우측으로 가라는 Mira의 말에 John이 그곳에 남대문 시장이 있냐고 재차 확인하는 과정이다. 그러므로 ① · ② · ③은 대화의 흐름상 어색하며, ④의 "Not exactly. You need to go down two more blocks. (꼭 그렇진 않고, 두 블록 더 아래로 내려가셔야 합니다.)"라고 좀 더 자세히 알려주는 말이 Mira의 답변으로 가장 적절하다.

해석 John : 실례합니다. 남대문 시장이 어디에 있는지 말해주실 수 있나요?
Mira : 물론이죠. 앞으로 쭉 가신 다음 저기 택시 승강장에서 우측으로 가세요.
John : 오, 알겠습니다. 그곳에 시장이 있나요?
Mira : 꼭 그렇진 않고, 두 블록 더 아래로 내려가셔야 합니다.
① 맞아요. 저쪽에 있는 시장까지 버스를 타셔야 합니다.
② 당신은 전통적인 시장에서 임대하거나 거래할 수 있습니다.
③ 잘 모르겠어요. 택시 기사에게 물어보세요.
④ 꼭 그렇진 않고, 두 블록 더 아래로 내려가셔야 합니다.

19 밑줄 친 부분에 들어갈 말로 가장 적절한 것을 고르시오.

> A : Can I ask you for a favor?
> B : Yes, what is it?
> A : I need to get to the airport for my business trip, but my car won't start. Can you give me a lift?
> B : Sure. When do you need to be there by?
> A : I have to be there no later than 6 : 00.
> B : It's 4 : 30 now. _____
> _____. We'll have to leave right away.

① That's cutting it close
② I took my eye off the ball
③ All that glitters is not gold
④ It's water under the bridge

어휘 business trip 출장 / no later than 늦어도 ~까지는 / cut it close (시간 따위를) 절약하다 / take one's eye off the ball 방심하다. 한눈 팔다(↔ keep one's eye on the ball 계속 주의를 기울이다. 방심하지 않다) / glitter 반짝반짝 빛나다, 반짝거리다 / water under the bridge 지나간 일, 끝난 일

해설 늦어도 6시까지는 도착해야 한다는 A의 말에 B가 지금 4시 30분이니 바로 출발해야한다고 말한 것으로 보아, B의 말에는 시간이 얼마 없으니 서둘러야 한다는 의미가 내포되어 있다. 그러므로 빈칸에는 'That's cutting it close(시간이 아슬아슬하네요)'가 들어갈 말로 가장 적절하다.

해석 A : 부탁 좀 해도 될까요?
B : 그럼요, 뭔데요?
A : 출장 때문에 공항에 가야 하는데, 내 차가 시동이 안 걸려요. 날 좀 태워줄 수 있나요?
B : 물론이죠. 그곳에 언제까지 도착하면 되는데요?
A : 늦어도 6시까지는 그곳에 도착해야 합니다.
B : 지금 4시 30분인데. 시간이 아슬아슬하네요. 바로 출발해야겠는데요.
① 시간이 아슬아슬하네요.
② 제가 방심했네요.
③ 반짝인다고 모두 금은 아니에요.
④ 다 지나간 일이에요.

20 밑줄 친 부분에 들어갈 표현으로 가장 적절한 것은?

> A : My sister will be coming into town next week.
> B : Is she the one who writes articles for the Financial Times?
> A : Right. Why don't you come over next Sunday to meet her?
> B : I'd love to, but I can't. _____
> _____
> A : Certainly. She'll be here for a week. So just let me know when you can come.
> B : Ok! I will be very interested in seeing her.

① I can't come up with anything about her.
② Mind if I pick up the tab?
③ It couldn't be better.
④ Can you give me a rain check on that?

어휘 come over 들르다, 들리다, 해외에서 오다 / give a rain check 다음에[나중에] 다시 초대하겠다고 약속하다 / come up with 따라잡다[어깨를 나란히 하다], 생각하다, 떠오르다, 제안[제출]하다 / pick up the tab 지불하다, 셈을 치르다, 문제와 적극적으로 맞닥뜨리다 / couldn't be better 이보다 좋을 수 없다, 더할 나위 없이 좋다

해설 빈칸 앞에서 B는 '가고 싶지만 갈 수가 없다'고 했고, 다음의 A는 '그녀가 한 주 동안 여기 있을 것이니 언제 올 수 있는지 알려 달라'고 했다. 따라서 빈칸에는 다음 기회에 만날 수 있게 해달라는 내용이 올 것임을 짐작할 수 있다. 이러한 내용에 가장 부합되는 것은 ④이다.

해석 A : 내 여동생이 다음 주에 도시로 올 거야.
B : 그녀가 파이낸셜 타임스(Financial Times)에 기사를 쓴 그 사람이니?
A : 맞아. 다음 주 일요일에 들러 그녀를 만나보는 건 어때?
B : 그러고 싶지만, 그럴 수가 없어. 다음에 다시 초대해 줄래?
A : 물론이지. 그녀는 한 주 동안 여기 있을거야. 그러니까 네가 언제 올 수 있는지만 알려줘.
B : 좋아. 나는 그녀가 정말 보고 싶어.
① 그녀에 대해 어떤 것도 떠오르지 않는다.
② 내가 지불해도 될까?
③ 더할 나위 없이 좋아.
④ 다음에 다시 초대해 줄래?

※ 다음 대화의 빈칸에 가장 알맞은 것을 고르시오. (21~22)

[국가직 9급 기출]

21

> A : Oh, that was a wonderful dinner. That's the best meal I've had in a long time.
> B : Thank you.
> A : Can I give you a hand with the dishes?
> B : Uh-uh, _____. I'll do them myself later. Hey, would you like me to fix some coffee?
> A : Thanks a lot. I'd love some. Would you mind if I smoke?
> B : Why, not at all. Here, let me get you an ashtray.

① help yourself   ② don't bother

③ if you insist   ④ here they are

어휘 smoke 담배를 피우다 / ashtray 재떨이

해설 ② 앞에서 A가 설거지를 도와줘도 되는지 물었는데 B는 이에 대해 자기가 직접 한다고 했으므로(I'll do them myself later), 빈칸에는 A의 제안을 정중하게 거절하는 내용이 와야 한다. 이에 가장 어울리는 것은 'don't bother(신경쓰지 마세요, 괜찮습니다)'이다.
① 'help yourself'는 '마음껏(양껏) 드세요'라는 의미이므로, 어울리지 않는다.
③ 'if you insist'는 '정 그렇다면'의 의미이다.
④ 'here they are'는 '(물건 등을 건네며) 여기 있습니다' 또는 '(찾는 물건 등이) 여기 있군요'의 의미이다.

해석 A : 오, 정말 멋진 만찬이었습니다. 오랜만에 먹어 본 최고의 식사였어요.
B : 감사합니다.
A : 설거지 도와 드릴까요?
B : 아니, 신경 쓰지 마세요(괜찮습니다). 제가 나중에 할게요. 제가 커피 좀 타드릴까요?
A : 감사합니다. 마시고 싶네요. 담배 피워도 될까요?
B : 물론이죠. 전혀 상관없어요. 재떨이 가져다 드릴게요.

[국가직 9급 기출]

22

> A : Hay, my poor buddy! What's the problem?
> B : You know I took over this presentation all of a sudden. And tomorrow is the due date for the presentation. I couldn't even start it yet.
> A : Look! I'm here for you. _____

① What are friends for?

② Everything's up in the air.

③ What does it have to do with me?

④ You'd better call a spade a spade.

어휘 buddy 동료, 친구, 〈호칭, 구어〉여보게[자네] / take over 떠맡다, 양도받다, 이어받다 / presentation 발표, 설명, 제출, 증정[기증], 선물, 상연[상영] / (all) of a sudden 갑자기(= suddenly, on a sudden) / due date 예정일, 만기일[마감일], 지급일 / up in the air 미결정으로, 막연하여, 공중에, 결정되지 않은 / have to do with ~와 관계[상관]가 있다 / call a spade a spade 사실대로[솔직하게] 말하다, 직언하다, 까놓고 말하다

해설 B가 앞에서 내일 예정된 발표를 아직 전혀 준비하지 못했다고 했는데, A는 이에 대해 자신이 도와줄 수 있다는 표현으로 'i'm here for you'라고 하였다. 따라서 빈칸에는 이러한 내용과 자연스럽게 이어질 수 있는 'What are friends for?(친구 좋다는 게 뭐야.)'가 가장 적합하다.

해석 A : 이봐 친구. 무슨 일이야?
B : 내가 갑자기 이번 발표를 맡게 되었어. 내일이 발표 예정일이야. 아직 시작도 못했어.
A : 이봐, 내가 널 위해 여기 있잖니. 친구 좋다는 게 뭐야?
① 친구 좋다는 게 뭐야.
② 모든 것이 미정이야.
③ 그게 나와 무슨 상관이 있어?
④ 사실대로 말하는 게 좋을 거야.

[지방직 9급 기출]

23 밑줄 친 부분에 들어갈 가장 알맞은 표현은?

> A : Hello, Susan.
> B : Hello, David. Are you and Mary free this Saturday?
> A : Saturday? She would go shopping, but I'm not sure. Why do you ask?
> B : I thought I would invite you guys to dinner.
> A : Well, let me check again with her and give you a ring this evening.
> B : Sounds good. _____

① I'll be waiting for your call
② You should have made it on time.
③ Thank you for having me, David.
④ How could you stand me up like this?

어휘 check with ~와 의논[문의]하다, 조사하다 / give ~ a ring ~에게 전화하다 / on time 정각에, 제때에, 정기적인

해설 B의 식사 초대에 대해 A가 저녁에 전화하겠다(~ give you a ring this evening)고 했는데, 이에 대해 B가 '좋아요(Sounds good)'라고 하면서 덧붙일 수 있는 표현을 고르면 된다. ①(전화 기다릴게요.)이 가장 적절하다.

해석 A : 안녕하세요, Susan.
B : 안녕하세요, David. 당신과 Mary 이번 주 토요일에 시간 있나요?
A : 토요일이요? 그녀는 쇼핑 갈 거 같은데. 저는 잘 모르겠네요. 왜 물어보시는데요?
B : 당신들을 저녁 식사에 초대하려고 생각했어요.
A : 음, 그녀와 다시 의논해 보고 오늘 저녁에 전화할게요.
B : 좋아요. 전화 기다릴게요.
① 전화 기다릴게요.
② 정시에 도착했어야 했어요.
③ 정말 영광이에요, David.
④ 어떻게 나를 이렇게 바람맞힐 수 있나요?

[지방직 9급 기출]

24 밑줄 친 부분에 들어갈 가장 알맞은 표현은?

> A : The first thing you should consider when buying a used car is the mileage.
> B : That's what I've heard. _____
> A : Yes. You should always look at the amount of rust it has.
> B : That's good to know.

① How can you tell if it is a used one?
② Do you know how long the engine will last?
③ How much mileage do I need?
④ Is there anything else I should watch out for?

어휘 used car 중고차 / mileage (총)마일수, 마일리지, 사용(량), 단위 연료당의 주행거리 / watch out for ~을 주의[조심]하다 / rust (금속의) 녹, 녹 비슷한 것, 얼룩, 악영향

해설 앞에서 A가 중고차를 살 때 첫 번째 고려할 사항은 mileage(주행거리)라고 말했고, 이어 B가 밑줄 친 부분처럼 말하자 A는 차에 얼마나 녹이 슬었는지 항상 살펴보아야 한다고 말했다. 따라서 밑줄 친 부분에서 B는 차를 구입할 때 마일리지 외에 또 다른 주의 사항이 있는지 물어보았을 것이라 추론할 수 있다. 이러한 표현으로 가장 알맞은 것은 ④이다.

해석 A : 중고차를 살 때 가장 우선적으로 고려해야 할 것은 바로 마일리지(주행거리)입니다.
B : 저도 그렇게 들었어요. 그 밖에 제가 주의해야 할 것이 있나요?
A : 예. 차가 얼마나 녹슬었는지를 항상 살펴야 합니다.
B : 그것도 알아두면 좋겠군요.
① 그것이 중고인지 어떻게 알 수 있죠?
② 그 엔진이 얼마나 오래 가는지 아세요?
③ 저는 마일리지가 얼마나 필요한가요?
④ 그 밖에 제가 주의해야 할 것이 있나요?

기출문제 정답

01 ③ 02 ① 03 ① 04 ④ 05 ② 06 ② 07 ② 08 ④ 09 ① 10 ④
11 ③ 12 ⑤ 13 ③ 14 ③ 15 ③ 16 ② 17 ④ 18 ④ 19 ① 20 ④
21 ② 22 ① 23 ① 24 ④

부록

9급 공무원
빈출 영단어

9급 공무원 빈출 영단어

A

□ **abandon**
> 동 버리다, 단념하다, 포기하다, 내주다, (운명에) 맡기다
> syn abdicate, yield, dump, discard, throw away, forsake, give up
> ant continue

□ **abate**
> 동 줄이다, 완화하다, (방해를) 제거하다, (소송을) 중단하다, 생략하다
> syn decrease, subside, decline, terminate, stop, halt, end
> ant increase, intensify

□ **abjure**
> 동 (신앙·주의·의견·권리 등을) (정식으로) 버리다, 부인하다, 취소하다
> syn renounce, repudiate, retract, recant, forswear, forswear, shun
> ant admit

□ **abnegate**
> 동 (권리·습관·주의 등을) 포기하다, 버리다, ~을 거부하다, 끊다, 자제하다
> syn refuse, deny, refrain, renounce, reject, relinquish, give up
> ant gain, achieve

□ **abnormality**
> 명 비정상적인 것[사건, 특징], 비정상, 파격, 변칙
> syn irregularity, deviation, aberration, anomaly, peculiarity, deformity
> ant normality

□ **abolish**
> 동 (법률·제도·관습 등을) 폐지하다, 없애다, 못쓰게 만들다
> syn annul, annihilate, exterminate, extirpate, eliminate, eradicate
> ant establish

□ **abominate**
> 동 몹시 싫어하다, 증오하다
> syn abhor, detest, dislike, hate, loathe, despise, execrate, be averse to
> ant favor

□ **abort**
> 동 유산되다, 낙태시키다, (발육이) 초기에 멈추다, 〈항공·미사일〉 목적 달성에 실패하다
> syn miscarry, commit feticide, terminate, abandon, call off, discontinue

□ **abridge**
> 동 (책·이야기 등을) 요약하다, (기간·범위 등을) 단축하다, (권리·권한 등을) 삭감하다
> syn shorten, epitomize, condense, abstract, reduce, lessen, curtail
> ant expand

□ **absurd**
> 형 불합리한, 어리석은, 이치에 맞지 않는
> syn illogical, irrational, silly, ludicrous, nonsensical, ridiculous
> ant logical, sensible

□ **accommodation**

  명 적응, 순응, 화해, 조정, 편의, (~s) 숙박

  syn adaptation, reconciliation, adjustment, lodging, convenience, obligingness, loan

□ **accompany**

  동 동행하다, 반주를 하다, 수반하다, 동시에 발생하다, 첨가하다

  syn attend, convoy, escort, go along with, supplement, complement, associate with

□ **accrue**

  동 (결과로) 생기다, (권리로) 발생하다, (이익을) 획득하다

  syn happen, result, accumulate, collect, ensue, grow, amass, increase

  ant dissipate

□ **accuse**

  동 고발[기소, 고소]하다, 비난하다, 책망하다

  syn charge, arraign, indict, incriminate, impeach, blame

  ant exonerate

□ **accustomed**

  형 늘 하는, 예의, 평소의, 익숙한, 습관이 된

  syn habitual, customary, familiar, used to, adapted, comfortable

  ant unaccustomed

□ **acuity**

  명 (끝의) 날카로움, (감각이) 예민함

  syn insight, perspicacity, acuteness, keenness, sharpness

  ant bluntness, dullness

□ **acute**

  형 예리한, 뾰족한, 격렬한, 결정적인, 중대한, 급성의, 민감한, 예각의

  syn pointed, sharp, sensitive, keen, severe, critical, desperate

  ant dull, chronic

□ **adhere**

  동 들러붙다, (신념·약속에) 충실하다, 집착하다, 고집하다

  syn stick, cohere, cling, cleave, attach, hold fast, fasten to

  ant part, loosen

□ **admirable**

  형 칭찬할 만한, 기특한, 훌륭한, 감탄할 만한

  syn estimable, praiseworthy, commendable, venerable, splendid

  ant deplorable

□ **adversary**

  명 적, 적수, (시합) 상대

  syn antagonist, opponent, enemy, foe, contestant, contender, rival

  ant supporter

□ **aesthetic**

  형 미의, 심미안이 있는, 감각적인

  명 미학(aesthetics), 미학적 이론

  syn artistic, tasteful, discriminating, cultivated, refined

  ant unaesthetic

□ **aghast**

  형 아연한, 대경실색한, 혼비백산한, 간담이 서늘한

  syn amazed, horrified, astonished, stunned, astounded, appalled

  ant audacious

□ **agitate**

  동 (액체를) 휘젓다, (파도를) 출렁이게 하다, 동요시키다, 흥분시키다, 토론하다, 기획하다

  syn disturb, stir up, shake, excite, arouse, perturb, ruffle, fluster

  ant calm, soothe

□ **alias**

  명 가명, 별칭, 통칭

  부 일명으로, 다른 경우에는

  syn pseudonym, anonym, nom de guerre, assumed name, also known as (a.k.a.)

□ **alley**

명 뒷골목, 오솔길, (볼링) 레인

syn passage, lane, alleyway, passageway, path, pathway

□ **allowance**

명 허락, 할당량, 지급량, 배급, 수당, 용돈, 할인, 허용액, 승인, 인가

syn portion, share, payment, stipend, concession, sanction, tolerance, permission

□ **alter**

동 바꾸다, 고치다, (수컷을) 거세하다, (암컷의) 난소를 제거하다, 변하다

syn change, adjust, modify, castrate, spay, vary, amend, revise, correct, reform, adapt

□ **amends**

명 변상, 보상

syn compensation, atonement, penitence, penance, expiation, reparation, recompense

□ **amicable**

형 우호적인, 평화적인

syn amiable, peaceable, harmonious, agreeable, polite, friendly

ant hostile

□ **ample**

형 넓은, 넉넉한, 풍부한, 충분한

syn plentiful, enough, abundant, copious, lavish, profuse, spacious

ant insufficient

□ **antagonist**

명 적대자, 경쟁상대, (연극 · 문학작품 등의) 원수 역할

syn adversary, opponent, enemy, foe, rival, contender, competitor

ant protagonist

□ **anthem**

명 송가, 축가, 성가

동 축가를 부르다

syn song of praise, national hymn, sacred song

□ **anticipate**

동 예상하다, 기대하다, 앞지르다, 시키기 전에 하다, (요구를) 들어주다, 미연에 방지하다

syn expect, foresee, look forward to, predict, await, preclude, obviate, nullify, prevent

□ **antiquity**

명 오랜 시대가 지남, 오래됨, 태고, 아득한 옛날(중세 이전), 고대인, 고대 민족, 고대 유물

syn ancientness, ancient times, former ages, monuments, relics, customs

□ **aplomb**

명 침착, 냉정, 안정

syn composure, equanimity, imperturbability, poise, assurance

ant discomposure

□ **appease**

동 달래다, 진정시키다, (갈증을) 풀다, (허기를) 채우다, (고통을) 완화하다, (요구에) 양보하다

syn calm, placate, pacify, soothe, mollify, conciliate, allay, quell, relieve

ant anger

□ **appropriate**

형 적합한, 타당한, 고유의

동 충당하다, 사용하다, 인정하다, 전용하다, 도용하다

syn suitable, apt, proper, apposite, congruous, plunder, peculate

ant inappropriate

□ **approximately**

부 대략, 대체로, 대강

syn about, roughly, more or less, almost, nearly, something like

ant exactly

□ **arithmetic**

명 산수, 산술, 계산, 산수책

형 산수의, 산술의

syn mathematics, sums, math, reckoning, calculation

□ **arouse**

튕 깨우다, (감정을) 유발하다, 환기하다, 자극하여 ～시키다

syn excite, animate, inspirit, inspire, incite, provoke, instigate, stimulate

ant quell

□ **artifact**

명 인공물, 가공품, 인공유물

syn relics, remains, handmade object, article, object, piece

ant natural object

□ **artistic**

형 예술적인, 기교가 뛰어난, 예술의

syn aesthetic, creative, sophisticated, refined, elegant, stylish

ant untalented

□ **assemble**

튕 모으다, 조립하다, 회합하다

syn collect, accumulate, amass, gather, convene, congregate, rally

ant disassemble

□ **assiduous**

형 꾸준한, 끈기 있는, 근면한, 부지런한, 정성들인

syn constant, continuous, persistent, industrious, diligent, sedulous

ant inconstant

□ **assume**

튕 가정하다, 당연한 것으로 여기다, (책임·임무 등을) 떠맡다, (태도를) 취하다, 가장하다, 횡령하다

syn take for granted, suppose, presume, postulate, undertake, adopt, pretend, affect

□ **attribute**

튕 ～에 원인이 있다고 보다, ～에 속한다고 보다
명 특성, 〈문법〉 한정사, 상징물

syn ascribe, assign, accredit, impute / characteristic, trait, feature, quality, aspect

□ **austerity**

명 엄격함, 검소함, 금욕생활, 고행, 긴축재정

syn harshness, strictness, severity, sternness, soberness, asceticism

ant leniency

□ **authorize**

튕 정식으로 인가하다, 정당성을 인정하다, 권한을 주다

syn empower, sanction, allow, permit, consent to, warrant, justify

ant disapprove

□ **autonomous**

형 (행정) 자치권의, 자치의, 자율적인

syn independent, self-governing, sovereign, self-ruling, self-directed

□ **avaricious**

형 욕심 많은, 탐욕스러운, 몹시 원하는

syn greedy, rapacious, avid, grasping, acquisitive, covetous

ant generous, lavish

B

□ **barbarian**

명 야만인, 속물, 외국(이방)인, 이교도

syn savage, snob, foreigner, pagan, heathen / alien, foreign, primitive

ant civilized

□ **barely**

부 간신히, 겨우, 가까스로, 거의 ～않다, 드러내놓고, 공공연히, 숨김없이, 벌거벗고

syn scarcely, no more than, almost not, only just, hardly, openly, overtly, meagerly

□ **bargain**

명 거래계약, 거래, 매물, 떨이
튕 흥정하다, 거래하다, 교섭하다, 계약하다, 교환하다

syn stipulation, arrangement, transaction, agreement, trade, contract, covenant

barren

- 형 불임의, 수확이 없는, (땅이) 불모의, (정신이) 메마른, 무능한, 쓸모없는
- 명 황야, 불모지
- syn infertile, unproductive, sterile, unfruitful, desolate, bleak, dull, meager
- ant fertile

barter

- 통 물물교환하다, 교역하다, (명예·지위를) 팔아넘기다
- 형 물물교환, 교역품
- syn exchange, trade, switch, swap, negotiate, bargain, haggle

beacon

- 명 봉화, 신호소, 등대, 전파탐지 장치, 경고, 지침
- 통 비추다, 표지를 설치하다
- syn beam, buoy, pharos, signal fire, balefire, signal tower, lighthouse / warn, guide

behold

- 통 주시하다, 바라보다, 보다
- syn observe, watch, see, view, consider, regard, discern, contemplate, peer, notice

bequeath

- 통 유언으로 증여하다, 유증하다, (후세에) 남기다, 전하다
- syn leave, give, bestow, confer on, donate, hand down, will

bland

- 형 온화한, 상냥한, 상쾌한, 부드러운, 자극이 없는, 입에 맞는, 흥미[개성·매력]가 없는
- syn affable, amiable, suave, mild, balmy, nonirritating, insipid
- ant cruel, tang

blemish

- 통 (물건·명성 등을) 해치다, 더럽히다, 손상하다
- 명 (유형물의) 흠, 오점, (도덕상) 결점
- syn defect, damage, tarnish, spoil, ruin, discolor, flaw, spot, fleck
- ant purify, repair

blunder

- 명 (비난 받을만한) 큰 실수
- 통 (방향을 몰라) 허둥거리다, 큰 실수를 저지르다
- syn mistake, error, gaffe / bungle, botch, stumble, flounder, goof
- ant correctness

bluster

- 통 (파도·바람 등이) 거세게 몰아치다, 고함치다, 뽐내다
- 명 거칠게 몰아침, 소란함, 허세
- syn harangue, threaten, protest, rant, bristle, bridle, complain loudly
- ant subside

boast

- 통 과장하여 뽐내다, 자랑하다
- 명 자랑(거리), 허풍
- syn brag, exaggerate, show off, swank, vaunt, skite
- ant condescend

boisterous

- 형 난폭하고 시끄러운, 야단법석 하는, 떠들썩한, (바람·날씨 등이) 몹시 거칠고 사나운
- syn clamorous, rough, noisy, jolly, rowdy, unrestrained, obstreperous
- ant serene

bombard

- 통 포격[폭격]하다, (질문·탄원 등을) 퍼붓다, 충격을 주다
- syn bomb, detonate, attack, blast, blitz, cannonade, prang, strafe, torpedo

breach

- 명 위반, 침해, (우호) 단절
- 통 (성벽·진지 등을) 깨뜨리다, (약속·법률 등을) 어기다
- syn break, rupture, fracture, violation, transgression, infringement
- ant compliance

□ **bureaucracy**

명 관료제, 관료 정치, 관료사회, 관청의 번거로운 절차

syn system of government, administration, civil service, formalities

□ **burglary**

명 가택침입강도, 강도죄, 건물침입죄

syn housebreak, breaking and entering, theft, robbery, stealing, larceny, crime

C

□ **calculate**

동 계산하다, 결정하다, 판단하다, 추정하다, 적합하게 하다, ~이라고 생각하다

syn count, figure, compute, work out, determine, estimate, evaluate, reckon, assess

□ **camouflage**

명 위장, 변장, 위장, 속임수

동 위장하다, 변장하다

syn concealment, facade / disguise, cover, hide, conceal, obscure

syn unmask

□ **candid**

형 솔직한, 정직한, 숨김없는, 〈사진〉 포즈를 취하지 않은, 있는 그대로의, 공정한

syn frank, open, ingenuous, naive, plain, honest, truthful, sincere, blunt

syn secretive

□ **candidate**

명 지원자, 후보자, 될 만한 사람

syn applicant, contender, entrant, runner, aspirant, nominee, contestant

□ **cataract**

명 폭포, 큰 폭포, 큰 비, 홍수, 백내장

syn waterfall, cascade, falls, chute, torrent, flume, downpour of water, deluge

□ **catastrophe**

명 대참사, 불행, 재앙, 대실패, 파국, 대단원, (지각의) 갑작스러운 변동, 현저한 불연속

syn disaster, calamity, mishap, fiasco, upheaval, cataclysm

ant bonanza, fortune

□ **causal**

형 우연의, 원인의, 인과관계의, 〈문법〉 원인을 나타내는

syn fundamental, underlying, contributory, connecting, causative

ant resultant

□ **caveat**

명 절차 정지신청의 예고, 소송절차 보류통고, 경고, 주의, 발명특허권 보호신청

syn warning, caution, admonition, forewarning, qualification, stipulation, requirement

□ **cease**

동 중지하다, 그치다, 그만두다, (일이) 끝나다, 멎다

syn stop, discontinue, finish, end, terminate, culminate, conclude

ant commence

□ **celebrity**

명 유명 인사, 명사, 명성, 고명

syn superstar, icon, luminary, fame, renown, prominence, popularity

ant layman

□ **celestial**

형 하늘의, 천상의, 신성한, 완벽한, 더할 나위 없이 아름다운, 천구의

syn heavenly, divine, angelic, seraphic, ethereal, extraterrestrial

ant terrestrial

□ **chamber**

명 방, 사실, 침실, 공무 집행실, 판사실, 입법부, 의회, (총의) 약실, 칸막이 공간

syn hall, assembly room, board room, cavity, hollow, compartment

□ **charitable**

형 관대한, 자비로운, 인정이 많은, 자선의

syn generous, benevolent, beneficent, tolerant, gracious, lenient

ant selfish

□ **chivalry**

명 기사도, (중세) 기사제도, 기사단, 용감한 무사, 기사도에 맞는 행위

syn gallantry, courtliness, politeness, courtesy, generosity, valor, graciousness, loyalty

□ **classify**

동 분류하다, 등급별로 나누다, 기밀 구분을 매기다, 기밀 취급하다

syn categorize, pigeonhole, sort, grade, group, arrange

ant declassify, blend

□ **clutch**

동 움켜잡다, 꽉 쥐다, (사람 · 관심을) 끌어 잡다

명 움켜잡기, 중대한 국면, 같은 부류 사람

syn seize, catch, snatch, grip, hold, clench, squeeze, spellbind, grasp, grab

□ **collapse**

동 무너지다, 쓰러지다, 접어지다, 망하다, 폭락하다

명 붕괴, 좌절, 기력쇠퇴, 허탈상태

syn fall down, crumble, disintegrate, fail, fold / breakdown, illness, failure

ant erect

□ **collide**

동 충돌하다, (의견이) 상충하다, 일치하지 않다

syn crash, bump, smash together, clash, hit, conflict, rear-end, run into, run over, ram

□ **commodity**

명 상품, 판매품, 생산품, 산물, 유용한 것, 재화

syn product, service, goods, article of trade

□ **commonplace**

형 평범한, 보통인, (말이) 진부한, 시시한, 새로운 맛이 없는

명 진부한 문구, 평범한 일

syn banal, hackneyed, stereotyped, trite, ordinary, usual, routine, humdrum

ant rare

□ **commute**

동 대체하다, 변화시키다, (형벌을) 바꾸다, 벌충하다, (정기적으로) 통근하다, 정기적으로 왕복하다

syn change, convert, alter, permute, exchange, interchange, transform, substitute

□ **compatible**

형 양립할 수 있는, 모순이 없는, 화합하여 지낼 수 있는, 뜻이 맞는, 양립식의

syn companionable, attuned, matching, harmonious, congruent

ant incompatible

□ **compile**

동 편집하다, (자료 등을) 모으다, 열거하다, (크리켓에서) 많은 득점을 얻다, 기계어 명령으로 바꾸다

syn amass, accumulate, collect, assemble, gather, hoard, compose, register, translate

□ **complement**

명 보충물, (한 쌍의) 한쪽, 〈문법〉 보어, 〈기하〉 여각, 〈미술〉 보색

동 보충하다, 완전하게 하다

syn supplement, make up for, complete, counterpart, match, foil / accompaniment

□ **compliment**

명 찬사, 아첨, (-s) 정중한 인사, 선물

동 칭찬하다, 경의를 표하다, 선물하다

syn praise, commendation, kudos, tribute, eulogy, panegyric

ant criticize

□ **comply**

동 (희망 · 요구에) 따르다, 응하다, (조건을) 충족하다

syn obey, agree, acquiesce, yield, conform, consent, assent

ant refuse, resist

component

명 성분, 구성요소
형 구성하는, 수성 요소를 이루는
syn element, ingredient, part, constituent, module, section, factor

compound

형 몇몇 성분으로 이루어진, 합성의, 여러 가지 기능을 가진, 〈문법〉 중문의, 복합의
명 복합물, 화합물, 복합어
동 혼합하다, (약을) 조제하다, 조립하다, 합의하다, 더 심해지다
syn mix, complex, amalgam, composite, multiple, multifaceted
ant simple, element

compromise

명 타협, 양보, 타협안, 절충안
동 타협하다, (신용·평판을) 위태롭게 하다, 손상하다, 굽히다
syn bargain, negotiate, concede, jeopardize, endanger, hazard, imperil
ant disagree

compulsive

형 강제적인, 억지의, 강박관념에 지배된
syn compelling, compulsory, obsessive, neurotic, habitual, irrational
ant voluntary

compulsory

형 강제적인, 강요하는, 명령적인, 의무적인, 필수적인, 필수의
syn required, mandatory, obligatory, compelling, constraining, essential
ant voluntary

compunctious

형 후회하게 하는, 뉘우치는
syn regretful, repentant, penitent, ashamed, remorseful, apologetic
ant proud

confess

동 고백하다, 인정하다, (신앙을) 고백하다, 표명하다
syn acknowledge, avow, admit, declare, grant, concede, profess, affirm
ant deny

confide

동 신임하다, 비밀을 털어 놓다, 위탁하다, 맡기다
syn trust, disclose, reveal, divulge, impart, confess, entrust
ant conceal

confirm

동 입증하다, 확인하다, 승인하다, 비준하다, 허가하다, 격려하다, 견진 성사를 베풀다
syn verify, prove, substantiate, authenticate, validate, acknowledge
ant disprove

confiscate

동 (재산을) 몰수하다, 징발하다, (직권으로) 압류하다, 압수하다
형 몰수한, 거두어들인
syn impound, appropriate, sequester, remove, commandeer
ant restore, donate

confound

동 당황하게 하다, 혼동하다, 반박하다
syn amaze, bewilder, puzzle, confuse, stun, baffle, perplex, dumbfound, daze

confront

동 직면하다, 대면하다, (곤란이) 막아서다, (증거를) 들이대다, 대조하다
syn tackle, face, oppose, brazen out, challenge, threaten, defy, cope with
ant avoid

congest

동 혼잡하게 하다, 밀집시키다, 가득 차다, 울혈이 되다
syn obstruct, clog, block, stop up, plug, jam, overfill, gag, halt
ant disperse

□ **congress**

몡 의회, 국회, 집합, 회합, 친교, 교제, 교섭

동 모으다, 회합하다

syn assembly, parliament, conference, council, convention, meeting, association

□ **congruous**

혱 일치한, 조화된, 앞뒤가 맞는, 적합한

syn corresponding, coincidental, accordant, harmonious, suitable

ant incongruous

□ **conjure**

동 주문·주술로 불러내다, 마법을 걸다, (사물이) ~을 상기시키다, 탄원하다

syn summon, raise, recall, call up, invoke, juggle, do magic tricks, practice magic

□ **connoisseur**

몡 〈미술품〉 감정가, 전문가, 권위자

syn expert, critic, aesthete, authority, specialist, aficionado, enthusiast

ant amateur

□ **consecutive**

혱 (일정한 순서대로 간격 없이) 연속되는, 논리가 일관된, 앞뒤 연관성이 있는

syn continuous, successive, following, repeated, in a row

ant interrupted

□ **consequence**

몡 결과, 결론, 결말, 중요성, 중대함, 자존

syn result, effect, outcome, issue, upshot, conclusion, significance

ant cause

□ **considerate**

혱 인정 많은, 이해를 잘하는, 신중한

syn thoughtful, patient, concerned, deliberate, caring, selfless

ant inconsiderate

□ **consolidate**

동 합병하다, 통합하다, 강화하다, (덕망을) 높이다

syn unify, merge, combine, unite, join, solidify, strengthen, secure

ant separate

□ **constant**

혱 변함없는, 일정한, 연속적인, 성실한

몡 일정불변의 것, 〈수학〉 상수

syn uniform, immutable, perpetual, permanent, steady, stable

ant sporadic

□ **contaminate**

동 오염시키다, 타락시키다, (본문을) 개악하다

syn defile, pollute, foul, taint, infect, sully, dirty, corrupt, poison

ant purify

□ **contempt**

몡 경멸, 치욕, 불명예, (법원·국회에서의) 모욕행위

syn scorn, disrespect, disdain, hatred, derision, disgrace, despise

ant respect

□ **content**

몡 내용, 기사, 취지, 용량, 부피, 크기

혱 만족하고 있는, 찬성하는

동 만족시키다

syn happy, satisfied, pleased, comfortable / satisfy, gratify, comfort

ant discontent

□ **contentment**

몡 만족, 안도, 마음의 평온

syn satisfaction, gratification, ease, happiness, pleasure, complacency

□ **context**

몡 문맥, (문장의) 전후 관계, 배경, 상황

syn circumstance, background, situation, lexicon, framework

controversy

명 논쟁, (말)다툼, 싸움, 〈법〉 민사분쟁
syn disagreement, altercation, quarrel, wrangle, argument, dispute, debate, contention

convalescent

형 회복기인, 회복기 환자의
명 회복기의 환자
syn convalescing, recuperative, restorative, recovery

convention

명 대회, 대표자회의, 집회, 정당대회, (정당 간의) 합의, 협정, (사회) 인습, 관습
syn assembly, conference, convocation, caucus, agreement, pact, treaty, custom

convict

동 유죄를 선고하다, 문초를 받다, (죄 · 잘못 등을) 깨닫게 하다
명 죄수, 유죄선고를 받은 사람
syn condemn, sentence / prisoner, malefactor, felon, criminal
ant acquit, exonerate

cope

동 대처하다, 맞서다, 대항하다
syn deal with, struggle, face, wrestle, strive, persevere, manage, handle, survive

copious

형 다량의, 풍부한, 〈사상 · 언어〉 내용이 풍부한, 어휘가 많은
syn plentiful, ample, abundant, bountiful, lavish, profuse, wordy
ant scanty, scarce

corollary

명 직접적 추론, 필연적 결과, 귀결
형 결과로 생긴
syn consequence, outcome, result, upshot, effect, conclusion

corporation

명 법인, 시정기관, 단체, 조합, 유한회사, 올챙이 배
syn partnership, enterprise, company, business, organization, entity, paunch, potbelly

correlation

명 상호관계, 상관관계, 관련성
syn interdependence, association, relationship, connection
ant irrelativeness

correspond

동 일치하다, 조화하다, 상당하다, 해당하다, 편지 왕래하다, 통신하다
syn harmonize, tally, agree, accord, conform, resemble, communicate
ant differ

counterfeit

형 가짜의, 속임수의
명 가짜, 위조품
동 위조하다, ~인 체하다, 흡사하다
syn fraudulent, fake, forged, sham, bogus, spurious, pretentious
ant genuine

countermeasure

명 대책, 대안, 보복 수단
syn counterplan, countermove, an opposing or retaliatory measure

cowardice

명 겁, 소심, 남의 비난을 겁내는 소심함
syn timidity, awe, angst, apprehensiveness, spinelessness, fear
ant bravery, courage

crease

명 접은 자국, (바지에서) 세운 줄, (얼굴 · 직물 등의) 주름
동 주름지게 하다, 찰과상을 입히다
syn fold, furrow, ridge, groove, rumple, tuck, pleat, wrinkle, double, rumple, crimp

□ **creep**

[동] 기어가다, 뻗어가다, 서행하다, 다가가다, 굽실거리다

[명] 엎드려 기기, 서행, 싫은 녀석

[syn] crawl, slither, writhe, sneak, steal, slink, cringe, inch, dawdle

□ **criterion**

[명] 기준, 규범, 표준, 척도

[syn] decisive factor, principle, measure, standard, norm, condition, reason

□ **crucial**

[형] 결정적인, 매우 중요한, (시기 · 문제가) 힘든, 어려운, 괴로운, 쓰라린, 십자형의

[syn] decisive, critical, pivotal, vital, essential, fundamental, imperative

[ant] unimportant

□ **crumble**

[동] 부수다, 가루로 만들다, (집 · 낭떠러지 등이) 허물어지다, (세력 · 희망 등이) 없어지다

[syn] mash, shatter, grind, powder, disintegrate, decay, deteriorate, collapse, crush

□ **culprit**

[명] 법정 출두 형사 피고인, 미결수, 범죄용의자, 범인

[syn] offender, criminal, perpetrator, accused, felon, evildoer, guilty party, suspect

□ **cutback**

[명] 삭감, 축소, 가지치기

[syn] curtailment, reduction, cut, decrease, curb, restraint, rein

[ant] increase

□ **cynical**

[형] 의심하는, 비웃는, 냉소하는, 비꼬는, 빈정대는, 세상을 비웃는, 항상 남을 헐뜯는

[syn] sarcastic, skeptical, pessimistic, satirical, sardonic, distrustful

[ant] optimistic

D

□ **daunt**

[동] 위협하다, 위압하다, 겁나게 하다, 기죽게 하다

[syn] discourage, intimidate, scare, frighten, dismay, terrify, thwart

[ant] encourage

□ **deadline**

[명] 마감시간, 최종기한, 마감, 넘어서는 안 될 선, 사선

[syn] limit, time limit, cut-off date, closing date, boundary

□ **debut**

[명] (배우의) 첫 출연, 데뷔, (여성이) 사교계에 처음 나감, 첫 공개, (직업 · 경력 등의) 시작

[syn] appearance, admission, inauguration, introduction, launching

[ant] retirement

□ **decay**

[동] 부패하다, 쇠퇴하다, 타락하다

[명] 부패, 썩음, 쇠퇴, 타락

[syn] degenerate, wither, putrefy, decompose, deteriorate, erode, etch, rot, scour, sear

□ **decline**

[동] 거절하다, 기울이다, 쇠퇴하다

[명] 내리막 경사, 쇠퇴, 감소, (인생) 말년

[syn] abjure, avoid, balk, deny, desist, disapprove, reject, repudiate

[ant] improve, rise

□ **decry**

[동] ~을 헐뜯다, 깎아내리다, 공공연히 비난하다, 가치를 떨어뜨리다, ~의 사용을 금지하다

[syn] denounce, disparage, depreciate, denigrate, derogate, condemn

[ant] esteem

□ **deduct**

[동] 공제하다, 빼다, (가치를) 감하다, 떨어뜨리다, (연역적으로) 추론하다

syn subtract, detract, abate, abstract, curtail, cut, decrease, reduce
ant add

☐ **deficit**

명 부족액, 결손, 적자
syn arrears, default, deficiency, inadequacy, lack, loss, debt
ant surplus

☐ **defy**

동 무시하다, 반대하다, 거부하다, 선동하다, 강요하다
syn dare, brave, flout, challenge, resist, oppose, disregard, contravene
ant respect

☐ **deleterious**

형 해로운, 해독을 끼치는
syn harmful, pernicious, detrimental, injurious, nocuous, noxious
ant salutary

☐ **delicate**

형 섬세한, 우아한, 날씬한, 부드러운, 깨지기 쉬운, 세련된, 고상한, 예의 바른, 얌전한
syn fragile, frail, flimsy, subtle, mere, elusive, elegant, refined
ant robust, crude

☐ **delineate**

동 ~의 윤곽을 그리다, 그림으로 나타내다, (초상을) 그리다, 정확하게 서술하다
syn define, portray, outline, draw, describe, depict, explain, demarcate, sketch, trace

☐ **demanding**

형 지나치게 요구하는, 힘든, 고된
syn difficult, hard, challenging, tough, severe, arduous, taxing, claiming
ant easy

☐ **density**

명 밀도, 밀집 상태, 농도, 비중, 우둔함
syn thickness, compactness, solidity, viscidity, viscosity, stupidity

ant dispersion

☐ **deplete**

동 (저장량을) 격감시키다, 써버리다, 고갈시키다
syn consume, decrease, diminish, use up, drain, exhaust, lessen
ant save, increase

☐ **deprive**

동 빼앗다, 허용하지 않다, 면직시키다, 파면하다
syn divest, rob, deny, take away, remove, withdraw, dispossess
ant allow, render

☐ **derive**

동 이끌어내다, 유래하다, 추론하다, 유도하다
syn develop, originate, stem, acquire, gain, attain, glean, deduce, infer, draw, educe

☐ **despair**

명 절망, 실망, 절망의 원인
동 절망하다, 체념하다, 단념하다
syn quail, misery, desolation, anguish, gloom, depression, despondency
ant hope

☐ **destitute**

형 가난한, 없는
syn poor, indigent, penniless, impoverished, insolvent, needy, lacking
ant affluent

☐ **deteriorate**

동 악화시키다, 떨어뜨리다, 저하시키다, 퇴폐하다
syn degenerate, worsen, decline, suffer, injure, spoil, disintegrate
ant ameliorate

☐ **deterrent**

형 방해하는, 제지하는
명 방해물, 제지하는 것
syn restraint, curb, check, hindrance, prevention, restriction, rein
ant incentive

□ **detour**

명 우회로, 돌아가는 길
동 우회하다
syn alternative route, bypass, bypath, deviation, diversion, shunpike
ant shortcut

□ **devastate**

동 황폐화시키다, 유린하다, 압도하다, 무찌르다
syn destroy, demolish, depredate, despoil, devour, plunder, ravage
ant restore

□ **deviate**

명 벗어나다, 빗나가다, 일탈하다
syn veer, wander, stray, diverge, swerve, depart, digress, aberrant
ant conform

□ **devoid**

형 없는, 빠진
syn bare, lacking, destitute, bereft, barren, omitted, vacant, vacuous
ant teeming

□ **devote**

동 바치다, 헌납하다, 전념하다
syn dedicate, consecrate, offer, apply, assign, consign, allot, allocate, lavish, bestow

□ **diagnose**

동 진단하다, 규명하다
syn identify, analyze, examine, spot, detect, make out, establish

□ **dilapidate**

동 황폐시키다, 파손하다, 망가뜨리다, 낭비하다
syn devastate, ruin, decay, disrepair, demolish, squander, waste
ant construct

□ **discharge**

동 짐을 부리다, 양륙하다, 발사하다, 쏟다, 면제하다, 해방하다, 퇴원시키다, 해고하다

명 양륙, 발포, 유출, 면제, 해방, 퇴원, 출소, 해임, 이행, 무죄석방, 면책, 제대, 방전
syn relieve, remove, fire, emit, release, fulfill, accomplish, perform, dismiss
ant load

□ **discrepancy**

명 차이, 어긋남, 불일치, 모순, 차이점
syn inconsistency, incongruity, divergence, discordance
ant correspondence

□ **disdain**

동 경멸하다, ~할 가치가 없다고 여기다, 치사하게 여기다
명 경멸, 멸시, 오만, 모멸
syn dispise, scorn, spurn, disparage / contempt, derision, disregard
ant adore

□ **disgust**

동 혐오감을 일으키다, 정떨어지게 하다
명 욕지기, 혐오, 반감, 진저리, 정떨어짐
syn abhor, dislike, repulse, nauseate / antipathy, aversion, loathing, hatred
ant relish

□ **dismantle**

동 벗기다, 발가벗기다, 설비를 제거하다, 의장을 해제하다, 허물다, (기계를) 분해하다
syn take apart, deprive, strip, annihilate, decimate, denudate, denude
ant assemble

□ **disobedient**

형 복종하지 않는, 반항적인, 다룰 수 없는
syn refractory, insubordinate, contumacious, defiant, rebellious
ant obedient, pliable

□ **dispatch**

동 파견하다, 급송하다, (일을) 해치우다, 치명타를 주다
명 파견, 발송, 살해, 운송, 속달
syn send off, post, mail, ship, transmit, message, notice, report, kill, murder, slay

□ **dispense**

圄 분배하다, (법을) 시행하다, 적용하다, (의식을) 집행하다, (약을) 조제하다, (의무를) 면제하게 하다
syn apportion, allot, dole, donate, afford, distribute, administer, apply, adapt, deal out

□ **dispose**

圄 배치하다, 정리하다, 처분하다, 영향을 주다, ~하기 쉽게 하다, 할 마음이 내키게 하다
syn arrange, array, order, organize, set out, marshal, incline, prepare
ant disincline

□ **disregard**

圄 무시하다, 경시하다, 등한시하다
圀 무관심, 무시, 경시, 등한시
syn ignore, discount, neglect / disrespect, indifference, disdain
ant regard

□ **disseminate**

圄 흩뿌리다, 살포하다, (학설을) 보급하다, 유포하다
syn scatter, spread, promulgate, disperse, distribute, propagate
ant gather

□ **distribute**

圄 분배하다, 배급하다, 할당하다, 살포하다, 뿌리다, 분포시키다, 배달하다, 구분하다
syn allocate, issue, dispense, allot, deliver, circulate, disperse, disseminate, scatter

□ **divulge**

圄 누설하다, 폭로하다
syn reveal, disclose, tattle, uncover, promulgate, proclaim, expose
ant conceal

□ **dogma**

圀 교리, 신조, 정설, 독단, 독단적인 주장
syn creed, doctrine, principle, canon, code of belief, view, tenet

□ **doleful**

圀 슬픔에 잠긴, 침울한, 우울한
syn miserable, sad, woeful, dejected, mournful, gloomy, glum, forlorn
ant content

□ **dominate**

圄 지배하다, 억제하다, (뛰어나게) 우뚝 솟다, ~보다 우위를 차지하다, 보급하다
syn govern, reign, rule, permeate, subjugate, suppress, shackle, excel, overwhelm

□ **downright**

圀 순전한, 솔직한, 노골적인
圂 완전히, 철저히, 매우, 솔직하게, 즉각
syn absolute, total, complete, utter, candid, forthright, frank / thoroughly
ant false

□ **downtrodden**

圀 압정에 신음하는, 탄압받는, 짓밟힌
syn tyrannized, oppressed, trodden, trampled upon, subjugated
ant emancipated

□ **drain**

圄 배출시키다, (잔을) 비우다, 소모시키다, 빼앗다
圀 배수설비, 하수구, 출자, (술) 한 모금
syn exude, gush, ooze, consume, deplete, canal, channel, conduit, duct, exhaust

□ **drawback**

圀 장애, 훼방, 단점, 공제, 관세 환불, 환불금, 손해보상금, 철수, 철거
syn obstacle, hitch, shortcoming, refund, withdraw, retreat, recoil
ant advantage

□ **duplicate**

圀 사본, 복사, 똑같은 것
圀 한 쌍의, 부본의, 복제한
圄 복사하다, 복제하다, 중복되다
syn copy, photocopy, spare, reproduction, replica, facsimile, replicate
ant original

495

□ **dwindle**

통 점점 작아지다, 줄어들다, (품질이) 떨어지다, (명성이) 쇠퇴하다, (가치가) 없어지다, 마르다

syn decrease, decline, diminish, reduce, lessen, shrink, fade

ant increase, magnify

E

□ **edible**

형 식용의, 매력적인

syn eatable, comestible, esculent, palatable, succulent, scrumptious

ant inedible

□ **elegant**

형 우아한, 고상한, 세련된, 점잖은, 멋진, 명확한, 훌륭한

syn fine, luxurious, stylish, graceful, polished, courtly, refined, chic

ant servile, mean

□ **elevated**

형 높인, 고가의, 고상한, 고귀한, 숭고한, 의기양양한, 우쭐한, 쾌활한

syn raised up, exalted, noble, joyful, eminent, prominent, lofty, superior

ant humble

□ **eliminate**

통 제거하다, 떼어내다, 탈락시키다, 고려 대상에서 제외하다, (가능성을) 없애다, 죽이다

syn get rid of, do away with, eradicate, kill, abolish, remove, purge, omit

ant include

□ **elite**

명 골라 뽑힌 사람, 정예, 최상류의 사람들, 권한을 가진 사람

형 선발된, 정예의

syn elect, best, choice, privileged, selected, aristocracy, pick

ant rabble

□ **elope**

통 눈이 맞아 함께 달아나다, 애인과 집을 나가다, 도망가다, 피해 달아나다

syn escape, flee, run away, abscond, run away with a lover

□ **enchant**

통 마법을 걸다, 매력적으로 만들다, 넋을 잃게 하다, 마음을 사로잡다, 매혹하다

syn bewitch, charm, allure, captivate, fascinate, enthrall, enrapture, entice, attract

□ **enliven**

통 활기가 넘치게 하다, 생동하게 하다, 활기를 북돋우다

syn inspire, activate, animate, inspirit, vivify, cheer, exalt, vitalize, entice

ant depress

□ **enrapture**

통 황홀하게 하다, 크게 기뻐하다, 기뻐서 어쩔 줄 모르다

syn allure, attract, captivate, charm, delight, elate, enchant, enthrall, entrance

□ **ensue**

통 계속되다, 잇달아 일어나다, 결과로서 일어나다

syn result, follow, develop, proceed, arise, derive, stem, issue

ant discontinue

□ **enthrall**

통 매혹하다, 열중하게 하다, 아주 즐겁게 하다, 마음을 빼앗다, 사로잡다, 속박하다

syn allure, captivate, rivet, charm, enrapture, beguile, fascinate, enchant

ant disgust

□ **entrepreneur**

명 (큰 사업의) 기업가, 사업주, 중개인, 청부인, 흥행주

syn businessperson, administrator, contractor, organizer, promoter, undertaker

□ **envelop**

图 싸다, 말다, 포위하다, 공격하다

syn enclose, enfold, cover, surround, encircle, encase, swathe, cloak

ant unwrap

□ **epidemic**

혤 (병이) 유행성인, (사상·풍속 등이) 유행하는, (웃음이) 남에게 옮아가는

몡 (병의) 유행, (벌레의) 대발생

syn widespread, prevalent, rampant, sweeping, rife, endemic, contagious, infectious

□ **equip**

图 마련하다, 갖추다, 단장하다, (일을) 맡기다, (지식을) 익히게 하다

syn furnish, provide, outfit, rig, fit out, endow, supply, stock, dress, array

□ **erudite**

혤 학구적인, 유식한, 박식한, 〈서적〉 학문적인, 학자적인

syn scholarly, learned, cultured, intellectual, well-educated

ant illiterate, ignorant

□ **esteem**

图 존중하다, 존경하다, 중히 여기다, 높이 평가하다, ~라 생각하다

몡 존경, 평판, 판단

syn regard, respect, value, appreciate, cherish, venerate, admire

ant disdain, scorn

□ **ethics**

몡 윤리학, 윤리, 도덕, 행동규범, 개인의 도의

syn principles, morals, beliefs, moral principles, moral values, moral code

□ **ethnic**

혤 민족의, 민족적인

몡 소수민족의 한 사람, 민족적 배경

syn racial, cultural, national, tribal, native, national, indigenous, folk

□ **eulogy**

몡 찬사, 찬양하는 글, 송덕문, 칭찬의 말, 추도 연설, 찬미, 칭송

syn acclamation, tribute, oration, praise, admiration, encomium

ant slander

□ **evacuate**

图 (마을·집·방 등을) 비우다, (안전한 곳으로) 피난시키다, 주민을 옮기다, 퍼내다, 후송하다

syn vacate, leave, withdraw, empty, decamp, depart, relinquish, abandon, vamoose

□ **evade**

图 피하다, 모면하다, 벗어나다, 빠져나가다, 기피하다, (적당히) 넘기다, 좌절시키다

syn escape, avoid, dodge, elude, shirk, skirt, equivocate, prevaricate

ant confront

□ **evaluate**

图 평가하다, ~을 견적하다

syn assess, appraise, estimate, calculate, assay, grade, rate, valuate, weigh

□ **evaporate**

图 증기가 되다, 기화하다, 증발하다, (희망·기억 등이) 소멸하다, 사라지다, 탈수하다, 농축하다

syn dry up, dehumidify, dehydrate, evanish, vaporize, vanish, disperse

ant solidify

□ **evident**

혤 분명한, 명백한

syn apparent, obvious, clear, manifest, palpable, unmistakable

ant vague, concealed

□ **exaggerate**

图 과대시하다, 과장해서 말하다, (병을) 악화시키다, 과장하다

syn overstate, embroider, amplify, inflate, boast, brag, exalt, hyperbolize

ant curtail

□ **exclusive**

형 배타적인, 모순되는, 제외하고, 유일한, 독점적인

명 특종, 독점판매권

syn elite, select, restricted, limited, private, special, sole, complete

ant inclusive

□ **exert**

동 (힘 · 능력 등을) 쓰다, 행사하다, 발휘하다, (영향을) 미치다, 노력하다

syn exercise, wield, employ, apply, use, put forth, utilize, endeavor, strive, toil

□ **exhort**

동 (남에게) 열심히 권하다, 강력히 권고하다, 훈계하다

syn urge, advise, caution, admonish, encourage, spur, press, goad, cheer

□ **expound**

동 (이론 · 취지 등을) 설명하다, 상술하다, (경전을) 해설하다, 해석하다

syn explain, illustrate, clarify, construe, delineate, discourse, elucidate

□ **extinct**

형 〈종족 · 생물〉 멸종한, (제도가) 폐지된, 쇠퇴한, 시든, 실효한, 사라진, 활동을 멈춘

syn died out, obsolete, destroyed, vanished, disappeared, exterminated

ant living

F

□ **facilitate**

동 촉진하다, 조성하다, 수월하게 하다, 편하게 하다

syn expedite, further, promote, make easier, help, aid, assist

ant hinder

□ **faculty**

명 능력, 재능, 기능, 〈대학〉 학부, 학부 교수단, 교직원, 권한, 특권

syn talent, gift, ability, knack, capability, sense, staff, workers, personnel

ant failing

□ **falter**

동 비틀거리다, 더듬더듬 말하다, 말을 더듬다, 막히다

syn stammer, stutter, hesitate, waver, pause, wane, vacillate, stagger, stumble, totter

□ **fanatic**

명 광신자, (종교 · 정치의) 열광적인 지지자

syn enthusiast, zealot, bigot, hothead, militant, devotee, extremist, fiend, freak

□ **fathomable**

형 잴 수 있는, 헤아릴 수 있는

syn determinable, assessable, computable, commensurate

ant unfathomable

□ **favorable**

형 이익을 주는, 유리한, 적합한, 유망한, (기후) 좋은, 호의적인, 찬성하는, 긍정적인

syn promising, beneficial, auspicious, advantageous, propitious

ant unfavorable

□ **feeble**

형 허약한, (지적 · 도덕적으로) 박약한, (소리 · 빛이) 약한, 희미한, (힘이) 부족한

syn weak, frail, delicate, shabby, thin, meager, pathetic, poor, halfhearted

ant robust

□ **feminist**

명 a. 남녀 동등권론자(의), 여권신장론자(의)

syn chauvinism, misogynist, anti-feminist, male chauvinist, misanthrope, sexist

□ **fertile**

형 기름진, 다산의, 풍작을 가져오는, 창조력이 풍부한, 수정한, 결실 능력이 있는

syn abundant, lush, productive, rich, fruitful, prolific, luxuriant, fecund

ant barren

□ **fiscal**
> 형 국고의, 국가 세입의, 재무의, 회계의
> syn financial, monetary, economic, accounting

□ **flake**
> (벗겨지는) 얇은 조각, 파편, 단편, 한 조각
> 동 벗겨져 떨어지다, (눈이) 펄펄 내리다
> syn fragment, scrap, splinter / peel, crumble, chip, blister, shave, fleck

□ **flesh**
> 명 살, 고기, 육체, 인간성, 육욕, 혈육, 피부색
> 동 (칼이) 살에 찌르다, 완성하다
> syn tissue, beef, body, brawn, cells, meat, blood, kindred, carnivorous
> ant soul

□ **flock**
> 명 떼, 무리, 군중, 대군, 무더기, 다수
> 동 모이다, 떼 짓다, 무리를 이루다
> syn crowd, bevy, covey, litter, shoal, school, swarm, group, herd, gather, congregate

□ **flourish**
> 동 번영하다, 번창하다, 잘 자라다, 무성하다, (나팔로) 팡파르 울리다, (사람이) 활약하다
> syn thrive, burgeon, increase, prosper, boom, flaunt, brandish, wield
> ant wither

□ **folk**
> 명 사람들, 가족, 일가, 친척, 국민
> 형 민중에서 비롯된, 민간의, 민속의
> syn kinfolk, kin, relations, people, clan, tribe, inhabitants, relatives, family

□ **foremost**
> 형 맨 먼저의, 가장 중요한, 주요한
> syn first, primary, prime, chief, principal, utmost, supreme, paramount
> ant trivial

□ **forensic**
> 형 법정의, 수사적인
> syn legal, judicial, juridical, statutory, dialectic

□ **forfeit**
> 명 벌금, 위약금, 상실된 권리, 몰수
> 동 몰수당하다, 잃다, 상실하다
> syn penalty, fine, forfeiture, loss / surrender, sacrifice, lose, give up
> ant award

□ **formidable**
> 형 무서운, 위협적인, 경이감을 일으키는, 아주 우수한, 강력한
> syn terrible, daunting, intimidating, dreadful, fearsome, remarkable
> ant pleasant

□ **forthright**
> 형 솔직한, 똑바른, 직진하는
> syn frank, candid, direct, outspoken, straightforward / immediately
> ant crooked

□ **framework**
> 명 뼈대, 골격, 구조물, 구성, 조직, 체제
> 동 접목하다
> syn structure, frame, scaffold, skeleton, support, construction, agenda, basis, context

□ **frigid**
> 형 몹시 추운, 인정이 없는, 쌀쌀한, 냉담한, 형식적인, 불감증의
> syn cold, frosty, chilly, icy, freezing, unfriendly, standoffish, aloof
> ant warm

□ **frivolous**
> 형 시시한, 하찮은, 천박한, 경망스러운
> syn silly, trivial, vain, thoughtless, playful, frolicsome, giddy, flippant
> ant serious

□ **frustrate**
> 동 망치다, 헛되게 하다, 실망시키다, 좌절시키다, 훼방하다
> syn aggravate, irritate, annoy, foil, discourage, prevent, thwart
> ant encourage

□ **fulfill**

통 이루다, 실행하다, 실현되다, 수행하다, 충족하다, 완료하다, 마치다

syn complete, accomplish, execute, perform, carry out, implement

ant fail, neglect

G

□ **gallant**

형 용감한, 당당한, 화려한, 친절한, 연애의

syn brave, courageous, valiant, dauntless, fearless, chivalrous, suave

ant coy

□ **garrulous**

형 수다스러운, 잘 지껄이는, 장황한, 말이 많은, 졸졸 소리를 내는, 지저귀는

syn talkative, chatty, voluble, loquacious, verbose, prolix, wordy

ant reticent, taciturn

□ **gaudy**

형 화려한, 야한, (문체에) 미사여구를 사용한

syn garish, flashy, extravagant, showy, colorful, ornate, brilliant, tawdry

ant modest

□ **gifted**

형 천부의 재능이 있는, 탁월한 재능을 지닌

syn talented, accomplished, having exceptional intelligence or ability

ant talentless

□ **glimpse**

명 힐끗 보기, 얼핏 눈에 띄기, 일별, 일견, 넌지시 알아차리기

통 힐끗 보다, 일견하다

syn preview, vague idea, inkling, spot, spy, view, sight, espy / glance, appear faintly

□ **grandiose**

형 웅장한, 장엄한, 젠체하는, 거드름 피우는

syn pompous, pretentious, extravagant, flamboyant, showy, ostentatious

ant shabby

□ **grateful**

형 감사하는, 기분 좋은

syn thankful, appreciate, obliged, gratifying, pleasing, pleasant

ant thankless

□ **gratify**

기쁘게 하다, 만족시키다

syn please, satisfy, indulge, fulfill, oblige, humor, delight, enchant

ant sadden

□ **grossly**

부 상스럽게, 역겹게

syn disgustingly, revoltingly, nauseatingly, hideously, vilely, foully

ant decently

□ **grudge**

명 원한, 유감, 악의

통 내주기를 꺼리다, 질투하다

syn resentment, hatred, antipathy, rancor, bitterness, malice, enmity

ant goodwill

□ **grueling**

형 기진맥진하게 하는, 심한, 지독한

명 심한 봉변, 가혹한 처사, 엄벌

syn demanding, exhausting, taxing, hard, tough, arduous, rough, harsh

ant simple

□ **guideline**

명 안내선, 밑줄, 안내 밧줄, 지침

syn indication, principle, rule, instruction, road map, guidepost

□ **gullible**

형 속기 쉬운, 잘 속아 넘어가는

syn naive, susceptible, easy to fool, trusting, innocent, green, credulous, fleeceable

H

hatch
통 부화하다, 꾸미다
syn inlay, produce, give forth, give birth, bear, brood, beget, contrive, plot, scheme

hazard
명 위험, 우연, 불확실함
통 과감히 말하다, 위험을 무릅쓰다
syn danger, risk, peril, vulnerability, venture, endanger, jeopardize
ant security

hoist
통 들어 올리다
명 감아올리기, 올리는 장치, 승강기
syn lift, raise, pull, heave, erect, elevate / winch, crane, elevator, pulley
ant lower

homebody
명 가정적인 사람, 집에만 있는 사람
syn workaholic

hookup
명 접속, 결합, 접속도, 구성 소자, (방송국) 네트워크, 중계, (정부 간) 제휴, 동맹
syn assembly, connection, circuit, network, system, device, association, alliance

hospitality
명 환대, (새로운 사상의) 이해, 수용, 환대하는 마음
syn welcome, warmth, kindness, generously, cordial reception
ant inhospitality

humiliate
통 창피를 주다, 자존심을 상하게 하다
syn mortify, disgrace, humble, debase, shame, degrade, belittle, demean
ant honor

hunch
통 (등을) 구부리다, 밀다, 찌르다, 예감이 들다
명 덩어리, 융기, 예감, 육감, 직감
syn bend, huddle, stoop / guess, feeling, sixth sense, premonition, intuition, instinct

hygiene
명 위생학, 위생상태
syn cleanliness, sanitation, salubrity, health

I

ignoble
형 비열한, 야비한, 열등한, 조악한, 태생이 천한
syn mean, base, degraded, ignominious, contemptible, inferior, lowly
ant honorable

illuminate
통 비추다, 조명하다, 해명하다, 조명장치를 하다, 계몽하다, 교화하다, 채색하다
syn light, illumine, clarify, enlighten, elucidate, explain, make clear
ant obscure

illusory
형 착각을 일으키게 하는, 속이는, 홀리는, 가공의, 실체가 없는
syn deceptive, false, illusive, misleading, not real, erroneous, imaginary
ant tangible

illustrate
통 설명하다, 예증하다, 도해를 넣다
syn exemplify, demonstrate, show, explain, describe, depict

immovable
형 부동의, 고정된, 감정에 치우치지 않는, 매년 같은 날짜에 있는
syn fixed, steady, permanent, set, resolute, rigid, stubborn, adamant, firm, steadfast

□ **immune**

형 면역의, 면제된

syn resistant, protected, impervious, invulnerable, unaffected, exempt

ant infected

□ **impede**

동 지체시키다, 방해하다, 훼방 놓다

syn obstruct, hinder, hamper, encumber, inhibit, block

ant advance, encourage

□ **impetuous**

형 충동적인, 성급한, 열렬한, 격렬한, 맹렬한

syn impulsive, spontaneous, rash, hasty, hotheaded, sudden, reckless

ant planned

□ **implausible**

형 믿기 어려운, 미심쩍은

syn unbelievable, improbable, doubtful, questionable, far-fetched

ant plausible

□ **implement**

명 도구, 용구, 기구, 비품, 수단

동 이행하다, 채우다, 도구를 제공하다

syn apply, realize, execute, employ, put into practice, instigate, effect

ant hinder

□ **imply**

동 암시하다, 비치다, 내포하다, 수반하다, 함축하다

syn entail, involve, mean, suggest, signify, assume, include, infer, implicate

□ **impoverished**

형 가난한, 빼앗긴, 메마른, 불모의

syn poor, broke, insolvent, impecunious, indigent, destitute, deprived

ant blessed

□ **impractical**

형 비현실적인, 비실용적인, 통행할 수 없는, 다루기 힘든

syn unrealistic, idealistic, impossible, unreasonable, hopeless, inept

ant practical

□ **impregnate**

동 임신시키다, 포화상태로 만들다, 스며들게 하다, 주입하다

형 임신한, 스며든, 충만한

syn conceive, gestate, saturate, soak, steep, infuse, permeate, drench, imbue

□ **impudent**

형 뻔뻔스러운, 주제넘은, 건방진, 오만한, 버릇없는, 아니꼬운

syn cheeky, impertinent, insolent, rude, disrespectful, impolite, sassy

ant courteous

□ **impunity**

명 형벌을 면하기

syn exemption from punishment, immunity from detrimental effects, exemption

□ **incense**

동 화나게 하다, (꽃)향기를 풍기다, 분향하다

명 향, 향 연기, 방향, 존경, 경의, 아첨

syn anger, enrage, rile, exasperate, infuriate, annoy, aroma, fragrance, balm

□ **incentive**

명 유인, 자극, 동기, 장려금

형 자극적인, 격려적인

syn inducement, enticement, motive, motivation, encouragement, spur, reason

□ **incline**

동 마음이 내키다, ～하고 싶어지다, ～하는 경향이 있다, 비슷하다, 경사지다, 굽히다

syn predispose, persuade, prejudice, bias, slant, slope, tilt, lean, gradient

ant decline

□ **inconclusive**

형 결정적이 아닌, 결론이 나지 않은, 설득적이 아닌

syn unsettled, indecisive, indefinite
ant conclusive

inconspicuous

형 눈에 띄지 않는, 주의를 끌지 않는
syn ordinary, subtle, unremarkable, unobtrusive, discreet, modest
ant noticeable

indignant

형 화난, 분개한
syn angry, offended, resentful, incensed, annoyed, piqued, cross
ant pleased

indulge

동 빠지다, 종사하다, 과음하다, 충족시키다, 제멋대로 하다, 탐닉하다, 지불 유예하다
syn spoil, pamper, pander to, cosset, coddle, satisfy, gratify, feed, yield to, favor

industrious

형 근면한, 열심인, 노력하는
syn diligent, assiduous, energetic, conscientious, laborious, sedulous
ant inert

inebriate

동 술 취하게 하다, (정신적 · 감정적으로) 취하게 하다, 흥분하게 하다
형 술 취한
syn make drunk, intoxicate, exhilarate, confuse, stupefy
ant sober

inevitable

형 피할 수 없는, 당연한, 필연적인, 반드시 일어나는, 변함없는
syn predictable, expected, predestined, inescapable, fated, inexorable
ant avoidable

inexplicable

형 설명할 수 없는, 해석할 수 없는, 불가해한

syn mysterious, incomprehensible, unfathomable, bizarre, enigmatic
ant explicable

inferior

형 하위의, 열등한, 낮은, 보통의, 평범한, 이류의, 아래의
명 손아래사람, 후배
syn substandard, mediocre, low-quality, second-rate, poor
ant superior

infiltration

명 침투, 침입, 스며듦
syn percolation, penetration, permeation, intrusion

inflammation

명 점화, 인화, 발화, 연소, 염증
syn cumbustion, ignition, irritation, swelling, redness, soreness
ant extinguishment

influx

명 유입, 쇄도, 도래, (강의) 합류점
syn convergence, entrance, inflow, inundation, rush, advent, appearance

infuriate

동 격앙시키다, 격노케 하다
syn enrage, madden, incense, annoy, irritate, exasperate, anger
ant soothe

inhabit

동 살다, 거주하다, 존재하다, 있다
syn live in, dwell in, occupy, reside in, populate, locate, lodge, exist, abide
ant move

inhale

동 흡입하다, 빨아들이다, 〈음식〉 먹어 치우다, 숨을 들이마시다
syn breathe in, respire, devour, gasp
ant exhale

□ **initiative**

명 개시, 선도, 기업심, 진취 정신, 독창력
형 처음의 시작의, 솔선하는, 선제의, 초보의
syn leadership, dynamism, proposal, scheme, idea, enterprise, ingenuity, ascendancy

□ **inmate**

명 피수용자, 사회의 일원
syn inhabitant, occupant, resident, prisoner, convict, patient

□ **innumerable**

형 엄청나게 많은, 무수한
syn countless, incalculable, immeasurable, untold, inestimable, infinite
ant finite

□ **inscrutable**

형 알아볼 수 없는, 불가사의한, 심오한, 헤아릴 수 없는
syn mysterious, enigmatic, incomprehensible, unreadable
ant perceptible

□ **insomnia**

명 불면증
syn sleeplessness, wakefulness, restlessness

□ **instantaneous**

형 순간적인, 즉각적인, 동시에 일어나는, 동시적인
syn immediate, sudden, abrupt, occurring at once

□ **instigation**

명 선동, 부추김, 자극, 유인
syn incentive, inducement, stimulant, motive, incitement, goad, impetus, abetment

□ **instill**

동 주입시키다, 가르치다, (한 방울씩) 흘리다
syn inspire, fill, implant, encourage, infuse, inculcate, introduce

□ **institute**

동 제정하다, 마련하다, 시작하다, 임명하다
명 학회, 협회(건물), 제정, 관습, 부속 연구소
syn introduce, establish, set up, found, inaugurate / organization
ant abolish

□ **intermission**

명 중지, 중단, 휴식시간, 막간, 휴지기
syn pause, interruption, interval, break, interlude
ant continuity, sequence

□ **intermittent**

형 일시적으로 멈추는, 단속적인, 간헐적인, 주기적인
syn sporadic, occasional, regular, interrupted, recurrent
ant continuous

□ **interpret**

동 설명하다, 해석하다, 이해하다, 연기[연주, 연출]하다, 통역하다
syn understand, construe, infer, translate, decode, decipher, explain, elucidate

□ **interrogate**

동 질문하다, 심문하다
syn query, investigate, inquire, question, interview, catechize, scrutinize
ant reply

□ **intoxicate**

동 취하게 하다, 중독시키다, 흥분시키다, 도취시키다
syn captivate, fascinate, allure, attract, charm, delight, enchant, excite, exhilarate

□ **intrepid**

형 용기 있는, 대담한, 두려움을 모르는, 꿈쩍없는
syn fearless, brave, bold, courageous, valiant, daring, gallant, audacious
ant timid

□ **intriguing**

형 재미있는, 매력적인, 흥미를 자아내는, 음모를 꾸미는
syn interesting, fascinating, exciting, captivating, stimulating, absorbing
ant boring

□ **invigorate**

图 기운 나게 하다, 격려하다

syn refresh, revitalize, stimulate, enliven, energize, animate, galvanize

ant depress

□ **irritate**

图 짜증나게 하다, 안달하다, 초조하게 만들다, 화나게 하다, 자극하다, 흥분하다

syn annoy, aggravate, infuriate, bother, exasperate, inflame, chafe

ant placate

J

□ **jargon**

명 허튼소리, 알아들을 수 없는 말, 특수용어, 전문어, 변말, 은어, 혼합어

syn language, babble, gabble, twaddle, terminology, slang, lingo, argot, dialect

□ **jaunty**

형 경쾌한, 활발한, 멋진, 말쑥한

syn jolly, cheerful, spry, lively, brisk, merry, sprightly, trim

ant languid

□ **jeopardize**

图 위태롭게 하다

syn risk, endanger, make vulnerable, put at risk, lay on the line

ant comfort

L

□ **labyrinth**

명 미궁, 미로, 구불구불한 거리, 매우 복잡한 사정

syn maze, warren, web, tangle, jumble, muddle

□ **laconic**

형 함축성이 있는, 간결한, 말이 적은, 무뚝뚝한

syn concise, brief, pithy, terse, succinct, curt, blunt

ant voluble, garrulous

□ **laden**

형 (짐을) 실은, 지고 있는, 시달리고 있는

syn loaded, weighed, burdened, overloaded, charged, encumbered

ant unladen

□ **lament**

图 후회하다, 슬퍼하다

명 슬픔, 한탄, 애가, 푸념, 넋두리

syn regret, mourn, grieve, bewail, bemoan, dirge, deplore, complain

ant rejoice

□ **languish**

图 시들다, 쇠약해지다, 침체하다, 버림받고 살다, 연모[사모]하다, 슬픈 표정을 짓다

syn fade, become weak, feeble, droop, lose vigor, distress, pine

ant thrive

□ **lanky**

형 빼빼마른, 피골이 상접한, 마르고 호리호리한

syn rawboned, bony, gaunt, lean, gangling, gangly, leggy, tall and thin

ant stout

□ **lascivious**

형 음탕한, 호색적인, 선정적인, 도발적인

syn lustful, wanton, lewd, sexual, lecherous, salacious, immoral

□ **lassitude**

명 피곤, 나른함, 무관심, 귀찮음

syn weariness, languor, lethargy, stupor, tiredness, exhaustion, indolence

ant vigor

□ **laudable**

형 칭찬할 만한, 칭찬해야 할, 훌륭한

syn praiseworthy, commendable, creditable, admirable, wholesome

ant accusable

□ **leash**

[명] 가죽끈, 밧줄, 구속, 억제

[syn] bridle, restraint, harness, lead, strap, restriction

□ **legacy**

[명] 〈법〉 (유언에 의한 동산의) 유증, 유산, (조상의) 유산, 유물, 과거의 유산

[syn] inheritance, bequest, heritage, gift, estate, heirloom

□ **legislative**

입법권이 있는, 법률 제정의, 입법부의, 법률로 정해진

[syn] lawmaking, congressional, judicial, juridical, ordaining

□ **linger**

[동] 남아 있다, 꾸물거리다, (병을) 질질 끌다, 좀처럼 없어지지 않다, (생각에) 잠기다, (행동이) 더디다

[syn] stay, remain, delay, dawdle, tarry, loiter, hang around, idle away

[ant] hasten

□ **liquidate**

[동] (부채 · 배상 · 청구금 등을) 치르다, 결제하다, 일소하다, 없애버리다, (조합 · 회사 등을) 청산하다

[syn] pay a debt, settle, clear up, close a business, shut down, kill, murder, exterminate

□ **loquacious**

[형] 수다스러운, 장황한, 지루한

[syn] wordy, talkative, effusive, garrulous, rambling, voluble

□ **lucrative**

돈벌이가 되는, 유리한, 수지맞는

[syn] profitable, well-paid, rewarding, worthwhile, beneficial, productive, remunerative

□ **ludicrous**

[형] 웃기는, 익살맞은, 비웃음을 사는, 바보 같은

[syn] absurd, ridiculous, preposterous, comical, farcical, foolish, daft

[ant] sensible

□ **lullaby**

[명] 자장가, 조용한 소리

[동] 어르다

[syn] cradlesong, berceuse, croon, music, song

□ **lunatic**

[명] 정신이상자, 미치광이, 우둔한 사람

[형] 정신이상의, 미치, 정심병 환자를 위한

[syn] insane, outrageous, madcap, crazy, foolish, mad, harebrained

[ant] sane

□ **lustrous**

[형] 광택 있는, 윤나는, 번쩍이는, 빛나는, 찬란한, 훌륭한, 매력적인, 저명한

[syn] luminous, shiny, glossy, radiant, gleaming, shimmering, glistening, resplendent

□ **lyric**

[형] 서정시의, 노래의, 열광적인, 과장적인

[명] (유행가 · 뮤지컬) 가사, 서정시

[syn] words of a song, libretto, text, ode

M

□ **magnanimous**

[형] 도량이 큰, 관대한, 배포가 큰, 고결한

[syn] generous, high-minded, fair, noble, worthy, upright, titled

[ant] vindictive, timid

□ **magnetic**

[형] 자석의, 자기의, 자성을 띤, 지구 자기장의, 마음을 끄는, 매력 있는

[syn] attractive, compelling, alluring, captivating, charismatic, mesmeric, fascinating

□ **mandatory**

[형] 명령의, 의무적인, 강제적인, 통치가 위임된

[syn] obligatory, compulsory, imperative, indispensable, necessary

[ant] discretionary

□ **marvelous**

형 놀라운, 감탄할, 우수한, 훌륭한, 멋진, 이상한, 믿을
수 없는, 불가사의의

syn amazing, stunning, spectacular, splendid,
fabulous, fantastic

ant terrible

□ **masculine**

형 남자다운, 힘센, 씩씩한, 남성의

syn male, manly, mannish, manlike, brave,
courageous

ant feminine

□ **materialize**

동 실현하다, 구체화하다, 체현시키다, 사실이 되다, 실
현되다, 실행되다

syn appear, emerge, show, rise, issue, occur,
realize, come true, embody, incarnate

□ **mellow**

형 익은, 말랑한, 향기로운, (소리·색깔 등이) 부드러
운, (기질이) 온화한, 원만한, 비옥한, 상냥한

syn ripe, mature, soft, sweet, friable, loamy,
melodious, placid, sedate, serene

□ **menace**

명 위협, 협박, 골칫거리

동 위협하다, 협박하다, 위협을 주다, 위태롭게 하다

syn threat, danger, hazard, peril, nuisance,
troublemaker, pest / threaten, intimidate

□ **mercenary**

형 보수가 목적인, 돈을 바라는, 고용된

명 용병, 돈만 바라고 일하는 사람, 고용인

syn materialistic, mercantile, venal, praetorian,
corrupt

ant honorary, voluntary

□ **merchandise**

명 물품, 제품, 상품, 재고품

동 장사하다, 판매를 촉진하다, 선전하다

syn goods, products, stock / sell, retail, trade,
market

□ **merely**

부 오직, 단지

syn only, simply, just, purely, nothing but,
altogether, entirely

□ **metaphor**

명 은유, 암유, 상징

syn allegory, analogy, symbol, simile, trope,
figure of speech, figurative

□ **methodical**

형 정연한, 질서 있는, 조직적인, 꼼꼼한, 공들인

syn systematic, logical, disciplined, precise,
orderly, regular, meticulous

ant chaotic

□ **meticulous**

형 지나치게 소심한, 주의 깊은, 정확한

syn careful, scrupulous, thorough, detailed,
accurate, pedantic

ant magnanimous

□ **miserly**

형 수전노인, 인색한, 욕심 많은

syn cheap, penurious, stingy, niggardly,
tightfisted, parsimonious

ant generous

□ **mitigate**

동 완화시키다, 누그러뜨리다, 가볍게 하다, 온순하게 하다
하다

syn relieve, allay, alleviate, assuage, comfort,
ease, palliate, mollify

ant aggravate

□ **mnemonic**

형 기억을 돕는, 기억의

syn memory, reminiscent

ant oblivious

□ **modify**

동 변경하다, 수정하다, 〈문법〉 수식하다, 한정하다, 가
감하다, 완화하다, 줄이다

syn adapt, adjust, alter, amend, vary, transform,

revise, mutate
ant be intact

□ **monastery**
명 수도원, 수도사 단체
syn abbey, cloister, friary, temple, priory, nunnery

□ **monetary**
형 화폐의, 통화의, 금전의, 재정상의
syn financial, fiscal, economic, pecuniary

□ **morale**
명 (군대 · 직장의) 사기, 풍기
syn spirit, confidence, self-esteem, cheerfulness, esprit de corps
ant dismay

□ **myriad**
명 무수(한 사람[것]), 1만의
형 무수한, 매우 많은
syn innumerable, numerous, countless, untold, multitude, infinite
ant few

□ **mystical**
형 비법의, 신비주의의, 영적 상징의, 모호한, 불가사의한, 영감에 의한, 직관적인
syn spiritual, occult, numinous, supernatural, magic, transcendental, mysterious

N

□ **negligible**
형 무시해도 좋은, 하찮은, 시시한
syn insignificant, tiny, small, slight, unimportant, minor, trifling, trivial
ant significant

□ **neutral**
형 중립의, (특색 · 성격 등이) 애매모호한, (색이) 흐릿한, 회색의
syn impartial, indifferent, indefinite, dispassionate, drab, indistinct, gray

ant biased

□ **nomad**
명 유목민, 방랑자
syn wanderer, traveler, drifter, itinerant, migrant

□ **nonetheless**
부 그럼에도 불구하고
syn however, nevertheless, yet, even so, despite that

□ **notwithstanding**
전 ~에도 불구하고
접 ~임에도
부 그럼에도 불구하고, 아무튼
syn in spite of, although, nevertheless, nonetheless, anyway

□ **novice**
명 초심자, 미숙자, 신출내기, 풋내기, 수련사, 새 교회원, 새 귀의자, 새 개종자
syn beginner, learner, trainee, apprentice, greenhorn, neophyte, amateur
ant expert

□ **nurture**
동 키우다, 양육하다, 가르치다, 교육하다
명 양성, 양육, 교육, 지도, 자양물, 음식
syn care for, look after, take care of, raise, rear, foster, cultivate, cherish
ant desert

O

□ **obese**
형 비대한, 뚱뚱한
syn fat, overweight, heavy, stout, plump, corpulent
ant slender, slim, lean, lanky

□ **obituary**
명 (신문의) 사망 광고[기사]
형 사망의, 사망을 기록하는

[syn] necrology, dead notice, eulogy, mortuary tribute

☐ **objective**

명 목적, 목표, 실재하는 것, 대물렌즈

형 객관적인, 실증적인, 목적의, 실재의

[syn] object, purpose, aim, goal, intent / impartial, factual, tangible

[ant] subjective

☐ **obligation**

명 의무, 구속, 책임, 협정, 계약서, 채권, 부채, 보살핌, 진력, 의리, 은혜

[syn] compulsion, duty, responsibility, requirement, commitment, debt, contract

☐ **observe**

동 보다, 알아채다, 관찰하다, 진술하다, 평하다, 지키다, 축하하다

[syn] watch, witness, scrutinize, detect, remark, obey, maintain, keep, solemnize, notice

☐ **obsolete**

형 쇠퇴한, 쓸모없어진, 한물간, 시대에 뒤진, 구식의, 퇴행한, 흔적뿐인

[syn] disused, out of date, archaic, superseded, outmoded, vestigial

[ant] up-to-date

☐ **occasional**

형 때때로의, 특별한 경우의, 예비의, 임시로 쓰는, 임시의, 우발적인

[syn] infrequent, irregular, sporadic, rare, intermittent, special

[ant] constant

☐ **occupy**

동 차지하다, 점유하다, 메우다, 끌다, 차지하다, 종사하다, 점령하다, 사용하다

[syn] live in, dwell in, inhabit, reside in, engage, absorb, amuse, concern

[ant] vacate

☐ **offense**

명 위반, 범죄, 반칙, 죄의 근원, 기분을 해치는 것, 모욕, 짓궂은 짓, 공격

[syn] crime, felony, sin, fault, misdemeanor, insult, affront, umbrage

[ant] defense

☐ **offset**

동 맞비기다, 벌충하다, 분기되다

명 상쇄하는 것, 보상, 최초, 분가, 지맥, 파생물

[syn] compensate, match, counteract, equalize, juxtapose / onset, offshoot, branch

☐ **omnipotent**

형 전능의, 절대적 기능을 가진

명 전능자, 전능의 신

[syn] all-powerful, invincible, supreme, almighty, godlike, unlimited

[ant] impotent

☐ **optical**

형 광학의, 시력을 돕는, 시각의, 시력의

[syn] optic, visual, ocular

☐ **ornament**

명 장식품, 장신구, 장식, 예배용품, 〈음악〉 꾸밈음, 장식음

동 장식하다, 빛을 더해주다

[syn] decoration, adornment, embellishment, pattern /adorn, decorate, beautify, prettify

☐ **orphan**

명 고아, 보호 · 원조가 없는 사람

형 부모 없는, 고아의

동 고아가 되다

[syn] stray, soul, urchin, waif / bereft of parents, isolated, abandoned

☐ **oust**

동 내쫓다, 축출하다, 퇴거시키다, 몰수하다, 빼앗다

[syn] expel, banish, evict, drive out, exile, dislodge, cast out, eject, force out

□ **outcast**

[명] 버림받은 사람, 추방자, 방랑자, 쓰레기

[형] 버림받은, 추방된, 거절된, 따돌림 받은

[syn] pariah, wanderer, vagabond, refuse, exile, refugee, expatriate, leper

[ant] celebrity

□ **outgrowth**

[명] 자연스런 결과, 파생물, 부산물, 뻗어 나옴, 자람, 성장, 곁가지, 옹이

[syn] result, product, consequence, development, outcome, offshoot, protuberance

□ **outlet**

[명] 출구, 배출구, 방출구, 표현의 수단, 판매 대리점, 코드 구멍, 콘센트, 강어귀

[syn] vent, exit, channel, hole, means, conduit, ship, market, store, retailer

[ant] inlet

□ **outlying**

[형] 외부의, 범위 외의, 중심에서 떨어진, 외딴, 외진

[syn] external, remote, isolated, secluded, solitary, distant, faraway

[ant] inlying

□ **outrageous**

[형] 매우 모욕적인, 무례한, 무법적인, 현저히 정의에 어긋나는, 성난, 난폭한, 비정상적인

[syn] offensive, disgraceful, shameful, contemptible, despicable, extreme

[ant] mild

□ **outstrip**

[동] ~보다 뛰어나다, 능가하다, 앞지르다

[syn] surpass, excel, exceed, outdo, outdistance

□ **overall**

[형] 전반적인, 종합적인

[syn] general, complete, total, global, inclusive, whole

[ant] specific

□ **overcome**

[동] 압도하다, 이기다, 극복하다, 억누르다, 녹초가 되게 하다, 맥을 못추다, 정복하다

[syn] surmount, suppress, exhaust, win, conquer, defeat, trounce

[ant] succumb

□ **overdue**

[형] 연착한, 연체된, 지체된, 지급기한이 지난, 기회가 무르익은, 충분히 준비가 된

[syn] delayed, late, tardy, belated, past due, outstanding, mature, ready

[ant] paid

□ **overhaul**

[동] ~을 정비하다, 점검하다, 철저하게 조사하다, 정밀 진찰하다, 앞지르다, 늦추다

[syn] repair, maintain, renovate, fix, refit, scrutinize, revamp, examine, surpass, outdo

□ **overindulge**

[동] 지나치게 응석하다, ~에 너무 탐닉하다, 너무 제멋대로 하다

[syn] do to excess, overeat, overuse, overdo, stuff yourself, gorge

[ant] abstain

□ **overlook**

[동] 간과하다, 눈감아 주다, 관대히 봐주다, 용서하다, 내려다보이다, 훑어보다, 감독하다

[syn] disregard, ignore, miss, neglect, excuse, pardon, supervise

[ant] scrutinize

□ **overtake**

[동] 따라잡다, 뒤떨어진 것을 만회하다, ~에게 닥치다, 불시에 닥쳐오다, 압도하다

[syn] pass, go beyond, go past, overhaul, outdo, surpass, assail, overwhelm

P

pagan
명 이교도, 다신교도, 무종교자, 쾌락주의자
형 이교도의, 무종교의
syn heathen, infidel, polytheistic, idolatrous

pandemic
형 전 지역에 걸친 전염병, 전국적으로 유행하는, 일반적인, 보편적인, 육감적인, 정욕적인
syn epidemic, widespread, contagious, endemic, prevailing, rampant
ant specific

paralyze
동 마비시키다, 저리게 하다, 무기력하게 하다, 무효로 만들다, 정체시키다
syn benumb, petrify, stun, wither, disable, cripple, immobilize
ant activate

pariah
명 따돌림을 받는 사람, 추방자, 부랑자, 천민, 들고양이, 들개
syn outcast, exile, outsider, recluse, refugee, vagabond
ant celebrity

partisan
명 자기편, 동지, 지지자, 유격병, 게릴라, 대원
형 당파심이 강한
syn follower, supporter, adherent, fan, enthusiast, sponsor, devotee, pro
ant rival

patriotic
형 애국적인, 애국자의
syn loyal, nationalistic, partisan, devoted, jingoistic
ant unpatriotic

patron
명 고객, 단골, 이용자, 후원자
syn supporter, fan, benefactor, sponsor, client, investor, shopper, purchaser

peasant
명 소작농, 소작인, 시골 사람, 무식꾼
형 농민의, 시골 사람인, 무식한
syn farmer, peon, rustic, serf, countryman
ant squire

penance
명 참회, 속죄, 고행, 속죄행위, 고해성사, 고통, 비통, 불쾌
동 벌하다, 고행을 가하다
syn reparation, forfeit, sacrament, atonement, apology, self-punishment
ant mercy

penchant
명 강한 기호, 경향, 취미
syn liking, fondness, proclivity, desire, affinity, inclination, predilection, taste

penitentiary
명 감화원, 갱생원, 교도소, 교황청 법원
형 교도소에서 징역을 살아야 할, 후회하는
syn prison, jail, penal colony, brig, coop

peripheral
형 주변의, 주위의, 본질적이 아닌, 지엽적인, 컴퓨터 주변장치의
명 컴퓨터 주변장치
syn tangential, marginal, unimportant, nonessential, minor, secondary
ant central

permeate
동 투과하다, 삼투하다, 충만하다, 퍼지다, 보급하다, 담그다
syn infuse, pervade, flood, fill, saturate, filter through, seep into, leak into

persecute
동 학대하다, 박해하다, 벌하다, 괴롭히다, 끈덕지게 조르다
syn afflict, pester, pursue, harass, maltreat, ill-treat, oppress, torment
ant respect

□ **perturb**

통 당황하게 하다, 불안하게 하다, 뒤흔들다, 혼란시키다, 교란시키다

syn disconcert, derange, confuse, agitate, trouble, disturb, bewilder

ant pacify

□ **pervade**

통 온통 퍼지다, 보급되다, 충만하다, 배어들다

syn permeate, saturate, encompass, spread, infuse, suffuse, diffuse, fill

□ **petition**

명 청원, 탄원, 진술서, 탄원사항, 기원, (법원) 소송, 소장

통 청원하다, 간청하다

syn claim, lawsuit, litigation, trial, appeal, lobby, request, beg, implore, plead

□ **plagiarism**

명 표절, 도작, 표절물, 도작한 것

syn lifting, stealing, illegal use, breach of copyright, bootlegging

ant or

□ **phenomenon**

명 현상, 사건, 특이한 현상, 불가사의, 진품, 비범한 사람, 기재

syn occurrence, incident, event, marvel, wonder, miracle, spectacle, prodigy, genius

□ **philanthropist**

명 자선가, 박애주의자

syn patron, humanitarian, generous donor, charity donor

ant niggard, miser

□ **physiognomy**

명 얼굴, 얼굴 생김새, 골상, 인상, 골상학, 관상술, 외관, 외면, 지세

syn face, countenance, feature, appearance

□ **pilfer**

통 좀도둑질하다, 슬쩍 훔치다, 〈야구〉 도루하다

syn steal, filch, thieve, purloin, lift, make off with, glom, palm, snitch, scrounge

□ **pioneer**

명 개척자, 선구자, 창시자, 선발 공병

통 개척자가 되다, 솔선하다, 개척하다

syn leader, trailblazer, forerunner, pathfinder, explorer, guide, initiate, establish, forge

□ **piracy**

명 해적행위, 저작권 침해, 표절

syn robbery, buccaneering, hijacking, maraud, rapine, bootlegging, infringement

□ **pivotal**

형 중추적인, 극히 중요한, 회전축의

syn essential, key, crucial, critical, cardinal, primary, significant, vital

ant trivial

□ **placid**

형 조용한, 평온한, 차분한, 잔잔한, 만족한

syn calm, tranquil, serene, still, peaceful, quiet, halcyon, satisfied

ant fierce

□ **plagiarism**

명 표절, 도작, 표절물, 도작한 것

syn lifting, stealing, illegal use, breach of copyright, bootlegging

ant original

□ **pliable**

형 휘기 쉬운, 유연한, 나긋나긋한, 유순한, 말을 잘 듣는, 순응성이 있는

syn flexible, bendable, supple, pliant, malleable, elastic, yielding, adaptable

ant stiff

□ **plunder**

통 약탈하다, 훔치다, 횡령하다

명 약탈품, 강탈, 횡령물, 장물

syn steal, rob, loot, despoil, spoil, pillage, raid, ransack / booty, loot, swag

□ **plunge**

통 적시다, 밀어넣다, (상태에) 돌입하다, 위험한 투기하다

명 뛰어듦, 돌진, 큰 도박

[syn] dip, immerse, submerge, lurch, thrust, pitch, sink, force, rush, bet recklessly

□ **pouch**

[명] 작은 주머니, 쌈지, 우편낭, 가죽 탄약주머니, 작은 지갑, 동전주머니, 눈 아래 처진 살

[syn] bag, sack, pocket, money bag, mail bag, purse

□ **preach**

[동] 설교하다, (복음을) 전도하다, (소신 있게) 설명하여 전하다, 타이르다

[syn] sermonize, evangelize, deliver sermon, lecture, moralize, advocate, discourse

□ **predicament**

[명] 곤경, 궁지, 범주, 상태, 상황

[syn] state, situation, plight, dilemma, quandary, jam, mess, pickle, corner, pinch

□ **premature**

[형] 너무 이른, 때 아닌, 시기상조의, 너무 서두른

[명] 조산아

[syn] early ripe, precocious, untimely, unseasonable, overhasty, rash

[ant] full-term

□ **preoccupy**

[동] 열중하게 하다, 몰두시키다, 마음을 빼앗다, 편견을 가지게 하다, 선취하다, 선점하다

[syn] absorb, engross, obsess, grip, consume, fixate, possess

□ **prerogative**

[명] 특권, 특전, 대권적 권능

[형] 특권의, 대권의, 특권을 가진

[syn] privilege, right, power, immunity, sanction, advantage, authority

□ **pressing**

[형] 긴급한, 간절한, 열심인, 간청하는

[명] 압착물, 누르기, 밀기, 압착하기

[syn] urgent, vital, imperative, burning, critical, crucial

[ant] insignificant

□ **pretext**

[명] 핑계, 구실, 거짓 이유

[syn] subterfuge, evasion, excuse, deception, scheme, ruse, ploy, stratagem, artifice

□ **prevalent**

[형] 널리 퍼진, 유행하는, 유효한, 효과적인, 우세한, 나은, 주된

[syn] common, current, widespread, rampant, prevailing, effective, chief

[ant] rare

□ **procedure**

[명] 절차, 방법, 방식, 처리, 소송절차

[syn] process, measure, proceeding, practice, method, formula, route

□ **proclivity**

[명] (바람직하지 않은) 성향, 소질, 기질, 경향

[syn] tendency, appetite, taste, penchant, inclination

□ **procrastinate**

[동] 미루다, 지연되다, 질질 끌다, 꾸물대다, 연기하다

[syn] defer, delay, prolong, put off, postpone, adjourn, dally, dawdle

[ant] expedite

□ **prodigious**

[형] 유별난, 막대한, 거대한, 비상한, 놀라운, 비범한, 비정상의, 기괴한

[syn] enormous, amazing, abnormal, phenomenal, unusual, copious

[ant] ordinary, tiny

□ **profound**

[형] 학식이 깊은, 해박한, 뜻 깊은, 격심한, 충심의, 심오한, 뿌리 깊은, 완전한, 순전한

[syn] intense, complete, deep, thoughtful, philosophical, insightful, acute

[ant] shallow

□ **proliferate**

[동] 증식하다, 만연하다, 풍부하게 만들어내다

syn reproduce, propagate, multiply, breed, flourish, thrive, prosper
ant dwindle

☐ **promising**
형 가망 있는, 전도 유망한, 기대할 수 있는
syn talented, gifted, favorable, encouraging, hopeful, capable
ant unpromising

☐ **prophecy**
명 예언, 신의 말씀, 고지, 선지, 교시, 예언서
syn forecast, prediction, divination, foretelling, insight, foresight

☐ **propinquity**
명 가까움, 근접, 근친, 근사, 유사
syn kinship, nearness, closeness, proximity, convenience
ant distance

☐ **protrude**
동 튀어나오다, 돌출하다
syn project, be prominent, stick out, jut, bulge, swell, extend beyond
ant dint

☐ **proverb**
명 속담, 격언, 금언, 잠언, 교훈, 소문난 사람[것], 비난의 대상, 웃음거리, 비유, 우화
syn adage, saying, precept, maxim, axiom, aphorism, apothegm, motto, saw

☐ **provision**
명 공급, 제공, (법률) 조항, 규정, 정관, (위험) 대비, 준비, 지급량, 설비, 저장품, (〜)식량
syn stipulation, rider, condition, proviso, terms, prerequisite, specification, food

☐ **prowess**
명 〈전쟁〉 용기, 역량, 용감한 행위, 뛰어난 솜씨, 탁월
syn bravery, excellence, expertise, competence, dexterity, proficiency
ant inability

☐ **proxy**
명 대리, 대리권, 대리위임장, 대리인, 대용품
syn agent, substitute, stand-in, deputy, surrogate, replacement
ant principal

☐ **pseudonym**
명 익명, 가명, 필명, 아호
syn alias, pen name, false name, assumed name, stage name, mom de plume

☐ **punctual**
형 시간을 엄수하는, 즉각적인, 규칙적인, 한 점에 집중되는
syn prompt, precise, exact, on time, on the dot
ant unpunctual, tardy

Q

☐ **quarrel**
명 싸움, 언쟁, 반목, 불화, 싸움의 원인
동 싸우다, 언쟁하다, 불평하다, 책망하다
syn brawl, disagreement, argument, squabble, tiff, wrangle, clash, dispute, spat, row

☐ **quarters**
명 방, 숙소, 주거, 막사, 병사, 병영
syn accommodation, lodgings, housing, residence, digs, billet, station

☐ **quasi**
형 〜과 같은, 말하자면, 즉, 준하는
부 겉보기에는, 어떤 의미에서, 거의
syn almost, near, pseudo-, seemingly, semi-, so-called, virtual, resembling

☐ **quotient**
명 몫, 비율, 지수
syn proportion, share, measure, percentage

R

rampage
- 명 난폭한 행동, 격노한 상태
- 동 사납게 행동하다, 돌진하다
- syn rage, tear, storm, agitation, furiousness / run riot, run amok
- ant composure

rampant
- 형 사나운, 미쳐 날뛰는, 방자한, 자유분방한, 난폭한, 만연하는, 무성한, 덤벼들 것 같은
- syn wild, fierce, furious, raging, prevailing, unchecked, prevalent, profuse
- ant docile

rapt
- 형 넋을 빼앗긴, 몰두해 있는, 골몰한, 황홀해 있는, 꿈꾸는 듯한, (영혼을) 빼앗긴
- syn absorbed, engrossed, captivated, enthralled, immersed, ecstatic
- ant alert

ratify
- 동 승인하다, 재가하다, 인가하다, 비준하다
- syn approve, sanction, endorse, confirm, authorize, consent
- ant disapprove, reject

rebel
- 명 반역자, 모반자, 반항자
- 형 반항하는, 반역의
- 동 반역하다, 강한 혐오를 느끼다
- syn insurgent, mutineer, traitor, insurgent, dissenter, revolt, mutiny, defy
- ant loyal

rebuttal
- 명 반박, 반론, 반증
- syn refutation, contradiction, denial, negation, repudiation, disclaimer
- ant assent

recite
- 동 암송하다, 낭송하다, 낭독하다, (상세히) 말하다, 이야기하다, 열거하다, 설명하다
- syn repeat from memory, narrate, describe, relate, enumerate, count, number, detail

reckless
- 형 앞뒤를 가리지 않는, 무모한, 개의치 않는, 신경을 쓰지 않는
- syn irresponsible, wild, thoughtless, uncontrolled, hasty, careless, rash
- ant attentive

recognize
- 동 인정하다, 승인하다, 알아보다, 분간하다, 인사하다, 평가하다, 표창하다, 발언시키다
- syn acknowledge, appreciate, admit, comprehend, concede, identify
- ant ignore

reconnaissance
- 명 조사, 검사, 답사, 정찰
- syn investigation, scouting, inspection, exploration, survey

recount
- 동 자세히 말하다, 상술하다, 이야기하다, 차례대로 말하다, 열거하다
- syn relate, narrate, tell in detail, enumerate, describe, report, verify, tally up

recruit
- 동 모집하다, 보충하다, 회복하다, 징집하다
- 명 신병, 입대자, 신입회원, 신참자, 신입생
- syn enlist, draft, strengthen, supply, furnish, replenish, renew, restore, enroll, recover

redress
- 동 교정하다, 회복하다, 누그러뜨리다, 구제하다, 감하다
- 명 교정, 제거, 구제, 보상, 배상
- syn proofreading, correction, reparation, reimbursement, amends, revise, edit, remedy

□ **refraction**

[명] 굴절

[syn] deflection, bending, turn

[ant] beeline

□ **refutation**

[명] 반박, 박론, 논박, 반증

[syn] rebuttal, disproof, denial, repudiation, negation, disclaimer, rejoinder

[ant] support

□ **regimen**

[명] 식이요법, 요양법, 지배, 통치

[syn] routine, schedule, treatment, regime, course of therapy

□ **register**

[명] 등록, 기입, 명부, 금전등록기, 등기우편

[동] 등록하다, 등기로 하다, (마음에) 새기다

[syn] enlist, enroll, sign up, enter, record, chronicle, reveal, disclose, convey, transmit

□ **reluctant**

[형] 마음이 내키지 않는, 좋아하지 않는, 마지못한, 꺼리는

[syn] unenthusiastic, disinclined, loath, hesitant, indisposed, averse

[ant] willing

□ **remainder**

[명] 나머지, 잔여품, 유물, 유적, (뺄셈, 나눗셈)나머지, 상속권, 재고본

[syn] residuum, remnant, excess, rest, overage, balance, residue, surplus, leftover

□ **remedy**

[명] (병의) 치료, (약의) 복용, (결함의) 교정수단, 구제(책)

[동] 치료하다, 없애다, 교정하다, 보상하다

[syn] medication, therapy, cure, solution, antidote / resolve, correct, improve, fix

□ **remorse**

[명] 깊은 후회, 뉘우침, 양심의 가책, 자책

[syn] regret, compunction, contrition, repentance, penitence, shame

[ant] impudence

□ **render**

만들다, 이루다, 주다, 나타내다, 돌려주다, 보답(보복)하다, 반환하다, 바치다, 제출하다

[syn] make, provide, submit, afford, supply, bestow, portray, depict, represent, execute

□ **repent**

[동] 후회하다, 뉘우치다

[syn] regret, be sorry, apologize, atone, be remorseful

[ant] be content with

□ **repetitive**

[형] 되풀이되는, 반복적인, 자꾸 반복되는, 장황한

[syn] recurring, cyclic, persistent, boring, dull, monotonous, tedious, tiresome

□ **replicate**

[형] 뒤로 접은, 접어 겹친

[동] (잎 등을) 뒤로 접다, 반복하다, 복제하다, 응답하다

[syn] fold, crease, crimp, pleat, plicate, wrinkle, duplicate, copy, imitate, reproduce

□ **repose**

[명] 휴식, 휴양, 정지, 수면, 고요함, 정적, 평온, 침착

[동] 휴식하다, 신뢰하다, 기초를 두다

[syn] rest, sleep, peace, tranquility, calm, composure, lie, rest, believe

[ant] agitation

□ **repugnance**

[명] 혐오, 적대감, 증오, 강한 반대, 모순

[syn] disgust, revulsion, hatred, aversion hate, abhorrence, repulsion

[ant] amity

□ **repute**

[명] 평판, 호평, 명성, 신망

[동] 평가하다, 간주하다, ~라 생각하다

[syn] reputation, good name, respect, distinction, honor, credit / deem, reckon

□ **resemble**

[동] 닮다, 비슷하다

syn look like, be similar to, be like, mirror, bear a resemblance to

□ **reservoir**

명 저수지, 유수지, 저수장, 그릇, 저장소, 축적, 저장

syn tank, pool, basin, store, stock, source, supply, reserves

□ **resilient**

형 되튀는, 탄력이 있는, 곧 회복하는, 쾌활한

syn elastic, flexible, springy, springing back, rebounding, buoyant, pliant, supple

□ **resort**

동 자주 가다, 의지하다, 호소하다, 도움을 청하다

명 자주 가는 곳, 휴양지, 행락지, 호소

syn haunt, visit frequently, repair, rely on, appeal, recourse, retreat, recreation place

□ **restrain**

동 억누르다, 억제하다, 제한하다, 제지하다, 구속하다, 감금하다

syn contain, control, confine, detain, repress, curb, stem, restrict

ant encourage

□ **resuscitate**

동 되살리다, 소생시키다, 의식을 회복시키다, 부활시키다, 부흥하다

syn resurrect, revive, recover, revivify, come to

ant asphyxiate

□ **retaliate**

동 보복하다, 복수하다, 앙갚음하다

syn revenge, counter, repay, reciprocate, strike back, even the score

ant forgive

□ **retention**

명 보유, 보존, 유지, 기억력, 분비정지

syn preservation, maintenance, withholding, custody, memory

□ **reticent**

형 입이 무거운, 말이 적은, 과묵한, 삼가는, 신중한

syn reserved, quiet, restrained, unforthcoming, taciturn, silent

ant garrulous

□ **retreat**

명 철수, 은퇴, 칩거, 피난처, 묵상, 피정[종교수련]

동 후퇴하다, 은퇴하다, 움츠러지다

syn recoil, withdraw, flee / haven, sanctuary, refuge, departure

ant advance, attack

□ **retrieve**

명 되찾다, 회복하다, 만회하다, 보충하다, 보상하다, 정정하다, 구제하다, (정보를) 검색하다

syn get back, recover, regain, repossess, salvage, rescue, reclaim, redeem

□ **reveal**

동 드러내다, 알리다, 밝히다, 폭로하다, 누설하다, 나타내다, 보이다, 계시하다

syn disclose, divulge, expose, exhibit, unveil, publish, impart, announce

ant conceal

□ **revere**

동 공경하다, 경외하다

syn admire, respect, look up to, adore, venerate, worship, esteem

ant despise

□ **revolt**

동 반항하다, 배반하다, 반감을 품다

명 반항, 반역, 반란, 폭동, 증오, 혐오

syn rebellion, revolution, upheaval, insurgency, insurrection, mutiny, riot, revulsion

□ **reward**

명 보상, 보수, 사례금, 보상금, 현상금

동 보답하다, 보상하다, 포상하다, 상으로 주다

syn award, recompense, remuneration, requital, bounty, bonus, prize, profit, benefit

□ **rhetoric**

명 〈화술·작문〉 수사법, 수사학, 웅변술, 설득술, 미사여구의 사용

syn metaphorical, symbolic, allegorical, not
literal, emblematic, abstract

□ **ridicule**

명 비웃음, 조소, 놀림

동 비웃다, 조소하다, 놀리다

syn mockery, scorn, derision, laughter / deride,
scoff at, tease, jeer at

ant revere

□ **rigid**

형 굳은, 딱딱한, 단단한, 휘지 않는, 고정된, (생각이)
완고한, (행동이) 엄한, 엄숙한, 정밀한

syn stiff, firm, unbending, immovable, static,
austere, stern, rigorous

ant flexible

□ **rigorous**

형 (사람 · 규칙 · 처리가) 엄격한, 엄중한, (기후 · 생활
이) 가혹한, 아주 엄밀한, 정확한, 면밀한

syn rigid, harsh, stern, austere, stiff, strict,
demanding, accurate

ant flexible

□ **ritual**

명 의식, 의식의 집행, 예절, 관례

형 의례적인, 의식에 관한

syn rite, sacrament, practice, routine, convention,
tradition / ceremonial, procedural

□ **riveting**

형 매혹적인, 황홀하게 하는, 넋을 잃게 하는

syn fascinating, enthralling, exciting, spellbinding,
entrancing, mesmeric, exhilarating

□ **rubric**

명 주서, 붉게 인쇄한 것, 제목, 항목, 표제, 규정

형 붉게 인쇄한, 주서의

syn gloss, title, caption, heading

□ **ruthless**

형 무정한, 인정 없는, 무자비한, 사정없는, 잔인한

syn unrelenting, adamant, relentless, cruel,
callous, brutal, pitiless

ant merciful

S

□ **sadism**

명 사디즘, 가학애, 잔인한 짓 좋아하기, 잔학성

syn aggression, hostility, violent behavior,
brutality, cruelty, carnage

ant masochism

□ **salutary**

형 건강에 좋은, 건강을 증진시키는, 유익한, 이로운

syn wholesome, constructive, healthy, salubrious,
beneficial

ant unwholesome

□ **salute**

동 인사하다, 〈인사〉 키스하다, 경례하다, 경의를 표하
다, 맞이하다

syn greet, address, honor, commend, signal,
acknowledge, applaud, cheer, praise

□ **sanitation**

명 공중위생, 위생설비, 하수설비

syn hygiene, cleanliness, salutary facility,
sanitation engineer, drainage system

□ **saturate**

동 포화시키다, 흠뻑 스며들게 하다, 열중하게 하다, 과
잉공급하다, 완전히 파괴하다

syn soak, drench, wet through, immerse,
impregnate, drench / oversupply, inundate

□ **scale**

명 비늘, 딱지, 물때, 저울, 축소비율, 등급

동 기어오르다, 축척하다, 자로 재다

syn shard, squama, level, size, balance, range,
degree, extent, magnitude, ascend

□ **scheme**

명 계획, 기획(안), 음모, 불가능한 계획, 구성, 조직, (분
류)표

동 계획하다, 구상하다

syn plan, project, method, plot, conspiracy, ploy,
ruse, diagram, chart / machinate

□ **scramble**

图 기어오르다[내려가다], ~하려고 앞을 다투다, 긴급 발진하다, 〈요리〉 달걀을 저어 익히다

syn mix up, jumble, rush, scuttle, jostle, climb, clamber, crawl, struggle, stampede

□ **scrape**

图 문지르다, 긁어[닦아]내다, 표면에 상처가 나게 하다, 파다, 애써 모으다

명 문지르기

syn rub, scratch, mar, graze, scuff, abrade, remove, chafe, grate / scrimp, stint, pinch

□ **scurry**

图 서두르다, 종종걸음으로 뛰어가다, 바람에 흩날리다

명 종종걸음, (눈 · 비 섞인) 돌풍

syn rush, hurry, scamper, flurry, dash, dart, bustle, scuttle

□ **seeming**

형 겉보기의, 외관상의, 표면의, 겉치레의

명 기색, 기미, 외관, 겉보기, 허울

syn apparent, appearing, ostensible, external, superficial, emblance, face, pretense

□ **segment**

명 부분, 구분, 마디, 단편, 선분, 한 프로

图 나누다, 분열하다

syn section, part, piece, slice, sector, division, fragment, portion, wedge

ant whole

□ **segregate**

图 분리하다, 격리하다, (인종) 차별하다, 갈라지다, 떨어지다

명 구별, 분리

syn separate, isolate, dissociate, keep apart, set apart, set aside

ant integrate, unite

□ **seize**

图 잡다, 파악하다, 포착하다, 강탈하다, 압류하다, 체포하다, (욕망을) 사로잡다, 점유하게 하다

syn catch, grasp, grab, snatch, clutch, confiscate, capture, apprehend

ant release

□ **sequence**

명 연속, 잇달아 일어나기, 순서, 차례, 연속물, 연재물, 후속 사건, 결과, 귀결

syn succession, arrangement, series, consequence, result, outcome, sequel

□ **shallow**

형 얕은, (사람 · 일 등이) 깊이가 없는, 천박한, 피상적인, (호흡량이) 적은

명 모래톱

syn of little depth, lacking depth, superficial, thin, trivial, petty, silly

ant profound

□ **shift**

图 이동하다, 변화하다, (책임을) 전가하다

명 이동, 변화, 전이, 근무조, 대용, 속임수

syn substitute, change, exchange, transfer, move, budge, alter, swing, modify

□ **shiver**

图 떨다, 전율하다, 흔들리다, 펄럭이다

명 떨림, 한기, 오한

syn shake, tremble, quiver, quake, shudder / tremor, frisson

□ **shrimp**

명 작은 새우, 꼬마, 난쟁이, 보잘 것 없는 사람

syn krill, peewee, runt, shellfish, nonentity, cipher, nebbish, nothing, nobody

□ **shrink**

图 오그라들다, 줄어들다, 감소하다, 피하다, 기죽다

명 뒷걸음치기, 꽁무니 빼기, 수축

syn decrease, dwindle, contract, draw back, flinch, lessen

ant grow, increase, swell

□ **sizable**

형 상당한 크기의, 꽤 큰

syn great, considerable, extensive, substantial, fairy large, ample

ant minute, tiny

□ **skeleton**
- 명 해골, 골격, 말라빠진 사람[동물], (건물의) 뼈대, 잔해, (작품의) 개요, 골자, 본질, 기본 틀
- syn bones, anatomy, frame, carcass, framework, emaciated person, outline, essence

□ **slap**
- 동 때리다, 내던지다, 털썩 놓다, 묻히다, 칠하다, 단속하다
- 명 때리기, 비난, 모욕, 시도
- syn hit, smack, spank, cuff, clout, whack, blow, strike, reject, oppose, criticize

□ **slash**
- 동 (칼·검으로) 깊이 베다, 난도질하다, (예산을) 삭감하다
- 명 베기, 삭감, 〈인쇄〉 사선(/)
- syn cut, hack, slice, gash, slit, rip, lacerate, reduce, lower / gash, cut, slit, rip, virgule

□ **slate**
- 동 후보자명단에 올리다, 후보자로 내세우다, 예정하다
- syn line up, schedule, be down for, nominate, candidate

□ **sleet**
- 명 싸라기눈, 진눈깨비
- 동 싸라기눈이 내리다
- syn hail, hailstone, snow pellets, graupel

□ **slimy**
- 형 끈적끈적한, 진흙의, 점액성의, 더러운, 비열한
- syn greasy, oily, slippery, slick, despicable

□ **slippery**
- 형 미끄러운, 반들반들한, 잡기 어려운, 믿을 수 없는, 속임수의, 교활한, 불안정한
- syn greasy, slick, oily, icy, slimy, smooth, dicey, sneaky, untrustworthy, shifty, crafty

□ **sloppy**
- 형 질척질척한, 흠뻑 젖은, 더럽혀진, 맛없어 보이는, 멀건, 부주의한, 단정치 못한
- syn slack, shoddy, careless, slapdash, poor, slipshod, sappy, slushy, wet
- ant tidy

□ **sloth**
- 명 나태, 게으름, 나무늘보
- syn laziness, indolence, slackness, sluggishness, idleness, apathy
- ant diligence

□ **smear**
- 동 칠하다, 더럽히다, 문질러 지우다, 압도하다
- 명 유약, 얼룩, 비방, 명예훼손
- syn daub, stain, spot, sully, vilify, soil, smudge, blur, defame, overwhelm

□ **smudge**
- 명 얼룩, 오점, 모깃불, 모닥불, 연기
- 동 얼룩을 내다, 더럽히다, 연기를 피워 몰아내다
- syn blotch, smear, stain, mark, splotch, smother / smutch, soil, smear, blur, distort

□ **sniff**
- 동 코를 킁킁거리다, 경멸하다, 코를 훌쩍이다, 냄새를 맡다, 낌새채다
- 명 냄새 (맡기)
- syn inhale, breathe in, snuffle, snivel, snuffle, discern / smell, breath

□ **so-called**
- 형 소위, 이른바
- syn supposed, alleged, ostensible, purported, so to say

□ **solicit**
- 동 조르다, 애원하다, 간청하다, 구하다, 권유하다, 유인하다
- syn seek, beseech, beg, entreat, petition, incite, entice, implore, induce
- ant impel

□ **specify**
- 동 지정하다, 명확히 말하다, 명기하다, 이름을 열거하다, 특징짓다, ~라는 조건을 붙이다
- syn state in detail, detail, indicate, enumerate, stipulate, identify, denote, list, itemize

spice

명 양념, 향신료, 방향, 소량, 맛, 정취

동 향료를 넣다, 흥취를 곁들이다

syn seasoning, zest, flavor, tang, gusto, zip, excitement, pep

spiteful

형 악의적인, 심술궂은, 앙심을 품은

syn malicious, malevolent, venomous, cruel, rancorous, vindictive

ant benevolent

spurious

형 가짜의, 〈생물〉 의사(擬似)의, 사생아의

syn false, bogus, fake, forged, counterfeit, imitation, sham, phony

ant genuine

squad

명 분대, 팀

syn group, squadron, team, crew, force, company, gang, troop, set, bevy, posse

squander

동 (시간 · 금전 등을) 낭비하다, 흩뿌리다, 분산시키다

명 낭비(행위)

syn waste, spend, fritter away, dissipate, misuse, lavish, consume

ant accumulate

staff

명 지팡이, 깃대, 측량용 막대, 지휘봉, 의지가 되는 것, 자문단, 직원

syn stick, pole, rod, wand, baton, cane, employee, assistant, workers, personnel

staid

형 침착한, 차분한, 착실한, 안정된, 불변의

syn sedate, serious, grave, sober, dull, calm, demure, stolid, solid

ant frivolous

stall

명 외양간, 매점, 상품진열대, 성가대석, 구실

동 축사에 넣다, 오도 가도 못하게 하다

syn cubicle, booth, stand, barn, stable, pew, thimble, pretext / halt, pause, suspend

standstill

명 정지, 휴지, 침체, 정체

형 정지된

syn recession, halt, deadlock, stalemate, abeyance, repose, stagnation

ant change

strain

동 잡아당기다, 긴장시키다, 확대 해석하다

명 긴장, 노력, 손상, 변형, 계통, 품종

syn damage, injure, hurt, sprain, twist, sieve, filter, sift, struggle, endeavor, strive

steep

형 가파른, 엄청난, (일이) 힘 드는

명 급경사

동 담그다, 우려내다, 적시다, 열중하다

syn sheer, precipitous, vertical, sharp, abrupt, exorbitant / immerse

ant gradual

stem

명 줄기, (열매의) 꼭지, 뱃머리, 〈문법〉 어간

동 저지하다, 지혈을 하다, 유래하다

syn stalk, shoot, trunk, twig, branch / stop, curtain, stanch, halt, restrict, reduce, curb

stiff

형 굳은, 경직된, (바람 · 조류 등이) 거센, 격렬한, (술이) 독한, (약이) 잘 듣는, 힘든, 가파른, 비싼

syn rigid, firm, taut, demanding, rigorous, arduous, tough, severe

ant flexible

stigma

명 치욕, 오명, 홍반, (병의) 증상, 징후, (곤충의) 기공, (죄인 · 노예 등의) 낙인

syn blot, blemish, tarnish, stain, reproach, shame, disgrace, spot, pore

ant honor

□ **stitch**

명 (바느질) 한 땀, 한 코, 바느질 자리, (천) 한 조각, 〈부정문〉 소량, 격통

동 바느질하다

syn baste, sew, suture, pain, ache, pang, prick, prickle, soreness, sting, throe, twinge

□ **stock**

명 재고, 가축, 주식, 혈통, 평판

형 갖추어 놓은, 재고의, 주요한, 진부한, 목축의

syn store, supply, hoard, stash, reserve, keep, provide / standard, typical, routine

□ **strand**

동 좌초시키다, 오도 가도 못하게 하다, 어찌할 바를 모르게 하다

명 가닥, 밧줄, 끈, 맥락

syn chain, fibril, maroon, ground, thread, lock, tress, wisp, curl, element, component

□ **strap**

명 가죽끈, 혁대, 채찍질, 가죽 손잡이, 가죽숫돌

동 가죽끈으로 묶다, 채찍질하다

syn band, fastening, belt, strip, leash, tie / fasten with strap, belt, secure, buckle, bind

□ **stray**

동 벗어나다, 길을 잃다, 무의식적으로 움직이다, (생각 · 이야기 등이) 옆길로 새다, 빗나가다

syn wander away, go astray, get lost, drift, abandoned, vagrant

ant adhere

□ **stride**

동 성큼성큼 걷다, 다리를 벌려 건너다, (말에) 올라타다

명 활보, 큰 걸음, 진보, 발전

syn pace, step, tread, gait, advance, progress, development / stomp, march

□ **stringent**

형 (규칙이) 엄한, 강제적인, 긴급한, 돈이 달리는, (토론에서) 설득력 있는

syn severe, strict, rigorous, stern, harsh, tough, inflexible, rigid

ant lax

□ **stroll**

동 어슬렁거리다, 산책하다, 여행하며 다니다, 유랑하다

syn leisurely walk, amble, saunter, promenade, wander, meander, ramble

□ **stubborn**

형 완고한, 외고집의, (성질이) 비뚤어진, 확고한, 집요한, 불굴의, 다루기 힘든, 처치 곤란한

syn obstinate, immovable, inflexible, mulish, obdurate, persistent

ant compliant

□ **stuff**

명 물질, 물건, 재산, 잡동사니, 작품, 연주

동 채우다, 배불리 먹이다, 부정표를 던지다

syn material, substance, matter, things, gear / fill, pack, cram, jam, stow, load

□ **sturdy**

형 튼튼한, 내한성의, 불굴의, 용감한, 견고한, 질긴

syn strong, brawny, robust, durable, tough, determined, resolute

ant feeble, weak

□ **submissive**

형 복종하는, 순종하는

syn obedient, compliant, acquiescent, subservient, docile, meek

ant aggressive

□ **subsequent**

형 뒤이어 일어나는, 다음의, 뒤이은

syn following, succeeding, ensuing, successive, consequent, later

ant previous

□ **subservient**

형 비굴한, 추종하는, (목적달성에) 도움이 되는, 유용한, 부차적인, 종속하는

syn submissive, obedient, compliant, acquiescent, docile, deferential, passive, meek

□ **substantial**

> 형 현실의, 실제의, 견고한, 충분한, 상당한, 근본적, 중요한, 유력한, 물질적인
> syn real, actual, considerable, fundamental, sizeable, significant
> ant insubstantial

□ **subterfuge**

> 명 핑계, 구실, 속임, 협잡
> syn pretext, excuse, deception, scheme, trick, dodge, evasion, ruse, ploy, stratagem

□ **succession**

> 명 연속, 계속, 연속적인 것, 승계, 계승권, 상속자, (지위·재산 등의) 이양, 양도
> syn series, sequence, chain, consecutiveness, remise, cession
> ant discontinuance

□ **suffocate**

> 동 질식시키다, 숨차게 하다, 질식사시키다, 타도하다, 근절하다, 억압하다
> syn strangle, asphyxiate, smother, choke, stifle, throttle, overcome, suppress, gag

□ **sultry**

> 형 무더운, 찌는 듯이 더운, 따는 듯이 뜨거운, 땀투성이가 되는, 정열적인, 관능적인
> syn hot, humid, muggy, sticky, sweltering, baking, roasting, scorching
> ant freezing

□ **supercilious**

> 형 거만한, 건방진
> syn arrogant, scornful, disdainful, contemptuous, haughty, pompous
> ant humble

□ **supplant**

> 동 대신하다, 대체하다, 대신 들어앉다, (지위를) 빼앗다
> syn displace, succeed, substitute, replace, unseat, supersede, usurp, remove

□ **supplement**

> 명 추가, 보충, 보완, 부록, 〈기하학〉 보각
> 동 보충하다, 보완하다, 채우다
> syn addition, extra, complement, increment, addendum, adjunct, insert
> ant delete

□ **suspicion**

> 명 의심, 혐의, 용의, 알아채기, 막연한 느낌, 아주 조금, 기미
> syn doubt, misgiving, distrust, inkling, skepticism, hint, tinge
> ant confidence

T

□ **taciturn**

> 형 말이 없는, 말수가 적은, 음침하고 무뚝뚝한
> syn reticent, silent, reserved, aloof, cold, quiet, introverted
> ant voluble

□ **tangible**

> 형 실제로 있는, 효과적인, 중요한, 명백한, 닿을 수 있는, 실속이 있는, 유형의
> syn concrete, physical, solid, substantial, perceptible, evident, definite
> ant intangible

□ **temporal**

> 형 시간의, 현세의, 세속의, 순간적인, 덧없는
> 명 세속적인 소유물, 일시적인 것, 세상사
> syn worldly, terrestrial, mundane, temporary, transitory, secular
> ant spiritual, eternal

□ **tenable**

> 형 공격에 견디는, 방어할 수 있는, 지지할 수 있는, 지속할 수 있는
> syn viable, warrantable, defendable, plausible, justifiable, secured
> ant untenable

□ **therapy**

명 치료, 요법, 물리 요법, 치료의 힘

syn treatment, rehabilitation, healing, remedy, cure, analysis

□ **thereby**

부 그것에 의하여, 그 때문에, 그것에 대하여, 그 근처에

syn thus, so, in that way, by this means, in so doing, in this matter

□ **thrive**

동 번성하다, 성공하다, 부자가 되다, 자라다, 발육하다

syn flourish, prosper, succeed, boom, bloom, blossom, increase

ant decline

□ **thrust**

동 세게 밀다, 찔러 넣다, (칼로) 찌르다, 내밀다, 내쫓다, 떠맡기다, 강요하다

명 떠밀기, 혹평

syn push, shove, stab, extend, present, drive, force, propel, plunge, lunge

□ **tincture**

명 팅크, 요오드팅크, 수박 겉핥기, 기미, 냄새

동 착색하다, 염색하다

syn color, dye, stain, tint, coloring

□ **toddler**

명 아장거리는 아이

syn tot, child, kid

□ **tolerate**

동 허용하다, 너그럽게 봐주다, 참다, 견디다, 용서하다, 내성이 있다

syn allow, permit, endure, put up with, support, accept, stand, bear, abide

ant forbid

□ **top-notch**

형 일류의, 제일급의

syn superior, first-rate, first-class, excellent, superlative, ace, best

ant worst

□ **totalitarian**

형 전체주의의

명 전체주의자

syn authoritarian, dictatorial, one-party, oppressive, autocratic, despotic, tyrannical

□ **traumatic**

형 외상성인, 불쾌한, 충격적인, 외상치료의

syn shocking, disturbing, distressing, hurtful, harrowing, painful

ant calming

□ **tremble**

동 떨다, 겁내다, 걱정하다, 진동하다, 위태한 상태에 있다

명 떨림, 진동, 전율

syn shake, quake, quiver, quaver, shudder, oscillate, vibrate / tremor

ant relieve

□ **trustworthy**

형 신뢰할 수 있는, 기대할 수 있는

syn dependable, reliable, responsible, constant, upright, faithful

ant untrustworthy

□ **turmoil**

명 소란, 혼란, 불안, 동요

syn chaos, disorder, confusion, uproar, tumult, commotion, havoc

ant peace

□ **tyranny**

명 폭정, 학정, 가혹, 가혹한 행위, 전제 정치국

syn oppression, dictatorship, autocracy, despotism, totalitarianism

ant liberty

U

ultimatum

명 최후의 말, 최종 제안, 최후 통고, 궁극점, 근본원리

syn final statement, final proposal, final warning, taunt, challenge, provocation

unbridle

동 (말 · 노새의) 굴레를 풀다, 구속에서 풀다, 자유롭게 해주다

syn free from restraint, remove the bridle

ant bridle

undulate

동 물결치다, (토지가) 완만하게 기복하다, 파동시키다

형 물결모양의, 기복하는

syn roll, ripple, rise and fall, swell, heave, surge

unprecedented

형 전례 없는, 공전의, 유례없는, 신기한, 새로운

syn unparalleled, extraordinary, record, first-time, unique, exceptional, novel

unremunerative

형 이익이 없는, 수지가 맞지 않는

syn lucrative

unsparing

형 인색하지 않은, 엄한, 가차 없는

syn generous, profuse, magnanimous, lavish, merciless, relentless, severe

ant stingy

upheave

동 들어 올리다, 밀어 올리다, (지각을) 융기시키다, 대소동을 야기하다

syn lift up, raise up, aloft, rise upward

ant pull down

utter

동 말하다, 표현하다, (위조화폐를) 쓰다, 유통시키다

형 온전한, 철저한, 절대적인, 단호한

syn speak, pronounce, express, publish, expel, emit / complete, absolute, unqualified

V

valor

명 무용, 용맹, 용기, 용감함, 씩씩함

syn bravery, courage, spirit, heroism, gallantry, intrepidity, boldness

ant cowardice

vehement

형 열심인, 열정적인, 정력적인, 격렬한, 맹렬한, (감정이) 강한

syn zealous, ardent, impassioned, fervent, fervid, violent, fiery, intense

ant inert

venom

명 독액, 독, 악의, 원한

동 유독하게 하다, 독을 타다, 악의를 품다

syn poison, toxin, bane, malice, spite, rancor, hatred, malevolence

ant goodwill

verge

명 가장자리, 경계, 직전, 범위

동 근접하다, 인접하다, 기울다, 향하다

syn edge, rim, margin, brim, lip, brink, limit, border, sidewalk, roadway

ant center

vessel

명 (대형) 배, 비행선, (액체) 용기, 그릇, 혈관, 사람

syn boat, ship, craft, yacht, ferry, liner, container, pot, bowl, jug, pitcher, basin

vicinity

명 근처, 부근, 주변, 가까움, 근접

syn surrounding area, neighborhood, environs, locality, district, area

ant remoteness

□ **vicious**

형 부도덕한, 타락한, 심술궂은, 악의 있는, 지독한, 결점이 있는, 잔인한, 위험한

syn depraved, profligate, corrupt, sinful, reprehensible, spiteful, malicious

ant moral

□ **villain**

명 악당, 악한, 나쁜 놈, 망나니, 범인, 악역

syn knave, scoundrel, baddie, rouge, felon, crook, gangster, thug, outlaw

ant hero

□ **voracious**

형 대식하는, 식욕이 왕성한, 물릴 줄 모르는

syn insatiable, avid, hungry, ravenous, gluttonous, greedy, rapacious

□ **vulgar**

형 버릇없이 자란, 저속한, 상스러운, 야한, 악취미인, 외설한, 서민의, 통속적인, 속어의

syn unrefined, coarse, naughty, obscene, lewd, crude, boorish, loutish

ant decent

□ **vulnerable**

형 상하기 쉬운, 공격을 당하기 쉬운, (비난)받기 쉬운, (유혹에) 노출되어 있는, 약점이 있는

syn susceptible, weak, defenseless, helpless, exposed, at risk

ant immune

W

□ **whereas**

접 ～임에 비하여, ～이지만, 그런데, 사실은, (문두에 써서) ～이므로, ～인 까닭에

syn while, but, inasmuch as, on the contrary, considering that

□ **worthwhile**

형 (시간·노력 등을) 들일 가치가 있는, 상당한, 훌륭한, 할 보람이 있는

syn valuable, useful, meaningful, sensible, advisable, beneficial

ant worthless

□ **wrinkle**

명 주름, 주름살

동 주름을 잡다, 주름지게 하다

syn screw up, crumple, crinkle, crease, fold, rumple, line, furrow

Y

□ **yearn**

동 갈망하다, 동경하다, 사모하다, 동정하다

syn long, desire, crave, ache, hanker, covet, hunger, want very much

ant hate

□ **yield**

동 산출하다, 낳다, 포기하다, 양도하다, 항복하다

명 수확, 산출(량), (투자) 이익, 수율

syn render, bear, produce, abandon, abdicate, surrender, succumb

ant resist